1^ Edizione **2025**

Testbusters
MEDICINA

Preparazione ai test di ammissione
ai corsi di laurea in

Medicina, Odontoiatria e Veterinaria

Banca Dati

Indice

Introduzione alla 1ª Edizione

Dopo un 2024 ricco di cambiamenti, con il ritorno al test cartaceo e l'introduzione delle banche dati, abbiamo realizzato un manuale che pone al centro proprio queste ultime, pensando al valore che potrebbe avere per te, futuro candidato al test d'ingresso a Medicina. Sappiamo quanto sia impegnativo affrontare questo percorso e facciamo sempre del nostro meglio per agevolare il tuo apprendimento. Per questo motivo, abbiamo incluso la Banca Dati ministeriale ufficiale di luglio 2024, in quanto rappresenta l'ultima risorsa ufficiale disponibile, ed è probabile che la futura banca dati si ispirerà a questa per argomenti, contenuti, tipologie di esercizi e livello di difficoltà. La banca dati, ordinata per materia e argomento, ricalca la struttura del manuale di teoria, permettendoti di collegare in modo efficace lo studio teorico alla pratica, favorendo così una più immediata applicazione pratica dei concetti appresi.

Grazie alle 5 simulazioni realistiche del test, tratte dalla Banca Dati di maggio, potrai metterti alla prova in condizioni simili a quelle del test ufficiale, testare la tua preparazione e acquisire maggiore confidenza e sicurezza per affrontare al meglio la prova reale

Ora più che mai quindi è chiaro che il test di Medicina e Odontoiatria è un po' come le scale nei film di Harry Potter: a lui piace cambiare (e in modo inaspettato). Noi resteremo al tuo fianco, nei mesi che ti separano dal test, per fornirti tutte le informazioni ufficiali in tempo reale, senza lasciare spazio a incertezze o notizie non verificate. Inquadra il QR code per rimanere sempre aggiornato sulle ultime novità ministeriali.

Buono studio,
Team Testbusters

Guida all'uso del manuale

Uno dei motti fondamentali di Testbusters è sempre stato "**pratica batte teoria**", ma allo stesso tempo sottolineiamo sempre con forza come "**non esista alcuna pratica senza una buona teoria**". La combinazione teoria-pratica rimane dunque inscindibile ed è necessario sviluppare le proprie abilità e conoscenze per il test d'ingresso tenendo bene a mente quanto sopra detto.

Questo manuale è, quindi, un ottimo modo per rispettare fedelmente il binomio sopracitato, suddividendo tutti gli esercizi per argomento (in perfetta simbiosi con l'indice del nostro **manuale di teoria**).

Questo manuale è diviso in due parti:

- Nella prima parte avrai a disposizione tutti i quesiti della banca dati di luglio, divisi per materia e per argomento. Le correzioni commentate saranno accessibili tramite un PDF digitale.
- Nella seconda parte potrai metterti alla prova con 5 simulazioni tratte dalla banca dati di maggio, con correzioni commentate incluse.

Come posso organizzare al meglio lo svolgimento degli esercizi?

Fare esercizi non permette soltanto di analizzare i possibili problemi che possono presentarsi al test d'ingresso, ma permette anche di poter monitorare il proprio andamento nel tempo e autovalutarsi.

Se l'eserciziario serve come strumento da affiancare allo studio teorico, questo manuale si propone come una sorta di estensione, dandoti la possibilità di esercitarti su un numero decisamente più alto di esercizi.

"**Lode all'errore!**", così afferma un nostro caro collaboratore siculo: sbagliare esercizi, analizzare le correzioni commentate e comprendere il perché dell'errore permette di progredire e migliorare il proprio punteggio nelle simulazioni. L'obiettivo rimane sempre quello: vogliamo farti diventare una vera macchina da test.

Quanti esercizi fare al giorno?

L'approccio quantitativo ideale si può sintetizzare in una frase: "**più fai, più impari**". Più esercizi vengono svolti, maggiore è la casistica che si riesce a coprire, più elevato sarà il punteggio che potenzialmente riuscirai a ottenere il giorno del test.

Ovviamente questo è solo il nostro punto di vista che ti permetterà di avere una bussola in questo immenso mare di confusione. Spetta a te trovare il giusto percorso più adatto alle tue esigenze.

Accesso alla Versione Digitale delle Simulazioni e delle Correzioni Commentate

Se hai acquistato questo **manuale**, hai diritto gratuitamente anche alla versione digitale delle simulazioni e delle correzioni commentate di tutti i quesiti, per esercitarti dove e quando vuoi.

Nel caso in cui tu abbia effettuato l'acquisto **online sul sito Testbusters**, il tuo pacchetto è stato già attivato. Ti basterà accedere al Simulatore utilizzando le stesse credenziali con cui hai effettuato l'acquisto: troverai il tutto nella sezione "Manuale Banca Dati" del Simulatore online.

Se hai acquistato il libro **in libreria, su Amazon o su altre piattaforme online** e desideri accedere alle esercitazioni online sul Simulatore, segui questi passaggi:

Registrati sul sito *www.testbusters.it;*
Inquadra il QR Code che trovi di seguito:

Parte I

Introduzione Parte I
Quesiti Banca Dati Luglio

Benvenuto alla prima parte di questo manuale!
Qui troverai tutti (ma proprio tutti) e 3500 i quesiti presenti nella banca dati di luglio 2024, suddivisi secondo il nostro amato indice del manuale di Teoria.
Prima di lasciarti proseguire a distruggerti di esercizi come se non ci fosse un domani, pensavamo fosse doveroso darti un'infarinatura di quello che troverai nelle prossime pagine.

Le domande di questa banca dati sono così suddivise:
- quiz di Competenze di lettura e Conoscenze acquisite negli studi → 245
- quiz di Ragionamento Logico e Problemi → 280
- quiz di Biologia → 1190
- quiz di Chimica → 1015
- quiz di Matematica e Fisica → 770 (427 di matematica e 343 di fisica)

Ora vedremo nel dettaglio cosa devi aspettarti dalle singole materie.

COMPRENSIONE DEL TESTO E CONOSCENZE ACQUISITE NEGLI STUDI

Per questa materia ci sono:
- 32 domande di **Competenze di lettura**
- 213 quesiti di **Conoscenze acquisite negli studi**

Come si può vedere, c'è una netta preponderanza di domande di **Conoscenze acquisite negli studi**, prima grande novità per quanto riguarda questa sezione del test.

A differenza della prima banca dati (maggio 2024), nella sezione di **competenze di lettura** non si trovano brani lunghi associati a più domande, bensì solo brani di media lunghezza. I quesiti pongono 3 tipologie di domande, infatti richiedono di individuare l'affermazione coerente col senso del brano, l'alternativa che meglio riassume il brano oppure la logica conclusione del brano

Per quanto riguarda le **Conoscenze acquisite negli studi** invece scompaiono completamente le domande precedute da un breve testo inerente l'argomento della domanda, che invece erano presenti nei test 2022-2023 e nella prima banca dati.
Non sono presenti le tipologie di "semantica lessicale" quali "proporzioni verbali", "trova l'intruso", "completamento testi", doppia relazione". Ad eccezione di "completamento testi", queste tipologie sono invece interamente presenti nella sezione di **ragionamento logico e problemi** di questa banca dati.
Gli argomenti di cultura generale trattano per la maggioranza dei casi di letteratura (sia italiana che straniera), ma si trovano domande anche di storia, scienze e filosofia.

Piccola curiosità? In questa sezione della Banca Dati di luglio ci sono anche 3 domande di storia della medicina

LOGICA

Per questa materia ci sono:
- 73 domande di **Logica verbale**
- 207 quesiti di **Logica matematica**

Negli schemi sottostanti troverete la divisione delle domande per argomento.

Logica verbale

Affermazione necessariamente vera/falsa	17
Condizione necessaria sufficiente	11
Inferenza logica	2
Insiemi e sillogismi	18
Proporzioni verbali	17
Doppia relazione e Trova l'intruso	7
Logica verbale cambridge	1

Logica matematica

Calcolo rapido	9
Equazioni con simboli	1
Equazioni e sistemi	22
Grafici e tabelle	17
Gruppi e insiemi	11
Logica geometrica	1
Logica procedurale	29
Logica formale	5
MCD mcm	1
Metodo empirico	19
Percentuali e frazioni	42
Probabilità	6
Proporzioni e problemi sul lavoro	9
Velocità e tempo	2
Relazioni temporali	2
Risoluzione con schemi	22
Sequenze	9

Si riconfermano quindi diversi esercizi di ragionamento su immagini come nelle università private (San Raffaele e Humanitas) oltre alla presenza delle tavole della verità, reintrodotte con la prima banca dati. Questa volta però nel testo della domanda sono presenti le tavole a cui si può fare riferimento per risolvere l'esercizio, mentre nella prima banca dati era necessario saperle a memoria.
Sono presenti molte domande di semantica lessicale, per le quali sono necessarie competenze di cultura generale per risolvere l'esercizio:

- proporzioni verbali (17)
- doppia relazione e trova l'intruso (7)

Ci sono due domande di relazioni temporali e due di inferenza logica.
In questa sezione si sono ben 6 domande di probabilità (che dovrebbero essere in matematica) e inoltre ci sono diverse domande che ricalcano una struttura simile a quella cambridge: i quesiti chiedono di individuare quante affermazioni tra quelle elencate sono corrette

Ecco le tipologie di quesito che scompaiono nella banca dati di luglio:

- Tabelle simili
- Frasi con negazioni

In generale inoltre rispetto alla banca dati di maggio, si riduce il numero di domande di logica verbale (73 domande contro le 106 di maggio) a favore delle domande di logica matematica.

Per quanto riguarda la difficoltà delle domande, queste spaziano dal molto facile al molto difficile, a causa sia dei calcoli complessi che della lunghezza del ragionamento

BIOLOGIA

Nella sessione di luglio le domande dedicate a biologia sono 1190, così suddivise:

Capitolo	Numero domande	Note
1. La chimica dei viventi	46 (--)	Netta diminuzione rispetto a Maggio
2. Organizzazione della cellula	148	
3. Fondamenti di genetica	262 (-)	Diminuzione rispetto a Maggio
4. Mitosi e meiosi, gametogenesi, fecondazione e prime fasi dello sviluppo	104	
5. Anatomia e fisiologia degli animali e dell'uomo	397 (++)	Netto aumento rispetto a Maggio (capitolo con più domande)
6. Bioenergetica	61 (-)	
7. Elementi di biotecnologie	29	
8. Elementi di biodiversità ed evoluzione	69 (++)	
9. Elementi di ecologia	30 (++)	(non citato nel bando)
10. Cenni di Medicina	44	Nuovo capitolo

Le domande, per ogni capitolo, sono ben distribuite tra tutti i sottocapitoli che tocchiamo nei nostri corsi/libri. Nel complesso abbiamo identificato che le domande sono medio-facili, fatta eccezione per alcune decine di esercizi molto difficili, in particolare spiccano alcune di carattere medico-nozionistico:

- Facile → 578
- Media → 424
- Difficile → 186 (di cui 90 parecchio difficili)

Rispetto a quella di maggio, la banca dati di luglio ha dei capitoli e sottocapitoli nuovi, non presenti per altro nel bando.

"Cenni di medicina" comprende domande su patologie (es. malattia fegato, osteoporosi, etc.), domande su farmaci (es. trattamento HIV, antibiotici), domande su tecniche di diagnostica (es.ecografia, test gravidanza).

I sotto-capitoli nuovi sono "Trasduzione del segnale", argomento di fisiologia umana (una decina di domande), "Anatomia e fisiologia delle piante" (una decina di domande) e "Anatomia e fisiologia degli animali" (una cinquantina di domande di cui una ventina difficili).

Nella banca dati di luglio è assente la tipologia di domande Cambridge (a Maggio erano poche ma presenti); inoltre ci sono 30 domande di ecologia, capitolo non citato nel bando, e 9 domande con immagini (es. schema sulla trasmissione di geni epistatici, tabella con sedi di svolgimento delle fasi della respirazione cellulare), molto simili tra loro. Abbiamo notato anche che sono presenti molte domande relative ad anatomia/fisiologia degli animali.

CHIMICA

Nella Banca dati di luglio sono presenti 1015 esercizi di chimica. Sono stati così divisi:

Capitolo	Numero domande	Note
1. Misure e grandezze	56	14 da imparare a memoria
2. Composti ed elementi	157	7 da imparare a memoria
3. Teoria atomica	75	3 da imparare a memoria
4. Legami chimici	57	3 da imparare a memoria
5. Composti inorganici	78	2 da imparare a memoria
6. Unità di misura dell'atomo, stechiometria	91	1 da imparare a memoria
7. Reazioni chimiche, equilibrio e cinetica	73	4 da imparare a memoria
8. Soluzioni acquose	114	13 da imparare a memoria
9. Acidi e basi	40	1 da imparare a memoria
10. Il Ph e soluzioni tampone	71	1 da imparare a memoria
11. La chimica del carbonio	156	29 da imparare a memoria
12. La chimica dei viventi	47	Tutte da imparare a memoria

La difficoltà globale è da considerare media. Ci sono infatti molte domande semplici, che necessitano di una conoscenza base della chimica e le cui opzioni non traggono in inganno, ma ci sono anche domande particolarmente complesse.

Anche in questo caso, come per biologia, alcuni esercizi riguardano argomenti che non erano indicati nel bando e potrebbero risultare complessi ad una prima valutazione. A nostro avviso, però, quasi sempre almeno tre delle opzioni disponibili sono facilmente escludibili e quindi a seguito di un buon ragionamento le domande diventano facili.

Come per la scorsa banca dati la sezione di chimica organica rimane preponderante, con un focus sulle reazioni chimiche. Queste ultime spaziano da domande molto semplici ad alcune più complicate (riguardanti reattivi molto specifici). Per le domande di chimica inorganica invece è importante conoscere la nomenclatura inorganica.

In questa banca dati ci sono tanti quesiti di chimica in comune con fisica (riguardanti ad esempio il calorimetro, la cromatografia, la definizione di Faraday e radiazioni dello spettro visibile). SInceramente risulta un po' complesso trovare una motivazione per cui questi quesiti siano stati inclusi nella sezione di chimica.

Per quanto riguarda i capitoli più "pratici" di stechiometria e del pH si riscontrano esercizi nozionistici, similmente a quanto osservato per la scorsa banca dati, ma anche esercizi di calcolo (di cui alcuni richiedono una conoscenza approfondita dei logaritmi).

Ci sono poi diversi esercizi in cui è fornita la tavola periodica dal testo, ma ciò non esclude il fatto che essa debba comunque essere imparata per poter risolvere esercizi di nomenclatura inorganica ed esercizi puramente teorici proprio sulla tavola periodica. In fondo, non sappiamo se al test usciranno degli esercizi che ci forniranno già la tavola periodica. Nel caso in cui questi esercizi dovessero capitare, non scordiamoci di utilizzare la tavola periodica a nostro vantaggio per risolvere gli altri esercizi del test

Ci sono diversi rimandi su nozioni di chimica applicata (novità del test dell'anno scorso) inclusi nel capitolo de "la chimica dei viventi" e anche per questa banca dati sono ricomparse un paio di domande in stile Cambridge.

In generale ci sentiamo di dire che la maggior parte delle domande sono in linea con quanto annunciato dal bando e contenuto nei nostri manuali e corsi, tranne rare eccezioni, riguardanti alcune novità. Un esempio sono le domande di stampo fisico e tutte le domande molto mnemoniche riguardanti argomenti estremamente specifici.

MATEMATICA E FISICA

Abbiamo identificato 155 esercizi teorici e 615 esercizi pratici. Questo significa che il rapporto tra quesiti teorici e pratici si è mantenuto identico rispetto alla Banca Dati di maggio, con una prevalenza di teoria in fisica (133 esercizi teorici contro i 22 di matematica).

Per quanto riguarda la difficoltà, la media è simile a quella dell'ultima banca dati, sebbene sia aumentato in numero di domande molto difficili:

- Facile → 168
- Medio-Facile → 198
- Media → 213
- Medio-Difficile → 95
- DIfficile → 96

Per suddividerli in questo modo, abbiamo considerato non solo la difficoltà intrinseca dell'esercizio in sé, ma anche la frequenza relativa per quella tipologia rispetto a quella prevista e quindi la rarità di alcuni argomenti mai visti prima! Dentro questa categoria rientrano anche Integrali e Derivate (rispettivamente 10 e 15 esercizi) che sebbene risultino pochi relativamente al totale di quiz nella Banca Dati, sono argomenti NON presenti nel bando!

A matematica sono dedicati 427 quesiti, di cui:

- 0 quesiti di Probabilità (presenti però 6 nella sezione di Logica)
- 2 di Calcolo Combinatorio e 3 di Statistica
- Numero di esercizi di Aritmetica diminuito (81 → 53)
- Numero di esercizi aumentato per Geometria Analitica (56 → 80), Geometria Euclidea (41 → 60) e Funzioni (27 → 51)
- Esercizi più specifici nel capitolo dedicato alle Funzioni (5 su Punto minimo/massimo, 14 sul Limite e 7 su Monotonia/crescita/decrescita)
- In Geometria Euclidea 5 esercizi su Corde e Settori di Circonferenza
- In Algebra classica presenti 10 esercizi in cui si chiedeva di dividere due polinomi.

Per quanto riguarda fisica, invece, ci sono 343 quesiti e abbiamo notato che ci sono meno domande di Unità di misura e Vettori (78 → 28) e di Cinematica (92 → 44). Sono aumentate invece quelle di Lavoro e Potenza (28 → 58) e soprattutto Elettrostatica (52 → 83). Nella Banca dati di luglio notiamo la ricomparsa della Corrente Alternata in di Elettrostatica con 3 esercizi (nella scorsa banca dati 1) e soprattutto molto presenti i Condensatori (addirittura 18 esercizi dedicati!), 1 quesito teorico sulla Viscosità e sul Flusso Laminare, 1 domanda sull'Entropia(come nell'ultima banca dati) e invece 0 di Ottica.

Per avere un confronto più dettagliato e diretto, consulta le due tabelle qui sotto:

Fisica	**Luglio**	**Maggio**
1. Unità di misura e vettori	28	78
2. Cinematica	44	92
3. Dinamica	41	36
4. Lavoro e potenza	58	28
5. Fluidi e pressione	36	21
6. Termodinamica	53	47
7. Elettrostatica	83	52
8. Ottica	0	4

Matematica	**Luglio**	**Maggio**
1. Aritmetica	53	81
2. Algebra classica	138	137
3. Funzioni	51	27
4. Geometria analitica	80	56
5. Geometria euclidea	60	41
6. Goniometria e Trigonometria	40	44
7. Calcolo combinatorio	2	2
8. Probabilità	(6 in logica)	11
9. Statistica	3	13

Competenze di lettura e conoscenze acquisite negli studi

COMPETENZE DI LETTURA

1. Quale alternativa è coerente con il senso del brano seguente?

L'isoprene è un gas utilizzato nell'industria della gomma e nella sintesi di alcune vitamine ma il suo ruolo nell'ambiente naturale non è molto conosciuto; si sa però che viene rilasciato da alcune piante e alghe. Ora si è visto che la sua presenza può determinare il raffreddamento o il riscaldamento del nostro pianeta. In che modo? In alcuni casi esso può reagire con alcune sostanze presenti nell'atmosfera producendo ozono, mentre in altri casi determina la ritenzione del metano. Sia l'ozono che il metano sono tra i gas ritenuti responsabili dell'effetto serra e quindi possono accentuare il riscaldamento globale. Talvolta l'isoprene può formare degli aerosol che invece possono schermare in parte i raggi solari, determinando un leggero raffreddamento. Ora il Dr. McGenity dell'Università dell'Essex ha scoperto che alcuni batteri presenti nelle zone costiere sono in grado di degradare l'isoprene prima che esso possa raggiungere gli strati più elevati dell'atmosfera. Pare inoltre che questi microrganismi siano in grado di degradare gli alcani, idrocarburi che costituiscono una notevole frazione del petrolio greggio. Ciò fa pensare a un loro impiego come organismi decompositori in seguito all'inquinamento marino da petrolio.

A. L'isoprene è in grado, in determinate circostanze, di produrre ozono, cosa che influisce sul riscaldamento del pianeta
B. Il ruolo dell'isoprene nella lotta all'inquinamento marino è ambiguo. Da un lato, esso aumento il riscaldamento del pianeta e dall'altro lo riduce
C. L'isoprene potrebbe venire impiegato per contrastare l'inquinamento marino da petrolio
D. L'industria utilizza un gas che ancora non conosce: l'isoprene. Eppure esso è prodotto da sempre da piante e alghe. Potrebbe riservarci molte sorprese
E. Se, come sembra, alcuni batteri esistenti nelle zone costiere sono in grado di degradare l'isoprene prima che raggiunga l'atmosfera, essi ci daranno sicuramente un aiuto nella lotta contro l'inquinamento da petrolio

2. Quale alternativa riassume correttamente il brano seguente?

Nel mese di dicembre del 2023, per la prima volta da quando conosciamo questo animale, un esemplare di squalo bocca grande è stato segnalato nell'Africa orientale. Si trattava purtroppo non di un animale vivo ma di un cadavere, eppure l'"avvistamento" è importante perché è un evento particolarmente raro: da quando abbiamo scoperto questa specie, nel 1976, l'abbiamo osservata meno di 300 volte, la maggior parte delle quali in seguito allo spiaggiamento di un cadavere. Su The Conversation, il biologo marino della Rhodes University Rhett Bennett spiega nel dettaglio la situazione di questa curiosa specie di squalo. Lo squalo bocca grande, unico rappresentante del genere Megachasma, è uno squalo di grandi dimensioni (può raggiungere i sei metri di lunghezza), ma la sua caratteristica più evidente è quella suggerita dal suo nome: ha una bocca sproporzionatamente grande, che lo fa assomigliare a una sorta di enorme girino. Nonostante le dimensioni, le fauci non sono da predatore: il bocca grande è uno squalo che si nutre esclusivamente di plancton, come fanno solo altri due squali, quello balena e quello elefante. Come detto, ne conosciamo l'esistenza da meno di cinquant'anni, quando un esemplare si impigliò nell'ancora di una nave della marina militare statunitense e venne portato a bordo. Da allora, sono stati registrati meno di 300 avvistamenti ufficiali.

A. Il primo esemplare noto di squalo bocca grande è stato avvistato nel 1976, quando si impigliò nell'ancora di una nave da guerra statunitense, che lo portò a bordo. Da allora, si sono registrati circa altri 300 avvistamenti di esemplari vivi
B. Noto solo da circa 50 anni e poco segnalato, lo squalo bocca grande per la prima volta è stato avvistato nel 2023 anche in Africa orientale. Questo animale si nutre di plancton

C. Mangiatore di plancton come altri giganti del mare e ultimo rappresentante del genere Megachasma, lo squalo bocca grande sta dimostrando una buona capacità espansiva, dall'America all'Africa orientale, ove è stato recentemente segnalato

D. Gli avvistamenti di squalo bocca grande sono rari e purtroppo concernono quasi solo esemplari morti. Ecco quindi che fa sensazione il fatto che uno sia stato pescato da una nave militare in Africa orientale, dove per il momento non era mai stato segnalato

E. Con i suoi sei metri di lunghezza e la bocca spropositata a cui deve il suo nome, lo squalo bocca grande potrebbe farvi paura. Ma in realtà esso non è un predatore e, come lo squalo balena e lo squalo elefante, si nutre solo di plancton

3. Quale alternativa riassume correttamente il brano seguente?
Tra i "lavori" che potrebbero scomparire nei prossimi anni, soppiantati dalla tecnologia e dai robot, c'è quello del cane guida per non vedenti. Un team di ricercatori dell'Università di Berkeley ha recentemente messo a punto un cane robot in grado di muoversi sia all'aperto sia al chiuso, aiutando non vedenti e persone con gravi problemi di vista a evitare ostacoli e trappole urbane come buche, scalini, binari della metropolitana. Dotato di Gps per la navigazione, laser e sensori ottici, il robot è in grado di tenere sotto controllo contemporaneamente sia la strada sia la persona da guidare, accompagnandola in sicurezza attorno a qualsiasi tipo di ostacolo. A differenza dei cani guida il robot non ha bisogno di lunghi e costosi addestramenti, può ricevere gli aggiornamenti del software comodamente da remoto ed è in grado di accompagnare il suo umano da un punto all'altro della città grazie al sistema di navigazione satellitare. Robodog non è comunque ancora pronto per il mercato: serviranno ancora ricerche e sviluppi tecnologici per renderlo affidabile ed efficiente come un cane vero. L'unica lacuna, che difficilmente si riuscirà a colmare, è che tra uomo e robot-cane non si instaura lo stesso rapporto di amicizia e fiducia che si crea, invece, tra un non vedente e la sua guida pelosa.

A. Studiosi dell'Università di Berkeley hanno messo a punto un cane robot dotato di sensori, laser e Gps che sostituisce ormai il cane vero nell'assistenza ai non vedenti. Resta però il fatto che il rapporto che l'uomo instaura con una macchina non è quello che instaura con un animale

B. Sono evidenti i vantaggi di un robot rispetto a un animale e in effetti il cane robot recentemente messo a punto, grazie al suo sistema di navigazione satellitare, sta per soppiantare il cane vero

C. Aggiornamenti software, Gps e sensori fanno di un robot una guida migliore di un cane vero. I non vedenti potranno risparmiare lunghi e costosi addestramenti, senza perdere in servizi e sicurezza

D. Un robot potrebbe in futuro sostituire il cane guida che accompagna i non vedenti nella loro quotidianità. Sicuro ed efficiente, ma forse non altrettanto simpatico

E. Il cane robot è certamente super efficiente grazie all'elettronica, ma non sembra che sarà in grado di sostituire il cane animale nell'assistenza ai non vedenti

4. Quale alternativa è coerente con il senso del brano seguente?
Quasi la metà delle persone esistenti al mondo parla una lingua indoeuropea. Da un paio di secoli i ricercatori sostengono infatti che l'italiano e le altre lingue neolatine, come il francese e lo spagnolo, quelle germaniche (inglese, tedesco e olandese) e le slave come il russo, sono parenti dell'indostano e del sanscrito (parlati in Pakistan e in India) nonché del curdo e del persiano, avendo avuto origine da una lingua antenata comune, detta proto-indoeuropea. Secondo la ricostruzione più accreditata finora, la lingua proto-indoeuropea veniva parlata circa 6.000 anni fa dalle parti del Mar Nero, fra Russia e Ucraina, da un popolo di pastori i quali, grazie al cavallo, dilagarono a più riprese a Ovest e a Est, dalla penisola

Iberica all'India, soppiantando costumi e lingue locali di origine paleolitica. Sulla questione è tornata ora la rivista Scientific American, rafforzando una seconda ipotesi che vede l'origine delle lingue indoeuropee in Anatolia, nell'attuale Turchia, non da parte di pastori, ma di agricoltori. Un nuovo metodo, basato sull'indagine linguistica computazionale, servendosi di algoritmi sempre più rigorosi e imitando la ricostruzione filogenetica, sta mettendo in relazione le varie lingue come in un albero genealogico sempre più preciso.

A. Oggi si è abbandonata l'idea che esiste un'unità linguistica di base tra lingue come l'italiano, il francese e lo spagnolo da un lato e l'indostano e il sanscrito dall'altro
B. Secondo una teoria la diffusione del proto-indoeuropeo deve qualcosa al cavallo
C. La matematica si sta dimostrando un valido strumento per vagliare alcune teorie scientifiche
D. Sino a un paio di secoli or sono, i ricercatori non conoscevano l'affinità che lega l'italiano al francese
E. È falso che circa 6.000 anni fa tra Russia e Ucraina vi fosse un popolo che parlava il pre-indoeuropeo

5. Quale alternativa è coerente con il senso del brano seguente?
Le scarse notizie, tutte posteriori di almeno sessant'anni alla morte di Andrea del Castagno, che il Billi e l'Anonimo Gaddiano fornirono al Vasari quale base storica per la ricostruzione del personaggio nelle Vite, dimostrano un tono di raccapriccio e di aperta condanna per la vicenda di un artista che dal suo tetro debutto aveva ricavato il soprannome di Andreino degli Impiccati, e in punto di morte aveva confessato di aver ucciso Domenico Veneziano "con una mazza ferrata in sulla testa per invidia". Quanto bastava ad assorbire l'interesse del Vasari e a suggerirgli l'invenzione di un forte carattere che dalla confessione finale del delitto traeva le tinte più cupe per un'interpretazione.

A. Le notizie che possediamo su Andrea del Castagno sono frutto di invenzione
B. Il Billi e l'Anonimo Gaddiano si conobbero
C. Il Vasari elaborò un'interpretazione della personalità di Andrea del Castagno
D. Andrea del Castagno fu un serial killer
E. Non è certo che il Vasari sapesse che Andrea del Castagno avesse ucciso Domenico Veneziano

6. Quale alternativa riassume correttamente il brano seguente?
Gabinio o Crasso non avevano alcuna particolare ragione per invadere la Partia, la cui politica estera nei confronti di Roma, anche se non di altri, era essenzialmente pacifica. Roma iniziò le ostilità con le azioni e le iniziative di Pompeo Magno. Benché i Romani non intendessero ancora mettere in atto un'invasione su vasta scala, una volta eliminata la minaccia rappresentata da Mitridate, Pompeo non ebbe più motivi di fare concessioni ai Parti perché il loro aiuto non era più necessario. Arrivò così il momento del confronto diretto tra le due potenze. Diversi studi hanno rivelato che a creare la politica estera romana furono le azioni di una serie di comandanti sul campo e le conseguenti decisioni del Senato. Non c'erano "piani segreti" concepiti per occupare la Partia, ma gli atti aggressivi di generali e imperatori ambiziosi crearono uno schema di relazioni ostili tra i due imperi.

A. Fu l'uscita di scena di Mitridate a determinare lo scontro tra Roma e la Partia, benché da parte romana non si fosse mai pianificata un'invasione. Tuttavia, prima di quel momento, le azioni ostili dei Romani erano state numerose
B. Lo scontro tra Roma e la Partia non fu pianificato, ma si produsse quale conseguenza di un deterioramento dei rapporti imputabile essenzialmente ai comandanti dei Romani
C. La politica di Roma nei confronti della Partia fu dettata da una serie di iniziative estemporanee, ma sempre ostili, assunte sul campo dai comandanti, i quali tuttavia non intendevano aprire le ostilità
D. Benché non avesse intenzione di mettere in atto un'invasione della Partia, Pompeo non le era amico e le

intraprese contro una serie di atti ostili

E. I Parti non erano aggressivi nei confronti di altri popoli e non fu loro la colpa dell'inizio delle ostilità con Roma. L'uscita di scena di Mitridate fu la molla che diede il via al dramma

7. Quale alternativa è coerente con il senso del brano seguente?
La biologia, da parte sua, si è aperta all'incertezza. L'apparizione della vita corrisponde alla trasformazione di un vortice di macromolecole in un'organizzazione di nuovo tipo, capace di autoorganizzarsi, di autoripararsi, di autoriprodursi, atta a trarre organizzazione, energia e informazione dal suo ambiente, ma questa origine non sembra rispondere ad alcuna necessità ineluttabile. Essa resta ancora un mistero, sul quale non si cessa di elaborare scenari. In ogni modo, la vita ha potuto nascere solo in un intreccio di caso e di necessità del quale noi non possiamo dosare la miscela. Siamo ancora profondamente incerti sul carattere inevitabile o fortuito, necessario o miracoloso dell'apparizione della vita, e questa incertezza si ripercuote evidentemente sul senso delle nostre vite umane.

A. Il vortice di macromolecole che ha dato origine alla vita è riflesso dall'incertezza della biologia. Eppure, capire l'origine della vita avrebbe un peso nello spiegare il senso delle nostre vite

B. L'incertezza sull'origine della vita non è senza conseguenze sul significato delle nostre esistenze

C. Non capiremo mai come la vita si sia originata

D. Possiamo trascurare di indagare il troppo complesso processo che ha portato alla formazione della vita, per concentrarci piuttosto sul senso dell'esistenza umana

E. L'essenza della vita sta nella sua capacità di superare quella necessità ineluttabile che la chiamava alla non esistenza

8. Quale alternativa riassume correttamente il brano seguente?
La storia degli scacchi è soprattutto storia di idee. I tentativi di formulare leggi scientifiche aventi una validità generale furono assai scarsi prima del secolo XIX: solo alcune verità, frammenti embrionali di una sistematica degli scacchi, furono intuite nei secoli precedenti, frutto di appassionati ricerche e dei risultati delle partite giocate. André D. Philidor fu il primo a cogliere un aspetto (le strutture dei pedoni e la loro importanza nello svolgimento della partita) della teoria generale che, ai nostri tempi, fa parte del bagaglio di un giocatore mediocre. La via della scienza passa sempre attraverso gli eventi caotici dell'empirismo e dell'approssimazione, e – quel che è importante – non è detto che certe leggi siano acquisite per sempre al patrimonio culturale dell'umanità: ci sono sempre oppositori disposti a negare l'evidenza dei fatti.

A. La scienza si apre la strada tra la sperimentazione empirica, l'approssimazione e l'opposizione irragionevole di alcuni. Non è una partita semplice

B. André Philidor fu l'autore di una trasformazione del gioco degli scacchi, introducendo le strutture di pedoni. E sebbene oggi tali idee appaiano proprie dei giocatori mediocri, se ne deve riconoscere l'importanza storica

C. Gli scacchi stanno alle idee come la sperimentazione empirica alla scienza. Non c'è dubbio che l'approssimazione e l'opposizione irragionevole di alcuni siano uno ostacolo, ma, come mostrò Philidor, la sistematizzazione è possibile e i frutti possono esser goduti da tutti

D. Prima del XIX secolo, i giocatori di scacchi erano appassionati e geniali, ma le ricerche di Philidor, mettendo i loro frutti a disposizione di tutti nella forma di leggi universali, produssero generazioni di scacchisti mediocri

E. Solo con il secolo XIX si passò da osservazioni sporadiche alla formulazione di una sistematica degli scacchi grazie ad André D. Philidor

9. Quale alternativa riassume correttamente il brano seguente?
La presenza di microplastiche e nanoplastiche in diversi organi del nostro corpo è ormai documentata da numerose ricerche scientifiche. Ora però, per la prima volta, viene individuata un'associazione fra questa forma di contaminazione interna e un effetto sulla salute. Uno studio coordinato dall'Università della Campania Luigi Vanvitelli di Caserta, e pubblicato su New England Journal of Medicine, ha infatti scoperto che le nanoparticelle di polietilene e pvc possono accumularsi nelle placche che, ostruendo le arterie, minacciano la salute del cuore e dei vasi. «Se questo accade, il rischio di andare incontro a eventi come ictus e infarti, o alla morte, aumenta di quattro volte e mezza» spiega Francesco Prattichizzo, ricercatore all'IRCCS Multi-Medica di Milano, fra gli autori dello studio.

A. Come ha mostrato Francesco Prattichizzo nella sua ricerca pubblicata su New England Journal of Medicine, le nanoparticelle di polietilene e pvc si accumulano negli organi del corpo umano. Prattichizzo è un ricercatore all'IRCCS MultiMedica di Milano
B. Si devono alla presenza di microplastiche e nanoplastiche in diversi organi del corpo umano l'ictus e l'infarto, che possono condurre alla morte. Ciò è stato chiarito da uno studio dell'Università Vanvitelli
C. Uno studio dell'Università Vanvitelli, pubblicato su New England Journal of Medicine, ha per la prima volta chiarito la presenza di microplastiche e nanoplastiche in diversi organi del nostro corpo
D. Uno studio dell'Università Vanvitelli ha per la prima volta documentato una correlazione tra la presenza di microplastiche e nanoplastiche nel corpo umano ed effetti altamente nocivi, potenzialmente letali, per la salute
E. Le nanoparticelle di polietilene e pvc possono accumularsi nelle placche, così minacciando la salute del cuore e dei vasi. Francesco Prattichizzo, ricercatore all'IRCCS MultiMedica di Milano, spiega che il rischio di ictus, infarto e morte è elevato

10. Quale alternativa riassume correttamente il brano seguente?
Di fatto, possiamo anche sognare la possibilità che vengano sviluppate tecniche per catturare un buco nero grazie al suo campo gravitazionale (molto intenso nelle sue immediate vicinanze, ma assai piccolo nel complesso) e costringerlo a deviare dalla sua traiettoria quel tanto che basta per mancare la Terra se fosse diretto esatta- mente verso di essa. Questo potrebbe essere un effetto secondario dell'esplorazione spaziale che potrebbe valere la pena di coltivare anche a costo di spendere grandi somme di denaro. Coloro che si dedicano a speculazioni molto in anticipo rispetto alle possibilità presenti della scienza e che si dilettano a sognare visioni fantastiche del futuro, potrebbero sperare addirittura che un buco nero sia relativamente vicino alla Terra (ovviamente a distanza di sicurezza). Un buco nero, dopotutto implica la possibilità di accedere a energie enormi. Qualsiasi oggetto che venisse catturato nel suo campo gravitazionale e si avvicinasse progressivamente ad esso, percorrendo una spirale sempre più stretta, irraggerebbe nel corso di questo processo grandi quantità di energia.

A. Appartiene al campo della fantascienza l'ipotesi di poter interagire con i buchi neri. Possiamo solo immaginare di riuscire ad allontanarli se ci minacciano o persino di sfruttarli per produrre energia
B. È quantomeno immaginabile la possibilità di deviare un buco nero dalla sua traiettoria, e quindi di salvarci, interagendo con il suo campo gravitazionale, così come lo è il sogno di usare quest'ultimo per produrre energia
C. La chiave di volta per interagire con i buchi neri è data dal loro campo gravitazionale. Esso non è così forte da non poter essere domato per allontanare il buco da noi, se fosse minaccioso. Al tempo stesso, potrebbe essere usato per produrre energia
D. Se un buco nero si avvicinasse sufficientemente a noi – restando però sempre a distanza di sicurezza – potremmo anche pensare di riuscire a ricavare energia dal suo campo gravitazionale

E. Se un buco nero ci minacciasse, il suo campo gravitazionale ci offrirebbe non solo la possibilità di deviarlo dalla sua orbita e quindi di salvarci, ma addirittura di ricavare grandi quantità di energia da esso

11. Quale delle seguenti alternative è la logica conclusione del brano seguente? La teoria economica non può accontentarsi di descrivere le verità della vita: l'economia politica ha il compito di aiutare l'opinione pubblica a fare qualcosa per porre rimedio a mali manifesti e l'elettorato, se veramente lo desidera, ha i mezzi per migliorare la qualità della vita economica. Ma, come amano dire i conservatori, non "esiste nulla di simile a un pasto gratis". Quali costi sarà necessario sopportare per ottenere il beneficio di un Benessere Economico Netto più elevato? Mostreremo che, se si vuol combattere l'inquinamento e la degradazione delle città, si devono aumentare le imposte e le tariffe dell'elettricità: ...

A. solo così il PIL potrà tornare a crescere
B. non si può dunque far finta di poter ottenere qualcosa in cambio di niente
C. solo una decrescita ragionevole può aiutare l'ambiente
D. queste ultime potranno essere compensate da una riduzione delle imposte sul reddito
E. bisogna guardarsi dall'eccessiva euforia

12. Quale alternativa è coerente con il senso del brano seguente? Gli Etruschi sono sempre stati considerati differenti. "Erano un popolo con consuetudini diverse da chiunque altro", diceva alla fine del primo secolo a.C. lo scrittore greco Dionigi di Alicarnasso, che si era preso la briga di studiarli. Per alcuni, erano un esempio di dissolutezza: ricchi e licenziosi, inclini ai festeggiamenti e ai piaceri. Altri hanno posto l'accento sulla pratica della pirateria e sulla loro crudeltà. La loro devozione e il loro sapere religioso erano rinomati, temuti e ridicolizzati. Fu un indovino etrusco a mettere in guardia Giulio Cesare dalle idi di Marzo. Gli etruschi erano inventori: si attribuisce loro l'invenzione della tromba da guerra, della cerimonia del trionfo (di cui si appropriarono i Romani), della boxe e dei giochi gladiatori, dell'uniforme e delle insegne dei magistrati. Mecenate, il colto amico dell'imperatore Augusto, era orgoglioso della sua discendenza da re etruschi. Eppure, come molti altri popoli del mondo antico, non ci hanno tramandato i loro testi letterari e la loro storia. Il silenzio degli Etruschi, aggravato dalla scomparsa già in epoca antica della loro stessa lingua, appare assordante, considerata la ricchezza della loro cultura materiale e l'evidente potere da loro esercitato per ben 5 secoli.

A. Erroneamente, gli Etruschi apparvero già agli antichi come un popolo dotato di caratteristiche del tutto particolari
B. Gli antichi guardavano agli Etruschi con un insieme di sentimenti molto variegato e anche contraddittorio
C. Si deve a Dionigi di Alicarnasso l'immagine del popolo etrusco come differente da quella di tutti gli altri. La mancanza di una letteratura etrusca non permette di smentire questa idea
D. Gli Etruschi svanirono nel primo secolo a.C. senza lasciare testimonianze letterarie che potessero far luce su di loro
E. Noi non possiamo sapere chi erano davvero gli Etruschi, perché su di loro si accumularono i pregiudizi degli altri popoli

13. Quale alternativa è coerente con il senso del brano seguente? Il primo motivo per non temere l'intelligenza artificiale è che è utile. Molte delle applicazioni dell'Ai, infatti, non ci fanno concorrenza, perché riguardano qualcosa che noi non sapremmo fare, o che ci richiederebbe un tempo esagerato. Come mettere a confronto una radiografia con innumerevoli altre per individuare in una frazione di secondo un punto nell'immagine che può rafforzare il sospetto di uno specialista. Oppure simulare l'avvolgimento tridimensionale di una proteina per predire se sarebbe un buon farmaco una volta introdotta nel corpo umano. Il secondo motivo per non temerla è che non è una minaccia ma un supporto alla creatività: per come è disegnata, infatti, l'Ai non può violare le regole su cui è fondata, mentre la creatività è data proprio dalla capacità di

rompere gli schemi. Di fatto, molti artisti la stanno già utilizzando.

A. L'intelligenza artificiale sa solo fare cose che l'essere umano non sa fare
B. Gli artisti che utilizzano l'intelligenza artificiale violano la regola fondamentale dell'arte, cioè rompere gli schemi
C. Di ciò che fa l'intelligenza artificiale, non c'è nulla che l'essere umano non sappia a sua volta fare; tuttavia l'IA fa risparmiare tempo
D. L'intelligenza artificiale può avere applicazioni in campo artistico
E. L'intelligenza artificiale appare come una minaccia solo a chi non ha compreso che non è una minaccia

14. Quale alternativa è coerente con il senso del brano seguente?
La cultura, ormai, non solo è frammentata in parti staccate, ma anche spezzata in due blocchi. La grande disgiunzione tra la cultura umanistica e quella scientifica, delineatasi nel diciannovesimo secolo e aggravatasi nel ventesimo secolo, provoca gravi conseguenze per l'una e per l'altra. La cultura umanistica è una cultura generica, che attraverso la filosofia, il saggio, il romanzo alimenta l'intelligenza generale, affronta i fondamentali interrogativi umani, stimola la riflessione sul sapere e favorisce l'integrazione personale delle conoscenze. La cultura scientifica, di tutt'altra natura, separa i campi della conoscenza; suscita straordinarie scoperte, geniali teorie, ma non una riflessione sul destino umano e sul divenire della scienza stessa. La cultura umanistica tende a diventare come un mulino privato del grano costituito dalle acquisizioni scientifiche sul mondo e sulla vita, che dovrebbe alimentare i grandi interrogativi; la cultura scientifica, privata di riflessività sui problemi generali e globali, diventa incapace di pensarsi e di pensare i problemi sociali e umani che pone.

A. La cultura scientifica pone dei grossi problemi ma non è in grado di riflettere su di essi
B. La cultura scientifica, che per sua natura tende a separare i campi della conoscenza, ha provocato una spaccatura con la cultura umanistica nel corso del diciannovesimo secolo
C. La cultura umanistica e la cultura scientifica devono essere in grado di scambiarsi i loro oggetti
D. La cultura scientifica non appare in grado di alimentare l'intelligenza
E. È tempo che la cultura umanistica e la cultura scientifica riunifichino i loro oggetti per tornare alla situazione del diciottesimo secolo

15. Quale alternativa è coerente con il senso del brano seguente?
Io, come molti altri, vedo negli scacchi un preciso modello di vita, con le battaglie di tutti i giorni e i suoi alti e bassi. Alla scacchiera otteniamo la possibilità di controllare gli eventi. Possiamo progettare piani e cercare di portarli alla loro logica conclusione, che è poi quello che facciamo ogni giorno. Non si può aver successo in ogni iniziativa e in qualsiasi circostanza se non si incoraggiano dentro di sé la tenacia, l'operosità e la capacità di valutare obiettivamente le proprie possibilità. Bisogna essere capaci di porsi degli obiettivi realistici e di lottare per conquistarli in modo logico, energico e risolutivo.

A. Chi gioca a scacchi può aver successo in ogni iniziativa, e non solo sulla scacchiera
B. Gli scacchi aiutano a sviluppare doti come la tenacia
C. Chi gioca a scacchi riesce a controllare gli eventi
D. Il gioco degli scacchi contiene insegnamenti utili per la vita
E. Chi non gioca a scacchi non sviluppa la capacità di valutare obiettivamente le proprie possibilità

16. Quale alternativa riassume correttamente il brano seguente?
Tutte le definizioni del fenomeno religioso date fino ad oggi hanno un tratto comune: ciascuna contrappone, a suo modo, il SACRO e la vita religiosa al PROFANO e alla vita secolare. Le difficoltà cominciano quando si vuol delimitare la sfera della nozione di 'sacro'. Difficoltà di carattere teorico, ma anche pratiche, perché prima di tentare una definizione del fenomeno religioso, occorre sapere da che parte bisogna ricercare I FATTI religiosi, e, soprattutto, quali sono, fra questi fatti, quelli che si lasciano osservare 'allo

stato puro', cioè che sono 'semplici' e il più possibile vicini alla loro origine. Simili fatti, purtroppo, non sono in alcun luogo a nostra disposizione: né nelle società di cui possiamo seguire la storia, né fra i 'primitivi', i meno civili. Quasi dappertutto, ci troviamo di fronte a fenomeni religiosi complessi, che presuppongono una lunga evoluzione storica.

A. Se lo studio del fenomeno religioso si basa sulla distinzione tra sacro e profano, si pone il problema dell'identificazione del sacro e dell'identificazione dei fatti religiosi
B. Oggi, i fatti religiosi semplici non esistono più. Sono stati sostituiti da fenomeni complessi. Questa è la ragione per cui è impossibile tentare una definizione del fenomeno religioso
C. Sacro e profano sono i due concetti che stanno alla base dei fatti religiosi. Questi ultimi però non esistono allo stato puro, per cui quello che possiamo cogliere è un'evoluzione, senza afferrarne il punto di partenza
D. Le difficoltà che incontra chi vuole definire il fenomeno religioso nascono dal fatto che i fatti religiosi semplici non si possono più osservare, a causa dell'evoluzione storica che li ha interessati e trasformati
E. È indagando i fatti religiosi che si potrà arrivare a una soddisfacente definizione del fenomeno religioso e quindi alla distinzione tra sacro e profano

17. Quale alternativa riassume correttamente il brano seguente? Scienziati canadesi hanno fatto un esperimento sottoponendo all'ascolto di musica membri della tribù dei Pigmei Mbenzélé. Questa tribù, che ha una ricca cultura e tradizione musicale, vive nella foresta pluviale del Congo, senza elettricità, e senza accesso a radio e televisione, e quindi non è mai stata esposta a musica diversa dalla propria. I ricercatori hanno fatto ascoltare a quaranta di loro e a quaranta canadesi, cittadini di Montréal, che a loro volta non avevano mai avuto occasione di sentire la musica dei Pigmei, una serie di brani delle due culture musicali. Il risultato è stato che gli ascoltatori dei due gruppi hanno definito in modo molto diverso i brani quanto alle emozioni di tristezza o felicità che evocavano. In particolare, mentre gli ascoltatori canadesi hanno classificato la musica ascoltata, sia quella occidentale che quella dei Pigmei, in base all'intero range delle emozioni, per i Pigmei quasi tutti i brani sono risultata "piacevoli" ed evocativi di sentimenti positivi. E anche i parametri fisiologici hanno dimostrato la stessa diversità.

A. Scambiare la musica tra due culture provoca risultati interessanti. I Pigmei Mbenzélé si sono dimostrati aperti alla musica straniera e l'hanno apprezzata pressoché per intero, mentre i Canadesi hanno filtrato la musica altrui secondo il proprio retaggio culturale
B. Quando ascoltano la musica di un altro popolo, gli occidentali tendono a classificarla in base a parametri propri, mentre i Pigmei appaiono più monocordi, giudicandola quasi sempre in termini positivi
C. Un esperimento condotto su un gruppo di Pigmei da un lato e uno di Canadesi dall'altro sembra mostrare che la musica non suscita in tutti le stesse emozioni
D. Scienziati canadesi hanno sottoposto a un esperimento musicale i Pigmei Mbenzélé, una tribù della foresta pluviale del Congo che non conosce l'elettricità, la radio e la televisione e che quindi non ha mai avuto occasione di ascoltare musica diversa dalla propria
E. Un esperimento condotto sui Pigmei Mbenzélé e sui Canadesi mostra una diversità di apprezzamento della musica. Mentre i secondi sono stati in grado di catalogare correttamente i diversi brani in base alle emozioni da essi suscitate, i primi hanno reso un giudizio molto più uniforme

18. Quale alternativa riassume correttamente il brano seguente? Racchette spaccate, urla, parolacce, insulti e minacce di abbandonare il campo. Quando una palla chiamata fuori o dentro il campo può valere la differenza tra vittoria o

sconfitta, a volte i giocatori di tennis protestano con il giudice di sedia dando il peggio di sé. Ma molto presto ciò che ha reso alcuni giocatori come John McEnroe vere leggende della crisi isterica (oltre che del tennis sublime) diventerà un ricordo e manderà in pensione i giudici di linea. L'Atp, l'associazione che rappresenta i professionisti del tennis maschile, ha annunciato che dal 2025 in tutti i suoi tornei verrà introdotta la tecnologia Electronic Line Calling Live: un sistema di 40 telecamere Hd ad altissima velocità, di cui 10 con un sistema laser che registra i movimenti della pallina a 2.500 fotogrammi al secondo e, grazie a un software, è in grado di stabilire con precisione assoluta se anche un solo pezzettino della stessa ha toccato o meno la riga.

A. Sta per essere introdotta la tecnologia Electronic Line Calling Live, cioè un sistema di 40 telecamere Hd ad altissima velocità. Dieci saranno dotate di un sistema laser capace di registrare 2.500 fotogrammi al secondo

B. L'introduzione di tecnologia sofisticata, che si verificherà a partire dal 2025 nel tennis maschile, priverà questo sport del suo più vero fascino

C. La tecnologia Electronic Line Calling Live pensionerà i giocatori di tennis come John McEnroe

D. Il 2025 rappresenterà un anno importante, almeno per il tennis maschile: sarà introdotta la tecnologia Electronic Line Calling Live che, combinando telecamere e laser, registrerà con assoluta certezza i movimenti dei giocatori

E. Nel tennis maschile sta per essere introdotta una tecnologia molto sofisticata, che determinerà con assoluta sicurezza il movimento della palla

19. Quale alternativa riassume correttamente il brano seguente?
Negli ultimi anni sono state elaborate tecniche molto sensibili per riconoscere se una determinata sostanza è in grado di produrre mutazioni genetiche. Ciò si è rivelato di notevole importanza anche nella prevenzione delle malattie, perché questi "test di mutagenesi" possono essere applicati praticamente a tutte le sostanze chimiche dell'ambiente, permettendo di discriminare quelle dotate di tale capacità, che può essere talora considerata il primo passo verso una trasformazione in senso cancerogeno delle cellule viventi.

A. Le cellule che possono andare incontro a trasformazioni cancerogene possono oggi essere individuate grazie ai test di mutagenesi

B. I test di mutagenesi sviluppati negli ultimi anni permettono di individuare le cellule destinate a trasformarsi in senso cancerogeno per effetto delle sostanze che producono mutazioni genetiche

C. Le mutazioni genetiche delle sostanze possono essere individuate oggi grazie ai test di mutagenesi. Questo ha una ricaduta importante in termini medici nella lotta contro il cancro

D. I test di mutagenesi, applicati agli alimenti, si sono dimostrati molto preziosi perché possono individuare quelle sostanze che possono indurre mutazioni cancerogene nelle cellule

E. I test di mutagenesi hanno acquistato importanza anche a fini medici, poiché permettono di individuare quelle sostanze che potrebbero dare il via a trasformazioni cancerogene delle cellule viventi

20. Quale alternativa riassume correttamente il brano seguente?
La storiografia sulla grande guerra è stata condizionata per anni da un problema essenzialmente politico, quello della ricerca delle responsabilità per lo scoppio del conflitto. Ma, nonostante tutti gli sforzi contrapposti, il tentativo di individuare il colpevole nel campo avverso non ha portato a risultati pienamente convincenti e conclusivi. Proprio tale impostazione storiografica, anzi, appare essa stessa rivelatrice della causa più profonda che aveva condotto allo scontro: la diffidenza reciproca, la paura di ogni Paese che la propria esistenza e il proprio futuro fossero minacciati dagli altri, l'ansia di sopravvivenza.

A. Il clima di diffidenza reciproca tra Paesi e di paura che portò allo scoppio della grande guerra si è prolungato nel dibattito storiografico successivo e ancor oggi impedisce di attribuire la responsabilità dello scoppio

B. La diffidenza reciproca, l'ansia di sopravvivenza e la paura per la propria esistenza determinarono il problema politico dell'attribuzione della responsabilità dello scoppio della grande guerra e le conseguenti difficoltà storiografiche a spiegarlo

C. Affidare un dibattito storiografico a preconcetti politici significa votarsi al fallimento. E difatti non si è ancora riusciti a stabilire a chi spetti la responsabilità dello scoppio della grande guerra

D. Ancora oggi non sappiamo a chi debba essere attribuita la responsabilità dello scoppio della grande guerra. La ragione risiede nel fatto che il problema è approcciato da un punto di vista politico anziché storiografico

E. Il dibattito storiografico sulla responsabilità dello scoppio della grande guerra non è mai giunto a vere conclusioni, cosa che dimostra semmai come la causa sia stata piuttosto il clima di paura e di sospetto tra le nazioni

21. Quale alternativa è coerente con il contenuto del brano seguente?
Ciò che mangiamo ha un forte impatto sull'ambiente che ci circonda: non solo in termini di emissioni inquinanti, ma anche per quanto riguarda la biodiversità. Uno studio pubblicato su PLOS ONE ha analizzato l'impatto che 151 piatti appartenenti a diverse culture del mondo hanno sulla sopravvivenza di mammiferi, uccelli e anfibi, e ciò che è emerso è solo in parte ovvio: tra i più impattanti ci sarebbero infatti non unicamente ricette di carne, ma anche piatti vegani e vegetariani a base di riso e legumi. Per calcolare l'impatto sulla biodiversità gli autori hanno guardato alla ricchezza, lo stato di conservazione e la varietà di mammiferi selvatici, uccelli e anfibi nel terreno agricolo utilizzato per coltivare o allevare ogni ingrediente che componeva il piatto: infine, unendo i dati, hanno calcolato l'impronta di ogni piatto sulla biodiversità.

A. Sono stati finalmente identificati i 151 piatti maggiormente responsabili dei danni alla biodiversità.

B. Non c'è cucina del mondo che non danneggi in qualche modo la biodiversità. All'accusa non si sottraggono nemmeno le ricette vegetariane e vegane, sebbene sia ovvio che i legumi facciano meno danni della carne

C. Occorre rendersi conto che dietro a ogni piatto sta un territorio agricolo che fornisce i prodotti vegetali o animali necessari a comporlo. Si può così parlare di un'impronta del piatto

D. Uno studio scientifico mostra che il modo di alimentarsi dell'umanità incide sull'ambiente non solo in termini di emissioni, ma anche di biodiversità

E. Uno studio scientifico ha mostrato la falsità delle dottrine vegane e vegetariane, che propugnano il consumo di piatti molto dannosi per l'ambiente e la biodiversità

22. Quale alternativa riassume correttamente il brano seguente?
Molta tecnologia dei materiali è impiegata anche nelle superfici di gioco: se la terra battuta e l'erba sono rimaste sostanzialmente invariate nel tempo (a Wimbledon dal 2001 però si usa il loglio anziché la festuca rossa), l'evoluzione ha riguardato soprattutto le superfici veloci, che una volta erano in cemento, moquette, plastica, mentre oggi sono realizzate applicando varie resine e vernici. Per preparare i campi degli Us Open, per esempio, i tecnici di Laykold usano un macchinario che spara le palline sulla superficie e misurano attrito e restituzione, cioè quanta energia viene persa dopo un rimbalzo. Così si può stabilire la velocità del singolo campo e rendere tutti quelli del torneo uniformi. Mentre in passato c'era ampia differenza tra superfici veloci e lente, oggi questo divario si è ristretto, anche su richiesta dei giocatori. Ecco perché sono sempre più rari gli specialisti di una superficie, e ogni volta che inizia un torneo è difficile immaginare chi potrà vincere. In

modo che tutto sia incredibilmente più avvincente.

A. Realizzando i campi da tennis in resine e vernici si ottiene la possibilità di misurare attrito e restituzione, cioè quanta energia viene persa dopo un rimbalzo

B. La tecnologia dei materiali sta dando nuovo interesse al gioco del tennis grazie alla possibilità di misurare attrito e restituzione

C. Si deve alla tecnologia dei materiali l'uniformazione non solo delle superfici dei campi da tennis, ma anche dei giocatori. Questo può essere positivo, dato che non si riesce più a prevedere chi vincerà un torneo, rendendo così il gioco più affascinante

D. Oggi non esistono più campi da tennis in terra battuta o erba. Le resine le hanno soppiantate. La cosa è stata chiesta dagli stessi giocatori, stanchi di sapere già da prima dell'inizio di un torneo chi avrebbe vinto

E. La tecnologia dei materiali viene utilizzata per rendere le superfici veloci dei campi da tennis di un torneo uniformi tra loro. Al tempo stesso, si è ridotta la differenza tra superfici lente e veloci, cosicché gli specialisti delle superfici stanno scomparendo

23. Quale alternativa è coerente con il senso del brano seguente?
Il greco Pitagora è considerato una delle menti più brillanti e poliedriche di tutti i tempi. Fondatore nel VI secolo a.C. di una tra le prime scuole filosofiche dell'antichità, nel corso della sua vita si interessò alle materie più disparate, dalla matematica all'astronomia, fornendo le basi per la fondazione del pensiero occidentale. Dopo oltre 2.500 anni, oggi c'è però chi ha smentito (almeno in parte) l'insegnamento pitagorico che più di ogni altro ha influenzato le teorie musicali europee. Stando al filosofo, la formula perfetta per produrre un'armonia musicale, ovvero un suono piacevole e non stonato composto da più note, deve rispettare la cosiddetta "consonanza", ossia una semplice relazione matematica tra le frequenze che lo compongono. Secondo tale meccanismo, esistono precisi rapporti in grado di produrre intervalli considerati consonanti: nell'ottava, per esempio, una delle due note presenti nell'accordo ha esattamente la metà o il doppio della frequenza dell'altra (rapporto 1:2), mentre nella quinta il rapporto tra le note è di 3:2. Gran parte della musica che conosciamo è stata costruita su questo semplice principio pitagorico, ma in realtà sembra che tali proporzioni non siano sempre valide, specie in culture che si avvalgono di strumenti musicali poco noti alla tradizione occidentale.

A. Il teorema geometrico che Pitagora pose alla base della sua teoria musicale oggi è stato sconfessato

B. Pitagora non fu altrettanto grande nella musica come in altre discipline, e la sua teoria della consonanza oggi non appare più valida

C. Il rapporto tra le note è stato riscritto grazie ai contatti con culture diverse e alla diffusione di strumenti musicali nuovi

D. I gusti musicali odierni non sono più come quelli del tempo di Pitagora

E. Le regole individuate da Pitagora per produrre armonie musicali gradevoli oggi appaiono meno assolute di prima

24. Quale alternativa riassume correttamente il brano seguente?
Nella transizione tra la fine dell'età del Bronzo e l'inizio dell'età del Ferro (950-750 a.C.), si registra un completo cambiamento delle strategie di occupazione territoriale ed è chiaro che in Etruria si verificò una rivoluzione. Furono creati agglomerati urbani e nuove forme di controllo del territorio. Nell'ottavo secolo, contemporaneamente alla leggendaria fondazione di Roma, l'arrivo dei Fenici e specialmente dei Greci dal Mediterraneo orientale offrì nuove opportunità e idee, un nuovo linguaggio visivo per l'arte, per la religione e per l'architettura, e persino una nuova scrittura. Gli Etruschi furono recettori precoci e vivaci e tra il 650 e il 550 si ebbe una fase di grande creatività e di cambiamento. Successivamente, conflitti esterni e interni all'Etruria rallentarono i tempi del cambiamento e provocarono in alcune zone sommovimenti sociali e la riduzione del territorio etrusco. A partire dal 400 a.C., l'influenza dei Romani cominciò a

farsi sentire; intorno al 250 a.C. la conquista era più o meno completa e furono fondate le prime colonie romane sul territorio etrusco; a metà del primo secolo a.C. l'autonomia etrusca era ormai scomparsa e le testimonianze della lingua erano sempre più rare, dal momento che la ridistribuzione di terre effettuate da Roma aveva minato la capacità economica delle vecchie città.

A. È con l'inizio dell'età del Ferro che inizia in Etruria una rivoluzione, che porta a una nuova occupazione territoriale e poi a ulteriori sommovimenti sociali. Questi sono però bloccati dall'azione dei Romani, che danneggiano le città etrusche

B. A partire dall'età del Bronzo l'Etruria conobbe una fioritura che culminò con l'inizio dell'età del Ferro, dopo la quale furono creati i primi insediamenti urbani. Si susseguirono l'arrivo dei Fenici, dei Greci e dei Romani, ma l'Etruria era già in crisi per il verificarsi di sommovimenti urbani che minarono le sue capacità economiche

C. Verso la fine dell'età del Bronzo l'Etruria conosce grandi cambiamenti - dovuti anche ai contatti con i Fenici e i Greci - a livello insediativo e culturale. Ma dopo il 550 a.C. il mondo etrusco iniziò a declinare, anche a causa dell'azione dei Romani

D. È grazie all'arrivo di Fenici e Greci che, verso il 950 a.C., si registra la fioritura dell'Etruria, che prende il sembiante di una rivoluzione. La creazione di nuovi agglomerati urbani, nuove idee e nuove forme di cultura assicurano un successo che però sarà minato verso il quinto secolo a.C. da problemi interni e dai Romani

E. A partire dal decimo secolo a.C. l'Etruria conobbe una fioritura di cui si colgono le tracce sia nelle modalità di occupazione del territorio sia nella cultura, influenzata dai Fenici e dai Greci. La fondazione di colonie romane però portò alla totale scomparsa del mondo etrusco verso il 400 a.C.

25. Quale delle seguenti alternative riassume correttamente il brano seguente? Il sindacalismo trasse origine in tutto l'Occidente in parte dalle corporazioni medievali e in parte da altre circostanze. Nei secoli passati i salari erano ovunque molto bassi e, poiché anche la produttività era molto ridotta, nessuna ridistribuzione della torta sociale poteva dare all'individuo medio una fetta adeguata. Ma i lavoratori dipendenti si sentivano particolarmente poveri, disinformati e alla mercé dei loro padroni, che in ogni conflitto avevano maggiori possibilità di resistenza e che organizzavano le fabbriche secondo criteri dittatoriali. Gradualmente i lavoratori scoprirono che il numero fa la forza e che agendo in modo concertato il loro potere contrattuale cresceva. Cominciarono a riunirsi in osterie e in luoghi di culto e poi formarono associazioni fraterne di mutua assistenza, che oltre a fornire vari servizi assicurativi si occupavano dell'istruzione e del tempo libero degli iscritti. Concertavano anche i salari uniformi che tutti i membri dovevano pretendere dai loro datori di lavoro.

A. Le maggiori capacità di resistenza dei datori e l'organizzazione dittatoriale dei luoghi di lavoro che essi imponevano erano la causa sia della bassa produttività sia dell'ineguale ripartizione della torta sociale. A questo stato di cose diede un parziale rimedio il sindacalismo

B. Il sindacalismo occidentale ha almeno in parte origini medievali, situandosi nelle corporazioni. Tanto le osterie quanto le chiese divennero luoghi idonei per riunirsi e passare il tempo libero

C. Nei secoli passati, i lavoratori dipendenti erano poveri e disinformati, nonché alla mercé dei datori di lavoro, che in ogni conflitto avevano maggiori possibilità di resistenza

D. In Occidente, i lavoratori dipendenti, assai malpagati, si riunirono in associazioni che perseguivano vari scopi di interesse comune. Tra di essi, c'era anche quello di pretendere determinati salari dai datori di lavoro

E. Il problema della bassa produttività fu risolto grazie all'associazionismo tra i lavoratori salariati. Questi ultimi si trovavano in effetti alla mercé dei loro datori di lavoro

26. Quale alternativa riassume correttamente il brano seguente?
I vaccini sono preparati biologici costituiti da microrganismi uccisi o di cui è stata ridotta la pericolosità (con appositi trattamenti), oppure da alcuni loro antigeni, o da sostanze prodotte dai microorganismi e rese sicure, non più pericolose per l'essere umano. Generalmente i vaccini contengono anche acqua sterile (o una soluzione fisiologica a base salina) e alcuni possono contenere, in piccole quantità, anche un adiuvante per migliorare la risposta del sistema immunitario, un conservante (o un antibiotico) per prevenire la contaminazione del vaccino da parte di batteri, e qualche stabilizzante per mantenere inalterate le proprietà del vaccino durante lo stoccaggio. I vaccini agiscono stimolando il nostro sistema immunitario a produrre anticorpi contro la malattia, come se il corpo fosse stato infettato da essa. Sin dalla loro scoperta, hanno rappresentato un grande passo in avanti per la scienza e la medicina, che ha potuto sconfiggere alcune malattie fino ad allora non contrastabili.
L'introduzione dei vaccini ha portato a un notevole miglioramento nella lotta alle patologie in questione. Molte malattie sono state quasi debellate dai Paesi europei, come la poliomielite e il vaiolo. Purtroppo però esse sopravvivono ancora in Paesi dove le condizioni economiche non permettono una grande distribuzione dei vaccini alla popolazione.

A. I vaccini sono composti da un insieme di sostanze che servono a scopi diversi, ma la loro finalità è quella di stimolare l'organismo alla produzione di anticorpi contro la malattia per la quale ci si vaccina. Nei Paesi europei, grazie ai vaccini, molte malattie sono state contrastate o debellate, ma esse resistono ancora in quelli più poveri

B. I vaccini sono preparati con varie sostanze che servono a scopi diversi. Vi sono per esempio antigeni, acqua sterile, antibiotici e stabilizzanti. Il vaccino va a colpire il sistema immunitario, in maniera tale che non possa opporsi a quelle sostanze (come ad esempio microrganismi uccisi) che determinano l'insorgere della malattia

C. Nella storia della scienza e della medicina occorre riconoscere un posto importante ai vaccini, che hanno permesso di contrastare molte malattie e persino di debellarle. Questo però avviene solo nei Paesi più ricchi, perché quelli più poveri devono accontentarsi di vaccini di qualità inferiore

D. I vaccini sono preparati biologici. Vi si trovano microrganismi uccisi o di cui è stata ridotta la pericolosità, antigeni, sostanze prodotte dai microorganismi e rese sicure, acqua sterile, adiuvanti, conservanti, stabilizzanti

E. Scopo del vaccino è stimolare l'organismo a produrre anticorpi, come se fosse stato infettato da una malattia. Per questo, i vaccini contengono, oltre ad altri elementi, microrganismi uccisi o resi innocui. Tuttavia, le condizioni economiche dei Paesi determinano l'efficacia dei vaccini

27. Quale alternativa riassume correttamente il brano seguente?
Per distinguere i terremoti a seconda della loro intensità, il sismologo Giuseppe Mercalli (1850-1914) propose nel 1902 una scala divisa in 10 gradi di intensità crescente (modificata nel 1931 e perfezionata infine nel 1956, quando fu portata a dodici gradi), basata sull'osservazione degli effetti causati da un evento sismico. La scala Mercalli ha però il difetto di essere legata a stime soggettive e a fattori non strettamente correlati con il sisma ed è insufficiente per la determinazione dell'energia sviluppata dal terremoto. L'intensità attribuita a un terremoto in base a questa scala è poco attendibile perché i danni variano notevolmente in funzione della distanza dall'epicentro, della natura del terreno, della densità degli insediamenti umani e del tipo di materiali usati nella costruzione degli edifici. Per esempio, se il terremoto colpisce una zona dove gli edifici sono costruiti con criteri antisismici, dovrà avere un'intensità

elevata per provocare danni alle fondamenta, mentre per causare lo stesso tipo di danni in costruzioni antiche o fatiscenti basterà un terremoto con intensità molto minore; in base alla scala Mercalli, però, entrambi i sismi risultano avere lo stesso grado. Per poter confrontare tra loro i terremoti è necessario quindi utilizzare una grandezza che sia indipendente dal livello di urbanizzazione e dal tipo di costruzioni.

A. Il sismologo Mercalli elaborò nel 1902 una scala volta alla misurazione dei terremoti. Inizialmente, essa si basava sull'osservazione dei danni. Fu più volte perfezionata, anche dopo la morte di Mercalli. L'ultima versione prescinde dalle variabili soggettive, quali il livello di urbanizzazione e il tipo di costruzioni

B. Benché ultimata solo nel 1956, e quindi dopo la morte del suo geniale autore, la Scala Mercalli ha il merito di aver costituito il primo strumento di misurazione dei terremoti. Essa si basava sull'osservazione dei danni prodotti dal sisma, ma proprio per questo non produceva risultati univoci

C. La Scala Mercalli, utilizzata per la misurazione dei terremoti, sconta il limite della dipendenza da fattori non connessi con il sisma: essa infatti è basata sull'osservazione degli effetti del sisma, i quali possono variare notevolmente in funzione di fattori vari, come per esempio la natura del terreno o il tipo di costruzioni che vi si trovano. Occorre quindi una scala di altro genere per misurare i terremoti

D. Se si valuta l'intensità di un sisma solo a partire dai danni che esso provoca, fattori quali, ad esempio, il livello di urbanizzazione e i materiali utilizzati determineranno i risultati senza illuminarci sulla reale intensità del fenomeno

E. Giuseppe Mercalli fu il sismologo che nel 1902 elaborò una scala per la misurazione dei terremoti. Inizialmente la scala comprendeva 10 gradi, ma dopo la morte di Mercalli fu modificata una prima volta nel 1931 e una seconda nel 1956. Mercalli era infatti morto nel 1914

28. Quale delle seguenti alternative è la logica conclusione del brano seguente?
Il canto territoriale dei piccoli uccelli canori viene trasmesso mediante apprendimento dal genitore ai figli. Avviene spesso che individui appartenenti a popolazioni diverse della medesima specie cantino con canti un po' diversi tra di loro: si parla allora di dialetti. La funzione principale del canto territoriale è la proclamazione del possesso del territorio, e tale vocalizzazione ha un effetto attraente per le femmine della stessa specie e terrifico per i maschi. Poiché è importante che ogni individuo apprenda il canto della propria specie, ben si comprende come il tempo durante il quale esso può essere appreso sia delimitato al periodo delle cure parentali.

A. Adesso è probabile che ascolteremo il canto degli uccelli in modo diverso e lo apprezzeremo di più

B. Al di là di questo periodo l'apprendimento non può più aver luogo e il canto imparato non può più essere modificato

C. L'importanza del canto, tuttavia, appare limitata, se non secondaria, nella vita degli uccelli

D. Gli uccelli canori non hanno altre possibilità di comunicazione con i membri della loro specie diverse dal canto

E. Anche altre specie animali hanno sviluppato la capacità del canto

29. Quale delle seguenti alternative è la logica conclusione del brano seguente?
Le orche sono animali sociali, e sfruttano la forza combinata del branco per le loro battute di caccia. Port e Starboard in particolare sono inseparabili: è dal 2017 che le loro scorribande vengono documentate lungo le coste sudafricane. È particolarmente impressionante il fatto che vadano a caccia di squali bianchi, considerati all'apice della rete trofica. Tuttavia, Starboard è stato protagonista di un fatto sino ad oggi eccezionale: è stato visto uccidere da solo uno squalo bianco (non sappiamo dove fosse Port durante l'incidente). L'impatto delle due orche sugli squali (non solo quelli bianchi) del Sudafrica è enorme, e il fatto che ora, a quanto pare, Port e Starboard stiano imparando a

cacciare da soli è ancora più preoccupante: potrebbero emergere altre strategie alle quali gli squali non sono preparati, e questo potrebbe avere un impatto ancora più grande sulla loro popolazione. Senza contare che rimuovere gli squali bianchi dall'equazione ecosistemica significa alterarne gli equilibri in modi ancora imprevedibili: ...

A. provate a immaginare cosa potrebbe succedere se, dopo la scomparsa degli squali, le orche volgessero le loro attenzioni all'essere umano
B. la fine della relazione sociale che lega le orche è già un campanello d'allarme molto preoccupante
C. il rischio, secondo gli studiosi, è che tutta la costa occidentale del Sudafrica possa subire gli effetti di questa strage – che ora non è più solo di coppia
D. si spera quindi che Starboard a Port tornino spontaneamente a cacciare in coppia
E. ciò che è imprevedibile non si può, per definizione, prevedere. Non resta che attendere

30. Quale alternativa riassume correttamente il brano seguente?
Il '900 riceve dal secolo precedente l'impulso a proseguire sulla via delle ricerche espressive sempre più indipendenti dall'esperienza sensibile e sempre più estranee alla tradizione della nostra civiltà occidentale in una ormai consacrata libertà di temi. Le ricerche e i raggiungimenti si generano gli uni dagli altri con una velocità e con un'ampiezza di campo prima inusitate: il linguaggio di per sé universale dell'arte favorisce movimenti internazionali. Pittura e scultura, la cui distinzione va sempre più attenuandosi, producono immagini di tutte le possibili realtà, psichiche, razionali, inconsce, esistenziali fino alle casuali, dapprima in una posizione competitiva, per analogia o per contrasto, con la scienza e la tecnica, quindi affermando sempre più insistentemente la loro indipendenza dall'economia consumistica, il loro essere "altro" da tutto fino a realizzare "valori di comportamento".

A. Nel '900, l'arte accentua il suo carattere di ricerca, di novità, di superamento di confini e di allontanamento dall'esperienza sensibile. Il suo anelito alle nuove realtà la porta ad affermarsi come un ambito assolutamente indipendente da ogni altro, che sfocia persino in nuovi valori di comportamento
B. Nuovi valori di comportamento sono quelli che l'arte del '900 pone al centro dell'attenzione. Ma deve rivendicare un proprio spazio, a costo di sottrarlo alla scienza e alla tecnica. Le sue irreali realizzazioni sono il veicolo di quelli
C. Ricerche espressive spregiudicate, distacco dall'esperienza, sguardo sull'esistenziale come sul casuale. Questi sono i temi dell'arte del '900, stretta tra consumismo, scienza e tecnica e alla ricerca di uno spazio proprio. Ma ciò che esprime è angoscia
D. Sta forse nella raggiunta confusione tra pittura e scultura la cifra della trasformazione dell'arte nel '900: riflesso dell'allontanamento dall'esperienza sensibile e dell'ingresso dello psichico, dell'inconscio e del casuale tra i temi artistici
E. Il '900 produce un'arte aliena, staccata dalla tradizione occidentale precedente e volta esplorare l'inconscio, lo psichico, l'esistenziale, il casuale. Nemico è il consumismo, ma anche la scienza e la tecnica

31. Quale alternativa è coerente con il senso del brano seguente?
L'universo è formato da miliardi di galassie che ospitano innumerevoli soli con i loro pianeti, è perciò assai verosimile che almeno in alcuni di questi esistano condizioni simili a quelle terrestri. Porsi domande e pretendere di avere al più presto la risposta è tipicamente umano, ma le stelle un tempo erano troppo lontane per svelare i loro misteri; quando i grandi telescopi le hanno avvicinate alla Terra, l'uomo ha avuto la sensazione di averle a portata di mano e ha cominciato ad accarezzare l'idea di navigare nello spazio alla ricerca di nuovi approdi dove trovare finalmente la verità. Il sogno si è fatto realtà quando la prima sonda spaziale guidata da terra, rotte le catene della forza di gravità, raggiunse la velocità di

fuga, puntando oltre i confini umani. Quel giorno è cominciata veramente un'era nuova, quella dell'astronautica, nella quale si spera che l'uomo possa trovare la soluzione a molti dei suoi problemi.

A. Navigare nello spazio oggi è possibile
B. Un'era nuova, nella quale forse saranno risolti problemi vecchi, si è aperta con lo sbarco umano sulla Luna
C. I viaggi spaziali ci hanno aperto la possibilità di raggiungere altri pianeti dove esiste la vita
D. Se siamo soli o meno nell'universo, potremo finalmente determinarlo adesso
E. La forza di gravità ha imbrigliato a lungo i sogni dell'umanità

32. Quale alternativa è coerente con il contenuto del brano seguente?
Gli animali sono eterotrofi e come tali devono, per il loro fabbisogno energetico, assumere dall'esterno sostanze organiche già formate, proteine, zuccheri e grassi già presenti in forma organizzata negli alimenti. Il problema degli animali non è dunque quello, tipico delle piante, di comporre sostanze organiche, ma semmai quello di scomporre tali sostanze organiche in molecole più piccole, tali che dal mondo esterno possano entrare, varcando la membrana cellulare, nel mondo interno delle cellule. A tale scopo, gli alimenti vengono sottoposti a una serie di trattamenti, meccanici e biochimici, capaci di isolarne le molecole organiche costitutive.

A. A differenza delle piante, che compongono le sostanze organiche, gli animali le scompongono, cibandosi esclusivamente di piante
B. Gli animali devono isolare le molecole organiche costitutive degli alimenti per nutrirsene
C. Proteine, zuccheri e grassi devono diventare sostanze organiche, affinché gli animali possano nutrirsene
D. La filosofia alimentare degli animali e delle piante è opposta, dato che gli uni devono assumere dall'esterno sostanze organiche già formate, mentre le altre le devono scomporre
E. Eterotrofi, gli animali soddisfano il loro fabbisogno energetico grazie alle membrane cellulari

CONOSCENZE ACQUISITE NEGLI STUDI

33. Che cosa rappresenta la ginestra nell'omonima poesia di Leopardi?

A. La purezza e le aspirazioni del nobil animo del poeta
B. Il rimpianto di una vita sacrificata allo studio e vissuta nelle privazioni
C. Per le sue foglie pungenti, le viene attribuito un significato di difesa
D. L'infelicità e la disperazione in amore
E. Il coraggio e la resistenza estrema di fronte a un destino inevitabile

34. Quale dei seguenti poeti è l'autore della raccolta di poesie "Canti di Castelvecchio"?

A. Giovanni Pascoli
B. Eugenio Montale
C. Giosuè Carducci
D. Giacomo Leopardi
E. Ugo Foscolo

35. Individuare l'abbinamento corretto tra autore e poesia.

A. Eugenio Montale - Alle fronde dei salici
B. Umberto Saba - I limoni
C. Pier Paolo Pasolini - Il vetro rotto
D. Salvatore Quasimodo - A mia moglie
E. Giuseppe Ungaretti - Soldati

36. Quale delle seguenti liriche NON è stata scritta da Giovanni Pascoli?

A. Alla sera
B. La cavalla storna
C. X agosto
D. Il gelsomino notturno
E. Il lampo

37. Quale delle seguenti opere rappresenta il diario personale di appunti, riflessioni e aforismi che Giacomo Leopardi scrisse tra luglio e agosto 1817 e il dicembre 1832?

A. Paralipomeni della Batracomiomachia
B. Il Ciclo di Aspasia
C. I Piccoli idilli
D. Lo Zibaldone
E. Le Operette morali

38. Quale delle seguenti fu la donna amata e celebrata da Petrarca nei suoi componimenti?

A. Laura
B. Angelica
C. Silvia
D. Francesca
E. Beatrice

39. Quale delle seguenti alternative su Luigi Pirandello è FALSA?

A. È considerato tra i più importanti drammaturghi del XX secolo
B. È l'autore di "Sei personaggi in cerca d'autore"
C. A un certo punto della sua vita aderì al fascismo
D. Scrisse solo pièce di teatro
E. Fu insignito del Premio Nobel per la letteratura

40. Quale delle seguenti alternative indica le corrette date di nascita e morte di Dante Alighieri?

A. 1469-1527
B. 1265-1321
C. 1313-1375
D. 1230-1276
E. 1304-1374

41. Quale delle seguenti alternative riporta il corretto abbinamento autore-opera?

A. Ludovico Ariosto - Orlando innamorato
B. Galileo Galilei - La Città del Sole
C. Tommaso Campanella - Dialogo sopra i due massimi sistemi del mondo
D. Matteo Maria Boiardo - Orlando furioso
E. Niccolò Machiavelli - Mandragola

42. Nei componimenti di quale dei seguenti poeti del '900 si riscontrano spesso scabri paesaggi liguri come simbolo della condizione umana?

A. Umberto Saba
B. Eugenio Montale
C. Alda Merini
D. Salvatore Quasimodo
E. Giuseppe Ungaretti

43. A quale periodo risale l'esperienza carceraria che Silvio Pellico descrive ne "Le mie prigioni"?

A. Alla prima metà dell'Ottocento
B. Alla Prima guerra mondiale
C. Alla seconda metà del Settecento
D. Alla Seconda guerra mondiale
E. Alla seconda metà dell'Ottocento

44. Quale delle seguenti alternative sulla vita di Alessandro Manzoni è FALSA?

A. A un certo punto della sua vita si convertì al cattolicesimo
B. Nel 1860 fu nominato senatore del Regno d'Italia
C. Era nipote, da parte di madre, di Carlo Imbonati
D. Visse anche a Parigi, dove entrò in contatto con la cerchia degli idéologues, un ambiente culturalmente vivace e all'avanguardia
E. Nacque e morì a Milano

45. Quale delle seguenti alternative su Primo Levi (1919-1987) è FALSA?

A. Fu deportato nel campo di concentramento di Auschwitz
B. La sua opera più famosa è "Se questo è un uomo"
C. Si laureò in chimica
D. Fu un partigiano antifascista
E. Vinse il premio Nobel per la letteratura

46. Quale dei seguenti autori fu condannato e bruciato sul rogo a Roma nell'anno 1600 per le sue teorie, giudicate eretiche dal tribunale dell'Inquisizione?

A. Giordano Bruno
B. Pietro Aretino
C. Galileo Galilei
D. Tommaso Campanella
E. Tommaso Moro

47. I seguenti versi sono l'incipit di una famosa lirica. Individuare l'autore della poesia.
"E come potevamo noi cantare/con il piede straniero sopra il cuore"

A. Salvatore Quasimodo
B. Alessandro Manzoni
C. Giuseppe Ungaretti
D. Ugo Foscolo
E. Giovanni Berchet

48. Nell'Inferno dantesco, chi ha il compito di traghettare le anime dei defunti dannati oltre il fiume Acheronte?

A. Minosse
B. Lucifero
C. Ulisse
D. Cerbero
E. Caronte

49. Il movimento artistico-letterario della Scapigliatura:

A. esprime gli ideali e le convenzioni della classe borghese
B. si propone di indagare l'uomo e la realtà con metodo scientifico
C. oppone al sentimentalismo romantico gli aspetti più trasgressivi della realtà
D. nasce come reazione al piacere estetico del Decadentismo
E. non si prefigge di descrivere la realtà, ma di trasmettere le emozioni e gli stati d'animo attraverso simboli

50. In quali anni si sviluppò la corrente letteraria del Verismo in Italia?

A. A cavallo tra Settecento e Ottocento
B. Nei primi anni dell'Ottocento
C. Nella prima metà del Novecento
D. Negli ultimi trent'anni del Novecento
E. Negli ultimi trent'anni dell'Ottocento

51. Quale dei seguenti è il primo romanzo di Italo Calvino, pubblicato nel 1947?

A. Le cosmicomiche
B. Se una notte d'inverno un viaggiatore
C. Il barone rampante
D. Il sentiero dei nidi di ragno
E. Palomar

52. "L'amor che move il sole e l'altre stelle" è il verso conclusivo di quale celebre opera?

A. L'"Odissea" di Omero
B. L'"Eneide" di Virgilio
C. Il "Cantico delle creature" di San Francesco d'Assisi
D. La "Divina Commedia" di Dante Alighieri
E. Il "Canzoniere" di Francesco Petrarca

53. Quale corrente letteraria italiana si sviluppò sulla scia del Maledettismo?

A. Verismo
B. Neorealismo
C. Futurismo
D. Ermetismo
E. Scapigliatura

54. "L'albero a cui tendevi / La pargoletta mano, / Il verde melograno / Da' bei vermigli fior..." è l'incipit di quale delle seguenti poesie?

A. "Alla sera" di Ugo Foscolo
B. "L'ora di Barga" di Giovanni Pascoli
C. "Pianto antico" di Giosuè Carducci
D. "La pioggia nel pineto" di Gabriele D'Annunzio
E. "A Silvia" di Giacomo Leopardi

55. Quale delle seguenti alternative sulla vita e l'opera di Italo Svevo è FALSA?

A. Si dedicò anche alla scrittura di favole
B. Il suo nome è uno pseudonimo
C. Fu amico di James Joyce quando lo scrittore irlandese viveva a Trieste
D. È l'autore de "Il fu Mattia Pascal"
E. Al centro delle sue opere rappresenta spesso l'inettitudine dell'uomo contemporaneo

56. Giunto nel secondo cerchio dell'"Inferno", Dante incontra Paolo e Francesca, che sono dannati tra:

A. gli ignavi
B. i lussuriosi
C. i golosi
D. i violenti contro se stessi
E. gli eretici

57. Cosa indica il termine 'Malebranche' all'interno della "Divina Commedia"?

A. Indica le anime appena giunte nel "Purgatorio"
B. Indica i ladri che sono morsi e tormentati dai serpenti nella settima bolgia dell'ottavo cerchio dell'"Inferno"
C. È il nome dato ai golosi che patiscono fame e sete nel "Purgatorio"
D. È il nome collettivo dei diavoli guardiani della quinta bolgia dell'ottavo cerchio dell'"Inferno"
E. Sono i traditori dei benefattori nell'ultimo cerchio dell'"Inferno"

58. Quali sono le tre fiere che ostacolano il cammino di Dante all'inizio dell'Inferno?

A. Il leone, la pantera e la lince
B. La lupa, il leopardo e la pantera
C. La lonza, la lince e la lupa
D. La lonza, la lupa e il leone
E. La lonza, il puma e la lupa

59. Chi è il custode del Purgatorio dantesco?

A. Pluto
B. Ponzio Pilato
C. Caronte
D. Catone
E. Minosse

60. Nei "Promessi Sposi" chi, dopo aver tentato invano di fermare don Rodrigo, protegge Renzo e Lucia e li aiuta a fuggire dal paese?

A. Padre Cristoforo
B. L'Azzeccagarbugli
C. La Monaca di Monza
D. Don Abbondio
E. L'Innominato

61. In che secolo è ambientata la storia dei "Promessi Sposi"?

A. XVI
B. XVIII
C. XIX
D. XVII
E. XX

62. La vicenda dei "Promessi Sposi" si svolge in Lombardia, durante la dominazione:

A. austriaca
B. francese
C. inglese
D. spagnola
E. tedesca

63. "I Promessi Sposi" appartengono al genere del:

A. romanzo epico
B. romanzo epistolare
C. romanzo storico
D. romanzo gotico
E. poema drammatico

64. La "Storia della colonna infame" fu pubblicata come appendice storica a quale celebre romanzo dell'Ottocento?

A. "I Promessi Sposi" di Alessandro Manzoni
B. "Il ritratto di Dorian Gray" di Oscar Wilde
C. "Grandi speranze" di Charles Dickens
D. "Delitto e castigo" di Fëdor Dostoevskij
E. "Mastro don Gesualdo" di Giovanni Verga

65. Indicare quale delle alternative riportate di seguito completa correttamente il seguente componimento di Salvatore Quasimodo: «Ognuno sta solo sul cuor della terra / trafitto da un raggio di sole: / ...»

A. e naufragar m'è dolce in questo mare
B. è il mio cuore il paese più straziato
C. di doman non c'è certezza
D. ed è subito sera
E. verrà la morte e avrà i tuoi occhi

66. "Né più mai toccherò le sacre sponde..." è l'incipit di quale delle seguenti poesie?

A. "San Martino" di Giosuè Carducci
B. "X agosto" di Giovanni Pascoli
C. "A Zacinto" di Ugo Foscolo
D. "Trieste" di Umberto Saba
E. "A Silvia" di Giacomo Leopardi

67. A quale dei seguenti scrittori sono attribuibili gli anni di "studio matto e disperatissimo", tanto da comprometterne la salute?

A. Vittorio Alfieri
B. Dino Campana
C. Giacomo Leopardi
D. Gabriele D'Annunzio
E. Giovanni Pascoli

68. "La donzelletta vien dalla campagna,/In sul calar del sole,/Col suo fascio dell'erba;/e reca in mano/Un mazzolin di rose e di viole...". Questi versi sono l'incipit di quale celebre componimento?

A. "Il sabato del villaggio" di Giacomo Leopardi
B. "La pioggia nel pineto" di Gabriele D'Annunzio
C. "Tanto gentile e tanto onesta pare" di Dante Alighieri
D. "A Silvia" di Giacomo Leopardi
E. "Trionfo di Bacco e Arianna" di Lorenzo De' Medici

69. I seguenti versi sono l'incipit di una famosa lirica. Individuare l'autore della poesia.
"Forse perché della fatal quiete/tu sei l'immago, a me si cara vieni,/o Sera! "

A. Giacomo Leopardi
B. Eugenio Montale
C. Salvatore Quasimodo
D. Ugo Foscolo
E. Giovanni Pascoli

70. I seguenti versi sono l'incipit di una famosa lirica. Individuare l'autore della poesia.
"Meriggiare pallido e assorto/presso un rovente muro d'orto,/ascoltare tra i pruni e gli sterpi/schiocchi di merli, frusci di serpi."

A. Giuseppe Ungaretti
B. Eugenio Montale
C. Salvatore Quasimodo
D. Umberto Saba
E. Gabriele D'Annunzio

71. Quale tipo di linguaggio caratterizza, in genere, la poesia ermetica?

A. Un linguaggio prevalentemente onomatopeico
B. Un linguaggio difficile, talvolta enigmatico e oscuro
C. Un linguaggio artificioso e stravagante
D. Un linguaggio descrittivo e lineare
E. Il ricorso a espressioni dialettali

72. Chi è l'ultima guida di Dante in Paradiso, quando giunge di fronte alla Candida Rosa?

A. Cacciaguida
B. Beatrice
C. Virgilio
D. San Bernardo
E. Cangrande della Scala

73. In quale dei seguenti contesti storici avvenne l'episodio della Breccia di Porta Pia?

A. Primo dopoguerra
B. Seconda guerra mondiale
C. Resistenza
D. Prima guerra mondiale
E. Risorgimento

74. Quale dei seguenti personaggi politici divenne il primo presidente del Consiglio dei ministri del Regno d'Italia?

A. Giuseppe Mazzini
B. Giuseppe Garibaldi
C. Massimo d'Azeglio
D. Camillo Benso conte di Cavour
E. Bettino Ricasoli

75. L'uomo mise piede sulla Luna per la prima volta nel:

A. 1979
B. 1969
C. 1929
D. 1949
E. 1959

76. Quale dei seguenti sovrani venne proclamato primo Re d'Italia nel marzo 1861?

A. Umberto I
B. Umberto II
C. Vittorio Emanuele II
D. Carlo Alberto
E. Vittorio Emanuele I

77. In quale dei seguenti contesti storici si colloca la guerra del Vietnam?

A. Seconda guerra mondiale
B. Guerra fredda
C. Risorgimento
D. Prima guerra mondiale
E. Restaurazione

78. Quale delle seguenti alternative sul romanzo "Hard Times" di Charles Dickens è FALSA?

A. Può essere considerato un romanzo di critica sociale
B. Vi emergono i mali della società industriale e una vicinanza alle classi medio-basse
C. Fu pubblicato a puntate su una rivista
D. È ambientato a Coketown, una città immaginaria
E. Il protagonista è l'orfano Pip

79. William Shakespeare visse e operò:

A. a cavallo fra il XVII e il XVIII secolo
B. a cavallo fra il XVI e il XVII secolo
C. nel XIX secolo
D. nel XV secolo
E. nel XVIII secolo

80. L'opera di Goethe "I dolori del giovane Werther" appartiene al genere del:

A. romanzo sociale
B. romanzo epistolare
C. feuilleton
D. poema
E. romanzo storico

81. Quale dei seguenti scrittori è comunemente considerato l'iniziatore del Romanzo sociale?

A. Laurence Sterne
B. Charles Dickens
C. Daniel Defoe
D. William Thackeray
E. Henry Fielding

82. Individuare l'abbinamento NON corretto tra opera e città di ambientazione.

A. Il piacere - Roma
B. Romeo e Giulietta - Venezia
C. Papà Goriot - Parigi
D. I Promessi Sposi - Milano
E. Lo strano caso del dottor Jekyll e del signor Hyde - Londra

83. Quale dei seguenti NON è un romanzo epistolare?

A. Pamela, o la virtù premiata
B. Le ultime lettere di Jacopo Ortis
C. I dolori del giovane Werther
D. La lettera scarlatta
E. Dracula

84. Quale dei seguenti autori è uno dei maggiori rappresentanti del Naturalismo francese?

A. Jean-Paul Sartre
B. Victor Hugo
C. Émile Zola
D. Jules Verne
E. Albert Camus

85. Quale dei seguenti autori NON fu un esponente del Decadentismo francese?

A. Arthur Rimbaud
B. Stéphane Mallarmé
C. Paul Verlaine
D. Tristan Corbière
E. Gustave Flaubert

86. Quale dei seguenti poeti britannici NON fu un esponente del Romanticismo?

A. John Keats
B. John Milton
C. Percy Bisshe Shelley
D. Lord George Gordon Byron
E. William Blake

87. Chi è l'autore dello "Strano caso del dottor Jekyll e del signor Hyde"?

A. Robert Louis Stevenson
B. Arthur Conan Doyle
C. Edgar Allan Poe
D. Daniel Defoe
E. Mary Shelley

88. Rodiòn Romànovič Raskòl'nikov è il protagonista di quale celebre romanzo russo?

A. "Padri e figli" di Ivan Turgenev
B. "L'idiota" di Fëdor Dostoevskij
C. "Delitto e castigo" di Fëdor Dostoevskij
D. "Il Maestro e Margherita" di Michail Bulgakov
E. "Le anime morte" di Nikolaj Gogol'

89. Lo scrittore scozzese Arthur Conan Doyle è considerato tra gli iniziatori del genere:

A. umoristico
B. apocalittico
C. distopico
D. giallo
E. cyberpunk

90. Quale dei seguenti autori NON appartiene all'età vittoriana?

A. Jane Austen
B. Emily Brontë
C. Charlotte Brontë
D. George Eliot
E. Elizabeth Barrett Browning

91. "L'opera da tre soldi" è stata scritta da:

A. William Shakespeare
B. Henrik Ibsen
C. Bertolt Brecht
D. Luigi Pirandello
E. George Bernard Shaw

92. "Il libro della giungla", "Capitani coraggiosi" e "Kim" sono classici della letteratura per ragazzi scritti da:

A. Joseph Conrad
B. Herman Melville
C. Mark Twain
D. Rudyard Kipling
E. L. Frank Baum

93. Una delle seguenti opere NON è stata scritta da Shakespeare: quale?

A. Sogno di una notte di mezza estate
B. Pigmalione
C. Otello
D. La Tempesta
E. Re Lear

94. Quale dei seguenti NON è un personaggio di un'opera di Shakespeare?

A. Calibano
B. Ofelia
C. Desdemona
D. Riccardo III
E. Kubla Khan

95. Desdemona è la protagonista femminile di un'opera di Shakespeare: quale?

A. Amleto
B. Otello
C. Sogno di una notte di mezza estate
D. Re Lear
E. La Tempesta

96. Andrea Vesàlio, nome italianizzato di Andreas van Wesel, è considerato il fondatore:

A. della fisica moderna
B. della chimica moderna
C. dell'anatomia moderna
D. dell'economia moderna
E. della matematica moderna

97. John Napier, noto in italiano come Giovanni Nepero, è celebre per i suoi studi:

A. sull'ereditarietà
B. sull'astronomia
C. sulla circolazione sanguigna
D. sulle onde
E. sui logaritmi

98. Alessandro Volta visse:

A. tra il diciannovesimo e il ventesimo secolo
B. tra il diciassettesimo e il diciottesimo secolo
C. tra il sedicesimo e il diciassettesimo secolo
D. tra il quindicesimo e il sedicesimo secolo
E. tra il diciottesimo e il diciannovesimo secolo

99. Johann Friedrich Carl Gauss fu soprattutto:

A. un chimico
B. un matematico
C. un botanico
D. un medico
E. un farmacista

100. Quale alternativa abbina correttamente inventore e invenzione?

A. Alessandro Volta - radiotelegrafo; Antonio Meucci - telefono; Guglielmo Marconi - pila
B. Alessandro Volta - radiotelegrafo; Antonio Meucci - pila; Guglielmo Marconi - telefono
C. Alessandro Volta - pila; Antonio Meucci - telefono; Guglielmo Marconi - radiotelegrafo
D. Alessandro Volta - telefono; Antonio Meucci - radiotelegrafo; Guglielmo Marconi - pila
E. Alessandro Volta - pila; Antonio Meucci - radiotelegrafo; Guglielmo Marconi - telefono

101. Il celebre medico e premio Nobel Albert Schweitzer era di origine:

A. austriaca
B. franco-tedesca
C. polacca
D. franco-belga
E. austro-ungherese

102. Edwin Powell Hubble fu:

A. un matematico
B. un astronomo
C. un astronauta
D. un medico
E. un chimico

103. La formula $E = mc^2$ esprime:

A. l'equivalenza massa-energia
B. l'accelerazione
C. il secondo principio della termodinamica
D. il principio di indeterminazione
E. la deviazione standard

104. Il telescopio Hubble si trova:

A. a Monte Palomar
B. in orbita
C. a Trieste
D. a Tipperary
E. a Pasadena

105. La formula $E = mc^2$ fu enunciata da:

A. James Dewey Watson
B. Marie Curie
C. Albert Einstein
D. Galileo Galilei
E. Isaac Newton

106. La città che viene considerata la patria della filosofia greca è:
A. Mileto
B. Metaponto
C. Micene
D. Platea
E. Atene

107. Il filosofo Avicenna era di origine:
A. armena
B. yemenita
C. araba
D. persiana
E. greca

108. Il filosofo greco Talete visse:
A. nel quinto secolo a.C.
B. tra decimo e nono secolo a.C.
C. tra settimo e sesto secolo a.C.
D. nel quarto secolo a.C.
E. tra ottavo e settimo secolo a.C.

109. Quale dei seguenti filosofi è considerato esistenzialista?
A. Arthur Schopenhauer
B. Bertrand Russell
C. Martin Heidegger
D. Ludwig Wittgenstein
E. Thomas Hobbes

110. Quale dei seguenti scrittori è considerato associato al pensiero esistenzialista?
A. Michail Bakunin
B. Oscar Wilde
C. Il Marchese de Sade
D. Albert Camus
E. Pierre-Joseph Proudhon

111. Quale delle seguenti opere fu scritta da Jean-Jacques Rousseau?
A. Candido o l'ottimismo
B. Il capitale
C. Il contratto sociale
D. Umano, troppo umano
E. Che cos'è la metafisica?

112. L'opera "L'origine della famiglia, della proprietà privata e dello Stato" fu scritta da:
A. Friedrich Engels
B. Georg Wilhelm Friedrich Hegel
C. Karl Jaspers
D. Friedrich Nietzsche
E. Martin Heidegger

113. "La gaia scienza" è un'opera di:
A. Friedrich Nietzsche
B. Hannah Arendt
C. Martin Heidegger
D. Immanuel Kant
E. Thomas Hobbes

114. Quale delle seguenti città NON era una delle Repubbliche marinare?
A. Siracusa
B. Genova
C. Venezia
D. Amalfi
E. Pisa

115. Durante quale dei seguenti periodi della storia inglese è avvenuta la guerra d'indipendenza americana?
A. Età vittoriana
B. Guerra civile inglese
C. Periodo edoardiano
D. Età elisabettiana
E. Età georgiana

116. Quale dei seguenti sovrani possedeva domini così vasti che su di essi "non tramontava mai il sole"?
A. Enrico VIII d'Inghilterra
B. Francesco I di Francia
C. Luigi XIV di Borbone
D. Ferdinando II d'Aragona
E. Carlo V d'Asburgo

117. Quale delle seguenti alternative indica il documento con cui Guglielmo III nel 1689 accettò la limitazione della monarchia a favore del Parlamento, trasformando l'Inghilterra in una monarchia parlamentare?
A. Act of Union
B. Act of Supremacy
C. Bill of Rights
D. Roman Catholic Relief Act
E. Magna Carta libertatum

118. Napoleone Bonaparte nacque nel 1769 a:
A. Marsiglia
B. Parigi
C. Bruxelles
D. Ajaccio
E. Genova

119. Quale delle seguenti battaglie NON è stata combattuta durante le guerre napoleoniche?

A. Waterloo
B. Marengo
C. Austerlitz
D. Caporetto
E. Trafalgar

120. In quale delle seguenti città Napoleone Bonaparte venne incoronato Re d'Italia nel 1805?

A. Napoli
B. Parigi
C. Torino
D. Milano
E. Roma

121. Quale dei seguenti personaggi storici diede inizio alla Riforma protestante, affiggendo alla porta della chiesa di Wittenberg le sue "95 tesi" nel 1517?

A. Huldrych Zwingli
B. Thomas Müntzer
C. Giovanni Calvino
D. Erasmo da Rotterdam
E. Martin Lutero

122. Quale dei seguenti sovrani fu il fondatore della Chiesa anglicana, in seguito allo scisma dalla Chiesa cattolica romana del XVI secolo?

A. Enrico VIII
B. Giacomo II
C. Riccardo Plantageneto
D. Giorgio I
E. Edoardo III

123. Quale dei seguenti sovrani è noto anche come il Re Sole?

A. Carlo V
B. Ferdinando V
C. Filippo IV
D. Enrico VIII
E. Luigi XIV

124. Quale dei seguenti politici venne rapito e ucciso nel 1924 da un gruppo di squadristi dopo aver denunciato in un discorso alla Camera le violenze del fascismo?

A. Giovanni Minzoni
B. Giacomo Matteotti
C. Giuseppe Di Vagno
D. Giovanni Amendola
E. Piero Gobetti

125. Quale dei seguenti sovrani fu l'ultimo Re d'Italia nel 1946. Emanuele Filiberto

A. Vittorio Emanuele III
B. Vittorio Emanuele II
C. Carlo Emanuele III
D. Umberto II
E. Emanuele Filiberto

126. Quale dei seguenti sovrani venne ucciso dall'anarchico Gaetano Bresci il 29 luglio 1900?

A. Re Umberto II
B. Re Vittorio Emanuele II
C. Re Umberto I
D. Arciduca Francesco Ferdinando
E. Imperatore Francesco Giuseppe I

127. Quale delle seguenti alternative riporta gli eventi dati nel corretto ordine cronologico?

A. Marcia su Roma - leggi "fascistissime" - intervento dell'Italia nella seconda guerra mondiale - sbarco in Sicilia - il Gran Consiglio del Fascismo vota l'ordine del giorno Grandi - arresto di Mussolini
B. Leggi "fascistissime" - marcia su Roma - intervento dell'Italia nella seconda guerra mondiale - il Gran Consiglio del Fascismo vota l'ordine del giorno Grandi - sbarco in Sicilia - arresto di Mussolini
C. Leggi "fascistissime" - marcia su Roma - intervento dell'Italia nella seconda guerra mondiale - il Gran Consiglio del Fascismo vota l'ordine del giorno Grandi - arresto di Mussolini - sbarco in Sicilia
D. Marcia su Roma - intervento dell'Italia nella seconda guerra mondiale - leggi "fascistissime" - il Gran Consiglio del Fascismo vota l'ordine del giorno Grandi - arresto di Mussolini - sbarco in Sicilia
E. Il Gran Consiglio del Fascismo vota l'ordine del giorno Grandi - marcia su Roma - intervento dell'Italia nella seconda guerra mondiale - leggi "fascistissime" - arresto di Mussolini - sbarco in Sicilia

128. Quale dei seguenti personaggi politici divenne il primo presidente del Consiglio dei Ministri della Repubblica italiana nel luglio 1946?

A. Ferruccio Parri
B. Giovanni Giolitti
C. Alcide De Gasperi
D. Giuseppe Pella
E. Enrico De Nicola

129. Quale delle seguenti battaglie NON è stata combattuta durante la seconda guerra mondiale?

A. Stalingrado
B. El Alamein
C. Cassino
D. Vittorio Veneto
E. Alpi Occidentali

130. Quale delle seguenti alternative indica l'alleanza militare stipulata nel maggio 1939 tra Germania e Italia?

A. Duplice Alleanza
B. Patto Molotov-Ribbentrop
C. Triplice Intesa
D. Patto d'Acciaio
E. Patto di Varsavia

131. Quale delle seguenti alternative elenca correttamente i nomi delle tre città italiane che, nell'ambito dell'Unità d'Italia, divennero capitali del Regno d'Italia?

A. Torino - Roma - Napoli
B. Roma - Torino - Milano
C. Roma - Firenze - Napoli
D. Torino - Milano - Venezia
E. Torino - Firenze - Roma

132. Quale dei seguenti Stati NON fa parte dei firmatari del trattato di Roma del 1957, che istituì la CEE?

A. Belgio
B. Lussemburgo
C. Italia
D. Francia
E. Spagna

133. Quale delle seguenti scrittrici italiane vinse il Nobel per la letteratura nel 1926?

A. Elsa Morante
B. Sibilla Aleramo
C. Lalla Romano
D. Ada Negri
E. Grazia Deledda

134. Che cosa si intende per "Strapaese"?

A. Un movimento letterario e culturale sviluppatosi in Europa verso il 1928, teso a difendere i valori nazionali, il patriottismo e la purezza razziale delle popolazioni europee
B. Un movimento letterario e culturale sviluppatosi in Italia intorno al 1926, caratterizzato dallo spirito patriottico e dalla difesa e valorizzazione del territorio nazionale, in contiguità con il fascismo
C. Una rivista letteraria promossa dal fascismo come organo culturale ufficiale del partito
D. Un movimento culturale nato dal basso, nella provincia laziale, per promuovere e valorizzare la cultura tradizionale italiana in contrapposizione con la cultura "alta" inserita nel dibattito culturale europeo
E. Una sottocultura provinciale sviluppatasi come espressione letteraria popolare tipicamente fascista

135. Chi è l'autore del carme "Dei sepolcri" (1807)?

A. Giovanni Pascoli
B. Ugo Foscolo
C. Giacomo Leopardi
D. Giosuè Carducci
E. Alessandro Manzoni

136. Chi è l'autore del romanzo "Ragazzi di vita" (1955)?

A. Guido Piovene
B. PierPaolo Pasolini
C. Goffredo Parise
D. Luciano Bianciardi
E. Curzio Malaparte

137. Chi ha scritto la raccolta "Le ceneri di Gramsci"?

A. Pier Paolo Pasolini
B. Attilio Bertolucci
C. Andrea Zanzotto
D. Primo Levi
E. Cesare Pavese

138. Chi è l'autore de "Gli indifferenti" (1929)?

A. Alberto Moravia
B. Gabriele D'Annunzio
C. Cesare Pavese
D. Carlo Emilio Gadda
E. Italo Calvino

139. Chi è Adelchi, protagonista dell'omonima tragedia manzoniana?

A. Il figlio dell'ultimo re dei Longobardi
B. Un principe goto
C. Il primo re dei Longobardi
D. Un principe franco
E. La figlia dell'ultimo re dei Longobardi

140. Il protagonista della novella "Rosso Malpelo" di Giovanni Verga è:

A. un ragazzo di umili origini che, insieme alla sua famiglia, svolge l'attività di pescatore
B. un giovane pastore vissuto sempre da solo nei campi dopo essere rimasto orfano
C. un ragazzo di umili origini che lavora come minatore in una cava di rena rossa
D. un ufficiale dell'esercito che partecipa all'Impresa dei Mille
E. un giovane costretto a farsi prete per motivi di indigenza economica familiare

141. Quale rivista letteraria fu fondata a Firenze, tra gli altri, da Alberto Carocci, Eugenio Montale e Leone Ginzbug nel 1926 e terminò le pubblicazioni nel 1934 (con gli ultimi due numeri usciti nel 1936)?

A. Solaria
B. Rivista Studio
C. Lacerba
D. La Rivoluzione liberale
E. Il caffè

142. Quale rivista letteraria fu pubblicata tra il 1913 e il 1915, dando voce agli intellettuali futuristi?

A. L'Ordine nuovo
B. Solaria
C. La voce
D. Lacerba
E. L'Italia futurista

143. Quale dei seguenti titoli NON venne attribuito a Carlo Magno?

A. Re di Costantinopoli
B. Imperatore del Sacro Romano Impero
C. Re dei Franchi
D. Re dei Longobardi
E. Difensore della cristianità

144. In quale delle seguenti città vennero approvate la Dichiarazione d'indipendenza degli Stati Uniti d'America (1776) e la Costituzione degli Stati Uniti (1787)?

A. Filadelfia
B. New York
C. Washington D.C.
D. Boston
E. Lexington

145. Con riferimento alla Francia, quale delle seguenti alternative riporta gli eventi dati nel corretto ordine cronologico?

A. Proclamazione della Repubblica - regime del Terrore - presa della Bastiglia - colpo di Stato del 18 brumaio - Napoleone Bonaparte viene incoronato imperatore
B. Colpo di Stato del 18 brumaio - presa della Bastiglia - proclamazione della Repubblica - regime del Terrore - Napoleone Bonaparte viene incoronato imperatore
C. Napoleone Bonaparte viene incoronato imperatore - colpo di Stato del 18 brumaio - regime del Terrore - presa della Bastiglia - proclamazione della Repubblica
D. Presa della Bastiglia - proclamazione della Repubblica - regime del Terrore - colpo di Stato del 18 brumaio - Napoleone Bonaparte viene incoronato imperatore
E. Napoleone Bonaparte viene incoronato imperatore - regime del Terrore - colpo di Stato del 18 brumaio - presa della Bastiglia - proclamazione della Repubblica

146. Quale dei seguenti sovrani sconfisse l'Invencible Armada spagnola nel 1588?

A. Giacomo VI di Scozia
B. Guglielmo I d'Orange
C. Elisabetta I d'Inghilterra
D. Carlo V d'Asburgo
E. Federico II di Prussia

147. In quale delle seguenti battaglie Napoleone venne definitivamente sconfitto nel 1815?

A. Austerlitz
B. Wagram
C. Marengo
D. Jena
E. Waterloo

148. Quale delle seguenti alternative riporta gli eventi nel corretto ordine cronologico?

A. Guerra civile inglese - ascesa al trono di Giacomo I Stuart - instaurazione della repubblica con Oliver Cromwell - restaurazione della monarchia con Carlo II - regno di Elisabetta I d'Inghilterra
B. Regno di Elisabetta I d'Inghilterra - guerra civile inglese - ascesa al trono di Giacomo I Stuart - instaurazione della repubblica con Oliver Cromwell - restaurazione della monarchia con Carlo II
C. Ascesa al trono di Giacomo I Stuart - instaurazione della repubblica con Oliver Cromwell - restaurazione della monarchia con Carlo II - guerra civile inglese - regno di Elisabetta I d'Inghilterra
D. Regno di Elisabetta I d'Inghilterra - ascesa al trono di Giacomo I Stuart - guerra civile inglese - instaurazione della repubblica con Oliver Cromwell - restaurazione della monarchia con Carlo II
E. Ascesa al trono di Giacomo I Stuart - guerra civile inglese - regno di Elisabetta I d'Inghilterra - instaurazione della repubblica con Oliver Cromwell - restaurazione della monarchia con Carlo II

149. Quale dei seguenti personaggi politici divenne il primo presidente degli Stati Uniti d'America nel 1789?

A. Abraham Lincoln
B. Theodore Roosevelt
C. James Monroe
D. George Washington
E. Thomas Jefferson

150. Quale dei seguenti conflitti si concluse con la pace di Westfalia del 1648?

A. Guerra di successione spagnola
B. Guerra di Colonia
C. Guerra dei cent'anni
D. Guerra dei trent'anni
E. Guerra delle due rose

151. Con quale dei seguenti Trattati è stata istituita la Comunità economica europea (CEE) nel 1957?

A. Nizza
B. Amsterdam
C. Roma
D. Maastricht
E. Lisbona

152. Quale delle seguenti alternative indica il documento che nel 1848 dotò il Regno di Sardegna di una costituzione, e che sarebbe poi diventato la carta fondamentale del Regno d'Italia dal 1861.

A. Dichiarazione dei diritti dell'uomo e del cittadino
B. Statuto Albertino
C. Codice napoleonico
D. Constitutio romana
E. Magna Carta libertatum

153. Quale delle seguenti alternative riporta gli eventi dati nel corretto ordine cronologico?

A. Rivoluzione americana - Rivoluzione russa - Rivoluzione francese
B. Rivoluzione russa - Rivoluzione americana - Rivoluzione francese
C. Rivoluzione francese - Rivoluzione americana - Rivoluzione russa
D. Rivoluzione francese - Rivoluzione russa - Rivoluzione americana
E. Rivoluzione americana - Rivoluzione francese - Rivoluzione russa

154. Quale delle seguenti alternative riporta gli eventi dati nel corretto ordine cronologico?

A. Guerra di secessione americana - guerra ispano-americana - Rivoluzione americana - Grande Depressione - attacco a Pearl Harbor
B. Rivoluzione americana - guerra ispano-americana - guerra di secessione americana - attacco a Pearl Harbor - Grande Depressione

C. Rivoluzione americana - guerra di secessione americana - guerra ispano-americana - Grande Depressione - attacco a Pearl Harbor
D. Guerra ispano-americana - Rivoluzione americana - guerra di secessione americana - attacco a Pearl Harbor - Grande Depressione
E. Guerra ispano-americana - guerra di secessione americana - Rivoluzione americana - Grande Depressione - attacco a Pearl Harbor

155. In quale dei seguenti contesti storici si colloca il pensiero politico di Niccolò Machiavelli?

A. Rinascimento
B. Risorgimento
C. Restaurazione
D. Rivoluzione francese
E. Rivoluzione russa

156. Bradamante, Ruggiero e Rodomonte sono tutti e tre personaggi dell'opera:

A. Il Decameron
B. Il visconte dimezzato
C. La Divina Commedia
D. Orlando Furioso
E. Il barone rampante

157. In base alla Costituzione, i giudici sono soggetti:

A. alla legge divina e umana
B. a niente e nessuno
C. soltanto alla legge
D. al Capo dello Stato e alla legge
E. al Parlamento

158. In base alla Costituzione, l'organizzazione e il funzionamento dei servizi relativi alla giustizia spettano:

A. al Parlamento
B. alla Corte Costituzionale
C. al Ministro della Giustizia
D. al Ministro della Pubblica Amministrazione
E. al Capo dello Stato

159. In base alla Costituzione, le nomine dei magistrati hanno luogo:

A. per estrazione a sorte
B. per designazione del Consiglio Superiore della Magistratura
C. per elezione popolare
D. per cooptazione
E. per concorso

160. Il propugnatore del metodo scientifico basato sull'esperienza fu:

A. Francis Bacon
B. Pico della Mirandola
C. Tommaso Moro
D. Tommaso Campanella
E. Marsilio Ficino

161. In base all'articolo 1 della Costituzione, l'Italia è una Repubblica:

A. costituzionale
B. democratica
C. populista
D. presidenziale
E. parlamentare

162. In base alla Costituzione, la sovranità appartiene:

A. al popolo
B. al Capo dello Stato
C. alla Costituzione
D. al Governo
E. al Parlamento

163. Cosa sono i "Principi fondamentali" della Costituzione italiana?

A. Articoli privi di valore pratico
B. Un insieme di articoli che è stato aggiunto in un secondo momento, per interpretare gli altri
C. Norme non scritte, ma tuttavia esistenti
D. Norme che elencano i diritti del cittadino
E. Una serie di norme che esprimono i valori irrinunciabili dello Stato italiano

164. La Costituzione italiana definisce la Chiesa cattolica, nel suo ordine:

A. controllata dallo Stato italiano
B. indipendente e sovrana
C. suprema e autonoma
D. autorizzata e delegata dallo Stato italiano
E. libera

165. La Costituzione italiana prevede che l'ordinamento giuridico italiano si conformi alle norme del diritto internazionale generalmente riconosciute?

A. Solo alle norme dell'Unione Europea
B. Solo alle norme dell'ONU
C. No, ma lascia facoltà di farlo al Governo
D. No, non lo prevede
E. Sì, lo prevede

166. Quale dei seguenti, in base alla Costituzione italiana, è qualificato come un diritto-dovere?

A. La proprietà
B. Il credo religioso
C. La salute
D. Il lavoro
E. La procreazione

167. Chi scoprì la vaccinazione contro la rabbia?

A. Emil Adolf von Behring
B. Louis Pasteur
C. Edward Jenner
D. Maurice Hilleman
E. Shibasaburo Kitasato

168. Il principio di indeterminazione fu espresso da:

A. Jean Léonard Marie Poiseuille
B. Albert Einstein
C. Carl Friedrich Gauss
D. Claude-Louis Navier e George Stokes
E. Werner Karl Heisenberg

169. L'opera "L'Origine delle specie" fu scritta nel secolo:

A. ventesimo
B. diciassettesimo
C. diciannovesimo
D. diciottesimo
E. sedicesimo

170. In astronomia è celebre la costante gravitazionale di:

A. Hawking
B. Thompson
C. Einstein
D. Newton
E. Gauss

171. Foucault realizzò il suo famoso esperimento con un pendolo:

A. nel Panthéon di Parigi
B. appeso alla Torre di Pisa
C. nell'Ermitage di San Pietroburgo
D. appeso alla Torre di Londra
E. nel Pantheon di Roma

172. L'esperimento di Foucault del 1851 era diretto a dimostrare:

A. la rotazione della Terra
B. la precessione degli equinozi
C. l'induttività
D. il moto rettilineo uniforme
E. la legge di gravitazione universale

173. Quale delle seguenti NON è una scienza di base della medicina?

A. Biochimica
B. Citologia
C. Biologia
D. Anatomia
E. Entomologia

174. In fisica, è celebre la gabbia di:

A. Faraday
B. Franklin
C. Volta
D. Maxwell
E. Carnot

175. Con la sigla WHO si indica:

A. L'Organizzazione mondiale della sanità
B. L'Organizzazione Marittima Internazionale
C. La Banca Mondiale
D. L'Organizzazione per la Cooperazione e Sviluppo Economico
E. L'Organizzazione delle Nazioni Unite

176. La scoperta dell'elettrone si deve a:

A. Joseph J. Thomson
B. Hantarō Nagaoka
C. Michael Faraday
D. Niels Bohr
E. James Chadwick

177. Il modello planetario dell'atomo si deve a:

A. Henri Becquerel
B. Max Planck
C. Ernest Rutherford
D. Edwin Hubble
E. Augustin-Jean Fresnel

178. L'iniziatore della fisica quantistica è stato:

A. James Clerk Maxwell
B. Max Planck
C. Pierre Curie
D. Albert Einstein
E. Ernest Rutherford

179. Che cos'è il CERN di Ginevra?

A. L'Organizzazione per la Sicurezza e la Cooperazione in Europa
B. L'Organizzazione per il Commercio Internazionale
C. L'Organizzazione per la cooperazione e lo sviluppo economico
D. Un tribunale internazionale
E. L'Organizzazione europea per la ricerca nucleare

180. Il metodo sperimentale si basa:

A. sulla deduzione
B. sull'eterno
C. sull'osservazione
D. sull'induzione
E. sull'innato

181. L'Organizzazione mondiale della sanità ha sede a:

A. Ginevra
B. New York
C. Montréal
D. Helsinki
E. Roma

182. La campagna di Russia di Napoleone I fa da sfondo a un romanzo dell'Ottocento. Quale?

A. "La figlia del capitano" di Aleksandr Puškin
B. "Delitto e castigo" di Fëdor Dostoevskij
C. "Guerra e pace" di Lev Tolstoj
D. "Il rosso e il nero" di Stendhal
E. "Cuore di tenebra" di Joseph Conrad

183. Chi è l'autore del romanzo "Il grande Gatsby"?

A. Edgar Allan Poe
B. Jack Kerouac
C. Oscar Wilde
D. John Steinbeck
E. Francis Scott Fitzgerald

184. Cosa indica il termine latino "Myricae", titolo di una raccolta di poesie di Giovanni Pascoli?

A. Fa riferimento a delle piante e vuole indicare una poesia dura e aspra come gli arbusti
B. Indica un nome di donna a cui sono dedicate le poesie di natura amorosa
C. È ripreso dalle "Satire" di Orazio, e vuole essere un omaggio al poeta latino
D. Indica il destino e vuole significare la natura tragica della poesia
E. Fa riferimento a delle umili piante e vuole indicare una poesia semplice, fatta di piccole cose

185. Nei versi di Torquato Tasso "Il pietoso pastor pianse al suo pianto", quale figura retorica è possibile rintracciare?

A. Similitudine
B. Allitterazione
C. Climax
D. Antonomasia
E. Metafora

186. Cosa indica il termine greco "Decameron", titolo di un'opera di Boccaccio?

A. Le dieci novelle raccontate dai protagonisti
B. Le cento novelle raccolte nell'opera
C. Le dieci giornate in cui si svolge l'azione
D. I dieci giovani amici protagonisti dell'opera
E. Le dieci stanze della casa in cui si ritrovano i protagonisti

187. Quale delle seguenti battaglie NON è stata combattuta durante la prima guerra mondiale?

A. Sesta battaglia dell'Isonzo
B. El Alamein
C. Vittorio Veneto
D. Caporetto
E. Verdun

188. Qual è il nome del diavolo nel "Faust" di Goethe?

A. Lucifero
B. Woland
C. Wagner
D. Mefistofele
E. Behemoth

189. Quale dei seguenti scrittori ha ideato il personaggio letterario di Sherlock Holmes alla fine del XIX secolo?

A. Thomas de Quincey
B. Robert Louis Stevenson
C. Edgar Allan Poe
D. Arthur Conan Doyle
E. Oscar Wilde

190. Quale delle seguenti NON è un'opera di Thomas Mann?

A. La morte a Venezia
B. La montagna incantata
C. Tonio Kröger
D. I Buddenbrook
E. L'uomo senza qualità

191. Uno dei seguenti romanzi è stato scritto da Thomas Mann: quale?

A. L'uomo senza qualità
B. Il processo
C. Niente di nuovo sul fronte occidentale
D. I Buddenbrook
E. Il gioco delle perle di vetro

192. Quale delle seguenti opere NON è stata scritta da Charles Dickens?

A. Oliver Twist
B. Nicholas Nickleby
C. Grandi Speranze
D. Il circolo Pickwick
E. Peter Pan

193. Leopold Bloom è il protagonista di una delle seguenti opere: quale?

A. "Giorni felici" di Samuel Beckett
B. "Ulisse" di James Joyce
C. "Cuore di tenebra" di Joseph Conrad
D. "Cime tempestose" di Emily Brontë
E. "Un marito ideale" di Oscar Wilde

194. In quale periodo è ambientato il romanzo "La casa in collina"?

A. Alla fine degli anni '40 del Novecento
B. Durante la prima guerra mondiale
C. Durante il Risorgimento
D. Negli anni '20 del Novecento
E. Durante la seconda guerra mondiale

195. "L'educazione sentimentale" è un romanzo di:

A. George Eliot
B. Simone de Beauvoir
C. Honoré de Balzac
D. Georges Sand
E. Gustave Flaubert

196. "La Certosa di Parma" è un romanzo di:

A. Ugo Foscolo
B. Emilio Praga
C. Gustave Flaubert
D. Stendhal
E. Ippolito Nievo

197. Quale delle seguenti opere NON è ambientata durante il Risorgimento?

A. Il Gattopardo
B. Senso
C. I vicerè
D. Il giorno della civetta
E. Piccolo mondo antico

198. Come è soprannominata la casa in cui vivono i Malavoglia ad Aci Trezza?

A. Casa del Nespolo
B. Casa del Trespolo
C. La Provvidenza
D. Il Leccio
E. Campana di Legno

199. Nell'"Orlando Furioso", Astolfo, venuto in possesso dell'ippogrifo, recupera il senno perduto di Orlando:

A. all'Inferno
B. a Gerusalemme
C. sulla Luna
D. sul campo di battaglia
E. in Africa

200. Il romanzo "Fontamara" di Ignazio Silone è ambientato nell'omonimo paese immaginario, che si troverebbe in:

A. Puglia
B. Calabria
C. Abruzzo
D. Lazio
E. Campania

201. "La città del sole" di Tommaso Campanella:

A. delinea l'utopia di una società ideale
B. è un trattato sull'essenza del principato
C. sostiene la validità del sistema tolemaico-aristotelico
D. sostiene la verità della teoria eliocentrica
E. è uno studio di astrologia

202. Quale romanzo italiano fu pubblicato prima in lingua tedesca in Svizzera, nel 1933 e solo nel 1945 in italiano, essendo un libro di denuncia del regime fascista?

A. "La casa in collina" di Cesare Pavese
B. "Cristo si è fermato a Eboli" di C. Levi
C. "L'isola di Arturo" di Elsa Morante
D. "Canne al vento" di Grazia Deledda
E. "Fontamara" di Ignazio Silone

203. "L'ufficiale Giovanni Drogo viene inviato alla fortezza Bastiani, presidio militare al confine con un deserto inesplorato in cui vive una misteriosa popolazione. Il romanzo è pervaso da sentimenti di sospensione e di attesa: Drogo consuma la sua esistenza ad aspettare inutilmente l'attacco della popolazione misteriosa, nella speranza, poi delusa, di ottenere la gloria in guerra." Questo passaggio riassume la trama di un celebre romanzo del Novecento: quale?

A. "Le città invisibili" di Italo Calvino
B. "La pietra lunare" di Tommaso Landolfi
C. "Il castello" di Franz Kafka
D. "Doppio sogno" di Arthur Schnitzler
E. "Il deserto dei Tartari" di Dino Buzzati

204. In quale delle seguenti opere di Italo Calvino viene affrontata, attraverso gli occhi ingenui del protagonista, la vita caotica e contradditoria della città industrializzata che ha dimenticato cosa sia la natura?

A. Ti con Zero
B. Il Cavaliere Inesistente
C. Il sentiero dei nidi di ragno
D. Marcovaldo
E. Il Visconte Dimezzato

205. Qual è l'ambientazione del romanzo "Ragazzi di vita" di Pier Paolo Pasolini?

A. La stazione di Bologna
B. I quartieri altolocati di Torino
C. La campagna friulana
D. I quartieri malfamati di Napoli
E. Le borgate e i quartieri periferici di Roma

206. Quale dei seguenti autori fu anche chimico di professione?

A. Carlo Emilio Gadda
B. Cesare Pavese
C. Italo Calvino
D. Carlo Cassola
E. Primo Levi

207. Dove è ambientato il romanzo di Umberto Eco "Il nome della rosa"?

A. Nei musei vaticani
B. In un monastero benedettino del nord Italia
C. In un'abbazia cistercense dell'Italia meridionale
D. Nel Museo del Louvre di Parigi
E. A Notre-Dame di Parigi

208. Chi è l'autore di "Marcovaldo ovvero Le stagioni in città"?

A. Italo Calvino
B. Cesare Pavese
C. Pier Paolo Pasolini
D. Giorgio Bassani
E. Beppe Fenoglio

209. "Si sta come d'autunno sugli alberi le foglie". Chi è l'autore di questi versi?

A. Primo Levi
B. Eugenio Montale
C. Salvatore Quasimodo
D. Umberto Saba
E. Giuseppe Ungaretti

210. In quale città italiana, nel 1848, si verificò l'insurrezione delle cosiddette "cinque giornate" contro la dominazione austriaca?

A. Milano
B. Venezia
C. Palermo
D. Napoli
E. Torino

211. Quale dei seguenti conflitti terminò con la firma del trattato di Versailles?

A. Guerra del Vietnam
B. Guerra di secessione americana
C. Seconda guerra mondiale
D. Prima guerra mondiale
E. Guerra civile spagnola

COMPETENZE DI LETTURA

212. Quale organismo sovranazionale venne istituito nel 1919 al termine della conferenza di Versailles?

A. Fondo Monetario Internazionale
B. Comitato internazionale della Croce Rossa
C. Organizzazione delle Nazioni Unite
D. Società delle nazioni
E. NATO

213. Quale dei seguenti avvenimenti nel 1929 diede luogo alla "Grande depressione" negli Stati Uniti?

A. L'approvazione del New Deal
B. La Gran Bretagna abbandona il sistema gold standard
C. L'attacco di Pearl Harbor
D. L'aumento della spesa per le riparazioni di guerra
E. Il crollo della Borsa di New York

214. Quale delle seguenti alternative riporta gli eventi nel corretto ordine cronologico?

A. Attacco a Pearl Harbor - bombardamenti atomici di Hiroshima e Nagasaki - sbarco in Normandia - sbarco degli Alleati in Sicilia
B. Attacco a Pearl Harbor - bombardamenti atomici di Hiroshima e Nagasaki - sbarco degli Alleati in Sicilia - sbarco in Normandia
C. Sbarco in Normandia - sbarco degli Alleati in Sicilia - attacco a Pearl Harbor - bombardamenti atomici di Hiroshima e Nagasaki
D. Attacco a Pearl Harbor - sbarco in Normandia - sbarco degli Alleati in Sicilia - bombardamenti atomici di Hiroshima e Nagasaki
E. Attacco a Pearl Harbor - sbarco degli Alleati in Sicilia - sbarco in Normandia - bombardamenti atomici di Hiroshima e Nagasaki

215. Quale dei seguenti personaggi politici divenne primo ministro durante il regno di Luigi XIII?

A. Michel de Montaigne
B. Cardinale Richelieu
C. Jean-Baptiste Colbert
D. Filippo II di Borbone-Orléans
E. Maximilien de Robespierre

216. In quale dei seguenti periodi storici è avvenuta la proclamazione del Regno d'Italia?

A. Prima guerra mondiale
B. Restaurazione
C. Guerra fredda
D. Risorgimento
E. Rinascimento

217. Chi furono i protagonisti della Rivoluzione russa del 1917?

A. Lenin, Stalin e Trotzkij
B. Lenin e Trotzkij
C. Lenin, Chruščëv e Brežnev
D. Stalin e Bucharin
E. Lenin e Stalin

218. Chi era il presidente degli Stati Uniti al momento dell'attacco atomico di Hiroshima e Nagasaki nell'agosto del 1945?

A. John F. Kennedy
B. Lyndon B. Johnson
C. Dwight D. Eisenhower
D. Franklin D. Roosevelt
E. Harry Truman

219. Quale delle seguenti alternative riporta gli eventi nel corretto ordine cronologico?

A. Mazzini fonda la Giovine Italia - spedizione dei Mille - proclamazione del Regno d'Italia - prima guerra d'indipendenza contro l'Impero austriaco - congresso di Vienna
B. Prima guerra d'indipendenza contro l'Impero austriaco - congresso di Vienna - spedizione dei Mille - Mazzini fonda la Giovine Italia - proclamazione del Regno d'Italia
C. Prima guerra d'indipendenza contro l'Impero austriaco - congresso di Vienna - Mazzini fonda la Giovine Italia - spedizione dei Mille - proclamazione del Regno d'Italia
D. Congresso di Vienna - spedizione dei Mille - prima guerra d'indipendenza contro l'Impero austriaco - Mazzini fonda la Giovine Italia - proclamazione del Regno d'Italia
E. Congresso di Vienna - Mazzini fonda la Giovine Italia - prima guerra d'indipendenza contro l'Impero austriaco - spedizione dei Mille - proclamazione del Regno d'Italia

220. In quale dei seguenti contesti storici venne redatta la Dichiarazione dei diritti dell'uomo e del cittadino?

A. Risorgimento
B. Primo dopoguerra
C. Rivoluzione francese
D. Guerra fredda
E. Seconda guerra mondiale

221. In quale periodo visse e operò lo scrittore britannico Charles Dickens?

A. Tra le due guerre mondiali
B. Nel primo dopoguerra
C. Nell'età elisabettiana
D. Nell'età vittoriana
E. Nell'età edoardiana

222. Nell'espressione 'beviamoci un bicchiere' quale figura retorica è possibile rintracciare?

A. Iperbole
B. Metafora
C. Anafora
D. Climax
E. Metonimia

223. "Il Gattopardo" di Giuseppe Tomasi di Lampedusa rievoca:

A. gli anni del confino di un medico in un paesino lucano per le sue posizioni antifasciste
B. la drammatica storia di una famiglia di origini ebraiche a Ferrara durante la seconda guerra mondiale
C. la storia di un delitto di mafia in Sicilia negli anni '60 del secolo scorso
D. i problemi politici e sociali del dopoguerra attraverso lo sguardo di un gruppo di ragazzi
E. le trasformazioni del passaggio dal Regno Borbonico al Regno d'Italia osservate da una nobile famiglia siciliana

224. Quale delle seguenti NON è un'opera di William Shakespeare?

A. Re Lear
B. Molto rumore per nulla
C. Otello
D. Aminta
E. La tempesta

225. Quale di queste opere di Dante Alighieri è scritta in latino?

A. Le rime
B. De Monarchia
C. La Divina Commedia
D. Il Convivio
E. Vita Nova

226. In base alla Costituzione, la Repubblica tutela la salute come:

A. dovere dell'individuo
B. vantaggio dell'individuo
C. valore dell'individuo
D. fondamentale diritto dell'individuo
E. interesse dell'individuo

227. In base alla Costituzione italiana, lo straniero al quale sia impedito nel suo Paese l'effettivo esercizio delle libertà democratiche garantite dalla Costituzione italiana:

A. ha diritto di riparo nel territorio della Repubblica
B. ha diritto di vivere nel territorio della Repubblica
C. ha diritto d'asilo nel territorio della Repubblica
D. ha diritto d'asilo nel territorio dell'Unione Europea
E. ha diritto di fuga nel territorio della Repubblica

228. In base alla Costituzione, nessuno può essere punito se non in forza di una legge:

A. che sia stata da lui conosciuta prima del fatto commesso
B. che sia entrata in vigore dopo il fatto commesso
C. che sia entrata in vigore prima del fatto commesso
D. che sia stata da lui accettata prima del fatto commesso
E. che sia stata da lui conosciuta dopo il fatto commesso

229. In base alla Costituzione, le pene non possono consistere in trattamenti:

A. contrari al senso di socialità
B. afflittivi
C. punitivi
D. contrari al senso di umanità
E. definitivi

230. In base alla Costituzione, le pene devono tendere:

A. all'eliminazione della pericolosità sociale
B. all'edificazione del condannato
C. all'eliminazione del condannato
D. al reintegro del condannato
E. alla rieducazione del condannato

231. In base alla Costituzione, il matrimonio è ordinato sull'eguaglianza ... dei coniugi.

A. sociale
B. economica
C. morale e giuridica
D. volontaria
E. politico-sociale

232. I principali romanzi di Jane Austen ruotano attorno al mondo provinciale e alla vita quotidiana di quale classe sociale?

A. La gentry, o nobiltà terriera
B. Il sottoproletariato urbano
C. La peasantry, o classe dei contadini
D. La borghesia cittadina
E. La classe operaia

233. Quale delle seguenti alternative riporta l'abbinamento corretto tra un organo dello Stato e la sua funzione caratteristica?

A. Parlamento - funzione esecutiva
B. Governo - funzione esecutiva
C. Corte di Cassazione - funzione legislativa
D. Governo - funzione legislativa
E. Parlamento - funzione giurisdizionale

234. In base alla Costituzione, è dovere dei genitori mantenere, istruire ed educare i figli:

A. solo se naturali
B. solo se legittimi
C. solo se legittimi o legittimati
D. solo se nati all'interno del matrimonio
E. anche se nati fuori del matrimonio

235. Indicare quale delle seguenti alternative NON riporta il corretto abbinamento autore-opera.

A. Thomas Mann - "I Buddenbrook"
B. Marcel Proust - "Alla ricerca del tempo perduto"
C. Franz Kafka - "Tonio Kröger"
D. Johann Wolfgang von Goethe - "Le affinità elettive"
E. James Joyce - "Ulisse"

236. Charlotte, Emily e Anne Brontë, sorelle e scrittrici britanniche, vissero e operarono:

A. nella prima metà del Settecento
B. nella seconda metà dell'Ottocento
C. nella prima metà dell'Ottocento
D. nel corso del Novecento
E. nella seconda metà del Settecento

237. Quale dei seguenti romanzi è stato scritto nel 19° secolo?

A. La peste
B. Il ritratto di Dorian Gray
C. Il piccolo principe
D. Uomini e topi
E. 1984

238. Quale genere è tipico dell'età vittoriana?

A. Il romanzo a puntate
B. Il romanzo breve di argomento allegorico
C. Il racconto breve
D. Il romanzo di fantascienza
E. Il romanzo rosa

239. Quale delle seguenti opere è stata scritta nel Ventesimo secolo?

A. Amleto
B. Il ritratto di Dorian Gray
C. Germinale
D. Don Chisciotte della Mancia
E. Il vecchio e il mare

240. Quale dei seguenti autori fu uno dei massimi esponenti del Naturalismo?

A. Guy de Maupassant
B. Thomas Hardy
C. Émile Zola
D. Victor Hugo
E. Edgar Allan Poe

241. Henrik Ibsen, considerato tra i fondatori del teatro drammatico moderno, era di origini:

A. norvegesi
B. danesi
C. inglesi
D. tedesche
E. svedesi

242. Le "Lyrical Ballads" del 1798 segnano convenzionalmente l'inizio del Romanticismo nella letteratura inglese. Chi sono i loro autori?

A. John Keats e William Blake
B. George Byron e Percy Bysshe Shelley
C. Walter Scott e Edgar Allan Poe
D. Mary Shelley e Jane Austen
E. William Wordsworth e Samuel Taylor Coleridge

243. La iatrochimica, disciplina basata sulla cura delle malattie attraverso l'uso di sostanze minerali, fu ideata da:

A. Paracelso
B. Christiaan Huygens
C. Robert Boyle
D. William Gilbert
E. Tycho Brahe

244. Nella "Divina Commedia" quanti giorni dura il viaggio di Dante nel mondo ultraterreno?

A. 3 mesi
B. 7 giorni
C. 1 anno
D. 33 giorni
E. 14 giorni

245. Indicare quale delle seguenti alternative NON riporta il corretto abbinamento autore - opera.

A. Victor Hugo - "I miserabili"
B. Stendhal - "Il rosso e il nero"
C. Jules Verne - "Il giro del mondo in 80 giorni"
D. Alexandre Dumas (padre) - "I tre moschettieri"
E. Gustave Flaubert - "La peste"

***Logica,
uno strumento utile
che ci viene venduto
quasi sempre
senza il modo
di servirsene***

Paul Halmos

Ragionamento logico e problemi

LOGICA VERBALE

INSIEMI E SILLOGISMI

1. Tutti i pasticcieri praticano il kendo; Gianluca pratica il kendo. Quale delle seguenti affermazioni aggiuntive consentirebbe di dedurre con certezza che Gianluca è un pasticciere?

A. Alcune persone che praticano kendo sono pasticcieri
B. Non è certo che ogni persona che pratica kendo sia anche un pasticciere
C. Tra le persone che praticano kendo vi sono dei pasticcieri
D. Ogni persona che pratica kendo è anche un pasticciere
E. Alcune persone che praticano kendo si chiamano Gianluca

2. Tutti i magazzinieri praticano la box; Francesco pratica la box. Quale delle seguenti affermazioni aggiuntive consentirebbe di dedurre con certezza che Francesco è un magazziniere?

A. Non è certo che ogni persona che pratica box sia anche un magazziniere
B. Alcune persone che praticano box sono magazzinieri
C. Alcune persone che praticano box si chiamano Francesco
D. Tra le persone che praticano box vi sono dei magazzinieri
E. Ogni persona che pratica box è anche un magazziniere

3. Tutti i chirurghi praticano la pesca subacquea; Christian pratica la pesca subacquea. Quale delle seguenti affermazioni aggiuntive consente di dedurre con certezza che Christian è un chirurgo?

A. Ogni persona che pratica pesca subacquea è anche un chirurgo
B. Alcune persone che praticano pesca subacquea si chiamano Christian
C. Tra le persone che praticano pesca subacquea vi sono dei chirurghi
D. Non è certo che ogni persona che pratica pesca subacquea sia anche un chirurgo
E. Alcune persone che praticano pesca subacquea sono chirurghi

4. In una palestra sono offerti tre tipi di corsi sportivi: karate, basket e pallavolo. Dei 16 iscritti nell'anno in corso, si sa che:
- 4 sono iscritti a tutti e tre i corsi;
- 5 sono iscritti a basket e karate, ma non a pallavolo;
- gli iscritti totali a basket sono 10;
- i restanti sono iscritti solo al corso di pallavolo.
A quale diagramma corrisponde la situazione descritta?

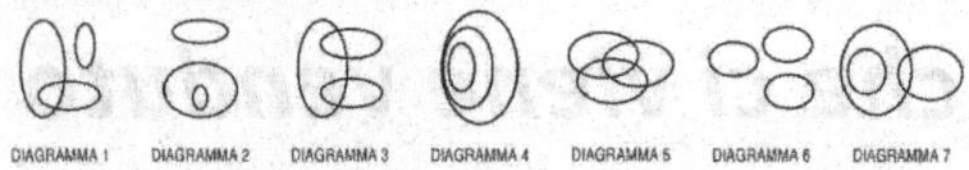

A. Al diagramma 2
B. Al diagramma 5
C. Al diagramma 6
D. Al diagramma 1
E. Al diagramma 3

5. Individuare il diagramma che soddisfa la relazione insiemistica esistente tra i termini dati.
Numeri compresi tra 44 e 50, Numeri compresi tra 48 e 94, Numeri compresi tra 33 e 52

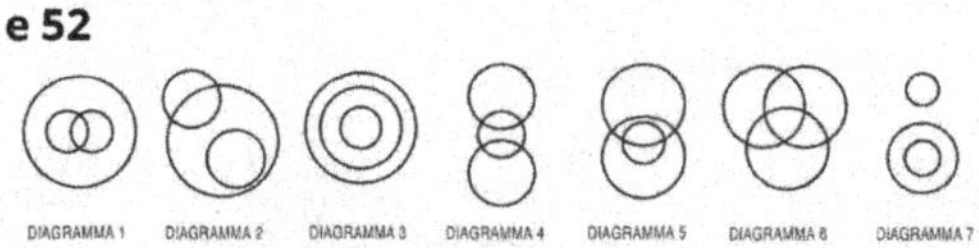

A. Diagramma 3
B. Diagramma 7
C. Diagramma 4
D. Diagramma 5
E. Diagramma 2

6. I tre gruppi [SV, V, SB, E, K, R], [S, T, B, D, V, K], [SM, SS, M, X, SK, ST] sono legati da una relazione insiemistica. All'interno di questa relazione, SV si trova nella parte annerita della relazione:

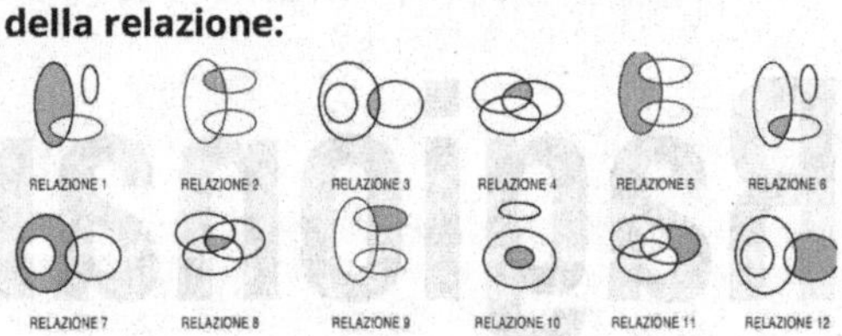

A. 3
B. 6
C. 10
D. 2
E. 1

7. Alla facoltà di Statistica il 45% degli studenti proviene da un liceo scientifico, il 38% parla correttamente il Francese, e il 34% ha entrambe le caratteristiche. Si può quindi dedurre con certezza che alla facoltà di Statistica:

A. l'83% degli studenti proviene da un liceo scientifico o parla correttamente il Francese
B. esattamente il 4% degli studenti proviene da un liceo scientifico ma non parla correttamente il Francese
C. più della metà degli studenti non proviene da un liceo scientifico e non parla correttamente il Francese
D. esattamente l'11% degli studenti parla correttamente il Francese ma non proviene da un liceo scientifico
E. meno di un terzo degli studenti parla correttamente il Francese

8. "Manuela ama il rock. Tutti i ribelli amano il rock. Ogni ribelle è anche un artista". Se le precedenti informazioni sono corrette, quale delle seguenti informazioni addizionali consentirebbe di concludere che Manuela è una ribelle?

A. Ogni artista è anche un ribelle
B. Non vi è bisogno di alcuna informazione addizionale
C. Chi ama il rock è anche un ribelle
D. Manuela è un'artista
E. Manuela si veste spesso di nero

9. "Chi pattina è sereno. Chi mangia verdure è sereno. Solo chi mangia verdure può essere calmo". Se le precedenti affermazioni sono vere, quante delle seguenti sono certamente vere?
- Chi non mangia verdure non è sereno
- Alcuni che pattinano mangiano verdure
- Chi non è sereno non è calmo
- Alcuni che sono calmi potrebbero pattinare
- Chi mangia verdure potrebbe non essere sereno

A. 3
B. 4
C. 1
D. 2
E. 5

10. Tutti i CUZ sono CW; nessun DE è CW; alcuni DE sono DR. Se le precedenti affermazioni sono vere, allora NON è certamente vero che:

A. Non tutti i DR sono sicuramente anche DE
B. Alcuni CW potrebbero non essere CUZ
C. Qualche DR può essere CW
D. Nessun DE può essere CUZ
E. Nessun DR può essere CUZ

11. "Tutti i rapper sono famosi; Josh è famoso; tutti i rapper sono americani". In base alle precedenti affermazioni, quale delle seguenti è necessariamente vera?

A. Tutte le persone famose sonoamericane
B. Josh è americano
C. Josh è un rapper
D. Tutte le persone famose sono rapper
E. Nessun rapper è famoso e canadese

12. Date le seguenti relazioni: SFO è SBP, SBP è SBA, SBA può essere SFO, SFO non è SAF, SBA può essere SAF, SMX non è SBA. Quale delle seguenti conclusioni relative a SMX è necessariamente vera?

A. Ogni SMX è SAF
B. Nessuna delle altre alternative è corretta
C. Alcuni SAF sono SMX
D. SBP può essere SMX
E. Tutti gli SMX sono SAF

13. "Solo chi ha i capelli bianchi è saggio, mentre solo chi non li ha bianchi è giovane. Tutte le persone calme hanno i capelli bianchi mentre Giacomo non ha i capelli bianchi". Se le precedenti affermazioni sono vere, allora NON è certamente vero che:

A. Giacomo non è calmo
B. alcune persone che non hanno i capelli bianchi possono non essere giovani
C. alcune persone calme sono sagge
D. chi è calmo non è giovane
E. Giacomo non è saggio

14. Sono date le seguenti relazioni: MRY è MGM, MGM è MTJ, MTJ può essere MRY, MRY non è MGW, MTJ può essere MGW, MKG non è MTJ. Quale delle seguenti conclusioni relative a MGW è corretta?

A. Ogni MGW è MTJ
B. MGM è MGW
C. Ogni MKG è MGW
D. MGM può essere MGW
E. Ogni MTJ è MGW

15. Individuare la relazione insiemistica esistente tra i termini dati.
Otto amici si trovano in panetteria per prendere la merenda per la scuola:
- 2 prendono la focaccia;
- 1 prende la focaccia e una pasta frolla;
- 3 prendono le paste frolle;
- i rimanenti prendono una pizzetta.
A quale diagramma corrisponde la situazione descritta?

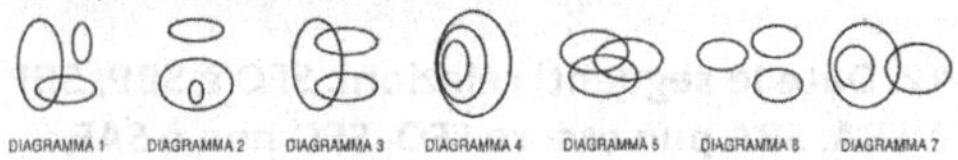

A. Al diagramma 5
B. Al diagramma 7
C. Al diagramma 1
D. Al diagramma 3
E. Al diagramma 2

16. Individuare il diagramma che soddisfa la relazione insiemistica esistente tra i termini dati.
[12, 16, 20, 10, 14, 13], [18, 11, 19, 21, 15, 17], [10, 16]

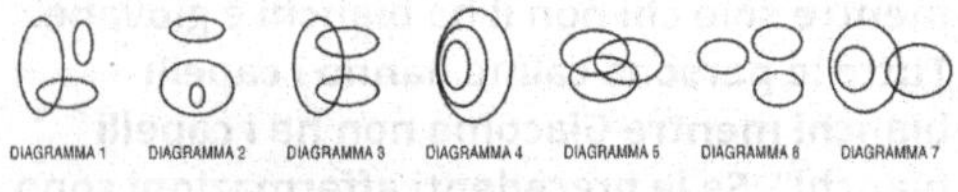

A. Diagramma 1
B. Diagramma 5
C. Diagramma 4
D. Diagramma 7
E. Diagramma 2

17. Individuare il diagramma che soddisfa la relazione insiemistica esistente tra i termini dati.
[X, S, A, K, D, E], [V, T, B, K, D, E], [V, R, B, S, D, E]

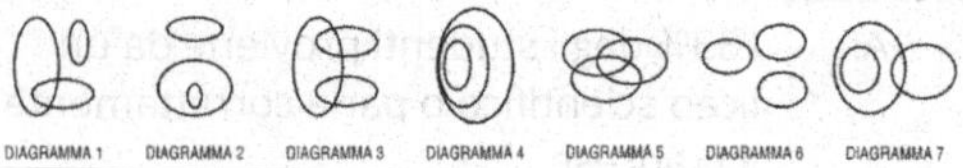

A. Diagramma 2
B. Diagramma 5
C. Diagramma 3
D. Diagramma 1
E. Diagramma 7

18. Individuare il diagramma che soddisfa la relazione insiemistica esistente tra i termini dati.
Cappellai londinesi, Cappellai, Cappellai bravi

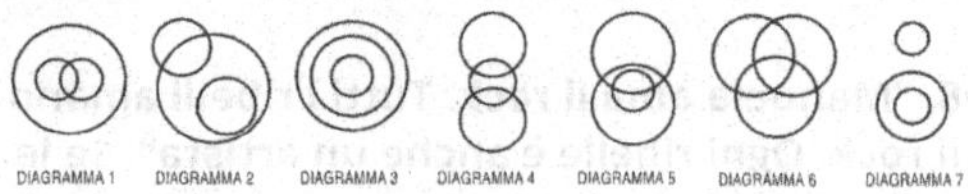

A. Diagramma 2
B. Diagramma 6
C. Diagramma 5
D. Diagramma 1
E. Diagramma 3

CONDIZIONE NECESSARIA E SUFFICIENTE

19. Volendo rendere più trasparenti per tutti le procedure per segnalare all'amministrazione le assenze, Alessia ha mandato a tutti queste istruzioni: se A è in malattia, allora A manda una mail a Marco, se B è in trasferta, allora B manda una mail a Bernardo. Da quanto scritto, quindi, si può dedurre con certezza che se:

A. Michele ha mandato una mail a Bernardo allora è in trasferta
B. Gianni non ha mandato alcuna mail a Marco allora non è in malattia
C. Sergio non è in malattia allora non manda alcuna mail a Marco
D. Luisa non è trasferta allora non manda alcuna mail a Bernardo
E. Dario non ha mandato alcuna mail a Bernardo allora non è in malattia

20. Solo esercitandosi si può ottenere il brevetto di sub. Se la precedente affermazione è vera, allora è necessariamente vero che:

A. se ci si esercita, sicuramente si ottiene il brevetto di sub
B. ottenere il brevetto di sub è l'unica motivazione per esercitarsi
C. è sufficiente esercitarsi per ottenere il brevetto di sub
D. spesso chi vuole ottenere il brevetto di sub non si esercita a sufficienza
E. esercitarsi è condizione necessaria per ottenere il brevetto di sub

21. Solo se Lisa piange, allora la mamma la prende in braccio. In base alla precedente affermazione, è necessariamente vero che:

A. la mamma soffre sentendo Lisa piangere
B. se Lisa non piange, allora la mamma non la prende in braccio
C. se Lisa piange, il padre la prenderà in braccio
D. se la mamma non prende in braccio Lisa, significa che lei non ha pianto
E. se Lisa piange, prima o poi la mamma la prenderà in braccio

22. Sul portone di entrata di un laboratorio ematologico c'è la seguente scritta: "per entrare è obbligatorio indossare le mascherina e i guanti". Se, entrando, Alessia non ha rispettato l'obbligo, allora certamente:

A. non ha indossato la mascherina
B. non ha indossato i guanti
C. non ha indossato almeno uno tra mascherina e guanti
D. ha indossato la mascherina e i guanti
E. non ha indossato né mascherina né guanti

23. Marina e Elisabetta sono colleghe. Sapendo che sono vere entrambe le seguenti affermazioni:
- se Elisabetta è felice allora Marina accende la radio;
- o Elisabetta è felice o Marina è stanca;
allora è sempre vero che:

A. se Elisabetta non è felice allora Marina non accende la radio
B. se Marina è stanca allora non accende la radio
C. se Marina non accende la radio allora è stanca
D. se Marina accende la radio Elisabetta è felice
E. se Elisabetta è felice Marina potrebbe comunque non accendere la radio

24. Per avviare il meccanismo M è necessario (ma non sufficiente) inserire il perno F. Quando il meccanismo M è avviato, la turbina D viene spenta. Da questa procedura NON si può dedurre con certezza che:

A. quando il perno F non è inserito allora il meccanismo M non si può avviare
B. se la turbina D non viene spenta allora il meccanismo M non è stato avviato
C. la turbina D potrebbe spegnersi anche se il meccanismo M non è avviato
D. quando il meccanismo M è avviato allora è stato inserito il perno F
E. se la turbina D non viene spenta allora il perno F non è stato inserito

25. Se C è necessario per D, allora quali delle seguenti affermazioni sono vere?
1) D è sufficiente per C
2) Non C è sufficiente per non D
3) Non D è sufficiente per non C

A. La 1), la 2) e la 3)
B. Solo la 2)
C. Solo la 1) e la 3)
D. Solo la 1)
E. Solo la 1) e la 2)

26. "Quando viene introdotta la sostanza F, il composto H si colora di blu". Se la precedente affermazione è vera, allora quante delle seguenti affermazioni NON sono vere?
- Se il composto H si è colorato di blu, allora è certamente stata introdotta la sostanza F
- Se il composto H non si è colorato di blu potrebbe comunque essere stata introdotta la sostanza F
- Se non si introduce la sostanza F il composto H potrebbe comunque colorarsi di blu
- Solo l'introduzione della sostanza F permette al composto di colorarsi di blu
- Se il composto H non si è colorato di blu, allora non è stata introdotta la sostanza F

A. 1
B. 2
C. 4
D. 5
E. 3

27. "Se e solo se Paolo riuscirà ad avvistare un ibis crestato potrà dire di aver visto tutti gli animali di quel particolare habitat". In base alla precedente informazione, quale delle seguenti affermazioni è necessariamente vera?

A. Anche se Paolo riuscirà ad avvistare un ibis crestato non necessariamente potrà dire di aver visto tutti gli animali di quel particolare habitat
B. L'ibis crestato è l'animale più difficile da avvistare di quel particolare habitat
C. Se Paolo non ha visto tutti gli animali di quel particolare habitat, vuol dire che non è riuscito ad avvistare un ibis crestato
D. Se Paolo ha visto tutti gli animali di quel particolare habitat, non necessariamente è riuscito ad avvistare anche un ibis crestato
E. Paolo ha già visto molti animali di quel particolare habitat

28. Solo quando Alessandro ha nuotato, la madre non prepara la cena. Se la precedente affermazione è vera, allora è certamente vero che:

A. se la madre prepara la cena, Alessandro non ha nuotato
B. se la madre non prepara la cena, Alessandro ha nuotato
C. è sufficiente che Alessandro abbia nuotato affinché la madre non prepari la cena
D. se Alessandro ha nuotato, la madre non prepara la cena
E. se la madre non prepara la cena, Alessandro potrebbe non aver nuotato

29. Solo chi sa aspettare può essere calmo e quando uno è calmo ottiene sempre buoni risultati. Se le precedenti affermazioni sono vere, allora quante delle seguenti affermazioni sono certamente vere?
- Marco, che non sa aspettare, non può essere calmo
- Beatrice, che ottiene sempre buoni risultati, è certamente calma
- Enrica, pur non essendo calma, potrebbe ottenere buoni risultati
- Paola, pur non sapendo aspettare, potrebbe ottenere buoni risultati
- Mattia, pur essendo calmo, potrebbe non ottenere buoni risultati

A. 4
B. 2
C. 5
D. 3
E. 1

AFFERMAZIONE NECESSARIAMENTE V/F

30. Se l'affermazione "Tutti gli chef sono persone sportive" è FALSA, allora:

A. nessuno chef è una persona sportiva
B. gli chef sono persone che non amano lo sport
C. almeno uno chef non è una persona sportiva
D. alcuni chef non sono persone sportive
E. almeno uno chef è una persona sportiva

31. Se l'affermazione "Tutte le ballerine hanno danzato all'Opéra di Parigi" è FALSA, allora:

A. almeno una ballerina non ha danzato all'Opéra di Parigi
B. nessuna ballerina ha mai danzato all'Opéra di Parigi

C. solo le ballerine francesi hanno danzato all'Opéra di Parigi
D. una buona parte delle ballerine ha danzato all'Opéra di Parigi
E. alcune ballerine hanno danzato all'Opéra di Parigi

32. Qual è la corretta negazione della proposizione: "tutte le mele sono rosse"?
A. Almeno una mela è gialla
B. Alcune mele non sono rosse
C. Non c'è nessuna mela che non sia rossa
D. Nessuna mela è rossa
E. Almeno una mela non è rossa

33. La negazione dell'affermazione "Tutte le tangenziali di Milano alla mattina sono congestionate dal traffico" è:
A. nessuna tangenziale di Milano alla mattina è congestionata dal traffico
B. almeno una tangenziale di Milano alla mattina non è congestionata dal traffico
C. non esistono tangenziali a Milano che alla mattina non siano congestionate dal traffico
D. alcune tangenziali di Milano alla mattina sono congestionate dal traffico
E. almeno una tangenziale di Torino alla mattina non è congestionata dal traffico

34. Qual è la corretta negazione della proposizione: "tutti gli studenti della 5ª E conoscono almeno uno studente della 5ª C"?
A. Nessuno studente della 5ª E conosce tutti gli studenti della 5ª C
B. Nessuno studente della 5ª E conosce almeno uno studente della 5ª C
C. Ogni studente della 5ª E conosce tutti gli studenti della 5ª C
D. Almeno uno studente della 5ªE non conosce alcuno studente della 5ª C
E. Nessuno studente della 5ª E conosce qualche studente della 5ª C

35. Non fermarsi è necessario per vincere la gara. Se questa affermazione è vera, quante delle seguenti affermazioni NON sono certamente vere?
- Luca non ha vinto la gara, quindi non si è fermato
- Giovanni non si è fermato, quindi ha vinto la gara
- Serena si è fermata, quindi non ha vinto la gara
- Giada ha vinto la gara quindi non si è fermata
A. 4
B. 3
C. 2
D. 0
E. 1

36. Da una ricerca sui lavoratori dell'azienda Kappa risulta che:
- il 30% possiede un'auto;
- il 40% ha i capelli neri;
- il 28% ha gli occhi chiari;
- il 55% possiede un cane.
Da queste informazioni si può dedurre che è certamente FALSO che:
A. alcuni dei lavoratori dell'azienda Kappa che possiedono un'auto possiedono anche un cane
B. tutti i lavoratori dell'azienda Kappa che non possiedono un cane non hanno gli occhi chiari
C. tutti i lavoratori dell'azienda Kappa che non possiedono un'auto non hanno i capelli neri
D. alcuni dei lavoratori dell'azienda Kappa che hanno gli occhi chiari non hanno i capelli neri
E. tutti i lavoratori dell'azienda Kappa che hanno i capelli neri possiedono un cane

37. Negare che a tutti gli italiani piacciono sia la pizza sia il panettone significa affermare che:
A. ad almeno un italiano piacciono sia la pizza sia il panettone
B. ad almeno un italiano non piace la pizza
C. a nessun italiano piacciono sia la pizza sia il panettone
D. ad almeno un italiano non piacciono o la pizza o il panettone
E. ad almeno un italiano non piacciono né la pizza né il panettone

RAGIONAMENTO LOGICO E PROBLEMI

38. Da una ricerca sugli abitanti di un piccolo paese risulta che:
- il 30% possiede uno scooter;
- il 40% possiede un cane domestico;
- il 35% ha i capelli biondi;
- il 50% ha gli occhi scuri.
Da queste informazioni si può dedurre che è certamente FALSO che:

A. tutti coloro che possiedono uno scooter hanno i capelli biondi
B. una parte di coloro che possiedono un cane domestico hanno uno scooter
C. tutti coloro che hanno i capelli biondi non possiedono un cane domestico
D. tutti coloro che non hanno gli occhi scuri non hanno i capelli biondi
E. tutti coloro che non possiedono un cane domestico non hanno gli occhi scuri

39. Negare che a tutti gli inglesi piacciono sia il calcio sia il tè significa affermare che:

A. ad almeno un inglese non piacciono né il calcio né il tè
B. a nessun inglese piacciono sia il calcio sia il tè
C. ad almeno un inglese piacciono sia il calcio sia il tè
D. ad almeno un inglese non piace il calcio
E. ad almeno un inglese non piacciono o il calcio o il tè

40. Nell'azienda Beta, solo le persone che hanno ricevuto la convocazione hanno partecipato all'assemblea. Chi ha iniziato a lavorare da meno di un anno nell'azienda Beta non ha ricevuto la convocazione. Tutti i dirigenti dell'azienda Beta con più di un anno di servizio hanno ricevuto la convocazione. Se le precedenti affermazioni sono vere allora si può dedurre con certezza che:

A. Giovanni è dirigente dell'azienda Beta, quindi ha partecipato sicuramente all'assemblea
B. se Giacomo non ha ricevuto la convocazione, allora certamente non è un dirigente
C. Marco, che lavora nell'azienda Beta da meno di un anno, ha ricevuto la convocazione per l'assemblea
D. se Laura ha partecipato all'assemblea, allora è una dirigente dell'azienda Beta dà più di un anno
E. Serena, pur essendo una dirigente dell'azienda Beta, potrebbe non aver partecipato all'assemblea

41. In un gruppo di tre amici, Letizia e Francesca dicono sempre la verità, mentre Simone a volte dice il vero a volte il falso. Stefania viene a sapere che uno di loro ha rotto un vaso a cui teneva molto e chiede loro di dire chi è stato. Sapendo che ognuno indica uno degli altri due allora:

A. si può dedurre con certezza che è stata Letizia
B. si può dedurre con certezza che Simone sta mentendo
C. non si può dedurre con certezza chi dei tre sia stato
D. si può dedurre con certezza che è stata Francesca
E. non si può dedurre con certezza chi abbia indicato Letizia

42. Chi riposa è tranquillo. Chi scrive è tranquillo. Livio scrive. Se le precedenti affermazioni sono corrette, quante delle seguenti affermazioni NON rappresentano una conclusione necessariamente corretta?
Non si può escludere che alcuni che riposano scrivano anche;
Livio è tranquillo;
Chi non è tranquillo non riposa;
Livio riposa;
Chi non riposa non è tranquillo.

A. 2
B. 0
C. 1
D. 4
E. 3

43. Per il materiale da portare a scuola per l'ora di disegno tecnico viene inviata la seguente istruzione: "Obbligatoriamente portare un compasso o un goniometro o entrambi". Lisa si è presentata a scuola, all'ora di disegno tecnico, non rispettando quanto scritto nell'istruzione. Quante delle seguenti affermazioni sono certamente vere?
Lisa ha portato un compasso ma non un goniometro
Lisa non ha portato né compasso né goniometro
Lisa ha portato uno tra compasso e goniometro ma non si può dire quale

Lisa ha portato un goniometro ma non un compasso

A. 0
B. 1
C. 4
D. 3
E. 2

44. Non tutti i pianificatori praticano culturismo; Santina pratica culturismo. Se le precedenti affermazioni sono vere allora è necessariamente vero che:

A. Santina non è una pianificatrice
B. nessuna delle altre affermazioni è corretta
C. chi pratica culturismo è un pianificatore
D. Santina è una pianificatrice
E. chi pratica culturismo non è un pianificatore

45. "Solo la misurazione del valore della pressione arteriosa del paziente consente di diagnosticare la presenza del problema cardiaco". Se la precedente affermazione è vera, allora quante delle seguenti affermazioni sono certamente vere?
1) Se la presenza del problema cardiaco non è stata diagnosticata allora non si è provveduto alla misurazione della pressione arteriosa del paziente.
2) Se viene misurata la pressione arteriosa del paziente allora sicuramente si diagnostica la presenza del problema cardiaco.
3) è sufficiente misurare il valore della pressione arteriosa del paziente per diagnosticare la presenza del problema cardiaco.
4) Se non si misura il valore della pressione arteriosa del paziente non si riesce a diagnosticare la presenza del problema cardiaco.
5) Se si è riusciti a diagnosticare la presenza del problema cardiaco, allora si è misurata la pressione arteriosa del paziente.

A. 3
B. 5
C. 4
D. 2
E. 1

46. Negare che a tutti gli americani piacciono sia il football sia il baseball significa affermare che:

A. ad almeno un americano non piace il football
B. ad almeno un americano piacciono sia il football sia il baseball
C. ad almeno un americano non piacciono o il football o il baseball
D. a nessun americano piacciono sia il football sia il baseball
E. ad almeno un americano non piacciono né il football né il baseball

PROPORZIONI VERBALI

47. Quale tra i termini proposti completa correttamente la seguente proporzione? sole : tanoressia = smartphone : X

A. X = catatonia
B. X = nomofobia
C. X = megalomania
D. X = ipertimesia
E. X = narcisismo

48. Quale tra i termini proposti completa correttamente la seguente proporzione verbale? Auriga : biga = X : lancia termica

A. X = operaio
B. X = cavallo
C. X = frustino
D. X = poliziotto a cavallo
E. X = arciere

49. Quale, tra i termini proposti, completa correttamente la seguente proporzione verbale? X : nervoso = pigro : operoso

A. X = Agiato
B. X = Calmo
C. X = Stanco
D. X = Alacre
E. X = Agitato

50. Quale, tra i termini proposti, completa correttamente la seguente proporzione verbale? X : muratore = computer : programmatore

A. X = Capitolato
B. X = Muro
C. X = Cazzuola
D. X = Casa
E. X = Edificio

51. Quale, tra i termini proposti, completa correttamente la seguente proporzione verbale? X : confuso = giovane : vecchio

A. X = Giusto
B. X = Pensiero
C. X = Indefinito
D. X = Preciso
E. X = Sbagliato

52. Quale, tra i termini proposti, completa correttamente la seguente proporzione verbale? X : medico = cesoia : giardiniere

A. X = Stetoscopio
B. X = Ospedale
C. X = Sala operatoria
D. X = Infermiere
E. X = Paziente

53. Quale, tra i termini proposti, completa correttamente la seguente proporzione verbale? X : albero = alluce : piede

A. X = Montagna
B. X = Castoro
C. X = Ramo
D. X = Bosco
E. X = Legno

54. Quali tra i termini proposti completano correttamente la seguente proporzione verbale? Beneficiare: X = Y : attuale

A. X = benefico; Y = attualizzare
B. X = beneficamente; Y = attualmente
C. X = verbo; Y = aggettivo
D. X = beneficenza; Y = attualmente
E. X = attualizzare; Y = beneficamente

55. Quale, tra i termini proposti, completa correttamente la seguente proporzione verbale? Deputato : X = alunno : classe

A. X = Senato
B. X = Camera
C. X = Governo
D. X = Presidente della Repubblica
E. X = tribunale

56. Quale, tra i termini proposti, completa correttamente la seguente proporzione verbale? X : intelligente = vuoto : pieno

A. X = Acuto
B. X = Elegante
C. X = Stolto
D. X = Superbo
E. X = Ingegnoso

57. Quale, tra i termini proposti, completa correttamente la seguente proporzione verbale? X : dritto = corto : lungo

A. X = Rovescio
B. X = Riga
C. X = Volée
D. X = Tiro
E. X = Racchetta

58. Quale, tra i termini proposti, completa correttamente la seguente proporzione verbale? X : fiore = ramo : albero

A. X = Ape
B. X = Prato
C. X = Erba
D. X = Cespuglio
E. X = Petalo

59. Quale, tra i termini proposti, completa correttamente la seguente proporzione verbale? X : generale = ordinato : disordinato

A. X = Particolare
B. X = Tenente
C. X = Diffuso
D. X = Universale
E. X = Unico

60. Quale, tra i termini proposti, completa correttamente la seguente proporzione verbale? X : pianoforte = ramo : albero

A. X = Orchestra
B. X = Pianista
C. X = Dito
D. X = Tasto
E. X = Concerto

61. Quale, tra i termini proposti, completa correttamente la seguente proporzione verbale? X : astronomo = pennello : pittore

A. X = Costellazione
B. X = Telescopio
C. X = Stella
D. X = Pianeta
E. X = Buio

62. Quali tra i termini proposti completano correttamente la seguente proporzione verbale? Solidificare : X = Y : astratto

A. X = solidità; Y = astrattamente
B. X = verbo; Y = aggettivo
C. X= solido; Y = astrarre
D. X = solidamente; Y = astrattamente
E. X = astrarre; Y = solidamente

63. Quale, tra i termini proposti, completa correttamente la seguente proporzione verbale? X : barbiere = coltello : chef

A. X = Capello
B. X = Negozio
C. X = Forbici
D. X = Cappello
E. X = Barba

DOPPIA RELAZIONE E TROVA L'INTRUSO

64. Quale delle seguenti parole ha un nesso semantico sia con furia che con corsa?

A. rabbia
B. tratto
C. ciclone
D. fretta
E. gara

65. Quale tra A, B, C, D, E condivide una proprietà con 1, 2 e 3? Rana - rospo - tritone

A. lucertola
B. iguana
C. alligatore
D. geco
E. salamandra

66. Quale tra A, B, C, D, E condivide una proprietà con 1, 2 e 3?
cipresso
pino
sequoia

A. acero
B. betulla
C. noce
D. ginepro
E. faggio

67. Quale tra A, B, C, D, E condivide una proprietà con 1, 2 e 3 che le altre non hanno?
Monte Cervino
Pizzo Bernina
Eiger

A. Monte Evans
B. Aconcagua
C. Ortles
D. Monte Elbrus
E. Nanga Parbat

68. Quale tra le parole A, B, C, D, E condivide una proprietà con tutte le parole 1, 2 e 3?
lettura
scatola
soldato

A. giochi
B. aceto
C. brocca
D. scimmia
E. gnocchi

69. Quale termine etimologicamente NON segue la stessa "logica" degli altri?

A. agnostico
B. abaco
C. ateo
D. abisso
E. apolide

70. Quale tra le parole A, B, C, D, E condivide una proprietà con tutte le parole 1, 2 e 3?
carcassa
battistrada
cinture

A. spalla
B. testa
C. torace
D. braccia
E. gamba

INFERENZA LOGICA

71. Quale fra queste esprime con una formula la regola di deduzione del modus tollens?

A. $((p \to q) \land (q \to r)) \to (p \to r)$
B. $((\neg q \to (\neg p)) \land p) \to q$
C. $((p \to q) \land p)) \to q$
D. $((p \to q) \land (\neg p)) \to (\neg q)$
E. $((p \to q) \land (\neg q)) \to (\neg p)$

72. Quale fra queste esprime con una formula la regola di deduzione del modus ponens?

A. $((\neg q \to (\neg p)) \land p) \to q$
B. $((p \to q) \land (\neg q)) \to (\neg p)$
C. $((p \to q) \land (q \to r)) \to (p \to r)$
D. $((p \to q) \land p) \to q$
E. $((p \to q) \land (\neg p)) \to (\neg q)$

RAGIONAMENTO LOGICO E PROBLEMI

LOGICA VERBALE CAMBRIDGE

73. Il duca si chiedeva se comprare un castello in Bretagna o in Normandia, ma poiché davvero detestava la cucina francese, lo comprò in Sassonia.
Quale, tra le seguenti alternative, ha la stessa struttura logica di quella proposta nel brano precedente?

A. Mary partì per cercare i suoi genitori dispersi in Africa e arrivò a Mombasa. Non sapendo se fosse possibile proseguire per Luanda via terra, evitò di tentare
B. Con questa pioggia incessante, devo restare a casa e allora mi leggerò un bel libro, ma solo con una buona tazza di tè
C. Che delusione: volevo mettere le tende rosse sul balcone della cucina e quelle verdi su quello della sala, ma mi hanno detto che il condominio ammette solo tende blu
D. Poteva andare al raduno in bici o in macchina e scelse la macchina, ma dovette partire assai presto perché trovare un parcheggio era un'impresa difficilissima
E. La nonna voleva comprare un aereo o una nave per il nipotino, che compiva cinque anni. Il negozio di giocattoli però era chiuso per la rottura di una tubatura e così gli comprò un bel libro

LOGICA MATEMATICA

CALCOLO RAPIDO

74. Nei primi 5 esami sostenuti all'Università, Lorenzo ha la media del 25. Sapendo che i voti possibili vanno da 18 a 30 e che dopo 8 esami la sua media è scesa a un valore esattamente pari a 24, anche se nell'ultimo esame ha preso 30, quali voti può aver perso Lorenzo nel suo sesto e settimo esame?

A. 22, 18
B. 18, 20
C. 21, 20
D. 19, 18
E. 20, 20

75. In un teatro la prima fila ha 8 sedie. Ogni fila che segue ha sempre 3 sedie in più rispetto alla fila precedente. Se le file sono 15, quante sedie ci sono in tutto nel teatro?

A. 485
B. 515
C. 505
D. 435
E. 480

76. Durante la giornata un infermiere ha eseguito sette misurazioni del numero dei battiti cardiaci di un paziente, annotando ogni volta il valore rilevato. Facendo la media di tali annotazioni, trova che la media è stata pari a 46 battiti al minuto. Riguardando, però, le registrazioni, decide di non tenere conto della prima e dell'ultima della giornata perché riportano valori che sembrano entrambi errati: rispettivamente 24 e 28 battiti al minuto. Ricalcola quindi la media dei battiti giornalieri del paziente che risulta pari a:

A. 44 battiti al minuto
B. 48 battiti al minuto
C. 56 battiti al minuto
D. 58 battiti al minuto
E. 54 battiti al minuto

77. L'autobus 87 effettua un tragitto che conta, complessivamente, 8 fermate compresi i due capolinea. Sapendo che, al momento della partenza, sull'autobus erano presenti 14 persone e che a ogni fermata

(esclusi i capolinea) sono saliti 13 nuovi passeggeri e ne sono scesi 7, quanti passeggeri sono arrivati al secondo e ultimo capolinea?

A. 52
B. 50
C. 45
D. 36
E. 62

78. Un gioco ha le seguenti regole: se un numero è divisibile per 3 vale 8 punti; se è divisibile per 8 vale 4 punti; se è divisibile per 4 vale 6 punti. In base a tali regole, quanto vale il numero 35?

A. 10 punti
B. 8 punti
C. 6 punti
D. 0 punti
E. 4 punti

79. In un'infermeria sono presenti 44 confezioni di flaconi di un dato farmaco. Alcune confezioni contengono 3 flaconi, tutte le altre ne contengono 4. Se i flaconi sono in tutto 159, quante sono le confezioni con 4 flaconi?

A. 27
B. 23
C. 17
D. 24
E. 25

80. Ginevra possiede un certo numero di braccialetti e decide di dividerli in due gruppi, quelli blu e quelli non blu. Guardando i due gruppi si accorge che la differenza tra il quadrato del numero dei braccialetti blu e il quadrato del numero di quelli non blu è pari a 25 volte la differenza tra il numero dei braccialetti blu e quelli non blu. Quanti braccialetti possiede in totale Ginevra?

A. 75
B. 15
C. 25
D. 40
E. 50

81. Ludovica ha composto insieme a suo papà un castello di carte di 14 piani. Ogni piano contiene 3 carte in meno del successivo. Sapendo che in cima ci sono 3 carte, nella prima fila in basso quante ce ne saranno?

A. 42
B. 45
C. 36
D. 39
E. 48

82. Penelope ha composto insieme a suo papà un castello di carte di 12 piani. Ogni piano contiene 3 carte in meno del successivo. Sapendo che in cima ci sono 3 carte, nella prima fila quante ce ne saranno?

A. 36
B. 33
C. 42
D. 30
E. 39

EQUAZIONI E SISTEMI

83. Indicati con E l'età e con h l'altezza in centimetri di un adulto (maschio), il calcolo del peso teorico di un adulto (maschio) può essere eseguito mediante la formula di Lorenz $P = h - 100 - \frac{h-150}{4}$, o la formula di Berthean $P = \frac{4}{5}(h - 100) + \frac{E}{2}$. Sapendo che: Ken ha 29 anni, pesa 77 kg ed è alto 180 cm, Todd ha 23 anni, pesa 69 kg ed è alto 170 cm, quale delle seguenti affermazioni è esatta?

A. solo per Ken il peso reale è più vicino a quello ottimale calcolato con la formula di Lorenz
B. solo per Todd il peso reale è più vicino a quello ottimale calcolato con la formula di Berthean
C. per entrambi il peso reale è più vicino a quello ottimale calcolato con la formula di Berthean
D. per entrambi il peso reale è più vicino a quello ottimale calcolato con la formula di Lorenz
E. nessuno dei due risulta avere un peso inferiore sia a quello ottimale calcolato con la formula di Berthean sia a quello ottimale calcolato con la formula di Lorenz

84. **La dottoressa Carla ha cinque figli: Lisa, Anna, Flavio, Riccardo e Mauro, fra i quali c'è una coppia di gemelli. Lisa ha cinque anni più di Anna, Flavio due meno di Lisa. Riccardo non ha la stessa età di Mauro, che, a sua volta, ha tre anni meno di Flavio. Chi sono i gemelli?**

A. Flavio e Riccardo
B. Anna e Mauro
C. Anna e Riccardo
D. Flavio e Anna
E. Lisa e Mauro

85. **Per determinare la graduatoria di una selezione, si prendono in considerazione i punteggi ottenuti dai candidati nelle tre prove sostenute. La somma dei punti ottenuti da Alessia nella prima e seconda prova è pari a 52, mentre quella dei punti ottenuti da Alessia nella terza e seconda prova è pari a 46. Sapendo, infine, che la somma dei punti ottenuti da Alessia nella prima e terza prova è pari a 40, quanti punti Alessia ha ottenuto nella prima prova?**

A. 27
B. 17
C. 29
D. 33
E. 23

86. **Tre tipologie di cassettiere (E, F, G) sono costituite dalla stessa tipologia di cassetti. La cassettiera di tipo E ha 2 cassetti, quella di tipo F ne ha 3 e quella di tipo G ne ha 4. Se in totale si hanno 64 cassettiere tra E, F e G e 204 cassetti in totale, quante cassettiere E ci sono se le G sono 32. 24**

A. 16
B. 20
C. 18
D. 12
E. 24

87. **Nel tentativo di guadagnare qualcosa in più per andare in vacanza, 4 amici hanno svolto vari lavoretti per i loro vicini. Prima di iniziare hanno pattuito che tutti i soldi guadagnati sarebbero stati condivisi equamente tra di loro. Si sa che: Otto ha guadagnato 10 euro; Giosuè ha guadagnato 15 euro; Katarina ha guadagnato 12 euro; Pieraugusta ha sorpreso tutti gli altri guadagnando 35 euro e quindi deve dei soldi agli altri amici. Quanto deve ricevere Giosuè da Pieraugusta?**

A. 6 euro
B. 3 euro
C. 17 euro
D. 8 euro
E. 20 euro

88. **Tre recipienti (R, M, H) contengono in tutto 3,6 decalitri di acqua. Sapendo che da solo H contiene il doppio della somma di quanto contenuto da R e M e sapendo che M contiene 200 centilitri in più di R, quanti decilitri di acqua contiene M?**

A. 60
B. 100
C. 90
D. 70
E. 50

89. **H è una miscela liquida di 2 litri e composta dalle sostanze liquide A, B e C. Nei 2 litri di H sono presenti 0,8 litri della sostanza A, 0,5 litri della sostanza B e 0,7 litri della sostanza C. Si decide di aggiungere sia la sostanza liquida A, sia la C ad H in modo che la sostanza B risulti il 20% della nuova miscela. Quanta sostanza A e quanta sostanza C si possono rispettivamente aggiungere per ottenere tale risultato?**

A. 0,2 litri e 0,5 litri
B. 0,25 litri e 0,35 litri
C. 0,4 litri e 0,25 litri
D. 0,3 litri e 0,2 litri
E. 0,4 litri e 0,3 litri

90. **I prezzi di tre tipi di maglie sono espressi in numeri interi e si sa che acquistando una maglia blu e una verde si spende in tutto 46 euro, mentre comprando una maglia verde e una rossa si spendono complessivamente 49 euro. Infine si sa che comprando insieme una maglia blu e una rossa si spendono in tutto 41 euro. Qual è il costo della singola maglietta verde?**

A. 25 euro
B. 27 euro
C. 22 euro
D. 19 euro
E. 29 euro

91. Un negozio vende tre tipi di maglie: rosse, verdi e blu, e le vende sempre a coppie. Si può acquistare insieme una maglia blu e una verde al costo totale di 43 euro, una rossa e una blu al costo totale di 50 euro oppure una rossa e una verde al costo totale di 57 euro. Quanto costerebbe singolarmente una maglia rossa?

A. 18 euro
B. 34 euro
C. 28 euro
D. 32 euro
E. 25 euro

92. Ci sono tre scatole: D, E e F. Si sa che D pesa il quadruplo della somma tra E e F e che E pesa 10 g meno di F. Se F pesa 0,04 kg, quanti hg pesa D?

A. 0,028
B. 280
C. 2,8
D. 0,28
E. 28

93. Tre tipi di prodotto (B, C, D) sono costituiti dalla stessa tipologia di componenti. Per produrre B servono 2 componenti, per produrre C ne servono 3 e per produrre D ne servono 4. Se in totale si hanno 72 prodotti tra B, C e D e si sono usati 231 componenti in totale, quanti prodotti B ci sono se i D sono 36. 24

A. 28
B. 15
C. 18
D. 21
E. 24

94. Giacomo, Alessia e Romina appartengono alla stessa famiglia. La somma delle età di Giacomo e Romina è pari a 62 anni, quella tra l'età di Alessia e l'età di Giacomo è pari a 43 anni e la somma delle età di Alessia e Romina è pari a 55 anni. Quanti anni ha Romina?

A. 35
B. 37
C. 18
D. 27
E. 25

95. Si sa che T/H = B·C, B = 2/3 e H = 1/2. Se C inizialmente aveva valore 12 e successivamente assume valore 6, come varia il valore di T?

A. Passa da 6 a 4
B. Passa da 4 a 2
C. Passa da 5 a 3
D. Passa da 12 a 6
E. Passa da 8 a 4

96. Una lumaca è caduta in un pozzo profondo 18 metri, durante il dì risale di 5 metri, ma prima di mezzanotte scivola indietro di 4 metri. In quale giorno riuscirà a uscire dal pozzo?

A. Nel quattordicesimo
B. Nel diciottesimo
C. Nel diciassettesimo
D. Nel tredicesimo
E. Nel quinto

97. Irene, Biagio, Claudia e Andrea sono 4 cugini tutti con età differenti. Si sa che: Irene ha 23 anni; Biagio ha due anni in meno di Irene; Claudia ha cinque anni più di Biagio; il numero di anni tra l'età di Claudia e quella di Andrea, che è più grande di Claudia, è lo stesso numero di anni che c'è tra l'età di Irene e quella di Claudia. Quanti anni ha Andrea?

A. 26
B. 30
C. 29
D. 27
E. 28

98. Nel tentativo di guadagnare qualcosa in più per andare in vacanza, 4 amici hanno svolto vari lavoretti per i loro vicini. Prima di iniziare hanno pattuito che tutti i soldi guadagnati sarebbero stati condivisi equamente tra di loro. Si sa che: Margarita ha guadagnato 62 euro; Teresio ha guadagnato 41 euro; Editha ha guadagnato 64 euro; Belinda ha sorpreso tutti gli altri guadagnando 113 euro e quindi deve dei soldi agli altri amici. Quanto deve ricevere Teresio da Belinda?

A. 29 euro
B. 8 euro
C. 43 euro
D. 72 euro
E. 6 euro

99. La Professoressa Conte e il Professor De Rosa devono correggere le prove scritte dell'esame di Geografia urbana della loro classe, che conta complessivamente 152 studenti.
La prof.ssa Conte corregge un quarto delle prove e poi ne corregge altre 3. A seguire, il prof. De Rosa corregge un terzo delle prove rimanenti più altre 3. Quindi, la prof.ssa Conte corregge 3 ulteriori prove. Quante prove rimangono da correggere?

A. 68
B. 111
C. 65
D. 70
E. 71

100. Per il compleanno di Raffaele, il suo amico Mauro vuole regalargli due oggetti tra divisa, racchetta e scarpe da padel. Regalando la divisa e le scarpe Mauro spenderebbe 72 euro, mentre regalando divisa e racchetta spenderebbe 57 euro e, infine, regalando racchetta e scarpe spenderebbe 69 euro. Quanto costa da sola la racchetta?

A. 27
B. 37
C. 42
D. 30
E. 40

101. Giovanni ha davanti a sé tre cesti di frutta: il cesto di pere e il cesto di mele contengono in totale 47 frutti, mentre quello di pere e quello di arance contengono in totale 56 frutti. Se il cesto di mele e quello di arance contengono in totale 51 frutti, quante arance ha davanti a sé Giovanni?

A. 21
B. 36
C. 30
D. 26
E. 31

102. Eliana, Aldo, Mafalda e Isacco sono 4 cugini tutti con età differenti. Si sa che: Eliana ha 24 anni; Aldo ha due anni in meno di Eliana; Mafalda ha cinque anni più di Aldo; il numero di anni tra l'età di Mafalda e Isacco, che è più grande di Mafalda, è lo stesso numero di anni che c'è tra l'età di Eliana e quella di Mafalda. Quanti anni ha Isacco?

A. 29
B. 30
C. 28
D. 27
E. 31

103. Una cliente va in merceria per rifornirsi di alcuni filati per realizzare alcuni capi a maglia. Acquista alcuni filati composti per l'89% da Lana. Sapendo che: 1) gli altri tre tipi di filato che acquista sono Cotone, Lino e Poliestere; 2) che la percentuale di Lino è il doppio di quella di Poliestere e 3) che la percentuale di Cotone supera di un punto percentuale quella di Lino, qual è la percentuale di Cotone nell'acquisto che ha effettuato la cliente?

A. 10%
B. 2%
C. 76%
D. 5%
E. 4%

104. Carlo ha 7 anni e la sua baby-sitter Barbara ha il triplo della sua età. Quando lui avrà 15 anni, quanti anni avrà la sua baby-sitter?

A. 29
B. 36
C. 27
D. 28
E. 40

EQUAZIONI CON SIMBOLI

105. Se:
$\Delta + 3 + \# = \lozenge - \#$
$\Delta = -6$
$\# = 3$
allora $\lozenge$ è uguale a:

A. 6
B. −2
C. −3
D. 2
E. 3

PERCENTUALI E FRAZIONI

106. Due prodotti X e Y hanno lo stesso prezzo. Il prodotto X viene inizialmente scontato del 30% e il prodotto Y del 10%. Dopo una settimana, visto che entrambi i prodotti non sono stati venduti, si applica, rispetto al nuovo prezzo di entrambi, un ulteriore sconto del 20% sul prodotto X e del 40% sul prodotto Y. A questo punto, quale delle seguenti affermazioni è vera?

A. La percentuale di sconto del bene Y è pari al 44%
B. I prezzi dei prodotti X e Y dopo gli sconti praticati sono gli stessi
C. La percentuale di sconto del bene X è pari al 46%
D. Dopo gli sconti praticati il prezzo di X è superiore a quello di Y
E. Dopo gli sconti praticati il prezzo di Y è superiore a quello di X

107. Nella banca diretta da Blaine viene deciso di praticare un tasso di rendimento annuale pari di $\left(1.2+\frac{x-700}{2x}\right)\%$ ad ogni cliente che investe x (multiplo di 50) euro. Quale delle seguenti affermazioni è falsa?

A. La minima cifra che si deve investire per avere un rendimento non inferiore a 1.2 % è 700 €
B. Investendo 500 € si ha un rendimento pari a 1 %
C. Il minimo rendimento positivo possibile è di 0.3 % pari a un investimento di 250 €
D. La cifra minima da investire per avere un rendimento positivo è 200 €
E. Il rendimento massimo possibile è sicuramente inferiore a 1.7 %

108. Per produrre un composto si utilizzano due sole sostanze, alfa e beta, combinate in modo che la percentuale di beta presente nel composto sia il quadruplo di quella di alfa. Presi 1,5 decilitri di tale composto, si vuole aggiungere la sostanza beta in modo che, nel composto risultante, la percentuale di alfa presente risulti pari a un quinto di quella di beta. Di quanti centilitri complessivi risulterà il nuovo composto?

A. 21
B. 210
C. 18
D. 180
E. 30

109. Roberto ha investito a inizio gennaio 1.380 euro in azioni di un fondo. A fine febbraio, il valore delle azioni del fondo ha subito un ribasso pari a 1/3 del suo valore. A fine marzo il valore delle azioni del fondo ha subito un ulteriore ribasso pari ai 5/8 del valore raggiunto a febbraio. A questo punto, quale è la perdita percentuale registrata dal valore delle azioni del fondo possedute da Roberto?

A. 75%
B. 70%
C. Circa il 59%
D. Intorno al 48%
E. Poco meno del 32%

110. Ognuna tra Daniela, Laura e Rachele ha acquistato una motocicletta. Quella di Daniela è costata 16.000 euro, mentre quelle di Laura e Rachele, rispettivamente, i 5/4 e i 3/2 di quella di Daniela. La motocicletta di Daniela ha un serbatoio che ha una capienza di 15 litri, quella di Laura uno con capienza di 18 litri e quella di Rachele uno con capienza di 20 litri. Quando la motocicletta di Daniela ha percorso 40.000 km, lei riesce a venderla a 12.000 euro. Laura, invece, vende la sua motocicletta quando questa ha compiuto 25.000 km al prezzo di 18.000 euro. Rachele, infine, vende la sua motocicletta, quasi nuova, con solo 10.000 km effettuati a 21.000 euro. Chi delle tre ha ottenuto, percentualmente, il prezzo di vendita più alto rispetto a quello di acquisto?

A. Rachele
B. Daniela e Rachele, che hanno ottenuto percentualmente lo stesso valore rispetto al loro prezzo di acquisto
C. Laura
D. Daniela
E. Rachele e Laura, che hanno ottenuto percentualmente lo stesso valore rispetto al loro prezzo di acquisto

111. Ognuna tra Maria, Doriana e Cinzia ha acquistato un forno. Quello di Maria è costato 1.600 euro, mentre quelli di Doriana e Cinzia, rispettivamente i 3/4 e i 7/8 di quello di Maria. Il forno di Maria ha una capienza di 66 litri, quello di Doriana una capienza di 72 litri e quello di Cinzia una capienza di 61 litri e tutti hanno almeno 4 programmi diversi di cottura e la termoventilazione. Nei primi 20 minuti di accensione, il forno di Maria consuma 0,6 Kw, quello di Doriana 0,9 Kw e quello di Cinzia 0,7 Kw. Dopo un anno tutte e tre decidono, però, di rivendere il proprio forno. Se Maria riesce a venderlo a 1.200 euro, Doriana a 1.000 euro e Cinzia, infine, a 1.120 euro, chi delle tre ha ottenuto, percentualmente, il prezzo di vendita più alto rispetto a quello di acquisto?

A. Cinzia
B. Doriana
C. Doriana e Cinzia, che hanno ottenuto percentualmente lo stesso valore rispetto al loro prezzo di acquisto
D. Maria
E. Cinzia e Maria, che hanno ottenuto percentualmente lo stesso valore rispetto al loro prezzo di acquisto

112. Tre computer (A, B e C) sono venduti tutti allo stesso prezzo. Dopo un anno, il prezzo di A è sceso del 20%, quello di B del 30% e quello di C del 35%. Dopo un altro anno, il prezzo di A scende di un ulteriore 20% rispetto al prezzo a cui era arrivato, quello di B scende di un ulteriore 10% e quello di C scende di un ulteriore 5%. Quale dei tre computer avrà il prezzo più alto dopo due anni?

A. Tutti e tre hanno lo stesso prezzo
B. B e C con lo stesso prezzo
C. B
D. A
E. C

113. Cinzia, volendo rinnovare il proprio guardaroba, si reca in un negozio di abbigliamento che pratica gli sconti riportati in tabella. Una volta in cassa, Cinzia si trova ad aver accumulato merce per un costo pari a 370 euro. Quanto spenderebbe in meno se, in aggiunta a quanto preso, comprasse anche un ulteriore indumento del costo di 40 euro?

Costo totale merce acquistata	Sconto su tutta la merce acquistata
fino a 200 euro	30%
fino a 400 euro	40%
400 euro o più	50%

A. 205 euro
B. 13 euro
C. 37 euro
D. 54 euro
E. 17 euro

114. Katiuscia investe 70.000 euro in un fondo che garantisce un rendimento annuo del 40% per 3 anni. A quanto ammonta l'incremento di valore registrato dalla sua partecipazione solamente nell'ultimo anno?

A. A un importo identico a quello del secondo anno
B. 14.000 euro
C. 54.880 euro
D. 28.000 euro
E. 56.000 euro

115. Una lattina piena di una bibita pesa 500 grammi. Sapendo che la lattina rappresenta il 4% del peso lordo, qual è il peso della bibita?

A. 440 grammi
B. 460 grammi
C. 20 grammi
D. 490 grammi
E. 480 grammi

116. Un contenitore pieno pesa 700 grammi. Sapendo che il contenitore vuoto rappresenta il 20% del peso lordo, qual è il peso del contenuto?

A. 660 grammi
B. 420 grammi
C. 680 grammi
D. 560 grammi
E. 595 grammi

117. La biblioteca della dottoressa Mariangela contiene 160 libri così suddivisi per materia: biologia 20%; medicina 30%; letteratura 35%; chimica 5%; storia 10%. I libri di quali materie, tra loro sommati, sono 56?

A. Quelli di medicina e quelli di chimica
B. Quelli di medicina e quelli di biologia
C. Quelli di medicina e quelli di letteratura
D. Quelli di letteratura e quelli di storia
E. Quelli di chimica e quelli di storia

118. 10 amici escono a cena per festeggiare il compleanno di uno di loro. Quando il cameriere porta il conto, calcolano che ciascuno dovrebbe pagare 27 euro. Tuttavia decidono di non far pagare il festeggiato: quindi quanto dovrà spendere ciascuno degli altri amici?

A. 29 euro
B. 15 euro
C. 30 euro
D. 27 euro
E. 31 euro

119. In una colonia di gatti ci sono solo gatti rossi o gatti neri. Il 60% dei gatti maschi è rosso. Sapendo che i gatti neri sono in tutto il 60% di tutti i gatti della colonia, mentre i maschi sono in tutto il 50% dei gatti della colonia, che percentuale sono i gatti rossi femmina della colonia rispetto a tutti i gatti della colonia?

A. 20%
B. 5%
C. 12%
D. 10%
E. 15%

120. Ognuna tra Sandra, Beatrice e Nadia possiede un appartamento. Quello di Sandra è costato 180.000 euro, mentre quelli di Beatrice e di Nadia, rispettivamente, i 4/3 e i 10/9 di quello di Sandra. L'appartamento di Sandra ha una superficie di 50 metri quadri, quello di Beatrice di 60 metri quadri e quello di Nadia di 45 metri quadri. Nessuno dei tre appartamenti ha un balcone o un terrazzo, ma quello di Beatrice ha una cantina di 5 metri quadri. Tutte e tre le ragazze non pagano l'IMU perché hanno la residenza nel loro appartamento, ma tutte decidono contemporaneamente di vendere. Se Sandra riesce a vendere il suo appartamento a 210.000 euro, mentre Beatrice a 300.000 euro e, infine, Nadia a 260.000 euro, chi delle tre ha ottenuto, percentualmente, il prezzo di vendita più alto rispetto a quello di acquisto?

A. Sandra e Nadia, che hanno ottenuto lo stesso incremento percentuale
B. Beatrice e Sandra, che hanno ottenuto lo stesso incremento percentuale
C. Beatrice
D. Sandra
E. Nadia

121. Agata, volendo rinnovare il proprio guardaroba, si reca in un negozio di abbigliamento che pratica gli sconti riportati in tabella. Una volta in cassa, Agata si trova ad aver accumulato merce per un costo pari a 380 euro. Quanto spenderebbe in meno se, in aggiunta a quanto preso, comprasse anche un ulteriore indumento del costo di 30 euro?

Costo totale merce acquistata	Sconto su tutta la merce acquistata
fino a 200 euro	30%
fino a 400 euro	40%
400 euro o più	50%

A. 38 euro
B. 205 euro
C. 20 euro
D. 23 euro
E. 61 euro

122. Felicia vende un piccolo appartamento, del valore di mercato pari a 170.000 euro, per una somma diminuita di 1/5, ovvero pari a euro:

A. 68.000 euro
B. 34.000 euro
C. 124.000 euro
D. 136.000 euro
E. 17.000 euro

123. Lo stipendio di Rossi è passato da euro 2.000 a euro 2.400. Qual è stato l'incremento percentuale?

A. 60%
B. 20%
C. 40%
D. 30%
E. 10%

124. Due cassette di pesche pesano 12 kg ciascuna. Se la tara equivale al 20% del peso delle cassette e vengono venduti 6 kg di pesche, qual è il peso netto rimanente?

A. 3,6 kg
B. 15,6 kg
C. 13,2 kg
D. 12,4 kg
E. 16,5 kg

125. Il treno modello "R" può trasportare, in ognuna delle proprie 5 carrozze, 60 passeggeri seduti. I treni modello "F" e "T" possono trasportare, in ognuna delle rispettive 6 e 7 carrozze di cui sono composti, i 5/6 e 4/5 dei passeggeri seduti

RAGIONAMENTO LOGICO E PROBLEMI

trasportati dalla carrozza del treno modello "R".
Il treno modello "R" ha una lunghezza di 42 metri, mentre quelli "F" e "T" rispettivamente i 6/7 e 4/3 del treno modello "R". La velocità di punta del modello "T" è di 300 km/h contro i 280 km/h e 320 km/h dei modelli "R" e "F".
Dopo l'entrata in vigore delle nuove norme sulla sicurezza, le carrozze dei treni vengono modificate e quelle del modello "R" possono ora trasportare 72 passeggeri seduti l'una, mentre quelle del modello "F" possono trasportarne 65 seduti ognuna e quelle del modello "T" 52 seduti ognuna.
Si decide, inoltre, di non diminuire il numero di carrozze che compongono i tre modelli di treno "R", "F" e "T" anche se questo porta a una diminuzione del 10% circa della loro velocità di punta.
La carrozza di quale dei tre modelli di treno ha avuto il maggiore incremento percentuale di passeggeri che possono essere trasportati seduti?

A. Modello "T"
B. Modello "T" e modello "F", che hanno ottenuto lo stesso incremento percentuale
C. Modello "R"
D. Modello "F"
E. Modello "R" e modello "T", che hanno ottenuto lo stesso incremento percentuale

126. Si deve distribuire il budget di un finanziamento di 5.000 euro ricevuto per effettuare una ricerca. Il responsabile propone di destinarne la metà a contratti di ricerca, un quarto a spese di laboratorio, un quinto a spese per pubblicazione dei lavori scientifici e un decimo a spese per partecipazione a congressi. Così facendo:

A. si risparmierebbero 200 euro
B. si risparmierebbero 30 euro
C. si esaurirebbe il budget riuscendo a finanziare tutto
D. si risparmierebbero 50 euro
E. si supererebbe il budget di 250 euro

127. Lavinia acquista a rate un'utilitaria nuova a tasso zero. Se paga in 85 rate, ogni rata è di 150 euro. Se decidesse di pagare in 170 rate, a quanto ammonterebbe ogni rata?

A. 300 euro
B. 95 euro
C. 100 euro
D. 75 euro
E. 150 euro

128. Nel magazzino Alpha ci sono 1.200 scatoloni di dimensioni 100x80x90 pieni di materiale, mentre nei magazzini Beta e Gamma ce ne sono rispettivamente i 4/3 e 7/6 di quelli in Alpha con dimensioni, rispettivamente di 100x30x70 e 80x90x80 sempre pieni di materiale. Il magazzino Alpha si estende su una superficie di 250 metri quadrati, mentre Beta e Gamma su una superficie pari rispettivamente ai 4/5 e 3/2 di quella di Alpha. Dopo un nuovo arrivo di scatoloni pieni di materiale, tutti di dimensione 50x80x90, il magazzino Alpha arriva ad avere 1.600 scatoloni complessivi, Beta ad averne 2.000 e Gamma ad averne 1.680. Il gestore del magazzino Alpha decide di utilizzare, per i nuovi scatoloni, un nuovo locale da 30 metri quadri, il gestore di Beta uno da 25 metri quadri e quello di Gamma uno da 40 metri quadri. Quali dei tre magazzini ha avuto il maggiore incremento percentuale di scatoloni dopo il nuovo arrivo?

A. Gamma e Beta, che hanno ottenuto lo stesso incremento percentuale
B. Gamma
C. Beta e Alpha, che hanno ottenuto lo stesso incremento percentuale
D. Alpha
E. Beta

129. Tre palestre (Arcadia, Sportiva e Centrale) offrono un abbonamento annuale allo stesso costo. Dopo un anno, il costo dell'abbonamento offerto da Arcadia sale del 20%, quello offerto da Sportiva del 30% e quello offerto da Centrale del 35%. Dopo un altro anno, il costo dell'abbonamento offerto da Arcadia sale di un ulteriore 20% rispetto al costo a cui era arrivato, quello offerto da Sportiva sale di un ulteriore 10% e quello offerto da Centrale sale di un ulteriore 5%. Quale delle tre palestre avrà l'abbonamento più costoso dopo due anni?

A. Tutte e tre con lo stesso costo
B. Centrale
C. Arcadia
D. Sportiva
E. Arcadia e Sportiva con lo stesso costo

130. Tre ospedali (Alpha, Beta e Gamma) hanno lo stesso numero di degenti. Dopo un anno, il numero dei degenti di Alpha aumenta del 30%, quello di Beta del 50% e quello di Gamma del 40%. Dopo un altro anno, il numero dei degenti di Alpha aumenta di un ulteriore 30% rispetto al numero dei degenti a cui era arrivato, quello di Beta aumenta di un ulteriore 10% e quello di Gamma aumenta di un ulteriore 20%. Quale dei tre ospedali avrà il più alto numero dei degenti dopo due anni?

A. Tutti e tre avranno lo stesso numero di degenti
B. Beta e Gamma con lo stesso numero di degenti
C. Alpha
D. Gamma
E. Beta

131. Giovanni vuole acquistare una moto e può spendere al massimo 5.600 euro comprendendo anche tutti gli oneri e tasse da pagare al momento dell'acquisto. Sapendo che tali oneri e tasse corrispondono al 12% del costo della sola moto, quale potrà essere il prezzo massimo della sola moto che Giovanni può acquistare?

A. 4.928
B. 5.120
C. 4.885
D. 5.315
E. 5.000

132. A un concerto di un gruppo musicale sono presenti moltissimi spettatori. Il 70% di essi è rappresentato da persone che sono fan del gruppo da più di 10 anni, il 20% da persone che sono fan del gruppo da meno di 10 anni e le rimanenti sono persone che assistono al concerto senza essere fan del gruppo. Di queste ultime, il 60% è formato da persone di sesso maschile, mentre 1.600 sono quelle di sesso femminile. Quanti spettatori sono presenti complessivamente al concerto?

A. 40.000
B. 36.000
C. 44.000
D. 50.000
E. 52.000

133. Essendo completamente terminate le provviste del farmaco A, all'inizio del mese se ne acquistano un certo numero e nelle prime due settimane se ne utilizzano subito il 10%. A quel punto viene fatto un nuovo ordine pari a 1/3 delle scatole rimaste. Grazie a questo ordine si hanno ora 84 scatole disponibili. Quante scatole erano state ordinate all'inizio del mese?

A. 50
B. 66
C. 60
D. 70
E. 72

134. Si dispone di una bilancia a due piatti con il braccio sinistro che misura un quinto del braccio destro. Se nel piatto destro vengono posti 7 pesi uguali fra loro, quanti pesi dello stesso tipo devono essere posizionati nel piatto sinistro affinché la bilancia risulti in equilibrio?

A. 21
B. 28
C. 7
D. Non è possibile equilibrare la bilancia con un numero intero di pesi
E. 35

135. Si dispone di una bilancia a due piatti con il braccio destro che misura un quinto del braccio sinistro. Se nel piatto destro vengono posti 10 pesi uguali fra loro, quanti pesi dello stesso tipo devono essere posizionati nel piatto sinistro affinché la bilancia risulti in equilibrio?

A. 2
B. 50
C. 5
D. 10
E. 40

136. Una molecola X è composta da un atomo di calcio, due di ossigeno e uno di magnesio. Il rapporto tra il peso di un atomo di calcio e uno di ossigeno è pari a 5/2, mentre il rapporto tra il peso di un atomo di ossigeno e quello di un atomo di magnesio è pari a 1/3. Qual è il contributo percentuale al peso della molecola X del magnesio presente in essa?

A. 35%
B. 33%
C. 32%
D. 40%
E. 45%

137. Per giungere al termine di una prova della durata di due ore e mezza, manca ancora il 28% del tempo complessivo. Quanti secondi sono quindi passati dall'inizio della prova?

A. 6.260
B. 6.480
C. 6.320
D. 5.980
E. 5.840

138. La sostanza C è formata dalle sostanze F e T in modo che F sia pari a 1/4 di T. Se ogni 3 minuti si raddoppia la quantità della sostanza F presente e ogni 4 minuti si dimezza la quantità della sostanza T presente, quale sarà il rapporto tra T e F dopo 12 minuti nella sostanza C?

A. 1/32
B. 1/16
C. 1/64
D. 8
E. 64

139. Per somministrare per 7 giorni la stessa quantità di farmaco giornaliera a ciascuno dei 18 pazienti, sono necessari in totale 24 flaconi tutti uguali fra loro. Se i pazienti sono 21 e va somministrata la quantità di farmaco giornaliera per 5 giorni, quanti flaconi dello stesso farmaco (uguali ai precedenti) vanno somministrati?

A. 28
B. 22
C. 26
D. 18
E. 20

140. In una confezione che costa 0,90 centesimi sono contenute 24 siringhe. Se le siringhe nella confezione vengono ridotte a a un numero pari a 20, ma mantenuto lo stesso prezzo di 0,90 euro, di quanto risulta aumentato in percentuale il prezzo di una siringa?

A. 12,5%
B. 20%
C. 22,5%
D. 17,5%
E. 25%

141. Un farmaco viene somministrato riempiendo il suo misurino fino all'orlo. In questo modo si ricavano 35 dosi tutte uguali. Quante dosi tutte uguali si ricavano utilizzando un misurino che contiene i 5/7 di quello precedentemente utilizzato?

A. 48
B. 45
C. 49
D. 40
E. 52

142. La ricetta per la focaccia di Marzia si prepara con 510 g di farina. Sapendo che la ricetta prevede anche 255 g di acqua, quale sarà la percentuale di acqua sul totale del peso della farina in questo impasto?

A. 50%
B. 45%
C. 40%
D. 53%
E. 55%

143. La ricetta per la pizza di Anna si prepara con 500 g di farina. Sapendo che la ricetta prevede anche 225 g di acqua, quale sarà la percentuale di acqua sul totale del peso della farina in questo impasto?

A. 35%
B. 40%
C. 48%
D. 45%
E. 50%

144. Per far svolgere una attività di gruppo ai ragazzi che segue, Alessandro acquista delle matite colorate che sono vendute singolarmente al costo di 0,45 euro l'una oppure in pacchi da 7 a 2,95 euro a pacco. Non sapendo quante matite sono necessarie per l'attività, Alessandro ne compra 5 pacchi.

Al termine dell'attività si accorge, però, che sono servite solo 24 matite. Quanto ha speso Alessandro più di quanto fosse effettivamente necessario?

A. 5,45 euro
B. 5,9 euro
C. 4,55 euro
D. 4,75 euro
E. 0,90 euro

145. Un ricercatore sta testando le temperature di due liquidi per predisporre un esperimento in laboratorio. Si sa che la temperatura del liquido A è di 30 °C. Subito dopo il ricercatore misura la temperatura del liquido B, che risulta essere di 34,5 °C. Qual è la differenza di temperatura tra il liquido A e quello B in percentuale, rispetto alla temperatura del liquido A?

A. 15%
B. 20%
C. 10%
D. 26%
E. 27%

146. Un ricercatore sta testando le temperature di due liquidi, B e C, per predisporre un esperimento in laboratorio. Si sa che la temperatura del liquido B è di 35 °C. Il ricercatore misura la temperatura del liquido C, che risulta essere di 42 °C. Qual è la differenza di temperatura tra il liquido B e quello C, in percentuale, rispetto alla temperatura del liquido B?

A. 20%
B. 25%
C. 15%
D. 32%
E. 36%

147. Maria acquista un giubbotto con il 40% di sconto, ottenendo un risparmio di 80 euro. Qual era il prezzo di listino del giubbotto?

A. 60 euro
B. 140 euro
C. 200 euro
D. 120 euro
E. 160 euro

PROPORZIONI E PROBLEMI SUL LAVORO

148. Regina, Adelina e Renza acquistano insieme 15 kg di caramelle, spendendo rispettivamente 30 euro, 45 euro, 75 euro. Se la distribuzione delle caramelle viene fatta in proporzione alla cifra versata, qual è la quantità che spetta a Regina?

A. 6 kg
B. 7,5 kg
C. 1,5 kg
D. 3 kg
E. 4,5 kg

149. 28 agricoltori hanno fieno per 6 giorni. Se gli agricoltori fossero invece 3, quanto durerebbe il fieno?

A. 44 giorni
B. 56 giorni
C. 33 giorni
D. 2 giorni
E. 28 giorni

150. Con 18 grammi di becchime si sfamano 3 pappagalli e 2 canarini ogni giorno. Con 23 grammi dello stesso mangime si sfamano 2 pappagalli e 5 canarini ogni giorno. Quale delle seguenti affermazioni NON è vera?

A. Tre pappagalli ogni giorno mangiano il becchime di quattro canarini
B. Tre pappagalli e tre canarini richiedono ogni giorno 21 grammi di becchime
C. Cinque pappagalli e cinque canarini richiedono ogni giorno 35 grammi di becchime
D. Due pappagalli e sei canarini richiedono ogni giorno lo stesso becchime di cinque pappagalli
E. Un canarino viene sfamato per 2 giorni con 6 grammi di becchime

151. Per imbiancare una stanza 14 operai impiegano 5 ore. Quanto tempo impiegheranno 10 operai a effettuare lo stesso lavoro?

A. 7 ore
B. 5 ore
C. 10 ore
D. 8 ore
E. 12 ore

152. Un team di correttori di bozze della casa editrice Omega è composto da 18 correttori di bozze che, insieme, riescono a correggere 540 cartelle in 5 ore. Supponendo che la velocità dei correttori di bozze resti costante, quante cartelle verrebbero corrette dall'intero gruppo in un'ora se i correttori di bozze fossero 14?

A. 108
B. 54
C. 84
D. 82
E. 42

153. Un gruppo di postini della città Alpha è composto da 16 portalettere che insieme riescono a consegnare 480 lettere in 5 ore. Supponendo che la velocità dei portalettere resti costante, quante lettere verrebbero consegnate dall'intero gruppo in un'ora se i portalettere fossero 21?

A. 124
B. 63
C. 48
D. 126
E. 96

154. 32 acquedotti della stessa tipologia erogano una data quantità di acqua potabile in 12 giorni. Se gli acquedotti fossero 4 e della stessa tipologia precedente, in quanto tempo erogherebbero la stessa quantità di acqua?

A. 3 giorni
B. 48 giorni
C. 53 giorni
D. 96 giorni
E. 64 giorni

155. Il team di produzione dell'azienda Beta è composto da 19 operai che insieme riescono a produrre 570 bulloni in 5 ore. Supponendo che la velocità degli operai resti costante, quanti bulloni verrebbero prodotti dal team in un'ora se gli operai fossero 15?

A. 88
B. 57
C. 45
D. 90
E. 114

156. I seggi elettorali di tutte le sezioni di un Comune sono composti complessivamente da 18 scrutatori che insieme riescono a scrutinare 540 schede elettorali in 5 ore. Supponendo che la velocità degli scrutatori resti costante, quante schede verrebbero scrutinate in un'ora se gli scrutinatori fossero 9?

A. 108
B. 54
C. 70
D. 27
E. 52

VELOCITÀ E TEMPO

157. Un commerciante deve consegnare un prodotto a un cliente alle 13:00. Sa che viaggiando con il furgone a una media di 40 km/h impiegherebbe 35 minuti per arrivare a destinazione. Avendo però a disposizione gli 8/9 di quel tempo, di quanto dovrà aumentare percentualmente la velocità media per arrivare allo stesso orario?

A. 10%
B. 20%
C. 12,5%
D. 15%
E. 11%

158. Per arrivare puntuale alla sua scuola, Andrea tutti i giorni cammina per 20 minuti esatti alla velocità di 2,4 km/h. Un giorno ritarda la sua uscita e ha solo 15 minuti a disposizione per fare al stessa strada. A quale velocità dovrà camminare per arrivare puntuale a scuola?

A. 3 km/h
B. 3,2 km/h
C. 2,8 km/h
D. 3,6 km/h
E. 3,4 km/h

M.C.D E M.C.M.

159. Si vuole preparare il più alto numero di kit di pronto soccorso possibile, tutti composti nello stesso modo. Si hanno a disposizione 48 bende, 112 cerotti, 32 flaconi di disinfettante, 144 salviettine disinfettanti. Come sarà composto ogni kit?

A. 8 cerotti, 7 salviettine disinfettanti, 2 flaconi di disinfettante e 3 bande
B. 3 bande, 7 salviettine disinfettanti, 5 cerotti e 2 flaconi di disinfettante
C. 3 flaconi di disinfettante, 9 salviettine disinfettanti, 2 bande e 7 cerotti
D. 9 salviettine disinfettanti, 7 cerotti, 2 flaconi di disinfettante e 3 bande
E. 6 cerotti, 2 flaconi di disinfettante, 8 salviettine disinfettanti e 3 bande

GRUPPI E INSIEMI

160. Nell'ateneo cittadino, il 30% degli iscritti a Filosofia proviene da un liceo scientifico e il 48% conosce il tedesco. Se nell'ateneo cittadino il 29% degli iscritti a Filosofia, contemporaneamente, proviene da un liceo scientifico e conosce il tedesco, allora si può dedurre con certezza che nell'ateneo cittadino, tra gli iscritti a Filosofia:

A. l'1% conosce il tedesco e non proviene da un liceo scientifico
B. il 17% proviene da un liceo scientifico e non conosce il tedesco
C. il 78% proviene da un liceo scientifico e conosce il tedesco
D. più della metà non proviene da un liceo scientifico e non conosce il tedesco
E. più della metà conosce il tedesco

161. I partecipanti a una gara di corsa sono 150 di cui: 98 maschi, 120 biondi e 90 destrorsi. Qual è il numero minimo di maschi, biondi e destrorsi che partecipano alla gara?

A. 20
B. 18
C. 8
D. 12
E. 10

162. L'80% degli iscritti a Economia ha sostenuto l'esame di Statistica 1, mentre il 50% degli stessi iscritti a Economia ha sostenuto l'esame di Tecnica bancaria. Se gli iscritti a Economia sono 480, quale delle seguenti affermazioni è certamente vera?

A. Più di un terzo degli iscritti a Economia ha sostenuto sia l'esame di Statistica 1 sia quello di Tecnica Bancaria
B. Almeno 144 iscritti a Economia hanno sostenuto sia l'esame di Statistica 1 sia quello di Tecnica Bancaria
C. Al massimo 240 iscritti a Economia hanno sostenuto sia l'esame di Statistica 1 sia quello di Tecnica Bancaria
D. Al massimo 144 iscritti a Economia hanno sostenuto sia l'esame di Statistica 1 sia quello di Tecnica Bancaria
E. Almeno 240 iscritti a Economia hanno sostenuto sia l'esame di Statistica 1 sia quello di Tecnica Bancaria

163. In un museo hanno diritto all'ingresso ridotto le donne maggiorenni, tutti i minorenni e le persone con più di 65 anni. Un autobus con a bordo 50 turisti si ferma a visitare il museo. A bordo dell'autobus i 2/5 dei passeggeri sono donne con più di 18 anni, 20 sono i minorenni e 3 sono gli uomini con più di 65 anni. Quante persone pagheranno il biglietto intero?

A. 7
B. 9
C. 10
D. 16
E. 27

164. Marta usa caramelle al gusto di fragola, limone e menta per riempire 15 sacchetti. In ognuno dei sacchetti Marta mette caramelle di almeno due gusti. Sapendo che 12 sacchetti hanno almeno una caramella al limone, 13 sacchetti almeno una alla fragola e 10 sacchetti almeno una alla menta, quanti sono i sacchetti che contengono tutti e tre i gusti di caramelle?

A. 6
B. 4
C. 3
D. 7
E. 5

165. Nelle 11 aziende di un paese lavorano persone con gli occhi azzurri, con gli occhi verdi, oppure con gli occhi marroni. In nessuna delle 11 aziende tutti i lavoratori hanno lo stesso colore degli occhi, ma in 9 di queste 11 aziende c'è almeno un lavoratore con gli occhi azzurri, in 8 aziende almeno uno con gli occhi verdi e in 7 almeno uno con gli occhi marroni. In quante di queste 11 aziende ci sono lavoratori con tutti e tre i colori degli occhi?

A. 1
B. 2
C. 3
D. 4
E. 5

166. In un corso di studi l'esame di Matematica è obbligatorio, mentre l'esame di Statistica e quello di Econometria sono facoltativi. Dei 210 partecipanti al corso si sa che tutti hanno sostenuto l'esame obbligatorio di Matematica e che 60 hanno sostenuto solo quello mentre gli altri hanno sostenuto anche almeno uno degli altri due esami. Se in 100 hanno sostenuto l'esame di Statistica e in 80 quello di Econometria, in quanti hanno sostenuto, oltre a Matematica, solo quello di Statistica?

A. 60
B. 70
C. 120
D. 20
E. 50

167. Giacomo ha davanti a sé 15 scatole e le vuole dipingere usando tre colori: il viola, il giallo e il bianco. Dopo averle dipinte tutte si accorge che nessuna scatola è stata dipinta con un unico colore, che esattamente 12 scatole hanno il colore viola, esattamente 11 hanno il colore giallo e esattamente 10 il colore bianco. Quante scatole hanno tutti e tre i colori?

A. 4
B. 3
C. 5
D. 2
E. 1

168. A una maratona i concorrenti erano per il 70% uomini. Sapendo che al traguardo è giunto il 50% delle donne e il 40% degli uomini, che percentuale di partecipanti è giunta al traguardo?

A. 54%
B. 50%
C. 90%
D. 45%
E. 43%

169. L'insieme M è l'insieme unione tra gli insiemi T e G. Sapendo che T è formato da 9 elementi e G da 16 elementi e che l'insieme T ∩ G è formato da 5 elementi, da quanti elementi è composto M?

A. 25
B. 11
C. 5
D. 30
E. 20

170. H è l'insieme intersezione tra gli insiemi S e G ed è composto dagli elementi f, e, d, l. Se l'insieme M, insieme risultante dall'unione degli insiemi S e G è composto da 18 elementi e se S ha lo stesso numero di elementi di G, allora da quanti elementi è composto ciascuno dei due insiemi S e G?

A. 7
B. 11
C. 6
D. 10
E. 9

SEQUENZE

171. 6 ⊕ 5 = 111; 9 ⊕ 7 = 216; 6 ⊕ 3 = 39; 6 ⊕ 2 = 48; 7 ⊕ 2 = ?

A. 95
B. 18
C. 59
D. 29
E. 19

172. Individuare la parola mancante.

C A R G O   C R E M A

8 8 1 11 0   8 18 7 7 4

M I S T O   ?

A. Lento
B. Liste
C. Munto
D. Monte
E. Mesto

173. Una serie prevede cinque lettere nel seguente ordine: R L M S V. Si sa che ogni lettera corrisponde a una diversa cifra intera compresa tra 0 e 9 e che la serie presenta i numeri in ordine crescente. Se S è la metà di V e se la serie non può iniziare con 1, quante serie diverse, al massimo, è possibile scrivere?

A. 3
B. 5
C. 4
D. 1
E. 2

174. In una serie di 14 numeri consecutivi, il quarto numero vale M. Quanto vale la somma degli ultimi 7 numeri di tale serie?

A. 64M + 14
B. 49 + 7M
C. 14M
D. (M +14) · 7
E. 26 + 5M

175. Completare correttamente la seguente successione, utilizzando l'alfabeto italiano: D; 27; F; 24; I; 22; M; 19; ?; ?

A. P; 17
B. F; 6
C. O; 16
D. R; 28
E. P; 13

176. Utilizzando l'alfabeto italiano, completare correttamente la seguente successione di lettere: G; I; M; O; Q; ?

A. T
B. V
C. S
D. G
E. R

177. Quali tra i termini proposti completano correttamente la seguente proporzione? YCPTHV : BASRKT

A. X = JLPEYP; Y = MJSCWS
B. X = JLPEYU; Y = MJSCBW
C. X = JLPEYU; Y = MJSCBS
D. X = JLUEYU; Y = MJSCWS
E. X = JLPEYU; Y = MJSCWS

178. 7 ⊕ 6 = 113; 3 ⊕ 1 = 24; 4 ⊕ 1 = 35; 8 ⊕ 4 = 412; 7 ⊕ 2 = ?

A. 95
B. 59
C. 19
D. 18
E. 29

179. 4 ⊕ 3 = 17; 7 ⊕ 5 = 212; 4 ⊕ 1 = 35; 5 ⊕ 1 = 46; 9 ⊕ 4 = ?

A. 22
B. 23
C. 135
D. 513
E. 33

RELAZIONI TEMPORALI

180. Matteo deve fissare due riunioni con i suoi due team in due giorni diversi della settimana: ieri ha avuto la riunione con il team di Milano e dopodomani, che è il giorno seguente rispetto a quello che precede giovedì, dovrà incontrare il team di Roma. In quale giorno ha incontrato il team di Milano?

A. Venerdì
B. Martedì
C. Sabato
D. Lunedì
E. Mercoledì

181. Il marzo di un certo anno ha 4 lunedì ma 5 martedì. In quel mese di marzo, quindi, il giorno 13 cade di:

A. domenica
B. sabato
C. lunedì
D. martedì
E. venerdì

RISOLUZIONE CON SCHEMI

182. Utilizzando tutte le 324 tessere quadrate tutte uguali come forma e dimensioni in suo possesso, Marta costruisce un quadrato. Le tessere che formano il perimetro sono tutte rosse, mentre le restanti sono tutte bianche. Una volta costruito il quadrato, Marta toglie tutte le tessere rosse e poi tutte quelle bianche che formano il nuovo perimetro del quadrato ottenuto togliendo le tessere rosse. Dopo queste due operazioni, quante tessere rimangono a formare il quadrato costruito da Marta?

A. 256
B. 196
C. 169
D. 225
E. 289

183. Matteo è meno alto di Ilaria, ma più alto di Alessandro che a sua volta è meno alto di Luca. Anche Giada è meno alta di Luca ma più di Alessandro. Matteo è più alto di Luca, così anche Federico. Dalle precedenti informazioni NON si può dedurre con certezza che:

A. Federico è più basso di Ilaria
B. Ilaria è la più la alta o la seconda più alta delle sei persone
C. Federico è più alto di Giada
D. Federico è più alto di Alessandro
E. Matteo è più alto di Giada

184. Sette scatoloni (C, D E, F, G, H, I) sono impilati uno sull'altro, in ordine alfabetico, con lo scatolone C in cima alla pila. I tre scatoloni alla base vengono presi simultaneamente e messi in cima alla pila senza cambiarne l'ordine. Se questa procedura viene ripetuta altre due volte, quale scatolone, alla fine, va ad occupare la quarta posizione dall'alto della pila?

A. D
B. F
C. C
D. E
E. G

185. Il sistema indicato in figura si presenta nella sua fase iniziale con sfere di metallo tutte della stessa massa e fune di massa trascurabile.
Prima di azionare il sistema, si decide di spostare una pallina da sinistra a destra. Che cosa succede?

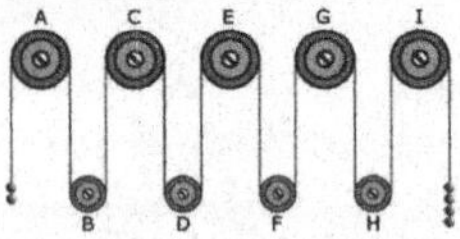

A. Il sistema resta fermo perché in equilibrio
B. La carrucola B si muove in senso antiorario
C. La carrucola I si muove in senso antiorario
D. La carrucola D si muove in senso orario
E. La carrucola H si muove nello stesso senso della carrucola G

186. Per ampliare il proprio organico, una azienda ha assunto alcune figure professionali. Il caporeparto è stato assunto subito dopo il responsabile della logistica, mentre i due grafici sono stati assunti per ultimi, uno dopo l'altro. Il primo ad essere assunto è stato l'informatico, mentre prima del responsabile della logistica sono stati assunti prima il responsabile del magazzino e successivamente l'analista di dati. Se in questa serie di assunzioni, Sergio è il quarto in ordine temporale ad essere assunto, quale figura professionale ricopre?

A. Responsabile magazzino
B. Responsabile della logistica
C. Grafico
D. Caporeparto
E. Analista dati

187. Quattro amici, tutti medici, si ritrovano a un convegno e durante il pranzo si siedono assieme a un unico tavolo rotondo. I loro nomi sono: Maria, Antonio, Cristina e Giacomo e di professione fanno, non nell'ordine: pediatra, chirurgo, neurologo, ortopedico. Chi fa il chirurgo è alla sinistra di Maria, mentre chi è neurologo siede di fronte ad Antonio. Cristina e Giacomo sono l'una vicino all'altro e alla sinistra dell'ortopedico è seduta una donna. Come si chiama il pediatra?

A. Antonio
B. Cristina
C. O Antonio o Cristina, ma è impossibile stabilirlo
D. Maria
E. Giacomo

188. Quattro amici, tutti medici, si ritrovano a un convegno e durante il pranzo si siedono assieme a un unico tavolo rotondo. I loro nomi sono: Antonio, Cristina, Giacomo e Lucia e di professione fanno, non nell'ordine: neurologo, chirurgo, ortopedico, ginecologa. Chi fa il neurologo è alla sinistra di Antonio, mentre chi è ortopedico siede di fronte a Cristina. Giacomo e Lucia sono l'una vicino all'altro e alla destra della ginecologa è seduta una donna. Come si chiama il chirurgo?

A. Antonio
B. Lucia
C. O Cristina o Giacomo, ma è impossibile stabilirlo
D. Giacomo
E. Cristina

189. In un negozio di elettrodomestici, nell'ultima ora, sono stati venduti alcuni oggetti. Ognuno è stato acquistato da un cliente diverso a un orario diverso. Subito prima dello smartphone è stato acquistato il frigorifero, mentre gli ultimi due oggetti acquistati sono stati un tablet e per ultimo un forno. Il primo oggetto acquistato in ordine temporale è stata una lavatrice, mentre prima del frigorifero sono stati acquistati, in ordine temporale, prima un caricabatterie e poi un piano cottura. Stefano ha acquistato, in ordine temporale, il quartultimo di questi oggetti e ha, quindi, comprato:

A. il piano cottura
B. il forno
C. il caricabatterie
D. lo smartphone
E. il frigorifero

190. Giorgio arriva in aeroporto a Torino e osserva i seguenti dati: I) l'aereo in arrivo da Firenze per Parigi atterra a Torino alle 16:00 e riparte alle 16:30; II) l'aereo che va a Oslo parte 90 minuti dopo quello che va a Bucarest, che parte alle 16:00; III) 40 minuti prima del volo per Oslo parte l'aereo per Atene e, 10 minuti dopo quest'ultimo, quello per Edimburgo. In base alle informazioni precedenti, l'aereo che va a Edimburgo parte:

A. Alla stessa ora di quello per Parigi
B. Un'ora prima di quello per Oslo
C. 30 minuti dopo quello per Bucarest
D. 15 minuti prima di quello per Oslo
E. Un'ora dopo quello per Bucarest

191. Uno studio di psicoterapeuti è composto da 6 soci, ciascuno con un numero di anni di anzianità di servizio differente. Si sa che: Fabrizia lavora nello studio da 15 anni; Daria ha un anno di anzianità in meno di Curzio e tre più di Beniamino, il quale lavora nello studio da quattro anni in più di Livio e da un anno in più di Fabrizia; Massimiliano è il socio più recente e lavora nello studio da un anno in meno di Livio. Da quanti anni Curzio è socio dello studio?

A. 12
B. 20
C. 22
D. 19
E. 16

192. Matteo arriva in aeroporto a Milano e osserva i seguenti dati: I) l'aereo in arrivo da Bari per Londra atterra a Milano alle 15:00 e riparte alle 15:30; II) l'aereo che va a Berlino parte 90 minuti dopo quello che va a Madrid, che parte alle 15:00; III) 40 minuti prima del volo per Berlino parte l'aereo per Porto e, 10 minuti dopo quest'ultimo, quello per Dublino. In base alle informazioni precedenti, l'aereo che va a Dublino parte:

A. un'ora dopo quello per Madrid
B. 30 minuti dopo quello per Madrid
C. un'ora prima di quello per Berlino
D. 15 minuti prima di quello per Berlino
E. alla stessa ora di quello per Londra

193. Cinque motociclisti – Antonio, Beppe, Cosimo, Dante ed Eugenio – partono dallo stesso punto per raggiungere cinque città diverse. Si sa che che: I) Cosimo è più veloce rispetto a Beppe ma arriva dopo quest'ultimo, che invece è il primo ad arrivare; II) Antonio è l'ultimo ad arrivare anche se è più veloce rispetto a Dante e più lento rispetto a Beppe; III) Eugenio, il secondo motociclista a raggiungere la propria destinazione, è più veloce rispetto a Dante, ma più lento rispetto ad Antonio. Sulla base delle suddette informazioni, si può affermare che il motociclista più veloce è:

A. Beppe
B. impossibile stabilirlo con certezza
C. Antonio
D. Dante
E. Cosimo

194. Un gruppo di nuotatori è composto da 6 persone; ciascun componente del gruppo nella prova odierna ha superato il record regionale dei 50 m stile libero con un numero di secondi differente. Si sa che: Fabrizia ha nuotato in 15 secondi; Daria ha nuotato solo un secondo in meno di Curzio e tre più di Beniamino, il quale ha nuotato in quattro secondi in più di Livio e in uno in più di Fabrizia; Massimiliano è il nuotatore del gruppo che ha fatto il tempo migliore, e nello specifico ha nuotato un secondo in meno di Livio. Qual è il tempo di Curzio?

A. 20 secondi
B. 19 secondi
C. 22 secondi
D. 16 secondi
E. 12 secondi

195. Gianluca arriva in ateneo a Medicina e osserva i seguenti dati: I) il corso di Chimica inizia alle 13:30; II) il corso di Biologia parte 90 minuti dopo quello di Anatomia, che inizia alle 13:00; III) 40 minuti prima del corso di Biologia inizia quello di Igiene e, 10 minuti dopo quest'ultimo, quello di Fisica. In base alle informazioni precedenti, il corso di Fisica inizia:

A. 15 minuti prima di quello di Biologia
B. Un'ora dopo quello di Anatomia
C. 30 minuti dopo quello di Anatomia
D. Alla stessa ora di quello di Chimica
E. Un'ora prima di quello di Biologia

196. Giacomo arriva in ateneo a Giurisprudenza e osserva i seguenti dati: I) il corso di Diritto pubblico inizia alle 12:30; II) il corso di Diritto costituzionale parte 90 minuti dopo quello di Diritto di famiglia, che inizia alle 12:00; III) 40 minuti prima del corso di Diritto costituzionale inizia quello di Diritto del lavoro e, 10 minuti dopo quest'ultimo, quello di Economia politica. In base alle informazioni precedenti, il corso di Economia politica inizia:

A. 30 minuti dopo quello di Diritto di famiglia
B. alla stessa ora di quello di Diritto pubblico
C. 15 minuti prima di quello di Diritto costituzionale
D. un'ora dopo quello di Diritto di famiglia
E. un'ora prima di quello di Diritto costituzionale

197. Su una panchina sono seduti 6 amici. Lorenza è all'immediata sinistra di Giacomo, mentre Federica è tra Giacomo e Davide che è seduto più a destra rispetto a Lorenza. Maria è seduta più alla sinistra di Giacomo ed è seduta tra Alessio e Lorenza. Se le precedenti affermazioni sono vere, quante delle seguenti affermazioni sono FALSE?
- Davide è seduto più vicino a Maria che a Alessio
- Federica è seduta più vicina a Lorenza che a Giacomo
- Alla immediata destra di Giacomo è seduta Federica
- Alla immediata sinistra di Lorenza è seduto Alessio
- Maria è seduta più vicino a Lorenza che a Federica

A. 2
B. 3
C. 4
D. 0
E. 1

198. Cuba, America, Islanda, Grecia, Messico e Kenya sono i sei nomi usati per indicare ognuno dei sei appartamenti di un palazzo di due piani (primo e secondo), in cui ogni piano prevede tre appartamenti. Si sa che Kenya è posto proprio sotto Cuba, e America è accanto a Islanda. In base alle precedenti informazioni, se America è accanto a Cuba:

A. America è al primo piano
B. Grecia è al primo piano e Messico al secondo
C. Messico è al primo piano
D. Islanda è al primo piano
E. Grecia è al secondo piano

199. Il sistema indicato in figura si presenta nella sua fase iniziale e ha sfere di metallo tutte della stessa massa e fune di massa trascurabile.
Prima di azionare il sistema, si decide di aggiungere due palline a destra e di toglierne una a sinistra. Che cosa succede?

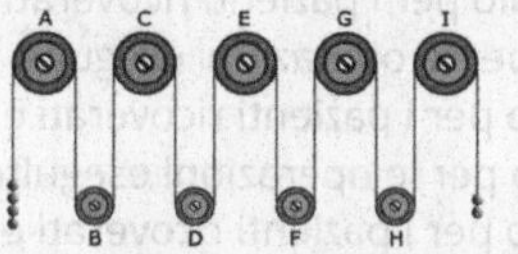

A. La carrucola D si muove in senso orariò
B. La carrucola A si muove nello stesso senso della carrucola F
C. Il sistema resta fermo perché in equilibrio
D. La carrucola B si muove in senso inverso rispetto alla carrucola F
E. La carrucola G si muove in senso orario

200. Quale dei seguenti orologi è stato ottenuto ruotando di 90° quello in alto?

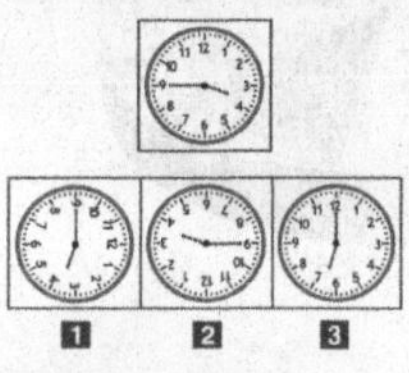

A. Figure 1 e 2
B. Figura 2
C. Figure 1 e 3
D. Figura 1
E. Figura 3

201. Sapendo che la somma lungo le righe orizzontali, verticali e le due diagonali è sempre la stessa, quale numero bisogna mettere nella casella con il punto interrogativo?

9	3	22	16	15
2	21	?	14	
25	19			1
18			5	24
11			23	

A. 13
B. 20
C. 7
D. 11
E. Non è possibile determinarlo in base ai dati

202. Partendo dalla situazione all'equilibrio, si capisce che il bracciale pesa come due diamanti. Il testo chiede qual è il singolo oggetto più pesante, dunque se si togliesse un diamante sarebbe più pesante il bracciale.
A. Il bracciale
B. Il diamante
C. L'anello
D. O il diamante o l'anello, ma è impossibile determinarlo
E. O il bracciale o l'anello, ma è impossibile determinarlo

203. Kansas, Texas, Nevada, Florida, Georgia e Montana sono i sei nomi usati per indicare ognuno dei sei appartamenti di un palazzo di due piani (primo e secondo), in cui ogni piano prevede tre appartamenti. Si sa che Montana è posto proprio sotto Kansas, e Texas è accanto a Nevada. In base alle precedenti informazioni, se Texas è accanto a Kansas:
A. Nevada è al primo piano
B. Florida è al primo piano e Georgia al secondo
C. Georgia è al primo piano
D. Florida è al secondo piano
E. Texas è al primo piano

GRAFICI E TABELLE

204. La tabella riporta la distribuzione di lavoratori, uffici e auto aziendali in 5 aziende (E, F, G, H. I).

Numero di lavoratori, uffici e auto aziendali in 5 aziende			
Aziende	Lavoratori	Uffici	Auto aziendali
E	140	21	12
F	120	15	16
G	150	20	10
H	200	25	30
I	180	5	15

Rispetto ai propri lavoratori, in quale azienda si registra la più alta percentuale di uffici e in quale quella di auto aziendali?

A. Azienda E per gli uffici e H per le auto aziendali
B. Azienda F per gli uffici e E per le auto aziendali
C. Azienda F per gli uffici e H per le auto aziendali
D. Azienda H per gli uffici e E per le auto aziendali
E. Azienda E per gli uffici e I per le auto aziendali

205. La tabella riporta il numero di spettatori giornalieri, in sei giorni nell'ultima settimana, per i cinema Odeon e Rex.

Numero di spettatori giornalieri, in 6 giorni nell'ultima settimana, nei Cinema Odeon e Rex		
Giorno	Spettatori Odeon	Spettatori Rex
Martedì	100	60
Mercoledì	100	50
Giovedì	80	70
Venerdì	90	60
Sabato	100	80
Domenica	110	100

In quale giorno, rispetto al precedente, si è avuto il maggiore aumento percentuale di spettatori per il cinema Odeon e per il cinema Rex?

A. Domenica per il cinema Odeon e giovedì per il cinema Rex
B. Venerdì per il cinema Odeon e sabato per il cinema Rex
C. Domenica sia per il cinema Odeon sia per il cinema Rex
D. Venerdì per il cinema Odeon e giovedì per il cinema Rex
E. Sabato per il cinema Odeon e domenica per il cinema Rex

206. La tabella riporta i pazienti ricoverati e le operazioni eseguite nei primi sei mesi del 2023 nel reparto di Ortopedia dell'ospedale Emme.

Numero di pazienti ricoverati e operazioni eseguite nel Reparto Ortopedia dell'ospedale Emme nei primi 6 mesi del 2023		
Mese	Pazienti ricoverati	Operazioni eseguite
Gennaio	100	22
Febbraio	120	26
Marzo	150	20
Aprile	120	23
Maggio	80	24
Giugno	110	27

In quale mese, rispetto al precedente, si è avuto il maggiore aumento percentuale di pazienti ricoverati e di operazioni eseguite?

A. A febbraio per i pazienti ricoverati e a giugno per le operazioni eseguite
B. A giugno per i pazienti ricoverati e a febbraio per le operazioni eseguite
C. A giugno per i pazienti ricoverati e ad aprile per le operazioni eseguite
D. A febbraio sia per i pazienti ricoverati sia per le operazioni eseguite
E. Ad aprile per i pazienti ricoverati e a giugno per le operazioni eseguite

207. Il grafico illustra le vendite dello scorso anno di un negozio di abbigliamento. Supponendo che il numero di scarpe vendute lo scorso anno sia pari a 14, quante gonne sono state vendute?

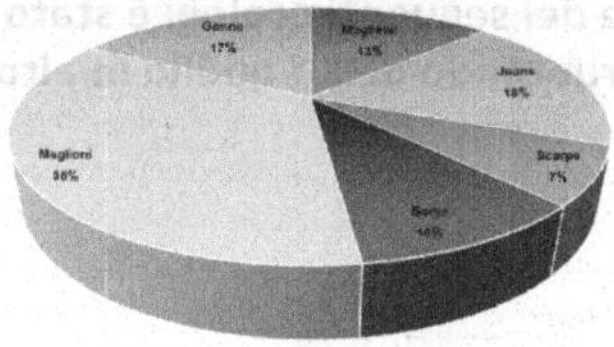

A. 34
B. 36
C. 26
D. 17
E. 35

208. Se il negozio l'anno scorso ha venduto 20 borse, allora:

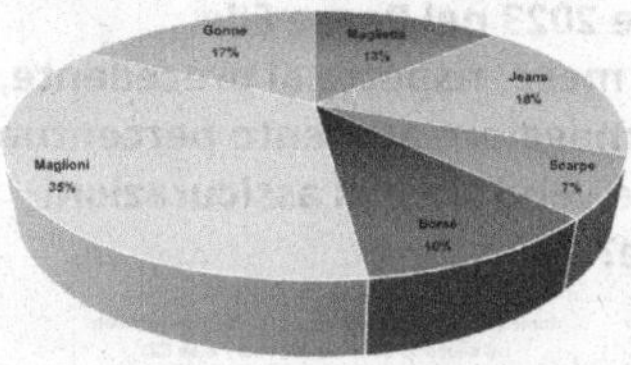

A. ha venduto 70 maglioni
B. non ha venduto neanche una ventina di magliette
C. ha venduto 35 maglioni
D. ha venduto 24 magliette
E. non ha venduto neanche una decina di scarpe

209. Il grafico illustra le vendite dello scorso anno di un negozio di abbigliamento. Supponendo che il numero di jeans venduti lo scorso anno sia 36, quanti articoli in totale ha venduto il negozio?

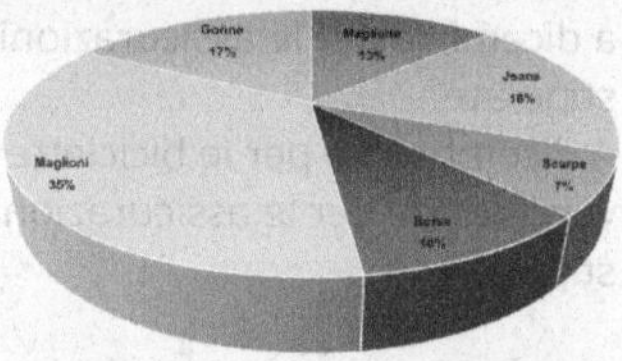

A. 180
B. 100
C. 360
D. 150
E. 200

210. A un campione di 1.200 ragazzi tra i 12 e i 16 anni è stato chiesto quale strumento stessero studiando nei corsi di musica pomeridiani. Non era possibile esprimere più di una preferenza. Il grafico riassume i risultati del sondaggio. I ragazzi che seguono corsi di strumenti a corde sono:

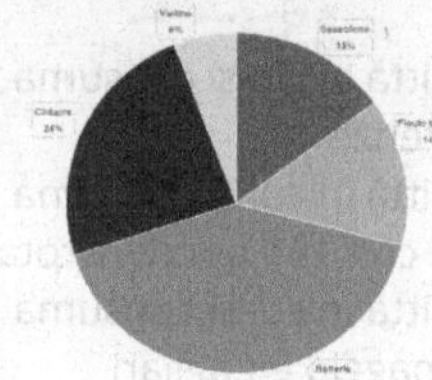

A. 360
B. 290
C. 72
D. 288
E. 300

211. A un campione di 1.200 ragazzi tra i 12 e i 16 anni è stato chiesto quale strumento stessero studiando nei corsi di musica pomeridiani. Non era possibile esprimere più di una preferenza. Il grafico riassume i risultati del sondaggio.
348 sono i ragazzi che seguono i corsi di:

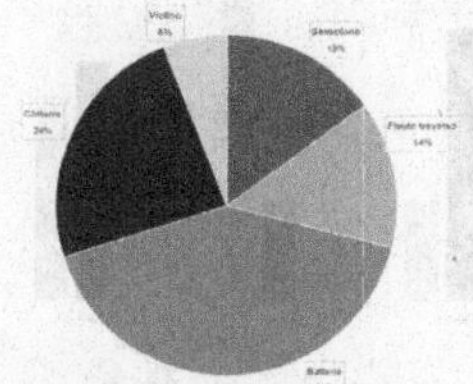

A. batteria
B. nessuna delle altre alternative è corretta
C. chitarra e flauto traverso
D. strumenti a fiato
E. sassofono e violino

212. Il grafico mostra i risultati di un'indagine sul consumo pro capite di carne, pesce e verdura in quattro città italiane. I dati si riferiscono al numero medio pro capite di porzioni consumate in un semestre. Le città in cui si consuma più carne:

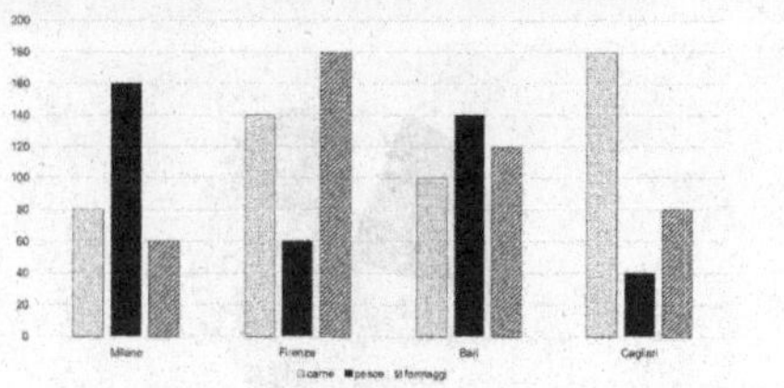

A. sono Firenze e Bari, con 250 porzioni totali
B. sono Firenze e Cagliari, con 320 porzioni totali
C. sono Firenze e Bari con 290 porzioni totali
D. sono Firenze e Cagliari con 300 porzioni totali
E. sono Milano e Bari con 300 porzioni totali

213. Il grafico mostra i risultati di un'indagine sul consumo pro capite di carne, pesce e verdura in quattro città italiane. I dati si riferiscono al numero medio pro capite di porzioni consumate in un semestre. Nelle quattro città considerate, in un semestre si consumano:

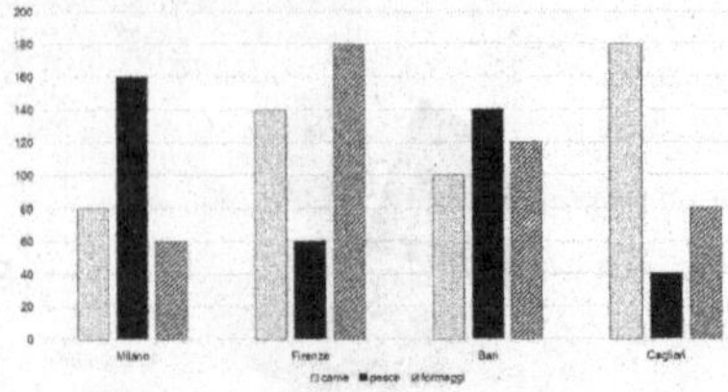

A. circa 450 porzioni di pesce
B. oltre 550 porzioni di carne
C. 500 porzioni di carne
D. meno di 400 porzioni di pesce
E. oltre 450 porzioni di formaggi

214. A un campione di 1.200 ragazzi tra i 12 e i 16 anni è stato chiesto quale strumento stessero studiando nei corsi di musica pomeridiani. Non era possibile esprimere più di una preferenza. Il grafico riassume i risultati del sondaggio.
I ragazzi che seguono corsi di strumenti a percussione sono:

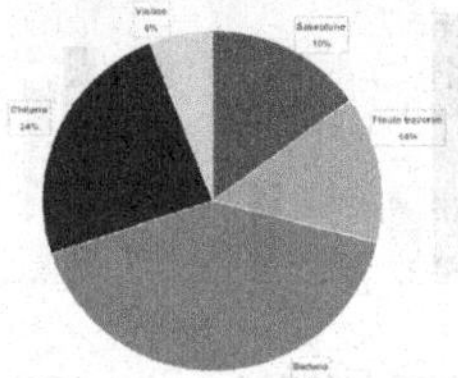

A. circa 410
B. circa 550
C. esattamente 410
D. meno di 500
E. più di 500

215. La tabella riporta le biciclette vendute e le assicurazioni stipulate nel secondo semestre 2023 nel Paese Elle.
In quale mese, rispetto al precedente, si è avuto il maggiore aumento percentuale di biciclette vendute e di assicurazioni stipulate?

Numero di biciclette vendute e assicurazioni stipulate nel secondo semestre 2023 nel Paese Elle		
Mese	Biciclette vendute	Assicurazioni stipulate
Luglio	40	12
Agosto	60	10
Settembre	50	13
Ottobre	70	11
Novembre	70	14
Dicembre	90	17

A. A settembre per le biciclette vendute e ad agosto per le assicurazioni stipulate
B. A ottobre per le biciclette vendute e a dicembre per le assicurazioni stipulate
C. Ad agosto per le biciclette vendute e a settembre per le assicurazioni stipulate
D. A settembre per le biciclette vendute e a dicembre per le assicurazioni stipulate
E. A dicembre sia per le biciclette vendute sia per le assicurazioni stipulate

216. Il grafico mostra i risultati di un'indagine sul consumo pro capite di carne, pesce e verdura in quattro città italiane. I dati si riferiscono al numero medio pro capite di porzioni consumate in un semestre. Quale delle seguenti affermazioni è corretta?

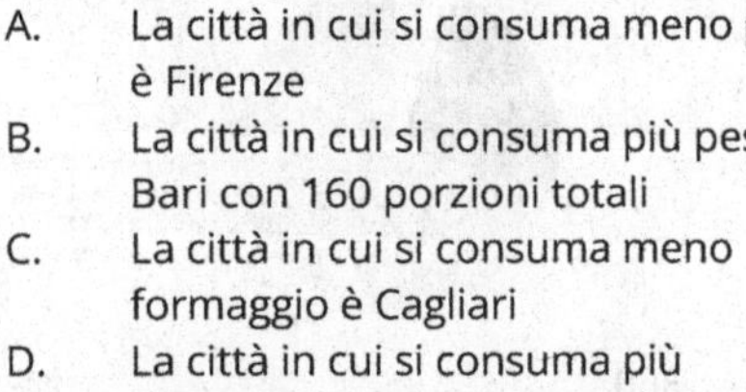

A. La città in cui si consuma meno pesce è Firenze
B. La città in cui si consuma più pesce è Bari con 160 porzioni totali
C. La città in cui si consuma meno formaggio è Cagliari
D. La città in cui si consuma più formaggio è Firenze con oltre 200 porzioni totali
E. La città in cui si consuma più pesce è Milano con 160 porzioni totali

217. L'anno scorso, un sito che si occupa di vendite di corsi online ha erogato in totale 4.200 corsi, ripartiti come illustrato nel grafico.
Qual è la percentuale di corsi di Inglese erogati dal sito, relativamente al totale dei corsi di Lingue straniere?

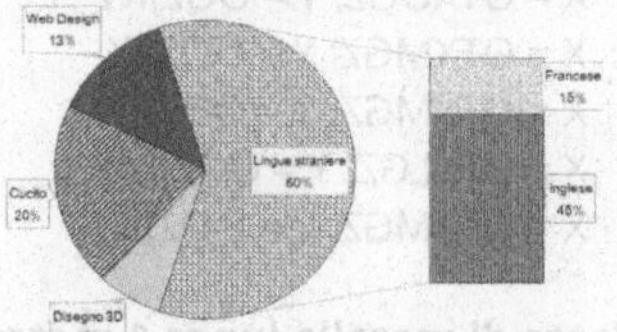

A. 55%
B. 75%
C. 85%
D. 45%
E. 6%

218. L'anno scorso, un sito che si occupa di vendite di corsi online ha erogato in totale 4.200 corsi, ripartiti come illustrato nel grafico.
I corsi di Disegno 3D e Web Design:

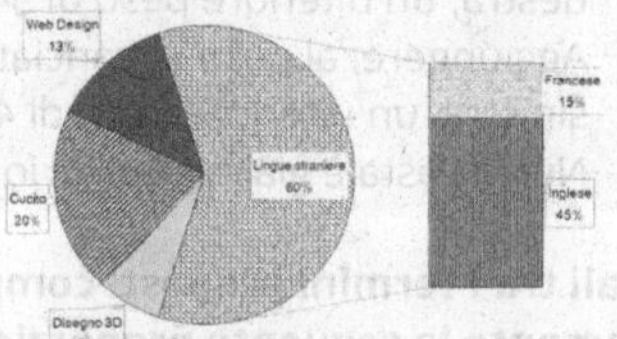

A. superano di 10 unità i corsi di Cucito erogati dal sito
B. rappresentano il 25% del totale dei corsi erogati dal sito
C. rappresentano 1/5 del totale dei corsi erogati dal sito
D. si attestano a 850 unità
E. sono esattamente la metà dei corsi di Lingue straniere

219. La tabella mostra il numero letti e di mobili da bagno venduti dal mobilificio ESSE negli ultimi sei mesi dell'anno passato.
In quali mesi si è registrato rispettivamente per letti e mobili da bagno, il maggior incremento percentuale di vendite rispetto al mese precedente?

Mese	Letti	Mobili da bagno
Luglio	70	15
Agosto	60	19
Settembre	80	10
Ottobre	50	14
Novembre	100	15
Dicembre	90	12

A. Novembre per i letti e agosto per i mobili da bagno
B. Settembre per i letti e novembre per i mobili da bagno
C. Dicembre per i letti e agosto per i mobili da bagno
D. Novembre per i letti e ottobre per i mobili da bagno
E. Settembre per i letti e ottobre per i mobili da bagno

220. La tabella mostra il numero smartphone e computer venduti dal negozio di elettrodomestici Kappa nei primi sei mesi dell'anno passato.
In quali mesi si è registrato rispettivamente per smartphone e computer, il maggior incremento percentuale di vendite rispetto al mese precedente?

Mese	Smartphone	Computer
Gennaio	150	15
Febbraio	170	10
Marzo	190	13
Aprile	180	12
Maggio	190	15
Giugno	210	18

A. Maggio per smartphone e marzo per computer
B. Febbraio per smartphone e aprile per computer
C. Febbraio per smartphone e marzo per computer
D. Marzo per smartphone e aprile per computer
E. Maggio per smartphone e giugno per computer

METODO EMPIRICO

221. Se baili vale bii e relego vale rlg, allora disarmonizzate vale:

A. dsroizte
B. dsroiza
C. dsroizt
D. dsronzt
E. dsrmizt

222. Giada ha nel suo armadio 4 giacche verdi, 4 rosse e 4 bianche, tutte uguali tra loro, ma anche 4 maglie blu, 4 bianche e 4 rosse, tutte uguali tra loro. Questa sera, volendo uscire, ha deciso di prendere una giacca verde e una maglia bianca, ma un temporale fa andare via la luce proprio mentre lei sta aprendo l'armadio e Giada non riesce più a distinguere i colori. Non potendo fare luce in alcun altro modo, ma supponendo che al tatto sappia distinguere tra giacca e maglia, qual è il minimo numero di indumenti, tra giacche e maglie, che deve prendere per essere certa di riuscire a indossare giacca verde e una maglia bianca?

A. 22
B. 16
C. 15
D. 18
E. 10

223. Un professore deve inviare ai colleghi alcuni esercizi che andranno a comporre la prova di fine anno del liceo. Decide di mandare loro una mail con la password di apertura del file che i colleghi devono ricavare dalle seguenti istruzioni:
- la prima cifra è 2;
- la seconda cifra è uguale alla prima, aumentata di 6 unità;
- la terza cifra è la metà della seconda;
- la quarta cifra è il doppio della prima aumentato di 1 unità.
Qual è la password?

A. 2 - 2 - 4 - 5
B. 2 - 8 - 5 - 4
C. 2 - 4 - 4 - 5
D. 2 - 8 - 4 - 3
E. 2 - 8 - 4 - 5

224. Giulia ha affittato un appartamento al mare per le vacanze. Il proprietario le ha scritto che per aprire il cancello deve digitare un codice di 4 cifre e le ha fornito le seguenti istruzioni:
- la prima cifra è 4;
- la seconda cifra è uguale alla prima, diminuita di 2 unità;
- la terza cifra è la metà della seconda;
- la quarta cifra è la metà della prima, aumentata di 5 unità.
Qual è il codice del cancello?

A. 4 - 2 - 1 - 2
B. 4 - 1 - 0 - 7
C. 4 - 2 - 1 - 6
D. 4 - 3 - 1 - 7
E. 4 - 2 - 1 - 7

225. Quali tra i termini proposti completano correttamente la seguente proporzione?
JKXBHD : LHZYJA = X : Y

A. X = OTXOGZ; Y = QQZJIW
B. X = OTXMGZ; Y = QQZJIX
C. X = OTXMGZ; Y = QQZIIW
D. X = OTXLGZ; Y = QQZJIW
E. X = OTXMGZ; Y = QQZJIW

226. Un'asta di metallo lunga 1 metro è sospesa per il suo centro. A 30 cm dall'estremità destra è agganciato un peso di 20 kg, mentre all'estremità opposta è agganciato un peso di 42 kg. Cosa è necessario fare per equilibrare l'asta e mantenerla in posizione orizzontale?

A. Aggiungere, al peso agganciato a sinistra, un ulteriore peso di 34 kg
B. Aggiungere, al peso agganciato a destra, un ulteriore peso di 85 kg
C. Aggiungere, al peso agganciato a destra, un ulteriore peso di 34 kg
D. Aggiungere, al peso agganciato a sinistra, un ulteriore peso di 40 kg
E. Nulla, l'asta è già in equilibrio

227. Quali tra i termini proposti completano correttamente la seguente proporzione?
KQDYVW : OOHWZU

A. X = RZDMFF; Y = VXHQJD
B. X = RZJSFF; Y = VXHQJD
C. X = RZDSFF; Y = VXHQJD
D. X = RZDSFF; Y = VXHQJJ
E. X = RZDSLF; Y = VXHQJD

228. In un ipotetico linguaggio in codice, al codice S1L5M3 corrisponde la parola SALUMI e al codice V1S4 corrisponde la parola VASO. Quale sarà la parola corrispondente al codice B4LL2?

A. BOLLE
B. BELLA
C. BELLO
D. BULLO
E. BALLO

229. Per comporre un codice in modo corretto si devono seguire le seguenti istruzioni: la C è subito a destra della T, e la N è compresa tra la E e la C. La E è alla destra della C e subito alla sinistra della G. La Z è alla destra della G, come la X, che però è alla sinistra della Z. Quale sequenza risulterà dall'esecuzione corretta delle istruzioni, letta da destra verso sinistra?

A. TNCEGXZ
B. ZXGENTC
C. TCNGEXZ
D. ZGXENCT
E. ZXGENCT

230. A ognuno dei partecipanti a un gioco viene assegnata una diversa lettera dell'alfabeto italiano in ordine a partire dalla A senza saltarne nessuna. Seguendo il senso orario, i partecipanti vengono messi in cerchio, rivolti verso il centro, sempre in ordine di lettera (ogni persona ha alla propria destra e sinistra la persona con la lettera precedente e successiva dell'alfabeto), in modo che ognuno abbia un altro partecipante di fronte e in modo che la distanza tra ognuno e il successivo sia sempre la stessa (la distanza tra il primo e secondo è uguale a quella tra il secondo e terzo e così via fino a quella tra l'ultimo e il primo). Se il partecipante con la lettera D si trova di fronte a quello con la lettera M, quale è la penultima lettera dell'alfabeto distribuita?

A. R
B. N
C. Q
D. O
E. P

231. Luigi, partendo da un numero intero positivo, lo moltiplica per 3 e poi somma un valore pari a 2 e scrive su un foglietto il risultato della sua operazione. Beatrice legge il numero sul foglietto, lo moltiplica anche lei per 3 e somma un valore pari a 2 e scrive il risultato su un altro foglietto.
Quanti tra i seguenti numeri può aver scritto Beatrice come risultato sul suo foglietto?
- 62
- 68
- 72
- 56
- 71

A. 5
B. 2
C. 3
D. 4
E. 1

232. Giacomo e Marika hanno sia figli maschi sia figlie femmine. Ogni figlio maschio ha un numero di sorelle doppio rispetto a quello dei fratelli. Anche ogni figlia femmina ha un numero di fratelli doppio a quello delle sorelle. Contando che oltre a Marika, Giacomo e i loro figli, anche i due genitori di Marika vivono con loro nella stessa casa, quanti sono i componenti della famiglia che vivono nella stessa casa?

A. 10
B. 8
C. 12
D. 6
E. 9

233. Se ROGNA vale ON e BILICO vale IIO, allora MALARIOTERAPIA vale:

A. AAOTAPA
B. AAITTRP
C. AAOEAI
D. AAITRPA
E. AAITAPA

234. Siano m e n due numeri naturali (n ≠ m) non nulli minori di 7; considerati i prodotti p = (10 + n) (10m + 1) e q = (10 + m) (10n + 1) quale delle seguenti affermazioni è vera?

A. p e q non hanno alcuna cifra uguale
B. p e q hanno la stessa cifra delle centinaia
C. p e q hanno la stessa cifra delle unità e delle centinaia
D. p e q hanno la stessa cifra delle decine
E. p e q hanno la stessa cifra delle unità e delle decine

235. In una biblioteca ci sono 156 libri. Il numero minimo di pagine di ciascun libro è pari a 140, il numero massimo è pari a 170. Si può quindi dedurre che lo stesso numero di pagine è ripetuto in un numero di libri:

A. esattamente pari a 10
B. almeno pari a 6
C. almeno pari a 10
D. esattamente pari a 80
E. al massimo pari a 6

236. **Un'asta di metallo lunga 1 metro è sospesa per il suo centro. A 10 cm dall'estremità sinistra è agganciato un peso di 15 kg, mentre all'estremità opposta è agganciato un peso di 24 kg. Cosa è necessario fare per equilibrare l'asta e mantenerla in posizione orizzontale?**

A. Aggiungere, al peso agganciato a destra, un ulteriore peso di 15 kg
B. Aggiungere, al peso agganciato a sinistra, un ulteriore peso di 12 kg
C. Aggiungere, al peso agganciato a sinistra, un ulteriore peso di 15 kg
D. Aggiungere, al peso agganciato a destra, un ulteriore peso di 12 kg
E. Nulla, l'asta è già in equilibrio

237. **Su due panchine ai giardinetti sono seduti alcuni bambini. Determinare il numero di bambini seduti sulla panchina a destra sapendo che:**
- se due bambini si spostano a sinistra, il numero di bambini sulle due panchine diventa lo stesso;
- se due bambini si spostano a destra, il numero di bambini sulla panchina a destra è il doppio di quelli seduti su quella a sinistra.

A. 14
B. 10
C. 12
D. 15
E. 8

238. **Se le lancette di un orologio segnano le 2.30 di mercoledì, tra 49 ore e 45 minuti saranno:**

A. le 3.15 di venerdì
B. le 4.15 di venerdì
C. le 0.15 di martedì
D. le 4.15 di lunedì
E. le 16.15 di sabato

239. **Luca ha cinque cubi colorati in modo diverso e li impila in ordine dall'alto verso il basso nel seguente modo: blu, rosso, verde, arancione, viola. Prende poi i tre cubi alla base e, senza cambiare il loro ordine, e li mette in cima alla pila. Ripete questa operazione per altre due volte. Al termine dell'operazione, quale cubo occupa la seconda posizione dall'alto?**

A. Arancione
B. Viola
C. Rosso
D. Blu
E. Verde

LOGICA GEOMETRICA

240. **Piermario sta organizzando una cena e ha a disposizione una stanza quadrata che misura 20x20 metri. Ha a disposizione tavoli rettangolari che misurano ciascuno 3x1,2 metri in cui è possibile far sedere 4 persone per ciascun lato lungo e una persona per ciascun lato corto. Piermario vuole massimizzare lo spazio a disposizione e quindi decide di creare file di tavoli parallele unendo per il lato corto tutti i tavoli che ha a disposizione. Deve però rispettare una distanza di almeno 2 metri tra una fila e l'altra e deve lasciare almeno 1 metro da ogni fila rispetto alle pareti della stanza (altrimenti non sarebbe possibile collocare le sedie). Così facendo, qual è il massimo numero di invitati che Piermario può accogliere e far sedere nella stanza?**

A. 450
B. 288
C. 350
D. 300
E. 360

LOGICA PROCEDURALE

241. Quale figura, tra quelle proposte, va inserita nella sequenza?

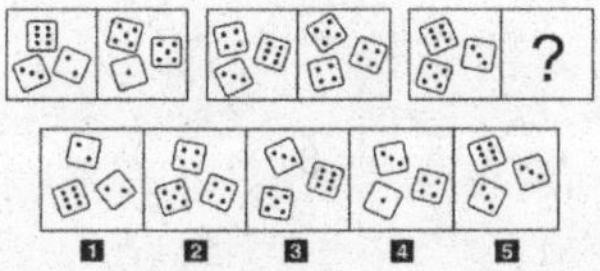

A. Figura 4
B. Figura 3
C. Figura 2
D. Figura 1
E. Figura 5

242. Quale figura, tra quelle proposte, va inserita nella sequenza?

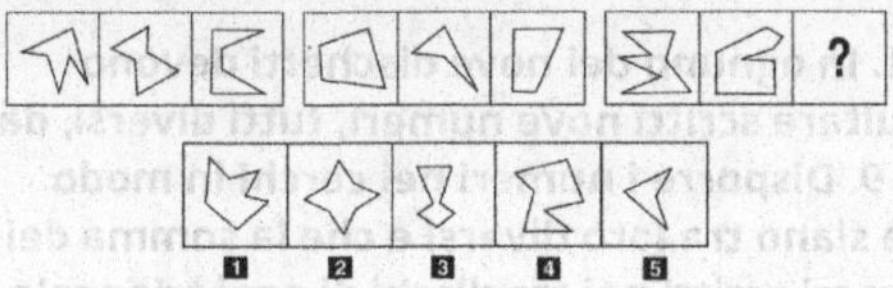

A. Figura 5
B. Figura 4
C. Figura 2
D. Figura 3
E. Figura 1

243. Un gioielliere sta pesando tre tipi di gioielli (spille, anelli e perle) su una bilancia. Gli oggetti uguali hanno lo stesso peso. La bilancia risulta in equilibrio solo in una delle tre combinazioni, come mostrato dalla figura.
In quale delle seguenti alternative i gioielli sono disposti in base al loro peso, nel corretto ordine crescente?

A. Anello – spilla – perla
B. Spilla – perla – anello
C. Perla – spilla – anello
D. Spilla – anello – perla
E. Perla – anello – spilla

244. La figura mostra un rettangolo fatto con dei bastoncini. Disponendo gli stessi bastoncini in altri modi, quanti altri rettangoli diversi con perimetro equivalente a quello in figura è possibile formare?

A. 3
B. 2
C. Nessuna delle altre alternative è corretta
D. 4
E. 1

245. Sommando la frazione che rappresenta la parte bianca della figura 1, sul totale della figura 1, alla frazione che rappresenta la parte bianca della figura 2, sul totale della figura 2, si ottiene:

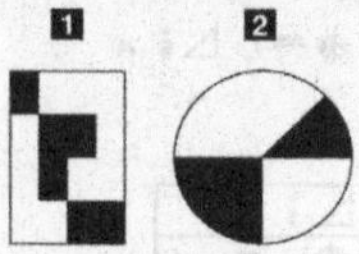

A. 5/4
B. 5/8
C. 4/5
D. 3/4
E. 1/2

246. Individuare la figura da scartare.

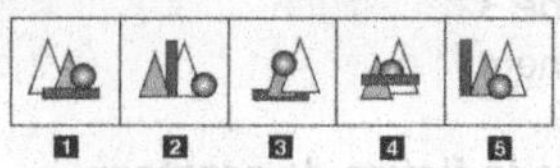

A. Figura 2
B. Figura 1
C. Figura 5
D. Figura 4
E. Figura 3

247. Nella figura sono rappresentate tre figure: una stella, un quadrato e un cerchio, che contengono dei pallini neri e bianchi. Quanti pallini bianchi sono contenuti nella stella, escludendo l'area di intersezione con il quadrato?

A. 5
B. 9
C. 10
D. 4
E. 7

248. Quali simboli rimangono dopo aver tolto alla stringa simbolica A gli elementi della serie B?

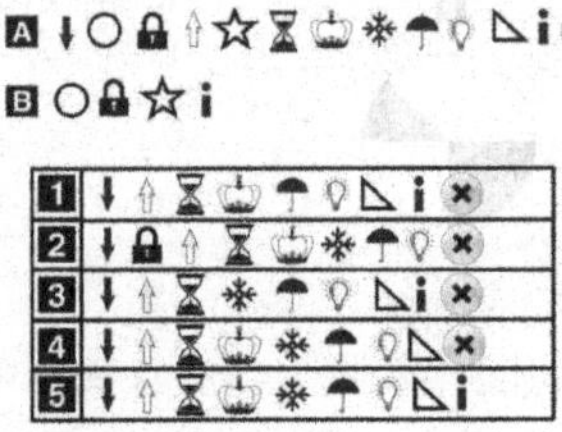

A. Opzione 5
B. Opzione 1
C. Opzione 2
D. Opzione 3
E. Opzione 4

249. Individuare la figura da scartare.

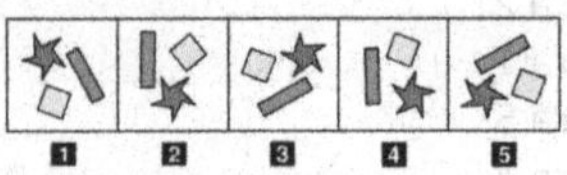

A. Figura 5
B. Figura 3
C. Figura 1
D. Figura 4
E. Figura 2

250. Inserire in ogni riga e colonna i numeri da 1 a 5, rispettando i segni di maggiore (>) e minore (<). Ogni riga e ogni colonna devono contenere tutti numeri differenti. Indicare la sequenza di numeri della riga 2 da destra a sinistra.

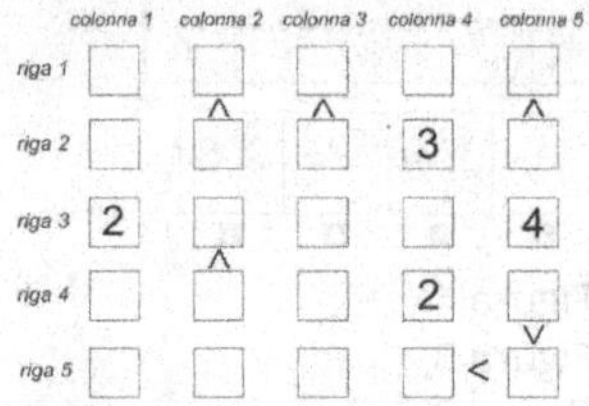

A. 2-3-4-5-1
B. 1-3-4-5-1
C. 1-5-4-3-2
D. 5-3-2-1-4
E. 2-3-1-4-5

251. In ognuno dei nove dischetti devono risultare scritti nove numeri, tutti diversi, da 1 a 9. Disporre i numeri nei cerchi in modo che siano tra loro diversi e che la somma dei numeri scritti nei tre dischi di ogni triangolo piccolo sia 15.
Quale, tra i numeri proposti, può essere inserito nel cerchio C?

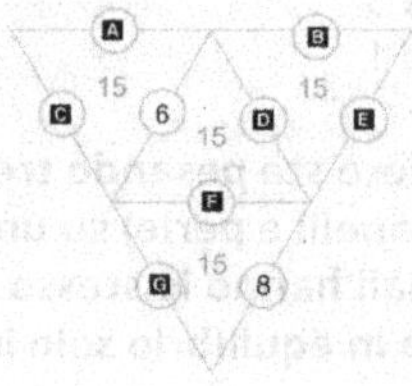

A. 5
B. 9
C. 4
D. 1
E. 2

252. Quale figura, tra quelle proposte in basso, va inserita nella sequenza in alto?

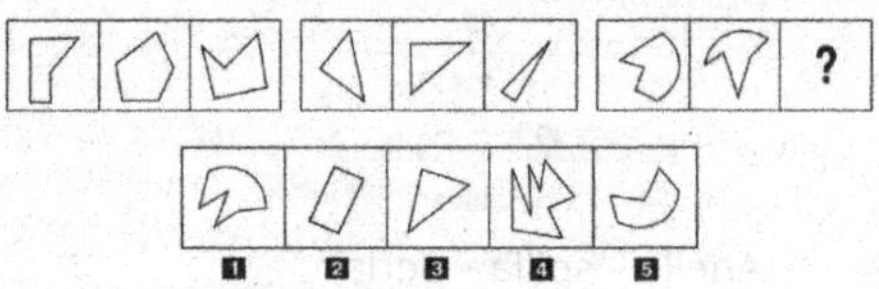

A. Figura 3
B. Figura 4
C. Figura 5
D. Figura 2
E. Figura 1

253. Quale figura, tra quelle proposte, va inserita nella sequenza?

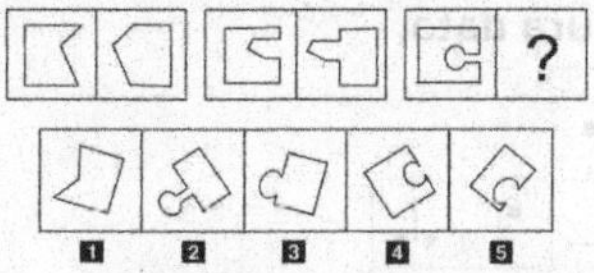

A. Figura 4
B. Figura 2
C. Figura 3
D. Figura 1
E. Figura 5

254. Quale figura, tra quelle proposte, va inserita nella sequenza?

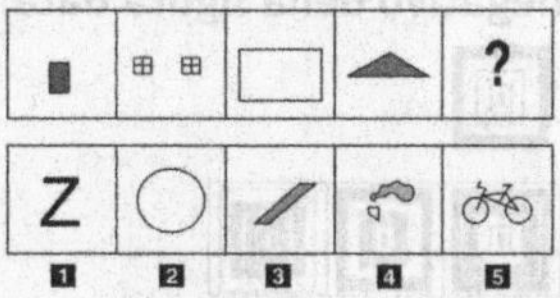

A. Figura 2
B. Figura 3
C. Figura 5
D. Figura 1
E. Figura 4

255. Individuare la figura da scartare.

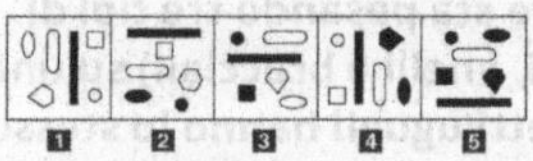

A. Figura 2
B. Figura 4
C. Figura 3
D. Figura 5
E. Figura 1

256. Individuare la figura che corrisponde alla prima composizione vista allo specchio.

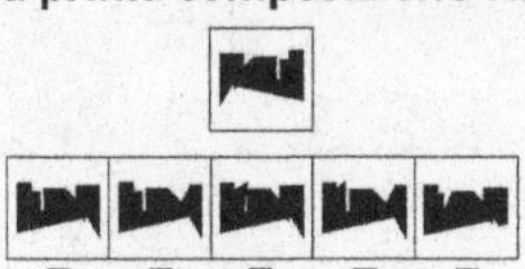

A. Figura 4
B. Figura 5
C. Figura 3
D. Figura 2
E. Figura 1

257. Individuare la figura da scartare.

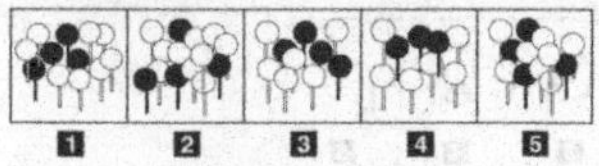

A. Figura 1
B. Figura 5
C. Figura 2
D. Figura 3
E. Figura 4

258. Individuare la figura da scartare.

A. Figura 1
B. Figura 3
C. Figura 4
D. Figura 5
E. Figura 2

259. Individuare la figura da scartare.

A. Figura 4
B. Figura 5
C. Figura 3
D. Figura 2
E. Figura 1

260. Nel sistema raffigurato, le ruote dentate sono libere di ruotare attorno a un perno fisso.
Se la ruota dentata C gira in senso antiorario, in quale senso gira la ruota dentata D?

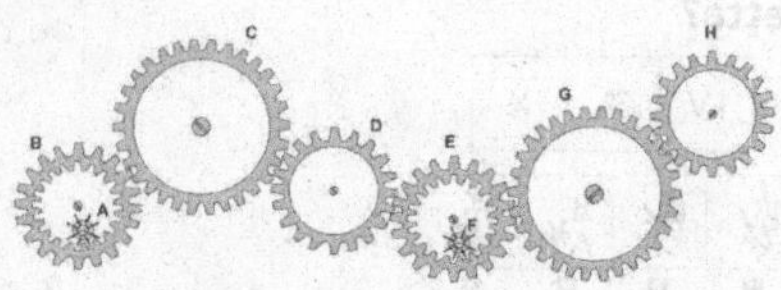

A. In senso inverso rispetto al piccolo ingranaggio A
B. Nello stesso senso del piccolo ingranaggio A
C. In senso antiorario
D. Nello stesso senso della ruota dentata H
E. Il sistema di ingranaggi non può funzionare

261. Individuare la figura da scartare.

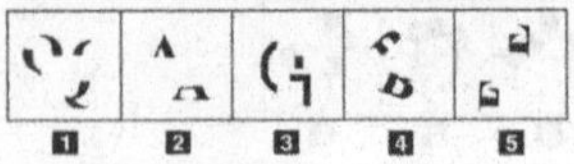

A. Figura 4
B. Figura 5
C. Figura 3
D. Figura 2
E. Figura 1

262. Individuare la figura da scartare.

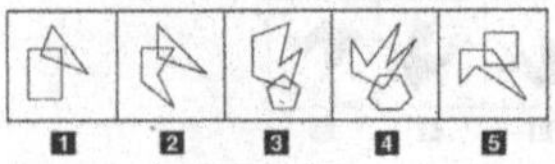

A. Figura 5
B. Figura 2
C. Figura 3
D. Figura 1
E. Figura 4

263. Individuare la figura che completa la serie.

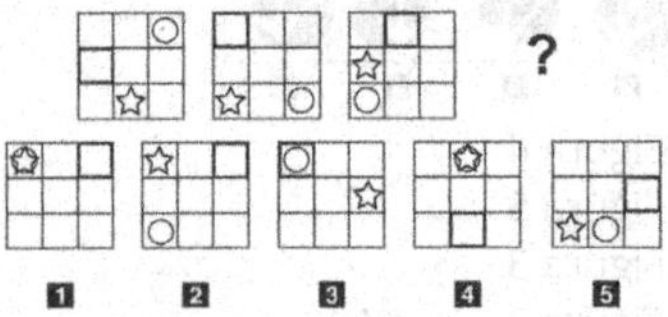

A. Figura 3
B. Figura 5
C. Figura 2
D. Figura 1
E. Figura 4

264. Quale delle seguenti affermazioni, riferita alle figure nei riquadri numerati, è corretta?

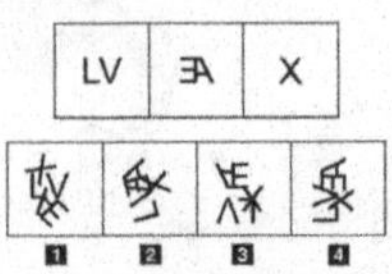

A. Il riquadro 4 contiene le tre figure ruotate di 180°
B. Il riquadro 3 contiene le tre figure ruotate di 180°
C. Il riquadro 1 contiene le tre figure ruotate in senso orario di 45°
D. Il riquadro 2 contiene le tre figure ruotate in senso orario di 105°
E. Il riquadro 4 contiene le tre figure riflesse sull'asse verticale

265. Indicare l'unica figura che si può ottenere per ribaltamento e rotazione di 90 gradi della figura data.

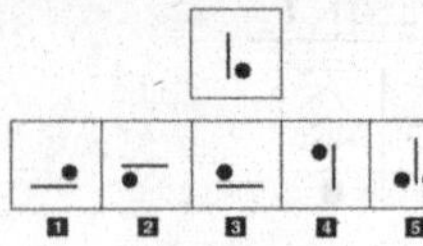

A. Figura 4
B. Figura 1
C. Figura 3
D. Figura 5
E. Figura 2

266. Individuare, tra le alternative proposte, la versione in negativo della figura data.

A. Figura 1
B. Figura 3
C. Figura 4
D. Figura 2
E. Figura 5

267. Un gioielliere sta pesando tre tipi di gioielli (diamanti, anelli e bracciali) su una bilancia. Gli oggetti uguali hanno lo stesso peso. La bilancia risulta in equilibrio solo in una delle tre combinazioni, come mostrato dalla figura.
In quale delle seguenti alternative i gioielli sono disposti in base al loro peso, nel corretto ordine decrescente?

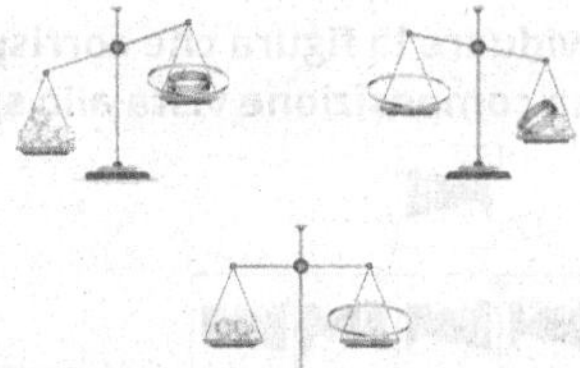

A. Bracciale – perla – anello
B. Diamante – spilla – anello
C. Bracciale – anello – diamante
D. Anello – bracciale – diamante
E. Diamante – anello – bracciale

268. Quali simboli rimangono dopo aver tolto alla stringa simbolica A gli elementi della serie B?

A ♥ ☼ ↥ ★ ♠ ∞ ∂ ≠ ▪ ⚓ € **F** Æ *

B ↥ ∞ ▪ **F**

1	♥ ☼ ★ ♠ ∂ ≠ ▪ ⚓ € Æ *
2	♥ ☼ ↥ ★ ♠ ≠ ⚓ € Æ *
3	♥ ☼ ★ ♠ ∂ ≠ ⚓ € Æ
4	♥ ☼ ★ ♠ ∂ ≠ ⚓ € Æ *
5	♥ ☼ ★ ♠ ∂ ≠ ▪ ⚓ € Æ *

A. Opzione 1
B. Opzione 5
C. Opzione 3
D. Opzione 2
E. Opzione 4

269. Individuare la figura da scartare.

1 **2** **3** **4** **5**

A. Figura 2
B. Figura 5
C. Figura 3
D. Figura 1
E. Figura 4

LOGICA FORMALE

270. Sia $E = \{0, 1\}$ **un insieme formato da due soli elementi 0 e 1 tali che**

$\overline{0} = 1$ **e** $\overline{1} =$.

Le operazioni + e • sono definite dalle seguenti tabelle a doppia entrata:

+	0	1		.	0	1
0	0	1		0	0	0
1	1	1		1	0	1

Detti A e B due elementi dell'insieme , fra le seguenti proposizioni quale è vera?

A. $\bar{A} + \bar{B} = A \cdot B$
B. $\overline{A + B} = \bar{A} \cdot \bar{B}$
C. $\overline{A \cdot B} = \bar{A} \cdot \bar{B}$
D. $A + B = \overline{A \cdot B}$
E. $\bar{A} + B = A + \bar{B}$

271. Le tavole di verità sono tabelle usate nella logica per determinare se, attribuiti i valori di verità alle proposizioni che la compongono, una determinata proposizione è vera o falsa. Le tabelle di verità della congiunzione (∧), della doppia implicazione (⇔) e della negazione (¬) sono rispettivamente:

A	B	A ∧ B		A	B	A ⇔ B
V	V	V		V	V	V
V	F	F		V	F	F
F	V	F		F	V	F
F	F	F		F	F	V

A	¬A
V	F
F	V

Qual è la tabella di verità della proposizione: P: ¬(A ∧ B) ⇔ (A ∧ (¬B))?

A.

A	B	P
V	V	V
V	F	V
F	V	F
F	F	F

B.

A	B	P
V	V	F
V	F	F
F	V	V
F	F	V

C.

A	B	P
V	V	V
V	F	V
F	V	V
F	F	V

D.

A	B	P
V	V	F
V	F	V
F	V	V
F	F	F

E.

A	B	P
V	V	V
V	F	F
F	V	F
F	F	V

272. Le tavole di verità sono tabelle usate nella logica per determinare se, attribuiti i valori di verità alle proposizioni che la compongono, una determinata proposizione è vera o falsa. Le tabelle di verità della disgiunzione inclusiva (∨), della doppia implicazione (⇔) e della negazione (¬) sono rispettivamente:

A	B	A ∨ B		A	B	A ⇔ B
V	V	V		V	V	V
V	F	V		V	F	F
F	V	V		F	V	F
F	F	F		F	F	V

A	¬A
V	F
F	V

Qual è la tabella di verità della proposizione P: ¬(A ∨ B) ⇔ (A ∨ (¬B))?

A.

A	B	P
V	V	F
V	F	F
F	V	F
F	F	F

B.

A	B	P
V	V	F
V	F	F
F	V	V
F	F	V

C.

A	B	P
V	V	F
V	F	V
F	V	V
F	F	F

D.

A	B	P
V	V	V
V	F	V
F	V	F
F	F	F

E.

A	B	P
V	V	V
V	F	F
F	V	F
F	F	V

273. Le tavole di verità sono tabelle usate nella logica per determinare se, attribuiti i valori di verità alle proposizioni che la compongono, una determinata proposizione è vera o falsa. Le tabelle di verità della (∨), della implicazione (⇒) e della negazione (¬) sono rispettivamente:

A	B	A ∨ B	A	B	A ⇒ B
V	V	V	V	V	V
V	F	V	V	F	F
F	V	V	F	V	V
F	F	F	F	F	V

A	¬A
V	F
F	V

Qual è la tabella di verità della proposizione P; ¬(A ∨B) ⇒(¬A ∨B) ?

A.

A	B	P
V	V	F
V	F	V
F	V	F
F	F	V

B.

A	B	P
V	V	F
V	F	V
F	V	V
F	F	F

C.

A	B	P
V	V	V
V	F	V
F	V	V
F	F	V

D.

A	B	P
V	V	V
V	F	F
F	V	V
F	F	F

E.

A	B	P
V	V	V
V	F	F
F	V	F
F	F	V

274. Le tavole di verità sono tabelle usate nella logica per determinare se, attribuiti i valori di verità alle proposizioni che la compongono, una determinata proposizione è vera o falsa. Le tabelle di verità della congiunzione (∧), della implicazione (⇒) e della negazione (¬) sono rispettivamente:

A	B	A ∧ B	A	B	A ⇒ B
V	V	V	V	V	V
V	F	F	V	F	F
F	V	F	F	V	V
F	F	F	F	F	V

A	¬A
V	F
F	V

Qual è la tabella di verità della proposizione P: ¬(A ∧ B) ⇒(¬A ∧B)?

A.

A	B	P
V	V	V
V	F	F
F	V	F
F	F	V

B.

A	B	P
V	V	F
V	F	V
F	V	V
F	F	F

C.

A	B	P
V	V	F
V	F	V
F	V	F
F	F	V

D.

A	B	P
V	V	F
V	F	F
F	V	F
F	F	F

E.

A	B	P
V	V	V
V	F	F
F	V	V
F	F	F

PROBABILITÀ

275. Aldo e Bianca sono due tennisti. Ognuno dei due deve incontrare il proprio avversario alla stessa ora dell'altro. Aldo ha l'80% di probabilità di vincere il suo incontro, mentre Bianca ha il 75% di probabilità di vincere il proprio. Qual è la probabilità che solo uno di loro due vinca?

A. 55%
B. 35%
C. 28%
D. 60%
E. 5%

276. Una scatola contiene solo 32 bustine di magnesio. Quante bustine di potassio e quante di vitamina D si possono inserire in modo che la probabilità di pescare una bustina di magnesio sia del 40%?

A. 28 bustine di potassio e 21 di vitamina D
B. 22 bustine di potassio e 25 di vitamina D
C. 26 bustine di potassio e 24 di vitamina D
D. 25 bustine di potassio e 23 di vitamina D
E. 27 bustine di potassio e 20 di vitamina D

277. Dovendo scegliere le atlete da inviare a una competizione, Alessandro deve indicarne 2 tra le sue 12 giocatrici. Per Alessandro è del tutto indifferente e quindi decide di affidarsi al caso e di estrarre due nomi da un bussolotto che contiene i nomi delle sue 12 giocatrici. Qual è la probabilità che la coppia sia formata dalle giocatrici Alessia e Beatrice?

A. 1/12
B. 1/66
C. 1/33
D. 1/99
E. 1/132

278. Nel suo kit per cucire, Anna ha 1 rocchetto di filo blu, 2 rossi e 3 gialli. Se ne estrae a caso uno dal kit, qual è la probabilità che sia rosso?

A. 1/6
B. 1
C. 1/3
D. 1/2
E. 2/5

279. Nella sua borsa con la lana, Cristina ha 1 gomitolo di filo verde, 2 lilla e 3 rossi. Se ne estrae a caso uno dalla sua borsa, qual è la probabilità che sia rosso?

A. 1/2
B. 1
C. 1/6
D. 1/3
E. 3/5

280. Un muratore sta componendo un mosaico e deve utilizzare alcune mattonelle di colore diverso. Ha a disposizione 46 mattonelle gialle, 41 mattonelle nere e 35 bianche. Ogni motivo del mosaico si compone di 4 mattonelle miste, ovvero che siano di diverso colore, e il muratore ne ha già usate 2 gialle. Qual è la probabilità, pescando a caso tra le mattonelle rimaste, che venga estratta una mattonella nera o bianca per completare il motivo del mosaico?

A. 86/863
B. 19/30
C. 7/24
D. 41/120
E. 1/20

Il momento più importante della tua vita non è quello della nascita, del matrimonio o della morte, ma quello della gastrulazione

Lewis Wolpert

Biologia

LA CHIMICA DEI VIVENTI

1. Quale frase è corretta riguardo al ruolo dei carboidrati nelle cellule?

A. Costituiscono la struttura di cellule e tessuti
B. Regolano le reazioni metaboliche nelle cellule
C. Catalizzano le reazioni chimiche nelle cellule
D. Servono come fonte primaria di informazioni genetiche
E. Sono la prima fonte di riserva energetica

2. I ribozimi:

A. sono metalli con attività catalitica
B. partecipano alla formazione delle lipossigenasi
C. sono molecole di RNA in grado di catalizzare reazioni chimiche
D. sono enzimi proteici
E. sono esclusivamente sintetici

3. Quale frase è corretta riguardo alla funzione dei nucleotidi?

A. Si trovano nei lisosomi
B. Catalizzano reazioni biochimiche
C. Regolano l'espressione genica
D. Forniscono supporto strutturale alle cellule
E. Possono essere i precursori di molti coenzimi come NAD e FAD

4. I trigliceridi sono composti da:

A. Tre molecole di acidi grassi e tre di glicerolo
B. Una molecola di glicerolo, due di acidi grassi e una di fosfato
C. Una molecola di glicerolo e 3 di acidi grassi
D. Due molecole di glicerolo, due di acidi grassi e due di fosfati
E. Una molecola di glicerolo, una di acidi grassi e una di fosfati

5. Volendo studiare le proprietà dei fosfolipidi di membrana, un ricercatore ne pone una certa quantità in acqua e rimane in attesa. Che cosa potrà osservare dopo qualche tempo?

A. I fosfolipidi si sono sciolti nell'acqua
B. I fosfolipidi si sono disposti in superficie a formare una pellicola
C. I fosfolipidi si sono dispersi sotto forma di grosse gocce
D. I fosfolipidi si sono organizzati in modo spontaneo a costituire un doppio strato autosigillante
E. I fosfolipidi si sono distribuiti nell'acqua come micelle

6. Quale frase è corretta riguardo ai nucleotidi?

A. Sono coinvolti nel trasferimento di energia all'interno delle cellule
B. Sono costituiti da uno zucchero, un gruppo fosfato e una proteina
C. Sono i monomeri degli acidi nucleici
D. Sono costituiti da uno zucchero, un gruppo fosfato e un amminoacido
E. Sono la base strutturale dei lipidi

7. Quale delle seguenti affermazioni sugli acidi nucleici è VERA?

A. Immagazzinano l'informazione genetica
B. Hanno una funzione prettamente strutturale
C. Fungono da riserva energetica
D. Sono componenti delle membrane delle cellule animali
E. Degradano i prodotti di scarto della cellula

8. Quale delle seguenti affermazioni sui lipidi è VERA?

A. Fungono da riserva energetica
B. Degradano i prodotti di scarto della cellula
C. Producono immunoglobuline
D. Hanno funzione catalitica
E. Immagazzinano l'informazione genetica

9. Quale delle seguenti NON è una funzione tipica delle proteine?

A. Funzione strutturale
B. Funzione regolatoria
C. Immagazzinare l'informazione genetica
D. Partecipare alla risposta immunitaria
E. Funzione catalitica

BIOLOGIA

10. Quale tra le biomolecole elencate NON è presente nella membrana delle cellule animali?

A. Fosfolipide
B. Sterolo
C. Glicolipide
D. Glicoproteina
E. Base azotata

11. Quale delle seguenti affermazioni sugli enzimi è FALSA?

A. Diminuiscono la velocità con la quale avviene la reazione
B. Non si consumano durante la reazione chimica
C. Abbassano l'energia di attivazione di una reazione chimica
D. Sono efficaci anche in piccole dosi
E. Hanno azione specifica nei confronti di un substrato

12. Gli enzimi fungono da catalizzatori biologici, ovvero:

A. alzano l'energia di attivazione di una reazione chimica rallentandola
B. alzano l'energia di attivazione di una reazione chimica accelerandola
C. abbassano l'energia di attivazione di una reazione chimica accelerandola
D. non influenzano la velocità di reazione
E. abbassano l'energia di attivazione di una reazione chimica rallendandola

13. Qual è la definizione di ione?

A. Atomi con un numero di elettroni uguale a quello dei protoni ma non hanno una carica elettrica
B. Atomi con un numero di elettroni diverso da quello dei protoni e hanno una carica elettrica parziale
C. Atomi con un numero di elettroni uguale a quello dei protoni e hanno una carica elettrica
D. Atomi con un numero di elettroni diverso da quello dei protoni e non hanno carica
E. Atomi con un numero di elettroni diverso da quello dei protoni e hanno una carica elettrica

14. Qual è l'unità di misura appropriata per misurare la dimensione di un amminoacido?

A. Angstrom (Å)
B. Micrometri
C. Millimetri
D. Unità di massa atomica (u)
E. Nanometri

15. Quale dei seguenti composti NON entra nella costituzione degli acidi nucleici?

A. Glicina
B. Uracile
C. Adenosina
D. Ribosio
E. Timina

16. Gli inibitori enzimatici:

A. non possono legare l'enzima
B. sono sempre irreversibili
C. si legano solo al sito attivo
D. possono legare il substrato
E. possono competere con il substrato

17. Quale frase è corretta riguardo ai lipidi?

A. Sono sintetizzati sui ribosomi
B. Sono polimeri composti da nucleotidi
C. Sono idrofili e solubili in acqua
D. Sono i componenti principali degli enzimi
E. Sono importanti per l'isolamento e la protezione

18. Quale frase è corretta riguardo alla struttura delle proteine?

A. Si ripiegano in specifiche forme tridimensionali
B. Sono costituite da lunghe catene di basi azotate
C. Sono la base strutturale dei lipidi
D. Hanno strutture soltanto bidimensionali
E. Si organizzano in più di cinque livelli strutturali

19. Quale frase è corretta riguardo ai carboidrati?

A. Sono coinvolti nella trasmissione di informazioni genetiche
B. Sono insolubili in acqua
C. Nelle cellule animali sono sintetizzati nei cloroplasti
D. Sono un'importante fonte energetica
E. Sono composti da amminoacidi

20. La struttura primaria di una proteina è data:

A. dalla sequenza degli amminoacidi che la costituiscono
B. dal numero dei legami ionici presenti
C. dal numero degli amminoacidi che la costituiscono
D. dal peso molecolare
E. dal numero dei ponti disolfuro presenti

21. Quali sono le tre componenti che costituiscono un nucleotide di DNA?

A. Ribosio, base azotata e gruppo fosfato
B. Deossiribosio, base azotata e gruppo fosfato
C. Deossiribosio, maltosio e gruppo fosfato
D. Ribosio, glucosio e gruppo fosfato
E. Deossiribosio, glucosio e gruppo fosfato

22. Un inibitore enzimatico è:

A. una molecola che fagocita l'enzima
B. una molecola che si lega all'enzima diminuendone l'attività
C. uno ione che modifica la struttura primaria dell'enzima
D. una molecola che attiva una proteasi che degrada l'enzima
E. una cellula che degrada enzimi

23. L'unità strutturale e funzionale dei viventi è:

A. la molecola
B. il DNA
C. il genoma
D. la cellula
E. l'RNA

24. Quale tra gli elementi elencati NON è un bioelemento?

A. Cu
B. N
C. Cl
D. He
E. Mg

25. Quale delle seguenti affermazioni sui bioelementi è FALSA?

A. Carbonio, ossigeno, idrogeno, azoto, fosforo, e zolfo rappresentano circa il 99% di tutta la materia vivente
B. Possono essere presenti in concentrazioni basse negli esseri viventi
C. Possono essere presenti in concentrazioni elevate negli esseri viventi
D. Non rappresentano gli elementi chimici di base degli organismi vegetali
E. Possono essere presenti in tracce negli esseri viventi

26. Il processo nel quale il prodotto attiva la via metabolica che porta alla sua stessa produzione è:

A. il feedback positivo
B. il feedback negativo
C. l'inibizione competitiva
D. l'inibizione non competitiva
E. l'inibizione retroattiva

27. Che cos'è una vitamina?

A. Nessuna delle altre alternative è corretta
B. Una sostanza di riserva
C. Una sostanza sintetizzata dall'organismo
D. Un antibiotico
E. Una sostanza fondamentale per l'organismo introdotta dall'esterno

28. Quale frase è corretta riguardo alla solubilità delle proteine?

A. Sono sempre solubili solo in acqua
B. La loro solubilità dipende dalla specifica proteina
C. Sono solubili solo in solventi polari
D. Sono sempre insolubili in acqua
E. Sono solubili solo in solventi non polari

29. Le basi azotate sono necessariamente contenute:

A. nelle proteine
B. nei carboidrati
C. nessuna delle altre alternative è corretta
D. nel DNA e nell'RNA
E. negli amminoacidi

BIOLOGIA

30. Quale frase è corretta per quanto riguarda la funzione degli enzimi?

A. Resistono sempre al calore
B. Sono molecole di immagazzinamento dell'energia
C. Sono coinvolti nella comunicazione cellulare
D. Catalizzano le reazioni chimiche nelle cellule
E. Sono componenti strutturali delle membrane cellulari

31. Cosa studia la Biologia?

A. La biologia è la scienza che studia gli organismi non-viventi e i processi vitali che li caratterizzano
B. La biologia è la scienza che studia le proprietà, la struttura, la composizione, il riconoscimento e il dosaggio, la preparazione e la reagibilità di tutte le sostanze, sia naturali che artificiali, in relazione alla loro struttura microscopica
C. La biologia è la scienza che studia gli organismi viventi e i processi vitali che li caratterizzano
D. La biologia è il ramo delle scienze naturali che studia la morfologia, la fisiologia e la sistematica degli organismi vegetali
E. La biologia è la scienze che studia e descrive i fenomeni naturali, riproducendoli, quando possibile, con esperimenti, osservandoli e misurando le grandezze che li determinano, allo scopo di individuare le relazioni tra queste e le leggi che li governano; alle sue basi stanno il metodo sperimentale e osservativo e la formalizzazione di tali leggi tramite il linguaggio matematico

32. Gli enzimi accelerano le reazioni chimiche all'interno della cellula perché:

A. aumentano l'energia di attivazione
B. trasformano reazioni non spontanee in reazioni spontanee
C. trasformano reazioni endoergoniche in reazioni esoergoniche
D. abbassano l'energia di attivazione
E. aumentano la concentrazione dei reagenti

33. Quale dei seguenti NON è un componente della doppia elica del DNA?

A. Uracile
B. Gruppo fosfato
C. Desossiribosio
D. Timina
E. Adenina

34. Il sito attivo di un enzima è:

A. il complesso enzima-substrato (ES)
B. la porzione dell'enzima legata al gruppo prostetico
C. la porzione del substrato complessato con l'enzima
D. la porzione meno specifica dell'enzima
E. la porzione dell'enzima che lega il substrato ed è direttamente implicata nella catalisi

35. Qual è la funzione di un catalizzatore?

A. Favorire una reazione chimica in modo che l'energia di attivazione richiesta aumenti
B. Favorire una reazione chimica in modo che l'energia di attivazione richiesta diminuisca
C. Modificare la direzione della reazione
D. Alterare la proporzione di reagenti che vengono convertiti in prodotti
E. Fare in modo che una reazione endoergonica avvenga spontaneamente

36. A quale livello strutturale delle proteine appartengono le Alfa-eliche?

A. Quinto
B. Primo
C. Secondo
D. Quarto
E. Terzo

37. La cellulosa è la principale componente della parete cellulare di:

A. Vegetali
B. Batteri
C. Virus
D. Animali
E. Funghi

38. A quale livello strutturale delle proteine appartengono i Foglietti beta?

A. Primo
B. Quarto
C. Terzo
D. Quinto
E. Secondo

39. Cosa s'intende per "struttura primaria delle proteine"?

A. L'assemblamento di due o più catene polipeptidiche
B. Sequenza lineare di amminoacidi
C. Il ripiegamento della catena polipeptidica
D. L'organizzazione tridimensionale che assume una proteina
E. Quinto livello strutturale

40. Cosa s'intende per "legame peptidico"?

A. Legame tra due neuroni
B. Legame tra sistema nervoso centrale e periferico
C. Legame tra due cellule
D. Legame covalente tra due amminoacidi
E. Legame tra due molecole d'acqua

41. Una sequenza lineare di amminoacidi a quale livello strutturale delle proteine corrisponde?

A. Primo
B. Quarto
C. Quinto
D. Secondo
E. Terzo

42. L'emoglobina è:

A. una proteina strutturale
B. una vitamina
C. una proteina enzimatica
D. un amminoacido
E. una cromoproteina di trasporto

43. Le proteine sono polimeri di amminoacidi legati covalentemente mediante legame:

A. idrogeno
B. peptidico
C. tioesterico
D. ionico
E. fosfodiesterico

44. I lieviti sono:

A. Funghi
B. dei virus di recente scoperta
C. composti chimici
D. nessuna delle altre alternative è corretta
E. batteri particolari

45. Il RuBisCo è:

A. fondamentale per l'avvio della fase-luce-dipendente
B. uno zucchero a 5 atomi di C a cui si combina una molecola di CO_2
C. un enzima fondamentale per il ciclo di Calvin
D. un coenzima della catena di trasporto degli elettroni
E. un enzima coinvolto nel ciclo di Krebs

46. Un inibitore competitivo di un enzima:

A. permette all'enzima di legarsi al substrato
B. si lega al sito attivo dell'enzima
C. si lega sempre al substrato in modo reversibile
D. si lega all'enzima in un sito diverso dal sito attivo
E. si lega sempre al substrato in modo irreversibile

ORGANIZZAZIONE DELLA CELLULA

47. Quale frase è corretta per quanto riguarda la funzione dell'apparato di Golgi?

A. Produce ATP
B. È responsabile della produzione di energia
C. È la sede della replicazione del DNA
D. Impacchetta e modifica le proteine per il trasporto
E. È coinvolto nella sintesi proteica

48. Quale tra le seguenti è una delle funzioni che riveste il lisozima?

A. Attività Endocrina
B. Attivatore della coagulazione
C. Attività Antibatterica
D. Attività fotosintetica
E. Elemento strutturale

49. Quale frase è corretta riguardo alla funzione della membrana cellulare negli eucarioti?

A. Produce ATP
B. Sintetizza le proteine
C. Regola lo scambio di sostanze con l'ambiente esterno
D. Contiene il materiale genetico
E. Partecipa alla duplicazione del DNA negli eucarioti

50. Indicare quale delle seguenti affermazioni sulla membrana plasmatica è corretta.

A. è costituita per circa il 50% da proteine
B. Avvolge il nucleo
C. è impermeabile alle piccole molecole apolari
D. Contiene esclusivamente fosfolipidi
E. è simmetrica

51. Una modalità con la quale alcuni tipi cellulari possono assumere sostanze dall'esterno è:

A. la fagocitosi
B. l'autofagia
C. la ciclosi
D. l'esocitosi
E. la cariocinesi

52. La membrana nucleare è strettamente collegata con quale delle seguenti strutture?

A. Mitocondrio
B. Flagello
C. Reticolo endoplasmatico
D. Lisosoma
E. Apparato del Golgi

53. Qual è la funzione dei mitocondri in una cellula?

A. Produrre solo calore
B. Produrre ATP
C. Disperdere calore
D. Produrre anidride carbonica
E. Produrre ossigeno

54. Quale delle seguenti affermazioni sui ribosomi è ERRATA?

A. Sono presenti in tutte le cellule
B. Sono responsabili della sintesi proteica
C. Sono composti da lipidi e proteine
D. Sono composti da RNA e proteine
E. Sono formati da due subunità

55. I ribosomi delle cellule procariote sono composti da due subunità, una maggiore e una minore, chiamate rispettivamente:

A. 60S e 40. 40S e 20S
B. 50S e 30S
C. 30S e 10S
D. 80S e 70S
E. 30S e 10S

56. I ribosomi delle cellule eucariote sono composti da due subunità, una maggiore e una minore, chiamate rispettivamente:

A. 30S e 10S
B. 60S e 40. 50S e 30S
C. 40S e 20S
D. 80S e 70S
E. 30S e 10S

57. I ribosomi delle cellule eucariote hanno coefficiente di sedimentazione pari a:

A. 30S
B. 40S
C. 70S
D. 50S
E. 80S

58. I ribosomi delle cellule procariote hanno coefficiente di sedimentazione pari a:

A. 70S
B. 50S
C. 30S
D. 40S
E. 80S

59. Il trasporto di sostanze tra il nucleo e il citoplasma attraverso la membrana nucleare:

A. avviene per diffusione
B. avviene tramite endocitosi
C. avviene principalmente tramite i pori nucleari
D. avviene tramite canali voltaggio-dipendenti
E. non avviene

60. Quale delle seguenti strutture cellulari è responsabile dello smistamento delle proteine neosintetizzate provenienti dal reticolo endoplasmatico?

A. Lisosoma
B. Cloroplasto
C. Vacuolo
D. Mitocondrio
E. Apparato di Golgi

61. Quale delle seguenti è una delle funzioni dell'apparato di Golgi?

A. Fornire alle cellule l'energia di cui hanno bisogno
B. Lo smistamento dei prodotti provenienti dal reticolo endoplasmatico
C. La traduzione degli RNA messaggeri
D. Demolire, digerire e riciclare molecole e materiali pericolosi per la cellula
E. Isolare fisicamente la cellula dall'ambiente esterno

62. Quale delle seguenti è una delle funzioni dei lisosomi?

A. Fornire alle cellule l'energia di cui hanno bisogno
B. La traduzione degli RNA messaggeri
C. Demolire, digerire e riciclare molecole e materiali pericolosi per la cellula
D. Lo smistamento dei prodotti provenienti dal reticolo endoplasmatico
E. Isolare fisicamente la cellula dall'ambiente esterno

63. Quale delle seguenti è una delle funzioni tipiche della membrana cellulare?

A. La traduzione degli RNA messaggeri
B. Fornire alle cellule l'energia di cui hanno bisogno
C. Separare fisicamente la cellula dall'ambiente esterno
D. Demolire, digerire e riciclare molecole e materiali pericolosi per la cellula
E. Lo smistamento dei prodotti provenienti dal reticolo endoplasmatico

64. La membrana cellulare è:

A. una barriera selettivamente permeabile
B. un ostacolo per il passaggio di tutte le sostanze
C. è impermeabile all'acqua
D. una struttura rigida
E. una struttura permeabile

65. Quale dei seguenti meccanismi è identificato come trasporto PASSIVO?

A. Esocitosi
B. Endocitosi
C. Diffusione
D. Uniporto
E. Simporto

66. Quale delle seguenti è una delle funzioni dei ribosomi?

A. Fornire alle cellule l'energia di cui hanno bisogno
B. La traduzione degli RNA messaggeri
C. Lo smistamento dei prodotti provenienti dal reticolo endoplasmatico
D. Demolire, digerire e riciclare molecole e materiali pericolosi per la cellula
E. Isolare fisicamente la cellula dall'ambiente esterno

67. Quale delle seguenti è una delle funzioni dei mitocondri?

A. La traduzione degli RNA messaggeri
B. Fornire alle cellule l'energia di cui hanno bisogno
C. Isolare fisicamente la cellula dall'ambiente esterno
D. Demolire, digerire e riciclare molecole e materiali pericolosi per la cellula
E. Lo smistamento dei prodotti provenienti dal reticolo endoplasmatico

68. Quale delle seguenti strutture si occupa di separare l'ambiente intracellulare da quello extracellulare?

A. Ribosoma
B. Apparato di Golgi
C. Mitocondrio
D. Membrana plasmatica
E. Lisosoma

69. Il meccanismo biologico che consente la degradazione proteasomica delle proteine è:

A. la solfatazione
B. la poli-metilazione
C. la perossidazione
D. l'apoptosi
E. l'ubiquitinazione

70. Quali, tra i seguenti, è un tipo di trasporto cellulare passivo?

A. Endocitosi
B. Esocitosi
C. Antiporto
D. Pinocitosi
E. Diffusione semplice

71. Quali, tra i seguenti, è un tipo di trasporto cellulare attivo?

A. Diffusione semplice
B. Filtrazione
C. Diffusione facilitata
D. Esocitosi
E. Trasporto facilitato

72. Quali, tra i seguenti, è un tipo di trasporto che utilizza ATP?

A. Diffusione facilitata
B. Endocitosi
C. Diffusione semplice
D. Filtrazione
E. Trasporto facilitato

73. Quale tipo di trasporto coinvolge il movimento di molecole attraverso la membrana cellulare senza richiedere energia?

A. Endocitosi
B. Trasporto attivo
C. Pinocitosi
D. Trasporto passivo
E. Esocitosi

74. Quale processo di trasporto coinvolge l'inglobamento nella cellula di particelle solide dall'ambiente circostante attraverso vescicole di membrana?

A. Filtrazione
B. Diffusione semplice
C. Trasporto passivo
D. Osmosi
E. Endocitosi

75. Quale meccanismo di trasporto è responsabile del trasferimento di ioni attraverso la membrana cellulare contro il loro gradiente di concentrazione utilizzando l'energia fornita direttamente dall'ATP?

A. Esocitosi
B. Diffusione semplice
C. Trasporto attivo primario
D. Trasporto attivo secondario
E. Osmosi

76. L'apparato del Golgi è:

A. un organo deputato alla respirazione
B. un apparato delle cellule vegetali
C. un organulo deputato alla degradazione di molecole estranee
D. un organulo adibito alla produzione di ATP
E. un sistema di trasporto vescicolare

77. I lisosomi sono:

A. vescicole contenenti enzimi idrolitici
B. sede della respirazione cellulare
C. le centrali energetiche delle cellule eucariotiche
D. un sistema di sacchi membranosi
E. alla base dei movimenti della cellula

78. Quale tra le seguenti cellule è priva di nucleo?

A. Spermatozoo
B. Osteoblasto
C. Neurone
D. Leucocita
E. Eritrocita

79. La membrana cellulare NON è formata da:

A. Fosfolipidi
B. Proteine
C. acidi nucleici
D. Colesterolo
E. Canali

80. Le giunzioni cellulari presenti tra le cellule vegetali sono:

A. le giunzioni comunicanti
B. i desmosomi
C. i plasmodesmi
D. le giunzioni serrate
E. le giunzioni occludenti

81. Quale dei seguenti meccanismi NON è un meccanismo di trasporto ATTIVO?

A. Endocitosi
B. Diffusione
C. Simporto
D. Uniporto
E. Antiporto

82. La parete cellulare dei batteri è composta da:

A. fosfolipidi
B. Peptidoglicano
C. Proteine
D. cellulosa
E. colesterolo

83. Quale delle seguenti affermazioni riguardo la diffusione facilitata NON è corretta?

A. È un trasporto passivo
B. Necessita di trasportatori
C. Richiede la formazione di vescicole
D. Avviene secondo gradiente di concentrazione
E. Non richiede dispendio energetico

84. Cosa si intende per endocitosi?

A. Un flusso di solvente tra due soluzioni separate da una membrana semipermeabile
B. Trasporto di materiale incluso in vescicole all'interno della cellula
C. Trasporto attivo di molecole attraverso speciali proteine
D. Trasporto passivo di molecole attraverso speciali proteine
E. Trasporto di materiale incluso in vescicole all'esterno della cellula

85. Quale delle seguenti affermazioni sul simporto è corretta?

A. Permette il passaggio simultaneo ma in direzione opposta di due sostanze differenti
B. Non richiede dispendio energetico
C. Consente il passaggio di una sola sostanza in un'unica direzione
D. È un tipo di trasporto passivo
E. Permette il passaggio simultaneo di due sostanze nella stessa direzione

86. Cosa si intende per osmosi?

A. Trasporto di materiale di grandi dimensioni incluso in vescicole all'interno della cellula
B. Trasporto passivo di molecole attraverso speciali proteine
C. Un flusso di solvente tra due soluzioni separate da una membrana semipermeabile
D. Trasporto di materiale di grandi dimensioni incluso in vescicole all'esterno della cellula
E. Trasporto attivo di molecole attraverso speciali proteine

87. Quale delle seguenti affermazioni sul antiporto è corretta?

A. Permette il passaggio simultaneo ma in direzione opposta di due sostanze differenti
B. Non richiede dispendio energetico
C. È un tipo di trasporto passivo
D. Permette il passaggio simultaneo di due sostanze nella stessa direzione
E. Consente il passaggio di una sola sostanza in un'unica direzione

88. Quale processo di trasporto, tra quelli elencati, viene sfruttato dall'acqua per attraversare normalmente la membrana cellulare?

A. Esocitosi
B. Antiporto
C. Endocitosi
D. Simporto
E. Osmosi

89. Quale delle seguenti affermazioni sull'uniporto è corretta?

A. È un tipo di trasporto passivo
B. Consente il passaggio di una sola sostanza in un'unica direzione
C. Permette il passaggio simultaneo di due sostanze nella stessa direzione
D. Non richiede dispendio energetico
E. Permette il passaggio simultaneo ma in direzione opposta di due sostanze differenti

90. Cosa si intende per esocitosi?

A. Trasporto di materiale incluso in vescicole all'esterno della cellula
B. Trasporto passivo di molecole attraverso speciali proteine
C. Un flusso di solvente tra due soluzioni separate da una membrana semipermeabile
D. Trasporto di materiale incluso in vescicole all'interno della cellula
E. Trasporto attivo di molecole attraverso speciali proteine

91. Cosa si intende per diffusione facilitata?

A. Trasporto attivo di molecole attraverso speciali proteine
B. Trasporto passivo di molecole attraverso speciali proteine
C. Trasporto di materiale di grandi dimensioni incluso in vescicole all'esterno della cellula
D. Trasporto di materiale di grandi dimensioni incluso in vescicole all'interno della cellula
E. Un flusso di solvente tra due soluzioni separate da una membrana semipermeabile

92. Quali dei seguenti elementi sono tipici componenti di una proteina appena sintetizzata dal processo di traduzione in una cellula epatica?

A. Ribosio e legami amminici
B. Guanina e legami pepetidici
C. Ribosio e legami peptidici
D. Legami peptidici
E. Guanina e ribosio

93. Come viene definito il trasporto di molecole attraverso la membrana che non richiede un dispendio energetico?

A. Trasporto attivo
B. Endocitosi
C. Trasporto passivo
D. Simporto
E. Esocitosi

94. Come viene definito il trasporto di molecole attraverso la membrana che richiede un dispendio energetico?

A. Diffusione semplice
B. Trasporto attivo
C. Trasporto passivo
D. Osmosi
E. Diffusione facilitata

95. Cosa si intende per trasporto attivo primario?

A. Un flusso di solvente tra due soluzioni separate da una membrana semipermeabile
B. Trasporto di molecole attraverso la membrana che richiede energia
C. Un flusso passivo di fluidi e molecole di grandi dimensioni all'interno della cellula
D. Trasporto di molecole attraverso la membrana che non richiede energia
E. Un flusso passivo di fluidi e molecole di grandi dimensioni all'esterno della cellula

96. Come viene definito il trasporto di materiale incluso in vescicole dall'interno all'esterno della cellula?

A. Endocitosi
B. Simporto
C. Osmosi
D. Esocitosi
E. Trasporto passivo

97. Per fagocitosi si intende:

A. la capacità di alcune cellule di inglobare particelle solide e distruggerle
B. la capacità delle piante di reagire alla forza di gravità con movimenti di crescita
C. la capacità delle cellule di replicare
D. la capacità di un organo di fabbricare globuli rossi
E. l'eliminazione di sostanze non utilizzabili dall'organismo

98. Quali dei seguenti NON fanno parte dei batteri eterotrofi?

A. I lattobacilli
B. I cianobatteri
C. I clostridi
D. I batteri azotofissatori
E. Gli stafilococchi

99. Quale delle seguenti NON è una funzione della membrana cellulare?

A. Regolare il traffico di ioni e molecole tra esterno e interno della cellula
B. Isolare la cellula dall'ambiente esterno
C. Fungere da catalizzatore
D. Permettere la comunicazione con le cellule adiacenti
E. Supportare strutturalmente la cellula

100. Quale delle seguenti strutture si occupa di demolire, digerire e riciclare molecole e materiali pericolosi per la cellula?

A. Mitocondrio
B. Apparato di Golgi
C. Ribosoma
D. Lisosoma
E. Membrana plasmatica

101. Quale dei seguenti organuli contiene un proprio genoma extracromosomico?

A. Apparato di Golgi
B. Vacuolo
C. Cloroplasti
D. Reticolo endoplasmatico
E. Lisosomi

102. Quale dei seguenti organuli contiene un proprio genoma extracromosomico?

A. Perossisomi
B. Mitocondri
C. Reticolo endoplasmatico
D. Apparato di Golgi
E. Lisosomi

103. Quale processo di trasporto coinvolge il movimento delle molecole attraverso la membrana cellulare utilizzando proteine di trasporto specializzate, ma senza richiedere energia?

A. Diffusione semplice
B. Esocitosi
C. Filtrazione
D. Trasporto facilitato
E. Trasporto attivo

104. Quale processo di trasporto coinvolge l'inglobamento di particelle solide dall'ambiente circostante nella cellula attraverso vescicole di membrana?

A. Pinocitosi
B. Esocitosi
C. Endocitosi
D. Diffusione semplice
E. Trasporto attivo

105. Quale frase è corretta riguardo alla struttura di una cellula eucariotica?

A. Il materiale genetico (escluso il DNA mitocondriale) è contenuto nel nucleoide
B. Il materiale genetico (escluso il DNA mitocondriale) è localizzato in un nucleo
C. Il materiale genetico (escluso il DNA mitocondriale) si trova nei ribosomi
D. Il materiale genetico (escluso il DNA mitocondriale) si trova nel citoplasma
E. Il materiale genetico (escluso il DNA mitocondriale) si trova nel nucleolo

106. La struttura cellulare deputata alla respirazione è:

A. il reticolo endoplasmatico liscio
B. il mitocondrio
C. l'apparato di Golgi
D. il nucleolo
E. il reticolo endoplasmatico ruvido

107. Indicare l'affermazione ERRATA riguardo al trasporto attivo primario:

A. è assicurato nella maggior parte dei casi da ATPasi
B. trasporta molecole contro gradiente di concentrazione
C. consuma ATP
D. la sua velocità dipende dalla composizione in lipidi della membrana
E. ne è un esempio la pompa sodio-potassio

108. Qual è la struttura lipidica alla base delle membrane cellulari?

A. Un doppio strato fosfolipidico
B. Un doppio strato glicolipidico
C. Un triplo strato fosfolipidico
D. Un doppio stato protolipidico
E. Un triplo strato glicolipidico

109. Che tipo di trasporto coinvolge il movimento delle molecole attraverso la membrana cellulare senza l'aiuto di proteine di trasporto, sfruttando direttamente il gradiente di concentrazione?

A. Trasporto attivo
B. Endocitosi
C. Esocitosi
D. Diffusione semplice
E. Pinocitosi

110. Quale è il principale meccanismo di trasporto coinvolto nella formazione del filtrato renale nei nefroni dei reni?

A. Trasporto attivo
B. Esocitosi
C. Osmosi
D. Filtrazione
E. Pinocitosi

111. Quale processo di trasporto coinvolge il movimento delle molecole attraverso la membrana cellulare utilizzando proteine di trasporto specializzate e sfruttando un gradiente di concentrazione o elettrochimico preesistente?

A. Endocitosi

BIOLOGIA

B. Diffusione
C. Osmosi
D. Trasporto attivo secondario
E. Trasporto passivo

112. Le proteine di membrana si possono dividere in due categorie; quali?
A. Proteine transmembrana e strutturali
B. Proteine a mosaico e periferiche
C. Proteine integrali e prossimali
D. Proteine integrali e periferiche
E. Proteine prossimali e periferiche

113. I ribosomi sono strutture cellulari in grado di:
A. replicare il DNA
B. tradurre il messaggio portato dagli mRNA
C. fotosintetizzare nelle cellule vegetali
D. avviare la meiosi
E. detossificare

114. Nella soluzione acquosa del citoplasma, l'acqua è il solvente o il soluto?
A. È il solvente e le sostanze dissolte in essa sono l'emulsionante
B. È il solvente e le sostanze dissolte in essa sono l'additivo
C. È il soluto e le sostanze dissolte in essa sono il solvente
D. È il solvente e le sostanze dissolte in essa sono il soluto
E. È il solvente e le sostanze dissolte in essa sono il surnatante

115. Le membrane cellulari sono costituite da quattro principali componenti. Qual è l'alternativa che non fa parte di questi componenti?
A. Carboidrati
B. Fosfolipidi
C. Proteine
D. Colesterolo
E. Acidi nucleici

116. Qual è il ruolo fondamentale dei mitocondri?
A. Sintetizzare molecole di ATP attraverso il processo della respirazione aerobia
B. Sintetizzare molecole di GTP attraverso il processo della respirazione anaerobia
C. Sintetizzare molecole di ADP attraverso il processo della respirazione aerobia
D. Sintetizzare molecole di ATP attraverso il processo della respirazione anaerobia
E. Sintetizzare molecole di ADP attraverso il processo della respirazione anaerobia

117. Quale tra le seguenti affermazioni è ERRATA?
A. Le cellule vegetali presentano al loro interno i cloroplasti
B. Le cellule vegetali presentano al loro interno i vacuoli
C. Le cellule animali hanno una parete cellulare
D. Le cellule vegetali hanno una parete cellulare
E. Le cellule animali non hanno una parete cellulare

118. La diffusione netta di molecole d'acqua attraverso una membrana verso una zona di maggiore concentrazione di soluti è chiamata:
A. osmosi
B. trasporto attivo secondario
C. filtrazione selettiva
D. trasporto attivo primario
E. diffusione semplice

119. Il mitocondrio in un alcuni tipi di cellula muscolare può arrivare fino ad un diametro di circa:
A. 10 mm
B. 10 μm
C. 100 nm
D. 100 μm
E. 10 nm

120. Una caratteristica comune a tutti gli eucarioti è di essere organismi:
A. formati da cellule provviste di nucleo
B. costituiti da una singola cellula
C. modificati geneticamente
D. Pluricellulari
E. formati da cellule provviste di parete

121. Come viene definito il trasporto di materiale incluso in vescicole dall'esterno all'interno della cellula?
A. Endocitosi
B. Esocitosi

C. Osmosi
D. Simporto
E. Trasporto passivo

122. Il trasporto attivo che permette il passaggio simultaneo di due sostanze nella stessa direzione è detto?

A. Diffusione
B. Diffusione facilitata
C. Uniporto
D. Antiporto
E. Simporto

123. Come viene definito il flusso spontaneo di solvente tra due soluzioni a differente concentrazione, separate da una membrana semipermeabile?

A. Endocitosi
B. Esocitosi
C. Uniporto
D. Osmosi
E. Simporto

124. Come viene chiamato il trasporto attivo che consente il passaggio di una sola sostanza in un'unica direzione?

A. Diffusione facilitata
B. Simporto
C. Antiporto
D. Uniporto
E. Diffusione

125. Nella membrana cellulare NON è/sono presenti:

A. glicolipidi
B. proteine
C. colesterolo
D. fosfolipidi
E. peptidoglicani

126. Quale forma hanni i bacilli?

A. A bastoncello
B. A spirale
C. Sferica
D. Ameboide
E. A virgola

127. La fagocitosi prevede la formazione di un:

A. endosoma precoce
B. autofagosoma
C. autofagolisosoma
D. fagolisosoma
E. endosoma tardivo

128. Quali delle seguenti affermazioni riguardanti procarioti ed eucarioti è corretta?

A. nessuna delle altre alternative è corretta
B. Sia i procarioti che gli eucarioti possiedono ribosomi
C. I procarioti hanno DNA a singola elica
D. I procarioti non sono forniti di membrana cellulare
E. Sia i procarioti che gli eucarioti possiedono mitocondri

129. Un globulo rosso, posto in una soluzione ipertonica, è:

A. ipotonico e quindi acquista acqua
B. ipertonico e quindi perde acqua
C. ipotonico e quindi perde acqua
D. isotonico con la soluzione
E. ipertonico e quindi acquista acqua

130. Il trasporto attivo che permette il passaggio simultaneo ma in direzione opposta di due sostanze differenti è detto

A. Diffusione facilitata
B. Antiporto
C. Diffusione
D. Uniporto
E. Simporto

131. I batteri:

A. sono sempre patogeni
B. tipicamente hanno un genoma a RNA
C. non hanno il nucleo
D. sono privi di ribosomi
E. non hanno la parete cellulare

132. Le zattere lipidiche sono formate da:

A. sfingolipidi, proteine di membrana e colesterolo
B. fosfolipidi e colesterolo
C. sfingolipidi e colesterolo
D. sfingolipidi, fosfolipidi e proteine di membrana
E. colesterolo, sfingolipidi e fosfolipidi

133. L'autofagia è un meccanismo che permette:

A. il ricambio di enzimi esausti
B. il processo di apoptosi cellulare
C. la necrosi cellulare
D. l'accumulo di granuli di lipofuscina
E. il turnover degli organuli cellulari

BIOLOGIA

134. Le fosfatasi degli eucarioti:
- A. nessuna delle risposte è corretta
- B. possono agire su tirosina e serina
- C. sono sempre tirosina-specifiche
- D. sono proteine ad emivita brevissima (< 1 ms)
- E. sono per lo più mitocondriali

135. Cosa si intende per trasporto passivo?
- A. Un flusso di solvente tra due soluzioni separate da una membrana impermeabile
- B. Trasporto di molecole attraverso la membrana che non richiede energia
- C. Trasporto di materiale di grandi dimensioni incluso in vescicole all'interno della cellula
- D. Trasporto di molecole attraverso la membrana che richiede energia
- E. Trasporto di materiale di grandi dimensioni incluso in vescicole all'esterno della cellula

136. Quali sono gli organuli responsabili della fotosintesi clorofilliana in cellule vegetali?
- A. Vacuoli
- B. Mitocondri
- C. Cloroplasti
- D. Lisosomi
- E. Apparato di Golgi

137. Qual è la funzione dell'Apparato di Golgi?
- A. Sintetizzare molecole di ATP attraverso il processo della respirazione aerobia
- B. Sintetizzare molecole di ATP attraverso il processo della respirazione anaerobia
- C. Modifica e smistamento delle proteine
- D. Sintetizzare molecole di ADP attraverso il processo della respirazione anaerobia
- E. Produrre glucosio a partire da CO_2, H_2O ed energia solare

138. Le cellule eucariotiche e quelle procariotiche hanno delle caratteristiche comuni tra le quali NON figura:
- A. il citoplasma
- B. la presenza di ribosomi
- C. la parete cellulare
- D. la membrana cellulare
- E. il materiale genetico

139. Il peptidoglicano che forma la parete cellulare dei batteri:
- A. si trova esclusivamente sulla superficie interna della membrana cellulare
- B. è formato esclusivamente da zuccheri
- C. è formato da zuccheri e amminoacidi
- D. è formato esclusivamente da amminoacidi
- E. è presente anche nella parete cellulare delle piante

140. I recettori integrinici sono costituiti da:
- A. due catene alfa e una catena beta
- B. tre catene alfa
- C. una catena alfa e una catena beta
- D. due catene beta
- E. due catene alfa

141. Quale tra le componenti dell'elenco presenta dimensioni minori?
- A. Mitocondrio
- B. Ovulo
- C. Globulo rosso
- D. Ribosoma
- E. Piastrina

142. Quale delle seguenti strutture NON è presente dei batteri?
- A. Nucleo
- B. Citosol
- C. Capsula
- D. Ribosomi
- E. Parete cellulare

143. Quale delle seguenti strutture NON è presente nelle cellule animali?
- A. Nucleo
- B. Parete cellulare
- C. Citoscheletro
- D. Ribosomi
- E. Mitocondri

144. Quale tra le seguenti strutture biologiche è osservabile esclusivamente con il microscopio elettronico?
- A. Linfocita
- B. Globulo rosso
- C. Cellula epiteliale
- D. Spermatozoo
- E. Virus

145. La parete cellulare dei funghi è composta principalmente da:

A. glicogeno
B. chitina
C. cellulosa
D. fosfolipidi
E. peptidoglicani

146. Attraverso quale strumento da laboratorio è possibile osservare i virus?

A. Attraverso il microscopio ottico
B. Attraverso il microscopio elettronico
C. Sia con il microscopio ottico sia a occhio nudo
D. A occhio nudo
E. Sia con il microscopio ottico sia con il microscopio elettronico

147. Quale delle seguenti affermazioni sulla parete cellulare è FALSA?

A. Mantiene la forma e il turgore cellulare
B. Circonda la membrana cellulare
C. È molto comune nelle cellule animali
D. Serve a proteggere la cellula da agenti esterni
E. È presente nella maggior parte dei procarioti

148. Quale delle seguenti NON è una delle funzioni del reticolo endoplasmatico?

A. Sintetizzare i lipidi
B. Partecipare alla sintesi delle proteine destinate alla secrezione
C. Immagazzinare gli ioni calcio necessari per la contrazione muscolare
D. Produrre energia
E. Partecipare alla sintesi di nuova membrana cellulare

149. I plasmidi sono:

A. molecole circolari di DNA extracromosomico presenti nelle cellule animali e contenenti geni che sono spesso in grado di conferire caratteristiche utili alla sopravvivenza
B. geni presenti nel cromosoma batterico che sono spesso in grado di conferire caratteristiche utili alla sopravvivenza
C. molecole circolari di DNA extracromosomico presenti nelle cellule vegetali e contenenti geni che sono spesso in grado di conferire caratteristiche utili alla sopravvivenza
D. molecole circolari di DNA extracromosomico presenti nei batteri e contenenti geni che sono spesso in grado di conferire caratteristiche utili alla sopravvivenza
E. molecole circolari di DNA extracromosomico presenti nei batteri che non contengono DNA codificante

150. Nei mitocondri:

A. avviene la respirazione cellulare
B. avviene la sintesi della cobalamina
C. vengono sintetizzati carboidrati a 6 atomi di carbonio
D. vengono demolite le sostanze di scarto
E. avviene la fotosintesi clorofilliana

151. Qual è l'ordine corretto in cui gli organelli cellulari citoplasmatici vengono utilizzati per produrre glicoproteine associate alla membrana?

A. Per primo interviene l'apparato di Golgi, poi passano alle vescicole, per finire nel reticolo endoplasmatico
B. Per primo intervengo i lisosomi, poi passano alle vescicole, per finire nell'apparato di Golgi
C. Per primo interviene il reticolo endoplasmatico ruvido, poi passano alle vescicole, per finire nell'apparato di Golgi
D. Per primo intervengono le vescicole, poi passano al reticolo endoplasmatico, per finire nell'apparato di Golgi
E. Per primo interviene l'apparato di Golgi, poi passano ai lisosomi, per finire nel reticolo endoplasmatico

152. Un agente batteriostatico è:

A. in grado di uccidere ogni genere di microrganismo
B. in grado di inibire la crescita e la moltiplicazione dei batteri
C. in grado di inibire la crescita e la moltiplicazione dei protozoi
D. in grado di uccidere i batteri
E. in grado di uccidere i cianobatteri

153. Quale tra le seguenti strutture cellulari NON è presente in una cellula eucariote?

A. Ribosomi
B. Lisosomi
C. Nucleo
D. Capsula
E. Mitocondri

154. La chitina è la principale componente della parete cellulare di:

A. animali
B. funghi
C. vegetali
D. batteri
E. Virus

155. Quale tra le seguenti strutture cellulari NON è presente nelle cellule procariote?

A. Ribosoma
B. Capsula
C. Pili
D. Mitocondri
E. Parete

156. I peptidoglicani sono la principale componente della parete cellulare di:

A. funghi
B. batteri
C. vegetali
D. virus
E. animali

157. La parete cellulare dei batteri è composta principalmente da:

A. peptidoglicani
B. fosfolipidi
C. cellulosa
D. glicogeno
E. chitina

158. La parete cellulare vegetale è composta principalmente da:

A. cellulosa
B. peptidoglicani
C. chitina
D. fosfolipidi
E. glicogeno

159. Il diametro medio delle cellule eucariotiche può essere approssimativamente compreso tra:

A. 10-100 mm
B. 10-100 nm
C. 10-100 µm
D. 10-100 dm
E. 10-100 pm

160. Il diametro medio delle cellule procariotiche può essere approssimativamente compreso tra:

A. 0,5-5 dm
B. 0,5-5 pm
C. 0,5-5 nm
D. 0,5-5 µm
E. 0,5-5 mm

161. Quale delle seguenti informazioni sui plasmidi è ERRATA?

A. Possono essere trasferiti da una cellula all'altra
B. Spesso si trovano nel nucleo delle cellule vegetali
C. Contengono geni che possono conferire caratteristiche aggiuntive alla cellula
D. Possono essere presenti nel citoplasma delle cellule procariote
E. Sono molecole di DNA a doppia elica quasi sempre circolari

162. Come viene chiamato il processo di lisi cellulare in seguito all'esposizione ad una soluzione ipotonica?

A. Lisi enzimatica
B. Non avviene nessuna lisi
C. Lisi Meccanica
D. Lisi osmotica
E. Lisi Chimica

163. L'ossigeno si diffonde liberamente attraverso la membrana delle cellule. Quando passa dall'ambiente esterno all'interno significa che:

A. il movimento avviene contro gradiente
B. il movimento avviene secondo gradiente
C. l'interno della cellula è povero di anidride carbonica
D. l'interno è isotonico con l'esterno
E. il passaggio richiede energia

164. Quale delle seguenti è la funzione principale del reticolo endoplasmatico liscio?

A. Digerire le sostanze di rifiuto
B. Far avvenire la fotosintesi clorofilliana
C. Partecipare alla sintesi delle proteine di membrana
D. Sintetizzare i lipidi
E. Svolgere la respirazione cellulare

165. Quale frase è corretta riguardo agli acidi nucleici?

A. Trasportano e trasmettono l'informazione genetica
B. Sono polimeri composti da monosaccaridi
C. Sono coinvolti principalmente nell'immagazzinamento dell'energia
D. Sono sintetizzati sui ribosomi
E. Sono composti da amminoacidi

166. I cromoplasti sono organuli:

A. in cui avviene la fotosintesi clorofilliana
B. che immagazzinano amidi, specifici delle cellule vegetali
C. specifici delle cellule vegetali, responsabili della pigmentazione dei fiori e dei frutti
D. che si distinguono in cloroplasti e leucoplasti
E. presenti in tutte le cellule, sia vegetali sia animali

167. Nei ribosomi degli eucarioti si trovano le seguenti subunità:

A. 40S, 30S e 5S
B. 40S, 50S e 5S
C. 40S e 50L
D. 30S e 50S
E. 40S e 60S

168. I proteasomi sono complessi multiproteici implicati nel processo di degradazione proteica intracellulare. Con quale molecola si associano le proteine per poter essere degradate dal proteasoma?

A. Acido piruvico
B. ATP
C. RNA
D. Glucosio
E. Ubiquitina

169. Nelle cellule di quali organismi NON sono presenti i mitocondri?

A. Piante
B. Animali
C. Procarioti
D. Funghi
E. Protisti

170. Quale tra le seguenti affermazioni sull'apparato del Golgi è vera?

A. Possiede un lato cis e un lato trans
B. Contiene enzimi per la demolizione di sostanze tossiche come alcool e farmaci
C. È il sito di immagazzinamento degli ioni calcio nelle cellule muscolari
D. È il sito di sintesi di diversi tipi di lipidi
E. Contiene enzimi per la demolizione dei perossidi

171. Quale delle seguenti molecole o ioni NON diffonde liberamente attraverso il doppio strato lipidico?

A. O_2
B. Etanolo
C. CO_2
D. H_2O
E. Na^+

172. Quale frase è corretta riguardo alla funzione del reticolo endoplasmatico liscio (REL)?

A. E' la sede della sintesi proteica
B. Sintetizza i lipidi ed è coinvolto nella detossificazione dei farmaci
C. Controlla la divisione e la replicazione cellulare
D. È responsabile dell'immagazzinamento dell'acqua e degli ioni
E. È coinvolto nella fotosintesi

173. Quale di queste strutture NON è mai presente in un batterio?

A. La membrana cellulare
B. Il ribosoma
C. La parete cellulare
D. Il nucleo
E. La capsula

BIOLOGIA

174. L'apparato del Golgi è deputato:

A. alla maturazione di proteine della membrana plasmatica, di secrezione o dei lisosomi
B. alla sintesi dei lipidi
C. alla sintesi di proteine destinate all'esterno della cellula
D. alla sintesi di proteine destinate all'interno della cellula
E. al metabolismo energetico della cellula

175. In una cellula eucariotica animale il DNA è localizzato:

A. nel nucleo e nel mitocondrio
B. in molti organelli
C. solo nel nucleo
D. nel citosol
E. solo nel mitocondrio

176. Quale frase è corretta riguardo alla funzione dei ribosomi?

A. Immagazzinano informazioni genetiche
B. Sintetizzano i lipidi
C. Sintetizzano carboidrati
D. Sono coinvolti nella sintesi proteica
E. Producono ATP

177. Quale frase è corretta riguardo alla funzione dei mitocondri?

A. Producono energia attraverso la respirazione cellulare
B. Sono coinvolti nei processi di detossificazione
C. Sono la sede della sintesi proteica
D. Intervengono nella fagocitosi
E. Immagazzinano granuli di amido

178. Quale frase è corretta riguardo al ruolo dei lisosomi?

A. Controllano la forma della cellula e forniscono supporto
B. Sintetizzano proteine
C. Producono ATP
D. Generano energia per la cellula
E. Contengono enzimi per la digestione intracellulare

179. Quale tra le seguenti funzioni NON viene svolta dalle proteine associate alla membrana plasmatica?

A. Funzione di degradazione delle sostanze tossiche
B. Funzione enzimatica
C. Funzione di trasporto grazie alla presenza di siti di legame per ioni o molecole
D. Funzione di trasporto per formazione di canali
E. Funzione strutturale

180. Indicare quale delle affermazioni sulle sinapsi elettriche è vera.

A. Utilizzano i messaggeri chimici
B. Il terminale post sinaptico ha recettori specifici per il neurotrasmettitore
C. Generano una risposta immediata
D. Sono più complesse rispetto alle sinapsi chimiche
E. Presentano una fessura sinaptica tra i due terminali

181. Quale frase è corretta riguardo al ruolo del citoscheletro?

A. Sintetizza i lipidi
B. Interviene nella duplicazione del DNA
C. Produce energia per la cellula
D. Immagazzina informazioni genetiche
E. Fornisce supporto strutturale e aiuta a mantenere la forma della cellula

182. Quale frase è corretta riguardo alla struttura di una cellula procariotica?

A. Ha 46 cromosomi lineari
B. Possiede una parete cellulare
C. È priva di membrana cellulare
D. Ha un nucleo
E. Contiene organuli legati alla membrana

183. Quale affermazione relativa ai mitocondri NON è corretta?

A. Sono dotati di DNA proprio
B. Sono presenti nelle cellule procariotiche
C. Sono semiautonomi
D. Producono ATP
E. Hanno una forma allungata

184. Il DNA costituisce il genoma:

A. solo degli animali
B. di tutti i virus
C. di alcuni animali e vegetali
D. solo degli esseri umani
E. di tutti gli organismi viventi esclusi alcuni virus

185. I cloroplasti sono diversi dai mitocondri in quanto:

A. consumano ossigeno
B. possiedono un DNA proprio
C. convertono l'energia luminosa in energia chimica
D. sono la sede della respirazione cellulare
E. sono circondati da due membrane, di cui quella interna è ripiegata a formare creste

186. Quale dei seguenti NON è un componente della membrana cellulare delle cellule animali?

A. Glicolipidi
B. Fosfolipidi
C. Trigliceridi
D. Proteine
E. Colesterolo

187. Quale dei seguenti NON è uno dei componenti della membrana cellulare?

A. Glicolipidi
B. Colesterolo
C. Fosfolipidi
D. Trigliceridi
E. Proteine

188. La cellula batterica:

A. ha struttura eucariotica
B. presenta ergosterolo nella propria parete batterica
C. è sempre provvista di parete rigida
D. nessuna delle altre alternative è corretta
E. ha DNA lineare

189. Quale delle seguenti strutture NON è presente nelle cellule vegetali?

A. Cloroplasto
B. Citoscheletro
C. Ribosoma
D. Capsula
E. Parete cellulare

190. Il trasporto passivo attraverso la membrana cellulare:

A. avviene contro gradiente
B. consuma ATP
C. non richiede energia
D. può interessare grandi molecole polari
E. non può avvenire

191. Che ruolo rivestono gli organelli chiamati "lisosomi" nel nostro organismo?

A. Regolazione del pH
B. Trasporto di molecole nel sangue
C. Demolizione di macromolecole fagocitate e organelli cellulari invecchiati
D. Trasporto di ferro
E. Difesa da agenti patogeni

192. I desmosomi sono:

A. sincizi funzionali
B. filamenti contrattili
C. filamenti del fuso mitotico
D. sistemi giunzionali di natura proteiche
E. organelli citoplasmatici deputati alla sintesi di glicidi

193. Una cellula vegetale va incontro alla plasmolisi quando:

A. viene immersa in una soluzione isotonica
B. viene tenuta al buio per un periodo prolungato
C. non riceve una quantità sufficiente di nutrienti
D. viene immersa in una soluzione fortemente ipertonica
E. viene immersa in una soluzione ipotonica

194. Quale frase è corretta riguardo alla funzione del perossisoma?

A. Disintossica le sostanze nocive
B. Sintetizza glicogeno
C. Produce energia per la cellula
D. Sintetizza le proteine
E. Partecipa alla divisione cellulare

FONDAMENTI DI GENETICA

195. Quale frase NON è corretta per quanto riguarda la sintesi proteica?

A. I ribosomi si muovono lungo l'mRNA in direzione 3' - 5' durante la traduzione
B. Possono verificarsi modifiche post-traduzionali per modificare e attivare le proteine
C. I codoni di stop sono tre
D. Gli amminoacidi sono uniti da legami peptidici
E. Il codone di stop segnala la fine della sintesi proteica

196. Quale frase NON è corretta riguardo alla sintesi proteica?

A. I codoni sull'mRNA corrispondono a specifici amminoacidi
B. I ribosomi contengono due subunità: piccola e grande
C. Il primo codone riconosciuto dal tRNA è AUG
D. La traduzione avviene in direzione 3' - 5' lungo l'mRNA
E. L'RNA di trasporto (tRNA) trasporta gli amminoacidi al ribosoma

197. Quale legame chimico tiene unite due basi azotate nella struttura a doppia elica del DNA?

A. Legame ionico
B. Legame idrogeno
C. Interazioni idrofobiche
D. Ponti disolfuro
E. Legame covalente

198. La fenilchetonuria (PKU) è un disturbo autosomico recessivo causato dall'incapacità di metabolizzare la fenilalanina. Se una persona affetta da PKU ha un figlio con un portatore, qual è la probabilità che il figlio abbia la PKU?

A. 0%
B. 25%
C. 100%
D. 75%
E. 50%

199. I caratteri recessivi X-linked possono sembrare saltare le generazioni perché:

A. i caratteri sono letali nei maschi
B. i caratteri possono essere mascherati da alleli dominanti
C. i caratteri sono più comuni nelle femmine
D. i caratteri sono più comuni nei maschi
E. i caratteri sono letali nelle femmine

200. Alleli di un gene, che si esprimono completamente e in modo evidente nel fenotipo di un individuo eterozigote, sono detti:

A. associati
B. ipostatici
C. codominanti
D. epistatici
E. complementari

201. Quale delle seguenti affermazioni sull'epistasi è vera?

A. L'epistasi comporta sempre solo l'interazione di due geni
B. L'epistasi è una mutazione proteomica
C. L'epistasi si osserva solo nell'uomo
D. L'epistasi può dare origine a nuovi fenotipi non osservati nella generazione parentale
E. L'epistasi è un tipo di mutazione genica

202. Quale tipo di mutazione genetica coinvolge la perdita di uno o più nucleotidi nel DNA?

A. Inserzione
B. Duplicazione
C. Ricombinazione
D. Delezione
E. Sostituzione

203. Quante fasi ci sono nel processo di trascrizione eucariota?

A. 2
B. 5
C. 1
D. 3
E. 4

204. I caratteri recessivi X-linked si osservano più comunemente nei maschi. Perché?

A. Le femmine hanno un solo cromosoma X
B. I maschi hanno due cromosomi X
C. I maschi hanno solo un cromosoma X
D. Le femmine hanno due cromosomi Y
E. Le femmine hanno due copie dell'allele recessivo

205. Quale, tra le seguenti strutture genomiche ha la capacità di spostarsi da un punto all'altro del genoma?

A. Cromatina
B. Alleli
C. Telomeri
D. Loops di DNA
E. Trasposoni

206. I caratteri recessivi X-linked si osservano più comunemente:

A. solo in popolazioni asiatiche
B. sia nei maschi sia nelle femmine in misura uguale
C. nelle femmine
D. solo in alcuni gruppi etnici
E. nei maschi

207. Se un individuo affetto da un disturbo autosomico dominante ha un figlio con un individuo non affetto, qual è la probabilità che il figlio sia affetto?

A. 75%
B. 50%
C. 100%
D. 25%
E. 0%

208. I caratteri dominanti X-linked sono sicuramente ereditati da:

A. padre a figlia
B. madre a figlia
C. madre a figlio
D. tutti i figli in egual misura
E. padre a figlio

209. L'ereditarietà dei caratteri autosomici recessivi può saltare le generazioni perché i portatori:

A. non mostrano i sintomi ma possono trasmettere l'allele alle generazioni maschili
B. mostrano i sintomi e possono trasmettere l'allele alle generazioni femminili
C. non mostrano i sintomi ma possono trasmettere l'allele alle generazioni femminili
D. non mostrano i sintomi ma possono trasmettere l'allele alle generazioni successive
E. mostrano i sintomi e possono trasmettere l'allele alle generazioni successive

210. Quale frase NON è corretta riguardo alla replicazione del DNA?

A. La replicazione del DNA è un processo altamente accurato con un basso tasso di errore
B. La replicazione del DNA è bidirezionale, con le forche di replicazione che si muovono in direzioni opposte
C. I frammenti di Okazaki si trovano sul filamento guida
D. Durante la replicazione l'enzima topoisomerasi elimina il superavvolgimento del DNA
E. La DNA polimerasi III è il principale enzima coinvolto nella sintesi del DNA procariotico

211. Si consideri una malattia genetica. Un uomo affetto e una donna sana hanno tutti figli (maschi e femmine) sani, mentre un uomo sano e una donna affetta hanno figli maschi malati e figlie femmine sane. Da queste informazioni si può dedurre che la trasmissione della malattia è:

A. legata a X recessiva
B. legata a X
C. legata a X dominante
D. autosomica recessiva
E. autosomica dominante

212. Gli organismi si possono considerare di due specie differenti se essi:

A. hanno un diverso tasso di mutazione a causa del diverso ambiente
B. vivono in differenti aree geografiche
C. hanno geni in comune dallo stesso pool genico
D. non possono accoppiarsi tra loro producendo prole fertile
E. nessuna delle altre alternative è corretta

213. I geni:

A. determinano soltanto le caratteristiche strutturali di ciascun individuo
B. determinano soltanto le caratteristiche funzionali di ciascun individuo
C. determinano le caratteristiche strutturali e funzionali di ciascun individuo
D. non esistono nell'uomo
E. nessuna delle altre alternative è corretta

214. Quale tipo di cellula è stata utilizzata come cellula donatrice nella clonazione della pecora Dolly?

A. Cellula spermatica
B. Cellula uovo
C. Cellula staminale embrionale
D. Cellula somatica della mammella
E. Cellula somatica muscolare

215. Quali dei seguenti elementi sono componenti tipici di una molecola di RNA appena prodotta dal processo di trascrizione in una cellula epatica?

A. Guanina e legami pepetidici
B. Legami peptidici e amminici
C. Ribosio e legami peptidici
D. Ribosio e legami amminici
E. Guanina e ribosio

216. Qual è l'ordine in cui gli organelli vengono utilizzati per produrre glicolipidi?

A. Per primo interviene il reticolo endoplasmatico ruvido, per poi passare all'apparato di Golgi, e infine essere trasportati in vescicole
B. Per primo interviene il reticolo endoplasmatico liscio, per poi passare all'apparato di Golgi, e infine essere trasportati in vescicole
C. Per primo intervengono i lisosomi, per poi passare all'apparato di Golgi, e infine essere trasportati in vescicole
D. Per primo interviene l'apparato di Golgi, per poi passare ai lisosomi, e infine essere trasportati in vescicole
E. Per primo interviene il reticolo endoplasmatico liscio, per poi passare all'apparato di Golgi, e infine essere trasportati in lisosomi

217. Il DNA all'interno della cellula procariote si trova:

A. nei mitocondri
B. nel citoplasma associato a lipoproteine
C. nel nucleo sotto forma di un singolo filamento lineare
D. nel nucleo associato a proteine istoniche
E. nel citoplasma in una struttura chiamata nucleoide

218. Indicare quale delle seguenti affermazioni sul DNA mitocondriale è vera.

A. Contiene circa 23.000 geni
B. È trasmesso solo dal padre
C. È più piccolo del DNA nucleare
D. È costituito da una serie di molecole lineari a singola elica
E. È nel nucleo delle cellule eucariote

219. Nella trasmissione di patologie virali e batteriche con quale termine viene indicato l'organismo attraverso il quale si può diffondere la malattia?

A. Batterio
B. Antigene patogeno
C. Vettore
D. Virus
E. Veicolo

220. Quante possibili combinazioni esistono nel codice genetico?

A. 44
B. 84
C. 54
D. 74
E. 64

221. In un incrocio diibrido tra due individui eterozigoti (AaBb x AaBb), qual è la probabilità di ottenere una progenie eterozigote per entrambi i caratteri?

A. 3/16
B. 1/16
C. 1/8
D. 1/4
E. 3/8

222. Nell'eredità autosomica dominante, escludendo mutazioni de novo, la probabilità che due individui non affetti abbiano un figlio affetto è:

A. 0%
B. 25%
C. 100%
D. 75%
E. 50%

223. In un incrocio diibrido, se i due geni si trovano sullo stesso cromosoma e sono vicini, qual è il risultato atteso?

A. Gli alleli segregheranno sempre indipendentemente
B. Gli alleli mostreranno una codominanza
C. Gli alleli mostreranno dominanza completa
D. Gli alleli mostreranno una dominanza incompleta
E. Gli alleli saranno probabilmente ereditati insieme

224. La malattia di Huntington è un esempio di disturbo autosomico dominante. Se un genitore è affetto dalla malattia di Huntington e l'altro non ne è affetto, qual è la probabilità che il figlio erediti il disturbo?

A. 25%
B. 0%
C. 50%
D. 75%
E. 100%

225. In un disturbo autosomico dominante, a meno di mutazioni de novo, un individuo affetto deve avere:

A. due genitori non affetti
B. due genitori affetti
C. un genitore omozigote
D. almeno un genitore affetto
E. almeno un genitore non affetto

226. Quale delle seguenti strutture si occupa della traduzione degli RNA messaggeri?

A. Lisosoma
B. Membrana plasmatica
C. Mitocondrio
D. Ribosoma
E. Apparato di Golgi

227. Quale malattia genetica è causata dalla presenza di un cromosoma extra nella coppia 21?

A. Anemia falciforme
B. Distrofia muscolare
C. Talassemia
D. Fibrosi cistica
E. Sindrome di Down

228. L'enzima chiamato DNA polimerasi gamma è presente dove nelle cellule eucariotiche?

A. Nei lisosomi
B. Nei ribosomi
C. Nei cloroplasti
D. Nelle vescicole
E. Nei mitocondri

229. Un mRNA costituito da 900 nucleotidi codificherà per:

A. una proteina costituita da meno di 300 amminoacidi
B. una proteina costituita esattamente da 900 amminoacidi
C. una proteina con una lunghezza equivalente a quella degli esoni dai quali deriva
D. una proteina costituita al massimo da 900 amminoacidi
E. una proteina costituita da poco più di 300 amminoacidi

230. Sono costituiti da DNA e si trovano nei cromosomi dove occupano una posizione ben determinata. Sono i:

A. Ribosomi
B. filamenti intermedi
C. geni
D. Mitocondri
E. Microtubuli

231. La seconda legge di Mendel è la legge:

A. dell'assortimento indipendente
B. della dominanza dei caratteri
C. della segregazione
D. della codominanza dei caratteri
E. dell'assortimento dipendente

232. La replicazione del DNA è:
A. Dispersiva
B. Variabile
C. semiconservativa
D. Casuale
E. conservativa

233. Il centromero è costituito da:
A. DNA microsatellite
B. Eucromatina
C. DNA minisatellite
D. DNA non ripetitivo
E. DNA satellite

234. I virus:
A. sono organismi cellulari
B. infettano solo la specie umana
C. sono parassiti obbligati
D. sono gli antenati di tutti gli attuali organismi viventi
E. non possiedono proteine

235. La DNA polimerasi e la RNA polimerasi differiscono in quanto:
A. la DNA polimerasi trascrive il DNA mentre la RNA polimerasi lo traduce
B. la DNA polimerasi ha bisogno di un innesco mentre la RNA polimerasi può iniziare la trascrizione senza bisogno di un innesco
C. la RNA polimerasi possiede un'attività di "correzione di bozze" che la DNA polimerasi non possiede
D. la RNA polimerasi viaggia lungo il filamento di DNA in direzione 5'-3' mentre la DNA polimerasi può polimerizzare in entrambe le direzioni
E. la DNA polimerasi si lega al promotore mentre la RNA polimerasi si lega all'operatore

236. La fibrosi cistica è una malattia genetica a trasmissione autosomica recessiva. Due genitori sani hanno un figlio malato. Qual è la probabilità che il figlio successivo sia malato?
A. 100%
B. 25%
C. 50%
D. 0%
E. 75%

237. I frammenti di Okazaki:
A. sono costituiti da DNA
B. consentono la degradazione proteica
C. attivano la cascata delle caspasi
D. si formano sul filamento leading
E. sono brevi sequenze amminoacidiche

238. Quali tra i seguenti tipi di gameti può produrre un individuo con genotipo aabb?
A. AAaa x BBbb
B. Ab x ab
C. BbAA x Bbaa
D. AaBb x AaBb
E. Aa x Bb

239. Il colore del pelo dei cani Labrador può essere marrone, nero o biondo e dipende da due geni. L'allele B per il colore nero è dominante rispetto all'allele b per il colore marrone. La deposizione del pigmento è resa possibile dall'allele dominante del gene E. In caso di genotipo ee viene impedita la deposizione del pigmento e si ottiene un colore biondo. Quello riportato è un esempio di:
A. dominanza incompleta
B. codominanza
C. presenza di geni concatenati
D. epistasi
E. allelia multipla

240. Quale tra i seguenti meccanismi può portare alla manifestazione di una patologia recessiva?
A. Gain of function
B. Loss of function
C. Dominanza negativa
D. Aploinsufficienza
E. Mutazione de novo

241. La sindrome di Prader-Willi è dovuta a mutazioni del cromosoma:
A. X
B. 15
C. 2
D. 21
E. 3

242.Il pericapside (detto anche involucro o *envelope*) è:
A. una membrana lipidica che circonda il capside virale
B. un rivestimento esclusivamente proteico che circonda il capside virale
C. una struttura, formata da peptidoglicano, che riveste esternamente i batteri

D. una struttura proteica, formata da capsomeri, che avvolge il genoma virale
E. un involucro lipidico associato alla parete cellulare dei batteri

243. Nelle piante di pisello il colore viola dei fiori è dominante sul colore bianco e la forma allungata dei granuli pollinici è dominante sulla forma rotonda. Bateson e Punnett, in un celebre esperimento, incrociarono piante eterozigoti per entrambi i caratteri. Osservando i due caratteri separatamente ottennero dati in accordo con le leggi di Mendel, ma quando osservarono i due caratteri contemporaneamente non ottennero il rapporto previsto di 9:3:3:1 tra le classi fenotipiche. Questo fatto è stato spiegato ipotizzando che:

A. si trattasse di un caso di pleiotropia
B. i due geni considerati fossero associati
C. i due geni considerati fossero codominanti
D. i due scienziati avessero commesso un errore nella registrazione dei dati
E. i due geni considerati fossero dominanti incompleti

244. Nell'uomo l'albinismo è un carattere autosomico recessivo. Qual è la probabilità che due genitori sani eterozigoti abbiano un figlio albino?

A. 25%
B. 0%
C. 100%
D. 50%
E. 75%

245. Un frammento di DNA a doppia elica contiene 12 molecole di timina e 15 molecole di guanina. Quanti singoli legami idrogeno tra basi azotate sono complessivamente presenti all'interno di questo frammento di DNA?

A. 66
B. 81
C. 27
D. 54
E. 69

246. L'anemia falciforme nell'uomo è un esempio di:

A. codominanza
B. epistasi recessiva
C. pleiotropia
D. dominanza incompleta
E. epistasi dominante

247. Quale tra le seguenti affermazioni è FALSA?

A. Le malattie genetiche monofattoriali sono comunemente chiamate malattie ereditarie
B. Per le malattie genetiche multifattoriali si eredita solo la predisposizione
C. Le malattie genetiche multifattoriali si ereditano in modo mendeliano
D. Le malattie genetiche multifattoriali hanno sia cause genetiche sia ambientali
E. Le malattie genetiche monofattoriali si trasmettono secondo le regole della genetica mendeliana

248. Indicare quale delle seguenti strutture può essere presente in alcuni tipi di virus.

A. Tegumento
B. Vacuoli
C. Cloroplasti
D. Apparato del Golgi
E. Lisosomi

249. Il pericapside, o envelope, è una struttura tipica:

A. dei batteri
B. delle cellule vegetali
C. delle cellule animali
D. di tutte le cellule eucariote
E. di alcuni tipi di virus

250. Quale delle seguenti strutture NON è presente nei virus?

A. Envelope
B. Ribosomi
C. Tegumento
D. Capside
E. Core interno

251. Quale delle seguenti affermazioni caratterizza i virus?

A. Sono visibili al microscopio ottico
B. Sono procarioti
C. Hanno un nucleo
D. Sono eucarioti
E. Sono endoparassiti obbligati

BIOLOGIA

252. Quale tra le seguenti strutture è presente nei virus definiti "nudi"?
- A. Reticolo endoplasmatico
- B. Apparato del Golgi
- C. Mitocontri
- D. Lisosomi
- E. Capside

253. Quale delle seguenti affermazioni sui batteri NON è corretta ?
- A. Possono essere visibili al microscopio ottico
- B. Sono microrganismi unicellulari
- C. Sono endoparassiti obbligati
- D. Hanno dimensioni nell'ordine dei micrometri
- E. Il loro DNA occupa una regione del citoplasma detta nucleoide

254. Quale tra le seguenti strutture può essere presente in alcuni tipi virus?
- A. Apparato del Golgi
- B. Ribosomi
- C. Mitocontri
- D. Envelope
- E. Perossisomi

255. Un esempio comune di aneuploidia nelle donne è:
- A. la sindrome di Turner
- B. la sindrome di Down
- C. la sindrome di Jacobs
- D. la sindrome di Patau
- E. la sindrome di Edwards

256. Quale frase NON è corretta per quanto riguarda la replicazione del DNA?
- A. La primasi sintetizza i primer di RNA per avviare la sintesi del DNA
- B. La replicazione del DNA è semiconservativa
- C. La DNA elicasi rompe i legami idrogeno del DNA
- D. La DNA ligasi unisce i frammenti di Okazaki sul filamento lento
- E. La replicazione del DNA avviene in direzione 5' - 3' su entrambi i filamenti

257. Se una donna affetta (omozigote per un allele dominante X-linked) ha un figlio con un maschio non affetto, qual è la probabilità che il figlio abbia il disturbo?
- A. 50%
- B. 25%
- C. 0%
- D. 100%
- E. 75%

258. Una coppia ha avuto tre figli maschi. Qual è la probabilità che il quarto figlio sia maschio?
- A. 7/8
- B. 3/4
- C. 1/2
- D. 1/8
- E. 1/4

259. Il tRNA ha la funzione di:
- A. produrre proteine
- B. trasportare amminoacidi
- C. codificare sequenze di triplette
- D. costituire il sito di assemblaggio del ribosoma
- E. trascrizione dell'RNA

260. Se un individuo è di gruppo sanguigno 0:
- A. potrebbe essere figlio di due genitori di gruppo A
- B. potrebbe essere figlio di un genitore di gruppo A e l'altro di gruppo B, purché siano entrambi omozigoti
- C. potrebbe avere un genitore di gruppo AB e l'altro di gruppo 0
- D. almeno uno dei suoi genitori è sicuramente di gruppo 0
- E. entrambi i suoi genitori sono sicuramente di gruppo 0

261. Le mutazioni silenti:
- A. trasformano un codone in un codone sinonimo
- B. avvengono solo in regioni non codificanti del genoma
- C. avvengono solo negli introni
- D. avvengono solo in geni non espressi
- E. causano la produzione di una proteina anomala che non ha però effetti sul fenotipo dell'individuo

262. L'anticodone è una sequenza di:
- A. tre nucleotidi sul ribosoma
- B. tre nucleotidi sul braccio di destra del tRNA
- C. tre nucleotidi nel braccio A del tRNA
- D. due nucleotidi a cui corrisponde un amminoacido
- E. due nucleotidi sull'ansa centrale del tRNA

263. Le informazioni codificate nel DNA risiedono:

A. nella struttura degli zuccheri che costituiscono lo scheletro dell'elica
B. nel modo in cui si legano i fosfati nello scheletro dell'elica
C. nei legami fosfodiesterici
D. nella sequenza delle basi
E. nella struttura formata da zuccheri e gruppi fosfato insieme

264. Nell'incrocio tra primo genitore AABbCcDd e secondo genitore aaBbccDd, qual è la percentuale della progenie fenotipicamente uguale al primo genitore AABbCcDd?

A. 75%
B. 85%
C. 18%
D. 58%
E. 28%

265. Per "mutazione" si intende:

A. un cambiamento del citoscheletro di una cellula a seguito dell'azione meccanica esercitata dalle cellule vicine
B. un cambiamento della forma della cellula causato dalla tensione superficiale
C. un cambiamento di attività della cellula a seguito di somministrazione di antibiotici
D. un'alterazione del DNA che interessa sempre le cellule riproduttive
E. Una modifica stabile ed ereditabile nella sequenza di DNA di una cellula

266. Quale di queste malattie è causata da un difetto nel gene CFTR?

A. Anemia falciforme
B. Albinismo
C. Talassemia
D. Fibrosi cistica
E. Sindrome di Down

267. I caratteri autosomici recessivi si esprimono quando:

A. ci sono tre alleli
B. entrambi gli alleli sono dominanti
C. entrambi gli alleli sono recessivi
D. un allele è dominante e l'altro è recessivo
E. Nessuna delle precedenti è corretta

268. Nei topi, l'allele che determina il colore nero del pelo è dominante, l'allele per il colore bianco è recessivo. Un topo di colore nero, dal genotipo ignoto, viene sottoposto a reincrocio: si ottiene una prole completamente a pelo nero. Quale alternativa è in accordo con quanto appena esposto?

A. Tutte le precedenti sono sbagliate
B. Il topo dal genotipo ignoto è omozigote recessivo
C. Il topo dal genotipo ignoto è eterozigote
D. Il topo dal genotipo ignoto è omozigote dominante
E. Il reincrocio non è una tecnica che permette di determinare il genotipo

269. Se in una doppia elica di DNA la percentuale di adenina è il 13%, qual è la percentuale di citosina?

A. Non si può determinare
B. 50%
C. 37%
D. 87%
E. 13%

270. La Pribnow box è un:

A. promotore presente in ambedue i domini
B. promotore eucariotico
C. promotore procariotico
D. primer procariotico
E. primer eucariotico

271. Il tRNA svolge un ruolo cruciale nella traduzione dell'mRNA. Riguardo a tale molecola è FALSO affermare che:

A. la sua configurazione "a trifoglio" è mantenuta da ponti disolfuro tra tratti complementari della sua sequenza nucleotidica
B. il sito di attacco dell'amminoacido è all'estremità 3'
C. l'anticodone è un gruppo di tre basi che riconosce il corrispondente codone nell'mRNA durante la traduzione
D. si associa all'mRNA e interagisce con i ribosomi
E. all'estremità 3' è presente una sequenza uguale (5'-CCA-3') in tutti i tRNA

BIOLOGIA

272. Gli istoni sono:

A. proteine acide
B. acidi nucleici
C. proteine basiche
D. proteine altamente glicosilate
E. Si assemblano in esameri

273. Le femmine di mammifero sono un mosaico per l'espressione dei caratteri legati al sesso in quanto:

A. è inattivato sempre lo stesso cromosoma X
B. hanno cellule con costituzione cromosomica diversa
C. possono essere portatrici sane dei vari caratteri
D. hanno due cromosomi X con diverse strutture
E. l'uno o l'altro cromosoma X subisce casualmente inattivazione

274. L'attivatore trascrizionale NON interagisce con:

A. il complesso di rimodellamento della cromatina
B. i coregolatori trascrizionali
C. il complesso di modificazione degli istoni
D. il mediatore
E. l'RNA messaggero

275. Si ritiene che nell'uomo l'attaccatura dei capelli a punta sia dominante rispetto all'attaccatura dritta. Se si tratta di un carattere mendeliano, qual è la probabilità che due genitori eterozigoti abbiano un figlio con l'attaccatura dritta?

A. 0%
B. 75%
C. 25%
D. 100%
E. 50%

276. Il nostro DNA in quale forma è presente a livello fisiologico?

A. Forma B
B. Forma A
C. Forma Z
D. Forma C
E. Forma X

277. Quali tra le seguenti strutture sono aggiunte all'mRNA durante il suo processo di maturazione negli eucarioti?

A. Pareti cellulari
B. Filamenti di actina e miosina
C. Membrane plasmatiche
D. Coda e cappuccio
E. Oligonucleotidi

278. L'operone lac è un operone inducibile, quindi:

A. in assenza di lattosio la RNA polimerasi trascrive i geni
B. in presenza di lattosio la RNA polimerasi si lega all'operatore
C. in presenza di lattosio la RNA polimerasi si lega al promotore
D. in presenza di lattosio il repressore si lega all'operatore
E. in presenza di lattosio la RNA polimerasi si lega al repressore

279. Si ritiene che nell'uomo il lobo dell'orecchio staccato sia dominante rispetto al lobo attaccato. Se si tratta di un carattere mendeliano, qual è la probabilità che due genitori eterozigoti abbiano un figlio con il lobo attaccato?

A. 25%
B. 100%
C. 50%
D. 75%
E. 0%

280. In un incrocio diibrido tra due individui eterozigoti per entrambi i caratteri (AaBb x AaBb), qual è il rapporto fenotipico della prole?

A. 1:2:1:2
B. 9:3:3:1
C. 1:1:1:1
D. 3:3:3:1
E. 2:2:1:3

281. Si definisce polisoma:

A. un composto proteico
B. un complesso di ribosomi associati allo stesso mRNA
C. l'insieme di polimerasi e trascrittasi inversa
D. l'insieme di ribosomi e tRNA
E. l'oloenzima che permette la trascrizione

282. I retrotrasposoni sfruttano l'enzima:

A. peptidasi
B. transferasi
C. trascrittasi inversa
D. RNAsi
E. DNA ligasi

283. L'enzima RNA polimerasi:

A. sintetizza un filamento di RNA in direzione 3'-5'
B. trascrive solo gli introni
C. è presente solo negli eucarioti
D. trascrive sia gli esoni sia gli introni
E. trascrive solo gli esoni

284. Quale tra le seguenti affermazioni NON si riferisce alla molecola di DNA?

A. È la molecola che custodisce l'informazione genetica
B. È costituito da due catene polinucleotidiche appaiate e antiparallele
C. I nucleotidi che lo costituiscono contengono lo zucchero ribosio nella loro struttura
D. All'interno della sua struttura si possono ritrovare quattro basi azotate: adenina, timina, guanina e citosina
E. I nucleotidi sono uniti da legami fosfodiesterici

285. I geni batterici che codificano per proteine di controllo della trascrizione vengono detti:

A. mutatori
B. operoni
C. regolatori
D. strutturali
E. soppressori

286. Se un gene di una cellula eucariotica viene trasferito in una cellula procariotica, è possibile che il gene codifichi una proteina identica in entrambe le cellule?

A. Sì, perché il codice genetico è degenerato
B. No, perché il codice genetico è degenerato
C. No, perché il codice genetico è ridondante
D. Sì, perché il codice genetico è ridondante
E. Sì, perché il codice genetico è universale

287. Quale processo post-trascrizionale rimuove gli introni dal pre-mRNA?

A. Modificazione epigenetica
B. Splicing
C. Traduzione
D. Metilazione delle basi
E. Replicazione

288. In un incrocio diibrido tra due individui eterozigoti (AaBb x AaBb), qual è la probabilità di ottenere una progenie omozigote recessiva per entrambi i caratteri?

A. 3/
B. 1/8
C. 1/4
D. 1/32
E. 1/16

289. L'anemia falciforme è una malattia genetica causata da una mutazione:

A. puntiforme autosomica che determina la sostituzione della valina con l'acido glutammico in una catena beta dell'emoglobina
B. puntiforme, legata al cromosoma Y, che si manifesta in modo grave negli individui omozigoti
C. cromosomica, legata al cromosoma X, che si manifesta in modo grave negli individui omozigoti
D. puntiforme autosomica che determina la sostituzione dell'acido glutammico con la valina in una catena beta dell'emoglobina
E. cromosomica, autosomica o legata ai cromosomi sessuali, che si manifesta con la stessa gravità negli individui eterozigoti e omozigoti

290. Quale delle seguenti triplette causa la terminazione della traduzione?

A. UAC
B. GCC
C. CAG
D. UGA
E. AUG

BIOLOGIA

291. Se un individuo eterozigote manifesta un fenotipo intermedio tra quello dei due omozigoti, potrebbe trattarsi di:

A. allelia multipla
B. eredità poligenica
C. pleiotropia
D. dominanza incompleta
E. codominanza

292. Qual è il ruolo dei tRNA nella traduzione?

A. Ripiegare le proteine appena sintetizzate
B. Trasportare gli amminoacidi ai ribosomi
C. Catalizzare la formazione del legame peptidico
D. Splicing dell'RNA
E. Trasportare l'informazione genetica ai ribosomi

293. Quando un singolo allele controlla più di un carattere si parla di:

A. pleiotropia
B. epistasi
C. mutazione
D. codominanza
E. poliallelia

294. I virus:

A. hanno il genoma costituito solo da DNA
B. sono parassiti intracellulari facoltativi
C. sono formati da un involucro proteico con all'interno l'acido nucleico
D. sono chiamati capsidi all'esterno della cellula ospite
E. hanno il genoma costituito solo da RNA

295. La sensibilità alla PTC (feniltiocarbamide) nell'uomo è controllata da un locus con due alleli: alcune persone trovano questo composto molto amaro e sono chiamati "tasters", altri chiamati "non tasters" lo trovano invece privo di sapore. La differenza dipende dal fatto che l'allele taster (T) è dominante su quello non taster (t). Dunque da un incrocio tra due genitori eterozigoti che probabilità si ha di avere un individuo "taster"?

A. 50%
B. 85%
C. 65%
D. 75%
E. 0%

296. I geni A, B e C non sono associati tra di loro. Un individuo con genotipo AaBbCc, per i suddetti geni, produce:

A. nove diversi tipi di gameti
B. sei diversi tipi di gameti
C. tre diversi tipi di gameti
D. otto diversi tipi di gameti
E. un solo tipo di gamete

297. Il fenotipo Bombay nell'uomo è un esempio di:

A. epistasi recessiva
B. dominanza incompleta
C. pleiotropia
D. epistasi dominante
E. codominanza

298. Quale delle seguenti affermazioni riguardo lo splicing è ERRATA?

A. Avviene nel citoplasma
B. Consiste nella rimozione degli introni
C. Fa parte del processo di maturazione dell'mRNA
D. Deve essere molto preciso
E. È effettuato dallo spliceosoma

299. Le traslocazioni bilanciate:

A. sono patologiche solo quando uno dei punti di rottura cade a livello di un gene sensibile al dosaggio
B. sono patologiche solo se de novo
C. sono sempre patologiche
D. sono patologiche solo se viene perso un derivativo
E. non comportano perdita o guadagno di materiale genico

300. Quale tra i seguenti tipi di RNA ha la funzione di messaggero dell'informazione genetica contenuta nel DNA?

A. tRNA
B. mRNA
C. rRNA
D. snRNA
E. RNAi

301. Il modello di Watson e Crick del DNA prevede:

A. una struttura a singolo filamento
B. una struttura a doppia elica
C. accoppiamento complementare fra timina (T) e guanina (G)
D. accoppiamento complementare fra uracile (U) e guanina (G)
E. accoppiamento complementare fra citosina (C) e timina (T)

302. Indicare quale tra i seguenti codoni NON è né di inizio né di stop.

A. UGA
B. UAA
C. AUA
D. UAG
E. AUG

303. L'alcaptonuria è una malattia genetica a trasmissione autosomica recessiva che interessa il metabolismo degli amminoacidi fenilalanina e tirosina. Quale delle seguenti coppie può avere un figlio affetto?

A. Madre omozigote dominante e padre eterozigote
B. Madre affetta dalla malattia e padre sano, non portatore
C. Madre eterozigote e padre eterozigote
D. Madre sana, non portatrice, e padre affetto dalla malattia
E. Madre omozigote recessiva e padre omozigote dominante

304. I retrovirus:

A. sono in grado di sintetizzare un filamento di RNA per mezzo della trascrittasi inversa, utilizzando come stampo il proprio frammento di DNA
B. sono virus a RNA che sfruttano la trascrittasi inversa per produrre un filamento di DNA
C. non possiedono RNA
D. possiedono un genoma a DNA
E. sono in grado di retrotradurre le proteine in RNA

305. La trascrizione del DNA è:

A. un processo molecolare attraverso il quale l'informazione genetica contenuta nell'RNA viene trascritta in una molecola di DNA
B. un complesso processo biologico che porta alla formazione di due molecole di RNA identiche
C. un processo biologico attraverso il quale l'informazione genetica contenuta nel DNA viene trascritta in una molecola di RNA
D. un complesso processo biologico che porta alla formazione di quattro molecole di RNA identiche
E. un complesso processo molecolare che porta alla formazione di due molecole di DNA identiche

306. Quale tra i seguenti tipi di RNA ha la funzione di trasporto degli amminoacidi durante la traduzione?

A. mRNA
B. tRNA
C. snRNA
D. rRNA
E. RNAi

307. Le modificazioni post-trascrizionali dell'RNA consistono in quattro processi che si verificano esclusivamente negli eucarioti. Indicare, tra le alternative proposte, la risposta ERRATA.

A. Ubiquitinazione
B. Capping
C. Poliadenilazione
D. Splicing
E. Splicing alternativo

308. La replicazione del DNA è:

A. un processo biologico attraverso il quale l'informazione genetica contenuta nel DNA viene trascritta in una molecola di RNA
B. un complesso processo molecolare che porta alla formazione di due molecole di DNA identiche
C. un complesso processo biologico che porta alla formazione di due molecole di RNA identiche
D. un processo fondamentale per la sintesi proteica
E. un processo molecolare attraverso il quale l'informazione genetica contenuta nell'RNA viene trascritta in una molecola di DNA

309. La traduzione dell'RNA è:

A. un complesso processo biologico che porta alla formazione di due molecole di RNA identiche
B. il processo cellulare attraverso il quale l'informazione genetica contenuta nell'RNA messaggero (mRNA) viene decodificata per sintetizzare proteine specifiche
C. un complesso processo biologico che porta alla formazione di quattro molecole di RNA identiche
D. un complesso processo molecolare che porta alla formazione di due molecole di DNA identiche
E. un processo biologico attraverso il quale l'informazione genetica contenuta nel DNA viene trascritta in una molecola di RNA

310. Se un maschio con un disturbo recessivo legato all'X ha un figlio con una femmina non affetta, qual è la probabilità che la figlia sia portatrice?

A. 0%
B. 75%
C. 100%
D. 25%
E. 50%

311. Quale tra i microrganismi elencati, non hanno un metabolismo autonomo?

A. Alghe
B. Cianobatteri
C. Batteri
D. Virus
E. Streptococchi

312. Un uomo affetto da ipercolesterolemia familiare, una malattia genetica a trasmissione dominante, sposato con una donna sana, ha avuto un figlio maschio e una figlia femmina affetti e un figlio maschio e una figlia femmina sani. Possiamo dedurre che:

A. l'uomo è eterozigote
B. la malattia è legata al cromosoma X
C. la malattia è legata al cromosoma Y
D. la donna è eterozigote
E. l'uomo è omozigote

313. Quale delle seguenti affermazioni è FALSA?

A. Un gene può codificare per una proteina
B. Un gene può produrre RNA non codificante
C. Un gene codifica sempre per una proteina
D. Una proteina è una sequenza di amminoacidi
E. Un gene trasporta un'informazione genetica

314. Il signor Rossi ha gruppo sanguigno 0, mentre la signora Rossi ha gruppo sanguigno AB. Indicare quale, tra le seguenti previsioni riguardanti il gruppo sanguigno dei loro figli, è la più plausibile.

A. Non è possibile prevedere il gruppo sanguigno dei figli
B. Metà dei figli avrà il gruppo A e metà il gruppo B, indipendentemente dal sesso
C. I figli avranno gruppo 0, le figlie gruppo AB
D. Tutti i figli avranno gruppo sanguigno AB, indipendentemente dal sesso
E. Le figlie avranno gruppo 0, i figli gruppo AB

315. Conoscendo la sequenza di amminoacidi di una proteina, sarebbe possibile, utilizzando solo il codice genetico, risalire alla sequenza di basi del gene che la codifica?

A. Sì, perché il codice genetico è universale
B. No, perché il codice genetico è ambiguo
C. No, perché il codice genetico è ridondante
D. No, perché il codice genetico varia a seconda del tipo di organismo
E. Sì, perché il codice genetico è ridondante

316. Nelle piante di piselli il colore verde del baccello (V) è dominante sul colore giallo (v), mentre la forma rigonfia del baccello (B) è dominante sulla forma con strozzature (b). Incrociando un individuo con genotipo vvBb con uno con genotipo Vvbb, la probabilità che nascano piante con baccello giallo e con strozzature é:

A. 3/4
B. 1/16
C. 3/16
D. 9/16
E. 1/4

317. La degradazione di una proteina può avvenire per:

A. deubiquitinazione
B. attivazione della traduzione
C. nessuna delle risposte è corretta
D. attivazione della tRNA sintasi
E. stabilizzazione del suo mRNA

318. Nell'epistasi, un gene che maschera l'espressione di un altro gene è chiamato:

A. gene dominante
B. gene epistatico
C. gene recessivo
D. gene modificatore
E. gene ipostatico

319. Come viene definito quel processo che coinvolge l'incorporazione di materiale genetico estraneo da parte di una cellula batterica?

A. Trasduzione batterica
B. Coniugazione batterica
C. Trasmissione verticale
D. Trasformazione batterica
E. Scissione binaria

320. L'emofilia è causata da una mutazione in un gene coinvolto nella coagulazione del sangue. La trasmissione avviene per via genetica autosomica recessiva. Se un maschio non affetto ha un figlio con una femmina non affetta, qual è la probabilità che il figlio abbia l'emofilia?

A. 100%
B. 25%
C. 75%
D. 50%
E. 0%

321. A seguito di un reincrocio si ottiene una prole composta per il 50% da topi con coda lunga (carattere dominante) e per il 50% da topi con coda corta (carattere recessivo). Individuare tra le alternative quale rappresenta l'incrocio corretto.

A. Aa x AA
B. A x a
C. aa x aa
D. Aa x aa
E. Aa x Aa

322. Durante la duplicazione del DNA i due filamenti della doppia elica:

A. vengono separati uno dall'altro dall'enzima primasi
B. vengono duplicati uno in modo continuo e l'altro mediante frammenti che vengono poi uniti
C. vengono sintetizzati alla stessa velocità
D. vengono duplicati aggiungendo nucleotidi all'estremità 5' del nuovo filamento
E. vengono duplicati dalla RNA polimerasi

323. Il virus del mosaico del tabacco ha una simmetria definita:

A. poliedrica
B. elicoidale
C. sferica
D. ovoidale
E. icosaedrica

324. La sindrome di Turner è:

A. una malattia eterosomica recessiva
B. un caso di euploidia
C. una malattia autosomica recessiva
D. un'aneuploidia
E. una malattia dominante

325. Le proiezioni superficiali che protrudono dall'envelope sono dette:

A. core
B. fibre caudali
C. capsomeri
D. peplomeri
E. dendriti

326. Il processo di adesione del virus alla cellula, che avviene grazie alle proteine presenti sulla superficie del virus, viene definito:

A. fusione
B. adesione
C. assorbimento
D. attacco virale
E. adsorbimento

327. Il nucleocapside è costituito da:

A. envelope
B. virione
C. capside
D. acido nucleico e capside
E. acido nucleico

328. Il DNA genomico all'interno della cellula eucariote si trova:

A. nel citoplasma sotto forma di un unico filamento circolare
B. libero nel citoplasma
C. nel nucleo associato a proteine istoniche
D. nel nucleo sotto forma di un unico filamento circolare
E. nel nucleoide associato a proteine istoniche

329. I caratteri dominanti legati al cromosoma X non dovrebbero saltare generazioni, tuttavia, ci sono alcune circostanze particolari che potrebbero far sembrare che questi caratteri saltino generazioni, come ad esempio:

A. la penetranza completa
B. la penetranza incompleta
C. spiciling del DNA
D. spiciling dell' RNA
E. rimozione degli introni

330. Quante sono le classi di virus secondo la classificazione di Baltimore?

A. 7
B. 8
C. 5
D. 9
E. 6

331. Quale sequenza segnale è tipicamente presente all'inizio di un gene e consente l'inizio della trascrizione?

A. Introne
B. Esone
C. Promotore
D. Sequenza terminatrice
E. Enhancer

332. L'enzima che catalizza il processo che produce un provirus a DNA è:

A. la DNA elicasi
B. la DNA polimerasi
C. la trascrittasi inversa
D. la DNA ligasi
E. le topoisomerasi

333. I matrimoni tra consanguinei aumentano la probabilità che i figli siano affetti da malattie genetiche. Per quale motivo?

A. Aumenta la probabilità che i figli siano eterozigoti e quindi affetti da malattie genetiche recessive
B. Aumenta il rischio di errori durante la meiosi che possono causare anomalie dei cromosomi
C. Aumenta la probabilità che i figli siano eterozigoti e quindi affetti da malattie genetiche dominanti
D. Aumenta la probabilità che i figli siano affetti da malattie recessive perché i due genitori potrebbero essere entrambi portatori sani di un allele recessivo per la malattia, ereditato dallo stesso antenato
E. Aumenta la probabilità che i figli siano affetti da malattie dominanti perché i due genitori potrebbero essere entrambi portatori sani di un allele recessivo per la malattia, ereditato dallo stesso antenato

334. Quale delle seguenti malattie è autosomica recessiva?

A. Diabete
B. Ipertensione
C. Cancro
D. Anemia mediterranea
E. Alzheimer

335. Un individuo affetto da una malattia autosomica dominante, a meno di mutazioni de novo:

A. potrebbe essere figlio di due portatori sani
B. è sicuramente omozigote dominante
C. avrà sicuramente figli affetti
D. ha sicuramente almeno un genitore affetto
E. è sicuramente omozigote recessivo

336. Quale delle seguenti molecole è una base azotata purinica?

A. Uracile
B. Citosina
C. Citrullina
D. Timina
E. Adenina

337. Quale delle seguenti affermazioni relative alla doppia elica del DNA è corretta?

A. Una base purinica si appaia sempre con un'altra purina
B. La percentuale di adenina è uguale a quella di uracile
C. Le basi puriniche sono sempre >50%
D. Esiste un rapporto 1:1 tra le basi puriniche e le basi pirimidiniche
E. La percentuale di citosina è sempre uguale a quella di timina

338. I frammenti di Okazaki:

A. vengono sintetizzati dalla DNA polimerasi
B. vengono sintetizzati durante la trascrizione del DNA
C. vengono uniti dalla ligasi in un'unica catena di RNA
D. vengono sintetizzati durante la traduzione
E. vengono sintetizzati dalla RNA polimerasi

339. Quale enzima tra quelli elencati ha il compito di separare i due filamenti di DNA durante la replicazione?

A. RNA polimerasi
B. Primasi
C. Elicasi
D. DNA polimerasi
E. Ligasi

340. Un codone viene definito come:

A. la tripletta di basi, presente sul tRNA, che identifica un amminoacido specifico
B. la sequenza di basi del DNA che codifica per una proteina
C. una tripletta di basi, presente sull'mRNA, che codifica per uno specifico amminoacido
D. il gruppo (ossidrilico o fosfato) che si trova in posizione terminale di un frammento di DNA
E. il nucleotide terminale in un frammento di DNA duplicato

341. Nel contesto evolutivo, che cosa s'intende per mutazione?

A. La trasmissione di caratteri acquisiti
B. L'adattamento ambientale
C. Un cambiamento ereditabile nella sequenza dell'RNA
D. Il processo di selezione naturale
E. Un cambiamento ereditabile nella sequenza del DNA

342. Quale tipo di mutazione determina un codone di stop prematuro?

A. Mutazione silente
B. Mutazione non senso
C. Mutazione frameshift
D. Mutazione puntiforme
E. Mutazione missenso

343. La sindrome di Rett è un esempio di disturbo X-linked dominante. Se un maschio affetto dalla sindrome di Rett ha un figlio con una femmina non affetta, qual è la probabilità che la figlia abbia la sindrome di Rett?

A. 0%
B. 75%
C. 50%
D. 100%
E. 25%

BIOLOGIA

344. L'incontinentia pigmenti è un disturbo X-linked dominante caratterizzato da anomalie cutanee. Se una donna portatrice di incontinentia pigmenti ha una figlia femmina con un uomo non affetto, qual è la probabilità in percentuale che la figlia abbia l'incontinentia pigmenti?

A. 50%
B. 100%
C. 75%
D. 0%
E. 25%

345. In un incrocio diibrido AaBb x AaBb, se i geni si trovano su cromosomi diversi e sono completamente indipendenti quanti fenotipi diversi ci si aspetta?

A. 3
B. 9
C. 8
D. 4
E. 16

346. Per anticodone si intende:

A. una tripletta di basi presenti sul DNA, in grado di legarsi a un codone dell'mRNA
B. una tripletta di basi presenti sull'mRNA, in grado di legarsi a un codone del tRNA
C. una tripletta di basi presente in un esone
D. una tripletta di basi presente in un introne
E. una tripletta di basi presenti sul tRNA, in grado di legarsi a un codone dell'mRNA

347. Nell'uomo il colore della pelle è determinato da un'eredità poligenica. Questo significa che:

A. è determinato dalla somma degli effetti di più geni
B. è ereditato da uno solo dei genitori
C. in questo caso non è possibile applicare le leggi di Mendel
D. il gene che lo determina presenta molte forme alleliche
E. il gene che lo determina influenza anche altre caratteristiche fenotipiche

348. Si può parlare di mutazione quando la sequenza o il numero dei nucleotidi nel DNA di un essere vivente viene alterata; affinché la mutazione venga trasmessa alla prole essa deve avvenire nelle cellule germinali. Tale affermazione è:

A. falsa la prima parte, vera la seconda
B. vera la prima parte, falsa la seconda
C. vera ma solo per gli esseri umani
D. falsa
E. vera

349. Un batteriofago durante il ciclo lisogeno:

A. produce molte copie del proprio capside
B. produce nuove particelle virali
C. produce molte copie del proprio acido nucleico
D. integra il proprio genoma nel cromosoma batterico e si replica insieme a esso
E. uccide la cellula ospite

350. I telomeri sono:

A. i punti in cui avviene il crossing over
B. i punti in cui si uniscono i cromosomi omologhi
C. le estremità dei cromosomi eucarioti
D. le estremità dei cromosomi batterici
E. i punti in cui si uniscono i cromatidi fratelli

351. I caratteri legati al cromosoma X:

A. possono essere trasmessi sia per via paterna sia per via materna
B. sono trasmessi dal padre ai figli maschi
C. possono essere trasmessi solo dalla madre
D. si manifestano solo negli individui di sesso femminile
E. nei maschi si manifestano solo se sono in omozigosi

352. Quale delle seguenti NON è una fase del ciclo litico di un fago?

A. Rilascio delle particelle fagiche
B. Replicazione del DNA virale
C. Integrazione del DNA del fago nel DNA batterico
D. Assemblaggio delle particelle fagiche
E. Penetrazione del DNA del fago nel batterio

353. Una sequenza di DNA che può muoversi da una posizione all'altra del genoma è detta:

A. Trasposone
B. Promotore
C. Esone
D. introne
E. Istone

354. Indicare l'affermazione ERRATA riguardo il codice genetico:

A. è specifico per alcuni tipi di cellule
B. include 61 codoni per gli amminoacidi e tre codoni di stop
C. è degenerato
D. alcuni amminoacidi sono codificati da più triplette
E. è costituito da triplette

355. Quale frase NON è corretta per quanto riguarda la replicazione del DNA?

A. Il filamento guida viene sintetizzato continuamente in direzione 5' - 3'.
B. La DNA ligasi forma legami fosfodiestere nel DNA
C. La replicazione del DNA avviene durante la fase G1 del ciclo cellulare
D. La replicazione del DNA avviene durante la fase S del ciclo cellulare
E. La replicazione del DNA ha inizio in una sequenza specifica chiamata origine di replicazione

356. Quale tipo di mutazione comporta l'inserimento o la delezione di nucleotidi, causando uno spostamento della cornice di lettura?

A. Mutazione non senso
B. Mutazione silente
C. Mutazione missenso
D. Mutazione puntiforme
E. Mutazione frameshift

357. In un incrocio diibrido che coinvolge due geni (AaBbxAaBb), con il gene A che esercita una epistasi dominante sul gene B, in quale proporzione il fenotipo della prole sarà determinato da A o da B?

A. 9:7
B. 1:1
C. 1:2
D. 2:1
E. 3:1

358. Secondo la legge della dominanza di Mendel:

A. quando un individuo produce i gameti, i due alleli si separano e ogni gamete ne riceve una copia
B. ogni carattere presenta solo un tratto, quello dominante
C. durante la formazione dei gameti, la separazione degli alleli di un gene non influenza gli alleli di un altro gene
D. la prole di un incrocio monoibrido manifesta il carattere di uno solo dei genitori, definito dominante
E. ogni carattere presenta solo il genotipo omozigote dominante

359. Per trisomia 21 si intende:

A. una condizione di triploidia
B. la presenza di tre cromosomi 21 nelle sole cellule riproduttive
C. la presenza di tre cromosomi 21 nelle cellule delle donne oltre i 35 anni
D. la presenza di tre copie del cromosoma 2
E. la presenza di tre cromosomi 21 nelle sole cellule somatiche

360. La fibrosi cistica è un esempio di malattia autosomica recessiva. Se due portatori (eterozigoti) di fibrosi cistica hanno un figlio, qual è la probabilità che il bambino ne sia affetto?

A. 100%
B. 0%
C. 75%
D. 50%
E. 25%

361. Quale tra i seguenti tipi di RNA ha la funzione di costituire i Ribosomi?

A. rRNA
B. mRNA
C. RNAi
D. tRNA
E. snRNA

362. Quale tra i diversi enzimi elencati ha la funzione di regolare la torsione del DNA durante il processo di trascrizione?

A. Topoisomerasi
B. Primasi
C. Elicasi
D. Ligasi
E. Polimerasi

363. L'ereditarietà dei caratteri autosomici dominanti non salta le generazioni perché:

A. i caratteri hanno un'espressività variabile
B. i caratteri sono più comuni nelle femmine
C. i caratteri sono più comuni nei maschi
D. i caratteri sono poco espressi
E. i caratteri sono sempre espressi

364. Nella trasmissione di patologie virali e batteriche con quale termine viene indicato un oggetto contaminato attraverso il quale si può diffondere la malattia?

A. Veicolo
B. Antigene patogeno
C. Batterio
D. Vettore
E. Virus

365. Come viene definita la struttura del DNA in cui sono presenti geni altamente espressi?

A. Promotore
B. Eucromatina
C. Eterocromatina
D. Enhancer
E. Silencer

366. Quale dei seguenti NON è un tipo di mutazione genetica?

A. Delezione
B. Inserzione
C. Duplicazione
D. Trascrizione
E. Trasversione

367. I caratteri autosomici dominanti si esprimono quando:

A. almeno uno degli alleli è recessivo
B. entrambi gli alleli sono recessivi
C. entrambi gli alleli sono legati al sesso
D. un allele è recessivo e l'altro è mancante
E. almeno uno degli alleli è dominante

368. Se una persona affetta da un disturbo autosomico recessivo ha un figlio con un individuo non affetto, qual è la probabilità che il figlio erediti l'allele recessivo?

A. 100%
B. 25%
C. 0%
D. 50%
E. 75%

369. Quale frase NON è corretta riguardo alla replicazione del DNA?

A. La DNA polimerasi sintetizza nuovi filamenti di DNA in direzione 3' - 5'
B. Avviene durante la fase S del ciclo cellulare
C. La replicazione del DNA è un processo semi-conservativo
D. La DNA polimerasi si lega ad un primer di RNA per iniziare la polimerizzazione
E. Il filamento guida viene sintetizzato in modo continuo, mentre il filamento lento viene sintetizzato in modo discontinuo

370. La distrofia muscolare di Becker (BMD) è una patologia recessiva legata all'X che presenta analogie con la distrofia muscolare di Duchenne (DMD). La malattia si manifesta con maggior probabilità:

A. nei maschi Y0
B. nei maschi XXY
C. nelle femmine XXX
D. nei maschi
E. nelle femmine

371. La malattia di Tay-Sachs è un disturbo autosomico recessivo che colpisce il sistema nervoso. Se due portatori della malattia di Tay-Sachs hanno un figlio, qual è la probabilità che il bambino sia portatore?

A. 100%
B. 0%
C. 50%
D. 75%
E. 25%

372. Quante sono le fasi del processo di traduzione negli eucarioti?

A. 1
B. 4
C. 2
D. 3
E. 5

373. L'epistasi si riferisce a un fenomeno genetico in cui:

A. due geni presentano codominanza
B. due geni sono complementari
C. due geni interagiscono per produrre un fenotipo diverso da quello che ci si aspetterebbe in base ai loro effetti individuali

D. due geni sono ereditati indipendentemente
E. due geni si trovano sullo stesso cromosoma

374. Come viene definito quel processo che coinvolge il trasferimento di materiale genetico da una cellula batterica all'altra tramite virus batteriofagi?

A. Trasduzione batterica
B. Coniugazione batterica
C. Trasmissione verticale
D. Scissione binaria
E. Trasformazione batterica

375. Quale enzima è responsabile della duplicazione del genoma di cellule procariotiche?

A. RNA polimerasi DNA dipendente
B. Trascrittasi inversa
C. DNA polimerasi DNA dipendente
D. Ribosoma
E. DNA polimerasi RNA dipendente

376. Quale delle seguenti strutture NON è presente nei ribosomi?

A. Sito R
B. Sito di attacco per l'mRNA
C. Sito A
D. Sito P
E. Sito E

377. Quale delle seguenti NON è una modificazione post-traduzionale delle proteine?

A. Glicosilazione
B. Metilazione
C. Splicing
D. Acilazione
E. Fosforilazione

378. La cromatina è il complesso:

A. costituito da DNA e proteine esclusivo dei batteri
B. costituito da RNA e DNA
C. costituito da ribosomi e RNA messaggero
D. costituito da DNA, proteine acide e basiche e RNA
E. nucleoproteico costituito prevalentemente da DNA e istoni

379. Quanto è lungo il DNA contenuto nel nucleo di una cellula somatica umana?

A. Circa 2 metri
B. Circa 2 pm
C. Circa 2 cm
D. Circa 2 nm
E. Circa 2 km

380. Quale delle seguenti affermazioni relative ai telomeri è FALSA?

A. Si accorciano a ogni divisione cellulare
B. Sono lunghe sequenze di DNA ripetute una o due volte
C. Si trovano alle estremità dei cromosomi eucariotici
D. Possono fungere da "orologio mitotico" controllando la morte e la senescenza cellulare
E. Possono venire allungati dall'enzima telomerasi

381. Quante conformazioni di DNA a doppia elica possono esistere?

A. 5
B. 3
C. 4
D. una sola
E. 2

382. La legge di Mendel dell'assortimento indipendente afferma che:

A. i geni situati su cromosomi diversi segregano indipendentemente durante la mitosi
B. i geni situati su cromosomi diversi segregano indipendentemente durante la formazione dei gameti.
C. i geni situati su cromosomi diversi segregano dipendentemente durante la formazione dei gameti
D. i geni situati su cromosomi diversi sono sempre ereditati insieme
E. i geni situati su cromosomi sessuali sono sempre ereditati insieme

383. Quale, tra le seguenti strutture genomiche ha la funzione di proteggere l'integrità strutturale dei cromosomi durante la replicazione?

A. Cromatina
B. Alleli
C. Telomeri
D. Loops di DNA
E. Trasposoni

BIOLOGIA

384. La terza legge di Mendel afferma che:

A. da un incrocio diibrido si ottengono tre fenotipi in rapporto di 1:1:1
B. gli individui ibridi della generazione F1 manifestano tutti i tratti presenti nella generazione parentale
C. da un incrocio diibrido si ottengono individui che presenta solo il carattere dominante
D. gli individui ibridi della generazione F1 manifestano solo uno dei tratti presenti nella generazione parentale
E. durante la formazione dei gameti, geni diversi si distribuiscono l'uno indipendentemente dall'altro

385. Come viene definito quel processo attraverso cui l'informazione genetica del DNA viene copiata in una molecola di RNA?

A. Replicazione
B. Traduzione
C. Scissione binaria
D. Coniugazione
E. Trascrizione

386. Quale, tra le teorie proposte, spiega il fatto che alcune mutazioni siano silenti?

A. Il codice genetico è abbondante
B. Non vengono tradotte
C. Sono eliminate con lo splicing
D. Il codice genetico è ridondante
E. Il codice genetico è specifico e universale

387. La sensibilità alla PTC (feniltiocarbamide) nell'uomo è controllata da un locus con due alleli. Alcune persone trovano questo composto molto amaro; essi sono chiamati tasters (gustatori) per PTC. Altri (non tasters) lo trovano privo di sapore. La differenza dipende da una semplice alterazione mendeliana, in cui l'allele taster (T) è dominante su quello non taster (t). Da un incrocio tra due genitori eterozigoti che probabilità si ha di avere un individuo identico genotipicamente ai genitori?

A. 35%
B. 75%
C. 26%
D. 0%
E. 50%

388. La sensibilità alla PTC (feniltiocarbamide) nell'uomo è controllata da un locus con due alleli: alcune persone trovano questo composto molto amaro e sono chiamati "tasters", altri chiamati "non tasters" lo trovano invece privo di sapore. La differenza dipende dal fatto che l'allele taster (T) è dominante su quello non taster (t). Dunque da un incrocio tra due genitori eterozigoti che probabilità si ha di avere un individuo "non taster"?

A. 25%
B. 35%
C. 50%
D. 75%
E. 0%

389. I corpi di Barr si trovano tipicamente nelle cellule di mammiferi di genere:

A. femminile
B. ermafrodita
C. neutro
D. maschi
E. maschile

390. Due individui eterozigoti per il tratto falciforme (HbAS) hanno un figlio. La malattia falciforme è una malattia autosomica recessiva. Determinare i rapporti tra genotipi della prole.

A. 50% HbAA (omozigote normale), 25% HbAS (eterozigoti), 25% HbSS (omozigote falciforme)
B. 25% HbAA (omozigote normale), 50% HbAS (eterozigoti), 25% HbSS (omozigote falciforme)
C. 50% HbAS (eterozigoti), 50% HbSS (omozigote falciforme)
D. 100% HbAS (eterozigoti)
E. 25% HbAA (omozigote normale), 25% HbAS (eterozigoti), 50% HbSS (omozigote falciforme)

391. I corpi di Barr sono composti principalmente da:

A. geni attivi
B. eucromatina
C. DNA inattivato
D. RNA
E. DNA a singolo filamento

392. Due individui con gruppo sanguigno A e genotipo A0 hanno un figlio. Determinare i possibili gruppi sanguigni dei loro figli.

A. AB
B. B
C. Solo O
D. A e O
E. Solo A

393. Come viene definita la tipologia d'interazione genica mostrata nel diagramma rappresentato?

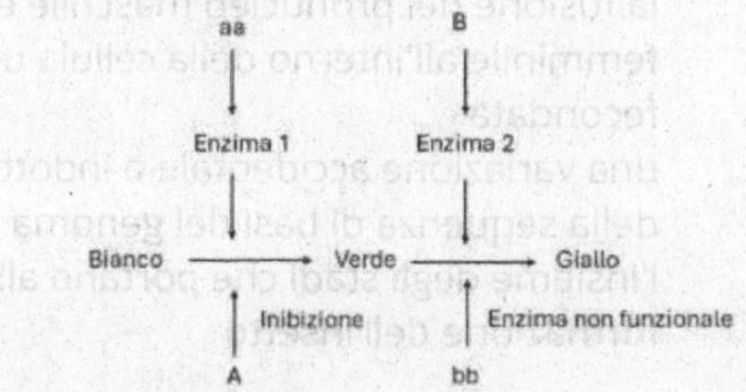

A. pleiotropia
B. epistasi
C. codominanza
D. dominanza incompleta
E. allelia multipla

394. Lo schema in figura mostra un caso di epistasi: prendendo in considerazione ad esempio una pianta di zucca, di quale colore sarà il frutto con un genotipo aaBB?

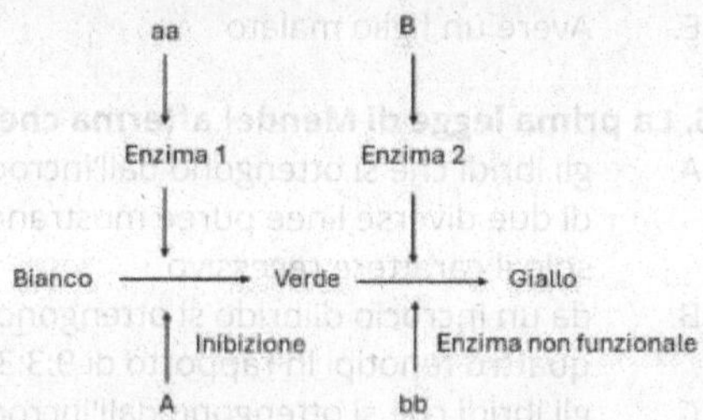

A. Grigio
B. Verde
C. Giallo
D. Bianco
E. Nero

395. Lo schema in figura mostra un caso di epistasi: prendendo in considerazione ad esempio una pianta di zucca, di quale colore sarà il frutto con un genotipo AAbb?

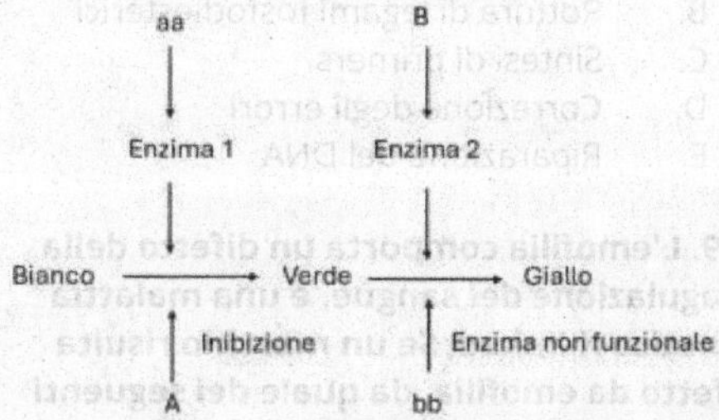

A. Nero
B. Grigio
C. Bianco
D. Giallo
E. Verde

396. Lo schema in figura mostra un caso di epistasi: prendendo in considerazione ad esempio una pianta di zucca, di quale colore sarà il frutto con un genotipo aabb?

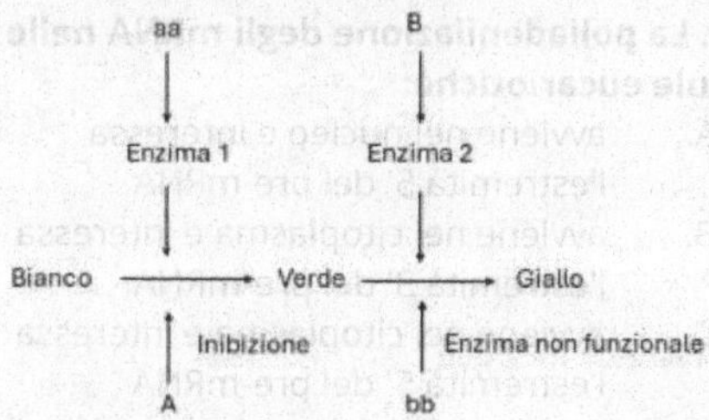

A. Nero
B. Giallo
C. Bianco
D. Verde
E. Grigio

397. Come viene definito quel processo attraverso cui l'informazione genetica passa dall'mRNA alla catena polipetidica?

A. Replicazione
B. Traduzione
C. Scissione binaria
D. Coniugazione
E. Trascrizione

398. Quale funzione riveste l'enzima DNA Ligasi nel processo eucariotico di replicazione del DNA?

A. Formazione di legami covalenti
B. Rottura di legami fosfodiesterici
C. Sintesi di primers
D. Correzione degli errori
E. Riparazione del DNA

399. L'emofilia comporta un difetto della coagulazione del sangue, è una malattia genetica X-linked. Se un maschio risulta affetto da emofilia, da quale dei seguenti motivi può dipendere?

A. Suo nonno materno era emofiliaco
B. Gli è stata effettuata una trasfusione di sangue infetto
C. Sua madre contrasse l'emofilia durante la gravidanza
D. Suo padre era probabilmente portatore sano dell'emofilia
E. Si è verificata una mutazione sui cromosomi ricevuti dal padre

400. La poliadenilazione degli mRNA nelle cellule eucariotiche:

A. avviene nel nucleo e interessa l'estremità 5' del pre-mRNA
B. avviene nel citoplasma e interessa l'estremità 3' del pre-mRNA
C. avviene nel citoplasma e interessa l'estremità 5' del pre-mRNA
D. avviene nel nucleo e interessa l'estremità 3' del pre-mRNA
E. indica alla cellula che l'mRNA deve essere degradato

401. Il codice genetico è "non sovrapposto", perché:

A. ci sono più codoni per un amminoacido
B. in ogni singola tripletta non ci sono basi che si ripetono
C. i ribosomi procedono di tripletta in tripletta
D. ogni codone codifica per un solo amminoacido
E. è condiviso da quasi tutti i viventi

402. Il DNA virale integrato in un cromosoma eucariotico è detto:

A. profago
B. fago temperato
C. retrovirus
D. provirus
E. virione

403. La mutazione è:

A. nessuna delle altre alternative è corretta
B. una segmentazione
C. la fusione del pronucleo maschile e femminile all'interno della cellula uovo fecondata
D. una variazione accidentale o indotta della sequenza di basi del genoma
E. l'insieme degli stadi che portano alla formazione dell'insetto

404. Se una donna portatrice sana di una malattia legata al cromosoma X e un uomo sano hanno dei figli, quale dei seguenti casi NON può verificarsi?

A. Avere un figlio e una figlia entrambi sani non portatori della malattia
B. Avere una figlia sana non portatrice della malattia e una figlia portatrice sana
C. Avere un figlio sano
D. Avere un figlio portatore sano
E. Avere un figlio malato

405. La prima legge di Mendel afferma che:

A. gli ibridi che si ottengono dall'incrocio di due diverse linee puree mostrano solo il carattere recessivo
B. da un incrocio diibrido si ottengono quattro fenotipi in rapporto di 9:3:3:1
C. gli ibridi che si ottengono dall'incrocio di due diverse linee puree mostrano tutti il carattere dominante
D. ciascun carattere è determinato da un fattore per il quale possono esistere forme diverse
E. durante la formazione dei gameti, geni diversi si distribuiscono l'uno indipendentemente dall'altro

406. Quale frase NON è corretta riguardo alla sintesi proteica?

A. Le molecole di RNA di trasporto (tRNA) contengono anticodoni che si legano ai codoni sull'mRNA
B. La traduzione avviene nel citoplasma

C. I ribosomi eseguono il processo di traduzione
D. L'RNA messaggero (mRNA) trasporta l'informazione genica dal DNA al ribosoma
E. La trascrizione avviene nel citoplasma

407. L'emofilia è un esempio di disturbo recessivo X-linked. Se una femmina portatrice (eterozigote per l'allele dell'emofilia) ha un figlio con un maschio non affetto, qual è la probabilità che il figlio abbia l'emofilia?
A. 0%
B. 75%
C. 25%
D. 100%
E. 50%

408. Quale frase NON è corretta per quanto riguarda la sintesi proteica?
A. La sintesi proteica avviene nel nucleo delle cellule eucariotiche
B. Negli eucarioti l'mRNA appena trascritto subisce lo splicing
C. Comporta due fasi principali: la trascrizione e la traduzione
D. La trascrizione produce l'mRNA a partire dal DNA
E. I ribosomi sono le strutture cellulari in cui avviene la traduzione

409. Quali di queste molecole trasporta gli amminoacidi al ribosoma durante la sintesi proteica?
A. RNA interferente (siRNA)
B. RNA nucleare lungo non codificante (lncRNA)
C. RNA messaggero (mRNA)
D. RNA transfer (tRNA)
E. RNA ribosomiale (rRNA)

410. Un uomo, pur essendo eterozigote, non presenta segni di una malattia autosomica dominante, sebbene suo padre e due tra le sue sorelle siano affetti dalla malattia. Quale, tra i seguenti termini, descrive meglio questa situazione?
A. Eterogeneità allelica
B. Penetranza incompleta
C. Pleiotropia
D. Espressività variabile
E. Eterogeneità di locus

411. Durante la fase di allungamento della traduzione:
A. il tRNA in ingresso si colloca nel sito P della subunità maggiore
B. il tRNA in ingresso si colloca nel sito A della subunità minore del ribosoma
C. la subunità maggiore del ribosoma svolge attività catalitica
D. il ribosoma scorre sul filamento di mRNA in direzione 3'→5'
E. non è richiesta la presenza di fattori di allungamento

412. Da un punto di vista genetico i gruppi sanguigni sono un esempio di:
A. dominanza incompleta
B. allelia multipla
C. eredità poligenica
D. eredità legata al sesso
E. eredità monofattoriale

413. Che funzione svolge il capside nei virus?
A. Di riparazione
B. Di rivestimento
C. Di movimento
D. Di sintesi proteica
E. Di riproduzione

414. Se dall'unione di una donna portatrice (eterozigote per un allele recessivo X linked) ed un maschio affetto si ha una figlia femmina, qual è la probabilità che questa non sia affetta?
A. 0%
B. 75%
C. 50%
D. 25%
E. 100%

415. Che cosa sono i trasposoni?
A. Sono elementi di DNA definito mobile, ovvero sequenze di acidi nucleici in grado di spostarsi autonomamente da un genoma all'altro
B. Sono elementi di DNA definito mobile, ovvero sequenze di acidi proteici in grado di spostarsi autonomamente da una parte all'altra del genoma
C. Sono elementi di DNA definito mobile, ovvero sequenze di acidi nucleici in grado di spostarsi autonomamente da una parte all'altra del genoma
D. Sono elementi di RNA definito mobile, ovvero sequenze di acidi nucleici in

BIOLOGIA

grado di spostarsi autonomamente da una parte all'altra del genoma
E. Sono elementi di DNA definito immobile, ovvero sequenze di acidi nucleici in grado di non farsi spostare nonostante le forze esterne

416. Quale dei seguenti è un esempio di epistasi recessiva?
A. Albinismo negli esseri umani
B. Colore del pelo nei cani Labrador Retriever
C. Gruppi sanguigni negli esseri umani
D. Colore della zucca (in cui il colore bianco è dominante rispetto al verde)
E. Colore dei fiori (in cui il colore rosso è dominante rispetto al bianco)

417. Quale enzima è responsabile della trascrizione del DNA in RNA?
A. Ligasi
B. DNA polimerasi
C. Primasi
D. RNA polimerasi
E. Helicasi

418. Se una donna portatrice di un disturbo X-linked dominante ha un figlio con un uomo non affetto, qual è la probabilità in percentuale che il figlio abbia il disturbo?
A. 0%
B. 100%
C. 75%
D. 25%
E. 50%

419. Studiando la pianta del pisum sativum Mendel formulò:
A. l'unica legge della genetica classica
B. due leggi della genetica classica
C. tre leggi della genetica classica
D. quattro leggi della genetica classica
E. cinque leggi della genetica classica

420. Come viene definita la struttura del DNA in cui sono presenti geni inespressi?
A. Promotore
B. Silencer
C. Eucromatina
D. Eterocromatina
E. Enhancer

421. Quale frase NON è corretta riguardo alla replicazione del DNA?
A. La replicazione del DNA avviene nel nucleo delle cellule eucariotiche
B. La replicazione del DNA è un processo guidato da enzimi
C. La replicazione del DNA è conservativa
D. I telomeri sono regioni di DNA ripetitivo alle estremità dei cromosomi
E. La DNA polimerasi corregge gli errori durante la replicazione

422. I frammenti di Okazaki:
A. sono frammenti di RNA
B. vengono prodotti durante il processo della trascrizione
C. compongono il filamento continuo della doppia elica di DNA
D. vengono uniti dalla DNA ligasi
E. vengono prodotti durante il processo della traduzione

423. Se in una doppia elica di DNA il contenuto di timina è pari al 34%, quale sarà il suo contenuto di guanina?
A. 32%
B. 34%
C. 16%
D. 68%
E. 64%

424. Si consideri il ciclo lisogeno di un fago. Quale delle seguenti affermazioni è ERRATA?
A. Durante il ciclo lisogeno tutti i geni del fago sono attivi
B. Ogni volta che la cellula ospite si duplica, duplica il genoma del fago insieme al proprio
C. Permette al fago di propagarsi senza uccidere le cellule ospiti
D. Non comporta il rilascio di nuove particelle fagiche
E. Il DNA del fago viene integrato nel genoma della cellula ospite

425. Cosa s'intende con il termine "codone" nel codice genetico?
A. Sequenza di sei nucleotidi
B. Sequenza di cinque nucleotidi
C. Sequenza di tre nucleotidi
D. Sequenza di sette nucleotidi
E. Sequenza di quattro nucleotidi

426. Indicare quale delle seguenti alternative NON è un tipo di mutazione genetica:

A. inserzione
B. frameshift
C. puntiforme
D. delezione
E. aneuploidia

427. Il corpo di Barr è:

A. un cromosoma X condensato in eterocromatina negli individui di sesso femminile
B. un cromosoma X attivo presente negli individui di sesso femminile
C. un cromosoma X condensato in eucromatina negli individui di sesso femminile
D. un cromosoma X condensato in eterocromatina negli individui di sesso maschile
E. un cromosoma X attivo presente negli individui di sesso maschile

428. La neurofibromatosi di tipo 1 (NF1) è una malattia autosomica dominante caratterizzata dalla crescita di tumori lungo i nervi. Se un individuo affetto da NF1 ha un figlio con un individuo non affetto, qual è la probabilità che il figlio abbia la NF1?

A. 50%
B. 25%
C. 0%
D. 75%
E. 100%

429. Nelle primule il gene K controlla la sintesi della malvidina, un pigmento che conferisce il colore blu ai fiori. L'allele K per la produzione del pigmento è dominante. Tuttavia la presenza di almeno un allele dominante nel locus D inibisce la produzione di tale pigmento, secondo un meccanismo di epistasi dominante. Quale delle seguenti combinazioni fa in modo che la pianta presenti fiori di colore blu?

A. kkdd
B. KkDd
C. KkDD
D. KKDD
E. Kkdd

430. La sindrome di Down è:

A. una precoce malattia del sistema nervoso centrale
B. una malattia provocata da un virus
C. una malattia che viene contratta dalla madre durante la gestazione
D. una malattia dovuta a un'anomalia cromosomica
E. una malformazione agli arti

431. Indicare l'affermazione ERRATA riguardo al ciclo virale litico:

A. il genoma virale si integra con quello della cellula ospite
B. il ciclo si conclude con la rottura della membrana cellulare
C. il virus induce la cellula a replicarlo
D. vengono prodotti nuovi virioni
E. la cellula ospite viene infettata dal virus

432. Qual è il termine corretto per descrivere un organismo con copie diverse di un allele per un particolare gene?

A. Dominante
B. Omozigote
C. Embrionale
D. Recessivo
E. Eterozigote

433. Quale delle seguenti leggi della genetica di Mendel afferma che gli alleli di geni diversi si separano in modo indipendente durante la formazione dei gameti?

A. Seconda legge di Mendel (legge della segregazione indipendente)
B. Legge della dominanza incompleta
C. Prima legge di Mendel (legge della segregazione)
D. Legge di Hardy-Weinberg
E. Terza legge di Mendel (legge della dominanza)

434. Qual è il termine corretto per descrivere un organismo con due copie identiche di un allele per un particolare gene?

A. Dominante
B. Embrionale
C. Eterozigote
D. Recessivo
E. Omozigote

435. Se una pianta con fiori rosa (RR) viene incrociata con una pianta con fiori bianchi (rr), qual è la probabilità che la loro progenie abbia fiori rosa?

A. 0%
B. 100%
C. 25%
D. 75%
E. 50%

436. Quale tipo di ereditarietà è rappresentata dalla malattia di Huntington, in cui un solo allele dominante anomalo è sufficiente per causare la condizione?

A. Legata al cromosoma X recessiva
B. Legata al cromosoma X dominante
C. Autosomica dominante
D. Multifattoriale
E. Autosomica recessiva

437. Quale tipo di ereditarietà è rappresentata dalla malattia di neurofibromatosi di tipo 1, in cui un solo allele dominante anomalo è sufficiente per causare la condizione?

A. Multifattoriale
B. Autosomica dominante
C. Legata al cromosoma X recessiva
D. Legata al cromosoma X dominante
E. Autosomica recessiva

438. Con quale modalità si trasmette la Fibrosi cistica?

A. Autosomica dominante
B. Multifattoriale
C. Legata al cromosoma X recessiva
D. Legata al cromosoma X dominante
E. Autosomica recessiva

439. Con quale modalità si trasmette l'anemia falciforme?

A. Legata al cromosoma X dominante
B. Autosomica recessiva
C. Autosomica dominante
D. Multifattoriale
E. Legata al cromosoma X recessiva

440. Nell'ereditarietà autosomica recessiva, la possibilità che due portatori abbiano un figlio non affetto è del:

A. 25%
B. 0%
C. 75%
D. 50%
E. 100%

441. Quale dei seguenti è un esempio di epistasi dominante?

A. Colore dei fiori dei raperonzoli, in cui il colore rosso maschera l'espressione degli alleli nel locus genico per il colore bianco
B. Colore del mantello nei topi (dove il colore nero è dominante rispetto al marrone)
C. Gruppi sanguigni negli esseri umani
D. Albinismo negli esseri umani
E. Colore del mantello del Labrador

442. Il daltonismo è un esempio di disturbo recessivo X-linked. Se un maschio affetto da daltonismo ha un figlio con una femmina portatrice, qual è la probabilità che la figlia sia daltonica?

A. 0%
B. 100%
C. 75%
D. 50%
E. 25.

443. Come si chiamano le proteine che svolgono un ruolo importante nell'organizzazione della cromatina del DNA?

A. Proteine istoniche
B. Fattori di trascrizione
C. Recettori nucleari
D. Proteine prioniche
E. Proteine Tau

444. Se due individui non affetti hanno un figlio affetto da un disturbo autosomico recessivo, i loro genotipi sono molto probabilmente:

A. con due cromosomi Y
B. eterozigote dominante
C. omozigoti recessivi
D. portatori eterozigoti
E. omozigote dominante

445. I virus sono:

A. cellule eucariote
B. nessuna delle altre alternative è corretta
C. particelle submicroscopiche bioparassite obbligate
D. parassiti facoltativi
E. Commensali

446. In genetica, il test del chi-quadro, o test del chi-quadrato, può essere usato per:

A. nessuna delle altre alternative è corretta
B. ottenere la lunghezza di un singolo cromatide
C. determinare se due geni sono presenti su un cromosoma omologo
D. valutare, dal punto di vista statistico, l'attendibilità dei dati
E. valutare la capacità di espressione di un gene

447. Indicare l'affermazione ERRATA riguardo al DNA.

A. Ha una forma a doppia elica
B. È formato da filamenti antiparalleli
C. Ha un tipo di replicazione semiconservativa
D. È formato da un doppio filamento
E. È formato da ribosio e gruppi fosfato

448. Si definisce "trascrizione" il processo biologico che porta alla formazione:

A. Solamente dell'rRNA
B. Solamente dell'mRNA
C. nessuna delle altre alternative è corretta
D. di un RNA
E. di una proteina

449. In quale fase della riproduzione virale le subunità del capside si aggregano al fine di racchiudere l'informazione genetica?

A. Rilascio
B. Attacco
C. Sintesi
D. Assemblaggio
E. Penetrazione

450. Il processo di traduzione determina direttamente la sintesi di:

A. Lipidi
B. Proteine
C. RNA
D. Zuccheri
E. DNA

451. I cromosomi di un essere umano si differenziano dal cromosoma circolare degli eubatteri perché:

A. in essi sono presenti siti di inizio della trascrizione
B. presentano telomeri alle estremità
C. i geni in essi contenuti vengono trascritti dall'RNA polimerasi
D. i geni in essi contenuti codificano per proteine
E. in essi sono presenti regioni di DNA chiamate promotori

452. Quale dei seguenti NON è un componente di un cromosoma?

A. Braccio corto
B. Costrizione secondaria
C. Braccio lungo
D. Centromero
E. Microtubulo

453. In che cosa differisce l'epistasi dalla dominanza?

A. L'epistasi si verifica nelle piante, mentre la dominanza si verifica negli animali
B. L'epistasi non comporta la modifica dell'espressione genica, mentre la dominanza si
C. L'epistasi è una forma di dominanza incompleta, mentre la dominanza è una forma di dominanza completa
D. L'epistasi comporta l'interazione di più geni, mentre la dominanza comporta l'interazione di alleli in un singolo locus genico
E. L'epistasi si ha quando due geni sono associati, la dominanza solo con geni indipendenti

454. In un disturbo autosomico recessivo, un individuo affetto deve avere:

A. almeno un genitore affetto
B. almeno un genitore non affetto
C. almeno un genitore portatore
D. entrambi i genitori non affetti
E. entrambi i genitori affetti

455. La legge della segregazione di Mendel afferma che:

A. quando un individuo produce gameti, gli alleli di un gene si separano, cosicché ciascun gamete riceve soltanto una copia

B. ciascun gamete riceve le due copie di un gene (cioè gli alleli)
C. gli individui ibridi della generazione F1 manifestano tutti i tratti presenti nella generazione parentale
D. da un incrocio diibrido si ottengono quattro fenotipi in rapporto di 9:3:3:1
E. gli individui ibridi della generazione F1 manifestano solo uno dei tratti presenti nella generazione parentale

456. Quale frase NON è corretta riguardo alla sintesi proteica?

A. La traduzione avviene nel citoplasma
B. I ribosomi sono costituiti da rRNA (RNA ribosomiale) e proteine
C. Nei procarioti i geni sono discontinui
D. Il codone d'inizio AUG codifica per la metionina
E. Il codice genetico è universale, cioè gli stessi codoni specificano gli stessi amminoacidi in tutti gli organismi

MITOSI E MEIOSI. GAMETOGENESI, FECONDAZIONE E PRIME FASI DELLO SVILUPPO

457. Quanti sono i principali punti di controllo del ciclo cellulare?

A. 5
B. 3
C. 2
D. 4
E. 6

458. Le cellule staminali dello strato basale dell'epidermide, avendo la capacità di differenziarsi solo in cellule della pelle, a quale tipologia appartengono ?

A. Totipotenti
B. Pluripotenti
C. Oligopotenti
D. Multipotenti
E. Unipotenti

459. Come sono definite le cellule staminali che sono in grado di differenziarsi in tutti i tipi di cellule presenti nel corpo umano, ma non possono dare origine ad un organismo completo?

A. Cellule Staminali Totipotenti
B. Cellule Staminali Pluripotenti
C. Cellule Staminali Oligopotenti
D. Cellule Staminali Multipotenti
E. Cellule Staminali Unipotenti

460. I caratteri dominanti X-linked si osservano più comunemente:

A. sia nei maschi sia nelle femmine in egual misura
B. nelle femmine
C. solo in zone malariche
D. solo in alcuni gruppi etnici
E. nei maschi

461. Nell'immagine, la mitosi è rappresentata da quale parte numerata del ciclo?

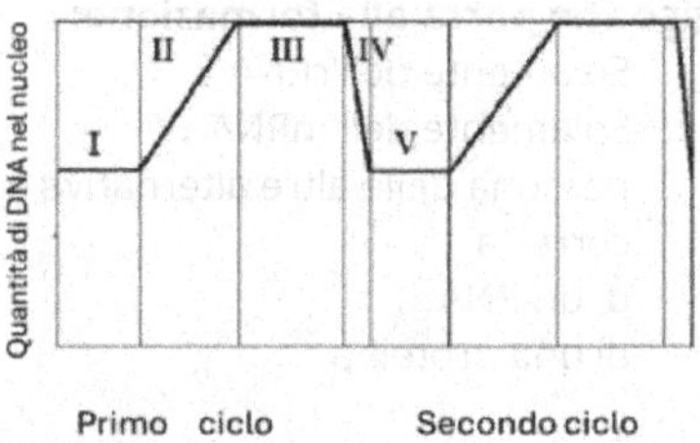

A. II
B. IV
C. V
D. I
E. III

462. Che dimensioni ha un ovulo umano?

A. 50 - 70 μm
B. 50 - 70 mm
C. 100 - 150 mm
D. 100 - 150 μm
E. 20 - 30 μm

463. Quale delle seguenti NON è una fase della mitosi?

A. Prometafase
B. Metafase
C. Protelofase
D. Anafase
E. Profase

464. Quale tra le seguenti NON è una fase della mitosi?

A. Prometafase
B. Profase
C. Telofase
D. Metafase
E. Prointerfase

465. Quanto è lungo uno spermatozoo umano?

A. 50-60 mm
B. 100 - 130 μm
C. 100 - 130 mm
D. 30 mm
E. 50-60 μm

466. La regolazione dei punti di controllo del ciclo cellulare avviene ad opera di quale classe di proteine?

A. Cicline
B. Topoisomerasi
C. Elicasi
D. Ligasi
E. Transferasi

467. Nell'immagine, la fase G1 è rappresentata da quale parte numerata del ciclo?

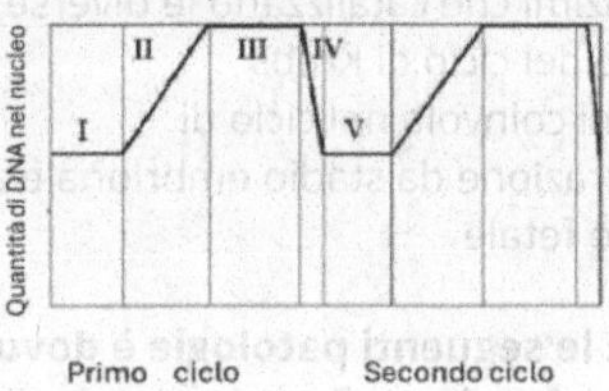

A. Solo V
B. Solo IV
C. Solo III
D. II e IV
E. I e V

468. Le cellule staminali emopoietiche, avendo la capacità di differenziarsi in tutti i tipi di cellule del sangue, a quale tipologia appartengono?

A. Multipotenti
B. Pluripotenti
C. Totipotenti
D. Oligopotenti
E. Unipotenti

469. La sindrome di Down è causata da una triplice copia del cromosoma:

A. 21
B. 13
C. 3
D. 17
E. 11

470. Quale tra le seguenti affermazioni sulla citodieresi è vera?

A. La citodieresi segue solo alla prima divisione meiotica
B. Nella ripartizione dei materiali, la citodieresi ha la stessa precisione delle divisioni cellulari
C. La citodieresi è diversa tra le cellule animali e quelle vegetali
D. La citodieresi è la ripartizione dei cromosomi omologhi in due nuclei distinti
E. La citodieresi segue solo ad una divisione mitotica

471. Il solco di separazione è una formazione che si osserva:

A. all'inizio della citodieresi delle cellule animali
B. nella profase delle cellule animali
C. nella profase delle cellule vegetali
D. nella metafase di entrambi i tipi di cellule
E. all'inizio della citodieresi delle cellule vegetali

472. Diploidia vuol dire possedere di norma:

A. almeno due differenti geni nel proprio genoma
B. due fenotipi per ogni gene
C. un genoma con due cromosomi
D. due genotipi diversi per ogni gene
E. due copie di ciascun cromosoma

473. La traduzione avviene:

A. nel nucleo
B. nella membrana
C. nel citoplasma
D. nel lisosoma
E. nel ribosoma

474. Lo zigote ha patrimonio genetico:

A. n
B. 8n
C. 2n
D. 6n
E. 4n

475. Quale tra i seguenti cariotipi è meno compatibile con la vita?

A. 47, XY, +21
B. 46, XX
C. 45, XX, –21
D. 46, XY
E. 46, XY, t(14,21)

476. Nella tabella mostrata in figura, sono evidenziati i dati stati ottenuti da uno studio sulla durata del tempo trascorso in ciascuna fase del ciclo cellulare dalle cellule di tre organismi eucarioti, denominate beta, delta e gamma. Tra le seguenti, la migliore conclusione che riguarda le cellule delta è:

Tipo di cellula	G1	S	G2	M
Beta	18	24	12	16
Delta	100	0	0	0
Gamma	18	48	14	20

A. non contengono DNA
B. le cellule si trovano in fase G0
C. le cellule contengono solo un cromosoma
D. non contengono RNA
E. le cellule si dividono in fase G1

477. Il ciclo cellulare si divide in quante fasi?

A. 2
B. 6
C. 7
D. 4
E. 8

478. I gameti sono:

A. cellule diploidi
B. cellule somatiche
C. organuli cellulari
D. cellule specializzate di alcuni organismi vegetali
E. cellule aploidi

479. In quale fase della meiosi avviene la divisione dei cromatidi fratelli?

A. Anafase II
B. Metafase II
C. Profase I
D. Metafase I
E. Anafase I

480. Quale tra le seguenti cellule ha un corredo cromosomico diploide?

A. Cellula uovo
B. Spermatidio
C. Spermatocita primario
D. Spermatocita secondario
E. Ovocita secondario

481. Quale dei seguenti eventi distingue la meiosi dalla mitosi?

A. Sono presenti cromosomi omologhi
B. L'involucro nucleare si riforma dopo la citodieresi
C. I cromosomi si duplicano prima della divisione
D. Il crossing-over
E. I cromatidi fratelli sono uniti dal centromero

482. Quale delle seguenti alternative NON rappresenta una membrana extra-embrionale?

A. Allantoide
B. Mesoderma
C. Corion
D. Sacco vitellino
E. Amnios

483. Le cicline sono:

A. enzimi coinvolti nel ciclo riproduttivo
B. enzimi coinvolti nel differenziamento neuronale
C. proteine che regolano il ciclo cellulare
D. gli enzimi che catalizzano le diverse tappe del ciclo di Krebs
E. enzimi coinvolti nel ciclo di maturazione da stadio embrionale a stadio fetale

484. Quale tra le seguenti patologie è dovuta ad una non-disgiunzione di cromosomi omologhi non sessuali?

A. La sindrome di Turner
B. la sindrome di Down
C. La Còrea di Huntington
D. La sindrome di Klinefelter
E. L'albinismo

485. Il processo con cui si indica la divisione nucleare delle cellule viene chiamato:

A. Metafase
B. Mitosi o cariocinesi
C. Anafase
D. Telofase
E. Interfase

486. Il processo di divisione del citoplasma che normalmente segue la mitosi viene chiamato:

A. Interfase
B. Telofase
C. citodieresi
D. Metafase
E. Anafase

487. Nel ciclo cellulare come viene definita la fase che separa due divisione mitotiche?

A. Interfase
B. Metafase
C. Meiosi
D. Mitosi
E. Citodieresi

488. La fase della mitosi in cui i cromosomi si allineano lungo la piastra equatoriale è detta:

A. Metafase
B. Anafase
C. Telofase
D. Interfase
E. Profase

489. La fase della mitosi in cui la cromatina si condensa è detta:

A. Profase
B. Metafase
C. Telofase
D. Anafase
E. Citodieresi

490. La fase della mitosi in cui i cromatidi fratelli si separano è detta:

A. Anafase
B. Telofase
C. Interfase
D. Profase
E. Metafase

491. Durante la metafase:

A. i cromatidi fratelli si separano
B. i cromosomi si allineano lungo la piastra equatoriale
C. la cromatina si condensa
D. si riforma la membrana nucleare
E. le cellule figlie si separano

492. Quale delle seguenti affermazioni sulla meiosi è ERRATA?

A. Prevede due divisioni cellulari successive
B. Consente di ottenere una notevole variabilità del patrimonio genetico
C. Dà origine a cellule diploidi
D. Porta alla formazione di quattro cellule figlie
E. La profase I è a sua volta divisa in diversi stadi

493. La fase della mitosi in cui si riforma la membrana nucleare è detta:

A. Profase
B. Interfase
C. Telofase
D. Metafase
E. Anafase

494. La fase della mitosi in cui la membrana nucleare si dissolve totalmente è detta:

A. Metafase
B. Anafase
C. Prometafase
D. Interfase
E. Telofase

495. Durante l'anafase:

A. i cromosomi si allineano lungo la piastra equatoriale
B. la cromatina si condensa
C. si riforma la membrana nucleare
D. i cromatidi fratelli si separano
E. le cellule figlie si separano

496. Durante la prometafase:

A. i cromosomi si attaccano al fuso
B. la membrana nucleare si dissolve totalmente
C. i cromatidi fratelli si separano
D. i cromosomi si allineano lungo la piastra equatoriale
E. le cellule figlie si separano

497. Durante la telofase:

A. si riforma la membrana nucleare
B. la cromatina si condensa
C. le cellule figlie si separano
D. i cromosomi si allineano lungo la piastra equatoriale
E. i cromatidi fratelli si separano

498. Durante la profase:

A. i cromosomi si allineano lungo la piastra equatoriale
B. i cromatidi fratelli si separano
C. si riforma la membrana nucleare
D. le cellule figlie si separano
E. la cromatina si condensa

499. La meiosi è il processo cellulare tramite il quale il corredo cromosomico di una cellula:

A. viene ridotto a un quarto
B. viene dimezzato
C. non viene modificato
D. viene quadruplicato
E. viene raddoppiato

500. Durante la meiosi, in cosa consiste il fenomeno del crossing-over?

A. Nella condensazione della cromatina
B. Nella despiralizzazione dei cromosomi
C. Nello scambio reciproco di segmenti di DNA fra cromosomi omologhi
D. Nella scomparsa dell'involucro nucleare
E. Nella divisione del citoplasma della cellula madre

501. Durante la citodieresi:

A. i cromosomi si allineano lungo la piastra equatoriale
B. le cellule figlie si separano
C. i cromatidi fratelli si separano
D. si riforma la membrana nucleare
E. la cromatina si condensa

502. La divisione cellulare delle cellule germinali avviene mediante:

A. coniugazione
B. meiosi
C. scissione binaria
D. partenogenesi
E. mitosi

503. Ogni cellula umana normale contiene:

A. 4 coppie di cromosomi sessuali
B. 22 coppie di cromosomi autosomi
C. 46 coppie di cromosomi autosomi
D. 23 coppie di cromosomi autosomi
E. 33 coppie di cromosomi autosomi

504. La mitosi è:

A. un processo di riproduzione asessuata delle cellule procariotiche durante il quale una singola cellula madre si divide per formare due cellule figlie geneticamente identiche
B. un processo di riproduzione sessuata delle cellule eucariotiche durante il quale una singola cellula madre si divide per formare due cellule figlie geneticamente identiche
C. un processo di riproduzione asessuata delle cellule eucariotiche, mediante il quale da una singola cellula madre si formano due cellule figlie con un numero di cromosomi dimezzato rispetto alla cellula madre
D. un processo di riproduzione sessuata delle cellule procariotiche, mediante il quale da una singola cellula madre si formano due cellule figlie con un numero di cromosomi dimezzato rispetto alla cellula madre
E. un processo di riproduzione asessuata delle cellule eucariotiche durante il quale una singola cellula madre si divide per formare due cellule figlie geneticamente identiche

505. Le cellule aploidi specializzate per la riproduzione sessuale sono dette:

A. Zigoti
B. Ovociti
C. Blastomeri
D. Gameti
E. nessuna delle altre alternative è corretta

506. È possibile contare con maggior facilità il numero di cromosomi quando la cellula è:

A. metabolicamente attiva
B. in riposo
C. all'inizio dell'interfase
D. in metafase
E. in telofase

507. Una cellula diploide in fase G2 contiene una quantità Q di DNA. Quali sarebbero le quantità di DNA contenute in ciascuna cellula figlia rispettivamente dopo la mitosi e dopo la meiosi?

A. Q/2 e Q/4
B. Q e Q/2
C. Q/2 e Q
D. Q/4 e Q/2
E. Q e Q/4

508. Che cosa succede durante la fase S del ciclo cellulare di una cellula eucariote?

A. La cellula completa il processo di crescita e formazione degli organelli
B. Duplicazione dell'RNA
C. La cellula dimezza le proprie dimensioni
D. Duplicazione del DNA
E. La cellula raddoppia le proprie dimensioni

509. Che cosa succede durante la fase G2 del ciclo cellulare di una cellula eucariote?

A. Duplicazione del DNA
B. La cellula dimezza le proprie dimensioni
C. La cellula raddoppia le proprie dimensioni
D. La cellula completa il processo di crescita e formazione degli organelli
E. Replicazione del DNA

510. Quale delle seguenti alternative rappresenta il periodo più lungo del ciclo cellulare?

A. Fase G2
B. Fase G1
C. Fase M
D. Interfase
E. Fase S

511. Quale tipo di cellula costituisce tutti i tessuti e organi di un organismo e non è coinvolta direttamente nella trasmissione del materiale genetico?

A. Cellula batterica
B. Plancton
C. Cellula germinale
D. Cellula virale
E. Cellula somatica

512. La meiosi è:

A. un processo di riproduzione sessuata delle cellule eucariotiche durante il quale la cellula germinale si divide per formare gameti
B. un processo di riproduzione sessuata delle cellule procariotiche durante il quale una singola cellula madre si divide per formare due cellule figlie geneticamente identiche
C. un processo di riproduzione asessuata delle cellule eucariotiche durante il quale una singola cellula madre si divide per formare due cellule figlie geneticamente identiche
D. un tipo di divisione cellulare che avviene solo nelle cellule vegetali e non è coinvolta nella formazione dei gameti
E. un processo di riproduzione asessuata delle cellule procariotiche durante il quale una singola cellula madre si divide per formare due cellule figlie geneticamente identiche

513. Nell'anafase della prima divisione meiotica:

A. si forma il fuso mitotico
B. avviene il crossing over
C. si duplicano i cromosomi
D. si separano i cromosomi omologhi
E. si separano i cromatidi fratelli

514. La mitosi si suddivide in quattro fasi. Indicarne l'ordine corretto in cui avviene.

A. Profase, metafase, anafase, telofase
B. Metafase, anafase, telofase e profase
C. Anafase, telofase, profase e metafase
D. Telofase, anafase, profase e metafase
E. Metafase, anafase, profase e telofase

515. Uno dei punti di controllo del ciclo cellulare avviene durante la mitosi, più precisamente tra:

A. metafase e anafase
B. anafase e profase
C. anafase e telofase
D. telofase e profase
E. metafase e telofase

516. Cosa sono i gameti?

A. Cellule della linea germinale con corredo cromosomico aploide
B. Cellule della linea germinale con corredo cromosomico diploide
C. Forme alternative dello stesso gene
D. Due organismi della stessa specie ma con diverso corredo genetico
E. Nessuna delle altre alternative è corretta

517. Quale delle seguenti è una caratteristica dell'apoptosi?

A. Sviluppo di neoplasie
B. Formazione di tessuto fibroso
C. Formazione di tessuto cicatriziale
D. Proliferazione cellulare incontrollata
E. Contrazione e condensazione cellulare

BIOLOGIA

518. Nello sviluppo e nella differenziazione cellulare, l'apoptosi viene definita:

A. immunitaria
B. infiammatoria
C. neoplastica
D. emopoietica
E. fisiologica

519. Cosa s'intende con il termine "apoptosi"?

A. Il processo di morte cellulare programmata
B. Il processo di migrazione cellulare
C. Il processo di divisione cellulare
D. Il processo di differenziazione cellulare
E. Il processo del metabolismo cellulare

520. Quale dei seguenti fattori può innescare l'apoptosi?

A. Esposizione a tossine o radiazioni
B. Aumento della glicemia
C. Divisione cellulare
D. Formazione di tessuto cicatriziale
E. Impulso nervoso

521. Qual è lo scopo del processo di apoptosi negli organismi multicellulari?

A. Promuovere la crescita incontrollata delle cellule
B. Riparare i tessuti danneggiati
C. Innescare una risposta immunitaria
D. Migliorare il metabolismo cellulare
E. Eliminare cellule danneggiate e indesiderate

522. Le tetradi si formano:

A. nell'anafase della mitosi
B. nella profase II della meiosi
C. nell'anafase I della meiosi
D. nell'anafase II della meiosi
E. nella profase della meiosi

523. La riproduzione asessuale:

A. è tipica degli animali
B. è tipica delle piante e degli animali
C. richiede la presenza d'individui distinti
D. è meno diffusa nel regno vegetale che nel regno animale
E. non richiede la presenza d'individui distinti

524. Nell'immagine con quale numero viene rappresentata la sintesi del DNA?

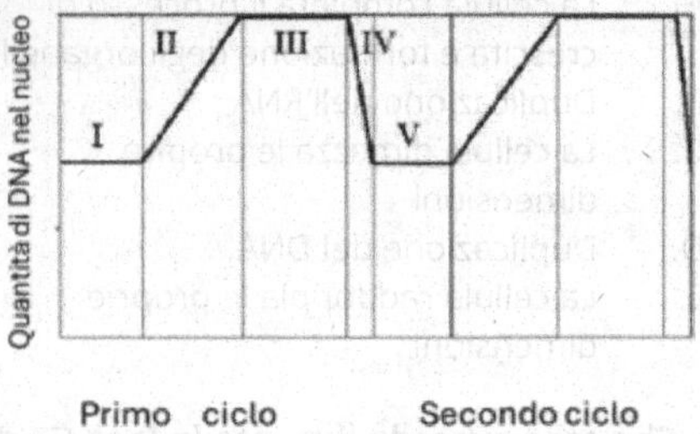

A. IV
B. III
C. V
D. II
E. I

525. Quale delle seguenti NON è una fase del ciclo cellulare?

A. G3
B. M
C. G2
D. G1
E. S

526. Che cosa succede durante la fase G1 del ciclo cellulare della cellula eucariote?

A. La cellula raddoppia le proprie dimensioni
B. Duplicazione del DNA
C. La cellula completa il processo di crescita e formazione degli organelli
D. Replicazione del DNA
E. La cellula dimezza le proprie dimensioni

527. Si consideri il fenomeno dell'assortimento indipendente dei cromosomi. Se una cellula diploide che possiede 4 coppie di cromosomi va incontro a meiosi, quante diverse combinazioni cromosomiche possono avere le cellule che si formano, se NON si manifesta il fenomeno del crossing-over?

A. 8
B. 2 perché ognuna erediterà la metà dei cromosomi della cellula madre
C. 1 perché saranno tutte uguali alla cellula madre
D. 16
E. 4

528. L'endoderma è il foglietto embrionale più interno e darà origine:
A. agli organi interni
B. al sistema nervoso
C. alla pelle
D. allo scheletro
E. ai muscoli

529. Se due geni si trovano sullo stesso cromosoma ma sono molto distanti, qual è la probabilità che si verifichi una ricombinazione tra loro durante il crossing over?
A. Mediamente bassa
B. Nessuna delle altre alternative è corretta
C. Molto bassa
D. Mediamente alta
E. Molto alta

530. La riproduzione per gemmazione avviene quando:
A. un organismo si divide e da' origine due individui di dimensioni simili
B. avvengono ripetute divisioni nucleari in seguito alle quali, intorno a ogni nucleo, si forma una nuova cellula figlia
C. da qualsiasi parte del corpo del genitore si formano una o più gemme che poi si distaccano originando un nuovo individuo
D. l'embrione si sviluppa all'interno del corpo della madre ma senza scambio di nutrimenti
E. un individuo si divide in numerose parti ciascuna delle quali dà origine ad un nuovo organismo

531. Quale tipo di cellula è coinvolto nella riproduzione sessuale ed è coinvolta direttamente nella trasmissione del materiale genetico?
A. Cellula virale
B. Plancton
C. Cellula germinale
D. Cellula batterica
E. Cellula somatica

532. Dalla fusione di due gameti si ottiene:
A. lo zigote
B. il globo polare
C. l'oocita
D. il follicolo
E. lo spermatozoo

533. Durante la meiosi, che cosa avviene nella Metafase I?
A. La cellula raddoppia le proprie dimensioni
B. La cellula dimezza le proprie dimensioni
C. Le coppie di omologhi si allineano sul piano equatoriale e ogni omologo viene legato dai microtubuli del fuso mitotico in corrispondenza dei cinetocori
D. Le fibre del fuso si contraggono e separano i cromosomi omologhi, trascinandoli ai poli opposti della cellula
E. Si ricrea la membrana nucleare, ricompare il nucleolo e la cromatina inizia a despiralizzare

534. Lo zigote, avendo la capacità di differenziarsi in tutti i tipi di cellule e dare origine ad un organismo completo, che tipo di cellula staminale è ?
A. Oligopotente
B. Multipotente
C. Pluripotente
D. Unipotente
E. Totipotente

535. Qual è la coppia cromosomica sessuale tipica per gli individui di sesso maschile?
A. XX
B. XY
C. XXY
D. YY
E. XYY

536. Quale dei seguenti strati germinali dà origine al sistema nervoso?
A. Derma
B. Ectoderma
C. Mesoderma
D. Epidermide
E. Endoderma

537. L'ectoderma da origine a quale dei seguenti tessuti?
A. Al sistema nervoso
B. Al fegato
C. Al pancreas
D. Al rivestimento interno dell'apparato digerente
E. All'apparato riproduttore

538. Quale, tra le fasi elencate, presenta uno dei checkpoint del ciclo cellulare?

A. Citodieresi
B. Telofase
C. Fase G0
D. Fase G2
E. Pachitene

539. I cromosomi non sessuali sono definiti:

A. autosomi
B. giganti
C. telocentrici
D. ad anello
E. metacentrici

540. Il processo di meiosi dà origine a quante e quali cellule figlie?

A. Due cellule diploidi
B. Quattro cellule diploidi
C. Quattro cellule aploidi
D. Due cellule aploidi
E. Una cellula diploide

541. Quale dei seguenti NON è uno stadio della profase I?

A. Pachitene
B. Citodieresi
C. Zigotene
D. Diplotene
E. Leptotene

542. Il processo di mitosi dà origine a quali e quante cellule figlie?

A. Quattro cellule aploidi
B. Due cellule diploidi
C. Una cellula diploide
D. Due cellule aploidi
E. Quattro cellule diploidi

543. Cosa succede durante la fase S del ciclo cellulare?

A. La sintesi di RNA e proteine ma non di DNA
B. La cellula va in quiescenza
C. La divisione nucleare
D. La sintesi del DNA
E. La divisione cellulare

544. Quale tra le seguenti affermazioni è FALSA?

A. Le condizioni ambientali possono influenzare la determinazione del sesso di un individuo
B. La determinazione del sesso è controllata dalla presenza di un gene dominante
C. I cromosomi sessuali sono chiamati anche autosomi
D. I cromosomi sessuali sono chiamati anche eterosomi
E. La determinazione del sesso è determinata da un meccanismo detto dosaggio-dipendente

545. Se una cellula con 16 coppie di cromosomi va incontro a meiosi si formano:

A. 2 cellule con 32 cromosomi
B. 4 cellule con 32 cromosomi
C. 4 cellule con 8 cromosomi
D. 4 cellule con 16 cromosomi
E. 2 cellule con 16 cromosomi

546. Cosa s'intende con il termine "apoptosi"?

A. Mutazione genetica
B. Silenziamento genico
C. Morte cellulare programmata
D. Trascrizione genica
E. Morte cellulare determinata da un trauma cellulare

547. Cosa s'intende con il termine "necrosi"?

A. Morte cellulare programmata
B. Morte cellulare non programmata
C. Mutazione genetica
D. Trascrizione genica
E. Silenziamento genico

548. Lo zigote è:

A. una cellula uovo fecondata
B. una cellula uovo priva di nucleo
C. un embrione
D. una cellula uovo o uno spermatozoo
E. uno spermatozoo

549. Come sono definite le cellule staminali che sono in grado di differenziarsi in tutti i tipi di cellule presenti nel corpo umano, e possono dare origine ad un organismo completo?

A. Cellule Staminali Totipotenti
B. Cellule Staminali Oligopotenti
C. Cellule Staminali Unipotenti
D. Cellule Staminali Multipotenti
E. Cellule Staminali Pluripotenti

550. Qual è la coppia cromosomica sessuale tipica per gli individui di sesso femminile?

A. XYY
B. YY
C. XX
D. XY
E. XXY

551. Quale strato germinale dà origine ai reni, alle gonadi e alle ghiandole surrenali?

A. Endoderma
B. Epidermide
C. Mesoderma
D. Derma
E. Ectoderma

552. Quali, tra le seguenti, sono tipi di cellule staminali?

A. Limitate
B. Emipotenti
C. Pseudopotenti
D. Equipotenti
E. Totipotenti

553. Nel cromosoma, la regione di DNA e proteine che tiene unite le due copie di DNA compatte e identiche si chiama:

A. cinetocore
B. nucleosoma
C. cromatidio
D. centrosoma
E. centromero

554. Quale dei seguenti eventi avviene solo durante la meiosi e NON durante la mitosi?

A. Formazione del fuso mitotico
B. Separazione dei cromatidi fratelli
C. Crossing over
D. Formazione di due nuovi nuclei ai poli della cellula
E. Frammentazione dell'involucro nucleare

555. La meiosi:

A. è costituita da due cicli di divisione
B. è costituita da tre cicli di divisione
C. non concerne la divisione cellulare
D. è costituita da più divisioni mitotiche
E. è costituita da un unico ciclo di divisione

556. Quale strato germinale contribuisce alla formazione della pelle e dei suoi derivati?

A. Epidermide
B. Mesoderma
C. Ectoderma
D. Derma
E. Endoderma

557. Il mesoderma è il foglietto embrionale da cui hanno origine molti tessuti, eccetto uno tra quelli elencati, di quale si tratta?

A. L'apparato escretore
B. Il tessuto muscolare
C. L'apparato circolatorio
D. Il tessuto scheletrico
E. Il rivestimento interno dell'apparato respiratorio

558. La riproduzione assesuata può avvenire per scissione binaria, quando:

A. l'embrione si sviluppa all'interno del corpo della madre
B. il nuovo individuo si sviluppa sul corpo del genitore e si stacca solo dopo essersi completamente formato
C. l'embrione si sviluppa fuori dal corpo della madre
D. una cellula madre si divide simmetricamente in due cellule figlie più piccole di eguali dimensioni
E. un individuo si divide in numerose parti ciascuna delle quali dà origine ad un nuovo organismo

559. Quale strato germinale dà origine ai muscoli, alle ossa e al sistema circolatorio?

A. Endoderma
B. Mesoderma
C. Ectoderma
D. Derma
E. Epidermide

560. Ventitré è il numero di coppie di cromosomi di quale dei seguenti organismi superiori?

A. Gallina
B. Uomo
C. Pesce rosso
D. Gatto
E. Cane

ANATOMIA E FISIOLOGIA DEGLI ANIMALI E DELL'UOMO

561. Quale frase è corretta riguardo al pancreas?

A. Controlla la risposta dell'organismo allo stress
B. Produce ormoni che regolano i livelli di zucchero nel sangue
C. È una ghiandola esclusivamente endocrina
D. Produce ACTH
E. È responsabile della produzione di melatonina

562. Quale delle seguenti NON è una funzione dell'apparato escretore?

A. Garantire un equilibrio tra acqua e soluti
B. Difendere l'organismo da virus e batteri
C. Mantenere un pH costante
D. Contribuire all'omeostasi dell'organismo
E. Eliminare le scorie

563. Il potenziale di riposo di una cellula eccitabile ha un valore che si aggira tra:

A. 90 e 70 mV
B. 40 e 30 mV
C. -30 e -10 mV
D. -90 e -70 mV
E. -40 e -30 mV

564. L'HIV è il virus che causa l'AIDS, una malattia che intacca il sistema immunitario perché?

A. Perché distrugge gli epatociti
B. Perché distrugge i linfociti
C. Perché distrugge i neuroni
D. Perché distrugge gli eritrociti
E. Perché distrugge il glomerulo renale

565. Indicare l'evento che NON avviene durante l'inspirazione.

A. I gas entrano nei polmoni
B. I polmoni si espandono
C. Il diaframma si rilassa
D. I muscoli intercostali si contraggono
E. La pressione intrapolmonare diventa più negativa

566. Quale è la funzione principale del muscolo trapezio?

A. Contrarre l'addome
B. Flettere la colonna vertebrale
C. Flettere il ginocchio
D. Estendere l'avambraccio
E. Sollevare e ruotare la scapola

567. La ptialina è un enzima digestivo che troviamo:

A. nel digiuno
B. nel colon
C. nello stomaco
D. nella bocca
E. nell'ileo

568. Come si chiama la membrana che ricopre i polmoni?

A. Timpano
B. Pleura
C. Pericardio
D. Meninge
E. Peritoneo

569. Qual è il vantaggio del meccanismo di controcorrente nel rene?

A. Eliminazione ioni cloro
B. Regolazione dei livelli di glucosio nel sangue
C. Eliminazione efficiente dei rifiuti
D. Miglioramento della coagulazione del sangue
E. Eliminazione di ioni sodio

570. Quale è l'ordine corretto delle fasi della formazione dell'urina?

A. Riassorbimento, filtrazione e secrezione
B. Secrezione riassorbimento e filtrazione
C. Filtrazione, riassorbimento e secrezione
D. Filtrazione, secrezione e riassorbimento
E. Secrezione, filtrazione e riassorbimento

571. La colonna vertebrale è composta da un totale di quante vertebre nell'uomo?

A. 63
B. 45
C. 33
D. 13
E. 22

572. Le cellule APC presentano frammenti di antigene ai linfociti T tramite:

A. MHC di classe II
B. Anticorpi
C. interleuchina 2
D. MHC di classe I
E. recettori toll - like

573. Quale dei seguenti adattamenti evolutivi permette agli uccelli di volare?

A. Pelle permeabile
B. Criptismo per mimetizzarsi
C. Zampe zygodactyl
D. Becco lungo e robusto
E. Ossa cave

574. Nel becco di uccello quale caratteristica è fondamentale nel determinare la dieta di ogni specie?

A. La resistenza
B. Il colore
C. La lunghezza
D. La sensibilità
E. La forma

575. Qual è la funzione del gozzo in un uccello?

A. Produzione di calore
B. Difesa immunitaria
C. Scambio di gas
D. Alimentazione filtrante
E. Immagazzinamento del cibo

576. Quale organo è responsabile della produzione dei suoni negli uccelli?

A. Siringe
B. Becco
C. Trachea
D. Corde vocali
E. Laringe

577. Quale termine descrive la tecnica utilizzata per creare la pecora Dolly?

A. Clonazione terapeutica
B. Ingegneria genetica
C. Clonazione riproduttiva
D. Imprinting genomico
E. Biologia sintetica

578. Quale elemento strutturale, tra quelli suggeriti, mantiene la temperatura corporea negli uccelli?

A. Ventricolo muscolare
B. Pelle permeabile
C. Ceco
D. Becco lungo e robusto
E. Piumaggio

579. Quale tra i seguenti è un adattamento respiratorio unico sviluppato dagli uccelli?

A. Trachea
B. Ventricolo muscolare
C. Polmoni con alveoli
D. Diaframma
E. Sacchi d'aria

580. Quale tra le seguenti è una struttura specializzata degli uccelli coinvolta specificamente nella digestione del cibo?

A. Ceco
B. Pancreas
C. Cistifellea
D. Ventricolo muscolare
E. Polmone

581. Quale delle seguenti affermazioni sugli alveoli è ERRATA?

A. Sono molto numerosi
B. Sono la sede dello scambio dei gas
C. La loro forma permette di ottenere la maggior superficie di scambio
D. Sono piccole sacche sacculiformi
E. Sono scarsamente irrorati

582. Quale è il ruolo principale delle cellule T helper (CD4+)?

A. Uccidere le cellule infette
B. Produrre anticorpi
C. Fagocitare i patogeni
D. Attivare altre cellule del sistema immunitario
E. Rilasciare istamina

583. Nei muscoli che richiedono un controllo molto preciso, come quelli responsabili del movimento dell'occhio:

A. vi sono unità motorie molto grandi
B. tutte le fibre muscolari di tutti i muscoli coinvolti nel movimento sono controllate da un unico motoneurone
C. un singolo motoneurone controlla poche fibre muscolari
D. una fibra muscolare è controllata da molti motoneuroni
E. un singolo motoneurone controlla molte fibre muscolari

584. Le valvole semilunari:
A. si trovano all'interno delle vene
B. impediscono al sangue di refluire nell'atrio
C. sono chiamate mitrale e tricuspide
D. sono controllate dal sistema nervoso
E. si trovano tra i ventricoli e le arterie maggiori

585. Qual è la funzione dei canali di Volkmann?
A. Regolare la temperatura corporea
B. Servono per evitare la necrosi del tessuto nel caso in cui ci fosse una stenosi o un'occlusione vasale
C. Assorbire sostanze nutritive dai vasi sanguigni
D. Sostenere la struttura ossea
E. Dare sostegno i tessuti molli

586. Le cellule del cuore sono vascolarizzate:
A. dall'arteria carotide esterna
B. dall'arteria polmonare
C. dalle arterie coronariche
D. dall'arteria succlavia sinistra
E. dall'arteria vertebrale

587. Qual è il nome dell'arteria che porta nutrimento al tessuto osseo?
A. Safena
B. Arteria iliaca
C. Aorta
D. Arteria nutritizia
E. Arteria polmonare

588. Quali delle seguenti strutture ha la funzione di trasporto di sostanza nutritive all'interno dell'osso?
A. Muscoli scheletrici
B. Canali di Havers
C. Midollo spinale
D. Vasi linfatici
E. Eritrociti

589. Che tipo di tessuto muscolare costituisce il cuore?
A. Tessuto muscolare liscio volontario
B. Nessuna delle alternative è corretta
C. Tessuto muscolare liscio involontario
D. Tessuto muscolare striato volontario
E. Tessuto muscolare striato involontario

590. Quale è il ruolo delle cellule natural killer (NK) nel sistema immunitario?
A. Produrre anticorpi specifici
B. Distruggere cellule tumorali e infette
C. Trasportare antigeni ai linfonodi
D. Produrre istamina nelle reazioni allergiche
E. Presentare antigeni ai linfociti T

591. Dove si trova il timo?
A. Appoggiati sopra il polo superiore di ciascun rene
B. Tra i due emisferi cerebrali
C. Appoggiata alla superficie anteriore della laringe e della trachea
D. Nel torace, davanti alla trachea
E. Nella scatola cranica, appoggiata alla sella turcica dello sfenoide

592. Quale delle seguenti strutture NON fa parte dell'encefalo?
A. Ponte di Varolio
B. Cervello
C. Cervelletto
D. Mesencefalo
E. Midollo spinale

593. Qual è lo scopo dell'opercolo di un pesce?
A. Protezione immunitaria
B. Protezione fisica delle branchie
C. Digestione
D. Escrezione
E. Riproduzione

594. Quale parte del corpo di un pesce è costituito da cuore, branchie e altri organi interni?
A. Pinne
B. Squame
C. Cavità toracica
D. Coda
E. Testa

595. Quale tipo di pinna si trova sul dorso di un pesce?
A. Pinna caudale
B. Pinna pelvica
C. Pinna dorsale
D. Pinna pettorale
E. Pinna anale

596. Quale frase NON è corretta riguardo ai riflessi?

A. Sono mediati dal midollo spinale
B. Nell'arco riflesso è presente un interneurone
C. Coinvolgono l'elaborazione cosciente del cervello
D. Aiutano a proteggere il corpo da potenziali danni
E. Sono risposte automatiche agli stimoli

597. Quale funzione hanno i pettinini branchiali in un pesce?

A. Protezione dai predatori
B. Assorbimento di azoto
C. Filtraggio dell'acqua
D. Produzione di suoni
E. Mimetizzazione

598. Quale struttura dell'orecchio è responsabile della traduzione delle onde sonore in segnali nervosi?

A. Coclea
B. Timpano
C. Staffa
D. Martello
E. Incudine

599. Lo sperma ha un pH compreso tra:

A. 13,7 e 14
B. 7,2 e 8,4
C. 2,1 e 3
D. 11,2 e 12,5
E. 5 e 4,3

600. L'ormone EPO:

A. non viene prodotto dalla specie umana
B. è prodotto dalla tiroide
C. è prodotto dalla stomaco
D. è prodotto dal pancreas
E. è prodotto dai reni

601. L'ovoviviparità:

A. è un tipo di riproduzione in cui il nuovo individuo si sviluppa sul corpo del genitore e si stacca solo dopo essersi completamente formato.
B. è un tipo di riproduzione in cui lo sviluppo embrionale avviene all'interno dell'organismo materno
C. è un tipo di riproduzione in cui le femmine depongono uova fecondate la cui crescita embrionale termina al di fuori dell'organismo materno
D. è un tipo di riproduzione in cui le uova sono incubate e si schiudono nell'organismo materno
E. è un tipo di riproduzione in cui un individuo si divide in numerose parti ciascuna delle quali dà origine ad un nuovo organismo

602. Da quante cavità è formato il cuore umano?

A. Quattro cavità di cui due atri e due ventricoli
B. Quattro cavità di cui tre atri e un ventricoli
C. Quattro ventricoli
D. Quattro atri
E. Quattro cavità di cui un atrio e tre ventricoli

603. Quale parte dell'occhio è responsabile del processo di accomodamento?

A. Pupilla
B. Iride
C. Sclera
D. Cristallino
E. Cornea

604. Che tipo di tessuto muscolare costituisce la vescica?

A. Tessuto muscolare striato volontario
B. Tessuto adiposo
C. Tessuto muscolare liscio
D. Tessuto connettivo
E. Tessuto muscolare striato involontario

605. Come si chiama la membrana che si trova nel fondo del canale uditivo esterno?

A. Meninge
B. Pleura
C. Pericardio
D. Peritoneo
E. Timpano

606. Che funzione hanno i coni nella retina dell'occhio?

A. Percezione del movimento
B. Percezione dei colori
C. Percezione della pressione oculare
D. Percezione del dolore
E. Responsabili del colore dell'iride

607. Quale tra le seguenti funzioni è svolta dai bastoncelli?

A. Percezione del movimento
B. Percezione della pressione oculare
C. Responsabili del colore dell'iride
D. Percezione del dolore
E. Percezione dei colori

608. Quali, tra quelli elencati, risultano essere i recettori del gusto?

A. Termocettori
B. Nocicettori
C. Papille gustative
D. Corpuscoli di Pacini
E. Fotorecettori

609. Che funziona ha l'ormone luteinizzante nel maschio?

A. Aumento del glucosio nel sangue
B. Maturazione delle cellule uovo
C. Produzione di testosterone
D. Regola il bilancio idrico
E. Riduzione del glucosio nel sangue

610. Che funzione ha l'ormone follicolo-stimolante nella donna?

A. Produzione di testosterone
B. Maturazione delle cellule uovo
C. Riduzione del glucosio nel sangue
D. Contrazioni muscolari durante il parto
E. Aumento del glucosio nel sangue

611. Che cosa sono i cosiddetti "corpuscoli di Meissner"?

A. Recettori olfattivi
B. Recettori uditivi
C. Recettori visivi
D. Recettori tattili
E. Recettori gustativi

612. Cosa sono i cosiddetti "corpuscoli di Merkel"?

A. Recettori gustativi
B. Recettori uditivi
C. Recettori olfattivi
D. Recettori tattili
E. Recettori visivi

613. Che funzione rivestono i termocettori?

A. Percezione del movimento
B. Percezione delle variazioni di temperatura
C. Percezione del sapore
D. Percezione dei colori
E. Percezione del dolore

614. Quali, tra quelli elencati, risultano essere dei fotorecettori?

A. Corpuscoli di Merkel
B. Coni e bastoncelli
C. Corpuscoli di Pacini
D. Papille gustative
E. Corpuscoli di Meissner

615. In cosa sono coinvolte le piastrine?

A. Coagulazione del sangue
B. Riduzione del glucosio nel sangue
C. Aumento del glucosio nel sangue
D. Difesa da agenti patogeni
E. Regolazione del bilancio idrico nel sangue

616. Che cosa sono i cosiddetti "corpuscoli di Pacini"?

A. Recettori tattili
B. Recettori visivi
C. Recettori olfattivi
D. Recettori gustativi
E. Recettori uditivi

617. Qual è l'organo principalmente utilizzato per la respirazione dai rettili?

A. Pinna pelvica
B. Pelle
C. Branchia
D. Pinna dorsale
E. Polmone

618. Quale tipo di squama ricopre la pelle dei coccodrilli?

A. Squame lisce
B. Squame carenate
C. Squame spinose
D. Squame scudate
E. Squame granulari

619. Qual è la funzione della cloaca in un rettile?

A. Percezione sensoriale e riproduzione
B. Digestione e protezione
C. Osmoregolazione e digestione
D. Riproduzione ed escrezione
E. Scambio di gas e protezione

620. Quale organo viene usato dai rettili per l'escrezione metabolica?

A. Milza
B. Fegato
C. Reni
D. Linfonodi
E. Polmoni

621. Come viene regolata la temperatura corporea nei rettili?
A. Attraverso l'ambiente esterno
B. Attraverso il letargo
C. Attraverso la digestione
D. Attraverso la sudorazione
E. Attraverso l'accopiamento

622. Quale tipo di struttura cardiaca possiedono i rettili?
A. Bicamerale
B. Pentacamerale
C. Monocamerale
D. Tricamerale
E. Quadricamerale

623. Quale struttura anatomica di un rettile è responsabile della produzione di squame e artigli?
A. Epidermide
B. Melanociti
C. Cianofori
D. Ipoderma
E. Cromatofori

624. Qual è la funzione dell'organo di Jacobson in un rettile?
A. Scambio di gas e protezione
B. Percezione di feromoni e altre sostanze nell'ambiente
C. Percezione sensoriale e riproduzione
D. Digestione e protezione
E. Riproduzione ed escrezione

625. Quale tipologia di fecondazione caratterizza i coccodrilli?
A. Fecondazione esterna
B. Fecondazione asessuata
C. Riproduzione vivipara
D. Fecondazione interna
E. Riproduzione aploide

626. Qual è la funzione della giogaia nei rettili?
A. Osmoregolazione
B. Percezione sensoriale
C. Termoregolazione
D. Regolazione ormonale
E. Comunicazione

627. Quale tra le seguenti è una funzione della cloaca in un anfibio?
A. Scambio di gas
B. Digestione
C. Osmoregolazione
D. Regolazione ormonale
E. Riproduzione

628. Gli anfibi hanno un tipo particolare di respirazione, attraverso principalmente quale struttura anatomica?
A. Trachea
B. Spiracoli
C. Pelle
D. Polmoni
E. Branchie

629. Quale tipo di struttura cardiaca possiedono gli anfibi?
A. Pentacamerale
B. Quadricamerale
C. Monocamerale
D. Tricamerale
E. Bicamerale

630. Quale organo viene usato dagli anfibi per l'escrezione metabolica?
A. Fegato
B. Linfonodi
C. Milza
D. Reni
E. Polmoni

631. Quale tipo di cute caratterizza gli anfibi?
A. Con Squame spinose
B. Con scaglie
C. Cute nuda
D. Scute
E. Con squame carenate

632. Le rane hanno una serie di piccoli denti nella mascella superiore, in corrispondenza dell'osso vomere nel palato, chiamati appunto denti vomerini. Qual è la funzione di questi denti vomerini in un anfibio?
A. Difesa
B. Macinare il cibo
C. Catturare cibo
D. Termoregolazione
E. Corteggiamento

633. Quale parte anatomica di un anfibio, come ad esempio le rane, è responsabile nella produzione di tossine?
A. Ghiandole cutanee
B. Tiroide
C. Ghiandole endocrine
D. Milza
E. Polmoni

BIOLOGIA

634. Le catene pesanti immunoglobuliniche sono costituite:
- A. da 1 dominio variabile e da 3 o 4 domini costanti
- B. solo da domini costanti
- C. da 2 dominii variabili e 1 dominio costante
- D. solo da dominii variabili
- E. da 1 dominio variabile e 1 dominio costante

635. Le fibre muscolari rosse:
- A. usano la fermentazione come principale via per la produzione di ATP
- B. non possiedono mioglobina
- C. hanno una bassa velocità di contrazione e alta resistenza all'affaticamento
- D. sono poco vascolarizzate
- E. non sono in grado di svolgere la respirazione cellulare

636. A partire dalla valvola ileocecale come si divide l'intestino crasso?
- A. Cieco, colon ascendente, colon trasverso, colon discendente, sigma e retto
- B. Cieco, colon trasverso, colon ascendente, colon discendente, sigma e retto
- C. Cieco, sigma, retto, colon trasverso, colon discendente e colon ascendente
- D. Cieco, colon trasverso, colon discendente, colon ascendente, sigma e retto
- E. Cieco, colon ascendente, colon discendente, sigma, colon trasverso e retto

637. Come si chiama la membrana che riveste e protegge il cuore?
- A. Pericardio
- B. Episoma
- C. Endocardio
- D. Miocardio
- E. Endosoma

638. Quali, tra quelle elencate, è un tipo di ghiandola esocrina?
- A. Tiroide
- B. Ghiandola pituitaria
- C. Ghiandola pineale
- D. Ghiandola surrenale
- E. Ghiandola salivare

639. Quale tra quelli elencati è il neurotrasmettitore che regola sonno e umore?
- A. Acetilcolina
- B. Adenosina
- C. Dopamina
- D. Noradrenalina
- E. Serotonina

640. Quale ormone è rilasciato nel sangue in maggiore quantità dalla tiroide?
- A. Ormone follicolo-stimolante
- B. Tiroxina
- C. Ossitocina
- D. Insulina
- E. Glucagone

641. Dove viene prodotta l'insulina?
- A. Nelle ghiandole surrenali
- B. Nell'ipotalamo
- C. Nelle cellule beta del pancreas
- D. Nella tiroide
- E. Nelle cellule alfa del pancreas

642. Dove sono localizzate le cellule di Kupffer?
- A. Sinusoidi epatici
- B. Nella guaina mielinica
- C. Nei dentriti nervosi
- D. Nel soma dei neuroni
- E. Nel miocardio

643. Quali, tra le seguenti, è un tipo di ghiandola endocrina?
- A. Ghiandola mammaria
- B. Ghiandola lacrimale
- C. Tiroide
- D. Ghiandola salivare
- E. Ghiandola sebacea

644. Cosa stimola l'ormone luteinizzante nella donna?
- A. Riduzione del glucosio nel sangue
- B. Contrazioni muscolari durante il parto
- C. Risposta allo stress
- D. Aumento del glucosio nel sangue
- E. Ovulazione

645. Dove viene prodotto il glucagone?
- A. Nelle cellule beta del pancreas
- B. Nelle ghiandole surrenali
- C. Nell'ipotalamo
- D. Nelle cellule alfa del pancreas
- E. Nella tiroide

646. Dove viene prodotta l'arginina vasopressina?

A. Nella tiroide
B. Nelle cellule beta del pancreas
C. Nell'ipotalamo
D. Nelle cellule alfa del pancreas
E. Nelle ghiandole surrenali

647. Che ruolo svolge l'arginina vasopressina?

A. Aumenta il glucosio nel sangue
B. Stimola l'ovulazione
C. Regola l'equilibrio idrico dell'organismo
D. Riduce il glucosio nel sangue
E. Aumenta le contrazioni muscolari durante il parto

648. Che ruolo svolge l'insulina?

A. Riduzione del glucosio nel sangue
B. Aumento del glucosio nel sangue
C. Risposta allo stress
D. Contrazioni muscolari durante il parto
E. Stimolazione dell'ovulazione

649. Che ruolo svolge l'ossitocina?

A. Stimola l'aumento dei monociti
B. Stimola le contrazioni muscolari durante il parto
C. Provoca l'aumento del glucosio nel sangue
D. Stimola l'ovulazione
E. Stimola la digestione delle proteine

650. L'ormone comunemente associato all'amore è:

A. Tiroxina
B. Cortisolo
C. Ossitocina
D. Glucagone
E. Insulina

651. Che ruolo svolge il glucagone?

A. Aumento del glucosio nel sangue
B. Risposta allo stress
C. Stimolazione dell'ovulazione
D. Riduzione del glucosio nel sangue
E. Contrazioni muscolari durante il parto

652. Dove viene prodotta l'ossitocina?

A. Nell'ipotalamo
B. Nelle cellule alfa del pancreas
C. Nelle cellule beta del pancreas
D. Nelle ghiandole surrenali
E. Nella tiroide

653. Il cortisolo viene comunemente chiamato anche:

A. Ormone antidiuretico
B. Ormone luteinizzante
C. Ormone dello stress
D. Ormone dell'amore
E. Ormone sessuale

654. L'atrio destro:

A. è separato dal ventricolo destro dalla valvola mitralica
B. contiene il nodo atrio-ventricolare
C. è innervato dalle fibre del Purkinje
D. riceve il sangue solo dalla vena cava superiore
E. ha le pareti più sottili rispetto al ventricolo destro

655. Quale delle seguenti affermazioni sulla secrezione biliare è FALSA?

A. Proviene dal fegato
B. È importante per la digestione delle proteine
C. È caratterizzata dalla presenza dei pigmenti biliari
D. È importante per la digestione dei grassi
E. È caratterizzata dalla presenza dei sali biliari

656. Indicare quale delle seguenti affermazioni riguardo al muscolo liscio è FALSA.

A. Le fibre muscolari si contraggono se stimolate dal sistema nervoso autonomo
B. Le cellule sono polinucleate
C. Il meccanismo di contrazione consiste, come negli altri tipi muscolari, nello scorrimento dei miofilamenti
D. le cellule sono a diretto contatto le une con le altre grazie a giunzioni serrate
E. La contrazione delle fibre muscolari può essere indotta dall'allungamento (stimoli meccanici)

657. Quale delle seguenti parti del sistema nervoso controlla funzioni quali la respirazione, la circolazione sanguigna, la deglutizione, la digestione?

A. Midollo allungato
B. Ipotalamo
C. Cervelletto
D. Mesencefalo
E. Telencefalo

658. Il telencefalo:

A. è formato da due emisferi cerebrali
B. comprende il ponte e il midollo allungato
C. regola i ritmi circadiani
D. ha il compito di filtrare le informazioni provenienti dai neuroni sensoriali conducendole ai centri superiori dell'encefalo
E. ha come funzione principale il mantenimento dell'omeostasi

659. L'aterosclerosi è causata:

A. da bolle di gas che ostruiscono le arterie
B. da depositi di proteine nella parete interna delle arterie, che ne provocano l'indurimento
C. da depositi di zuccheri nella parete interna delle arterie, che ne provocano l'indurimento
D. da coaguli di sangue che ostruiscono le arterie
E. da depositi di colesterolo nella parete interna delle arterie, che ne provoca l'indurimento

660. Quale delle seguenti affermazioni è corretta?

A. Le cellule del tessuto muscolare liscio hanno un solo nucleo, normalmente centrale e ovale, mentre quelle del tessuto muscolare striato scheletrico hanno più nuclei periferici
B. La contrazione delle cellule del tessuto muscolare liscio è volontaria
C. Le cellule del tessuto muscolare striato cardiaco hanno più nuclei, come quelle del tessuto muscolare scheletrico
D. Le cellule del tessuto muscolare liscio sono più lunghe di quelle del tessuto muscolare striato
E. Le cellule del tessuto muscolare liscio hanno un solo nucleo periferico, mentre quelle del tessuto muscolare striato scheletrico hanno un solo nucleo centrale

661. L'osso temporale si trova:

A. nell'arto superiore
B. nel bacino
C. nel cranio
D. nel piede
E. nell'arto inferiore

662. Quale delle seguenti affermazioni riferite alle piastrine è FALSA?

A. Sono i più piccoli elementi figurati del sangue
B. Sono prive di nucleo
C. Vengono prodotte nel timo
D. Derivano dai megacariociti
E. Hanno una vita media di circa 10 giorni

663. Quale delle seguenti parti del sistema nervoso facilita la comunicazione tra gli emisferi del telencefalo, consentendo loro di elaborare le informazioni in modo coordinato?

A. Talamo
B. Tronco encefalico
C. Corpo calloso
D. Ipotalamo
E. Cervelletto

664. Cosa stimola l'ormone follicolo-stimolante nel maschio?

A. Risposta allo stress
B. La produzione degli spermatozoi
C. Produzione di pelo
D. Produzione di progesterone
E. Aumento del glucosio nel sangue

665. Che funzione hanno i nocicettori?

A. Percezione del dolore
B. Percezione del movimento
C. Percezione dei colori
D. Percezione dell'olfatto
E. Percezione del sapore

666. Dove si trovano i recettori olfattivi?

A. Nella mucosa orale
B. Nella mucosa gastrointestinale
C. Nella mucosa oculare
D. Nella mucosa nasale
E. Nella mucosa genitale

667. Fa parte dell'apparato respiratorio:

A. il crasso
B. la trachea
C. nessuna delle altre alternative è corretta
D. l'esofago
E. lo stomaco

668. In quale struttura dell'orecchio si trovano i recettori uditivi?

A. Nella finestra ovale
B. Nella coclea
C. Nel timpano
D. Nel canale uditivo esterno
E. Nel padiglione auricolare

669. Responsabile dei movimenti della muscolatura dell'intestino è:

A. il sistema nervoso autonomo
B. il sistema nervoso centrale
C. il tronco o bulbo
D. il midollo spinale
E. il cervelletto

670. Funzionalmente, l'emoglobina può essere definita una proteina:

A. di trasporto
B. enzimatica
C. di riserva
D. nessuna delle altre alternative è corretta
E. di difesa

671. Sono costituiti da cheratina:

A. i flagelli
B. i microtubuli
C. i microfilamenti
D. i centrioli
E. i filamenti intermedi nei tessuti epiteliali

672. Le corde vocali si localizzano a livello della:

A. epiglottide
B. Faringe
C. cavità orale
D. Laringe
E. Trachea

673. Il surfactante:

A. è costituito solo da molecole di natura fosfolipidica
B. è prodotto da tutte le cellule delle vie aeree inferiori
C. riduce la tendenza degli alveoli a collassare
D. è costituito solo da molecole lipoproteiche
E. viene prodotto normalmente anche in presenza della sindrome da distress respiratorio

674. Quale dei seguenti tipi cellulari NON fa parte del sistema nervoso?

A. Condrociti
B. Oligodendrociti
C. Cellule di Schwann
D. Microglia
E. Astrociti

675. La bile ha la funzione di:

A. preparare i grassi per la digestione operata da enzimi specifici
B. fare digerire le proteine
C. attivare il fegato
D. depurare l'intestino
E. nessuna delle altre alternative è corretta

676. Quale delle seguenti strutture NON fa parte del testicolo?

A. Tubuli retti
B. Dotto dell'epididimo
C. Rete testis
D. Duttoli efferenti
E. Ansa di Henle

677. La noradrenalina è un ormone prodotto:

A. dall'adenoipofisi
B. dalla tiroide
C. dal pancreas endocrino
D. dalla midollare del surrene
E. dal timo

678. Quale frase NON è corretta riguardo alla riproduzione degli invertebrati?

A. Alcuni invertebrati possono riprodursi per partenogenesi
B. Tutti gli invertebrati si riproducono esclusivamente per via asessuata
C. Gli invertebrati possono riprodursi per via sessuale o asessuata
D. Presentano diverse strategie riproduttive, tra cui la fecondazione esterna e interna
E. Gli invertebrati possono deporre uova o dare alla luce piccoli vivi

679. Quale funzione ha il sistema di linee laterali di un anfibio?

A. Termoregolazione
B. Riproduzione
C. Mimetizzazione
D. Vocalizzazione
E. Percezione sensoriale

680. Quale dei seguenti muscoli è coinvolto nella flessione del braccio al gomito?

A. Pettineo
B. Sartorio
C. Bicipite brachiale
D. Psoas
E. Obliquo interno

681. Quale delle seguenti ossa è coinvolta nell'articolazione del ginocchio?

A. Tibia
B. Radio
C. Clavicola
D. Omero
E. Ulna

682. Indicare in ordine gli organi dell'apparato digerente.

A. Bocca – esofago – stomaco – intestino
B. Stomaco – bocca – intestino – esofago
C. Bocca – esofago – intestino – stomaco
D. Esofago – stomaco – intestino – bocca
E. Bocca – stomaco – intestino – esofago

683. Quale delle seguenti frasi relative alla coclea è FALSA?

A. Contiene l'organo del Corti con cellule ciliate
B. È l'organo dell'equilibrio costituito da due camere
C. È un canale avvolto a spirale
D. È percorso da due membrane che la dividono in tre canali paralleli
E. Contiene l'endolinfa e la perilinfa

684. Le cellule alveolari di tipo II producono e secernono il surfactante, una sostanza chimica composta principalmente da lipidi e proteine. Qual è la funzione principale di questa sostanza nel contesto polmonare?

A. Abbassare la tensione superficiale bloccando l'espansione dei polmoni
B. Abbassare la tensione superficiale facilitando l'espansione dei polmoni
C. Aumentare la tensione superficiale bloccando l'espansione dei polmoni
D. Aumentare la tensione superficiale facilitando l'espansione dei polmoni
E. Abbassare e aumentare la tensione superficiale provocando il collasso degli alveoli

685. Quale tra le seguenti affermazioni è FALSA?

A. La membrana plasmatica delle cellule muscolari è chiamata sarcolemma
B. I tubuli T partono dalla membrana plasmatica e vanno verso l'interno della cellula muscolare
C. La tropomiosina e la troponina sono associate ai filamenti sottili
D. I filamenti spessi sono formati da molecole di actina
E. Le teste globulari della miosina servono per agganciare l'actina

686. Il liquido pleurico svolge diverse funzioni essenziali nel sistema respiratorio, tra cui:

A. lubrificare e aumentare l'attrito
B. assorbire nutrienti
C. produrre ossigeno
D. regolare la temperatura corporea
E. lubrificare e ridurre l'attrito

687. Che cosa s'intende per pneumotorace?

A. Malattia virale che colpisce i polmoni che si riempiono di muco
B. Infiammazione dei tessuti polmonari che si riempiono di acqua
C. Condizione medica in cui dell'aria si accumula nello spazio pleurico
D. Condizione congenita in cui i polmoni sono anomali, causando problemi respiratori
E. Condizione patologica causata da un accumulo eccessivo di liquido nei polmoni

688. Quale animale, tra i seguenti, possiede un sistema urinario costituito da metanefridi?

A. Anfibi
B. Uccello
C. Anellide
D. Insetto
E. Pesce

689. Quale animale, tra quelli proposti, possiede un sistema urinario costituito da tubuli malpighiani?

A. Insetto
B. Pesce
C. Mammifero
D. Uccello
E. Rettile

690. Che cos'è un nefrone?

A. Una ghiandola dell'apparato digerente
B. Un organo del sistema nervoso centrale
C. Un tessuto del sistema nervoso centrale
D. L'unità funzionale del rene
E. Una cellula dell'apparato locomotore

691. Quale animale elimina i prodotti di scarto attraverso cellule specializzate chiamate cellule a fiamma?

A. Insetto
B. Rettile
C. Mollusco
D. Platelminti
E. Uccello

692. Quale animale, tra quelli elencati, presenta un sistema urinario che comprende i nefridi?

A. Mammifero
B. Rettile
C. Pesce
D. Uccello
E. Mollusco

693. Quale animale possiede un sistema urinario che comprende una vescica per il deposito temporaneo dell'urina?

A. Pesce
B. Uccello
C. Insetto
D. Rettile
E. Mammifero

694. Quale animale elimina i prodotti di scarto attraverso cellule specializzate chiamate protonefridi?

A. Platelminti
B. Rettile
C. Pesce
D. Mammifero
E. Uccello

695. Quale animale, tra quelli proposti, possiede un sistema urinario composto da nefroni e reni?

A. Uccello
B. Crostaceo
C. Farfalla
D. Spugna
E. Insetto

696. Quale animale, tra quelli elencati, espelle rifiuti azotati principalmente sotto forma di acido urico?

A. Batterio
B. Uccello
C. Mammifero
D. Anfibio
E. Pesce

697. Quale gruppo animale espelle rifiuti azotati principalmente sotto forma di ammoniaca?

A. Anfibio
B. Rettile
C. Uccello
D. Mammifero
E. Pesce

698. Quale gruppo animale possiede un sistema urinario costituito da tubuli renali?

A. Crostacei
B. Molluschi
C. Mammiferi
D. Planarie
E. Anellidi

699. Quale gruppo animale converte i rifiuti azotati in acido urico per ridurre al minimo la perdita di acqua?

A. Rettili
B. Anellidi
C. Mammiferi
D. Anfibi
E. Pesci

700. La struttura dell'occhio che permette di regolare il diametro della pupilla, facendo entrare una maggiore o minore quantità di luce, si chiama:

A. Fovea
B. Cristallino
C. Iride
D. Bastoncello
E. Retina

BIOLOGIA

701. La contrazione delle cellule muscolari richiede una notevole quantità di ATP, sia per spezzare i legami tra actina e miosina, sia per permettere il ritorno degli ioni Ca^{2+} nel reticolo sarcoplasmatico. L'ATP utilizzato nella contrazione si forma:

A. dalla fosfocreatina, dalla respirazione cellulare e dalla glicolisi legata alla fermentazione lattica, a seconda della durata dell'attività muscolare
B. in presenza di O_2 solo dalla respirazione cellulare, mentre in carenza di O_2 solo dalla glicolisi legata alla fermentazione lattica
C. solo dalla fosfocreatina, in grado di fosforilare l'ADP e formare ATP, cedendo il suo gruppo fosfato
D. esclusivamente dalla respirazione cellulare
E. esclusivamente dalla glicolisi legata alla fermentazione lattica

702. Qual è l'unità di misura di un eritrocita umano?

A. fm
B. mm
C. nm
D. μm
E. pm

703. Quale frase è corretta riguardo al sistema endocrino?

A. È costituito da ghiandole che producono ormoni
B. È responsabile del trasporto dell'ossigeno nell'organismo
C. È composto da ghiandole esocrine
D. È composto da neuroni e sinapsi
E. Regola principalmente i movimenti volontari

704. Quale dei seguenti è un muscolo striato volontario?

A. Vescica
B. Utero
C. Cuore
D. Stomaco
E. Deltoide

705. Quale delle seguenti affermazioni relative al virus HIV è FALSA?

A. Si lega a specifici recettori sulla membrana della cellula ospite attraverso le glicoproteine del pericapside
B. È un virus a DNA e inserisce il proprio DNA nella cellula ospite
C. Colpisce i linfociti
D. È in grado di inserirsi come provirus nel genoma della cellula ospite
E. Possiede la trascrittasi inversa

706. Qual è il nome dell'osso del collo che sostiene la testa?

A. Atlante
B. Epistrofeo
C. Osso occipitale
D. Sterno
E. Vertebra cervicale

707. La ptialina:

A. agisce nello stomaco e demolisce i grassi
B. agisce nello stomaco e demolisce le proteine
C. agisce nello stomaco e demolisce l'amido
D. agisce in bocca e demolisce l'amido
E. agisce in bocca e demolisce le proteine

708. I globuli rossi contengono grandi quantità di:

A. Emoglobina
B. emopexina
C. emosiderina
D. Calcio
E. DNA

709. Quale struttura del naso è responsabile della rilevazione degli odori?

A. Turbinati
B. Conche nasali
C. Mucosa olfattiva
D. Setto nasale
E. Naso esterno

710. L'organo di Corti:

A. si trova all'interno della tromba di Eustachio
B. si trova all'interno della coclea
C. fa parte dell'orecchio medio
D. si trova all'interno del condotto uditivo
E. fa parte dell'orecchio esterno

711. Nella retina umana:

A. i bastoncelli sono presenti solo nella fovea
B. i coni e i bastoncelli contengono melanina, in grado di assorbire la luce

C. i bastoncelli sono stimolati dalla luce intensa e possono distinguere i colori
D. i coni sono stimolati dalla luce intensa e possono distinguere i colori
E. i coni permettono di distinguere solo sfumature di grigio

712. Quale dei seguenti NON è un volume di aria che i polmoni possono contenere?
A. Volume corrente
B. Volemia
C. Volume residuo
D. Volume di riserva espiratorio
E. Volume di riserva inspiratorio

713. L'insulina è:
A. un ormone prodotto dal pancreas
B. un farmaco di origine vegetale
C. un ormone prodotto dalla tiroide
D. un enzima presente nel fegato
E. un ormone che causa il diabete

714. I nervi spinali:
A. sono 12 paia
B. innervano tutte le parti del corpo
C. fanno parte del sistema nervoso somatico
D. fanno parte del sistema nervoso centrale poiché originano dal midollo spinale
E. sono solo motori

715. Quando si ha lo stimolo ad urinare la vescica quanto è piena?
A. 5000 mL circa
B. 300 - 400 mL circa
C. 700 mL circa
D. 1500 mL circa
E. 50 - 75 mL circa

716. Quale frase è corretta riguardo all'ipofisi?
A. È nota anche come "ghiandola madre"
B. Regola la temperatura corporea
C. Produce insulina per regolare i livelli di zucchero nel sangue
D. Si trova nella cavità toracica
E. Produce ADH

717. Quale dei seguenti ormoni NON è prodotto dalla corteccia surrenale?
A. Androgeni
B. Adrenalina
C. Aldosterone
D. Cortisolo
E. Corticosterone

718. I globuli rossi:
A. contengono emoglobina
B. fagocitano e digeriscono i batteri
C. producono anticorpi
D. attivano la coagulazione
E. proteggono l'organismo dalle infezioni

719. Quale frase NON è corretta riguardo ai neurotrasmettitori?
A. Sono immagazzinati in vescicole all'interno dei terminali assonici
B. Si legano a recettori specifici sul neurone ricevente
C. Sono messaggeri chimici che trasmettono segnali tra i neuroni
D. L'acetilcolina è un neurotrasmettitore
E. Sono rilasciati solo dai neuroni sensoriali

720. Quale delle seguenti condizioni fa sì che la frequenza respiratoria aumenti?
A. Diminuzione del pH del sangue
B. Aumento del pH del sangue
C. Diminuzione del livello di anidride carbonica nel sangue
D. Diminuzione dell'attività metabolica dell'organismo
E. Aumento del livello di ossigeno nel sangue

721. Quale dei seguenti NON è un ormone prodotto dall'adenoipofisi?
A. Cortisolo
B. Ormone follicolo-stimolante
C. Ormone della crescita
D. Prolattina
E. Ormone luteinizzante

722. Quali tipi di secrezioni che influenzano la ventilazione vengono prodotte dai polmoni?
A. Acido cloridrico
B. Ormoni e proteine
C. Liquido peritoneale
D. Acidi grassi e lipidi
E. Muco e surfattante

723. Quale tra le seguenti cellule del sistema immunitario è responsabile della produzione di anticorpi?

A. Linfociti B
B. Macrofagi
C. Cellule dendritiche
D. Linfociti T
E. Neutrofili

724. Quale tra le seguenti cellule presenta gli antigeni ai linfociti T?

A. Mastociti
B. Eosinofili
C. Fibroblasti
D. Basofili
E. Cellule dendritiche

725. Dove sono i recettori tattili responsabili della sensazione di pressione cutanea e dolore?

A. Strato granuloso
B. Strato spinoso
C. Strato corneo
D. Strato basale
E. Strato lucido

726. La lunghezza complessiva dell'intestino tenue si aggira intorno a:

A. 7 m
B. 2,5 m
C. 1 m
D. 75 cm
E. 30 cm

727. Qual è il ruolo degli anticorpi nel sistema immunitario?

A. Trasportare ossigeno ai tessuti
B. Differenziarsi in plasmacellule per la memoria immunitaria
C. Legarsi agli antigeni per neutralizzarli e favorirne l'eliminazione
D. Produzione di energia
E. Rigenerare i tessuti danneggiati

728. L'atrio destro e il ventricolo destro del cuore come sono collegati?

A. Dalla valvola polmonare
B. Dalla valvola tricuspide
C. Dalla valvola bicuspide
D. Dalla valvola aortica
E. Dal cardias

729. Quale delle seguenti affermazioni sulla circolazione venosa è vera?

A. Vene e venule contengono uno strato di elastina più sottile rispetto alle arterie
B. Tutti i vasi della circolazione venosa sono provvisti di valvole a nido di rondine
C. All'ingresso nelle venule la pressione sanguigna è insufficiente per raggiungere il cuore
D. La gravità terrestre in nessun caso influisce sulla circolazione venosa
E. Alla circolazione venosa non contribuisce la contrazione muscolare

730. L'atrio destro comunica con il corrispondente ventricolo attraverso:

A. nessuna delle strutture elencate nelle altre alternative
B. l'orifizio regolato dalla valvola tricuspide
C. l'ostio arterioso
D. l'orifizio regolato dalla valvola di Eustachio
E. l'orifizio regolato dalle valvole semilunari

731. Cosa s'intende per "potenziale di membrana"?

A. Differenza di potenziale elettrico a cavallo della membrana cellulare
B. Differenza di permeabilità a cavallo tra le membrane
C. Differenza di ATP a cavallo tra le membrane
D. Differenza di concentrazione osmotica a cavallo della membranea cellulare
E. Differenza di pH a cavallo tra le membrane

732. Come agiscono generalmente gli ormoni idrosolubili?

A. Si legano al loro specifico recettore presente sulle cellule target. Il complesso ormone-recettore è inglobato per endocitosi e raggiunge il nucleo, per legare il DNA e modulare la trascrizione genica
B. Attraversano facilmente la membrana cellulare e, nel citoplasma, si legano a recettori specifici per dare il via a una reazione a catena

C. Non sono mai immessi nel circolo sanguigno e agiscono solo sulle stesse cellule che li rilasciano
D. Si legano al loro specifico recettore presente sulle cellule target e scatenano una reazione a catena all'interno della cellula
E. Entrano in cellula per endocitosi e raggiungono il nucleo, dove si legano a un recettore. Il complesso ormone-recettore lega il DNA e attiva o reprime la trascrizione genica

733. Quale frase è corretta riguardo alle ghiandole paratiroidi?
A. Controllano la risposta dell'organismo allo stress
B. Sono responsabili della produzione degli ormoni della crescita
C. Secernono il paratormone per regolare i livelli di calcio nel sangue
D. Secernono calcitonina per controllare la calcemia
E. Producono ormoni che regolano i livelli di zucchero nel sangue

734. Durante l'espirazione quale di questi eventi NON avviene?
A. La pressione intrapolmonare diventa meno negativa
B. I gas vengono espulsi
C. I polmoni si espandono
D. Il diaframma si rilassa
E. La cavità toracica riduce il suo volume

735. La gastrina viene prodotta dalle cellule:
A. della mucosa intestinale e stimola la produzione di sali biliari
B. della mucosa gastrica e stimola la produzione di acido cloridrico
C. della mucosa gastrica e stimola la produzione di ptialina
D. della mucosa intestinale e stimola la produzione di succo pancreatico
E. della mucosa gastrica e induce l'innalzamento del pH dello stomaco

736. Quale frase NON è corretta riguardo alla risposta "combatti o fuggi"?
A. È controllata principalmente dal sistema nervoso simpatico
B. Uno dei neurotrasmettitori è l'adrenalina
C. Comporta il rilascio di ormoni dello stress
D. Promuove il rilassamento e conserva l'energia
E. È una risposta fisiologica allo stress o alle minacce percepite

737. Una sostanza che, iniettata nel corpo di un animale, è capace di provocare la formazione di anticorpi si chiama:
A. nessuna delle altre alternative è corretta
B. allele
C. alcaloide
D. aploide
E. antigene

738. È chiamata epifisi:
A. la parte centrale delle ossa lunghe
B. un'articolazione che consente un movimento limitato
C. l'estremità delle ossa lunghe
D. l'articolazione tra le ossa del cranio
E. un'articolazione che consente un ampio movimento

739. Le due vene cave, inferiore e superiore, portano il sangue:
A. all'atrio destro
B. rispettivamente all'atrio destro e sinistro
C. all'atrio sinistro
D. al ventricolo sinistro
E. al ventricolo destro

740. I muscoli vengono stimolati alla contrazione da:
A. metaboliti
B. impulsi nervosi
C. nessuna delle altre alternative è corretta
D. enzimi
E. ioni H^+

741. Gli ormoni steroidei interagiscono con recettori:
A. Tirosinchinasici
B. di membrana associati a canali ligando-dipendenti
C. citoplasmatici e nucleari
D. di membrana associati a canali voltaggio-dipendenti
E. di membrana associati a proteine G

BIOLOGIA

742. Una delle funzioni del colon è quella di:

A. produrre enzimi glicolitici
B. digerire lipidi e amidi
C. riassorbire acqua e sali minerali
D. riassorbire proteine e glucosio
E. riassorbire solo le proteine

743. Quale funzione presenta la bile?

A. Rende acido il pH dello stomaco
B. Riveste la superficie dello stomaco proteggendola dagli acidi gastrici
C. Assorbimento della vitamina B12
D. Digestione e assorbimento intestinale dei grassi
E. Scissione dei polisaccaridi complessi

744. Quale tra le componenti dell'elenco presenta dimensioni maggiori?

A. Globulo rosso
B. Ovulo
C. Mitocondrio
D. Ribosoma
E. Piastrina

745. Quale organo è il sito principale di maturazione dei linfociti T?

A. Timo
B. Midollo osseo
C. Milza
D. Fegato
E. Linfonodi

746. Quale frase NON è corretta?

A. Gli invertebrati non hanno la spina dorsale o la colonna vertebrale
B. L'ornitorinco è un anfibio
C. Gli insetti, ragni, crostacei e molluschi sono invertebrati
D. I vertebrati comprendono mammiferi, uccelli, rettili, anfibi e pesci
E. I vertebrati hanno la spina dorsale o la colonna vertebrale

747. Gli animali a fecondazione interna possono essere ovipari quando:

A. lo sviluppo avviene sul corpo della madre e si distacca dopo essersi completamente formato
B. producono uova, ma le uova si sviluppano all'interno del corpo della madre
C. un organismo si divide e origina due o più parti di dimensioni simili
D. portano avanti lo sviluppo dell'embrione all'interno del corpo della madre e danno alla luce i piccoli già completamente sviluppati
E. depongono le uova all'esterno del corpo della madre e l'embrione si sviluppa all'interno dell'uovo

748. Quale dei seguenti muscoli è coinvolto nella flessione omerale?

A. Bicipite femorale
B. Gluteo
C. Deltoide mediale
D. Tricipite brachiale
E. Bicipite brachiale

749. Nel rene la secrezione:

A. permette l'eliminazione del filtrato dal corpo
B. permette di recuperare acqua e alcuni soluti dal filtrato e di reimmetterli nel sangue
C. permette il passaggio di acqua attraverso le acquaporine
D. avviene principalmente nel glomerulo
E. elimina dal sangue alcuni farmaci, sostanze tossiche e ioni

750. Bronchi e polmoni formano le via respiratorie inferiori insieme a:

A. nessuna delle altre risposte è corretta
B. laringe
C. faringe
D. faringe e trachea
E. trachea

751. Quale è la funzione del diaframma?

A. Pompare il sangue
B. Muovere la spalla
C. Regolare la nostra respirazione
D. Piegare la gamba
E. Flettere la colonna vertebrale

752. L'urina è composta:

A. dal 50% di acqua
B. dal 5% di acqua
C. dal 25% di acqua
D. dal 95% di acqua
E. dal 1% di acqua

753. Quale frase NON è corretta riguardo ai neuroni?

A. Trasmettono segnali attraverso sinapsi chimiche
B. Sono cellule specializzate che conducono gli impulsi nervosi
C. Presentano il pirenoforo

D. Si trovano solo nel cervello e nel midollo spinale
E. Sono la struttura di base del sistema nervoso

754. Lo sfenoide è:
A. un osso che fa parte della base del cranio
B. un muscolo della faccia
C. un muscolo del torace
D. un osso della mano
E. un osso del piede

755. Quale delle seguenti strutture NON fa parte dell'apparato genitale femminile?
A. Utero
B. Epididimo
C. Ovaie
D. Tube di Falloppio
E. Vulva

756. Lo scafoide è un osso:
A. della mano
B. del cranio
C. del piede
D. della gamba
E. della colonna vertebrale

757. Indica quale delle seguenti NON è una funzione tipica dell'apparato muscolo-scheletrico.
A. Consente i movimenti
B. Protezione
C. Riserva di calcio
D. Riserva di calore
E. Sostegno

758. Quale delle seguenti strutture NON compone il diencefalo?
A. Epifisi
B. Talamo
C. Ponte
D. Ipotalamo
E. Neuroipofisi

759. Esofago e stomaco sono collegati da quale delle seguenti strutture?
A. Sfintere ileocecale
B. Cardias
C. Piloro
D. Sfintere uretrale
E. Ano

760. Quale frase NON è corretta riguardo al sistema nervoso dei vertebrati?
A. I vertebrati hanno un cervello e un midollo spinale
B. Il sistema nervoso dei vertebrati consente comportamenti complessi e capacità cognitive
C. I vertebrati hanno un sistema nervoso centralizzato
D. Tutti i vertebrati possiedono gli stessi organi sensoriali
E. Tutti i vertebrati possiedono organi sensoriali diversamente sviluppati

761. Nel sistema di scambio in controcorrente, quale sostanza viene scambiata tra gli arti ascendenti e discendenti dell'ansa di Henle?
A. Urea
B. Ioni di sodio
C. Glucosio
D. Saccarosio
E. Acqua

762. Quale frase NON è corretta riguardo al sistema nervoso autonomo (SNA)?
A. Regola la frequenza cardiaca e la digestione
B. È suddiviso in simpatico e parasimpatico
C. Trasmette informazioni sensoriali dal corpo al SNC
D. Controlla la frequenza respiratoria
E. Controlla le funzioni corporee involontarie

763. Quale classe di anticorpi è principalmente coinvolta nelle reazioni allergiche?
A. IgM
B. IgG
C. IgE
D. IgD
E. IgA

BIOLOGIA

764. Quale frase è corretta riguardo alle ghiandole riproduttive del sistema endocrino?

A. Producono FSH e LH
B. Sono responsabili della produzione degli ormoni della crescita
C. Producono ormoni sessuali coinvolti nella riproduzione
D. Producono ormoni che controllano il bilancio idrico dell'organismo
E. Regolano principalmente la risposta dell'organismo allo stress

765. Nell'uomo le cellule epiteliali dello strato corneo non hanno nucleo e quindi:

A. si dividono con modalità che ricordano quelle dei batteri
B. si dividono più lentamente delle cellule dello strato basale
C. si possono dividere una sola volta
D. non si possono più dividere
E. non si ricambiano mai

766. La funzione dell'emoglobina è:

A. il trasporto dell'ossigeno dai polmoni ai tessuti del corpo e il trasporto dell'anidride carbonica dai tessuti ai polmoni
B. il trasporto di glucosio dai tessuti del corpo ai polmoni
C. il trasporto di glucosio dai polmoni ai tessuti del corpo e il trasporto dell'anidride carbonica dai tessuti ai polmoni
D. il trasporto di glucosio dai polmoni ai tessuti del corpo e il trasporto dell'anidride carbonica dai polmoni ai tessuti
E. il trasporto dell'ossigeno e anidride carbonica dai tessuti del corpo ai polmoni

767. Qual è il numero massimo di molecole di ossigeno che è in grado di legare l'emoglobina?

A. 4
B. 2
C. 1
D. 3
E. 5

768. Tra i seguenti, qual è l'organo che NON partecipa alla difese immunitarie?

A. Milza
B. Midollo osseo
C. Timo
D. Linfonodo
E. Tiroide

769. Quale tra le seguenti arterie NON fa parte dell'anatomia renale?

A. Arteria femorale
B. Arteria renale
C. Arterie interlobari
D. Arterie arcuate
E. Arterie interlobulari

770. Tra le seguenti opzioni qual è l'ordine corretto delle componenti che costituiscono il canale alimentare?

A. bocca, faringe, stomaco, esofago, intestino tenue e intestino crasso
B. bocca, faringe, esofago, stomaco, intestino tenue e intestino crasso
C. bocca, faringe, esofago, stomaco, intestino crasso e intestino tenue
D. bocca, esofago, faringe, stomaco, intestino tenue e intestino crasso
E. bocca, faringe, stomaco, esofago, intestino crasso e intestino tenue

771. Il processo digestivo inizia:

A. nella faringe
B. nell'esofago
C. in bocca
D. nello stomaco
E. nell'intestino

772. Come viene definito l'intestino lungo circa 7 m, responsabile dell'assorbimento delle sostanze nutritive, caratterizzato da piccoli villi e microvilli?

A. Retto
B. Tenue
C. Colon
D. Pancreas
E. Crasso

773. Come viene definito l'intestino lungo circa 1,5 m, che assorbe principalmente l'acqua e ospita il microbiota intestinale?

A. Pancreas
B. Tenue
C. Colon
D. Retto
E. Crasso

774. Si definisce fattore Rh:

A. una proteina presente sulla membrana degli eritrociti
B. un polisaccaride presente sulla membrana dei globuli bianchi
C. una proteina presente sulla membrana dei globuli bianchi
D. un polisaccaride presente sulla membrana dei globuli rossi
E. un lipide presente sulla membrana degli eritrociti

775. Quale dei seguenti ormoni ha come funzione principale quella di alzare i livelli di calcio nel sangue?

A. Glucagone
B. Progesterone
C. Calcitonina
D. Paratormone
E. Tiroxina

776. La calcitonina:

A. svolge un'attività agonista a quella del paratormone
B. viene prodotta dalle paratiroidi
C. abbassa la concentrazione ematica del calcio
D. aumenta il riassorbimento del calcio da parte del rene
E. favorisce il rilascio di calcio da parte delle ossa

777. Qual è la funzione della vescica natatoria?

A. Controllo del galleggiamento
B. Digestione
C. Riproduzione
D. Protezione dai predatori
E. Escrezione metaboliti di scarto

778. Quale parte del corpo di un pesce è rivestita di squame?

A. Solo le pinne
B. Solo la coda
C. Solo le branchie
D. L'intero corpo
E. Solo la testa

779. Da quale delle seguenti parti del sistema nervoso dipendono principalmente le emozioni, la memoria e l'apprendimento?

A. Dal sistema limbico
B. Dal midollo spinale
C. Dall'ipofisi
D. Dal corpo calloso
E. Dal tronco encefalico

780. Quale tipo di miosina è principalmente coinvolto nella contrazione muscolare?

A. Miosina non convenzionale
B. Miosina VIII
C. Miosina I
D. Miosina II
E. Miosina III

781. Quale tra le strutture anatomiche elencate è utilizzata dai pesci per la respirazione?

A. Pelle permeabile
B. Pelle impermeabile
C. Branchie
D. Squame
E. Trachea

782. La milza svolge molteplici funzioni. Indicare, tra le alternative, la funzione NON svolta dalla milza.

A. Produzione di linfociti
B. Rimozione di detriti cellulari
C. Rimozione di patogeni
D. Produzione di cellule del sangue nel feto
E. Produzione di cellule ematiche negli adulti

783. Qual è la funzione della linea laterale di un pesce?

A. Mantenere l'quilibrio
B. Rilevare le vibrazioni e le variazioni di pressione
C. Percezione degli odori
D. Percezione dei suoni
E. Percezione della vista

784. Il tessuto epiteliale è:

A. un tessuto avente solo funzione di protezione
B. un tessuto formato da neuroni e da cellule accessorie con cui sono a contatto
C. un tessuto con funzioni di rivestimento e di secrezione

BIOLOGIA

D. un tessuto che ha solo funzione di sostegno
E. nessuna delle altre alternative è corretta

785. Gli isolotti pancreatici, detti anche "Isole di Langherans", sono strutture endocrine che rilasciano diversi ormoni tra cui:
A. ormone della crescita (GH)
B. insulina e glucagone
C. somatostatina e CRH
D. ormone follicolo-stimolante
E. ormone antidiuretico (ADH)

786. L'ormone della crescita (GH) viene prodotto da:
A. midollo osseo
B. corticale del surrene
C. isole di Langherans
D. timo
E. adenoipofisi

787. L'ormone aldosterone è prodotto:
A. dalla midollare del surrene
B. dal lobo anteriore dell'ipofisi
C. dalla corticale del surrene
D. dal lobo posteriore dell'ipofisi
E. dagli isolotti pancreatici

788. L'ormone adrenalina è prodotto:
A. dal lobo anteriore dell'ipofisi
B. dalla corticale del surrene
C. dal lobo posteriore dell'ipofisi
D. dalla midollare del surrene
E. dagli isolotti pancreatici

789. Qual è la funzione del timo?
A. Maturazione degli eritrociti
B. Regolare la pressione sanguigna nel corpo umano
C. Percezione del gusto
D. Digerire grassi e proteine
E. Maturazione dei linfociti T

790. La membrana sierosa della cavità addominale-pelvica come è chiamata?
A. Peritoneo
B. Timpano
C. Pericardio
D. Pleura
E. Meninge

791. Quale frase è corretta riguardo alle ghiandole surrenali?
A. Secernono ormoni coinvolti nella risposta allo stress dell'organismo
B. Secernono LH
C. Sono responsabili della produzione di insulina
D. Sono situate nel collo
E. Producono ormoni che regolano i livelli di calcio nel sangue

792. Qual è la funzione principale del sistema immunitario?
A. Produzione di energia
B. Regolazione della temperatura corporea
C. Digestione del cibo
D. Trasporto dell'ossigeno
E. Difesa dell'organismo da agenti patogeni

793. Se lo sviluppo embrionale avviene all'interno del corpo della madre, che gli fornisce l'ossigeno e le sostanze nutritive si parla di animali:
A. che si riproducono per scissione
B. Ovovipari
C. Vivipari
D. che si riproducono per gemmazione
E. Ovipari

794. Come si chiama la membrana che ricopre e protegge il cuore?
A. Meninge
B. Pleura
C. Pericardio
D. Timpano
E. Peritoneo

795. L'adenoipofisi produce tutti gli ormoni elencati TRANNE:
A. l'ormone tireotropo
B. la prolattina
C. l'ormone follicolo-stimolante
D. l'ossitocina
E. l'ormone della crescita

796. Il glucagone viene prodotto:
A. dal pancreas
B. dallo stomaco
C. dalle gonadi
D. dal surrene
E. dal fegato

797. Quale tra quelli elencati, è un processo biochimico in cui è coinvolta direttamente la vitamina K?

A. Processo di coagulazione
B. Sintesi di collagene
C. Processo antiossidante
D. Ciclo dell'urea
E. Sintesi di colesterolo

798. Quale dei seguenti tipi cellulari NON è tipica del sistema nervoso?

A. Neuroni
B. Microglia
C. Fibroblasti
D. Oligodendrociti
E. Astrociti

799. Quale frase è corretta riguardo agli ormoni?

A. Sono costituiti solo da proteine
B. Sono coinvolti nelle contrazioni muscolari volontarie
C. Sono cellule specializzate del sistema nervoso
D. Sono messaggeri chimici prodotti dalle ghiandole endocrine
E. Sono prodotti solo dal cervello

800. Nell'apparato respiratorio del corpo umano, quali strutture attraversa l'aria che arriva alla trachea per raggiungere i polmoni?

A. Nessuna delle altre alternative è corretta
B. Dalla trachea l'aria passa direttamente negli alveoli, che permettono gli scambi gassosi con i capillari presenti
C. Dalla trachea l'aria passa nella laringe che si divide inferiormente nei due bronchi, ognuno dei quali conduce l'aria a un polmone
D. Dalla trachea l'aria passa attraverso l'epiglottide ed entra nei bronchi, che la trasportano ai polmoni
E. La trachea si divide inferiormente nei due bronchi, destro e sinistro, ognuno dei quali conduce l'aria a un polmone

801. Le valvole atrio-ventricolari:

A. sono chiamate mitrale e tricuspide
B. sono chiamate polmonare e aortica
C. impediscono al sangue di refluire nel ventricolo quando l'atrio si contrae
D. sono controllate dal sistema nervoso
E. sono chiamate mitrale e bicuspide

802. Quale tra le seguenti affermazioni relative alla struttura dei muscoli striati è FALSA?

A. L'attivazione dei muscoli striati è sempre controllata dal sistema nervoso autonomo e, dunque, sono involontari
B. Le fibre dei muscoli striati hanno un diametro medio di 10 - 100 μm
C. Nei muscoli striati, miosina e actina sono organizzate rispettivamente in filamenti spessi e sottili
D. I movimenti dei muscoli striati sono controllati dal sistema nervoso centrale
E. I muscoli striati sono costituiti da fibre cilindriche e polinucleate

803. Qual è la principale funzione dei villi intestinali?

A. Progressione del bolo alimentare
B. Digestione
C. Respirazione
D. Assorbimento
E. Escrezione

804. Un individuo anziano può incorrere più facilmente in una frattura ossea rispetto a un individuo giovane. Sulla base di questo assunto, quale cellula si può presumere che riduca maggiormente la propria attività con l'invecchiamento?

A. L'osteocita
B. Il periostio
C. L'osteoblasto
D. L'osteoclasto
E. L'osteone

805. La definizione di tessuto è:

A. un gruppo di cellule identiche
B. un insieme di organi deputati alla stessa funzione
C. un insieme di cellule e di organi deputati alla stessa funzione
D. un gruppo di cellule simili organizzate in un'unità strutturale e funzionale
E. un gruppo di cellule simili deputate a funzione diverse

806. Quale delle seguenti informazioni sul liquido pleurico NON è corretta?

A. Viene continuamente filtrato e riassorbito
B. Non è necessario per il corretto funzionamento dei polmoni

C. È presente tra i due foglietti sierosi che costituiscono la pleura
D. Ha una composizione simile al plasma
E. Funge da lubrificante

807. L'ormone che stimola la tiroide a produrre gli ormoni T3 e T4 è detto:

A. GH
B. ACTH
C. LH
D. TSH
E. MSH

808. Il pH del succo gastrico è circa:

A. 10 -11
B. 14
C. 1 - 2
D. 5 - 6
E. 7 - 8

809. Quale parte del nefrone è principalmente responsabile del meccanismo controcorrente?

A. Tubulo contorto prossimale
B. Dotto collettore
C. Tubulo contorto distale
D. Ansa di Henle
E. Glomerulo

810. Quale delle seguenti ossa fa parte della coscia?

A. Ulna
B. Tibia
C. Metacarpo
D. Femore
E. Radio

811. La presenza della mielina:

A. riduce quasi totalmente la velocità di conduzione dell'impulso nervoso
B. aumenta la velocità di conduzione dell'impulso nervoso
C. riduce la velocità di conduzione dell'impulso nervoso
D. impedisce la conduzione dell'impulso nervoso
E. non influenza la velocità di conduzione dell'impulso nervoso

812. Quale delle seguenti affermazioni sulle vene è FALSA?

A. Presentano valvole a nido di rondine per impedire il reflusso
B. Vengono suddivise in venule, vene contentive e vene propulsive
C. Trasportano il sangue a bassa pressione
D. Sono meno numerose rispetto alle arterie
E. Hanno la parete più sottile rispetto alle arterie

813. Il sistema nervoso simpatico usa come principale neurotrasmettitore:

A. glucagone
B. prolattina
C. noradrenalina
D. calcitonina
E. melatonina

814. I recettori sensoriali presenti nel derma responsabili del rilevamento di stimoli vibratori e pressori sono detti:

A. corpuscoli di Pacini
B. recettori di Merkel
C. terminazioni nervose libere
D. corpuscoli di Meissner
E. corpuscoli di Ruffini

815. Quale delle seguenti affermazioni sulla pleura è FALSA?

A. È una membrana sierosa
B. Consente l'espansione dei polmoni durante la fase di inspirazione dell'aria
C. Rientra nella categoria dei mesoteli
D. È formata da un foglietto parietale e uno viscerale
E. Ha normalmente una struttura ruvida e rigida

816. Indicare la risposta esatta sui ginglimi.

A. Non permettono movimenti ad angolo
B. Non sono dotati di legamenti di rinforzo
C. Sono varianti di suture
D. Ne esistono di angolari e laterali
E. Hanno superfici articolari irregolari

817. Quale tra i seguenti tipi di cellule contribuiscono a formare la barriera ematoencefalica?

A. Astrociti
B. Interneuroni
C. Neuroni afferenti
D. Oligodendrociti
E. Cellule di Schwann

818. Una persona astigmatica:

A. ha una visione sfocata a causa della curvatura anormale del cristallino o della cornea
B. non riesce a mettere bene a fuoco esclusivamente gli oggetti vicini perché il suo bulbo oculare è più corto della norma
C. non riesce a mettere bene a fuoco esclusivamente gli oggetti lontani perché il suo bulbo oculare è più lungo della norma
D. ha una visione sfocata perché i raggi di luce si focalizzano su un unico punto della retina
E. non riesce a mettere bene a fuoco esclusivamente gli oggetti vicini a causa di una deformazione del cristallino o della cornea

819. Il plasma è:

A. la parte liquida del sangue
B. nessuna delle altre alternative è corretta
C. sinonimo di sangue
D. sinonimo di linfa
E. la parte figurata del sangue

820. A partire dalla testa ai piedi quale è il corretto ordine delle aree vertebrali?

A. Cervicali, toraciche, lombari, sacrali e caudali
B. Caudali, sacrali, lombari, toraciche e cervicali
C. Cervicali, lombari, toraciche, sacrali e caudali
D. Caudali,cervicali, toraciche, lombari e sacrali
E. Cervicali, caudali, lombari, sacrali e toraciche

821. Quale frase è corretta riguardo alla ghiandola pineale?

A. Controlla il bilancio idrico dell'organismo
B. Produce l'ormone MSH
C. Produce la melatonina, che regola i cicli sonno-veglia
D. È responsabile della produzione di insulina
E. Regola la risposta dell'organismo allo stress

822. A partire dall'orifizio pilorico, come si suddivide l'intestino tenue?

A. Ileo, digiuno e duodeno
B. Digiuno, duodeno e ileo
C. Digiuno, ileo e duodeno
D. Duodeno, digiuno e ileo
E. Duodeno, ileo e digiuno

823. Quale dei seguenti ormoni collabora con il paratormone e ha effetto ipocalcemizzante?

A. Melatonina
B. Adrenalina
C. Insulina
D. Calcitonina
E. Ossitocina

824. Quale frase NON è corretta riguardo al sistema nervoso periferico (SNP)?

A. È responsabile dell'elaborazione e dell'integrazione delle informazioni
B. Trasmette informazioni sensoriali al SNC
C. Il SNA è diviso in simpatico e parasimpatico
D. È suddiviso in sistema nervoso somatico e autonomo
E. È costituito da nervi che collegano il SNC al resto del corpo

825. Lo stomaco produce uno dei seguenti ormoni, quale?

A. L'aldosterone
B. La prolattina
C. La grelina
D. L'ossitocina
E. Il cortisolo

826. Quale parte dell'anticorpo viene riconosciuta dalle cellule immunitarie come i macrofagi e le cellule natural killer (NK)?

A. Regioni costanti
B. Catene pesanti
C. Catene leggere
D. Regione Fc
E. Regioni variabili

827. Dove si trova il poligono di Willis?

A. Polmoni
B. Fegato
C. Cuore
D. Encefalo
E. Milza

BIOLOGIA

828. Quale è il corretto percorso dell'aria durante l'inspirazione?

A. Naso, faringe, trachea, laringe e bronchi
B. Naso, trachea, laringe, faringe e bronchi
C. Naso, trachea, faringe, laringe e bronchi
D. Naso, laringe, trachea, faringe e bronchi
E. Naso, faringe, laringe, trachea e bronchi

829. Quale frase NON è corretta riguardo alla diversità dei vertebrati?

A. Le strategie riproduttive dei vertebrati si diversificano in base all'ambiente in cui vivono
B. Tutti i vertebrati possiedono le stesse strategie riproduttive
C. I vertebrati si trovano in tutti i continenti e in diversi climi
D. I vertebrati comprendono una vasta gamma di specie, dalle minuscole rane alle enormi balene
E. Presentano diversi adattamenti a diverse nicchie ecologiche, come deserti, foreste e oceani

830. Quale delle seguenti affermazioni sulle meningi è ERRATA?

A. Sono tre membrane sovrapposte
B. Sono composte essenzialmente da tessuto connettivo
C. Sono anche note come dura madre, aracnoide e pia madre
D. Costituiscono la guaina delle fibre nervose
E. Avvolgono l'encefalo

831. Quali strutture compongono il tronco encefalico?

A. Ipofisi e amigdala
B. Mesencefalo, ponte e midollo allungato
C. Amigdala e talamo
D. Talamo e ipotalamo
E. Ipotalamo e midollo allungato

832. Quale frase è corretta riguardo all'ipotalamo?

A. Produce prolattina
B. Produce ormoni che regolano i livelli di zucchero
C. Funge da collegamento tra il sistema nervoso e quello endocrino
D. È una ghiandola endocrina responsabile della produzione di insulina
E. Controlla la risposta dell'organismo allo stress

833. Dove si trovano le cellule di Leydig?

A. Nel pancreas
B. Nello stomaco
C. Nel fegato
D. Nel testicolo
E. Nell'intestino tenue

834. Quale classe di anticorpi è coinvolta nella risposta immunitaria contro le infezioni parassitarie?

A. IgD
B. IgA
C. IgE
D. IgM
E. IgG

835. Che cos'è il processo xifoideo?

A. La porzione terminale e più piccola dello sterno
B. La porzione terminale e più grande dello sterno
C. La porzione terminale e più piccola della gabbia toracica
D. La porzione prossimale e più piccola dello sterno
E. La porzione terminale e più piccola della clavicola

836. Quale delle seguenti strutture NON fa parte del sistema di conduzione?

A. Fascio di His
B. Ansa di Henle
C. Nodo seno atrio-ventricolare
D. Fibre di Purkinje
E. Nodo senoartiale

837. Normalmente quale percentuale del liquido seminale è rappresentata da spermatozoi?

A. 1%
B. 7%
C. 67%
D. 43%
E. 80%

838. Quale tra quelli elencati sono i principali neurotrasmettitori coinvolti nella risposta allo stress?

A. Solo adrenalina e noradrenalina
B. Solo adrenalina e cortisolo
C. Solo noradrenalina e cortisolo
D. Adrenalina, noradrenalina e cortisolo
E. Adrenalina, noradrenalina e glucagone

839. Come viene definito quel processo biochimico attraverso il quale due neuroni comunicano tra loro?

A. Fotosintesi clorofilliana
B. Respirazione cellulare
C. Digestione enzimatica
D. Sinapsi
E. Glicolisi

840. Che cosa si intende per sarcopenia?

A. È il progressivo declino della massa e della forza ossea, un processo naturale ed inesorabile legato al fisiologico invecchiamento del corpo umano
B. È il progressivo declino della massa e della forza muscolare, un processo naturale ed inesorabile legato al fisiologico invecchiamento del corpo umano
C. Una condizione caratterizzata da un'eccessiva debolezza ossea
D. L'accumulo di grasso nei muscoli dovuto a una dieta ricca di proteine
E. Un'eccessiva crescita muscolare dovuta all'allenamento intensivo

841. L'insieme delle fibre muscoli innervate dal medesimo neurone è detto:

A. unità motoria
B. giunzione neuromuscolare
C. miofibrilla
D. sarcomero
E. placca motrice

842. L'emoglobina è una proteina presente:

A. nei cloroplasti
B. negli epatociti
C. nei neuroni
D. nei linfociti
E. negli eritrociti

843. È chiamata diafisi:

A. un'articolazione che consente un movimento limitato
B. l'estremità delle ossa lunghe
C. la parte centrale delle ossa lunghe
D. un'articolazione che consente un ampio movimento
E. l'articolazione tra le ossa del cranio

844. Qual è la sequenza più logica per elencare le seguenti strutture anatomiche?

A. Tibia, falangi, metatarso, tarso
B. Tibia, metatarso, tarso, falangi
C. Tibia, tarso, metatarso, falangi
D. Falangi, tibia, tarso, metatarso
E. Falangi, tarso, metatarso, tibia

845. Quale delle seguenti affermazioni sul fattore intrinseco è corretta?

A. È rilasciato dal fegato
B. È prodotto dalle cellule principali
C. È necessario per abbassare il pH gastrico
D. È prodotto dalle cellule beta e alfa del pancreas
E. È indispensabile per l'assorbimento della vitamina B12

846. Quale delle seguenti proteine NON è presente normalmente nel plasma sanguigno?

A. Emoglobina
B. Immunoglobulina
C. Transferrina
D. Albumina
E. Fibrinogeno

847. La circolazione sistemica ha origine:

A. nel ventricolo destro e porta sangue ossigenato ai tessuti
B. nel ventricolo sinistro e porta sangue ossigenato ai tessuti
C. nell'atrio sinistro e porta sangue ossigenato ai tessuti
D. nel ventricolo sinistro e porta sangue da ossigenare ai polmoni
E. nel ventricolo destro e porta sangue da ossigenare ai polmoni

848. La rotula:

A. è sinonimo di patella
B. è un muscolo del ginocchio
C. si articola con la tibia
D. si articola con il perone
E. è sinonimo di menisco

849. Quale tra quelli elencati è il neurotrasmettitore che è coinvolto nel controllo del movimento intestinale?

A. Acetilcolina
B. Serotonina
C. Adenosina
D. Dopamina
E. Noradrenalina

850. Quale delle seguenti affermazioni sulle arterie è FALSA?

A. Sono meno numerose rispetto alle vene
B. Si distinguono in arterie di conduzione e arterie di distribuzione
C. Hanno la parete più spessa rispetto alle vene
D. Trasportano il sangue ad alta pressione
E. Presentano valvole a nido di rondine per impedire il reflusso

851. L'atrio sinistro riceve il sangue da quale vaso?

A. Vene polmonari
B. Arteria femorale
C. Vena giugulare
D. Arteria carotidea
E. Vena cava inferiore

852. Qual è la differenza tra immunità innata e immunità adattativa?

A. L'immunità innata è limitata agli invertebrati, mentre l'immunità adattativa è presente solo nei vertebrati
B. L'immunità innata è presente dalla nascita, mentre l'immunità adattativa si sviluppa con l'esposizione agli antigeni
C. L'immunità innata produce anticorpi, mentre l'immunità adattativa no
D. L'immunità innata si attiva lentamente, mentre l'immunità adattativa si attiva rapidamente
E. L'immunità innata è specifica, mentre l'immunità adattativa è non specifica

853. Quale delle seguenti sostanze è il neurotrasmettitore principale del sistema nervoso parasimpatico?

A. Vasopressina
B. Aldosterone
C. Acetilcolina
D. Insulina
E. Paratormone

854. Quale delle seguenti strutture è responsabile dell'ossigenazione degli emisferi cerebrali?

A. Coronarie
B. Arteria mesenterica
C. Vena cava inferiore
D. Poligono di Willis
E. Ansa di Henle

855. Quante paia sono i nervi cranici?

A. 13
B. 11
C. 10
D. 12
E. 7

856. Dove inizia e dove termina la cosiddetta "zona di conduzione" in anatomia umana?

A. Nessuna delle altre alternative è corretta
B. Inizia dalla trachea e termina con i bronchi
C. Inizia dalla trachea e termina con i bronchioli terminali
D. Inizia dalla faringe e termina con i bronchioli terminali
E. Inizia dalla laringe e termina con i bronchioli terminali

857. Il cuore è protetto da una sacca sierosa esterna, che si chiama:

A. endocardio
B. endotelio
C. miocardio
D. epicardio
E. pericardio

858. Il cuore è un organo:

A. cavo suddiviso in quattro camere: due atri e due ventricoli
B. pieno suddiviso in tre camere: due atri e un ventricolo
C. pieno suddiviso in quattro camere: due atri e due ventricoli
D. cavo suddiviso in tre camere: un atrio e due ventricoli
E. pieno suddiviso in cinque camere: tre atri e due ventricoli

859. Quali delle seguenti cellule possono secernere testosterone?

A. Cellule alfa
B. Cellule parietali
C. Cellule di Leydig
D. Cellule beta
E. Cellule principali

860. Qual è la funzione del pericardio?

A. Costituire le pareti interne del cuore
B. Costituire le pareti esterne ed interne del cuore
C. Svolge solo una funzione contrattile, infatti viene definito il "muscolo" del cuore
D. Avvolgere e proteggere il cuore
E. Contrarsi e rilasciarsi, infatti viene definito il "muscolo" del cuore

861. La valvola mitrale presidia il passaggio del sangue:

A. ossigenato attraverso l'orifizio posto tra atrio destro e ventricolo destro
B. ossigenato attraverso l'orifizio posto tra atrio sinistro e ventricolo sinistro
C. ossigenato attraverso l'orifizio posto tra atrio sinistro e ventricolo destro
D. non ossigenato attraverso l'orifizio posto tra atrio destro e ventricolo destro
E. non ossigenato attraverso l'orifizio posto tra atrio sinistro e ventricolo sinistro

862. Qual è la percentuale di azoto presente nell'aria che respiriamo?

A. 78%
B. 21%
C. 50%
D. 37%
E. 15%

863. Qual è la percentuale di ossigeno presente nell'aria che respiriamo?

A. 63%
B. 30%
C. 21%
D. 80%
E. 95%

864. La melatonina è un ormone costituito da un amminoacido modificato. Tale sostanza:

A. regola il ritmo circadiano sonno-veglia e il ritmo stagionale
B. viene prodotta dall'ipofisi
C. regola solo il ritmo circadiano sonno-veglia
D. viene prodotta dai melanociti
E. viene prodotta quasi esclusivamente nelle ore diurne

865. Il gas più presente nell'aria che respiriamo è:

A. l'ossigeno
B. l'argon
C. il vapore acqueo
D. l'anidride carbonica
E. l'azoto

866. Quali sono le strutture anatomiche che costituiscono le vie aeree superiori?

A. Cavità nasali, bocca, laringe e trachea
B. Cavità nasali, bocca, faringe e laringe
C. Cavità nasali, bocca, faringe e tiroide
D. Bocca, faringe, laringe e tiroide
E. Cavità nasali, bocca, faringe e trachea

867. Nei bronchi, l'epitelio è costituito da quali tipologie di cellule?

A. Cellule falciformi e cellule ciliate
B. Cellule muscolari e cellule ciliate
C. Cellule ossee e cellule ciliate
D. Cellule pavimentose e cellule ciliate
E. Cellule caliciformi e cellule ciliate

868. Secondo il sistema AB0, il gruppo sanguigno è dovuto:

A. ad antigeni liberi nel sangue
B. nessuna delle altre alternative è corretta
C. ad anticorpi presenti sugli eritrociti
D. a nuove mutazioni in ogni individuo
E. ad antigeni presenti sugli eritrociti

BIOLOGIA

869. Quale funzione svolge l'ANP?

A. Mantenimento dell'omeostasi cardiovascolare
B. Induzione di una sensazione di benessere
C. Stimolazione dell'appetito
D. Regolazione del ritmo circadiano
E. Mantenimento dell'omeostasi glicemica

870. Quale frase NON è corretta riguardo al midollo spinale?

A. È protetto dalla colonna vertebrale
B. È innervato dai nervi spinali
C. Stimola la digestione
D. Ha il compito di trasmettere i segnali tra il cervello e il corpo
E. È un lungo fascio cilindrico di fibre nervose

871. Quale delle seguenti ghiandole produce il paratormone?

A. Gonadi
B. Ipofisi
C. Epifisi
D. Paratiroidi
E. Ghiandole surrenali

872. Le meningi sono disposte concentricamente e sono denominate, dall'esterno verso l'interno:

A. aracnoide, dura madre e pia madre
B. dura madre, aracnoide e pia madre
C. aracnoide e pia madre
D. aracnoide e dura madre
E. pia madre e dura madre

873. Cosa si verifica nel nostro organismo successivamente all'esposizione con un antigene?

A. Proliferazione cellulare
B. Risposta infiammatoria
C. Produzione di radicali liberi
D. Risposta immunitaria
E. Perossidazione lipidica

874. Quante sono le vertebre toraciche?

A. 7
B. 18
C. 5
D. 4
E. 12

875. Quale delle seguenti affermazioni sulla mielina è corretta?

A. È prodotta dalla midollare del surrene
B. È un ormone che regola il ritmo circadiano
C. Avvolge l'encefalo
D. Costituisce la guaina delle fibre nervose
E. È formata da tre membrane sovrapposte

876. Come si definisce il progressivo declino della massa e della forza muscolare, un processo naturale ed inesorabile legato al fisiologico invecchiamento del corpo umano?

A. Sarcolemma
B. Osteopenia
C. Osteoporosi
D. Aritmia
E. Sarcopenia

877. Qual è la funzione del diaframma?

A. È il muscolo fonatorio principale
B. È il muscolo respiratorio principale, tuttavia non si contrae essendo un muscolo a forma di cupola
C. È il muscolo respiratorio principale, si contrae durante l'espirazione e si rilascia durante l'inspirazione
D. È il muscolo respiratorio principale
E. È il muscolo respiratorio principale, si contrae durante l'inspirazione e si rilascia durante l'espirazione

878. Nella circolazione sistemica:

A. il sangue non ossigenato arriva nell'atrio sinistro e viene pompato dal ventricolo sinistro all'interno dell'aorta, che lo distribuisce al resto dell'organismo
B. il sangue ricco di anidride carbonica viene raccolto in atrio destro e viene pompato dal ventricolo destro nell'arteria polmonare
C. il sangue ossigenato arriva nell'atrio destro e viene pompato dal ventricolo destro all'interno dell'aorta, che lo distribuisce al resto dell'organismo
D. il sangue ossigenato arriva nell'atrio sinistro e viene pompato dal ventricolo sinistro all'interno dell'aorta, che lo distribuisce al resto dell'organismo

E. il sangue non ossigenato arriva nell'atrio destro e viene pompato dal ventricolo destro all'interno dell'aorta, che lo distribuisce al resto dell'organismo

879. Il diaframma è considerato un muscolo:

A. sia inspiratorio sia espiratorio
B. inspiratorio
C. scheletrico
D. cardiaco
E. espiratorio

880. Quale tra i seguenti muscoli NON è un muscolo inspiratore accessorio?

A. Scaleno
B. Sternocleidomastoideo
C. Diaframma
D. Grande dentato
E. Piccolo pettorale

881. Nella circolazione polmonare:

A. il sangue ricco di ossigeno viene raccolto in atrio destro e viene pompato dal ventricolo destro nell'arteria polmonare
B. il sangue ricco di anidride carbonica viene raccolto in atrio destro e viene pompato dal ventricolo destro nell'arteria polmonare
C. il sangue ossigenato arriva nell'atrio sinistro e viene pompato dal ventricolo sinistro all'interno dell'aorta, che lo distribuisce al resto dell'organismo
D. il sangue ricco di anidride carbonica viene raccolto in atrio sinistro e viene pompato dal ventricolo sinistro nell'arteria polmonare
E. il sangue ricco di anidride carbonica viene raccolto in atrio destro e viene pompato dal ventricolo destro nella vena polmonare

882. Come si chiama la circolazione che pompa sangue ossigenato dal ventricolo sinistro per distribuirlo al resto dell'organismo?

A. Sistemica
B. Organica
C. Polmonare
D. Sistolica
E. Diastolica

883. Come si chiama la circolazione che pompa sangue ricco di anidride carbonica dal ventricolo destro?

A. Sistemica
B. Polmonare
C. Diastolica
D. Sistolica
E. Organica

884. Qual è la definizione di frequenza cardiaca?

A. La frequenza cardiaca è la pressione esercitata dal sangue all'interno dei vasi sanguigni sulla parete dei vasi stessi
B. La frequenza cardiaca è il numero di battiti, quindi di pulsazioni, che il cuore compie ogni ora
C. La frequenza cardiaca è la pressione esercitata dal sangue all'interno dei vasi sanguigni sulla parete dei vasi limitrofi
D. La frequenza cardiaca è il numero di battiti, quindi di pulsazioni, che il cuore compie
E. La frequenza cardiaca è il numero di battiti, quindi di pulsazioni, che il cuore compie ogni minuto

885. Che cos'è l'ACTH e che funzioni ha?

A. È la corticotropina, ormone prodotto dalla corteccia surrenale, che stimola la produzione dei corticosteroidi da parte delle cellule contenute nella porzione midollare del surrene
B. È il cosiddetto ormone della crescita, detto anche GH, secreto dal lobo anteriore dell'ipofisi, la cui funzione è quella di regolare la crescita dell'organismo
C. È l'ormone adrenocorticotropo, che viene prodotto dall'ipofisi intermedia e stimola la produzione del cortisolo
D. È l'ormone adrenocorticotropo, o corticotropina, prodotto dall'ipofisi anteriore. Stimola la corteccia surrenale che a sua volta produce glucocorticoidi
E. È l'ormone, prodotto dall'ipofisi, che stimola la produzione di T4 e T3 da parte della tiroide. I livelli plasmatici di T4 e T3 regolano la produzione di ACTH

886. Che funzione svolge il nervo vago?
A. Controllo delle funzioni simpatiche viscerali di cuore, polmoni e sistema digerente
B. Controllo delle funzioni parasimpatiche viscerali di cuore, polmoni e sistema digerente
C. Controllo delle funzioni parasimpatiche viscerali di cuore, polmoni e fegato
D. Controllo delle funzioni simpatiche viscerali di cuore e polmoni
E. Controllo delle funzioni parasimpatiche viscerali di cuore, polmoni, milza e sistema digerente

887. Qual è il nervo che svolge il controllo delle funzioni parasimpatiche viscerali di cuore, polmoni e sistema digerente?
A. Nervo facciale
B. Nervo ipoglosso
C. Nervo vago
D. Nervo glossofaringeo
E. Nervo accessorio

888. Quale frase è corretta riguardo alla tiroide?
A. Si trova nell'addome
B. Produce gli ormoni della crescita
C. Regola principalmente l'equilibrio idrico dell'organismo
D. Regola la glicemia
E. Secerne ormoni che controllano il metabolismo

889. Che ruolo hanno i linfociti nel nostro organismo?
A. Trasporto di ferro
B. Regolazione del pH
C. Trasporto di molecole nel sangue
D. Difesa da agenti patogeni
E. Digestione cellulare

890. Che ruolo riveste la proteina chiamata "albumina" nel nostro organismo?
A. Trasporto di molecole nel sangue
B. Digestione cellulare
C. Legame tra due cellule
D. Difesa da agenti patogeni
E. Trasporto di ferro

891. Che ruolo riveste la proteina chiamata "ferritina" nel nostro organismo?
A. Trasporto di molecole nel sangue
B. Deposito del ferro
C. Digestione cellulare
D. Regolazione del pH
E. Difesa da agenti patogeni

892. Quale dei seguenti muscoli è involontario?
A. Bicipite
B. Deltoide
C. Trapezio
D. Utero
E. Quadricipite

893. Quale delle seguenti cellule è in grado di espletare la fagocitosi?
A. Neurone
B. Globulo bianco
C. Piastrina
D. Globulo rosso
E. Epatocita

894. Quale delle seguenti cellule ha funzione fagocitaria?
A. Piastrina
B. Linfocita T
C. Macrofago
D. Plasmacellula
E. Eusinofilo

895. L'ANP è prodotto da:
A. cellule alfa del pancreas
B. cellule beta del pancreas
C. cellule specializzate del miocardio
D. alcune ghiandole salivari
E. cellule specializzate dello stomaco

896. Quale tra i seguenti organi o tessuti non è un sito principale di accumulo o maturazione dei linfociti?
A. Polmoni
B. Tonsille
C. Milza
D. Linfonodi
E. Midollo osseo

897. La bile è prodotta da:
A. fegato
B. stomaco
C. rene
D. pancreas
E. duodeno

898. Le cellule epiteliali, a quale tessuto dell'organismo appartengono?

A. Tessuto muscolare
B. Tessuto connettivo
C. Tessuto epiteliale
D. Tessuto nervoso
E. Tessuto adiposo

899. Gli epatociti a quale organo appartengono?

A. Intestino
B. Fegato
C. Cuore
D. Stomaco
E. Cervello

900. A quale tessuto dell'organismo appartengono le cellule della glia?

A. Tessuto adiposo
B. Tessuto epiteliale
C. Tessuto muscolare
D. Tessuto connettivo
E. Tessuto nervoso

901. Le cellule ciliate nell'otricolo e nel sacculo rilevano:

A. la direzione da cui provengono i suoni
B. la posizione della testa rispetto alla gravità
C. l'intensità dei suoni
D. l'intensità luminosa
E. il tono dei suoni

902. Per quanto attiene alla regolazione dell'equilibrio acido-base dell'organismo:

A. l'assorbimento renale dei bicarbonati è largamente indipendente dalla escrezione renale di idrogenioni
B. l'anidride carbonica si trova nel sangue soprattutto sotto forma di bicarbonato
C. il sistema carbonico-bicarbonato non influenza l'attività degli altri sistemi tampone in quanto regolato indipendentemente
D. il legame dell'emoglobina con l'ossigeno ne aumenta l'affinità per gli idrogenioni che sono prodotti nell'eritrocita
E. l'emoglobina non funge da tampone in quanto sequestrata nel globulo rosso

903. Le unità contrattili delle miofibrille sono denominate "sarcomeri". I loro margini sono detti:

A. linee Z
B. zona H
C. linee M
D. bande I
E. bande A

904. La regolazione dell'attività renale:

A. ha effetto solo sulla pressione sanguigna
B. è modulata con un meccanismo di feedback negativo dall'ormone ADH
C. è modulata solo dal sistema renina-angiotensina-aldosterone
D. è modulata con un meccanismo di feedback positivo dall'ormone ADH
E. è solo sotto il controllo dell'ipotalamo che produce l'ormone ADH

905. Nel rene la filtrazione:

A. permette che acqua e alcuni soluti siano recuperati dal filtrato e reimmessi nel sangue
B. avviene a livello dell'ansa di Henle
C. avviene grazie alla pressione sanguigna che spinge l'acqua e i soluti attraverso l'endotelio fenestrato dei capillari del glomerulo
D. permette il passaggio delle proteine all'interno della capsula di Bowman
E. permette che l'urina venga espulsa all'esterno attraverso l'uretere

906. Le ossa lunghe sono costituite da tessuto osseo spugnoso in corrispondenza di quale struttura ossea?

A. Il tessuto osseo spugnoso non è presente nelle ossa lunghe
B. Epifisi
C. Diafisi
D. Sia nella loro epifisi che nella loro diafisi
E. Il tessuto osseo spugnoso è presente solamente nelle ossa piatte

907. Le ossa lunghe sono costituite da tessuto osseo compatto in corrispondenza di quale struttura ossea?

A. Prevalentemente nella loro diafisi, ma nell'epifisi delle ossa lunghe è presente in superficie un sottile strato di osso compatto
B. Epifisi

BIOLOGIA

C. Diafisi
D. Le ossa lunghe non presentano tessuto osseo compatto
E. Prevalentemente nella loro epifisi, ma nella diafisi delle ossa lunghe è presente in superficie un sottile strato di osso compatto

908. Quale dei seguenti ormoni NON è coinvolto nella regolazione del ciclo mestruale?
A. Ormone follicolo-stimolante
B. Grelina
C. Estrogeno
D. Progesterone
E. Ormone luteinizzante

909. Indicare quale delle seguenti strutture non fa parte dell'apparato escretore?
A. Vescica
B. Reni
C. Uretra
D. Ureteri
E. Tube di Falloppio

910. Quale delle seguenti ossa è un esempio di osso corto?
A. Ossa del cranio
B. Clavicola
C. Femore
D. Vertebra
E. Scapola

911. Che cos'è il periostio?
A. Una membrana connettivale che riveste la superficie interna dei segmenti scheletrici solo delle ossa lunghe e piatte
B. Una membrana connettivale che aderisce alla superficie esterna dei segmenti scheletrici solo delle ossa lunghe
C. Una membrana connettivale che aderisce alla superficie esterna di tutti i segmenti scheletrici
D. Una membrana connettivale che riveste la superficie interna di tutti i segmenti scheletrici
E. Una membrana connettivale che aderisce alla superficie esterna dei segmenti scheletrici solo delle ossa lunghe e piatte

912. I recettori fasici:
A. sono ad esempio i nocicettori
B. rispondono a stimoli costanti
C. generano potenziali d'azione con frequenza costante per tutto il tempo in cui si mantiene lo stimolo
D. sono recettori a lento adattamento
E. Rispondono prontamente quando il valore dello stimolo subisce una variazione ma non quando rimane costante

913. Quale ormone svolge un ruolo fondamentale nella regolazione del meccanismo di moltiplicazione controcorrente?
A. ADH
B. Ormone tiroideo
C. FSH
D. Insulina
E. Calcitonina

914. La valvola mitrale:
A. si trova tra l'atrio sinistro e l'arteria aorta
B. si trova tra l'atrio destro e il ventricolo destro
C. è dotata di tre lembi di tessuto connettivo
D. si trova tra l'atrio sinistro e il ventricolo sinistro
E. impedisce al sangue di refluire nel ventricolo

915. L'asse ipotalamo-ipofisi è:
A. nessuna delle altre alternative è corretta
B. il sistema attraverso il quale gli ormoni secreti da varie ghiandole del corpo controllano il sistema nervoso centrale
C. la cascata di segnalazione che porta alla secrezione di neurotrasmettitori da parte di alcuni neuroni
D. il sistema che indica la funzione della neuroipofisi di immagazzinamento e secrezione degli ormoni prodotti dall'ipotalamo
E. la cascata di segnalazione attraverso il quale l'ipotalamo e l'adenoipofisi controllano l'attività di molte altre ghiandole del corpo

916. Il ventricolo destro indirizza il sangue verso:

A. l'arteria polmonare
B. la vena cava
C. l'atrio destro
D. l'aorta
E. l'arteria femorale

917. La ventilazione polmonare:

A. prevede un movimento unidirezionale dell'aria
B. avviene grazie alla differenza di pressione tra i polmoni e l'ambiente esterno
C. è prodotta dall'azione dei soli muscoli intercostali
D. avviene con gli stessi meccanismi nelle diverse specie
E. comprende anche il processo di scambio dei gas

918. La valvola semilunare aortica:

A. collega l'atrio destro all'aorta
B. collega il ventricolo sinistro all'aorta
C. collega il ventricolo destro all'aorta
D. collega l'atrio sinistro all'aorta
E. collega l'arteria polmonare all'aorta

919. A quale tessuto appartengono gli adipociti?

A. Tessuto epiteliale
B. Tessuto muscolare liscio
C. Tessuto muscolare striato
D. Tessuto adiposo
E. Tessuto nervoso

920. Le vie esterocettive:

A. portano verso l'encefalo le sensazioni provenienti dagli organi viscerali
B. appartengono alle vie ascendenti motrici
C. appartengono alle vie discendenti motrici
D. portano verso l'encefalo informazioni sullo stato di muscoli e tendini
E. portano verso l'encefalo le sensazioni tattili, termiche e dolorifiche provenienti dalla pelle

921. Che cos'è il nodo senoatriale?

A. La curva che compie l'arteria polmonare prima di immettersi nel cuore
B. Una malformazione delle ghiandole mammarie
C. Una malformazione della valvola aortica
D. Una porzione specializzata del tessuto muscolare cardiaco che mantiene il ritmo di pompaggio del cuore determinando la frequenza con cui si contrae
E. Una regione particolare situata nella parete tra l'atrio destro e l'atrio sinistro che ritarda l'impulso di passaggio dall'atrio al ventricolo

922. Quale delle seguenti affermazioni relative alla coclea è ERRATA?

A. È costituita da un lungo tubo avvolto su se stesso a spirale
B. Fa parte dell'orecchio interno
C. Permette di rilevare la posizione e i movimenti del corpo
D. Contiene l'organo del Corti, che permette la percezione dei suoni
E. È alloggiata nell'osso temporale del cranio

923. La tromba di Eustachio:

A. permette di far entrare o uscire acqua
B. mette in comunicazione l'orecchio interno con la laringe
C. raccoglie le onde sonore e le fa convergere sul timpano
D. mette in comunicazione l'orecchio medio con la faringe
E. è un canale pieno di liquido

924. A livello renale, l'aldosterone regola l'equilibrio elettrolitico determinando:

A. ritenzione di cloro e potassio
B. ritenzione di sodio e acqua eliminando potassio
C. ritenzione di calcio
D. ritenzione dell'acqua liberando sodio e potassio
E. ritenzione di potassio e acqua eliminando sodio

925. Nell'apparato respiratorio lo 'spazio morto':

A. partecipa alla respirazione ma in misura maggiore rispetto agli alveoli
B. partecipa alla respirazione ma in percentuale minore che negli alveoli
C. non partecipa alla respirazione e costituisce la via di passaggio dell'aria che entra ed esce dalla zona respiratoria

BIOLOGIA

D. partecipa alla respirazione e costituisce la via di passaggio dell'aria che entra ed esce dalla zona respiratoria
E. non partecipa alla respirazione ma non costituisce la via di passaggio dell'aria che entra ed esce dalla zona respiratoria

926. Il trocantere è una sporgenza presente su quale osso?
A. Radio
B. Bacino
C. Tibia
D. Omero
E. Femore

927. Quale delle seguenti ossa fa parte dell'avambraccio?
A. Omero
B. Tibia
C. Clavicola
D. Radio
E. Femore

928. Quale delle seguenti è una cellula primaria coinvolta nella risposta immunitaria cellulare?
A. Cellula T
B. Neurone
C. Cellula staminale
D. Epatocita
E. Eritrocita

929. Perché il midollo osseo è detto emopoietico?
A. Perché ha la funzione di proteggere la colonna vertebrale
B. Perché ha la funzione di direzionare le cellule del sangue verso gli organi bersaglio
C. Perché ha la funzione di generare le cellule del sangue
D. Perché ha la funzione di distruggere le cellule del sangue
E. Perché ha la funzione di proteggere le cellule del sangue

930. Quale delle seguenti è una caratteristica delle cellule T?
A. Riconoscimento degli antigeni
B. Pinocitosi di antigeni
C. Esocitosi di agenti patogeni
D. Produzione di anticorpi
E. Fagocitosi di agenti patogeni

931. Quale delle seguenti è una funzione delle cellule natural killer (NK)?
A. Produzione di anticorpi
B. Uccidere cellule infette
C. Presentazione di antigeni alle cellule T
D. Fagocitosi di agenti patogeni
E. Regolazione delle risposte immunitarie

932. Quale tipo di cellula T è responsabile dell'uccisione diretta delle cellule infette?
A. Cellula T helper
B. Cellula T regolatoria
C. Cellula T soppressore
D. Cellula T di memoria
E. Cellula T citotossica

933. Quali cellule, tra quelle elencate, sono responsabili della presentazione degli antigeni alle cellule T?
A. Cellule B
B. Macrofagi
C. Mastociti
D. Neutrofili
E. Eosinofili

934. Quale delle seguenti è una caratteristica delle cellule T della memoria?
A. Sono coinvolte nella risposta immediata ad un'infezione
B. Sopprimono la risposta immunitaria per evitare un'infiammazione eccessiva
C. Sono longeve e forniscono un'immunità a lungo termine
D. Producono anticorpi per neutralizzare gli agenti patogeni
E. Si differenziano in varie cellule immunitarie specializzate

935. Quale delle seguenti è una funzione delle cellule T helper?
A. Coordinare e amplificare la risposta immunitaria
B. Sopprimere le risposte immunitarie
C. Produrre anticorpi
D. Uccidere direttamente le cellule infette
E. Avviare la coagulazione del sangue

936. Quali cellule, tra quelle elencate, sono responsabili dell'ingestione e della digestione di agenti patogeni e detriti cellulari?

A. Neutrofili
B. Immunoglobuline
C. Cellule T
D. Cellule B
E. Plasmacellule

937. Quale delle seguenti è una caratteristica della risposta immunitaria cellulo-mediata?

A. Principalmente coinvolta nelle reazioni allergiche
B. Attivazione delle proteine del complemento
C. Mediata dagli anticorpi
D. Insorgenza rapida dopo la riesposizione a un agente patogeno
E. Riconoscimento specifico di antigeni da parte delle cellule T

938. Quali cellule sono coinvolte nella risposta allergica e rilasciano istamina?

A. Mastociti
B. Linfociti T citotossici
C. Linfociti T helper
D. Cellule della memoria
E. Linfociti T soppressori

939. Cosa sono gli anticorpi?

A. Molecole che trasportano l'ossigeno nel sangue
B. Enzimi coinvolti nella replicazione del DNA
C. Proteine prodotte dalle cellule B
D. Proteine secrete dalle cellule T
E. Cellule coinvolte nella fagocitosi

940. Qual è la funzione degli anticorpi nel sistema immunitario?

A. Produzione di citochine
B. Attivazione delle cellule T
C. Formazione di coaguli di sangue
D. Neutralizzazione degli agenti patogeni
E. Fagocitosi degli agenti patogeni

941. Quale parte strutturale dell'anticorpo è responsabile del legame con antigeni specifici?

A. Catene pesanti
B. Catene leggere
C. Regioni variabili
D. Regione Fc
E. Regioni costanti

942. Quale classe di anticorpi è la più abbondante nel nostro sangue?

A. IgM
B. IgE
C. IgA
D. IgG
E. IgD

943. Quale classe di anticorpi si trova prevalentemente nei liquidi corporei come lacrime, saliva e latte materno?

A. IgD
B. IgA
C. IgG
D. IgM
E. IgE

944. Quale classe di anticorpi è coinvolta nelle reazioni allergiche?

A. IgG
B. IgD
C. IgA
D. IgM
E. IgE

945. Qual è il ruolo dei vasa recta nel meccanismo controcorrente?

A. Regolazione dell'aldosterone
B. Riassorbimento di acqua e soluti
C. Filtrazione del sangue
D. Regolazione della pressione sanguigna
E. Mantenimento del gradiente osmotico

946. Quale delle seguenti informazioni sul peritoneo è FALSA?

A. Sono presenti delle pieghe peritoneali
B. È la membrana che protegge e riveste il cuore
C. È una sottile membrana sierosa
D. È costituito da due foglietti continui
E. Ricopre gli organi nella cavità addominale

947. Quale delle seguenti strutture NON appartiene alle vie respiratorie inferiori?

A. Polmoni
B. Trachea
C. Bronchioli
D. Bronchi
E. Faringe

BIOLOGIA

948. Quale classe di anticorpi è la prima a essere prodotta durante una risposta immunitaria primaria?

A. IgD
B. IgM
C. IgA
D. IgE
E. IgG

949. Quale classe di anticorpi è coinvolta nel riconoscimento di antigeni self e non-self?

A. IgD
B. IgA
C. IgM
D. IgE
E. IgG

950. L'aorta riceve il sangue direttamente:

A. dal ventricolo destro
B. dall'atrio destro
C. da entrambi gli atri
D. dall'atrio sinistro
E. dal ventricolo sinistro

951. Quale frase NON è corretta riguardo alla locomozione dei vertebrati?

A. Tutti i vertebrati si muovono strisciando sulla pancia
B. La locomozione dei vertebrati può essere mista, quindi per esempio possono sia camminare, sia nuotare
C. I vertebrati possono adattare la loro locomozione a diversi ambienti
D. I vertebrati presentano diversi modi di locomozione
E. Possono avere diversi tipi di appendici

952. Quale frase NON è corretta riguardo al sistema nervoso centrale (SNC)?

A. È responsabile dell'elaborazione e dell'integrazione delle informazioni
B. Controlla il linguaggio
C. Controlla solo i movimenti volontari
D. È costituito dall'encefalo e dal midollo spinale
E. È protetto dal cranio e dalla colonna vertebrale

953. Quale dei seguenti NON è un ormone peptidico?

A. L'eritropoietina
B. L'insulina
C. L'estradiolo
D. La corticotropina
E. L'ormone della crescita

954. Quale frase NON è corretta riguardo alla respirazione dei vertebrati?

A. I vertebrati possono respirare attraverso le branchie, i polmoni o la pelle
B. I pesci respirano attraverso le branchie
C. Ottengono ossigeno dall'ambiente e rilasciano anidride carbonica
D. Tutti i vertebrati respirano esclusivamente attraverso i polmoni
E. La respirazione nei vertebrati è facilitata da organi respiratori specializzati

955. Quale frase NON è corretta riguardo al sistema nervoso?

A. Presenta cellule dette neuroni
B. È composto dal cervello, dal midollo spinale e dai nervi
C. È responsabile della trasmissione dei segnali elettrici nel corpo
D. Secerne ormoni nel flusso sanguigno
E. Controlla le funzioni corporee volontarie e involontarie

956. Dove ha origine il battito cardiaco?

A. Nodo atrio - ventricolare
B. Ansa di Henle
C. Fibre di Purkinje
D. Nodo senoatriale
E. Fascio di His

957. Quale zucchero viene utilizzato come fonte di energia chimica dagli spermatozoi?

A. Lattosio
B. Galattosio
C. Fruttosio
D. Amido
E. Maltosio

BIOENERGETICA

958. Indicare quale delle alternative NON rappresenta un fattore di protezione da radicali liberi.

A. Carotenoidi
B. Glutatione perossidasi
C. Superossido dismutasi
D. Vitamina E

959. Le reazioni dell'anabolismo:

A. consistono nella sintesi di macromolecole, con conseguente consumo di energia e di ATP
B. sono esclusivamente quelle della fotosintesi clorofilliana
C. consistono nella demolizione di molecole organiche complesse in molecole più semplici, con conseguente liberazione di energia e consumo di ATP
D. consistono nella demolizione di molecole organiche complesse in molecole più semplici, con conseguente liberazione di energia e produzione di ATP
E. consistono nella sintesi di macromolecole, con conseguente consumo di energia e produzione di ATP

960. Negli animali mammiferi come viene definito il processo ossidativo del glucosio in assenza di ossigeno?

A. Fermentazione lattica
B. Glicogenolisi
C. Via dei Pentoso Fosfati
D. Glicogenosintesi
E. Beta-ossidazione

961. Dove avviene la fosforilazione ossidativa negli eucarioti?

A. Nella membrana interna mitocondriale
B. Nella membrana vescicolare
C. Nella membrana basale
D. Nella membrana plasmatica
E. Nella membrana nucleare

962. Il ciclo di Calvin:

A. ha sede sulla membrana interna dei tilacoidi
B. ha sede nello stroma dei cloroplasti
C. produce ATP e usa gli elettroni del NADH per ottenere molecole di glucosio a partire da CO_2
D. avviene in otto fasi che si susseguono in maniera ciclica
E. ha la prima tappa catalizzata dall'enzima citrato sintasi

963. Quale tra i seguenti enzimi è necessario sia alla fermentazione alcolica sia alla decarbossilazione ossidativa del piruvato?

A. DNA topoisomerasi
B. Piruvato deidrogenasi
C. Alcool deidrogenasi
D. Lattato deidrogenasi
E. Piruvato decarbossilasi

964. I pigmenti che assorbono la radiazione luminosa durante la fotosintesi:

A. si trovano nella lamella mediana della parete di tutte le cellule vegetali
B. assorbono ciascuno una specifica lunghezza d'onda
C. vengono consumati durante la fotosintesi
D. hanno funzione battericida
E. sono solo le clorofille

965. La glicolisi:

A. produce glucosio
B. consuma 2 molecole di ATP per ogni molecola di glucosio
C. produce anidride carbonica
D. non può avvenire in condizioni anaerobiche
E. produce 2 molecole di ATP per ogni molecola di glucosio

966. Negli eucarioti, dove avviene la fotosintesi clorofilliana?

A. Sulla membrana citoplasmatica
B. Nel nucleo
C. Nei ribosomi
D. Nei cloroplasti
E. Nei mitocondri

967. Quale sostanza necessaria alla fotosintesi di una pianta è ricavata direttamente dall'atmosfera?

A. Acqua
B. Ossigeno
C. Azoto
D. Diossido di carbonio
E. Idrogeno

968. Per effettuare la fotosintesi, a una pianta sono necessari:

A. anidride carbonica e azoto
B. azoto e acqua
C. anidride carbonica e acqua
D. ossigeno e acqua
E. anidride carbonica e ossigeno

969. Una pianta, alla fine del processo di fotosintesi, avrà prodotto:

A. 1 molecola di glucosio e 6 molecole di anidride carbonica
B. 1 molecola di glucosio e 6 molecole di ossigeno
C. 6 molecole di anidride carbonica e 6 molecole di acqua
D. 6 molecole di anidride carbonica e 6 molecole di ossigeno
E. 6 molecole di glucosio e 1 molecola di ossigeno

970.Quale processo è responsabile della trasformazione del biossido di carbonio (CO_2) in ossigeno?

A. Fotosintesi inversa
B. Respirazione cellulare
C. Decomposizione
D. Fotosintesi
E. Decombustione

971. Quale dei seguenti organismi NON è in grado di fare fotosintesi?

A. Licheni
B. Alghe
C. Piante
D. Mammiferi
E. Cianobatteri

972. In che tipo di processo biochimico è coinvolta direttamente la vitamina E?

A. Processo antiossidante
B. Processo di coagulazione
C. Ciclo dell'urea
D. Sintesi di colesterolo
E. Sintesi di collagene

973. L'enzima responsabile della fissazione del carbonio durante il ciclo di Calvin si chiama:

A. RuBisCo
B. fosfatasi carbonica
C. piruvato chinasi
D. ATP sintetasi
E. Enolasi

974. Cosa viene trasportato nella catena respiratoria?

A. Elettroni
B. Flavoproteine
C. NADH
D. Ubichinone
E. Protoni

975. La clorofilla è:

A. un pigmento
B. un amminoacido
C. un ormone
D. un lipide
E. un neurotrasmettitore

976. Quale tipo di energia utilizzano le cellule umane per lo svolgimento delle loro funzioni?

A. Energia biologica
B. Energia meccanica
C. Energia termica
D. Energia cinetica
E. Energia chimica

977. In condizioni ottimali e in presenza di ossigeno, l'ossidazione completa di una molecola di glucosio quante molecole di ATP produce?

A. 50-52
B. 40-42
C. 20-22
D. 18-20
E. 30-32

978. Come viene chiamato quel processo biochimico che prevede l'utilizzo del glucosio in assenza di ossigeno?

A. Metabolismo eterotrofo
B. Chemiosintesi
C. Metabolismo aerobico
D. Fermentazione
E. Metabolismo autotrofo

979. Qual è l'acronimo utilizzato per indicare una specie reattiva dell'ossigeno?

A. DOP
B. DOC
C. ROS
D. OGM
E. IGP

980. Il ciclo degli acidi tricarbossilici produce:

A. acetil-CoA
B. NADH
C. ATP
D. cAMP
E. FAD

981. Qual è il substrato della glicolisi?
- A. Glicogeno
- B. Maltosio
- C. Glucosio
- D. Acido lattico
- E. Glicogeno II

982. Durante la fase preparatoria della glicolisi:
- A. vengono prodotte 4 molecole di ATP
- B. vengono consumate due molecole di ATP
- C. viene ridotto il NAD+
- D. viene ridotto il FAD
- E. viene consumato ossigeno

983. I citocromi sono coinvolti nel processo:
- A. di respirazione cellulare
- B. del ciclo di Krebs
- C. di glicolisi
- D. di sintesi di acidi organici
- E. di sintesi di proteine

984. Nella fase oscura della fotosintesi:
- A. avviene la fissazione del carbonio
- B. avviene la fosforilazione ossidativa
- C. viene ridotto NADPH
- D. avviene il ciclo di Krebs
- E. viene prodotto ATP

985. Indica quale delle seguenti affermazioni relative alle specie vegetali è ERRATA.
- A. In tutte le specie vegetali conosciute la fase luminosa della fotosintesi e la fissazione del carbonio avvengono nelle stesse cellule
- B. Molte specie vegetali che vivono in climi tropicali separano fisicamente o temporalmente la fase luminosa della fotosintesi dal ciclo di Calvin
- C. In alcune specie vegetali la fissazione del carbonio avviene in cellule diverse da quelle in cui avviene la fase luminosa
- D. In molte specie vegetali note avviene, in maniera più o meno accentuata, il fenomeno della fotorespirazione
- E. Nella maggior parte delle specie vegetali conosciute la fase luminosa della fotosintesi e il ciclo di Calvin avvengono nelle stesse cellule

986. Il mitocondrio svolge quattro funzioni essenziali per la cellula. Indicare, quale tra le alternative, è quella errata.
- A. Metabolismo proteico
- B. Accumulo di cationi nella matrice
- C. Apoptosi
- D. Respirazione cellulare
- E. Metabolismo dei lipidi

987. Qual è la funzione della fotosintesi clorofilliana?
- A. Produrre saccarosio a partire da CO_2 ed energia solare
- B. Produrre lattosio a partire da CO_2 e H_2O ed energia solare
- C. Produrre glicogeno a partire da CO_2, H_2O ed energia solare
- D. Produrre glucosio a partire da CO_2, H_2O ed energia solare
- E. Produrre amido a partire da CO_2, H_2O ed energia solare

988. Nella fotosintesi clorofilliana l'ossigeno:
- A. è un reagente della fase luminosa
- B. è un prodotto della fase luminosa
- C. è un reagente della fase oscura
- D. viene prodotto durante il ciclo di Calvin
- E. è un prodotto della fase oscura

989. Il prodotto finale del catabolismo del gruppo amminico degli amminoacidi nei mammiferi è:
- A. l'ammoniaca
- B. l'acido urico
- C. l'urea
- D. nessuna delle altre alternative è corretta
- E. l'acido ippurico

990. La glicolisi:
- A. riduce il NAD^+
- B. produce acido citrico
- C. avviene nei mitocondri
- D. produce anidride carbonica
- E. richiede la presenza di ossigeno

991. Le piante:
- A. consumano ossigeno con la fotosintesi e lo producono con la respirazione cellulare
- B. producono ossigeno con la fotosintesi e lo consumano con la respirazione cellulare

BIOLOGIA

C. producono anidride carbonica con la fotosintesi e la consumano con la respirazione cellulare
D. effettuano solo reazioni anaboliche
E. non effettuano la respirazione cellulare ma solo la fotosintesi

992. Il processo che serve ad accumulare energia utilizzando anidride carbonica e acqua e producendo ossigeno e glucosio è:
A. la fotosintesi
B. nessuna delle altre alternative è corretta
C. la respirazione aerobica
D. la citodieresi
E. la respirazione anaerobica

993. Nei lieviti come viene definito il processo ossidativo del glucosio in assenza di ossigeno?
A. Via dei Pentoso Fosfati
B. Glicogenolisi
C. Beta-ossidazione
D. Glicogenosintesi
E. Fermentazione alcolica

994. I processi respiratori nella cellula eucariotica hanno luogo:
A. nell'apparato del Golgi
B. nel reticolo endoplasmatico rugoso
C. nei lisosomi
D. nei cloroplasti
E. nei mitocondri

995. Il coenzima NAD^+:
A. viene ridotto dalla catena di trasporto degli elettroni
B. viene ridotto durante la fase luminosa della fotosintesi
C. è in grado di acquistare due elettroni e un protone ossidandosi a NADH
D. è in grado di acquistare due elettroni e un protone riducendosi a NADH
E. è in grado di acquistare due molecole di ATP

996. La fase luminosa della fotosintesi:
A. comprende la fotolisi dell'acqua
B. può avvenire sia in presenza che in assenza di luce
C. consiste nel ciclo di Calvin
D. avviene nei mitocondri
E. avviene nello stroma del cloroplasto

997. La fotosintesi avviene con luce:
A. solo verde
B. dello spettro visibile
C. infrarossa
D. solo rossa
E. ultravioletta

998. Durante la fosforilazione ossidativa:
A. l'acqua è il donatore di elettroni
B. l'acqua è l'accettore finale di elettroni
C. il passaggio contro gradiente degli ioni idrogeno è accoppiato alla sintesi di ATP dall'enzima ATP sintasi
D. l'energia liberata dal trasporto di elettroni viene usata per pompare ioni idrogeno nello spazio intermembrana contro gradiente
E. i trasportatori di elettroni sono contenuti nella membrana esterna del mitocondrio

999. Nel ciclo di Krebs, l'enzima succinil-CoA sintetasi per modificare il succinil-CoA richiede:
A. NAD+
B. GTP
C. ATP
D. GDP + Pi
E. Solo GDP

1000. Indica quale delle seguenti affermazioni relative alla glicolisi è ERRATA.
A. La glicolisi può avvenire solo in presenza di ossigeno
B. Durante la glicolisi una molecola di glucosio viene scissa in due molecole di piruvato
C. Le prime tappe della glicolisi consumano energia mentre le successive la producono
D. La glicolisi comprende dieci reazioni chimiche diverse
E. Il guadagno netto della glicolisi è di 2 ATP e 2 NADH per ogni molecola di glucosio

1001. Quale riga nella tabella indica correttamente il sito di fermentazione lattica nelle cellule muscolari e il sito del Ciclo di Calvin nelle cellule del mesofillo?

	Fermentazione	Ciclo di Calvin
Riga 1	citoplasma	stroma dei cloroplasti
Riga 2	citoplasma	creste mitocondriali
Riga 3	citoplasma	citoplasma
Riga 4	creste mitocondriali	tilacoidi
Riga 5	stroma dei cloroplasti	citoplasma

A. Riga 5
B. Riga 4
C. Riga 2
D. Riga 1
E. Riga 3

1002. Quale riga nella tabella indica correttamente il sito di fermentazione dell'alcol nel lievito e il sito del Ciclo di Calvin nelle cellule della guaina del fascio nelle piante C4?

	Fermentazione	Ciclo di Calvin
Riga 1	citoplasma	stroma dei cloroplasti
Riga 2	citoplasma	creste mitocondriali
Riga 3	citoplasma	citoplasma
Riga 4	creste mitocondriali	tilacoidi
Riga 5	stroma dei cloroplasti	citoplasma

A. Riga 2
B. Riga 4
C. Riga 5
D. Riga 3
E. Riga 1

1003. La fermentazione lattica:
A. produce anidride carbonica
B. permette di ridurre il FAD
C. produce ATP
D. permette di ossidare il NADH
E. ha come reagente l'ossigeno

1004. Quale tra i seguenti è il substrato del Ciclo di Krebs?
A. Lattato
B. ATP
C. Glucosio
D. Acetil-CoA
E. Dopamina

1005. Che cosa avviene durante la glicolisi?
A. Il glicogeno viene convertito in ATP
B. Il glucosio viene convertito in acido lattico
C. Il glicogeno viene convertito in glucosio
D. Il glucosio viene convertito in molecole di piruvato
E. Il glucosio viene convertito in ATP

1006. L'idrolisi del glicogeno avviene:
A. nei mitocondri
B. nel citoplasma delle cellule muscolari
C. nel reticolo endoplasmatico liscio
D. nel reticolo endoplasmatico rugoso
E. nell'apparato del Golgi

1007. Quale tra le seguenti NON è una delle vie metaboliche che portano all'ossidazione completa del glucosio?
A. La glicolisi
B. La sintesi di Acetil-CoA
C. Il ciclo dell'acido citrico
D. La fosforilazione ossidativa
E. Il ciclo C3

1008. La fotorespirazione:
A. è un sinonimo di fotosintesi
B. avviene maggiormente nelle zone poco soleggiate e con clima molto freddo
C. diminuisce l'efficienza della fotosintesi
D. aumenta l'efficienza della fotosintesi
E. avviene quando l'anidride carbonica viene legata al ribulosio

1009. Il Ciclo di Krebs, negli organismi eucarioti, avviene:
A. nel nucleo
B. nei mitocondri
C. nel citoscheletro
D. nel citoplasma
E. nell'apparato di Golgi

1010. Il Ciclo di Krebs, negli organismi procarioti, avviene:
A. nel citoscheletro
B. nel nucleo
C. nel citoplasma
D. nell'apparato di Golgi
E. nei mitrocondri

1011. La fase luminosa della fotosintesi avviene:
A. nel citoplasma
B. nel nucleo
C. nei tilacoidi
D. nello stroma
E. nel mitocondrio

1012. Indicare quale delle affermazioni riguardo all'ultima reazione della glicolisi NON è corretta:

A. si genera ATP
B. si forma piruvato
C. è catalizzata dall'enzima enolasi
D. avviene una reazione esoergonica
E. si genera enolpiruvato

1013. Il Ciclo di Krebs viene anche definito:

A. ciclo dell'acido iodridico
B. ciclo dell'acido nitroso
C. ciclo dell'acido formico
D. ciclo dell'acido cloridrico
E. ciclo dell'acido citrico

1014. Durante quale dei seguenti processi il NAD^+ viene ridotto a NADH?

A. Ciclo di Calvin
B. Fermentazione lattica
C. Fosforilazione ossidativa
D. Ciclo di Krebs
E. Fermentazione alcolica

1015. Nel ciclo del carbonio, le piante verdi:

A. utilizzano solo l'azoto atmosferico
B. utilizzano zolfo per ossidare l'anidride carbonica a glucosio
C. riducono l'anidride carbonica a glucosio
D. producono solo ed esclusivamente fruttosio
E. hanno bisogno di ossigeno per ossidare l'anidride carbonica

1016. L'ossigeno che introduciamo nel nostro organismo attraverso la respirazione serve per:

A. neutralizzare l'anidride carbonica
B. alleggerire l'organismo
C. ossidare composti organici complessi al fine di ottenere energia attraverso la respirazione cellulare
D. ossidare composti organici complessi al fine di ottenere energia attraverso la fermentazione
E. compiere reazioni anaboliche

1017. Indicare quale delle seguenti affermazioni riguardo l'epidermide nelle piante è FALSA.

A. È formata da pochi strati di cellule appiattite
B. È rivestita dalla cuticola
C. È formata principalmente da cellule morte
D. nelle radici è detta rizoderma
E. È sostituita dal sughero, nelle piante con tronco legnoso

1018. Le persone intolleranti al lattosio:

A. non sintetizzano l'enzima lattasi, necessario per sintetizzare il lattosio
B. non possono introdurre zuccheri con la dieta
C. non sintetizzano l'enzima lattasi, necessario per scindere il lattosio in glucosio e fruttosio
D. hanno una reazione allergica se consumano alimenti contenenti lattosio
E. non sintetizzano l'enzima lattasi, necessario per scindere il lattosio in glucosio e galattosio

ELEMENTI DI BIOTECNOLOGIE

1019. Quale frase NON è corretta riguardo al clonaggio genico?

A. Il clonaggio genico può essere utilizzato per creare organismi geneticamente modificati (OGM)
B. Nelle fasi del clonaggio genico il gene da clonare può essere amplificato
C. Il clonaggio genico è una tecnica utilizzata per produrre copie multiple di una specifica sequenza di DNA
D. I plasmidi sono comunemente utilizzati come vettori nel clonaggio genico
E. La reazione a catena della polimerasi (PCR) è un metodo comunemente utilizzato per clonare le cellule e amplificarle

1020. Quali di queste tecniche viene usata per studiare i cromosomi?

A. Bandeggio
B. Colorazione di Gram
C. Colorazione con ematossilina-eosina
D. Impregnazione argentica
E. ELISA

1021. L'unità proteica che, ripetuta, forma il capside icosaedrico viene definito:

A. peplomero
B. dendrita
C. fribra caudale
D. capsomero
E. core

1022. Quale tipo di legame spezzano gli enzimi definiti "di restrizione"?

A. Idrogeno
B. Peptidico
C. Fosfodiestere
D. Forze di London
E. Ponte di solfuro

1023. In che anno avvenne la clonazione della pecora Dolly?

A. 1996
B. 1980
C. 2003
D. 1998
E. 2000

1024. La clonazione della pecora Dolly è stata significativa in campo scientifico perché è stata la prima clonazione di successo di un mammifero, a partire da quale tipo di cellula?

A. Cellula germinale
B. Cellula nervosa adulta
C. Cellula uovo
D. Cellula spermatocitica
E. Cellula somatica adulta

1025. Cosa s'intende con il termine "Ibridazione"?

A. Variazioni casuali nella frequenza degli alleli
B. Fenomeno in cui gli individui scelgono i loro compagni in base alle loro caratteristiche fenotipiche
C. Forze ambientali che influenzano la sopravvivenza e la riproduzione degli organismi
D. L'incrocio tra individui di specie diverse
E. Scambio di geni tra popolazioni separate di una specie attraverso la migrazione

1026. L'indagine FISH viene principalmente usata per evidenziare:

A. mutazioni di splicing
B. triploidia
C. mutazioni puntiformi
D. microdelezioni cromosomiche
E. mutazioni frameshift

1027. Quali sono i due enzimi utilizzati nella tecnica del DNA ricombinante per tagliare e incollare il DNA?

A. Ligasi e RNA polimerasi
B. Primasi e RNA polimerasi
C. Reticolasi e polimerasi
D. Le endonucleasi e le ligasi
E. Esomerasi e polimerasi

1028. Come viene definito quel processo che coinvolge il trasferimento diretto di materiale genetico da una cellula batterica donatrice a una ricevente tramite un ponte citoplasmatico chiamato pilo?

A. Trasmissione verticale
B. Scissione binaria
C. Trasformazione batterica
D. Coniugazione batterica
E. Trasduzione batterica

1029. Indicare quale affermazione riguardo ai pannelli NGS (next generation sequenting) NON è corretta:

A. sono usati per malattie caratterizzate da elevata eterogeneità genetica
B. vengono impiegati per malattie ad eziologia incerta
C. permettono l'analisi di pochi geni contemporaneamente
D. sfruttano un sequenziamento massivo ed in parallelo
E. possono essere usati per effettuare l'analisi di un esoma

1030. Il meccanismo che permette a un batterio di acquisire DNA libero dall'ambiente è detto:

A. Clonaggio
B. Trasformazione
C. Trasduzione
D. Autofagia
E. Coniugazione

BIOLOGIA

1031. Un batterio che produce insulina umana è un organismo:

A. che è stato geneticamente modificato
B. che naturalmente possiede enzimi diversi rispetto a batteri della stessa specie
C. che ha subito una mutazione spontanea
D. che è stato clonato
E. che è stato incrociato con una cellula del pancreas

1032. Il processo attraverso il quale un fago lisogeno trasferisce da un batterio ad un altro un particolare frammento del genoma batterico, vicino al punto di inserzione del genoma fagico, si chiama:

A. traduzione
B. coniugazione
C. trasformazione
D. trasduzione generalizzata
E. trasduzione specializzata

1033. Che cos'è l'elettroforesi?

A. È una tecnica analitica che sfrutta la diversa velocità di migrazione di particelle o molecole elettricamente scariche, immerse in un fluido e sottoposte a un campo elettrico
B. È una tecnica analitica che sfrutta il diverso potenziale d'azione di particelle o molecole elettricamente cariche, immerse in un fluido e sottoposte a un campo elettrico
C. È una tecnica analitica che sfrutta la diversa velocità di migrazione di particelle o molecole elettricamente cariche, immerse in un fluido e sottoposte a un campo elettrico
D. È una tecnica analitica che sfrutta la diversa velocità di migrazione di particelle o molecole elettricamente cariche, immerse in un fluido e sottoposte a una forte pressione
E. È una tecnica analitica che sfrutta la diversa velocità di migrazione di particelle o molecole elettricamente cariche

1034. Qual è il nome della tecnica utilizzata per amplificare una specifica sequenza di DNA in vitro?

A. Northern blotting
B. RT-PCR (Reverse Transcription Polymerase Chain Reaction)
C. Southern blotting
D. PCR (Polymerase Chain Reaction)
E. Western blotting

1035. Griffith con il suo celebre esperimento, dimostrò che il "fattore trasformante" era passato dai batteri di ceppo S morti a quelli di ceppo R vivi. Grazie agli studi successivi è ora noto che:

A. il fattore trasformante è il DNA e il processo evidenziato è la coniugazione
B. il fattore trasformante è l'RNA e il processo evidenziato è la trasformazione
C. il fattore trasformante è il DNA e il processo evidenziato è la trasduzione
D. il fattore trasformante è l'RNA e il processo evidenziato è la trasduzione
E. il fattore trasformante è il DNA e il processo evidenziato è la trasformazione

1036. Che cosa significa l'acronimo "RFLP"?

A. Polimorfismo della lunghezza del frammento casuale
B. Polimorfismo a lunghezza del frammento ripetitivo
C. Polimorfismo della lunghezza del frammento di RNA
D. Polimorfismo della lunghezza del frammento ribosomiale
E. Polimorfismo della lunghezza dei frammenti di restrizione

1037. Su cosa si basa il rilevamento dei polimorfismi genetici nell'analisi RFLP?

A. Variazioni nella lunghezza della sequenza del DNA
B. Livelli di espressione delle proteine
C. Modelli di splicing dell'RNA
D. Modelli di metilazione del DNA
E. Riarrangiamenti cromosomici

1038. Nell'analisi RFLP, qual è il ruolo degli enzimi di restrizione?

A. Etichettare i frammenti di DNA con marcatori radioattivi
B. Tagliare il DNA in siti di riconoscimento specifici
C. Amplificare i frammenti di DNA
D. Legare insieme i frammenti di DNA
E. Sequenziare i frammenti di DNA

1039. Attraverso quale tecnica di laboratorio vengono separati e visualizzati i frammenti di DNA nell'analisi RFLP?

A. Analisi di microarray di DNA
B. Microscopia a fluorescenza
C. Reazione a catena della polimerasi (PCR)
D. Elettroforesi su gel
E. Western blotting

1040. L'analisi RFLP può essere utilizzata per:

A. indagini forensi
B. studiare il metabolismo cellulare
C. valutare le aberrazioni cromosomiche
D. rilevare le interazioni proteina-proteina
E. determinare i livelli di espressione genica

1041. Quale delle seguenti affermazioni è VERA riguardo alle applicazioni dell'analisi RFLP?

A. L'analisi RFLP può determinare la presenza di proteine specifiche in un campione
B. L'analisi RFLP può essere utilizzata per identificare le malattie genetiche causate da mutazioni
C. L'analisi RFLP può analizzare le modifiche epigenetiche del DNA
D. L'analisi RFLP può essere utilizzata per studiare i modelli di espressione genica
E. L'analisi RFLP è utilizzata principalmente per il clonaggio del DNA

1042. Qual è l'obiettivo principale della tecnica del Western blotting?

A. Rilevare carboidrati
B. Rilevare DNA
C. Rilevare proteine
D. Rilevare lipidi
E. Rilevare mRNA

1043. Dolly, la famosa pecora clonata, è stata creata con quale tecnica?

A. Trasferimento di gameti all'interno delle tube di Falloppio
B. Trasferimento nucleare di cellule somatiche
C. Modifica genica mediante CRISPR-Cas9
D. Western blotting
E. Fecondazione in vitro

1044. Qual è il termine corretto per indicare il metodo classico utilizzato per determinare la sequenza nucleotidica di un tratto di DNA?

A. CRISPR
B. RFLP
C. RT-PCR
D. Metodo Sanger
E. PCR

1045. Qual è l'obiettivo principale della tecnica del Northern blotting?

A. Rilevare mRNA
B. Rilevare lipidi
C. Rilevare carboidrati
D. Rilevare DNA
E. Rilevare proteine

1046. Quale frase NON è corretta riguardo alla tecnologia del DNA ricombinante?

A. La DNA ligasi è un enzima che forma legami idrogeno tra le basi azotate del vettore e del gene da clonare
B. I plasmidi sono piccole molecole circolari di DNA spesso utilizzate come vettori nella tecnologia del DNA ricombinante
C. Il DNA ricombinante si forma combinando frammenti di DNA provenienti da fonti diverse
D. La tecnologia del DNA ricombinante è una tecnica che consente di manipolare e combinare frammenti di DNA provenienti da fonti diverse, compresi organismi di specie diverse, per creare sequenze di DNA modificate
E. Gli enzimi di restrizione sono utilizzati per tagliare il DNA in siti specifici durante la tecnologia del DNA ricombinante

1047. Quale frase NON è corretta per quanto riguarda le biotecnologie?

A. La tecnologia del DNA ricombinante comporta la manipolazione di DNA proveniente da fonti diverse
B. CRISPR-Cas9 è uno strumento di editing genico derivato dai sistemi di difesa batterici
C. Le biotecnologie sono limitate al campo dell'agricoltura e del miglioramento delle colture

D. Sanger ideò un metodo per sequenziare il DNA
E. La reazione a catena della polimerasi (PCR) è una tecnica utilizzata per amplificare sequenze specifiche di DNA

ELEMENTI DI BIODIVERSITÀ ED EVOLUZIONE

1048. Quali piante sono note per la loro produzione di fiori?
A. Alghe
B. Pteridofite
C. Angiosperme
D. Felci
E. Gimnosperme

1049. Sono classificati nel regno dei protisti:
A. organismi eucarioti, unicellulari, coloniali o pluricellulari, che possono essere esclusivamente autotrofi
B. organismi eucarioti, unicellulari, coloniali o pluricellulari, che possono essere autotrofi o eterotrofi
C. organismi eucarioti, esclusivamente pluricellulari, che possono essere autotrofi o eterotrofi
D. organismi procarioti, che possono essere autotrofi o eterotrofi
E. organismi eucarioti, unicellulari, coloniali o pluricellulari, che possono essere esclusivamente eterotrofi

1050. Gli stomi sono:
A. cellule specializzate degli epiteli animali che permettono la sudorazione
B. cellule specializzate del rizoderma per l'assorbimento dell'acqua
C. tilacoidi stromatici
D. aperture specializzate nelle foglie e nei fusti erbacei delle piante, attraverso cui possono verificarsi scambi gassosi
E. l'insieme di filamenti e antere nei fiori

1051. La foca e il gatto sono mammiferi e appartengono entrambi all'ordine dei carnivori. Hanno però un aspetto molto diverso a causa:
A. dell'evoluzione divergente
B. della presenza di strutture analoghe
C. della legge di Hardy-Weinberg
D. della selezione stabilizzatrice
E. dell'evoluzione parallela

1052. Quale tipo di selezione favorisce i fenotipi estremi e può portare alla divisione di una popolazione in due forme distinte?
A. Selezione direzionale
B. Selezione divergente
C. Selezione sessuale
D. Selezione artificiale
E. Selezione stabilizzante

1053. Quale dei seguenti è un esempio di evoluzione convergente?
A. L'evoluzione indipendente del volo nei pipistrelli e negli uccelli
B. La diversificazione dei fringuelli di Darwin nelle isole Galapagos
C. Nessuna delle altre alternative è corretta
D. L'evoluzione di diverse forme di becco in diverse specie di uccelli
E. Lo sviluppo di strutture alari simili nei pipistrelli e negli uccelli

1054. Quale tra i seguenti elementi NON appartiene ai tessuti conduttori?
A. Lo xilema
B. Le sclereidi
C. Le trachee
D. Il floema
E. Le tracheidi

1055. Perché le frequenze alleliche di una popolazione rimangano costanti, devono verificarsi tutte le seguenti condizioni, tranne una. Quale?
A. Assenza di mutazioni
B. Flusso genico tra popolazioni
C. Accoppiamento casuale tra individui
D. Popolazione molto vasta
E. Assenza di selezione naturale

1056. Nel fenomeno della deriva genetica, le frequenze alleliche di una popolazione cambiano a causa:
A. della selezione sessuale
B. della legge di Hardy-Weinberg

C. della selezione artificiale
D. del caso
E. della selezione naturale

1057. Qual è il principale motore dell'evoluzione biologica?

A. Migrazione
B. Selezione naturale
C. Isolamento riproduttivo
D. Deriva genetica
E. Deriva cromosomica

1058. Gli uccelli sono caratterizzati dal NON avere:

A. circolazione doppia e completa
B. Eterotermia
C. Polmoni
D. fecondazione interna
E. ossa cave

1059. Secondo la nomenclatura binomia, per identificare in modo non equivoco una specie è necessario utilizzare due termini, che indicano, nell'ordine:

A. la specie e il genere
B. il genere e la specie
C. il genere e il phylum
D. la famiglia e la classe
E. il phylum e la specie

1060. Quale dei seguenti fenomeni può portare alla formazione di varietà diverse della stessa specie oppure, se agisce sufficientemente a lungo, alla nascita di nuove specie?

A. La selezione divergente
B. L'evoluzione parallela
C. La selezione stabilizzatrice
D. L'omologia
E. La legge di Hardy-Weinberg

1061. Quale delle seguenti affermazioni relative alla teoria dell'evoluzione di Darwin è ERRATA?

A. In una popolazione, generazione dopo generazione, la selezione naturale rende maggiormente comuni i caratteri ereditari vantaggiosi
B. Gli organismi che mostrano le caratteristiche più adatte all'ambiente in cui si trovano sopravvivono e si riproducono
C. Tra gli individui di una popolazione, molte delle caratteristiche variabili sono ereditabili
D. Gli organismi producono una prole troppo numerosa rispetto alle risorse disponibili per garantirne la sopravvivenza
E. I cambiamenti fisici che un animale acquisisce durante la vita vengono trasmessi alla sua progenie

1062. Per deriva genetica si intende:

A. un effetto della selezione artificiale che porta alla comparsa di nuove specie
B. una variazione delle frequenze alleliche in una popolazione dovuta alla selezione artificiale
C. un effetto della selezione naturale che porta alla comparsa di nuove specie
D. una variazione delle frequenze alleliche in una popolazione dovuta al caso
E. una variazione delle frequenze alleliche in una popolazione dovuta alla selezione naturale

1063. Quale delle seguenti affermazioni definisce meglio la deriva genetica?

A. Il trasferimento di informazioni genetiche dai genitori alla progenie
B. La variazione delle frequenze alleliche determinata da eventi casuali
C. Il processo attraverso il quale nascono nuovi alleli in una popolazione
D. L'adattamento di una specie al suo ambiente
E. Il movimento di individui da una popolazione a un'altra

1064. In quale dei seguenti scenari è più probabile che NON si verifichi una deriva genetica?

A. Una popolazione antica con limitato flusso genico
B. In caso di collo di bottiglia
C. Una popolazione piccola con accoppiamento casuale
D. Popolazione di grandi dimensioni con accoppiamento casuale
E. In caso di effetto del fondatore

1065. Quale delle seguenti affermazioni NON è una conseguenza della deriva genetica nelle popolazioni di piccole dimensioni?

A. Diminuzione della variazione genetica
B. Fissazione degli alleli
C. Perdita di alleli rari

BIOLOGIA

D. Variazioni casuali delle frequenze alleliche
E. Aumento della variazione genetica

1066. In quale tipo di popolazione è più probabile che si verifichi il fenomeno della deriva genetica?
A. Una popolazione con un elevato flusso genico
B. Popolazione di dimensioni ridotte
C. Una popolazione con un alto tasso di mutazione
D. Una popolazione numerosa
E. Una popolazione con basso tasso di mutazione

1067. Quale dei seguenti è un esempio di deriva genetica?
A. Una specie vegetale che si adatta alle condizioni di siccità riducendo la perdita di acqua
B. Una popolazione di conigli che cambia colore per mimetizzarsi con l'ambiente circostante
C. Una piccola popolazione di lupi che perde un allele a causa di un evento casuale
D. Una specie di uccello che evolve un becco più lungo per accedere al nettare nei fiori
E. Una popolazione di pesci che sviluppa pinne più forti per nuotare

1068. Qual è la causa essenziale della deriva genetica?
A. La selezione naturale
B. Mutazione
C. Ricombinazione genetica
D. Il caso
E. Il flusso genico

1069. Quale delle seguenti è un'importante differenza tra la deriva genetica e la selezione naturale?
A. La deriva genetica porta alla fissazione di alleli benefici, mentre la selezione naturale no
B. La deriva genetica si verifica solo in grandi popolazioni, mentre la selezione naturale no
C. La deriva genetica porta sempre a cambiamenti adattativi, mentre la selezione naturale no
D. La deriva genetica è un processo casuale, mentre la selezione naturale no
E. La deriva genetica riguarda gli individui, mentre la selezione naturale no

1070. Tenendo a mente il concetto di deriva genetica, quale delle seguenti affermazioni è VERA?
A. Può portare alla fissazione di alleli anche se non vantaggiosi
B. È influenzato dalla selezione naturale
C. Si verifica solo in popolazioni numerose
D. Determina adattamento in popolazioni di grandi dimensioni
E. Non ha alcun effetto sulla variabilità genetica

1071. Quale dei seguenti fenomeni può derivare della deriva genetica?
A. Selezione direzionale
B. Aumento della diversità genetica
C. Variazioni casuali delle frequenze alleliche
D. Diminuzione delle dimensioni della popolazione
E. Aumento del flusso genico tra le popolazioni

1072. Quale dei seguenti fattori può aumentare gli effetti della deriva genetica?
A. Alto tasso di mutazione
B. Elevato flusso genico
C. Numero limitato di effettivi nella popolazione (Ne)
D. Forte selezione naturale
E. Grande dimensione della popolazione

1073. Quale affermazione è VERA in riferimento alla deriva genetica?
A. Si verifica a causa di una selezione deliberata da parte dell'uomo
B. È più probabile che si verifichi in popolazioni con un elevato flusso genico
C. Si traduce sempre nell'adattamento di una popolazione all'ambiente
D. Può portare alla perdita di variazione genetica nel tempo
E. Non ha alcun effetto sulla composizione genetica complessiva di una popolazione

1074. Quale dei seguenti elementi descrive meglio la selezione naturale?

A. La trasmissione di informazioni genetiche dai genitori alla progenie
B. Si traduce sempre nell'adattamento di un individuo all'ambiente
C. Il movimento di individui da una popolazione a un'altra
D. L'allevamento deliberato di organismi da parte dell'uomo
E. Il processo con cui le popolazioni naturali si adattano al loro ambiente attraverso il cambiamento della frequenza degli alleli.

1075. Le piante vascolari assorbono acqua dal terreno principalmente tramite:

A. i peli radicali
B. i peli del fusto
C. l'apice radicale
D. gli idatodi
E. la ligula

1076. Tra i processi evolutivi, il cambiamento graduale delle caratteristiche di una popolazione è detta:

A. anagenesi
B. speciazione allopatrica
C. speciazione simpatrica
D. cladogenesi
E. evoluzione convergente

1077. Per stabilire se due organismi sono della stessa specie si deve tenere conto:

A. della capacità di riproduzione generando figli fertili
B. della dimensione
C. della capacità di riproduzione con organismi di altra specie
D. nessuna delle altre alternative è corretta
E. dell'aspetto esteriore

1078. Le specie appartenenti alla stessa classe sono incluse:

A. nella stessa specie
B. nello stesso ordine
C. nello stesso phylum
D. nella stessa famiglia
E. nello stesso genere

1079. Il gatto (Felis catus) e la tigre (Panthera tigris) appartengono entrambi alla famiglia dei felidi, quindi:

A. appartengono allo stesso genere
B. appartengono allo stesso ordine
C. appartengono a phylum diversi
D. possono accoppiarsi l'uno con l'altra generando figli fertili
E. appartengono a classi diverse

1080. Quale gruppo di organismi tra i seguenti NON fa parte del dominio eukaryota?

A. Protista
B. Fungi
C. Archaea
D. Animalia
E. Plantae

1081. Quale gruppo di organismi tra i seguenti fa parte del dominio prokaryota?

A. Archaea
B. Plantae
C. Protista
D. Fungi
E. Animalia

1082. Quale delle seguenti NON modifica le frequenze alleliche in una popolazione?

A. Flusso genico
B. Deriva genetica
C. Mutazione
D. Crossing over
E. Selezione naturale

1083. Le piante fanerogame:

A. non sono dotate di organi riproduttori
B. non possono riprodursi
C. sono dotate di fiori
D. si riproducono tutte mediante tuberi
E. si riproducono in modo asessuato

1084. Da chi è stato sviluppato il sistema tassonomico per la classificazione degli esseri viventi?

A. Adam Smith
B. Carl von Linné
C. Isaac Newton
D. Voltaire
E. Immanuel Kant

1085. Nel sistema di classificazione gerarchica degli organismi, ogni Genere cosa comprende?

A. Ordini
B. Famiglie
C. Generi
D. Specie
E. Classi

1086. Quale dei seguenti è un esempio di selezione naturale?

A. Biotecnologi che modificano il DNA delle piante rendendole resistenti ai parassiti
B. Ereditarietà di caratteri fenotipici
C. Gli ingegneri progettano un pannello solare più efficiente
D. L'essere umano che addomestica lupi
E. Una popolazione di uccelli che sviluppa becchi più lunghi per accedere a nuove fonti di cibo

1087. Quale delle seguenti affermazione descrive una caratteristica della selezione naturale?

A. È influenzato dall'intervento umano
B. È un processo casuale
C. Porta sempre al miglioramento di una specie
D. Si verifica solo nelle popolazioni umane
E. È determinata da fattori ambientali

1088. Cosa s'intende con il termine "selezione artificiale"?

A. Il movimento di individui da una popolazione a un'altra
B. Gli esseri umani influenzano direttamente la variazione genetica di una popolazione
C. La fluttuazione casuale delle frequenze alleliche in una popolazione
D. Il processo con cui gli organismi si adattano all'ambiente attraverso cambiamenti genetici
E. Gli esseri umani non influenzano direttamente la variazione genetica di una popolazione

1089. Quale dei seguenti è un esempio di selezione artificiale?

A. L'allevamento di cani per ottenere caratteristiche specifiche
B. Lo sviluppo di una resistenza agli antibiotici nei batteri
C. L'adattamento delle piante agli ambienti aridi
D. La diversificazione delle specie di fringuelli nelle isole Galapagos
E. Una popolazione di lupi selvatici che evolve nel tempo verso dimensioni maggiori

1090. Quale dei seguenti è un potenziale risultato della selezione artificiale?

A. Aumento della diversità genetica all'interno di una popolazione
B. Distruzione di habitat naturali
C. Conservazione degli habitat naturali
D. Perdita di tratti indesiderati in una popolazione
E. Cambiamenti casuali nelle frequenze alleliche

1091. Quale delle seguenti affermazioni è VERA a proposito della selezione naturale?

A. Agisce su tratti ereditabili che influenzano il successo riproduttivo
B. Si verifica solo in popolazioni numerose
C. Porta sempre all'estinzione delle specie
D. È un processo casuale guidato da eventi fortuiti
E. È influenzato dall'intervento umano

1092. Quale delle seguenti è una differenza tra selezione naturale e selezione artificiale?

A. La selezione naturale porta sempre al miglioramento di una specie, mentre la selezione artificiale può non farlo
B. La selezione naturale avviene solo nelle popolazioni umane, mentre la selezione artificiale avviene in tutte le popolazioni
C. La selezione naturale è guidata da fattori ambientali, mentre quella artificiale da mutazioni genetiche
D. La selezione naturale porta alla perdita di diversità genetica, mentre la selezione artificiale aumenta la diversità genetica
E. La selezione naturale è guidata da fattori ambientali, mentre la selezione artificiale è guidata dall'intervento umano

1093. Quale dei seguenti fattori può direttamente influenzare l'efficacia della selezione naturale?

A. L'intervento umano nelle pratiche di allevamento
B. Variazioni casuali delle frequenze alleliche
C. Diversità genetica all'interno di una popolazione
D. Manipolazione artificiale delle condizioni ambientali
E. Presenza di alleli dominanti nella popolazione

1094. Insetti, uccelli e pipistrelli hanno sviluppato indipendentemente strutture analoghe utili al volo. Questo è un esempio di:

A. selezione stabilizzante
B. microevoluzione
C. evoluzione divergente
D. macroevoluzione
E. evoluzione convergente

1095. Quale categoria sistematica è la più ampia tra quelle indicate?

A. Phylum
B. Classe
C. Famiglia
D. Specie
E. Ordine

1096. Quale delle seguenti affermazioni è VERA riguardo la selezione artificiale?

A. È un fenomeno naturale
B. Aumenta la diversità genetica
C. È esclusivamente vantaggiosa per l'uomo
D. Avviene solo in popolazioni di piccole dimensioni
E. È basata su eventi casuali

1097. Quali dei seguenti esseri viventi hanno necessariamente bisogno di luce per compiere il loro ciclo vitale?

A. Virus
B. Batteri
C. Lieviti
D. Briofite
E. Tutte le cellule eucariotiche

1098. La crescita e le attività delle piante sono regolate da ormoni vegetali. Gli ormoni che promuovono l'allungamento del germoglio sono:

A. le citochine
B. l'etilene
C. l'acido abscissico
D. le auxine
E. le giberelline

1099. Le gimnosperme:

A. si riproducono mediante spore
B. producono semi protetti da un frutto
C. producono semi non protetti da un ovario
D. sono piante non vascolari
E. non producono semi

1100. Nel sistema di classificazione gerarchica degli organismi, ogni Classe viene suddiviso in:

A. Classi
B. Generi
C. Famiglie
D. Ordini
E. Specie

1101. Quale frase NON è corretta riguardo all'escrezione degli invertebrati?

A. Possono eliminare i rifiuti attraverso processi come la diffusione o l'esocitosi
B. Gli invertebrati sono privi di sistemi escretori
C. Molti invertebrati presentano i nefridi come organi escretori
D. Alcuni invertebrati hanno strutture escretrici chiamate tubuli di Malpighiani
E. Gli invertebrati espellono i prodotti di scarto attraverso organi specializzati

1102. Il processo che porta all'origine di nuove specie e alla suddivisione degli organismi in livelli gerarchici superiori a quello di specie viene definito:

A. selezione artificiale
B. macroevoluzione
C. microevoluzione
D. deriva genetica
E. selezione naturale

BIOLOGIA

1103. Quale delle seguenti affermazioni riferite ai funghi è ERRATA?

A. Possiedono il corpo a tallo
B. Possono essere sia unicellulari sia pluricellulari
C. Sono organismi autotrofi
D. Possono secernere sostanze che effettuano la digestione del materiale nutritizio
E. Possono riprodursi sia attraverso riproduzione sessuata che asessuata

1104. Nel sistema di classificazione gerarchica degli organismi, ogni Famiglia viene suddiviso in:

A. Classi
B. Specie
C. Famiglie
D. Generi
E. Ordini

1105. La selezione naturale stabilizzante:

A. può portare alla formazione di nuove specie
B. avviene di solito quando alcuni individui di una popolazione migrano in un ambiente diverso dal precedente
C. tende a favorire gli individui con fenotipo intermedio, riducendo la variabilità fenotipica
D. avviene solitamente quando le condizioni ambientali subiscono bruschi cambiamenti
E. si verifica quando vi è una pressione selettiva verso uno degli estremi della curva fenotipica

1106. Quali tra i seguenti fattori NON turba l'equilibrio di Hardy-Weinberg?

A. Mutazione
B. Selezione
C. Popolazione ristretta
D. Migrazione
E. Panmissia

1107. Quale dei seguenti animali NON è un anfibio?

A. Lucertola
B. Tritone
C. Rospo
D. Rana
E. Salamandra

1108. Quale meccanismo evolutivo descrive il cambiamento casuale delle frequenze alleliche dovuto a eventi fortuiti?

A. Resilienza
B. Flusso genico
C. Selezione naturale
D. Deriva genetica
E. Mutazione

1109. Secondo quale teoria tutti gli esseri viventi, dopo la creazione, non hanno subito alcuna modifica?

A. Creazionismo
B. Fissismo
C. Catastrofismo
D. Attualismo
E. Evoluzionismo

1110. I carpelli sono gli organi femminili della riproduzione delle piante. Essi NON comprendono:

A. l'antera
B. lo stigma
C. l'ovario
D. lo stilo
E. il pistillo

1111. Quali, tra i seguenti, è un risultato del cosiddetto "effetto del fondatore"?

A. Perdita di variabilità genetica
B. Aumento della variabilità genetica
C. Mutazioni
D. Aumento della popolazione
E. Simbiosi

1112. Qual è la principale forza motrice dell'evoluzione adattativa?

A. La selezione naturale
B. La deriva genetica
C. La mutazione
D. La meiosi
E. Il flusso genico

1113. Una delle forze evolutive che agisce sulle popolazioni è la deriva genetica, ovvero la variazione del tutto casuale delle frequenze alleliche. Quale tra i seguenti processi può causare una deriva genetica?

A. La radiazione adattativa
B. L'effetto del fondatore
C. L'isolamento riproduttivo
D. Nessuna delle altre alternative può essere causa di una deriva genetica
E. Le mutazioni

1114. Qual è il termine che indica un cambiamento nelle frequenze alleliche dovuto al movimento di individui tra popolazioni?

A. Deriva genetica
B. Flusso genico
C. Selezione naturale
D. Fitness
E. Migrazione

1115. Quale frase NON è corretta riguardo alla diversità degli invertebrati?

A. Gli insetti sono tra gli invertebrati più diffusi sul pianeta Terra
B. Gli invertebrati rappresentano la maggior parte delle specie animali sulla Terra
C. Gli invertebrati presentano una notevole diversità in termini di ruoli ecologici
D. Gli invertebrati abitano un'ampia gamma di habitat, compresi gli ambienti terrestri, d'acqua dolce e marini
E. Tutti gli invertebrati hanno la stessa struttura e morfologia corporea

1116. L'evoluzione dei vertebrati occupa:

A. nessuna delle altre alternative è corretta
B. il mesozoico
C. le ultime tre ere geologiche
D. le prime ere geologiche
E. l'ultimo secolo

ELEMENTI DI ECOLOGIA

1117. Il lichene è un tipo di simbiosi mutualistica tra:

A. epifiti e funghi
B. funghi micorrizici e una pianta
C. una pianta e muschio
D. un fungo e un'alga/cianobatterio
E. epifiti e una pianta

1118. Le piante terrestri più antiche sono le:

A. briofite
B. gimnosperme
C. spermatofite
D. angiosperme
E. pteridofite

1119. Quale parte del corpo di un anfibio è responsabile della produzione di vocalizzazioni?

A. Membrana timpanica
B. Vescica
C. Corde vocali
D. Branchie
E. Rene

1120. Quali animali, tra quelli elencati, vengono classificati come omeotermi?

A. Anfibi e crostacei
B. Mammiferi e anfibi
C. Anfibi e rettili
D. Rettili e uccelli
E. Uccelli e mammiferi

1121. Quale strategia riproduttiva prevede la schiusa delle uova all'esterno del corpo della femmina?

A. Partenogenesi
B. Viviparità
C. Ovoviviparità
D. Oviparità
E. Ermafroditismo

1122. Quale interazione ecologica prevede una relazione a stretto contatto tra due specie diverse?

A. Simbiosi
B. Mimetismo
C. Protocooperazione
D. Competizione
E. Predazione

1123. Quale livello trofico è rappresentato dagli erbivori in una catena alimentare?

A. Quinario
B. Quaternario
C. Terziario
D. Secondario
E. Primario

1124. Qual è il principale contributo dell'azoto all'ecosistema?

A. Componente essenziale degli amminoacidi e delle proteine
B. Costituisce la minor parte dell'atmosfera terrestre
C. Fonte principale di energia per gli organismi fotosintetici
D. Regola il pH del suolo
E. Principale gas responsabile dell'effetto serra

1125. Quali dei seguenti organismi sono considerati decompositori?

A. Insetti impollinatori
B. Batteri
C. Piante
D. Erbivori
E. Carnivori

1126. Quale, tra i seguenti, è un esempio di relazione simbiotica in cui entrambi gli organismi traggono beneficio reciproco dalla loro relazione?

A. Mutualismo
B. Predazione
C. Parassitismo
D. Commensalismo
E. Nessuna delle altre risposte è corretta

1127. Qual è il gas principalmente responsabile dell'effetto serra?

A. L'argon
B. L'ossigeno
C. Il neon
D. Il biossido di carbonio
E. L'azoto

1128. Quale gas costituisce la maggior parte dell'atmosfera terrestre?

A. L'ossigeno
B. Il metano
C. L'azoto
D. L'argon
E. Il biossido di carbonio

1129. Quale tipo di relazione ecologica è rappresentata dalla simbiosi tra un fungo e una pianta?

A. Predazione
B. Commensalismo
C. Competizione
D. Mutualismo
E. Parassitismo

1130. Qual è il principale fattore che determina la distribuzione delle piante in un ecosistema terrestre?

A. Predazione
B. Parassitismo
C. Disponibilità di acqua
D. Clima
E. Mutualismo

1131. Quale, tra i seguenti, è un esempio di relazione simbiotica in cui uno dei due organismi trae beneficio mentre l'altro non è influenzato dalla loro relazione?

A. Mutualismo
B. Commensalismo
C. Nessuna delle altre risposte è corretta
D. Predazione
E. Parassitismo

1132. Quale livello trofico è rappresentato dai carnivori in una catena alimentare?

A. Terzo
B. Secondo
C. Primo
D. Quinto
E. Quarto

1133. Quale, tra i seguenti, è un esempio di relazione simbiotica in cui uno dei due organismi trae beneficio a spese dell'altro organismo, causandogli danni?

A. Commensalismo
B. Nessuna delle altre risposte è corretta
C. Predazione
D. Parassitismo
E. Mutualismo

1134. Quale, tra i seguenti, è un esempio di relazione simbiotica in cui uno dei due organismi cattura e uccide un altro organismo per nutrirsene?

A. Predazione
B. Mutualismo
C. Parassitismo
D. Simbiosi
E. Commensalismo

1135. Quale strategia riproduttiva prevede lo sviluppo di embrioni all'interno di uova nel corpo della madre, dove poi si schiudono?

A. Viviparità
B. Partenogenesi
C. Ovoviviparità
D. Oviparità
E. Ermafroditismo

1136. Quale strategia riproduttiva prevede lo sviluppo di embrioni all'interno del corpo della madre che nascono già completamente formati?

A. Ovoviviparità
B. Ermafroditismo
C. Viviparità
D. Oviparità
E. Partenogenesi

1137. Quale strategia riproduttiva prevede degli organismi in grado di produrre sia gameti maschili che femminili?

A. Viviparità
B. Ermafroditismo
C. Partenogenesi
D. Ovoviviparità
E. Oviparità

1138. Quale strategia riproduttiva prevede lo sviluppo della prole da uova non fecondate?

A. Ovoviviparità
B. Ermafroditismo
C. Viviparità
D. Oviparità
E. Partenogenesi

1139. Un ecosistema è:

A. il luogo specifico in cui vive una popolazione
B. costituito dai soli individui della stessa specie che vivono in uno stesso territorio
C. costituito dalle sole popolazioni di organismi di specie diverse che vivono nello stesso ambiente
D. sempre costituito da una componente biotica e da una abiotica in relazione tra loro
E. costituito solo dall'ambiente fisico in cui vivono popolazioni di organismi di specie diverse

1140. Quale interazione ecologica prevede una relazione stretta e prolungata tra due specie diverse, da cui entrambe traggono beneficio?

A. Mutualismo
B. Simbiosi
C. Selezione R
D. Parassitismo
E. Commensalismo

1141. Quale interazione ecologica prevede una relazione stretta e prolungata tra due specie diverse, da cui una sola ne trae beneficio, mentre l'altra non subisce danni e non ottiene benefici?

A. Selezione R
B. Mutualismo
C. Simbiosi
D. Commensalismo
E. Parassitismo

1142. Quale interazione ecologica prevede una relazione stretta e prolungata tra due specie diverse, da cui una specie trae beneficio, mentre l'altro risulta svantaggiato?

A. Selezione R
B. Commensalismo
C. Parassitismo
D. Simbiosi
E. Mutualismo

1143. Quale frase NON è corretta riguardo agli organismi geneticamente modificati (OGM)?

A. Grazie agli OGM sono state create colture agricole in grado di resistere ai parassiti
B. Un obiettivo degli OGM è quello di migliorare i caratteri desiderabili degli organismi
C. Gli OGM sono strettamente limitati alle colture agricole e non includono altri organismi
D. Gli OGM hanno generato dibattiti e preoccupazioni riguardo alla loro sicurezza e ai loro potenziali effetti
E. Gli OGM sono organismi che sono stati modificati attraverso tecniche di ingegneria genetica

1144. Quale livello trofico è rappresentato dalle piante in una catena alimentare?

A. Secondo
B. Quarto
C. Quinto
D. Terzo
E. Primo

1145. Quale livello trofico è rappresentato dalle tigri in una catena alimentare?

A. Primo
B. Quinto
C. Secondo
D. Terzo
E. Quarto

1146. Cosa s'intende per "livello trofico"?

A. Relazioni simbiotiche tra organismi di specie diverse
B. Storia evolutiva di una specie
C. Posizione di un organismo all'interno di una catena alimentare
D. Distribuzione della fauna in un ecosistema
E. Perdita di variabilità genetica

CENNI DI MEDICINA

1147. Quale delle seguenti aree funzionali del cervello è associata alla comprensione del linguaggio parlato e scritto?

A. Area motoria supplementare
B. Corteccia premotoria
C. Corteccia motoria primaria
D. Corteccia prefrontale
E. Area di Wernicke

1148. L'encefalopatia spongiforme bovina è causata da un:

A. protozoo
B. lievito
C. batterio
D. virus
E. prione

1149. Come si definisce la riduzione della massa ossea prodotta fisiologicamente con il passare degli anni?

A. Osteocondrosi
B. Osteoporosi
C. Osteomalacia
D. Artrite
E. Osteopenia

1150. Che cos'è l'artrite reumatoide?

A. Un'infezione virale delle articolazioni
B. Un disturbo caratterizzato da un'infiammazione dei muscoli e dei tendini
C. Una malattia causata da un'eccessiva produzione di collagene nelle articolazioni
D. Una malattia infiammatoria cronica sistemica che colpisce le articolazioni sia piccole che grandi
E. Una condizione dovuta a un'eccessiva crescita delle cellule ossee nelle articolazioni

1151. Da quante curve fisiologiche è formata la colonna vertebrale?

A. 3 curve, 2 cifosi e 1 lordosi
B. 3 curve, 2 lordosi e 1 cifosi
C. 4 curve, 2 cifosi e 2 lordosi
D. 4 curve, 3 lordosi e 1 cifosi
E. 5 curve, 3 lordosi e 2 cifosi

1152. Qual è la definizione classica di scoliosi secondo la Scoliosis Research Society?

A. Una curva di più di 10° Cobb sul piano frontale considerando anche il piano laterale
B. Una curva di più di 13° Cobb sul piano frontale considerando anche il piano laterale
C. Una curva di più di 10° Cobb sul piano frontale senza considerare il piano laterale
D. Una curva di più di 15° Cobb sul piano frontale senza considerare il piano laterale
E. Una curva di più di 5° Cobb sul piano frontale senza considerare il piano laterale

1153. Che cosa comporta l'osteomalacia?

A. Quando si presenta un'alterazione quantitativa della massa muscolare
B. Quando si presenta un'alterazione quantitativa della massa ossea per difetto di mineralizzazione della matrice proteica
C. La riduzione della massa ossea che si produce fisiologicamente con il passare degli anni
D. Un'alterazione qualitativa della massa ossea per difetto di mineralizzazione della matrice proteica
E. Una riduzione dei valori di massa ossea, tanto da provocare fratture anche per traumi minimi

1154. Qual è la funzione delle curve fisiologiche presenti nella colonna vertebrale?

A. Migliorare la durezza della colonna vertebrale
B. Migliorare l'elasticità della colonna vertebrale
C. Aumentare la resistenza della colonna alle sollecitazioni di compressione assiale
D. Aumentare la mobilità delle vertebre
E. Ridurre la capacità di assorbire gli urti

1155. Come si definisce un'alterazione qualitativa della massa ossea per difetto di mineralizzazione della matrice proteica?

A. Osteocondrosi
B. Osteoporosi
C. Artrite
D. Osteopenia
E. Osteomalacia

1156. Qual è la definizione di osteopenia?

A. La riduzione della massa ossea che si produce fisiologicamente con il passare degli anni
B. Quando si presenta un'alterazione quantitativa della massa ossea per difetto di mineralizzazione della matrice proteica
C. La riduzione in modo marcato della massa ossea tale da provocare fratture anche per traumi minimi
D. La riduzione della massa ossea che si produce patologicamente con il passare degli anni
E. Quando si presenta un'alterazione qualitativa della massa ossea per difetto di mineralizzazione della matrice proteica

1157. Che cos'è l'artrosi?

A. Una malattia causata da un'eccessiva produzione di collagene nelle articolazioni
B. Una condizione dovuta a un'eccessiva crescita delle cellule ossee nelle articolazioni
C. Una malattia infiammatoria cronica sistemica che colpisce le articolazioni sia piccole che grandi
D. Una malattia dovuta all'usura e all'invecchiamento delle articolazioni
E. Un disturbo caratterizzato da un'infiammazione dei muscoli e dei tendini

1158. Come si chiama la condizione dove si presenta usura e invecchiamento delle articolazioni?

A. Osteomalacia
B. Artrite
C. Artrosi
D. Sarcopenia
E. Osteopenia

1159. Quale di queste malattie genetiche è caratterizzata da anomalie nel metabolismo degli amminoacidi?

A. Fenilchetonuria
B. Sindrome di Down
C. Emofilia
D. Talassemia
E. Fibrosi cistica

1160. Come si definisce l'infiammazione cronica sistemica che colpisce le articolazioni sia piccole che grandi?

A. Osteopenia
B. Sarcopenia
C. Osteoporosi
D. Artrosi
E. Artrite

1161. Gli streptococchi sono:

A. anaerobi obbligati
B. anaerobi facoltativi
C. aerobi obbligati
D. sempre patogeni
E. Autotrofi

1162. La distrofia muscolare è una malattia che colpisce il sistema muscolare. Essa:

A. è una malattia recessiva autosomica
B. si manifesta con spasmi muscolari fortissimi
C. si manifesta con sintomi neurologici
D. è una malattia autoimmune
E. è una malattia X-linked recessiva

1163. L'agente causale del cosiddetto "fuoco di Sant'Antonio" è:

A. Micoplasma pneumoniae
B. Treponema pallidum
C. un virus a DNA
D. un virus a RNA
E. Staphylococcus aureus

BIOLOGIA

1164. Quale tra quelli indicati è il vettore principale della diffusione della malaria?

A. Anofele
B. Pulce
C. Topo
D. Zecca
E. Tafano

1165. Quali delle seguenti malattie NON può essere curata con un antibiotico?

A. Colera
B. Tifo
C. Poliomielite
D. Tubercolosi
E. Difterite

1166. Che cos'è il Triton X-100?

A. Detergente ionico che separa efficacemente le proteine transmembrana e le proteine idrofobiche senza alterarne l'attività biologica
B. Detergente non ionico che separa efficacemente le proteine transmembrana e le proteine idrofobiche senza alterarne l'attività biologica
C. Detergente non ionico che separa efficacemente le proteine transmembrana e le proteine idrofobiche alterandone l'attività biologica
D. Detergente non ionico che separa efficacemente le proteine subsmembrana e le proteine idrofobiche senza alterarne l'attività biologica
E. Detergente non ionico che separa efficacemente i grassi transmembrana e le proteine idrofobiche senza alterarne l'attività biologica

1167. La distrofia muscolare di Duchenne (DMD) è una malattia recessiva legata all'X caratterizzata da:

A. degenerazione muscolare e ossa fragili
B. alta statura e ossa fragili
C. crescita muscolare eccessiva
D. ossa fragili e crescita muscolare eccessiva
E. debolezza e degenerazione muscolare progressiva

1168. Una malformazione che compare in un bambino fin dalla nascita certamente:

A. è di origine ambientale
B. deriva da una mutazione cromosomica
C. è congenita
D. deriva da un'aneuploidia
E. è ereditaria

1169. Quale delle seguenti malattie potrebbe essere curata con un antibiotico?

A. Morbillo
B. Colera
C. Poliomielite
D. Rosolia
E. Parotite

1170. Quale fra i seguenti batteri appartiene al genere Clostridium?

A. Nessuna delle risposte è corretta
B. Batterio della lebbra
C. Batterio del botulismo
D. Batterio della tubercolosi
E. Batterio del carbonchio

1171. La sterilizzazione consiste in:

A. qualsiasi processo chimico o fisico che porti all'eliminazione di quasi forma microbica vivente, sia patogena che non, non comprese le spore e i funghi
B. qualsiasi processo chimico o fisico che porti all'eliminazione di ogni forma microbica vivente, sia patogena che non, comprese le spore e i funghi
C. qualsiasi processo chimico o fisico che porti all'eliminazione di quasi forma microbica vivente, sia patogena che non,
D. qualsiasi processo biochimico che porti all'eliminazione di ogni forma microbica vivente, sia patogena che non, comprese le spore e i funghi
E. qualsiasi processo fisico che porti all'eliminazione di ogni forma microbica vivente, sia patogena che non, non comprese le spore e i funghi

1172. La disinfezione determina:

A. l'uccisione di tutti gli agenti patogeni, assicurando l'eliminazione di tutti i microrganismi
B. l'uccisione della maggior parte dei microrganismi, ma non assicura l'eliminazione di tutti

C. la denaturazione di tutti gli acidi nucleici virali
D. la degradazione di tutte le membrane virali
E. la denaturazione di tutte le proteine virali

1173. Gli antibiotici sono prodotti da:
A. virus
B. batteri e funghi
C. batteriofagi
D. protozoi
E. protisti

1174. Il rachitismo resistente alla vitamina D (VDDR) è un esempio di disturbo X-linked dominante caratterizzato da:
A. disturbi della vista
B. ossa fragili
C. crescita eccessiva dei capelli
D. ritardo mentale
E. disturbi renali

1175. Il criterio topografico di classificazione delle malattie identifica:
A. determinati gruppi di persone, che per determinate condizioni sono più esposte a una malattia
B. la funzione che viene alterata dalla malattia
C. la parte/area anatomica interessata dalla malattia
D. un singolo tessuto o organo interessato dalla malattia
E. la causa della malattia

1176. Quali delle seguenti malattie può essere curata con un antibiotico?
A. Colera
B. Influenza
C. HIV
D. Epatite B
E. Rosolia

1177. Quanti sono i livelli di potenza delle cellule staminali?
A. 5
B. 3
C. 2
D. 4
E. 6

1178. Lo "scorbuto" è una malattia causata da quale deficit vitaminico?
A. Della vitamina C
B. Della vitamina D
C. Della vitamina E
D. Della vitamina K
E. Della vitamina A

1179. L'AIDS è una patologia che intacca il nostro sistema immunitario, quale tra i seguenti i virus è il responsabile?
A. HIV
B. Morbillo
C. HHV-6
D. HSV
E. HPV

1180. Qual è la principale caratteristica che distingue i batteri Gram negativi da quelli Gram positivi?
A. Il flagello
B. I mitocondri
C. I cloroplasti
D. Il nucleo
E. La composizione della parete cellulare

1181. Quale delle seguenti malattie potrebbe essere curata con un antibiotico?
A. Tifo
B. AIDS
C. Epatite A
D. Rabbia
E. Febbre gialla

1182. Indicare la sede di latenza del virus dell'Herpes Zoster.
A. Le ghiandole salivari
B. I linfociti
C. I gangli sensoriali
D. I melanociti
E. Le cellule piramidali

1183. La colorazione di Gram in microbiologia è una tecnica di colorazione differenziale utilizzata per distinguere i batteri in base a cosa?
A. Al nucleo
B. Al DNA
C. Alle proteine di superficie
D. All'RNA
E. Alla parete cellulare

1184. La sindrome di Marfan è una malattia autosomica dominante caratterizzata da:

A. ossa fragili e bassa statura
B. bassa statura e arti corti
C. danni renali e ossa fragili
D. alta statura e arti lunghi
E. aumento della massa muscolare

1185. Quale tra i seguenti fattori di trascrizione è definibile come "pro-apoptotico"?

A. IGF
B. FGF
C. TNF
D. SHH
E. EGF

1186. In natura esistono diverse sostanze mutagene che possono indurre mutazioni nel genoma che si manifestano con malattie. Tra essi ci sono i cosiddetti "intercalanti". Essi:

A. possono determinare l'insorgenza di mutazioni per sostituzione di basi
B. determina mutazioni definite spontanee
C. determinano una modificazione nella struttura chimica delle basi
D. possono inserirsi più o meno stabilmente tra due coppie di basi
E. hanno una struttura molto simile a quella delle normali basi

1187. Quale vitamina, se carente, causa lo scorbuto?

A. Vitamina D2
B. Vitamina C
C. Vitamina A
D. Vitamina B12
E. Vitamina D3

1188. Una persona ipermetrope:

A. ha una deformazione del cristallino che non le permette di mettere a fuoco solo gli oggetti lontani
B. non riesce a mettere bene a fuoco gli oggetti lontani perché il suo bulbo oculare è più corto della norma in senso laterolaterale
C. non riesce a mettere bene a fuoco gli oggetti vicini perché il suo bulbo oculare è più corto della norma in senso anteroposteriore
D. non riesce a mettere bene a fuoco gli oggetti vicini perché il suo bulbo oculare è più lungo della norma in senso anteroposteriore
E. non riesce a mettere bene a fuoco gli oggetti lontani perché il suo bulbo oculare è più lungo della norma in senso anteroposteriore

1189. L'acondroplasia è una malattia autosomica dominante caratterizzata da:

A. bassa statura e crescita sproporzionata dei capelli
B. alta statura e arti sproporzionati
C. bassa statura e perdita dei capelli
D. bassa statura e arti sproporzionati
E. statura sporporzionata e perdita dei capelli

1190. Quali proteine sono implicate nella malattia conosciuta come "morbo della mucca pazza"?

A. Proteine di membrana
B. Pompe ioniche
C. Chaperon molecolari
D. Proteine prioniche
E. Enzimi

Non tutta la chimica fa schifo. Senza componenti chimici come l’idrogeno e l’ossigeno, per esempio, non ci sarebbe modo di produrre l’acqua, che è un ingrediente essenziale della birra

Dave Burry

Chimica

LA CHIMICA DEI VIVENTI

1. Che tipo di legami caratterizzano la struttura primaria delle proteine?

A. Esterei
B. Peptidici
C. Tioesterei
D. Covalenti omopolari
E. Ponti idrogeno

2. In che molecole si trova il legame peptidico?

A. Nelle proteine
B. Nei carboidrati
C. Nelle catene nucleotidiche
D. Negli zuccheri complessi
E. Negli amminoacidi

3. Che cosa è l'inerzia chimica in un materiale?

A. La quantità di sostanza che viene assorbita da un materiale esposto alle intemperie
B. La resistenza di un materiale allo sfregamento durante il lavaggio
C. La resistenza di un materiale rispetto alla deformazione meccanica
D. La resistenza di un materiale alla corrosione e alla ossidazione
E. La resistenza di un alimento al rilascio di sostanze durante la cottura

4. Il primo livello di organizzazione strutturale delle proteine è la struttura primaria formata da:

A. impilamento dei piani cristallini
B. legami esterei tra acidi contigui degli amminoacidi
C. legami peptidici tra gruppi carbossilici e gruppi amminici di amminoacidi contigui
D. ponti idrogeno tra NH ammidici e gruppi carbonilici dello scheletro peptidico
E. nessuna delle altre alternative è corretta

5. Le molecole dette fosfolipidi:

A. sono molecole formate da catene di atomi di fosforo
B. non sono presenti nella membrana cellulare
C. possiedono una testa polare e una coda apolare formata da due acidi grassi
D. nessuna delle altre alternative è corretta
E. non sono presenti nei sistemi biologici

6. Le basi pirimidiniche degli acidi nucleici hanno una struttura basata su uno scheletro che è:

A. un composto carbociclico aromatico con un gruppo funzionale amminico
B. un eterociclo saturo contenente 2 atomi di N
C. un eterociclo aromatico contenente 1 atomo di N
D. un composto carbociclico aromatico
E. un eterociclo aromatico contenente 2 atomi di N

7. Nella struttura delle proteine gli amminoacidi sono legati tra loro con il legame peptidico, che tipo di legame è?

A. A idrogeno
B. Interazione di Van del Waals
C. Di coordinazione
D. Ionico
E. Covalente

8. Quali composti chimici rappresentano gli elementi costituenti principali delle membrane cellulari?

A. Le proteine
B. I polisaccaridi
C. I trigliceridi
D. Gli steroli
E. I fosfolipidi

9. I fosfolipidi sono costituenti essenziali delle membrane cellulari grazie alla loro struttura chimica che:

A. è costituita da una testa apolare e una coda di acido grasso
B. consente loro di essere completamente miscibili con un solvente acquoso
C. presenta una testa polare e due code apolari di acidi grassi
D. fornisce un composto totalmente idrofobico
E. è caratterizzata da legami peptidici

10. Gli acidi grassi sono caratterizzati dalla presenza di quale gruppo funzionale?

A. Il gruppo chetonico
B. Il gruppo carbossilico
C. Il gruppo aldeidico
D. Il gruppo amminico
E. Il gruppo alcossidico

11. Qual è il metallo presente nella vitamina B12?

A. Rame
B. Zinco
C. Cobalto
D. Ferro
E. Molibdeno

12. La clorofilla e l'emoglobina contengono un legante di coordinazione planare, caratterizzato da quale struttura chimica?

A. Ione etilendiamminotertracetato
B. Ione cianuro
C. Porfirina
D. Ammoniaca
E. Piridina

13. L'acido arachidonico è un omega-6 presente nell'organismo umano, nella sua struttura presenta:

A. 6 doppi legami tra C3 e C12
B. 4 doppi legami tra C5 e C14
C. 5 doppi legami
D. 3 doppi legami tra C5 e C14
E. 2 doppi legami

14. Quale delle seguenti caratteristiche è attribuibile agli amminoacidi?

A. Non è possibile la loro sintesi in laboratorio
B. Devono essere assunti tutti con la dieta
C. Contengono tutti un carbonio chirale
D. Non sono solubili in ambiente acquoso
E. Sono composti anfoteri

15. Tra i seguenti composti organici, qual è un amminoacido?

A. Urea
B. Acido chelidonico
C. Reserpina
D. Acido pantotenico
E. Glicina

16. I due filamenti della doppia elica del DNA sono uniti da legami idrogeno tra basi complementari. Quali sono le coppie di basi azotate complementari?

A. Timina-citosina e guanina-adenina
B. Timina-adenina e guanina-citosina
C. Adenina-citosina e timina-guanina
D. Citosina-citosina e adenina-adenina
E. Timina-timina e guanina-guanina

17. Il primo nylon sintetico sviluppato in laboratorio è stato il nylon 6,6 nei laboratori della Dupont. Questo polimero è:

A. un polivinilbutirrale
B. un poliestere
C. un polisaccaride
D. un poliuretano
E. una poliammide

18. Qual è la caratteristica degli acidi grassi omega-3?

A. Avere numerosi doppi legami che li rendono altamente stabili
B. Avere l'ultimo doppio legame al terzo carbonio a partire dalla fine della catena
C. Avere un solo doppio legame alla fine della catena
D. Avere un solo doppio legame al carbonio C3
E. Avere il primo doppio legame al carbonio C3

19. I derivati di farmaci marcati con isotopi (per esempio, 3H) vengono comunemente utilizzati per studi di:

A. disgregazione della forma farmaceutica in vitro
B. distribuzione tissutale del farmaco e/o di suoi metaboliti
C. dissoluzione della forma farmaceutica in vitro
D. inibizione della crescita fungina in vitro
E. cristallizzazione

20. Le ammidi primarie si ottengono per mezzo di una reazione tra:

A. l'ammoniaca e un'aldeide
B. due alcoli
C. un chetone e un alcool
D. l'ammoniaca e un acido carbossilico
E. l'ammoniaca e un alchene

21. Quale composto producono le piante a partire da anidride carbonica e acqua, attraverso la fotosintesi?

A. Amminoacidi
B. Lignina
C. Fruttosio
D. Glucosio
E. Clorofilla

22. Gli steroidi sono prodotti naturali con importanti attività fisiologiche. Da quanti anelli condensati è formato il nucleo degli steroidi?

A. 4
B. 2
C. Nessuno, sono composti lineari
D. 3
E. 1

23. Amido e cellulosa sono entrambi polisaccaridi naturali, per quale caratteristica si differenziano?

A. Il legame α o β-glicosidico che lega le unità di glucosio
B. L'amido è formato esclusivamente da glucosio, la cellulosa anche da altri zuccheri
C. La cellulosa è formata esclusivamente da glucosio, l'amido anche da altri zuccheri
D. L'amido è una catena lineare, la cellulosa è una catena ramificata
E. La cellulosa è solubile in acqua, l'amido lo è solo in minima misura

24. L'ATP:

A. contiene tre legami fosfodiesterei
B. corrisponde all'acido adenosindifosforico
C. contiene due legami anidridici ad alta energia e uno estereo
D. contiene tre legami anidridici ad alta energia
E. è un secondo messaggero cellulare

25. L'acido colico è un acido biliare che serve ad emulsificare i grassi favorendone l'assorbimento. Da quale struttura è derivato?

A. Amminoacido
B. Acido oleico
C. Acido palmitico
D. Steroide
E. Acido arachidonico

26. Tra i seguenti composti organici, quale NON è un amminoacido?

A. Pirimidina
B. Treonina
C. Acido aspartico
D. Triptofano
E. Istidina

27. Quale dei seguenti materiali NON si trova in natura?

A. Ematite
B. Bauxite
C. Bachelite
D. Carbone
E. Ambra

28. Gli enzimi sono:

A. molecole biologiche che contengono informazioni genetiche
B. attivatori della sintesi proteica
C. molecole informazionali
D. macromolecole biologiche legate alla divisione cellulare
E. proteine con attività catalitica

29. Che cos'è la cellulosa?

A. Una proteina
B. Nessuna delle altre alternative è corretta
C. Un monosaccaride
D. Un polisaccaride
E. Un acido

30. Gli acidi grassi sono molecole:

A. che si legano tra loro per formare gli acidi nucleici
B. che si legano tra loro per formare le proteine
C. che rientrano nella composizione del colesterolo
D. organiche, contenenti il gruppo carbossilico e liposolubili
E. costituite da H, C e O e che non presentano mai legami multipli nella loro struttura

31. I trigliceridi sono:
A. esteri formati da una molecola di acido a lunga catena e 3 molecole di glicerolo
B. esteri formati da una molecola di alcol a lunga catena e 3 molecole di glicerolo
C. trimeri del glicerolo
D. esteri formati da 3 acidi a lunga catena e una molecola di glicerolo
E. esteri formati da 3 alcoli a lunga catena e una molecola di glicerolo

32. I grassi contengono il gruppo funzionale:
A. ammidico
B. etereo
C. alcolico
D. carbossilico
E. estereo

33. La cellulosa è:
A. una molecola polimera del glucosio, che si trova nella membrana delle cellule animali
B. un polisaccaride complesso polimero del ribosio
C. un polisaccaride complesso polimero di glucosio e lattosio
D. una macromolecola componente le cartilagini
E. un polisaccaride complesso, polimero del glucosio

34. Tra le tante funzioni svolte dalle proteine, le più importanti sono:
A. nessuna delle altre alternative è corretta
B. enzimatiche e strutturali
C. mantenere costante la temperatura corporea
D. scheletriche
E. accumulare e cedere energia

35. La cellulosa è:
A. una fibra del tessuto connettivo
B. un polisaccaride complesso costituito da glucosio
C. un polisaccaride complesso costituito da glucosio e lattosio
D. un polimero di glucosio tipico delle cellule animali
E. un componente dell'osso

36. L'amido è:
A. nessuna delle altre alternative è corretta
B. un monosaccaride
C. un grasso
D. un polisaccaride
E. un polipeptide

37. L'urea è:
A. un amminoacido
B. una proteina
C. un chetone
D. una diammide
E. una diammina

38. Indicare quale delle seguenti affermazioni riguardo alle proteine è FALSA:
A. sono formate da amminoacidi
B. hanno una struttura tridimensionale molto semplice
C. sono sintetizzate a partire da un mRNA
D. fungono da catalizzatore biologico
E. sono coinvolte in vie di trasduzione del segnale

39. Una sostanza che abbassa la barriera energetica di una reazione si chiama:
A. catalizzatore
B. terminatore
C. inibitore
D. rallentatore
E. iniziatore

40. Nella formazione di un disaccaride da due monosaccaridi:
A. entrambi i monosaccaridi si ossidano
B. si forma in alcuni casi un legame ammidico, in altri casi un legame glicosidico
C. entrambi i monosaccaridi si riducono
D. il primo monosaccaride si ossida, il secondo si riduce
E. si elimina acqua

41. La DNA polimerasi catalizza la formazione di un legame:
A. nucleotidico
B. peptidico
C. fosfodiestereo
D. fosfotirosinico
E. fosfoamminico

42. Il legame estereo è presente:

A. nessuna delle altre alternative è corretta
B. nelle proteine
C. non esiste
D. nei trigliceridi
E. nei polisaccaridi

43. Se si idrolizza un trigliceride con quantità opportune di NaOH si ottengono:

A. una molecola di acido carbossilico e tre molecole di alcol monovalente
B. carboidrati
C. proteine
D. grassi
E. saponi e un alcol trivalente

44. L'idrolisi di una molecola di $C_5H_{10}O_2$ dà come unici prodotti una molecola di CH_3COOH e una molecola di $CH_3CH_2CH_2OH$. Sulla base di queste informazioni a quale classe di composti della chimica organica deve appartenere $C_5H_{10}O_2$?

A. Esteri
B. Ammidi
C. Anidridi
D. Eteri
E. Glicoli

45. Cosa si intende per polimerizzazione?

A. La corrosione per azione elettrochimica
B. Nessuna delle altre alternative è corretta
C. Un procedimento di lavorazione per la finitura superficiale
D. La decomposizione di un composto chimico nei suoi elementi
E. La formazione di macromolecole per unione di molecole dello stesso tipo

46. La chinolina è:

A. un composto carbociclico
B. un'ammina aromatica terziaria eterociclica
C. un'ammina alifatica secondaria
D. un'ammina alifatica primaria
E. un'ammina aromatica monociclica

47. Tra i seguenti passaggi di stato delle sostanze, quale avviene solo se viene fornito calore?

A. Fusione
B. Cristallizzazione
C. Brinamento
D. Solidificazione
E. Condensazione

MISURE, GRANDEZZE E PROPRIETÀ MACROSCOPICHE DELLA MATERIA

48. Durante il processo di solidificazione una sostanza passa dallo stato liquido a quello solido. Il processo avviene con:

A. assorbimento di energia
B. diminuzione del peso
C. diminuzione del numero di moli
D. aumento del numero di moli
E. cessione di calore

49. L'anidride carbonica in condizioni normali è:

A. Una miscela in equilibrio di liquido gas e solido
B. Gassosa
C. Un equilibrio tra CO_2 e CO
D. Un solido di colore bianco
E. In equilibrio con O_2 e C

50. In un bicchiere vengono messi acqua e ghiaccio che si trovano all'equilibrio. Al sistema viene fornito calore, e finché sono presenti sia acqua che ghiaccio:

A. la temperatura del sistema aumenta
B. non cambia nulla nel sistema
C. una parte di ghiaccio è convertita in acqua
D. la temperatura del sistema diminuisce
E. nessuna delle altre risposte è corretta

51. Dato un cubo di ghiaccio in un bicchiere, una volta che il ghiaccio si sarà sciolto il livello dell'acqua:

A. diminuirà di un volume pari a quello della parte immersa del ghiaccio
B. aumenterà di un volume pari alla metà di quello del ghiaccio
C. diminuirà di un volume pari alla metà di quello del ghiaccio

D. aumenterà di un volume pari a quello della parte emersa del ghiacco
E. rimarrà invariato

52. Liquidi, solidi e gas hanno caratteristiche diverse. Prendendo ad esempio i liquidi, sono caratterizzati da una forma che:
A. dipende dal volume del liquido
B. dipende dalla pressione applicata nel recipiente
C. è propria indipendentemente dal recipiente
D. dipende da quella del recipiente
E. dipende dalla temperatura

53. Come vengono comunemente chiamate le analisi spettrofotometriche che utilizzano radiazioni nello spettro del visibile?
A. Gravimetriche
B. Voltammetriche
C. Polarografiche
D. Potenziometriche
E. Colorimetriche

54. Nello spettro della luce visibile, a quale dei seguenti colori corrisponde una lunghezza d'onda di assorbimento maggiore?
A. Rosso
B. Giallo
C. Blu
D. Violetto
E. Arancione

55. L'acqua è diffusa in natura nei sue tre stati: liquido, solido e aeriforme. Dal punto di vista chimico è:
A. formata da idrogeno e ossigeno in rapporto molare 1:1
B. un composto apolare
C. una miscela eterogenea
D. un elemento chimico
E. un composto

56. Quando lo iodio passa direttamente dallo stato solido a quello gassoso ci troviamo di fronte:
A. a una sublimazione
B. al punto di rugiada dello iodio
C. al punto triplo dello iodio
D. alla temperatura di liquefazione
E. alla temperatura di evaporazione

57. Nella legge di Lambert-Beer, l'assorbanza NON è dipendente da quale delle seguenti grandezze?
A. Temperatura
B. Lunghezza del cammino ottico
C. Concentrazione del campione
D. Lunghezza d'onda
E. Assorbività molare o coefficiente di assorbimento molare

58. L'evaporazione dell'acqua alla pressione ambientale avviene:
A. con aumento di volume
B. solo se si trova in un sistema chiuso
C. a 100 °C indipendentemente dalla pressione ambientale
D. anche a temperature inferiori a 100 °C
E. solo se priva di sali

59. Cosa si modifica di una sostanza in un passaggio di stato?
A. Il punto di rugiada
B. Il numero di equivalenti
C. La massa
D. Il suo stato di aggregazione
E. Il numero di moli

60. Cosa differenzia un elemento e un composto?
A. Nella formula degli elementi ci sono più simboli mentre nella formula del composto c'è un solo simbolo preso una sola volta
B. Un composto è formato da atomi tutti uguali mentre l'elemento si forma quando due o più atomi reagiscono tra loro
C. I composti hanno sempre origine sintetica mentre gli elementi sono solo naturali
D. Nessuna differenza, elemento e composto sono sinonimi e rappresentano lo stesso tipo di sostanza
E. Un elemento è una sostanza pura che non può essere scomposta in due o più sostanze più semplici, mentre un composto è una sostanza pura che può essere scomposta in due o più sostanze più semplici

CHIMICA

61. Qual è l'unità di misura della frequenza dell'oscillazione dell'onda luminosa?

A. Volt
B. Hertz
C. Ampère
D. Ohm
E. Coulomb

62. Qual è l'andamento dell'energia della radiazione elettromagnetica?

A. L'energia della radiazione aumenta al diminuire del numero d'onda
B. L'energia della radiazione aumenta al diminuire della frequenza
C. L'energia della radiazione aumenta al diminuire della lunghezza d'onda
D. L'energia della radiazione aumenta passando dai raggi X alle microonde
E. L'energia della radiazione aumenta all'aumentare della lunghezza d'onda

63. Come viene anche comunemente chiamata la cromatografia ad esclusione molecolare?

A. Cromatografia a permeazione su gel
B. Cromatografia ad alta efficienza
C. Cromatografia di affinità
D. Cromatografia a scambio ionico
E. Cromatografia su strato sottile

64. Quale delle seguenti non è una tecnica cromatografica?

A. Cromatografia per esclusione dimensionale
B. Gascromatografia
C. Cromatografia a fluido supercritico
D. Tutte le alternative sono tecniche cromatografiche
E. Cromatografia su strato sottile (TLC)

65. In spettrofotometria, come viene definita la trasmittanza?

A. La frequenza di luce incidente non viene assorbita dal campione
B. La frazione di luce incidente che viene riflessa dal campione
C. La lunghezza d'onda della luce incidente che viene trasmessa dal campione
D. La frazione di luce incidente che viene trasmessa dal campione
E. La frazione di luce incidente che viene assorbita dal campione

66. Nel sistema internazionale qual è l'unità di misura del calore latente di fusione?

A. J
B. N/m
C. kJ/g
D. J/kg
E. J/mg

67. Tra le seguenti tecniche che vengono impiegate per separare le sostanze pure che costituiscono i miscugli, individuare quella che comporta passaggi di stato di aggregazione della materia.

A. Decantazione
B. Filtrazione
C. Distillazione
D. Centrifugazione
E. Cromatografia

68. Nel saggio analitico alla fiamma di che colore è la fiamma sprigionata dal sodio?

A. Blu
B. Verde
C. Lilla
D. Arancione
E. Giallo

69. Per quale tipo di analisi è particolarmente indicata la polarografia?

A. L'analisi della polarizzazione di un solvente
B. La dissociazione in ioni di un soluto
C. Nessuna delle alternative è corretta
D. L'analisi di analiti presenti in tracce
E. Il rapporto tra soluti apolari

70. Qual è il principio sul quale si basa la distillazione?

A. La diversa concentrazione di saturazione di due solidi cristallini
B. La diversa temperatura di ebollizione di due liquidi
C. La diversa energia di eccitazione degli elettroni di due composti
D. La diversa miscibilità con l'acqua di due liquidi
E. La diversa massa molecolare di due composti

71. Nel sistema di misurazione internazionale (SI) qual è l'unità fondamentale di temperatura?

A. Gradi Celsius (°C)
B. Gradi Fahrenheit (F)
C. Temperatura di Planck
D. Gradi Reaumur (°Re)
E. Kelvin (K)

72. In uno spettro a infrarossi in trasformata di Fourier, quali grandezze si trovano in ordinata e in ascissa rispettivamente?

A. Percentuale di assorbimento in funzione della lunghezza d'onda
B. Percentuale di trasmittanza in funzione del numero d'onda
C. Percentuale di assorbimento in funzione del ritardo del segnale
D. Percentuale di trasmittanza in funzione della lunghezza d'onda
E. Percentuale di assorbimento in funzione del numero d'onda

73. La spettrofotometria è una tecnica analitica che si basa sull'impiego:

A. della corrente elettrica
B. del calore
C. della differenza di punto di ebollizione
D. della luce
E. della differenza di solubilità

74. Qual è la proprietà che definisce la resistenza dei liquidi allo scorrimento?

A. Tensione superficiale
B. Punto di ebollizione
C. Concentrazione
D. Densità
E. Viscosità

75. Il passaggio di stato da solido a liquido:

A. si chiama condensazione ed è un processo endotermico
B. si chiama solidificazione ed è un processo esotermico
C. si chiama fusione ed è un processo endotermico
D. si chiama fusione ed è un processo esotermico
E. si chiama scioglimento ed è un processo esotermico

76. La quantità di calore richiesta da un'unità di massa di una sostanza per passare dallo stato solido allo stato liquido, dopo che la sostanza sia stata portata alla temperatura alla quale avviene il cambiamento di stato, è detta:

A. calore latente di solidificazione
B. temperatura di fusione
C. calore latente di fusione
D. temperatura di solidificazione
E. nessuna delle altre alternative è corretta

77. Il brinamento è:

A. il passaggio di stato da liquido a solido
B. causato dalla liquefazione di una miscela di gas
C. un processo chimico
D. possibile solo per O_2, N_2 e H_2O
E. il passaggio di stato da vapore a solido

78. Per passare dallo stato solido allo stato liquido è necessario fornire a una sostanza del calore. Questa quantità di calore è detta:

A. calore latente di sublimazione
B. temperatura di evaporazione
C. calore latente di fusione
D. energia di trasformazione
E. temperatura di trasformazione

79. Una delle seguenti tecniche che vengono impiegate per separare le sostanze pure che costituiscono le miscele sfrutta la differente velocità con cui le sostanze pure delle miscele migrano attraverso un materiale di supporto. Quale?

A. Cromatografia
B. Distillazione
C. Estrazione con solventi
D. Filtrazione
E. Centrifugazione

80. Rispetto alle tecniche analitiche che si basano sulla misurazione dell'assorbimento di radiazione luminosa, quelle basate sulla luminescenza sono:

A. ugualmente sensibili, e sempre applicabili poichè tutte le molecole irradiate danno un'emissione misurabile
B. ugualmente sensibili, e sempre applicabili
C. più sensibili, ma non sempre applicabili poichè molte molecole irradiate danno emissione trascurabile

CHIMICA

D. meno sensibili, e non sempre applicabili poichè molte molecole irradiate danno emissione trascurabile
E. più sensibili, e sempre applicabili poichè tutte le molecole irradiate danno un'emissione misurabile

81. In cromatografia, che cosa si intende per volume di ritenzione?
A. Volume di sostanza iniettata nella colonna
B. Volume totale di tutte le frazioni cromatografiche
C. Volume di solvente necessario a sciogliere tutto il soluto
D. Volume di solvente richiesto per eluire un soluto dalla colonna
E. Volume di ciascuna frazione cromatografica

82. Acqua ed esano non sono miscibili tra loro. Qualora vengano posti nello stesso recipiente si ottiene:
A. una soluzione
B. un sistema omogeneo
C. un sistema eterogeneo
D. un'unica fase
E. un colloide

83. La sublimazione è il passaggio di stato:
A. vapore-solido
B. liquido-solido
C. vapore-liquido
D. solido-liquido
E. solido-vapore

84. La produzione di etanolo per fermentazione avviene da parte di:
A. lieviti
B. composti acidi presenti nel mosto
C. radiazioni UV
D. muffe
E. cellule vegetali presenti nell'uva

85. Le particelle di un liquido hanno forze di attrazione intermolecolari:
A. minori di quelle presenti nello stato solido
B. minori di quelle presenti nello stato gassoso
C. nessuna delle altre alternative è corretta
D. esclusivamente di van der Waals
E. maggiori di quelle presenti nello stato solido

86. Una bombola dal volume di 15 litri contiene gas metano. Se ne prelevano 3 litri, qual è il volume di metano rimanente nella bombola?
A. 15 L
B. 12 L
C. 14 L
D. 5 L
E. 13 L

87. Quale delle seguenti sostanze risulta incomprimibile alla temperatura di 283 K?
A. Azoto
B. Metano
C. Bromo
D. Cloro
E. Solfuro di idrogeno

88. Per fumo si intende:
A. un miscuglio eterogeneo di due gas immiscibili tra loro
B. un miscuglio eterogeneo di un liquido in un gas
C. un miscuglio omogeneo di due gas
D. un miscuglio eterogeneo di due liquidi immiscibili tra loro
E. un miscuglio eterogeneo di un solido in un gas

89. Una reazione chimica comporta sempre la trasformazione:
A. di un nucleo in un altro
B. di un atomo in un altro
C. nessuna delle altre alternative è corretta
D. di una o più specie chimiche in altre
E. che coinvolge perdita di elettroni

90. Che caratteristica ha la massa dei liquidi?
A. Dipende dal recipiente
B. È definita
C. Non è per nulla comprimibile
D. Non è definita
E. Nessuna delle altre alternative è corretta

91. Nella tavola periodica degli elementi ciascun gas nobile, eccetto l'elio, è immediatamente preceduto:
A. da un atomo molto elettropositivo
B. da un metallo di transizione
C. da un metallo alcalino-terroso
D. nessuna delle altre alternative è corretta
E. da un alogeno

92. Perché si sparge il sale sulle strade ghiacciate?

A. perché il sale abbassa la tensione di vapore del ghiaccio
B. perché la miscela acqua-sale congela a temperatura inferiore a 0 °C
C. perché il sale fa asciugare più velocemente l'asfalto
D. nessuna delle altre alternative è corretta
E. per aumentare l'aderenza degli pneumatici sul ghiaccio

93. Un gas ha:

A. forma propria e volume del recipiente
B. forma del recipiente e volume proprio
C. forma e volume proprio
D. solo forma propria
E. forma e volume del recipiente

94. Una miscela omogenea è composta da:

A. diverse sostanze pure in una singola fase
B. diversi elementi chimici in fasi diverse
C. un'unica sostanza pura
D. diverse sostanze pure in fasi diverse
E. diverse forme allotropiche dello stesso elemento in equilibrio chimico tra loro

95. Una soluzione acquosa di cloruro di sodio si può definire come:

A. una sostanza pura
B. un elemento
C. una miscela omogenea
D. un composto
E. una miscela eterogenea

96. Quale delle seguenti tecniche di separazione comporta dei passaggi di stato?

A. La centrifugazione
B. La cromatografia
C. La filtrazione
D. L'estrazione
E. La distillazione

97. Che caratteristica ha la forma dei liquidi?

A. Non può variare
B. Si distribuisce uniformemente in tutto il volume a disposizione
C. Dipende dalla forma del recipiente
D. È definita
E. Dipende dal volume del recipiente

98. Il passaggio di una sostanza dallo stato solido a quello liquido si chiama:

A. liquefazione
B. condensazione
C. sublimazione
D. solidificazione
E. fusione

99. Qual è il metodo più appropriato per separare i componenti di una miscela di acqua e cloruro di sodio?

A. Filtrazione
B. Decantazione
C. Nessuno dei metodi indicati nelle altre alternative
D. Distillazione
E. Centrifugazione

100. Come viene chiamato il passaggio di stato da liquido ad aeriforme?

A. Condensazione
B. Evaporazione
C. Sublimazione
D. Brinamento
E. Fusione

101. Il legno è:

A. una miscela eterogenea
B. un composto chimico
C. una soluzione solida
D. una miscela omogenea
E. una sostanza elementare

102. Quale dei seguenti vocaboli indica un miscuglio eterogeneo di due o più liquidi immiscibili tra loro?

A. Soluzione
B. Emulsione
C. Schiuma
D. Nebbia
E. Fumo

103. Per fase si intende:

A. una porzione di materia, fisicamente distinguibile e delimitata, che ha proprietà intensive uniformi
B. una porzione di materia, fisicamente distinguibile e delimitata, che ha proprietà estensive uniformi
C. una porzione di materia, fisicamente distinguibile e delimitata,che ha composizione chimica diversa da quella della materia che la circonda

CHIMICA

D. una porzione di materia, fisicamente distinguibile e delimitata,formata da un solo tipo di atomi
E. una porzione di materia, fisicamente distinguibile e delimitata,che si trova in uno stato fisico diverso da quello della materia che la circonda

COMPOSTI ED ELEMENTI

104. Rispetto alla classificazione che si trova nella tavola periodica il fluoro fa parte del:
A. gruppo dei lantanidi
B. gruppo degli alogeni
C. secondo gruppo
D. quarto periodo
E. gruppo dei gas nobili

105. Tra le seguenti affermazioni relative alla massa atomica, quale è ERRATA?
A. L'unità di massa atomica si indica con u
B. L'unità di massa atomica corrisponde a 1,66 x 10^{-24} g
C. L'unità di massa atomica è uguale a 1,66 x 10^{-27} kg
D. La massa atomica relativa di un atomo è pari al rapporto tra la massa assoluta dell'atomo e l'unità di massa atomica
E. L'unità di massa atomica corrisponde a 1/12 della massa di 12 atomi di ^{12}C

106. Calcio (Ca) e Stronzio (Sr):
A. fanno parte del gruppo III
B. sono non metalli
C. appartengono ai metalli alcalini
D. sono metalli di transizione
E. appartengono ai metalli alcalino-terrosi

107. Dalla somma dei numeri di ossidazione di tutti gli atomi di uno ione si ottiene un numero:
A. multiplo del numero di ossidazione dei metalli presenti
B. pari alla carica dello ione
C. pari a zero
D. pari al numero di metalli presenti
E. pari al numero di non metalli presenti

108. La tavola periodica è divisa in righe e colonne in funzione delle caratteristiche degli elementi. Le righe sono dette anche:
A. alogeni
B. alcalini
C. periodi
D. blocchi
E. gruppi

109. Quale o quali numeri di ossidazione presenta il fluoro nei suoi composti?
A. –1
B. –1, +1, +3, +5, +7
C. Tutti i valori interi compresi tra –1 e –7
D. Tutti i valori interi compresi tra –1 e +7
E. –1, –3, –5, –7

110. L'energia di ionizzazione caratterizza tutti gli elementi della tavola periodica. Indicare tra i seguenti elementi quale ha maggiore energia di prima ionizzazione:
A. F
B. Li
C. Br
D. Mg
E. Sr

111. Il berillio è un:
A. metallo alcalino
B. nessuna delle alternative è corretta
C. gas nobile
D. alogeno
E. lantanide

112. Li, Na e K appartengono al primo gruppo (IA). Cosa caratterizza questi elementi?
A. Hanno un elettrone nell'orbitale px più esterno
B. Non si possono ossidare
C. Hanno un elettrone nell'orbitale s più esterno
D. Non reagiscono con l'acqua
E. Hanno elettronegativa più elevata rispetto ai composti del gruppo (IIA)

113. Cosa determina le proprietà chimiche degli elementi?
A. Il peso specifico
B. Il numero atomico
C. Il rapporto tra protoni e neutroni
D. La tavola periodica
E. La frazione molare

114. Individuare la formula chimica in cui lo zolfo ha numero di ossidazione pari a +4 e il ferro ha numero di ossidazione pari a +3.

A. FeS
B. $Fe_2(SO_3)_3$
C. $Fe_2(SO)_3$
D. $Fe_2(SO_4)_3$
E. $Fe(SO_3)_3$

115. Se un elemento ha numero di massa 32 e numero atomico 15 possiamo dire che ha:

A. almeno 1 isotopo radioattivo
B. 17 protoni e 15 neutroni
C. 15 protoni e 17 neutroni
D. più protoni che neutroni
E. un ugual numero di protoni e neutroni

116. Quale delle seguenti formule chimiche NON è possibile?

A. $PbCO_3$
B. $KMnO_4$
C. $NaClO_4$
D. $Ca(BO_3)_2$
E. $Ca(H_2PO_4)_2$

117. Una tra le seguenti affermazioni relative alla tavola periodica degli elementi è ERRATA. Individuare quale.

A. Gli elementi di uno stesso gruppo hanno proprietà chimiche simili
B. L'elettronegatività aumenta spostandosi da sinistra a destra e dal basso in alto
C. In ogni gruppo il peso atomico aumenta dall'alto in basso
D. Gli elementi sono ordinati in base al loro peso atomico
E. Le proprietà periodiche variano gradualmente nell'ambito di un periodo

118. Quale tra le seguenti caratteristiche è propria del neutrone?

A. Ha carica nulla
B. Ha massa pari a quella dell'elettrone
C. Ha massa di poco inferiore al protone
D. Ha carica positiva
E. È privo di massa

119. Quanti elettroni non condivisi sono presenti nello strato più esterno di un atomo di fluoro della molecola HF?

A. 4
B. 7
C. 6
D. 3
E. 5

120. Tra gli isotopi dell'idrogeno c'è il trizio che ha numero di massa 3. Di conseguenza si può affermare che:

A. il numero atomico del trizio è 3
B. il trizio ha più protoni dell'idrogeno
C. la massa atomica del trizio è 2u
D. il trizio ha tre protoni nel nucleo
E. il nucleo del trizio è formato da un protone e due neutroni

121. A quale gruppo di elementi appartiene il Bario?

A. Alogeni
B. Terre rare
C. Metalli di transizione
D. Metalli alcalini
E. Metalli alcalino-terrosi

122. Il primo gruppo della tavola periodica è formato dai metalli alcalini che:

A. formano composti alogenati per reazione con l'acqua
B. reagiscono solo con gli alogeni
C. reagiscono violentemente con l'acqua
D. hanno un elettrone nell'orbitale p più esterno
E. sono più elettronegativi dei semimetalli

123. Il numero di massa (A) di un atomo, indicato sulla tavola periodica che cosa rappresenta?

A. Il numero totale di elettroni
B. Il numero di protoni
C. Nessuna delle altre alternative è corretta
D. Il numero di protoni e di neutroni presenti nel nucleo
E. Il numero di neutroni

124. Gli elementi della tavola periodica sono disposti in colonne dette:

A. gruppi
B. periodi
C. pilastri
D. blocchi
E. gruppi funzionali

CHIMICA

125. L'atomo di alluminio deve:

A. perdere 4 elettroni per conseguire l'ottetto
B. perdere 5 elettroni per conseguire l'ottetto
C. acquisire 4 elettroni per conseguire l'ottetto
D. acquisire 3 elettroni per conseguire l'ottetto
E. perdere 3 elettroni per conseguire l'ottetto

126. I seguenti dati: 26,5 x 10^{-27} kg e 15,99 sono relativi alla massa media della miscela naturale degli isotopi di un elemento. Di quale elemento si tratta?

A. Fluoro
B. Cloro
C. Azoto
D. Ossigeno
E. Zolfo

127. In quale dei seguenti composti la percentuale di magnesio risulta maggiore?

A. MgF_2
B. MgI_2
C. $MgCl_2$
D. $MgBr_2$
E. $MgAt_2$

128. Indicare quale dei seguenti elementi si trova nel primo gruppo (IA) e nel secondo periodo della tavola periodica.

A. Magnesio
B. Sodio
C. Francio
D. Litio
E. Carbonio

129. Quale delle seguenti affermazioni sul composto K_2MnO_4 è corretta? (P.A. di Mn = 54,9 u; P.A. di K = 39,0 u)

A. Il composto è chiamato permanganato di potassio
B. Nel composto il manganese ha il suo numero di ossidazione più elevato
C. La massa molare del composto è 216,9 g/mol
D. Il composto si trova allo stato gassoso a 20°C e 1,0 atm
E. Nel composto il numero di ossidazione del manganese è +6

130. Si prenda in considerazione l'elemento che si trova nel gruppo 2 (secondo la nomenclatura tradizionale II A) e nel periodo 6. Si tratta di:

A. un lantanide
B. un metallo alcalino terroso
C. non ci sono abbastanza informazioni per definirlo univocamente
D. un metallo nobile
E. un metallo di transizione

131. Nella tavola periodica in quale gruppo si trova O?

A. VI A
B. Degli alcalino terrosi
C. Degli alogeni
D. VI B
E. V B

132. Per quale sua proprietà l'acqua si presta a un utilizzo nei circuiti di raffreddamento?

A. Perché è incomprimibile
B. Per la sua elevata capacità termica
C. Perché è un liquido che non reagisce con altre sostanze
D. Perché ha temperatura di ebollizione inferiore a quella di tutti i liquidi organici
E. Perché ha un basso calore latente di vaporizzazione

133. Nella tavola periodica gli elementi sono divisi in gruppi. Gli elementi che fanno parte dello stesso gruppo hanno tutti lo stesso:

A. peso atomico
B. numero di elettroni nello strato esterno
C. numero di protoni ed elettroni
D. numero di neutroni
E. numero di protoni e neutroni

134. Quale delle seguenti opzioni descrive la massa atomica relativa di un atomo?

A. La massa di un numero di avogadro di atomi
B. Nessuna delle altre alternative è corretta
C. Il rapporto tra la massa dell'atomo e quella dei suoi isotopi
D. Il rapporto tra la massa dell'atomo in esame e la dodicesima parte della massa dell'isotopo 12 del carbonio
E. Il rapporto tra la massa dell'atomo ed il volume del nucleo

135. I seguenti dati: 3,154 x 10^{-26} kg e 19,00 sono relativi alla massa dell'atomo di un elemento.
A quali valori di massa si riferiscono?

A. 3,154 x 10^{-26} kg massa atomica relativa e 19,00 numero atomico (Z)
B. 3,154 x 10^{-26} kg massa atomica assoluta e 19,00 massa atomica relativa
C. 3,154 x 10^{-26} kg numero atomico e 19,00 massa atomica relativa
D. 3,154 x 10^{-26} kg numero di massa (A) e 19,00 numero atomico (Z)
E. 3,154 x 10^{-26} kg massa atomica relativa e 19,00 numero di massa (A)

136. Si consideri un atomo con numero atomico 7 e numero di massa 15. possiamo affermare quindi che il numero di neutroni presenti nel nucleo di questo atomo è:

A. 8
B. 30
C. dipende dal tipo di isotopo
D. non si può dire
E. 10

137. Come sono correlati Rame (Cu) e Argento (Ag)?

A. Appartengono entrambi al gruppo dei lantanidi
B. Sono entrambi alogeni
C. Appartengono entrambi al gruppo VIA della tavola periodica
D. Appartengono entrambi al gruppo IB della tavola periodica
E. Sono entrambi metalli alcalino-terrosi

138. Quale tra i seguenti elementi ha la più elevata energia di prima ionizzazione?

A. Na
B. Si
C. S
D. Al
E. Mg

139. Il toluene è un solvente ampiamente utilizzato in chimica, ma con quale delle seguenti sostanze non forma un sistema omogeneo?

A. Pentano
B. Acqua
C. Etanolo
D. Tetraidrofurano
E. Acetone

140. Come è comunemente chiamata la molecola d'acqua nella quale, al posto degli atomi di idrogeno, si trovano atomi di deuterio?

A. Deuterio pesante
B. Acqua addizionata
C. Acqua osmotizzata
D. Anidride deuterica
E. Acqua pesante

141. Quale delle seguenti non è una tecnica cromatografica?

A. Cromatografia a scambio ionico
B. Cromatografia di adsorbimento
C. Cromatografia a doppio picco
D. Cromatografia ad esclusione molecolare
E. Cromatografia di ripartizione

142. Qual è il gas nobile in cui è occupato completamente l'orbitale 5p?

A. Elio
B. Xenon
C. Radon
D. Argon
E. Neon

143. Quale caratteristica hanno in comune fosforo e arsenico?

A. Appartengono allo stesso gruppo della tavola periodica
B. Sono entrambi metalli
C. Sono entrambi metalloidi
D. Appartengono allo stesso periodo della tavola periodica
E. Sono entrambi non metalli

144. Qual è l'unità di misura comunemente utilizzata per quantificare l'affinità elettronica di un elemento?

A. N/m
B. J/g
C. N/mol
D. N/kg
E. kJ/mol

145. Quale delle seguenti caratteristiche distingue l'anione fluoruro dall'atomo di fluoro?

A. Ha un numero di neutroni maggiore
B. Ha perso un elettrone
C. Ha acquistato due elettroni
D. Ha acquistato un elettrone
E. Ha perso due elettroni

146. Nella tavola periodica, carbonio e silicio:

A. appartengono allo stesso periodo
B. non possono formare orbitali ibridi sp3
C. hanno una bassa tendenza a combinarsi per formare composti
D. appartengono allo stesso gruppo
E. hanno una forte tendenza a ridursi

147. Il carbonio-14 è un isotopo radioattivo del carbonio. Qual è il suo numero di atomico (Z)?

A. 14
B. 6
C. 4
D. 8
E. 12

148. Qual è il numero di ossidazione dell'azoto nell'acido nitroso?

A. –2
B. +3
C. +5
D. +2
E. –3

149. Il mercurio (Hg) è un elemento che in condizioni ambiente si trova allo stato liquido, a quale tipo appartiene?

A. Metalli alcalini
B. Alogeni
C. Metalli di transizione
D. Metalli alcalino-terrosi
E. Metalloidi

150. Qual è l'isotopo radioattivo a più basso numero atomico?

A. Deuterio
B. Idrogeno
C. Trizio
D. Prozio
E. Elio

151. Quale dei seguenti composti contenenti semimetalli presenta l'atomo con il numero di ossidazione più elevato?

A. H_3AsO_3
B. H_4SiO_4
C. Sb_2O_3
D. HBO_2
E. BBr_3

152. Quanti elettroni ha il Silicio?

A. 18
B. 14
C. 16
D. 12
E. 10

153. Qual è la definizione di Faraday?

A. La carica totale di una mole di protoni
B. La carica totale di una mole di elettroni
C. La carica degli elettroni di un grammo di sostanza
D. La carica di un protone
E. La carica di un elettrone

154. I non metalli:

A. possono avere numeri di ossidazioni sia positivi che negativi
B. hanno sempre numero di ossidazione positivo
C. hanno sempre numero di ossidazione negativo
D. hanno sempre numero di ossidazione uguale al gruppo di appartenenza dell'elemento
E. non hanno numero di ossidazione

155. Quale, tra i seguenti, NON è un elemento di transizione?

A. Zinco
B. Antimonio
C. Manganese
D. Cromo
E. Ferro

156.
Indicare il numero di ossidazione dell'azoto nel composto $NaNO_2$.

A. –3
B. +4
C. +5
D. +2
E. +3

157. Si considerino il carbonio e il silicio. Quale delle seguenti affermazioni è ERRATA?

A. Un atomo di silicio ha il doppio dei protoni posseduti da un atomo di carbonio
B. Il carbonio è più elettronegativo del silicio
C. Né il carbonio né il silicio sono metalli

D. Il carbonio appartiene al periodo 2 mentre il silicio appartiene al periodo 3

E. Sia l'atomo di carbonio sia l'atomo di silicio hanno configurazione elettronica esterna ns^2 np^2

158. Indicare il nome degli elementi contrassegnati dal colore corrispondente al numero 4.

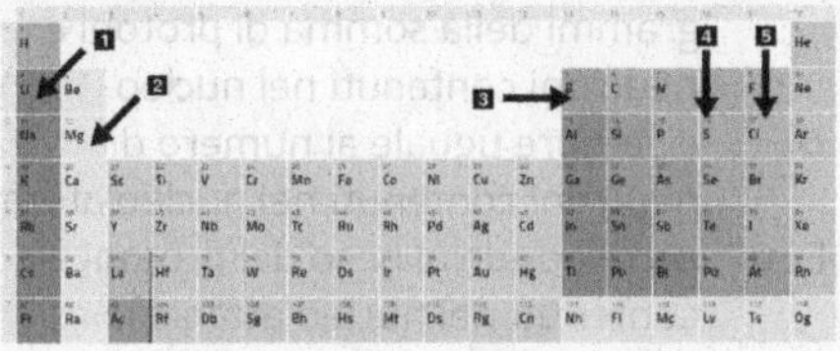

A. Non metalli
B. Metalli alcalini
C. Attinidi
D. Semimetalli
E. Gas nobili

159. Quale tra le seguenti alternative riguardo i numeri di ossidazione è corretta?

A. L'idrogeno ha sempre numero di ossidazione positivo
B. Tra i numeri di ossidazione di ogni elemento c'è sempre quello che corrisponde al gruppo di appartenenza della tavola periodica
C. I non metalli possono avere numero di ossidazione positivo o negativo, tranne O ed F che hanno sempre numero di ossidazione positivo
D. I metalli non hanno mai numero di ossidazione negativo
E. In qualunque composto, l'ossigeno ha sempre numero di ossidazione pari a +1

160. In che stato si trova l'azoto in condizioni standard?

A. Liquido
B. Solido
C. Vetroso
D. Aeriforme
E. Plasma

161. Quale delle seguenti caratteristiche NON è applicabile a una sostanza che si trova allo stato liquido?

A. Non si espande fino a riempire il recipiente
B. Conserva forma e volume propri
C. È virtualmente incomprimibile
D. Fluisce con rapidità
E. Diffonde solo lentamente

162. Il numero di ossidazione del carbonio nel composto $MgCO_3$ è:

A. –4
B. +4
C. –2
D. +2
E. +6

163. Quale tra i seguenti è un elemento di transizione?

A. Zinco
B. Boro
C. Piombo
D. Bario
E. Rubidio

164. La definizione di isotopo di un atomo afferma che:

A. due atomi con uguale numero di massa e numero atomico diverso sono isotopi
B. l'isotopo di un atomo presente in natura è sempre creato artificialmente
C. gli isotopi hanno comportamento identico quando sottoposti a spettrometria di massa
D. isotopi sono due atomi con numero atomico uguale e numero di massa diverso
E. isotopi sono due atomi con numero atomico uguale e numero di massa uguale

165. Qual è il numero di ossidazione dell'arsenico in H_3AsO_4?

A. +4
B. +5
C. +6
D. +3
E. +7

166. Quale elemento, all'interno del periodo 3, segue l'allumino e precede il fosforo nella tavola periodica degli elementi?

A. Zolfo
B. Germanio
C. Silicio
D. Azoto
E. Carbonio

CHIMICA

167. Si consideri un atomo preso nel suo stato fondamentale, la carica complessiva è:

A. distribuita sulla superficie del nucleo
B. negativa
C. positiva
D. nulla
E. distribuita solo sugli orbitali

168. In che cosa consiste il processo della calcinazione dei minerali?

A. Riscaldare il minerale fino a decomporlo per eliminare i prodotti volatili
B. Separare vari metalli sulla base della diversa temperatura di solidificazione
C. Trattamento termico che comporta reazioni del minerale con l'atmosfera del forno
D. Separare vari metalli sulla base della loro differente temperatura di fusione
E. Riscaldare il minerale per far precipitare le impurezze

169. Quale delle seguenti regole per l'assegnazione dei numeri di ossidazione NON è corretta?

A. Gli elementi del terzo gruppo nei composti hanno numero di ossidazione +3
B. I non metalli hanno solo numeri di ossidazione negativi
C. I metalli alcalini nei composti hanno numero di ossidazione +1
D. I metalli nei composti hanno numeri di ossidazione positivi
E. Il numero di ossidazione delle sostanze elementari è zero

170. Quale delle seguenti alternative descrive meglio gli elementi?

A. Gli elementi sono sostanze formate dalla reazione di metalli e non metalli
B. Gli elementi sono sostanze formate da più tipi di atomi
C. Gli elementi sono i singoli atomi e i loro isotopi
D. Gli elementi sono protoni e neutroni
E. Gli elementi sono molecole presenti negli organismi viventi

171. Nel composto $K_2Cr_2O_7$, il numero di ossidazione del Cromo è:

A. +3
B. +1
C. +4
D. +6
E. +2

172. Il numero atomico:

A. corrisponde al numero di protoni contenuto nel nucleo atomico
B. è uguale alla somma del numero di protoni e neutroni contenuti nel nucleo atomico
C. corrisponde al peso espresso in grammi della somma di protoni e neutroni contenuti nel nucleo
D. è sempre uguale al numero di neutroni contenuti nel nucleo atomico
E. corrisponde al peso dei protoni contenuti nel nucleo atomico, espresso in grammi

173. Gli atomi sono composti da tre particelle fondamentali: neutroni, protoni ed elettroni. Quali delle seguenti alternative è corretta?

A. Gli elettroni hanno massa uguale a quella dei protoni e non si trovano nel nucleo
B. I neutroni orbitano attorno a un nucleo fatto di protoni ed elettroni
C. Elettroni e neutroni hanno la stessa massa, ma i neutroni non hanno carica mentre gli elettroni hanno carica negativa
D. Protoni ed elettroni hanno carica di uguale intensità, ma opposta
E. Neutroni e protoni hanno entrambi carica positiva e si trovano nel nucleo

174. In cosa differiscono queste due molecole di acqua: ^1H_2O ^2H_2O?

A. Numero di elettroni totali
B. Una molecola ha il peso molecolare doppio rispetto a quello dell'altra
C. Gli ossigeni sono isotopi differenti
D. Non vi sono differenze negli atomi e nelle proprietà
E. Peso molecolare

175. Gli elementi più inerti sono:

A. i metalli alcalini
B. i metalli di transizione
C. i gas nobili
D. i metalli alcalino-terrosi
E. gli alogeni

176. Un numero di ossidazione positivo indica il numero di:

A. atomi di ossigeno acquistati
B. elettroni acquistati
C. protoni acquistati
D. elettroni ceduti
E. protoni ceduti

177. In quale delle seguenti molecole l'atomo che si trova al centro NON dispone di coppie di elettroni non condivisi nel livello più esterno?

A. NH_3
B. H_2S
C. Cl_2O
D. H_2O
E. BH_3

178. In quale dei seguenti composti l'azoto ha il numero di ossidazione minore?

A. NO
B. HN_3
C. NH_2OH
D. N_2O_5
E. NH_3

179. Un atomo che ha perso un elettrone è definito:

A. nuclide radioattivo
B. anione
C. neutrone
D. catione
E. anfoione

180. Il termine catione si riferisce a:

A. uno ione positivo
B. il polo di una pila chimica
C. un composto organico
D. uno ione negativo
E. un sale

181. Quale tra le seguenti alternative sulle proprietà dei metalli NON è corretta?

A. Ad eccezione del mercurio, sono tutti solidi in condizioni standard
B. Hanno alti potenziali di ionizzazione
C. Hanno bassa elettronegatività
D. Hanno pochi elettroni nel livello più esterno
E. Allo stato solido, i nuclei dei loro atomi sono disposti regolarmente nel reticolo cristallino

182. Due atomi hanno numero atomico uguale ma numero di massa rispettivamente 25 e 26, possiamo dire che sono:

A. due elementi con egual numero di protoni e neutroni
B. posti uno affianco all'altro nella tavola periodica
C. due isotopi del medesimo elemento
D. due elementi radioattivi
E. due elementi distinti

183. Indicare il nome dell'elemento contrassegnato dalla freccia numero 2.

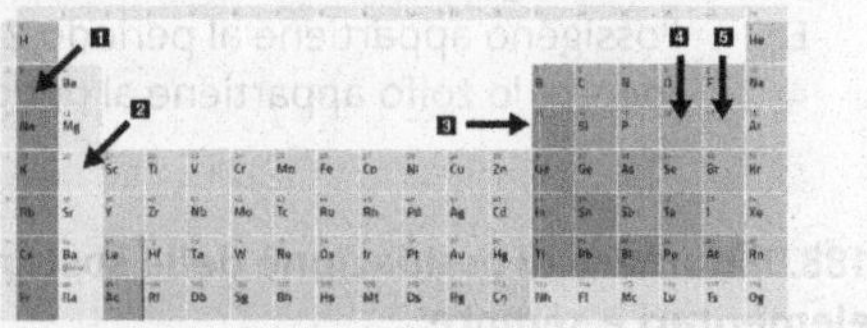

A. Zolfo
B. Cloro
C. Calcio
D. Carbonio
E. Cobalto

184. Quale delle seguenti molecole ha geometria piramidale?

A. PH_3
B. H_2O
C. CO_2
D. NaH
E. HCN

185. Qual è il numero di ossidazione assunto dai metalli alcalini nei loro composti?

A. +2
B. +1
C. −2
D. +3
E. −1

186. Indicare il nome degli elementi contrassegnati dal colore corrispondente al numero 3.

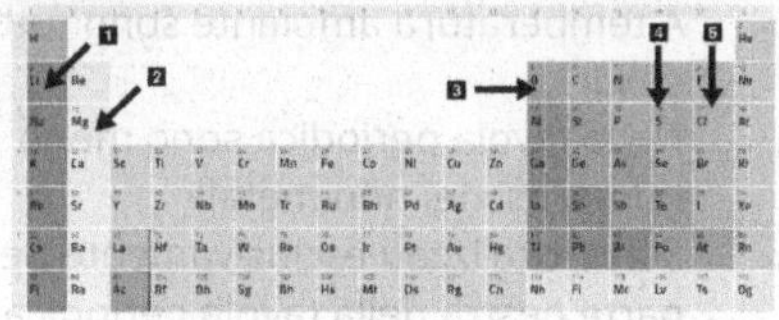

A. Metalli alcalini
B. Non metalli
C. Lantanidi
D. Semimetalli
E. Alogeni

187. Mettendo a confronto un atomo di zolfo con un atomo di ossigeno, emerge che:

A. sia lo zolfo, sia l'ossigeno appartengono al gruppo 15 della tavola periodica
B. un atomo di zolfo ha nel nucleo il doppio dei protoni posseduti da un atomo di ossigeno
C. l'ossigeno è un non metallo, mentre lo zolfo è un semimetallo
D. lo zolfo ha energia di prima ionizzazione superiore a quella dell'ossigeno
E. l'ossigeno appartiene al periodo 2 mentre lo zolfo appartiene al periodo 4

188. Il numero di ossidazione delle sostanze elementari è sempre:

A. negativo
B. pari a 1
C. uguale al periodo a cui appartiene l'elemento
D. positivo
E. uguale a 0

189. Qual è il numero di ossidazione del Manganese nel composto $KMnO_4$?

A. +2
B. +6
C. +3
D. +4
E. +7

190. Che numero di ossidazione ha il cloro nell'acido $HClO_4$?

A. –1
B. +7
C. +5
D. +1
E. +3

191. Quale tra le seguenti affermazioni relative ai metalli è corretta?

A. A temperatura ambiente sono tutti solidi
B. Nella tavola periodica sono meno numerosi dei non metalli
C. Sono localizzati esclusivamente nella parte destra della tavola periodica
D. Possiedono un'alta affinità elettronica
E. Possiedono una bassa elettronegatività

192. Quale tra i seguenti atomi ha il raggio più grande?

A. Li
B. K
C. Na
D. Cs
E. O

193. Il carbonio è contenuto nel gruppo:

A. 14
B. 15
C. 2
D. nessuna delle altre alternative è corretta
E. 1

194. Il fosforo può essere:

A. nero, rosso o bianco a seconda di come viene prodotto
B. bianco solamente quando viene conservato in ultraaltovuoto
C. rosso, se viene conservato in ultraaltovuoto
D. rosso, se viene prodotto in ultraaltovuoto
E. solamente bianco

195. L'ozono:

A. è un derivato del petrolio
B. è una forma tautomerica dell'azoto
C. si forma per combustione dei combustibili fossili
D. non è presente in natura
E. è una forma allotropica dell'ossigeno

196. Quale dei seguenti elementi è un alogeno?

A. Mg
B. I
C. Cs
D. Al
E. Fe

197. Qual è il numero di ossidazione del carbonio in H_2CO_3?

A. +4
B. +1
C. –2
D. –4
E. +2

198. La somma dei numeri di ossidazione di tutti gli atomi di uno ione è:

A. pari alla carica dello ione meno 2
B. pari alla carica dello ione
C. nessuna delle altre alternative è corretta
D. pari in valore assoluto ma di segno opposto alla carica dello ione
E. zero

199. Qual è il massimo numero di ossidazione dell'azoto nei suoi composti?

A. +4
B. –5
C. +5
D. È variabile da –3 a +3
E. +3

200. Quale dei seguenti elementi NON si presenta allo stato elementare come molecola biatomica?

A. Idrogeno
B. Ossigeno
C. Azoto
D. Elio
E. Cloro

201. Qual è la configurazione elettronica del catione Na^+ e dell'atomo di Ar? (Si tenga conto che entrambi gli elementi appartengono al periodo 3).

A. $1s^2\ 2s^2\ 2p^6$ e $1s^2\ 2s^2\ 2p^6\ 3s^2\ 3p^6\ 3d^{10}$ rispettivamente
B. $1s^2\ 2s^2\ 2p^6$ e $1s^2\ 2s^2\ 2p^6\ 3s^2\ 3p^6$ rispettivamente
C. $1s^2\ 2s^2\ 2p^6\ 3s^2\ 3p^6$ e $1s^2\ 2s^2\ 2p^1\ 3s^2\ 3p^6\ 3d^{10}$ rispettivamente
D. $1s^2\ 2s^1$ e $1s^2\ 2s^2\ 2p^1$ rispettivamente
E. $1s^2\ 2s^2\ 2p^6$ per entrambi

202. Il sodio:

A. appartiene al diciottesimo gruppo della tavola periodica ed è un gas nobile
B. è un non metallo
C. appartiene al secondo gruppo della tavola periodica ed è un metallo alcalino-terroso
D. appartiene al primo gruppo della tavola periodica ed è un metallo alcalino
E. è un elemento di transizione

203. In una mole di un composto molecolare sono contenute:

A. un numero di Avogadro di molecole
B. un numero indefinito di molecole
C. $35{,}5 \cdot 10^{20}$ molecole
D. nessuna delle altre alternative è corretta
E. $6{,}023 \cdot 10^{21}$ molecole

204. Quale dei seguenti elementi del periodo 4 ha la maggiore elettronegatività?

A. Se
B. Zn
C. As
D. Br
E. Ca

205. A quale gruppo della Tabella Periodica degli Elementi appartengono i metalli alcalino terrosi?

A. nessuna delle altre alternative è corretta
B. VII gruppo
C. II gruppo
D. I gruppo
E. III gruppo

206. Quale dei seguenti elementi NON appartiene al I gruppo?

A. Li
B. Na
C. Mg
D. Rb
E. Cs

207. Gli isotopi del Carbonio ^{12}C e ^{14}C differiscono per:

A. la carica del nucleo
B. il numero atomico
C. due neutroni nel nucleo
D. due elettroni
E. due protoni nel nucleo

208. Un atomo neutro con Z = 19 e A = 39 possiede:

A. 20 protoni, 19 elettroni e 19 neutroni
B. 20 protoni, 19 elettroni e 20 neutroni
C. 19 protoni, 20 elettroni e 19 neutroni
D. 19 protoni, 19 elettroni e 20 neutroni
E. 20 protoni, 20 elettroni e 19 neutroni

209. Due elementi rappresentativi che hanno un numero di elettroni diversi, ma nello stesso livello energetico più esterno, nella tavola periodica si trovano:

A. in periodi e in gruppi diversi
B. nello stesso gruppo, ma in periodi diversi
C. nello stesso periodo e nello stesso gruppo
D. nello stesso periodo, ma in gruppi diversi
E. in periodi opposti tra loro

210. L'atomo di Se, con numero di massa 80 e numero atomico 34, contiene nel nucleo:

A. 5 protoni e 2 neutroni
B. 34 protoni e 46 neutroni
C. 17 protoni e 80 neutroni
D. nessuna delle altre alternative è corretta
E. 7 protoni ed 8 neutroni

211. Poiché un anione bivalente di zolfo ha 18 elettroni, si può affermare che lo zolfo:

A. appartiene allo stesso gruppo dell'azoto
B. ha massa atomica pari a 20 u
C. ha A = 18
D. ha Z = 20
E. ha Z = 16

212. Il nucleo del Trizio (T o ^3H), l'isotopo dell'idrogeno avente peso atomico 3 u.m.a., contiene:

A. 3 neutroni
B. 1 protone e 2 neutroni
C. 3 protoni
D. 1 protone, 1 neutrone e 1 elettrone
E. 2 protoni e un neutrone

213. Gli alogeni (fluoro, cloro, bromo, iodio) sono:

A. elementi dotati di una bassa elettronegatività
B. metalli
C. elementi dotati di un basso potenziale di ionizzazione
D. tutti gassosi a temperatura ambiente
E. non metalli

214. L'alluminio (numero di massa 27, numero atomico 13) ha:

A. 27 elettroni e 13 neutroni
B. 27 elettroni e 14 neutroni
C. 13 elettroni e 14 neutroni
D. 13 protoni e 27 neutroni
E. 30 elettroni e 30 protoni

215. Indicare il numero di ossidazione del carbonio nella molecola HCO_3^-.

A. −4
B. +3
C. +4
D. +1
E. −2

216. Un atomo in forma anionica presenta necessariamente:

A. un numero di elettroni maggiore rispetto al numero di neutroni
B. un numero di neutroni maggiore rispetto al numero di protoni
C. un numero di elettroni maggiore rispetto al numero di protoni
D. uguale numero di protoni, elettroni e neutroni
E. un numero di protoni maggiore rispetto al numero di elettroni

217. Indicare il metallo di transizione:

A. nessuna delle altre alternative è corretta
B. Ca
C. Al
D. B
E. Cr

218. Quale tra i seguenti elementi completa correttamente il gruppo 18 della tavola periodica degli elementi?

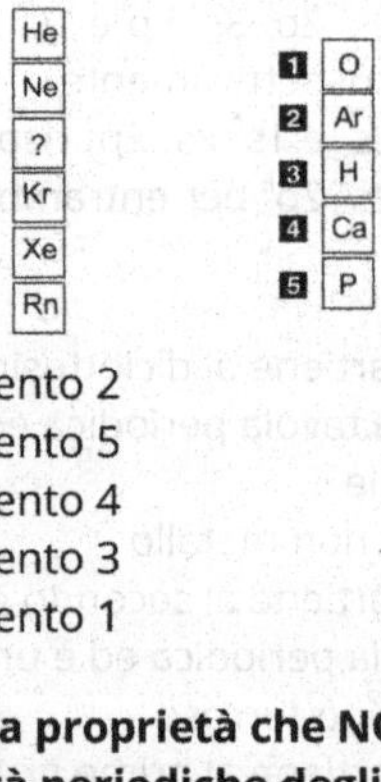

A. Elemento 2
B. Elemento 5
C. Elemento 4
D. Elemento 3
E. Elemento 1

219. Indicare la proprietà che NON rientra tra le proprietà periodiche degli elementi.

A. Affinità elettronica
B. Energia di ionizzazione
C. Elettronegatività
D. Raggio atomico
E. Densità

220. Gli isotopi sono composti da nuclei contenenti:

A. un numero uguale di protoni e neutroni
B. lo stesso numero di neutroni ma numeri diversi di protoni
C. lo stesso numero di protoni e neutroni
D. lo stesso numero di protoni ma numeri diversi di neutroni
E. differenti numeri di protoni e neutroni

221. Nella tavola periodica, le righe prendono il nome di:

A. periodi
B. gruppi
C. configurazioni
D. livelli
E. sottogruppi

222. I metalli alcalino terrosi:

A. si trovano nel gruppo 2 della tavola periodica
B. hanno tre elettroni di valenza
C. sono cattivi conduttori di calore ed elettricità
D. sono difficilmente ossidabili
E. sono liquidi a temperatura ambiente

223. Indicare quanti neutroni possiede, nello stato fondamentale, l'isotopo del carbonio avente Z = 6 e numero di massa A = 14. 0

A. 12
B. 2
C. 8
D. 6
E. 16

224. In quale gruppo si trovano, nel sistema periodico, i gas nobili?

A. Nel gruppo 7
B. Nessuna delle altre alternative è corretta
C. Nel gruppo 1
D. Nel gruppo 18
E. Nel gruppo 3

225. Quale dei seguenti atomi ha la minore affinità elettronica?

A. H
B. Rb
C. C
D. Cl
E. Na

226. Individuare l'abbinamento corretto tra il nome dell'elemento e il suo simbolo.

A. Selenio – Se
B. Cobalto – Ct
C. Cromo – Cm
D. Radio – Rd
E. Silicio – Sc

227. L'anidride carbonica a temperatura e pressione ordinaria è:

A. un gas velenoso
B. un liquido basso bollente
C. un gas a forte potere riducente
D. un gas presente nell'atmosfera
E. un solido atossico

228. Il numero di ossidazione è rappresentato da:

A. nessuna delle altre alternative è corretta
B. un numero relativo
C. un numero intero positivo
D. un numero decimale
E. un rapporto tra l'elemento che ossida e quello che riduce

229. Quale dei seguenti atomi contiene il maggior numero di neutroni?

A. I (Z = 53, A = 127)
B. Sn (Z = 50, A = 120)
C. Sb (Z = 51, A = 123)
D. Cs (Z = 55, A = 133)
E. Te (Z = 52, A = 128)

230. Individuare l'elemento che ha comportamento semimetallico.

A. Se
B. Al
C. Si
D. P
E. S

231. Indicare quanti neutroni possiede, nello stato fondamentale, l'isotopo del carbonio avente Z = 6 e numero di massa A = 14.

A. 16
B. 2
C. 12
D. 6
E. 8

CHIMICA

232. L'atomo di Se, con numero di massa (A) 80 e numero atomico (Z) 34, contiene nel nucleo:

A. 5 protoni e 2 neutroni
B. 34 protoni e 46 neutroni
C. 7 protoni e 8 neutroni
D. 94 neutroni e 46 protoni
E. 17 protoni e 80 neutroni

233. Le dimensioni atomiche degli elementi neutri:

A. diminuiscono lungo un gruppo della tavola periodica
B. tutti gli elementi neutri hanno le stesse dimensione atomiche
C. atomi di uno stesso gruppo della tavola periodica hanno stesse dimensioni
D. aumentano lungo un periodo della tavola periodica
E. diminuiscono lungo un periodo della tavola periodica

234. L'elio è un:

A. gas nobile
B. elemento di transizione
C. non metallo
D. metallo
E. semimetallo

235. L'elemento Br:

A. nessuna delle altre alternative è corretta
B. appartiene al gruppo degli alogeni
C. corrisponde al Boro
D. è un elemento di transizione
E. appartiene al gruppo dei metalli alcalino-terrosi

236. Quale delle seguenti affermazioni è vera?

A. La massa di un atomo è determinata solo dai protoni
B. Le masse dell'elettrone e del protone sono quasi uguali
C. Le masse del neutrone e del protone sono quasi uguali
D. La massa del neutrone è minore di quella dell'elettrone
E. La massa del protone è circa il doppio di quella dell'elettrone

237. Alluminio (Al), stagno (Sn) e piombo (Pb):

A. sono metalli alcalino-terrosi
B. sono metalloidi
C. si trovano nello stesso gruppo del ferro (Fe)
D. sono metalli di post-transizione
E. si trovano nello stesso gruppo del rame (Cu)

238. Il numero di massa (A) è determinato:

A. dal numero dei neutroni
B. dalla somma tra protoni ed elettroni
C. dalla somma tra protoni e neutroni
D. dal numero degli elettroni
E. dal numero dei protoni

239. L'elettrone è una particella di carica negativa:

A. non ha massa
B. con una massa uguale a quella del protone
C. con massa 1840 volte maggiore di quella del protone
D. con una massa 1840 volte minore di quella del protone
E. con una massa uguale al neutrone

240. Il numero atomico del calcio è 20. Qual è il numero totale di elettroni dello ione Ca^{++}?

A. 18
B. 10
C. 20
D. 22
E. 40

241. Quale delle seguenti affermazioni NON vale per gli elementi alogeni?

A. Possono formare dei sali con i metalli
B. Nella tavola periodica si trovano nella colonna a sinistra dei gas nobili
C. Nessuna delle altre alternative è corretta
D. Si trovano tutti allo stato gassoso a 25 °C
E. Appartengono al gruppo 17 della tavola periodica

242. Qual è il numero di ossidazione del fosforo nell'acido fosforico H_3PO_4?

A. 4
B. 5
C. 0
D. –2
E. –5

243. Il simbolo Hb indica:

A. nessuna delle altre alternative è corretta
B. l'idrogeno
C. il bario
D. lo iodio
E. il mercurio

244. Le proprietà chimiche degli elementi sono determinate:

A. dal numero di neutroni presenti nel nucleo
B. dal numero di massa
C. dalla tavola periodica degli elementi
D. dal loro pH
E. dal numero atomico

245. Un composto binario è costituito da ferro (massa atomica = 56 u) e ossigeno (massa atomica = 16 u). Qual è la formula della sostanza, considerato che 1 mole di tale composto ha una massa pari a 232 g?

A. FeO
B. Fe_2O_3
C. Fe_4O_2
D. FeO_{10}
E. Fe_3O_4

246. L'anione derivante dall'atomo di idrogeno viene detto:

A. ossidrilione
B. ione idrogeno
C. ione idruro
D. idrogenione
E. nessuna delle altre alternative è corretta

247. Quale delle seguenti affermazioni è corretta?

A. Il fosforo ha elettronegatività maggiore di quella del cloro
B. Il bromo ha massa atomica minore di quella del fluoro
C. L'affinità elettronica del sodio è maggiore di quella del fluoro
D. Il raggio atomico di un atomo di K è maggiore di quello di un atomo di Li
E. Il potenziale di prima ionizzazione del calcio è maggiore di quello del berillio

248. Lo ione K^+:

A. nessuna delle altre alternative è corretta
B. è un anione bivalente
C. può provenire dalla ionizzazione di un alogeno
D. è un anione
E. proviene da un metallo alcalino

249. Quale delle seguenti sostanze ha la minore massa molecolare?

A. Acqua
B. Ossigeno
C. Ossido di carbonio
D. Azoto
E. Nessuna delle altre alternative è corretta

250. Lo zinco ha numero atomico Z = 30. Qual è il numero totale di elettroni posseduto dallo ione Zn^{2+}?

A. 28
B. 4
C. 30
D. 32
E. 2

251. L'energia di prima ionizzazione di un atomo:

A. si esprime in kg/mol
B. aumenta regolarmente lungo un gruppo dall'alto verso il basso
C. diminuisce lungo un periodo da sinistra verso destra
D. è sempre superiore all'energia di ionizzazione secondaria dello stesso atomo
E. è l'energia necessaria per allontanare un elettrone dall'atomo isolato quando esso si trova allo stato gassoso

252. In chimica, un elemento è:

A. una sostanza creata artificialmente in laboratorio
B. una mescolanza di due sostanze chimiche che non possono essere distinguibili visivamente
C. costituito, al più, da due sostanze elementari
D. una mescolanza di due o più sostanze che, a contatto, non reagiscono tra loro
E. una sostanza pura che non può essere scomposta in due o più sostanze più semplici

253. Quale delle seguenti affermazioni è corretta?

A. L'affinità elettronica del carbonio è maggiore di quella dell'ossigeno
B. Il raggio atomico di un atomo di S è minore di quello di un atomo di O
C. Il cloro ha elettronegatività minore di quella dello iodio
D. Il potenziale di prima ionizzazione del sodio è minore di quello del magnesio
E. Il potassio ha massa atomica minore di quella del litio

254. Quale dei seguenti orbitali ha energia più bassa?

A. 3p
B. 3d
C. 4s
D. 3s
E. 2p

255. La carica totale di un atomo di He è:

A. nessuna delle altre alternative è corretta
B. +4
C. –2
D. 0
E. +2

256. In quale delle seguenti coppie le due specie chimiche hanno la stessa configurazione elettronica?

A. S_2 e Cl^-
B. S ed Ar
C. Cl^- e K
D. K e Na^+
E. Ne e Al_3^+

257. I metalli alcalini:

A. hanno configurazione elettronica esterna ns^2
B. reagendo con i non metalli, mostrano un forte potere ossidante
C. nessuna delle altre alternative è corretta
D. non sono ionizzabili
E. ossidandosi, cedono elettroni

258. L'elemento più elettronegativo è:

A. il fluoro
B. l'idrogeno
C. il carbonio
D. l'ossigeno
E. l'azoto

259. I due nuclidi ^{14}C e ^{14}N hanno in comune il numero:

A. di neutroni
B. globale di neutroni e protoni
C. atomico
D. di elettroni
E. di elettroni e protoni

TEORIA ATOMICA

260. L'angolo che formano gli orbitali ibridi sp è di:

A. 180°
B. 112°
C. 98°
D. nessuna delle altre alternative è corretta
E. 122°

261. Date le sue caratteristiche possiamo dire che la molecola di PI_3 ha una geometria:

A. piramide trigonale
B. cubica
C. piramide a base quadrata
D. triangolare planare
E. esagonale

262. In un atomo allo stato fondamentale, che livello tendono ad occupare per primo gli elettroni?

A. Il livello del primo orbitale ibrido disponibile
B. Il livello dell'orbitale molecolare a minore energia
C. Il livello con maggiore energia e maggior distanza dal nucleo

D. Il livello a minore energia e minore distanza dal nucleo
E. Tendono a disporsi in maniera casuale negli orbitali attorno al nucleo

263. Quale delle seguenti coppie è formata da molecole che hanno entrambe struttura trigonale planare secondo la teoria Valence Shell Electron Pair Repulsion (VSEPR)?
A. NH_3; BCl_3
B. NH_3; PH_3
C. PCl_3; CH_4
D. SO_2; H_2O
E. BH_3; SO_3

264. Un tipo di orbitali sono gli orbitali p. Una loro caratteristica è che:
A. possono contenere 3 elettroni ognuno
B. formano angoli di 120°
C. sono orientati lungo 3 direzioni ortogonali tra loro dello spazio
D. ospitano in tutto 8 elettroni
E. hanno forma a ciambella

265. In quale delle seguenti molecole l'atomo centrale presenta ibridazione sp^2?
A. NH_3
B. CO_2
C. H_2S
D. H_2O
E. HNO_3

266. In quale delle seguenti molecole si riscontra una geometria lineare?
A. Acetone
B. Acetilene
C. Cicloesano
D. Butano
E. Propene

267. In che cosa consiste una struttura di Lewis di una molecola?
A. Il simbolo chimico di ogni atomo, circondato da punti che rappresentano i suoi elettroni di valenza ed ogni legame è individuato dalla condivisione di due elettroni tra due atomi
B. Ogni elemento rappresentato dal suo simbolo chimico e il numero di atomi di ogni elemento indicato con un numero subscritto se è diverso da uno
C. Il simbolo chimico di ogni atomo unito con linee agli altri atomi
D. Ogni elemento rappresentato dal suo simbolo chimico e viene indicato il rapporto numerico minimo rispetto agli altri elementi
E. Linee che rappresentano i legami che uniscono gli atomi di carbonio in un composto organico

268. In quale delle seguenti molecole l'atomo centrale presenta ibridazione sp?
A. BH_3
B. HNO_3
C. SO_2
D. CO_2
E. PCl_5

269. Gli orbitali ibridi sp^3 formano angoli di:
A. 180°
B. 109,5°
C. nessuna delle altre alternative è corretta
D. 120°
E. 90°

270. In quale delle seguenti molecole l'atomo centrale presenta ibridazione sp^3?
A. H_2CO_3
B. BCl_3
C. NH_3
D. HCN
E. SF_6

271. Un orbitale atomico è:
A. lo spazio nel quale esiste la probabilità di trovare l'elettrone
B. la regione dello spazio in cui l'elettrone non si può trovare
C. la parte di spazio in cui l'elettrone è fermo
D. il punto dello spazio in cui si trova l'elettrone
E. l'insieme delle traiettorie che l'elettrone percorre nello spazio

272. Quante coppie di elettroni non condivisi sono presenti nello strato più esterno di ciascun atomo di cloro di una molecola di Cl_2?
A. 4
B. 1
C. 0
D. 2
E. 3

273. Quale tra le seguenti opzioni si adatta a un atomo che espelle una particella alfa?

A. La massa rimane inalterata ma cambia la disposizione di neutroni e protoni nel nucleo
B. La massa dell'atomo diminuisce
C. La massa dell'atomo aumenta
D. È impossibile che un atomo espella particelle alfa
E. L'atomo passa da neutro a catione

274. Quando si dice che un atomo si trova in uno stato "eccitato"?

A. Quando uno dei suoi elettroni si sposta in un orbitale a energia più bassa
B. Quando uno dei suoi elettroni si sposta in un orbitale a maggior energia
C. Quando due orbitali formano un orbitale ibrido
D. Quando si trova in uno stato energetico stabile
E. Quando più elettroni si trovano in uno stato ad energia inferiore

275. Quale aspetto della chimica è governato dalla regola di Hund?

A. La rappresentazione della struttura delle molecole attraverso linee
B. L'affinità elettronica delle molecole organiche
C. Il riempimento progressivo degli orbitali degeneri
D. Il trasferimento di elettroni da un gruppo funzionale all'altro in una reazione chimica
E. La reattività dei gruppi funzionali alcolici

276. Il simbolo chimico dell'antimonio è:

A. Am
B. At
C. Sb
D. An
E. Ac

277. Nella tavola periodica, gli alogeni sono gli elementi che si trovano in corrispondenza del numero:

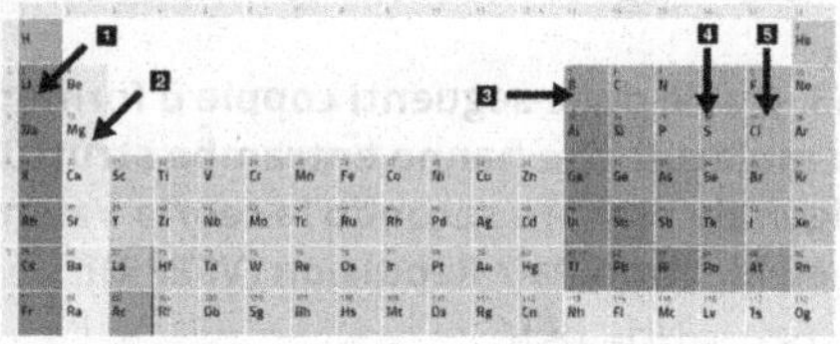

A. 5
B. 2
C. 3
D. 4
E. 1

278. Quale tra i seguenti elementi ha il numero atomico maggiore?

A. Sodio
B. Idrogeno
C. Elio
D. Fluoro
E. Litio

279. La configurazione elettronica esterna $2s^2 2p^4$ appartiene a quale dei seguenti elementi?

A. Al
B. Si
C. O
D. Cr
E. Fe

280. Quanti elettroni contengono gli orbitali p del livello di valenza di un alogeno?

A. 2
B. 5
C. 7
D. 6
E. 1

281. Che numero quantico differenzia gli elettroni di He?

A. Il numero quantico magnetico
B. Il numero quantico principale
C. Il numero quantico secondario
D. Il numero quantico terziario
E. Il numero quantico di spin

282. Il magnesio ha numero atomico 12. La sua configurazione elettronica è:
- A. $1s^2 2s^2 2p^6 3s^1$
- B. $1s^2 2s^2$
- C. $1s^2 2s^2 2p^6 3s^2$
- D. $1s^2 2s^2 2p^6 3s^2 3p^3$
- E. $1s^2 2s^2 2p^6 3s^2 3p^1$

283. L'ibridazione degli orbitali degli atomi di carbonio che formano un doppio legame negli alcheni è:
- A. sp^3
- B. sp
- C. sp^2d
- D. s^2p
- E. sp^2

284. il simbolo del potassio è:
- A. P
- B. S
- C. Mp
- D. K
- E. Pb

285. L'energia degli orbitali dell'atomo di C nel suo stato fondamentale:
- A. decresce al crescere del numero quantico principale
- B. è indipendente dal numero quantico principale
- C. cresce al crescere del numero quantico principale
- D. cresce al crescere del numero quantico l
- E. cresce in funzione del numero di spin

286. Quanti elettroni si trovano negli orbitali p di valenza nell'orbitale p dell'atomo dello zolfo (S) nello stato fondamentale?
- A. 3
- B. 6
- C. 4
- D. 2
- E. 1

287. Quale elemento ha la seguente configurazione elettronica: $1s^2 2s^2 2p^2$?
- A. Argon
- B. Carbonio
- C. Litio
- D. Calcio
- E. Sodio

288. Nei silicati, il silicio è legato a quattro atomi di ossigeno formando un tetraedro, questo per quale motivo?
- A. I suoi orbitali di valenza sono ibridati sp3
- B. I suoi orbitali sono ibridati sp
- C. I suoi orbitali hanno livelli di energia tutti diversi
- D. I legami tra silicio e ossigeno sono covalenti puri
- E. Ha l'orbitale di valenza completo

289. Tra i seguenti orbitali atomici, qual è quello con l'energia più bassa?
- A. 3p
- B. 5s
- C. 4s
- D. 4p
- E. 3d

290. Osservare l'immagine e indicare in corrispondenza di quale numero si trovano i metalli alcalino-terrosi.

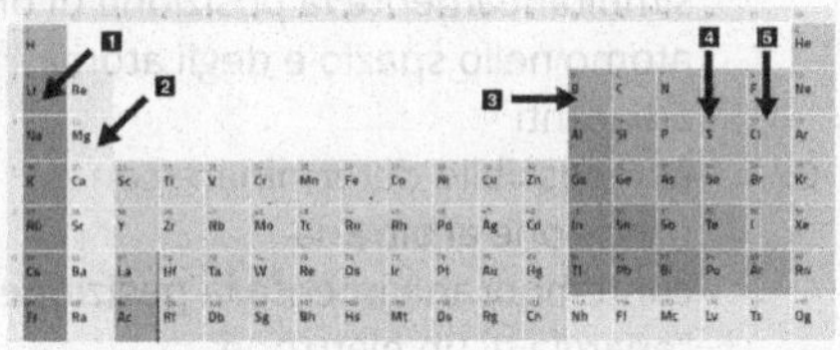

- A. 3
- B. 2
- C. 5
- D. 1
- E. 4

291. Sia data la configurazione elettronica $1s^2\ 2s^2\ 2p^5$. Si può affermare che questa configurazione è propria di un:
- A. elemento del V periodo
- B. lantanide
- C. semimetallo
- D. metallo nobile
- E. alogeno

292. Quale delle seguenti relazioni è corretta?
- A. Numero di protoni – numero di elettroni = peso atomico
- B. Numero di massa – numero atomico = numero di neutroni
- C. Numero di neutroni + numero di elettroni = numero atomico

D. Numero di massa – numero di neutroni = peso atomico
E. Numero di massa + numero atomico = numero di neutroni

293. L'orbitale atomico è definito come:
A. l'orbita descritta dall'elettrone in movimento intorno al nucleo
B. nessuna delle altre alternative è corretta
C. la localizzazione precisa del punto occupato dall'elettrone
D. la regione dello spazio in cui l'elettrone descrive orbite perfettamente circolari
E. lo spazio nel quale esiste la probabilità di trovare l'elettrone

294. Secondo il principio di indeterminazione di Heisenberg applicato agli elettroni:
A. un elettrone può essere in un posto e in un altro posto simultaneamente
B. è impossibile determinare simultaneamente la posizione di un atomo nello spazio e degli atomi adiacenti
C. è impossibile determinare con precisione arbitraria contemporaneamente la posizione e l'energia di un elettrone
D. nessuna delle altre alternative è corretta
E. è impossibile fotografare gli elettroni

295. Il numero quantico di spin:
A. assume sempre valore –1/2
B. può assumere solo valori +1/2 e –1/2
C. assume sempre valore +1/2
D. può assumere valori compresi tra 0 e n–1
E. può assumere qualunque valore

296. Gli elettroni sono, per convenzione, rappresentati dai quattro numeri quantici che li caratterizzano, racchiusi tra parentesi secondo la notazione generale (n, l, m, ms). Individuare la serie di numeri quantici che può rappresentare un elettrone dell'orbitale 3d.
A. (3,1,0,–1/2)
B. (3,1,2,+1/2)
C. (3,3,0,–1/2)
D. (3,2,–1,–1/2)
E. (3,0,0,+1/2)

297. Gli isotopi 56 e 58 del ferro differiscono perché:
A. l'isotopo 58 possiede due elettroni in più rispetto all'isotopo 56
B. l'isotopo 58 possiede due neutroni in più rispetto all'isotopo 56
C. l'isotopo 56 possiede due elettroni in meno rispetto all'isotopo 58
D. l'isotopo 58 possiede due protoni in più rispetto all'isotopo 56
E. l'isotopo 56 possiede due protoni in meno rispetto all'isotopo 58

298. La configurazione elettronica esterna $1s^2\ 2s^2 2p^4$, a quale elemento della tavola periodica appartiene?
A. Litio
B. Carbonio
C. Magnesio
D. Ossigeno
E. Alluminio

299. Quale dei seguenti atomi ha elettronegatività minore?
A. C
B. Ge
C. Cs
D. Al
E. K

300. Il manganese è un elemento di transizione e appartiene al periodo 4 e al gruppo 7 della tavola periodica. Quale valore assume il numero quantico secondario di un orbitale 3d dell'atomo di manganese?
A. 2
B. tutti i valori compresi tra –3 e +3
C. 3
D. 4
E. $3d^7$

301. Sapendo che il numero di massa di un atomo è 15 e che il suo numero atomico è 7, ne segue che il numero di neutroni contenuti nel sopradescritto atomo è:
A. 22
B. 15
C. 7
D. 14
E. 8

302. Quale delle seguenti coppie è costituita da particelle aventi la stessa configurazione elettronica esterna?

A. He; Ca^+
B. O^-; P
C. Li^+; Ba^+
D. Cl^-; K^+
E. Ga; Ge

303. Qual è la struttura spaziale di una ibridazione sp^3?

A. Lineare
B. Quadrata
C. Cilindrica
D. Tetraedrica
E. Cubica

304. Dato che un catione bivalente di magnesio ha 10 elettroni, quale delle seguenti affermazioni è corretta?

A. L'isotopo più comune del magnesio ha A = 10
B. Il magnesio ha Z = 8
C. Il magnesio ha Z = 12
D. La massa atomica di un atomo di magnesio è pari a 14,0 u
E. Il magnesio appartiene al gruppo 13

305. Gli orbitali p:

A. possono contenere massimo 3 elettroni
B. nessuna delle altre risposte è corretta
C. formano angoli di 45°
D. sono sferici
E. sono orientati lungo le 3 direzioni dello spazio

306. Il fluoro (F) appartiene al gruppo 17 e al periodo 2 della tavola periodica, la sua configurazione elettronica esterna è:

A. $4d^{10}$
B. $2s^2\ 2p^5$
C. $6s^1$
D. $3d^2\ 3s^3$
E. $2s^2$

307. Un catione bivalente di rame ha Z = 29 e A = 63, quindi ha:

A. 29 elettroni
B. 29 neutroni nel nucleo
C. 27 elettroni
D. 32 neutroni nel nucleo
E. 27 protoni nel nucleo

308. Completare in modo corretto: "Gli atomi di uno stesso elemento ...".

A. hanno lo stesso numero di neutroni
B. possono avere un diverso numero di protoni
C. hanno lo stesso numero di elettroni e neutroni
D. sono tutti eguali
E. hanno lo stesso numero di protoni, ma non hanno la stessa massa atomica

309. Cosa indica il numero atomico?

A. Il numero di neutroni e protoni
B. Il numero di protoni, neutroni ed elettroni
C. Il numero di elettroni
D. Il numero di protoni
E. Il numero dei neutroni

310. Cosa si intende per molecola?

A. Un gruppo di protoni tenuto insieme da legami chimici
B. La più piccola parte di un elemento chimico
C. Un gruppo di atomi tenuto insieme da legami covalenti
D. Un atomo che ha perso elettroni
E. Un atomo che ha acquistato elettroni

311. Cosa accade se il nucleo di un atomo espelle una particella alfa?

A. La massa dell'atomo rimane inalterata ma cambia l'assetto di protoni e neutroni
B. Il nucleo di un atomo non può espellere una particella alfa
C. Non cambia né la massa né la carica elettrica dell'atomo perché in realtà viene emessa solo un'onda elettromagnetica
D. La massa dell'atomo rimane inalterata ma cambia la sua carica elettrica
E. La massa dell'atomo diminuisce

CHIMICA

312. La struttura atomica prevede che:

A. la massa dell'atomo sia concentrata nello spazio intorno al nucleo
B. elettroni e protoni siano omogeneamente distribuiti nell'atomo
C. la massa dell'atomo sia concentrata nel nucleo
D. neutroni ed elettroni si trovino nel nucleo e i protoni si trovino nello spazio intorno al nucleo
E. protoni ed elettroni si trovino nel nucleo e i neutroni si trovino nello spazio intorno al nucleo

313. Gli orbitali ibridi sp^3 formano angoli di:

A. 120°
B. 180°
C. 109,5°
D. nessuna delle altre alternative è corretta
E. 90°

314. La metà della distanza minima tra i nuclei di due atomi della stessa specie è detta:

A. energia di ionizzazione
B. affinità elettronica
C. raggio atomico
D. raggio ionico
E. elettronegatività

315. La corretta struttura di Lewis della molecola di metano presenta:

A. 2 legami singoli C–H e 2 legami doppi C–H
B. 1 legame doppio tra C ed H, e 3 legami singoli tra C ed H
C. 3 legami singoli C–H, una coppia solitaria su C, ed 1 legame doppio C–H
D. 4 legami singoli C–H ed una coppia solitaria su ciascun H
E. solo 4 legami singoli C–H

316. Quale delle seguenti configurazioni elettroniche appartiene allo zolfo?

A. $1s^2\ 2s^2\ 2p^6\ 3s^2\ 3p^3$
B. $1s^2\ 2s^2\ 2p^6\ 3s^2\ 3p^6\ 3d^{10}\ 4s^2\ 4p^4$
C. $1s^2\ 2s^2\ 2p^4$
D. $1s^2\ 2s^2\ 2p^6\ 3s^2\ 3p^4$
E. $1s^2\ 2s^2\ 2p^6\ 3s^2\ 3p^5$

317. Un orbitale contiene un numero di elettroni:

A. che dipende dal numero quantico principale
B. pari a $n^2(n - 1$
C. non superiore a 2 e con spin opposti
D. Indefinito
E. nessuna delle altre alternative

318. Quale delle seguenti affermazioni relative alla struttura dell'atomo è ERRATA?

A. In un atomo neutro il numero di protoni è uguale al numero di elettroni
B. La somma del numero dei protoni e dei neutroni di un atomo viene definita numero di massa
C. Quasi tutta la massa dell'atomo risiede nel nucleo
D. Il nucleo occupa circa un decimo del volume dell'atomo
E. Non è possibile determinare simultaneamente e con precisione in quale punto si trovi e a quale velocità si muova un elettrone in un atomo

319. La corretta struttura di Lewis della molecola di acqua presenta:

A. solo 2 legami singoli O-H
B. 1 legame doppio tra O ed H, e 1 legame singolo tra O ed H
C. 2 legami singoli O-H ed una coppia solitaria su ciascun H
D. 2 legami singoli O-H e due coppie solitarie su O
E. 2 legami singoli O-H ed una coppia solitaria su O

320. Il numero quantico principale (n) può assumere tutti i valori:

A. interi negativi da 1 a infinito
B. interi o frazionari da 1 fino a 10
C. frazionari da 0 a infinito
D. interi positivi da 1 a infinito
E. interi o frazionari da 1 fino a infinito

321. Lo stato di un elettrone in un atomo è univocamente determinato dai valori dei suoi quattro numeri quantici. Quale dei seguenti gruppi di quattro numeri quantici relativi a un elettrone di un atomo contiene un errore?

A. n=3 l=1 m=0 ms=–1/2
B. n=2 l=2 m=0 ms=1/2
C. n=4 l=2 m=–1 ms=1/2
D. n=1 l=0 m=0 ms=–1/2
E. n=3 l=2 m=–1 ms=1/2

322. In quale tra le sostanze H_2O, C_2H_6, NH_4^+ sono presenti atomi ibridati sp^3?

A. In H_2O, NH_4^+ma non in C_2H_6
B. Solo in H_2O
C. In nessuna delle sostanze elencate
D. Solo in C_2H_6
E. In H_2O, C_2H_6, NH_4^+

323. Quale coppia è costituita da ioni aventi la stessa configurazione elettronica esterna?

A. Br; Xe
B. I^-; H^+
C. K^+; Ca^{2+}
D. Na^+; Ca^+
E. S^{2-}; N^{2-}

324. Qual è il numero massimo di elettroni presenti nel primo livello energetico?

A. 8
B. 2
C. 1
D. 10
E. 4

325. Il numero totale di elettroni che possono essere contenuti negli orbitali 3 d è:

A. 10
B. 6
C. 7
D. 5
E. 3

326. Quanti sono i numeri quantici?

A. 2
B. Nessuna delle altre alternative è corretta
C. 4
D. 3
E. 6

327. Un elemento la cui configurazione elettronica esterna è ns^2 è:

A. un metallo alcalino
B. un lantanide
C. un metallo alcalino-terroso
D. un gas nobile
E. un alogeno

328. Quale delle seguenti affermazioni è ERRATA? I metalli alcalini:

A. formano ossidi che hanno carattere basico
B. allo stato solido sono duttili e malleabili
C. sono poco reattivi e non reagiscono con l'acqua
D. originano composti ionici, la maggior parte dei quali è solubile in acqua
E. hanno configurazione elettronica esterna ns^1

329. Stronzio (Sr) e bario (Ba):

A. fanno parte del gruppo 1
B. appartengono ai post-metalli di transizione
C. appartengono ai metalli alcalini
D. appartengono ai metalli alcalino-terrosi
E. fanno parte del gruppo 3

330. Il numero quantico principale indica:

A. il numero di elettroni presenti nell'orbitale
B. l'energia dell'elettrone
C. l'orientamento nello spazio dell'orbitale
D. il verso di rotazione dell'elettrone
E. la forma dell'orbitale

331. Gli elettroni sono, per convenzione, rappresentati dai quattro numeri quantici che li caratterizzano, racchiusi tra parentesi secondo la notazione generale (n, l, m, ms). Individuare a quale orbitale appartiene l'elettrone rappresentato dalla seguente serie di numeri quantici: (3, 2 ,0, –1/2).

A. 4d
B. 3d
C. 3f
D. 3p
E. 3s

CHIMICA

332. Gli orbitali 3d possono contenere al massimo:

A. 10 elettroni
B. 6 elettroni
C. 1 elettrone
D. 14 elettroni
E. 5 elettroni

333. Qual è la configurazione elettronica dello ione Al^{3+}?

A. $1s^2\ 2s^2\ 2p^6\ 3s^2\ 3p^6$
B. $1s^2\ 2s^2\ 2p^6$
C. $1s^2\ 2s^2\ 2p^6\ 3s^2\ 3p^5$
D. $1s^2\ 2s^2\ 2p^6\ 3s^1$
E. $1s^2\ 2s^2\ 2p^6\ 3s^2$

334. Gli orbitali ibridi sp^2:

A. sono diretti lungo i vertici di un triangolo equilatero
B. formano fra loro angoli di 90°
C. sono diretti lungo le tre direzioni dello spazio
D. formano fra loro angoli di 180°
E. formano tra loro angoli di 109,5°

LEGAMI CHIMICI

335. Il legame che si forma nella molecola di ossigeno O_2 è un legame:

A. l'ossigeno non esiste in forma di molecola
B. ionico
C. dipolo-dipolo
D. metallico
E. covalente puro

336. Quanti elettroni non condivisi sono presenti nello strato più esterno di un atomo di azoto della molecola N_2H_4?

A. 3
B. 2
C. 1
D. 5
E. 4

337. Il composto con formula bruta $MgBr_2$ è:

A. formato da molecole contenenti due legami covalenti polari
B. formato da molecole contenenti due legami covalenti puri
C. formato da molecole contenenti due legami covalenti doppi
D. ionico
E. basato sui legami metallici che uniscono i tre atomi

338. Quale delle seguenti molecole è polare?

A. $CHCl_3$
B. CO_2
C. N_2
D. CH_4
E. CCl_4

339. Individuare tra i seguenti elementi quello che può formare legami ionici con il cloro.

A. C
B. Se
C. F
D. P
E. Mg

340. In una molecola di acido nitroso sono presenti complessivamente:

A. due orbitali molecolari σ e un orbitale molecolare π
B. tre orbitali molecolari σ e un orbitale molecolare π
C. due orbitali molecolari σ e due orbitali molecolari π
D. tre orbitali molecolari σ e due orbitali molecolari π
E. un orbitale molecolare σ e tre orbitali molecolari π

341. Quale tra i seguenti elementi può formare legami ionici con l'ossigeno?

A. Br
B. N
C. S
D. Li
E. As

342. Quale tra le seguenti caratteristiche è propria dei composti ionici?

A. Non possono essere isolati in quanto si separano in soluzione
B. Non sono mai solubili in solventi polari come ad esempio l'acqua
C. Sono più facilmente solubili in solventi apolari
D. Presentano solo legami omopolari
E. Sono più facilmente solubili in solventi polari

343. Quale delle seguenti molecole è apolare?

A. NH_3
B. BH_3
C. HBr
D. H_2S
E. CO

344. Quando in un legame covalente gli elettroni NON sono uniformemente distribuiti tra i due atomi, come viene definito il legame?

A. Dativo
B. Covalente polare
C. Legame a idrogeno
D. Covalente puro
E. Legame ionico

345. Quale delle seguenti affermazioni è corretta rispetto al composto HCl?

A. Il legame tra H e Cl è un legame covalente puro
B. Presenta legame covalente polare
C. La differenza di elettronegativa tra H e Cl è superiore a 1,9
D. Il legame tra H e Cl è un legame ionico
E. Diventa polare solo quando HCl è in acqua

346. Un legame covalente singolo è caratterizzato dalla:

A. compartecipazione di due elettroni fra due atomi
B. sovrapposizione di due orbitali π
C. condivisione di due coppie di elettroni fra atomi
D. condivisione di un elettone tra due atomi
E. condivisione di 8 elettoni tra gli atomi

347. In quale dei seguenti composti NON sono presenti legami covalenti doppi?

A. CO_2
B. HNO_2
C. O_2
D. HCOOH
E. HCN

348. Quale tra le seguenti affermazioni sul legame covalente è corretta?

A. Il legame covalente si forma per sovrapposizione di opportuni orbitali atomici semioccupati.
B. Il legame covalente puro non può avvenire tra atomi uguali
C. L'elettronegatività dei due atomi che si legano deve necessariamente essere uguale
D. Nel legame covalente gli atomi tendono allo stato energetico più elevato possibile
E. Uno dei due atomi coinvolti nel legame può fornire due elettroni da condividere e l'altro un orbitale dove allocarli

349. Quale delle seguenti specie chimiche contenenti elementi di transizione presenta l'atomo con il numero di ossidazione più elevato?

A. MnO_4^-
B. $Cr2O_7^{2-}$
C. $IrCl_6^{2-}$
D. $TcCl_4$
E. OsO_4

350. Nella cromatografia a scambio ionico, da che cosa sono costituiti gli scambiatori cationici?

A. Gruppi carichi negativamente legati all'impaccamento con legame covalente
B. Gruppi carichi positivamente legati all'impaccamento con legame covalente
C. Gruppi carichi positivamente legati all'impaccamento con legame ionico
D. Impaccamento neutro costituito da un polimero
E. Gruppi carichi nagativamente legati all'impaccamento con legame ionico

CHIMICA

351. Individuare quale delle seguenti affermazioni è corretta.

A. Gli alogeni hanno sempre valenza –1 in tutti i loro composti
B. Il legame dativo è un legame ionico
C. Un legame triplo è formato da tre legami sigma
D. Due atomi con diverso numero di protoni ma ugual numero di neutroni sono isotopi
E. Il legame covalente dativo si stabilisce quando la coppia di elettroni condivisi viene fornita solo da uno dei due atomi che partecipano al legame

352. Quali legami chimici caratterizzano la struttura secondaria di una proteina?

A. A idrogeno
B. Di coordinazione
C. Forze di Van der Waals
D. Covalenti
E. Ionici

353. Un legame covalente apolare si instaura tra:

A. due atomi con differenti elettronegatività
B. due atomi di elementi diversi
C. due atomi dello stesso elemento
D. due atomi con dimensioni differenti
E. due atomi con valenze differenti

354. Quali tipi di legami possono definire l'interazione tra un farmaco e un bersaglio biologico?

A. Tutte le alternative sono corrette
B. Di tipo irreversibile (es. i farmaci alchilanti il DNA)
C. Di tipo reversibile
D. Ad alta energia (covalente)
E. A bassa energia (ionico, idrogeno, forze di Van der Waals)

355. Qual è l'unità di misura dell'energia di legame tra due atomi cioè l'energia necessaria per rompere il legame che li unisce?

A. Joule per grammo ($J \cdot g^{-1}$)
B. Newton per mole ($N \cdot mol^{-1}$)
C. Newton per metro ($N \cdot m^{-1}$)
D. Joule per kilogrammo ($J \cdot kg^{-1}$)
E. kilojoule per mole ($kJ \cdot mol^{-1}$)

356. Quando in un legame covalente gli elettroni sono uniformemente distribuiti tra i due atomi, come viene definito il legame?

A. Ionico
B. Covalente puro
C. Dativo
D. Legame a idrogeno
E. Covalente polare

357. Quale tipo di legami possono formare le molecole d'acqua tra di loro?

A. Covalenti polarizzati
B. Covalenti
C. Di coordinazione
D. A idrogeno
E. Interazioni di Van der Waals

358. Nella molecola di cloruro di potassio (KCl), il legame tra il cloro e il potassio è un legame:

A. covalente omopolare
B. covalente tra dipoli
C. dativo
D. a idrogeno
E. ionico

359. Da che tipo di legami è caratterizzata la struttura secondaria delle proteine?

A. Legami covalenti tra gruppi ammidici degli amminoacidi che compongono lo scheletro polipetidico
B. Interazioni di van der Waals tra carboni della catena polipetidica
C. Legami a idrogeno tra gruppi ammidici degli amminoacidi che compongono lo scheletro polipetidico
D. Condensazioni tra gruppi amminici e gruppi carbossilici degli amminoacidi
E. Legami metallici tra carboni vicini

360. Come può essere descritto il legame metallico?

A. Legame covalente polare
B. Legame ionico
C. Interazione dipolo-dipolo
D. Attrazione debole
E. Legame delocalizzato

361. L'energia di legame può essere vista come:

A. l'energia liberata dalla vibrazione degli elettroni
B. l'energia necessaria a portare gli atomi da distanza infinita fino a far toccare i nuclei
C. l'energia perduta dall'ambiente per permettere la formazione del legame
D. l'energia perduta dagli atomi per la formazione del legame
E. la somma delle cariche di ciascun atomo coinvolto nel legame

362. Indicare quale dei seguenti composti chimici contiene un singolo legame covalente puro:

A. ossigeno
B. monossido di carbonio
C. fluoro
D. ossido di zinco
E. cloruro di potassio

363. In quale dei seguenti ioni e molecole è presente un legame dativo?

A. BH_3
B. H_2O
C. NH_4^+
D. CH_4
E. CO_2

364. Nel caso di un legame covalente puro gli elettroni di legame:

A. sono condivisi equamente tra gli atomi
B. si spostano verso l'atomo meno elettronegativo
C. si spostano verso l'atomo più elettronegativo
D. sono dati da uno solo dei due atomi
E. vengono strappati da uno dei due atomi lasciando un catione

365. La struttura tridimensionale delle proteine è spesso definita dalla presenza di ponti disulfuro. Che tipo di legame si instaura tra due atomi di zolfo in questi ponti?

A. Forze di van del Waals
B. Ionico
C. Covalente
D. Di coordinazione
E. Interazione idrofobica

366. Il magnesio forma un composto ionico chiamato fluoruro di magnesio. Per la formazione di tale composto, quanti elettroni cede ciascun atomo di magnesio agli atomi di fluoro?

A. 3
B. 4
C. 1
D. nessuna delle altre risposte è corretta
E. 2

367. In quale delle seguenti molecole sono presenti uno o più legami covalenti doppi?

A. CH_4
B. NH_3
C. C_2H_6
D. H_2O
E. CO_2

368. Il legame a idrogeno è:

A. debole
B. ionico
C. covalente
D. forte
E. molto forte

369. In un filo d'argento il legame fra gli atomi è di tipo:

A. ionico
B. covalente
C. nessuna delle altre alternative è corretta
D. covalente polare
E. metallico

370. Si ritiene che un legame chimico possa essere definito ionico quando la differenza di elettronegatività tra i due atomi coinvolti è:

A. pari a 1
B. compresa tra 0.4 e 1.4
C. maggiore di 1.9
D. pari a 0
E. minore di 0.4

371. In KCl il cloro è legato al potassio attraverso un legame:

A. covalente puro
B. covalente polare
C. metallico
D. ionico
E. dipolo-dipolo

CHIMICA

372. Il legame peptidico è presente:

A. negli acidi nucleici
B. nei carboidrati
C. nei trigliceridi
D. nei polisaccaridi
E. nelle proteine

373. Tra i seguenti legami, qual è il più lungo?

A. Il legame doppio tra un atomo di C e uno di O
B. Il legame semplice tra due atomi di C
C. Il legame doppio tra due atomi di C
D. Il legame triplo tra due atomi di azoto
E. Il legame triplo tra due atomi di C

374. Il legame ionico è:

A. un debole legame di interazione elettrostatica tra molecole di solvente e soluto
B. un legame covalente eteropolare
C. un legame tra due atomi uguali
D. un legame tra due molecole in soluzione non acquosa
E. un legame di natura elettrostatica

375. Per triplo legame si intende:

A. un legame fra tre molecole
B. un legame derivante dalla compartecipazione di tre coppie di elettroni
C. nessuna delle altre alternative è corretta
D. un legame fra tre atomi
E. un legame fra tre ioni

376. Gli atomi che formano un legame covalente:

A. si scambiano elettroni
B. subiscono una ionizzazione
C. formano orbitali molecolari ma non condividono elettroni
D. condividono elettroni che rimangono in orbitali atomici
E. condividono elettroni e formano orbitali molecolari

377. I composti ionici:

A. si sciolgono sempre in benzina
B. non sono mai solubili in acqua
C. nessuna delle altre alternative è corretta
D. sono più facilmente solubili in solventi polari
E. sono solubili solo in solventi apolari

378. Il legame tra l'atomo di carbonio e gli atomi di idrogeno nella molecola del metano è:

A. dativo
B. covalente
C. di coordinazione
D. a ponte idrogeno
E. ionico

379. Come può essere descritto un legame metallico?

A. dovuto all'attrazione tra gli ioni metallici positivi e gli ioni negativi che li circondano
B. dovuto all'attrazione tra gli ioni metallici negativi e gli ioni positivi che li circondano
C. dovuto all'attrazione tra gli ioni metallici negativi e gli elettroni mobili che li circondano
D. dovuto all'attrazione tra gli ioni metallici negativi e i protoni delocalizzati che li circondano
E. dovuto all'attrazione tra gli ioni metallici positivi e gli elettroni delocalizzati che li circondano

380. Quando due atomi si legano, per energia di legame si intende:

A. la somma del contenuto energetico di ciascun elettrone coinvolto nel legame
B. l'energia acquistata dagli atomi per la formazione del legame
C. l'energia donata da un atomo all'altro nella formazione del legame
D. l'energia impiegata dagli atomi per la formazione del legame
E. nessuna delle altre risposte è corretta

381. Il composto HCl:

A. presenta legame covalente non polare
B. presenta legame covalente polare
C. presenta legame ionico
D. presenta legame a idrogeno
E. è polare solo quando viene disciolto in acqua

382. Il legame tra l'ossigeno e l'idrogeno in una molecola d'acqua è:

A. a idrogeno
B. covalente
C. dativo
D. ionico
E. nessuna delle altre alternative è corretta

383. In un legame covalente doppio:
- A. viene messa in comune una sola coppia di elettroni
- B. vi è attrazione elettrostatica tra due ioni con carica opposta
- C. entrambi gli elettroni messi in comune provengono dallo stesso atomo
- D. vengono messe in comune due coppie di elettroni
- E. l'atomo meno elettronegativo cede due elettroni a quello più elettronegativo

384. Tra quale delle seguenti coppie di elementi si può formare un legame ionico?
- A. Due elementi del gruppo I
- B. Un elemento del gruppo I con un elemento del gruppo VIII
- C. Un elemento del gruppo I con un elemento del gruppo III
- D. Un elemento del gruppo II con un elemento del gruppo VII
- E. Un elemento del gruppo VI con un elemento del gruppo VII

385. Quale delle seguenti affermazioni è corretta?
- A. L'energia di ionizzazione è l'energia che si libera quando da un atomo neutro si forma un anione
- B. Un protone e un neutrone hanno la stessa carica elettrica e massa differente
- C. Il volume atomico aumenta da sinistra verso destra lungo uno stesso periodo
- D. Il legame covalente dativo si stabilisce quando la coppia di elettroni condivisi viene fornita solo da uno dei due atomi che formano il legame
- E. Un legame è chiamato doppio quando tra due atomi vengono messi in comune due elettroni

386. Il legame ionico è un legame:
- A. che si instaura tra atomi metallici
- B. in cui gli elettroni vengono condivisi tra due atomi uguali
- C. di natura elettrostatica che si instaura tra ioni di segno opposto
- D. intermolecolare
- E. apolare

387. Gli elettroni di legame in un legame covalente puro:
- A. sono condivisi tra ioni di carica opposta
- B. sono condivisi equamente tra gli atomi
- C. sono donati da un atomo accettore
- D. sono attratti dall'atomo meno elettronegativo
- E. sono attratti dall'atomo più elettronegativo

388. Il composto che ha formula bruta HBr è:
- A. formato da molecole contenenti un legame covalente doppio
- B. chiamato acido bromico
- C. un composto ionico formato da H^+ e Br^-
- D. formato da molecole che formano tra loro legami a idrogeno
- E. formato da molecole contenenti un legame covalente semplice polare

389. Nel cloruro di potassio (KCl) esiste un legame di tipo:
- A. di coordinazione
- B. covalente polare
- C. ionico
- D. metallico
- E. covalente non polare

390. In quali delle seguenti sostanze il legame tra gli atomi è di natura ionica?
- A. Diamante
- B. Ammoniaca
- C. Bromuro di potassio
- D. Acido cloridrico
- E. Azoto

391. Nella molecola del gas Cloro (Cl_2) esiste un legame tra i due atomi del tipo:
- A. covalente non polare
- B. covalente polare
- C. idrogeno
- D. ionico
- E. Metallico

CHIMICA

COMPOSTI INORGANICI

392. La formula chimica dello ione idrogenosolfato è:

A. SO_4^{2-}
B. HSO_4^-
C. $H_2SO_4^-$
D. HSO_3^-
E. HS^-

393. Individuare, tra i seguenti composti, l'ossido acido.

A. ZnO
B. H_2CO_3
C. NaClO
D. BaO
E. B_2O_3

394. Individuare il nome tradizionale del composto $Cu(NO_3)_2$.

A. Nitrato rameico
B. Ammonio rameico
C. Nitrato rameoso
D. Nitrito rameoso
E. Nitrito rameico

395. Quale delle seguenti formule brute identifica il fosfato monoacido di magnesio?

A. $MgHPO_3$
B. $Mg_3(PO_4)_2$
C. $MgHPO_4$
D. MgH_2PO_4
E. Mg_2HPO_4

396. La reazione dei non metalli con ossigeno porta alla formazione di:

A. alcheni
B. idrossidi
C. anidridi
D. esteri
E. aloidrine

397. Qual è il nome tradizionale dell'acido ossigenato del fosforo che ha formula $H_4P_2O_7$?

A. Acido ortofosforico
B. Acido metafosforico
C. Acido metafosforoso
D. Acido ortofosforoso
E. Acido pirofosforico

398. Nella nomenclatura tradizionale degli ossidi, il suffisso -ico indica l'ossido:

A. in cui il metallo forma un legame covalente omopolare con l'ossigeno
B. in cui non è presente ossigeno
C. a maggior contenuto di ossigeno
D. in cui il metallo ha il numero di ossidazione maggiore
E. in cui il metallo ha numero di ossidazione +1

399. Individuare la formula chimica dello ione ipobromito.

A. BrO_2
B. BrO^-
C. $HBrO^-$
D. BrO_3^-
E. Br_2O^-

400. La formula bruta del fosfato di calcio è:

A. $Ca_3(P_5O)_4$
B. $Ca_3(HPO_4)_2$
C. $Ca_3(PO_4)_2$
D. $Ca_3(PO)_5$
E. $3Ca(PO_4)_2$

401. Secondo la nomenclatura tradizionale qual è il nome corretto da attribuire a $Fe(ClO_3)_3$?

A. Perclorato ferrico
B. Clorato ferroso
C. Clorato ferrico
D. Clorito ferroso
E. Clorito ferrico

402. Che composto si forma dalla reazione tra l'acido bromico e l'ammoniaca?

A. NH_3BrO
B. NH_4BrO_3
C. NH_4BrO_5
D. NH_4Br
E. $(NH_3)_3BrO_3$

403. Qual è il nome tradizionale del composto $Pb(NO_2)_4$?

A. Nitrito piomboso
B. Nitrato piomboso
C. Nitrato piombico
D. Nitrito piombico
E. Nitrito ipopiomboso

404. KIO4 è un composto inorganico, secondo la nomenclatura classica si chiama:

A. perpotassato di iodio
B. ipoiodito di potassio

C. iodonuro di potassio
D. periodato di potassio
E. tetrossipotassioioduro

405. Qual è il nome tradizionale del composto che ha formula $Sn(OH)_4$?

A. Tetraidruro stannoso
B. Tetraidruro stannico
C. Acido tetrassostannoso
D. Idrossido stannico
E. Idrossido stannoso

406. Come viene chiamato un composto binario di metallo e ossigeno?

A. Etere
B. Idrossido
C. Anidride
D. Ossido basico
E. Acido

407. Qual è la formula chimica dello ione clorato?

A. ClO_4^-
B. $Cl_2O_3^-$
C. ClO_2^-
D. ClO^-
E. ClO_3^-

408. Qual è la formula chimica dello ione fluoruro?

A. F^{2-}
B. F^-
C. $F2O^-$
D. FO^-
E. HF^-

409. Una delle seguenti formule chimiche NON è possibile. Quale?

A. $Ba(NO_3)_2$
B. $NaBrO_3$
C. $Pb_3Cr_2O_7$
D. $Ca(ClO_3)_2$
E. MgO

410. Attraverso la reazione tra quali dei seguenti reagenti si ottengono come prodotti un idrossido e idrogeno?

A. $2HCl + CaCO_3$
B. $MgO + H_2O$
C. $Na_2O + CO_2$
D. $K + H_2O$
E. $4Fe + 3O_2$

411. Tra i seguenti composti del fosforo, qual è l'acido ortofosforico?

A. H_3PO_4
B. H_3PO_3
C. $H_4P_2O_4$
D. HPO_4
E. H_2PO_4

412. Individuare la corretta formula del cianuro di bario.

A. $Ba(CN)O_3$
B. $Ba(CN)_2$
C. $HBaCN$
D. $BaCN$
E. Ba_2CN

413. Assegnare la corretta formula al composto che, secondo la nomenclatura IUPAC, è denominato acido tetraossoiodico (VII).

A. HIO
B. H_4IO
C. HIO_3
D. HIO_4
E. HI_4O

414. Individuare la formula bruta dell'idrogenosolfito di alluminio

A. $Al_2(HSO_3)_3$
B. $Al(HSO_3)_3$
C. $Al(HSO_4)_3$
D. $Al(HSO_3)_2$
E. $Al(HSO_4)_2$

415. Solo una delle seguenti formule chimiche rappresenta un composto in cui il manganese ha N.O. = +7 e il piombo ha N.O. = +4. Quale?

A. $Pb(MnO_4)_4$
B. $Pb(MnO_3)_4$
C. $Pb_2(MnO_6)_4$
D. $Pb_2(MnO_4)_4$
E. $Pb(MnO_2)_3$

416. Quale dei seguenti composti è un ossido basico?

A. SO_3
B. ZnO
C. $Ca(OH)_2$
D. NO_2
E. CO_2

417. Quale dei seguenti composti è un idracido?

A. HNO_2
B. H_2S
C. HBrO
D. KH
E. Nessuno

418. Un ossido acido è un composto:

A. ternario, che si forma dalla reazione tra un acido e l'ossigeno
B. ternario, organico
C. in cui l'ossigeno ha numero di ossidazione pari a –1
D. binario, formato dalla reazione tra un metallo e l'ossigeno
E. binario, formato dalla reazione tra ossigeno e un non metallo

419. Nella rappresentazione della molecola di acqua secondo la struttura di Lewis ci sono:

A. un legame singolo O-H ed un legame dativo O-H
B. due legami singoli O-H e due coppie elettroniche solitarie sull'atomo di O
C. due legami singoli O-H e un doppietto elettronico solitario sull'atomo di O
D. due legami singoli O-H e nessun doppietto elettronico non condiviso
E. un legame s O-H e un legame p O-H

420. L'anidride carbonica è composta da:

A. carbonato e ossigeno
B. carbonio e ossigeno
C. carbonio e azoto
D. carburo e idrogeno
E. carbonio e idrogeno

421. La nomenclatura tradizionale degli ossidi prevede che, quando il metallo ha due numeri di ossidazione diversi, sia chiamato:

A. nessuna delle altre alternative è corretta: i metalli hanno sempre un solo numero di ossidazione
B. in base al numero di atomi del composto, prefisso "mono-" o "bi-" + ossido di + nome metallo
C. "ossido" + nome metallo e suffisso -oso, per il numero di ossidazione maggiore; "ossido" + nome del metallo e suffisso -ico, per quello minore
D. "ossido di" + prefissi "mono", bi, tri etc. in base al numero di ossidazione dell'ossigeno + nome metallo
E. "ossido" + nome metallo e suffisso -ico, per il numero di ossidazione maggiore; "ossido" + nome del metallo e suffisso -oso, per quello minore

422. Tenendo conto che il silicio appartiene allo stesso gruppo del carbonio, individuare lo ione idrogenosilicato:

A. $HSiO_3^{2-}$
B. $HSiO_3^-$
C. H_2SiO_3
D. $HSiO_3^+$
E. $HSiO_2$

423. Secondo le regole della nomenclatura tradizionale, il composto Na_2O_2 prende il nome di:

A. perossido di disodio
B. diossido di disodio
C. perossido di sodio
D. diossido di sodio
E. perossido di sodio 2

424. L'alluminio è un metallo appartenente al periodo 3 e al gruppo 13. La sua massa atomica è 27 u. Qual è la massa di 0,05 mol di idruro di alluminio?

A. 0,6 g
B. 1,5 g
C. 0,3 g
D. 0,15 g
E. 6,0 g

425. Al composto che ha formula HBrO quale nome si deve assegnare secondo le regole IUPAC?

A. Acido monossobromuro (I)
B. Acido monossobromico (I)
C. Monossobromuro (VII)
D. Idromonossobromico (II) acido
E. Acido monossobromoso (III)

426. Come vengono definiti i composti formati soltanto dallo zolfo e un altro elemento meno elettronegativo?

A. Solfuri
B. Solfossidi
C. Solfoni
D. Solfiti
E. Solfati

427. Nella nomenclatura tradizionale dei composti binari, l'atomo con un unico numero di ossidazione positivo:

A. prende il suffisso -uro
B. prende il prefisso -ipo
C. prende il suffisso -ico
D. prende il prefisso per-
E. mantiene il nome inalterato

428. Il composto PH_3 è:

A. un sale
B. un idruro covalente
C. un idrossido
D. un'anidride
E. un acido

429. Il nome tradizionale del composto Cl_2O_5 è:

A. Anidride ipoclorica
B. Anidride clorosa
C. Anidride clorica
D. Anidride perclorica
E. Anidride ipoclorosa

430. Il composto che ha formula $Mg(H_2BO_3)_2$ come viene definito?

A. Ossido acido
B. Idrossido
C. Sale acido di ossiacido
D. Sale di idracido
E. Sale acido di idracido

431. Che cosa caratterizza un composto ternario?

A. Il contenere un triplo legame al suo interno
B. Nessuna delle altre alternative è corretta
C. Il provenire da una reazione di sintesi a tre passaggi
D. L'essere costituito da 3 elementi
E. L'avere tre possibili isomeri

432. Come viene denominato un composto ternario di un metallo, ossigeno e idrogeno?

A. Idrossido
B. Anidride
C. Ossiacido
D. Acido carbossilico
E. Ossido

433. Qual è il nome del composto Al_2O_3, secondo la nomenclatura IUPAC?

A. Ossido di alluminio 3-2
B. Ossido di alluminio
C. Triossido di dialluminio
D. Diallume di triossigeno
E. Triossido di bialluminio

434. Secondo la nomenclatura tradizionale, il composto binario Na_2O prende il nome di:

A. disodio ossigenato
B. idrossido di sodio
C. ossido di sodio
D. sodio ossigenato
E. perossido di sodio

435. L'ossido di calcio ha come formula bruta:

A. Ca_2O_2
B. Ca_2O
C. CO
D. CaO
E. C_2O

436. Come viene chiamato il composto di formula KCN?

A. Nitrato di carbonio e potassio
B. Cianato di potassio
C. Cianuro di potassio
D. Nitrito di potassio
E. Cianuro di azoto

437. Il fosfato biacido ferroso ha formula:

A. $Fe(H_3PO_3)_2$
B. $Fe(H_2PO_3)_2$
C. FeH_2PO_4
D. $Fe(H_2PO_4)_2$
E. $Fe(H_2PO_4)_3$

438. Qual è il numero di ossidazione dello zolfo in K_2SO_4 e nello ione SO_3^{2-}?

A. +4, +4
B. +6, +4
C. −6, −4
D. +6, +6
E. −6, +4

439. Qual è la formula dell'idrossido di alluminio?

A. AlO
B. $Al(OH)_2$
C. Al_2O_3
D. AlOH
E. $Al(OH)_3$

440. Un non metallo, reagendo con l'ossigeno, dà:

A. un'anidride
B. un idrossido
C. nessuna delle altre alternative è corretta
D. l'acqua
E. un acido

441. Un'anidride si ottiene dalla reazione tra:

A. nessuna delle altre alternative è corretta
B. un metallo e l'idrogeno
C. un metallo e l'ossigeno
D. un non metallo e l'idrogeno
E. un non metallo e l'ossigeno

442. La nomenclatura tradizionale degli ossidi prevede che, qualora il metallo coinvolto nella reazione abbia un solo numero di ossidazione:

A. il nome del composto sia formato dal nome del metallo a cui è aggiunto il suffisso -ossido
B. il composto prenda il nome di ossido + nome del metallo a cui è aggiunto il suffisso -ico
C. il nome del composto sia "ossido di" seguito dal nome del metallo
D. Nessuna delle altre alternative è corretta: i metalli hanno sempre almeno 3 numeri di ossidazione
E. il composto prenda il nome di ossido + nome del metallo a cui è aggiunto il suffisso -oso

443. Qual è la formula bruta dell'anidride ipoclorosa?

A. Cl_2O_7
B. Cl_2O
C. ClO
D. Cl_2O_3
E. Cl_2O_5

444. Sulla base della "regola dell'incrocio", nello scrivere la formula minima di un composto binario:

A. la somma degli indici degli atomi diventano il coefficiente stechiometrico della molecola
B. Nessuna delle altre alternative è corretta
C. non è importante l'ordine degli elementi che possono essere incrociati tra loro
D. le cariche dei due atomi sono la metà del loro indice
E. la carica del primo atomo diventa l'indice del secondo, mentre l'indice del primo la carica del secondo

445. In quale dei seguenti composti il carbonio presenta il numero di ossidazione più basso?

A. CO_2
B. $CaCO_3$
C. HCHO
D. C_2H_4
E. $Mg(HCO_3)_2$

446. Il nome corretto di KCl è:

A. cloruro di rame
B. clorito di potassio
C. clorato di potassio
D. potassio-clorito
E. cloruro di potassio

447. I metalli reagiscono con l'ossigeno per dare:

A. anidridi
B. idruri
C. ossidi basici
D. sali
E. ossiacidi

448. La reazione tra idrossido di sodio e acido cloridrico genera il sale:

A. Na_2O
B. KCl
C. $NaNO_3$
D. NaCl
E. Na_2SO_4

449. La formula corretta dell'acido cloridrico è:

A. $HClO_2$
B. HClO
C. H_2Cl
D. H_2SO_3
E. HCl

450. L'acido solforoso ha la seguente formula bruta:

A. SO_3
B. H_2S
C. H_2SO_3
D. H_2SO_4
E. SO_2

451. Indicare la formula dell'acido perossimonosolforico:

A. $H_2S_2O_7$
B. H_2S
C. H_2SO_4
D. H_2SO_5
E. H_2SO_3

452. Il composto NaH prende il nome di:

A. idrossico di sodio
B. idruro di sodio
C. acido sodico
D. ossido di sodio
E. anidride di sodio

453. Separare gli ossidi acidi dagli ossidi basici tra i seguenti composti: a) BaO, b) BeO, c) CsO, d) As_2O_5, e) SeO_2.

A. Ossidi acidi: d, e; ossidi basici: a, b, c
B. Ossidi acidi: a, b, c; ossidi basici: d, e
C. Ossidi acidi: c, d, e; ossidi basici: a, b
D. Ossidi acidi: d, e, b; ossidi basici: a, c
E. Ossidi acidi: e; ossidi basici: a, b, c, d

454. La formula del bicarbonato di sodio è:

A. K_2SO_4
B. Na_2CO_3
C. CH_3COONH_4
D. $NaHCO_3$
E. CH_3COONa

455. L'ossido di litio reagisce con l'acqua formando:

A. una soluzione a pH acido
B. la reazione non avviene
C. una soluzione a pH 7
D. una soluzione a pH basico
E. il metallo e liberando ossigeno

456. Individuare il composto ionico tra le seguenti sostanze.

A. $HClO_3$
B. AsH_3
C. H_2S
D. SiH_4
E. $BeBr_2$

457. Il tricloruro di azoto ha struttura:

A. tetraedrica
B. lineare
C. piramidale trigonale
D. planare quadrata
E. ottaedrica

458. La formula del cloruro di sodio è:

A. $NaCl_2$
B. Na_2Cl_2
C. Na_2Cl
D. NaCl
E. SCl_2

459. Il suffisso -ico della terminologia comune degli ossidi, indica l'ossido:

A. in cui il metallo ha numero di ossidazione +3
B. in cui il metallo è legato all'ossigeno con legame ionico
C. in cui il metallo ha un numero di ossidazioni negativo
D. a minor contenuto di ossigeno
E. a maggior contenuto di ossigeno

460. Indicare lo ione solfuro:

A. PO_4^{3-}
B. SO_3^{2-}
C. SO_4^{2-}
D. SCN^-
E. S^2

461. Scrivere la formula del seguente composto binario: Triioduro di fosforo.

A. PI_3
B. CaH_2
C. SF_6
D. P_2O_5
E. Nessuna delle altre alternative è corretta

462. Indicare lo ione bicarbonato.

A. $(CO3^{2-})_2$
B. Nessuna delle altre alternative è corretta
C. $H_2CO_3^-$
D. CO_2^{2-}
E. HCO_3–

463. Il composto HClO prende il nome di:

A. acido cloroso
B. acido cloridrico
C. acido perclorico
D. acido ipocloroso
E. acido clorico

CHIMICA

464. Nella chimica inorganica, un'anidride è un composto:

A. binario, costituito da ossigeno e da un non-metallo
B. binario, costituito da un metallo e da un non-metallo
C. binario, costituito da ossigeno e da un metallo con un basso numero di ossidazione
D. binario, costituito da idrogeno e da un metallo
E. ternario, costituito da idrogeno, ossigeno e un metallo

465. Le valenze ioniche di sodio, alluminio e cloro sono rispettivamente:

A. +1, +3, –1
B. +1, +3, –7
C. +1, +3, –5
D. +1, +2, +3
E. 0, +3, –7

466. Lo ione idrogenofosfato è:

A. un catione trivalente
B. un anione monovalente
C. un catione poliatomico
D. uno ione poliatomico con tre cariche elettriche negative
E. un anione poliatomico bivalente

467. Quale tra le seguenti formule è ERRATA?

A. SiH_4
B. OF_2
C. PH_3
D. B_2O_3
E. $Ca(HCO_4)_2$

468. Il composto con formula H_3BO_3:

A. è un idruro
B. è un ossiacido
C. è un'anidride
D. è un idrossido
E. è un sale

469. Qual è la formula bruta corretta dell'ossido di vanadio (III)?

A. V_2O_5
B. V_2O_3
C. VaO
D. Va_2O_3
E. VO_3

UNITÀ DI MISURA DELL'ATOMO, STECHIOMETRIA

470. Il numero o costante di Avogadro ha come unità di misura:

A. g
B. kg
C. mol^{-1}
D. g/mol
E. g/l

471. In 6,0 g di elio con A = 4 sono:

A. contenuti $9{,}03 \times 10^{23}$ atomi di elio
B. contenute 2 moli di elio
C. contenute 20 moli di elio
D. contenuti $18{,}06 \times 10^{23}$ atomi di elio
E. contenute $4{,}51 \times 10^{23}$ molecole di elio

472. Qual è il valore numerico della costante di Avogadro?

A. $1{,}66 \times 10^{23}$
B. $60{,}2 \times 10^{23}$
C. $6{,}02 \times 10^{23}$
D. $0{,}602 \times 10^{-24}$
E. $1{,}66 \times 10^{-27}$

473. Qual è la massa di $3{,}011 \times 10^{23}$ unità formula di MgF_2? (PA del magnesio = 24,3 u; PA del fluoro = 19,0)

A. 43,3 g
B. 33,8 g
C. 62,3 g
D. 21,65 g
E. 31,15 g

474. Qual è la massa di $9{,}033 \times 10^{23}$ molecole di H_3BO_3? (PA del boro = 10,8 u)

A. 92,7 g
B. 30,9 g
C. 44,7 g
D. 61,8 g
E. $14{,}98 \times 10^{-24}$ g

475. Una massa di molecole di bromuro di idrogeno, espressa in grammi, è pari al triplo della somma tra la massa atomica relativa del bromo e la massa atomica relativa dell'idrogeno. Qual è il numero di molecole che costituiscono tale massa? (PA del bromo = 80 u)

A. $6{,}02 \times 10^{23}$
B. $1{,}806 \times 10^{24}$
C. $2{,}43 \times 10^{22}$
D. non contiene molecole in quanto si tratta di un composto ionico
E. $243{,}01 \times 10^{23}$

476. Qual è il volume in litri di ossigeno gassoso necessario per far reagire 2 litri di metano secondo la reazione $CH_4 + 2O_2 \rightarrow CO_2 + 2H_2O$ misurati nelle stesse condizioni di temperatura e pressione.

A. 1
B. 6
C. 2
D. 4
E. 5

477. Si consideri una mole di azoto che ha formula molecolare N_2. Se il suo peso è 28 g allora possiamo dire che:

A. una molecola di azoto pesa 28 grammi
B. il peso atomico dell'azoto è 14 u.m.a.
C. una mole di azoto in condizioni standard occupa 224 litri
D. la massa atomica dell'azoto è 28
E. una mole di molecole di N_2 pesa 14

478. Qual è il numero di atomi di idrogeno contenuti in due moli di solfato di ammonio?

A. $16{,}0 \times 10^{24}$
B. $19{,}2 \times 10^{24}$
C. $4{,}81 \times 10^{25}$
D. $9{,}63 \times 10^{24}$
E. $3{,}21 \times 10^{25}$

479. Calcolare il numero di atomi di idrogeno presenti in 33,6 litri di metano a 0°C e 1 atm.

A. $9{,}03 \times 10^{23}$
B. $9{,}03 \times 10^{22}$
C. $18{,}06 \times 10^{23}$
D. $3{,}612 \times 10^{24}$
E. $6{,}03 \times 10^{24}$

480. Una mole di atomi di sodio (Z = 11) e una mole di atomi di potassio (Z = 19):

A. possiedono lo stesso numero di neutroni
B. sono costituite dallo stesso numero di atomi
C. hanno la stessa massa atomica assoluta
D. possiedono lo stesso numero di elettroni
E. hanno la stessa massa atomica relativa

481. Per determinare la percentuale in peso di un elemento in un composto è necessario calcolare:

A. il rapporto tra il numero di atomi dell'elemento e gli atomi totali nel composto, moltiplicato per 100
B. il rapporto tra il peso totale dell'elemento e il peso del composto, riferiti a una mole, moltiplicato per 10
C. il rapporto tra il numero di atomi dell'elemento e il peso totale del composto, moltiplicato per 100
D. il peso dell'elemento contenuto in un litro di soluzione
E. il rapporto tra il peso molecolare dell'elemento e la somma dei pesi molecolari degli altri elementi presenti, moltiplicato per 100

482. A 0°C e 1 atm, qual è il volume occupato da 2,5 mol di cloro allo stato elementare?

A. 5,6 litri
B. 27,0 litri
C. 2,7 litri
D. 56,0 litri
E. 112,0 litri

483. Come viene definita la mole?

A. Il peso di un numero di Avogadro di atomi di carbonio
B. La quantità di materia che contiene un numero di entità elementari uguale al numero di atomi presenti in 12 g di carbonio-12
C. La quantità di materia che contiene 12 grammi di carbonio
D. Il peso di un atomo di carbonio 12
E. Il volume di numero di Avogadro di atomi di carbonio

CHIMICA

484. Quanti elettroni sono presenti in 22,4 litri di elio a 0°C e 1 atm?

A. $2,006 \times 10^{24}$
B. $4,013 \times 10^{24}$
C. $2,408 \times 10^{24}$
D. $1,204 \times 10^{24}$
E. $8,026 \times 10^{24}$

485. Quanti protoni sono presenti in 11,2 litri di O_2 a 0°C e 1 atm?

A. $3,612 \times 10^{25}$
B. $2,408 \times 10^{25}$
C. $1,204 \times 10^{25}$
D. $7,224 \times 10^{24}$
E. $4,816 \times 10^{24}$

486. Qual è il numero di atomi che costituiscono 20,7 g di litio? (PA del litio = 6,9 u)

A. $12,04 \times 10^{24}$
B. $6,02 \times 10^{24}$
C. $9,03 \times 10^{23}$
D. $8,02 \times 10^{24}$
E. $18,06 \times 10^{23}$

487. Qual è la massa di $6,022 \times 10^{23}$atomi di azoto?

A. 14,0 g
B. 3,0 g
C. 28,0 g
D. 7,0 g
E. 140,0 g

488. Qual è la formula chimica di un composto costituito per l'87,5% da Si e per il 12,5% da H? (PA del silicio = 28 u)

A. SiH_4
B. Si_3H_6
C. SiH_2
D. Si_2H_4
E. Si_2H_6

489. Per ricavare la formula minima di un composto dalle percentuali in massa degli elementi componenti, quale dato è necessario conoscere?

A. La temperatura di fusione del composto
B. La massa molare di ciascun atomo
C. Lo stato fisico del composto in esame
D. Il numero di moli totali del composto
E. Il numero di grammi totali analizzati

490. La massa molecolare è:

A. la somma dei numeri atomici di tutti gli atomi che compongono la molecola
B. la somma delle masse atomiche degli atomi che compongono una molecola presi una sola volta
C. la somma di tutte le masse degli atomi che compongono la molecola
D. il rapporto tra la massa di una molecola e la massa di una mole di atomi di carbonio
E. il rapporto tra la massa di una molecola e la massa di una mole

491. Una quantità pari a 60,8 g di $Sr(OH)_2$ (MA di Sr = 87,6 u):

A. contiene 0,75 moli di cariche elettriche positive
B. contiene 1,0 moli di Sr
C. corrisponde a 0,58 moli di $Sr(OH)_2$
D. contiene 0,5 moli di OH^-
E. corrisponde a 0,5 moli

492. Conoscendo la massa molecolare (MM) di un composto e il numero di moli (mol), come posso calcolarne la massa (g)?

A. n particelle = NA · mol
B. Nessuna delle formule elencate nelle altre alternative è corretta
C. g = mol · MM
D. g = n particelle / MM
E. g = mol/MM

493. Per ottenere 4,5 moli di KH_2PO_2 quanto P_4 è necessario? L'equazione bilanciata della reazione chimica è: $P_4 + 3KOH + 3H_2O \rightarrow PH_3 + 3KH_2PO_2$ (MA di P = 31 u; MA di K = 39 u)

A. 139,5 g
B. 4,5 mol
C. 3,0 mol
D. 15 g
E. 186 g

494. Si considerino un litro di CO e di CO_2 gassosi. Se siamo nelle stesse condizioni di temperatura e pressione possiamo dire che:

A. nessuna delle altre alternative è corretta
B. non esercitano nessuna pressione sul recipiente
C. hanno lo stesso peso
D. esercitano pressione diversa sul recipiente
E. contengono lo stesso numero di molecole

495. Individuare i coefficienti stechiometrici che consentono di bilanciare la seguente equazione chimica:
$aKMnO_4 + bSO_2 + cH_2O \rightarrow dKHSO_4 + eMnSO_4 + fH_2SO_4$

A. a = 2; b = 5; c = 2; d = 2; e = 1; f = 1
B. a = 2; b = 5; c = 3; d = 2; e = 2; f = 1
C. a = 2; b = 4; c = 2; d = 2; e = 2; f = 1
D. a = 2; b = 5; c = 2; d = 2; e = 2; f = 1
E. a = 2; b = 5; c = 2; d = 1; e = 2; f = 1

496. Si consideri la seguente equazione chimica bilanciata:
$Na_2SO_3 + 2HCl \rightarrow 2NaCl + SO_2 + H_2O$.
Facendo reagire 31,5 g di Na_2SO_3 con HCl in eccesso, quanti grammi di NaCl si formano? (MA di Na = 23 u; MA di S = 32 u, MA di Cl = 35,5 u)

A. 58,5
B. 88,0
C. 32,0
D. 126,0
E. 29,25

497. Per ottenere 1,5 moli di idrossido ferrico, quante moli di idrossido d'ammonio sono necessarie? L'equazione bilanciata della reazione chimica è: $FeCl_3 + 3NH_4OH \rightarrow Fe(OH)_3 + 3NH_4Cl$

A. 1,5
B. 4,5
C. 1,06
D. 3,0
E. 1,75

498. La legge di conservazione della massa afferma che:

A. la costante di equilibrio di una reazione è sempre indipendente da pressione e temperatura di reazione
B. quando due elementi formano più composti, le masse di uno di essi che si combinano con la stessa massa dell'altro stanno tra loro in un rapporto espresso da numeri interi e piccoli
C. in una reazione chimica che avviene in un sistema chiuso quando due elementi reagiscono tra loro per formare un composto, il rapporto tra le loro masse è sempre costante
D. l'energia liberata da una reazione chimica è uguale alla differenza tra la somma delle masse dei reagenti e la somma delle masse dei prodotti
E. in una reazione chimica che avviene in un sistema chiuso la somma delle masse dei reagenti è uguale alla somma delle masse dei prodotti

499. A 0°C e 1,0 atm, 33,6 l di metano (CH_4) contengono lo stesso numero di molecole di: (MA di N = 14,0 u; MA di Na = 23,0 u; MA di Cl = 35,5 u)

A. 22,4 l di monossido di carbonio (CO)
B. 45,0 g di monossido di azoto (NO)
C. 29,0 g di H_2O
D. 55,0 g di idrossido di sodio (NaOH)
E. 36,5 g di cloruro di idrogeno (HCl)

500. Bilanciare la seguente reazione a Fe + b O_2 + c $H_2O \rightarrow$ d $Fe_2O_3 + 3H_2O$

A. a=2; b=1; c=4; d=1
B. a=3; b=5; c=3; d=2
C. a=3; b=4; c=3; d=3
D. a=4; b=3; c=3; d=2
E. a=4; b=3; c=3; d=3

501. Individuare i coefficienti stechiometrici che bilanciano le masse della seguente equazione chimica:
$aK_2Cr_2O_7 + bNaBr + cH_2SO_4 \rightarrow dBr_2 + eCr_2(SO_4)_3 + fK_2SO_4 + gNa_2SO_4 + hH_2O$

A. a = 1; b = 6; c = 7; d = 3; e = 1; f = 1; g = 3; h = 1
B. a = 3; b = 6; c = 7; d = 3; e = 1; f = 1; g = 3; h = 7
C. a = 1; b = 6; c = 7; d = 3; e = 3; f = 1; g = 3; h = 7
D. a = 1; b = 6; c = 7; d = 3; e = 1; f = 3; g = 3; h = 7
E. a = 1; b = 6; c = 7; d = 3; e = 1; f = 1; g = 3; h = 7

502. Indicare quale tra le seguenti affermazioni sul N_2 è corretta. (massa atomica di N = 14 u)

A. Nessuna delle altre alternative è corretta
B. Una mole di N_2 occupa 44,818 L in condizioni standard
C. Una mole di N_2 ha una massa di 28 g
D. Una molecola di N_2 ha una massa di 28 g
E. Una mole di N_2 ha una massa di 14 g

CHIMICA

503. Si considerino due volumi uguali di gas differenti:
- A. le condizioni sono diverse a seconda del tipo di gas
- B. alla pressione di 1 bar hanno lo stesso numero di molecole
- C. se hanno la stessa pressione e temperatura diversa hanno lo stesso numero di molecole
- D. alla temperatura di 273 °K hanno la stesso numero di molecole
- E. se hanno stessa temperatura e pressione hanno lo stesso numero di molecole

504. Il bario è un metallo che appartiene al periodo 6 e al gruppo 2. Se la massa di 0,5 mol di idrossido di bario è 85,65 g, qual è la massa atomica del bario?
- A. 171,3 u
- B. 85,6 u
- C. 135,3 g
- D. 137,3 u
- E. 171,3 g/mol

505. Quanta acqua si forma facendo reagire 24 g di ossigeno con idrogeno in eccesso?
- A. 54,0 g
- B. 3,2 mol
- C. 13,5 g
- D. 1,5 mol
- E. 36,0 g

506. Individuare i coefficienti stechiometrici che consentono di bilanciare la seguente equazione chimica:
$aKMnO_4 + bH_2SO_3 \rightarrow cK_2SO_4 + dMnSO_4 + eH_2SO_4 + fH_2O$
- A. a = 2; b = 5; c = 2; d = 2; e = 2; f = 3
- B. a = 2; b = 5; c = 1; d = 3; e = 2; f = 3
- C. a = 2; b = 4; c = 1; d = 2; e = 2; f = 3
- D. a = 2; b = 5; c = 1; d = 2; e = 2; f = 2
- E. a = 2; b = 5; c = 1; d = 2; e = 2; f = 3

507. Il boro appartiene al gruppo 13 e la sua massa molare è 10,8 g/mol. Qual è la massa di 0,03 mol di borano, la cui formula bruta è B_2H_6?
- A. 0,092 g
- B. 0,276 g
- C. 2,76 g
- D. 0,828 g
- E. 0,92 g

508. Data la reazione da bilanciare $KMnO_4 + H_2S + H_2SO_4 \rightarrow K_2SO_4 + MnSO_4 + S + H_2O$ i corretti coefficienti stechiometrici sono nell'ordine:
- A. 1, 1, 1 → 1, 1, 1, 1
- B. 2, 5, 3 → 1, 2, 5, 8
- C. 4, 2, 2 → 4, 2, 1, 1
- D. 2, 5, 1 → 1, 2, 5, 1
- E. 2, 7, 3 → 1, 3, 2, 8

509. Individuare tra le seguenti equazioni chimiche quella correttamente bilanciata.
- A. $3MgCl_2 + 2Na_2PO_4 \rightarrow Mg_3(PO_4)_2 + 6NaCl$
- B. $4NH_3 + 5O_2 \rightarrow 3NO + 6H_2O$
- C. $2Cr_2O_3 + 4Na_2CO_3 + 3O_2 \rightarrow 4Na_2CrO_4 + 4CO_2$
- D. $Mg(OH)_2 + 2HNO_3 \rightarrow MgNO_3 + 2H_2O$
- E. $K_2Cr_2O_7 + H_2S + 3H_2SO_4 \rightarrow Cr_2(SO_4)_3 + K_2SO_4 + S + H_2O$

510. Quanti atomi sono presenti in 48 g di CH_4?
- A. $90{,}33 \cdot 10^{23}$
- B. $6{,}022 \cdot 10^{23}$
- C. $18{,}066 \cdot 10^{23}$
- D. $30{,}11 \cdot 10^{23}$
- E. 48

511. Il postulato "Volumi uguali di gas differenti, nelle stesse condizioni di temperatura e pressione, contengono lo stesso numero di molecole" costituisce la legge di:
- A. Avogadro
- B. Charles
- C. nessuna delle altre risposte è corretta
- D. Boyle e Mariotte
- E. Gay-Lussac

512. A 1,0 atm e 4,0°C, il numero di atomi contenuti in 1,0 litri di acqua pura è pari a:
- A. $18{,}0 \times 6{,}02 \times 10^{23}$
- B. $6{,}02 \times 10^{26}$
- C. $55{,}5 \times 6{,}02 \times 10^{23}$
- D. $111{,}0 \times 6{,}02 \times 10^{23}$
- E. $166{,}5 \times 6{,}02 \times 10^{23}$

513. In una reazione chimica che cosa indicano i coefficienti stechiometrici?
- A. I rapporti molari con cui le sostanze coinvolte nella reazione reagiscono
- B. I rapporti delle concentrazioni con cui le sostanze coinvolte nella reazione reagiscono

C. I volumi con cui le sostanze coinvolte nella reazione reagiscono
D. I rapporti in peso con cui le sostanze coinvolte nella reazione reagiscono
E. Le percentuali in peso con cui le sostanze coinvolte nella reazione reagiscono

514. Bilanciare la seguente reazione inserendo i corretti coefficienti stechiometrici.
a $CaCO_3$ + b NaCl → c $CaCl_2$ + d Na_2CO_3

A. a = 1; b = 2; c = 1; d = 2
B. a = 1; b = 2; c = 1; d = 1
C. a = 2; b = 4; c = 1; d = 1
D. a = 1; b = 2; c = 4; d = 1
E. a = 1; b = 2; c = 2; d = 1

515. Se la massa di una mole di H_2MoO_4 è pari a 162 g, qual è la massa del molibdeno presente in 12,04 x 10^{23} molecole di tale composto?

A. 194 g
B. 192 g
C. 196 g
D. 96 g
E. 224 g

516. A quante moli corrispondono 31 g di H_2CO_3?

A. 5
B. 0,2
C. 10
D. 0,5
E. 2

517. La massa di 2 moli di H_3AsO_4 è pari a 284 g. Qual è il peso atomico relativo di un atomo di arsenico?

A. 82,5 u
B. 288 u
C. 76 g
D. 75 u
E. 221 u

518. Quanti grammi di una soluzione acquosa al 10,6% (concentrazione percentuale massa/massa) di carbonato di sodio sono necessari per ottenere 0,01 moli di carbonato di sodio? (massa atomica di Na = 23 u)

A. 74,0
B. 1,06
C. 5,03
D. 100,0
E. 10,0

519. Quanti grammi pesano 2 moli di acqua?

A. 24
B. 18
C. 2
D. Nessuna delle altre alternative è corretta
E. 8

520. In una mole di H_2SO_4 ci sono:

A. due grammi di H, un grammo di S e quattro grammi di O
B. uno stesso numero di atomi di H, S e O
C. un grammo di H, un grammo di S e un grammo di O
D. una mole di H, una mole di S e una mole di O
E. due moli di H, una mole di S e quattro moli di O

521. La massa di Mg è pari a 24,3 u, la massa di N è pari a 14 u e la massa di O è pari a 16 u. Quale delle seguenti affermazioni è corretta? La massa di una mole di $Mg(NO_2)_2$ è pari a:

A. 116,3 g
B. 114,3 u
C. 84,3 u
D. 118,3 x 1,67 x 10^{23} g
E. 70,3 g

522. Il peso molecolare di H_2CrO_4 è pari a 118 uma. Qual è la massa del cromo presente in 9,03 x 10^{23} molecole di tale composto?

A. 104 g
B. 78 g
C. 177 g
D. 52 uma
E. 81 g

523. La quantità chimica teorica di $AlCl_3$ che si può ottenere da una quantità di Al pari a 0,6 mol è:

A. 4 mol
B. 1,8 mol
C. 0,6 mol
D. 0,2 mol
E. 3 mol

CHIMICA

524. La massa di H è pari a 1 u, la massa di S è pari a 32 u e la massa di O è pari a 16 u. La massa di una molecola di H_2SO_3 è pertanto pari a:

A. 82,0 grammi
B. 49,0 u
C. 82,0 u
D. $6{,}02 \times 10^{23}$ u
E. $82{,}0 \times 1{,}67 \times 10^{-24}$ u

525. Un litro di CO e un litro di CO_2, nelle stesse condizioni di temperatura e pressione:

A. contengono lo stesso numero di molecole
B. nessuna delle altre alternative è corretta
C. hanno la stessa massa
D. hanno la stessa densità
E. contengono lo stesso numero di atomi

526. La massa di una molecola di $MnO(OH)_2$ è pari a 105 uma. Qual è la massa di manganese che si trova in 2,5 moli di tale sostanza?

A. 110 uma
B. 177,5 g
C. 180 g
D. 97,5 g
E. 137,5 g

527. La seguente equazione chimica rappresenta la reazione di combustione del metano:
$CH_4 + 2O_2 \rightarrow CO_2 + 2H_2O$
Con 2,4 moli di O_2 quante moli di metano si possono bruciare?

A. 1,2
B. 2,4
C. 4,8
D. 0,6
E. 0,48

528. Individuare i coefficienti stechiometrici necessari per bilanciare la seguente equazione chimica:
$aBa_3N_2 + bH_2O \rightarrow cBa(OH)_2 + dNH_3$

A. a = 2; b = 6; c = 6; d = 4
B. a = 2; b = 6; c = 3; d = 4
C. a = 2; b = 6; c = 6; d = 2
D. a = 1; b = 3; c = 3; d = 2
E. a = 1; b = 6; c = 3; d = 2

529. Quali sono i coefficienti stechiometrici che bilanciano la seguente reazione chimica?
$a\,Fe_2O_3 + b\,Al \rightarrow c\,Al_2O_3 + d\,Fe$

A. a = 1; b = 2; c = 1; d = 2
B. a = 1; b = 2; c = 2; d = 2
C. a = 1; b = 3; c = 1; d = 3
D. a = 2; b = 2; c = 1; d = 2
E. a = 2; b = 1; c = 2; d = 1

530. Per bruciare completamente 58 g di butano (C_4H_{10}) a CO_2 e H_2O secondo l'equazione: $2C_4H_{10} + 13O_2 \rightarrow 8CO_2 + 10H_2O$ si richiedono:

A. 6,5 moli di ossigeno
B. 6,5 grammoioni di ossigeno
C. 10 moli di H e 13 di O_2
D. 13 g di ossigeno
E. 13 moli di ossigeno

531. Considerando quantitativa la reazione di formazione di acqua da idrogeno e ossigeno molecolari, indicare l'affermazione corretta fra le seguenti:

A. da 10 g di idrogeno e 5 g di ossigeno si ottengono 15 g di acqua
B. da 2 moli di idrogeno e 1 di ossigeno si ottengono 3 moli di acqua
C. da 2 moli di idrogeno e 1 di ossigeno di ottiene 1 mole di acqua
D. da 2 moli di idrogeno e 1 di ossigeno si ottengono 2 moli di acqua
E. da 10 g di idrogeno e 5 g di ossigeno si ottengono 10 g di acqua

532. La proporzione con cui i reagenti reagiscono fra di loro per formare i prodotti in una equazione chimica:

A. non è indicata nell'equazione di reazione
B. è indicata dal numero di atomi dei reagenti e prodotti
C. è indicata dai coefficienti stechiometrici
D. è indicata dal numero di atomi
E. è indicata dal numero di ossidazione dei reagenti e dei prodotti

533. Indicare la massa in grammi di un volume di 11,2 litri di CH_4 in condizioni standard.

A. 11 g
B. 10 g
C. 4g
D. Nessuna delle altre risposte è corretta
E. 8g

534. Qual è la massa molecolare dell'acido nitroso espressa in u? (masse atomiche: H = 1 u, N = 14 u, O = 16 u)

A. 63 u
B. 64 u
C. 80 u
D. 81 u
E. 47 u

535. Quante moli di glucosio, $C_6H_{12}O_6$, ci sono in 180 g di tale sostanza (C = 12, H = 1, O = 16)?

A. 180
B. 1
C. 8
D. 6
E. 2

536. 18 g di acqua sono necessari per trasformare 56 g di ossido di calcio in idrossido di calcio. Quanti grammi di acqua sono necessari per trasformare 25 g di ossido di calcio?

A. 15,022
B. 9,000
C. 8,036
D. 13,345
E. 12,001

537. Alla temperatura di 298 K e alla pressione di 1,2 atm, 0,7 moli di NH_3 vengono mescolate con 0,8 moli di O_2. La miscela così ottenuta viene portata alla temperatura di 273,15 K e alla pressione di 1 atm. Vengono quindi sottratte 0,3 moli di miscela. Qual è il volume della miscela residua?

A. 1,2 litri
B. 26,91 dm^3 o 26,91 litri
C. I dati forniti sono insufficienti per rispondere al quesito
D. 33,6 litri
E. 18,66 dm^3

538. 0,75 moli di un composto hanno una massa 15,0 g. Calcolare il peso molecolare.

A. 16 g/mol
B. 5 g/mol
C. 20 g/mol
D. 75 g/mol
E. 12 g/mol

539. Quanto pesa una mole di atomi di ^{35}Cl (numero di massa 35, numero atomico 17)?

A. Una quantità in g pari al numero di Avogadro
B. 17 Kg
C. 35 kg
D. 17 g
E. 35 g

540. Qual è il peso molecolare del cloruro di calcio CaCl2, assumendo che i pesi atomici di Ca e Cl siano rispettivamente 40 e 35 unità di massa atomica?

A. 115 u
B. 110 u
C. 150 u
D. 75 u
E. 85 u

541. 0,1 moli di un composto hanno una massa 9,5 g. Calcolare il peso molecolare.

A. 120 g/mol
B. 87 g/mol
C. 55 g/mol
D. 95 g/mol
E. 102 g/mol

542. Una soluzione 1 N (normale) contiene:

A. 1 grammo equivalente di soluto per litro di soluzione
B. 1 grammo equivalente di soluto per 1.000 g di solvente
C. nessuna delle altre alternative è corretta
D. 1 grammo di soluto per millimetro cubico di soluzione
E. 1 mole di soluto per 1.000 g di solvente

543. La mole è l'unità di misura:

A. della quantità di materia nel Sistema Internazionale (SI)
B. delle molecole
C. del volume molecolare
D. del volume di materia
E. del peso di sostanza

544. 1,20 moli di un composto hanno una massa 81 g. Calcolare la massa molecolare.

A. 80 g/mol
B. 100 g/mol
C. 67,5 g/mol
D. 35 g/mol
E. 25,7 g/mol

CHIMICA

545. 0,42 moli di un composto hanno una massa 16,0 g. Calcolare la massa molecolare.

A. 47 g/mol
B. 42,3 g/mol
C. 27 g/mol
D. 55 g/mol
E. 38,1 g/mol

546. Con il termine "mole" si intende:

A. un'abbreviazione del termine "molecola"
B. un numero di grammi pari alla massa molare del ^{12}C
C. una quantità di sostanza che contiene $6{,}022 \times 10^{23}$ entità elementari (atomi, molecole, ioni ecc.)
D. una quantità di sostanza le cui caratteristiche dipendono dalle condizioni sperimentali
E. una quantità di sostanza che contiene $3{,}14 \times 10^{12}$ particelle (atomi, molecole, ioni ecc.)

547. La massa molecolare di Na_2CO_3 (carbonato di sodio) è 106 g/mol. Per preparare 120 mL di soluzione 1,50 mol/L quanto carbonato di sodio bisogna pesare?

A. 295 g
B. 589 g
C. 19,1 g
D. 9,50 g
E. 19.000 g

548. 12,06 x 10^{23} molecole di HReO4 hanno una massa pari a 502 g. Qual è il peso atomico relativo di un atomo di renio?

A. 279 g
B. 186 g
C. 279 u
D. 186 u
E. 93 u

549. Nella reazione $AgNO_3 + KCl \rightarrow AgCl + KNO_3$ quante moli di AgCl si possono ottenere da 2,5 moli di KCl?

A. 8
B. 2
C. 2,5
D. 7
E. 5

550. Il peso molecolare di Na_2SO_4 (solfato di sodio) è 142,0 g/mol. Per prelevare una millimole di sostanza bisogna pesarne:

A. 0,0142 g
B. 14,2 mg
C. 1,42 g
D. 142 g
E. 0,142 g

551. La formula molecolare:

A. può essere uguale o multipla della formula minima
B. è sempre multipla della formula minima
C. è un sottomultiplo della formula minima
D. è uguale alla formula minima
E. contiene informazioni strutturali

552. Qual è la massa molare del composto con formula $C_6H_{12}O_6$?

A. 180,16 mol
B. 180,16 g
C. 180,16 M
D. 180,16 g/mol
E. 180,16 m

553. La formula minima di un composto indica:

A. il rapporto tra gli atomi nella molecola
B. la struttura degli atomi di carbonio
C. nessuna delle altre alternative è corretta
D. la disposizione spaziale degli atomi nella molecola
E. la somma dei numeri atomici di tutti gli atomi presenti nella molecola

554. Per calcolare il peso atomico del fenantrene:

A. si effettua la somma algebrica dei pesi degli atomi che compongono il fenantrene
B. è necessario sommare il peso di tutti gli isotopi degli atomi che compongono la molecola e dividere il risultato per il numero di isotopi considerati
C. è necessario sommare il peso atomico di tutti gli isotopi più leggeri degli atomi che compongono la molecola
D. è necessario sommare il peso di tutti gli isotopi più pesanti degli atomi che compongono la molecola
E. è necessario conoscere la concentrazione di fenantrene in soluzione

555. La massa molecolare del cellobiosio ($C_{12}H_{22}O_{11}$) è 342 u. Sciogliendo 1.71 g di $C_{12}H_{22}O_{11}$ in 1 litro di acqua si ottiene una soluzione:

A. 0.005 molare
B. 0.2 molare
C. 0.05 molare
D. 0.02 molare
E. 0.5 molare

556. Una mole di un composto chimico ha una massa pari:

A. alla corrispondente massa molecolare, espressa in Dalton
B. al rapporto tra massa molecolare e numero di Avogadro
C. alla corrispondente massa molecolare, espressa in kilogrammi
D. alla corrispondente massa molecolare, espressa in grammi
E. alla corrispondente massa molecolare, espressa in milligrammi

557. Idrogeno e ossigeno gassosi reagiscono fra loro per formare acqua. 1 litro di gas idrogeno è in grado di reagire, a parità di pressione e temperatura, con:

A. 1 litro di ossigeno
B. 2 litri di ossigeno
C. 0,2 litri di ossigeno
D. 5 litri di ossigeno
E. 0,5 litri di ossigeno

558. Si assuma di avere una soluzione acquosa di $Mg_3(PO_4)_2$ 0,8 M. Quante moli di atomi di magnesio sono contenute in 400 ml di tale soluzione a causa della presenza di $Mg_3(PO_4)_2$?

A. 0,32
B. 0,96
C. 2,40
D. 0,80
E. 0,64

559. Il numero di Avogadro può esprimere il numero di:

A. elettroni delocalizzati in un metallo in condizioni standard
B. protoni contenuti in un atomo
C. molecole contenute in una mole di sostanza
D. quark dei nucleoni
E. atomi contenuti in una molecola

560. Nella reazione $BaCl_2 + H_2SO_4 \rightarrow 2\ HCl + BaSO_4$, quante moli di HCl si possono ottenere da 2,5 moli di $BaCl_2$?

A. 4,0
B. 5,0
C. 2,0
D. 3,0
E. 7,5

REAZIONI CHIMICHE, EQUILIBRIO E CINETICA

561. Affinché ci sia una reazione chimica deve sempre avvenire:

A. un cambio di valenza di un elemento
B. uno scambio di protoni
C. un processo di rottura e formazione di legami
D. la formazione di un nuovo elemento chimico
E. la trasformazione di un elemento in un elemento diverso

CHIMICA

562. A 20°C e 1 atm e senza l'uso di catalizzatori, indicare quali sono i prodotti della reazione chimica tra i seguenti reagenti:
$H_2SO_4 + Mg(OH)_2 \rightarrow$

A. $MgSO_4 + 2H_2O$
B. $Mg + H_2O + SO_3$
C. $MgSO_4 + 2H_2$
D. $Mg + H_2O + SO_4$
E. $MgS + 2H_2O$

563. Quando avviene un innalzamento della temperatura di ebollizione di una soluzione acquosa dipende:

A. solo dalle forze di Van der Walls
B. solo dalla natura chimica del soluto
C. soltanto dal numero di particelle di soluto in soluzione
D. solo dalla pressione osmotica
E. solo dal calore latente

564. Qual è il volume occupato da $1,806 \times 10^{24}$ molecole di cloruro di idrogeno a 0°C e 1 atm?

A. 67,2 litri
B. 33,6 litri
C. 448,0 litri
D. 6,7 litri
E. 2,24 litri

565. Cosa caratterizza sempre una reazione di ossidazione?

A. La formazione di legami covalenti omopolari
B. La formazione di radicali
C. La formazione di legami ionici
D. L'acquisizione di elettroni da parte del riducente
E. La perdita di elettroni

566. Quando una sostanza abbassa la barriera di attivazione di una reazione chimica si comporta da:

A. iniziatore radicalico
B. catalizzatore
C. reagente
D. terminatore radicalico
E. prodotto

567. Per quale ragione un aumento della temperatura in generale provoca un aumento della velocità di una reazione chimica?

A. Aumenta la differrenza di energia libera tra reagenti e prodotti
B. Aumenta l'energia di attivazione della reazione
C. Diminuisce l'energia dello stato di transizione della reazione
D. Diminuisce la frazione di molecole che oltrepassano la barriera di attivazione
E. Aumenta l'energia cinetica media delle molecole

568. Come può essere definita la reattività chimica?

A. La possibilità di produrre un determinato composto attraverso reazioni chimiche
B. La capacità di dissoluzione in un solvente polare o apolare
C. L'impossibilità di modificare lo stato fisico di un composto
D. La capacità di una sostanza di interagire con altre sostanze per dar luogo a una reazione chimica
E. La capacità di un composto di scindersi nei suoi componenti fondamentali

569. La seguente equazione chimica:
$2KOH + H_2SO_4 \rightarrow K_2SO_4 + 2H_2O$
rappresenta una reazione di:

A. decomposizione
B. ossidoriduzione
C. scambio semplice
D. doppio scambio
E. sintesi

570. Quali tra le seguenti caratteristiche rimane sempre invariata nei due membri di un'equazione chimica?

A. Il numero di atomi di ciascun elemento
B. La somma dei coefficienti stechiometrici
C. Il numero di ossidazione di ogni elemento
D. Il numero di legami
E. Il tipo di legami

571. Si consideri la reazione $FeO + Mn \rightarrow MnO + Fe$. Si tratta di una reazione di:

A. acilazione
B. sintesi
C. alogenazione
D. ossidoriduzione
E. decomposizione

572. Quale tra le seguenti caratteristiche è propria di un elemento riducente?

A. Quando reagisce si riduce
B. Quando reagisce tende ad acquisire elettroni
C. Diminuisce il suo stato di ossidazione quando reagisce
D. Quando reagisce si ossida
E. Quando reagisce riduce il suo numero di protoni

573. Il processo cloro-soda veniva utilizzato per produrre cloro gassoso partendo da NaCl e utilizzando un elettrodo di mercurio. La produzione del cloro avveniva dunque:

A. tramite una reazione di scambio
B. tramite una reazione elettrolitica
C. tramite un processo fisico
D. tramite una reazione di doppio scambio
E. per reazione di salificazione

574. Individuare la reazione di decomposizione

A. $5C + 2P_2O_5 \rightarrow 5CO_2 + P_4$
B. $Cl_2 + H_2 \rightarrow 2HCl$
C. $NH_4Cl + KOH \rightarrow NH_3 + KCl + H_2O$
D. $2Mg + SiO_2 \rightarrow 2MgO + Si$
E. $2NaHCO_3 \rightarrow Na_2CO_3 + CO_2 + H_2O$

575. Tra le seguenti, qual è la reazione di sintesi?

A. $NH_4Cl + KOH \rightarrow NH_3 + KCl + H_2O$
B. $2Na + 2H_2O \rightarrow H_2 + 2NaOH$
C. $MgO + H_2O \rightarrow Mg(OH)_2$
D. $Ni(OH)_2 \rightarrow NiO + H_2O$
E. $2KClO_3 \rightarrow 2KCl + 3O_2$

576. L'equazione chimica $2KHCO_3 \rightarrow K_2CO_3 + CO_2 + H_2O$:

A. rappresenta una reazione di ossidoriduzione
B. rappresenta una reazione di doppio scambio
C. non è bilanciata
D. rappresenta una reazione di sintesi
E. rappresenta una reazione di decomposizione

577. L'equazione chimica $2K + 2H_2O \rightarrow H_2 + 2KOH$:

A. rappresenta una reazione di sintesi
B. rappresenta una reazione di decomposizione
C. è una reazione di ossidoriduzione
D. non rappresenta una reazione di ossidoriduzione
E. non è bilanciata

578. Data una qualunque reazione di ossidoriduzione, un ossidante:

A. aumenta sempre il suo numero di ossigeni
B. riduce sempre il numero di ossigeni
C. acquista sempre elettroni
D. aumenta il suo numero di ossidazione
E. si trasforma sempre in una specie più ossidata

579. Un catalizzatore è una sostanza che influenza la:

A. resa della reazione
B. velocità di reazione
C. differenza di energia tra reagenti e prodotti
D. qualità del prodotto
E. stechiometria della reazione

580. Quale tra le seguenti reazioni chimiche è una reazione di scambio semplice (o spostamento)?

A. $NiO + 2HNO_3 \rightarrow Ni(NO_3)_2 + H_2O$
B. $CaCO_3 \rightarrow CaO + CO_2$
C. $SO_3 + H_2O \rightarrow H_2SO_4$
D. $2Na + 2H_2O \rightarrow H_2 + 2NaOH$
E. $2KOH + H_2SO_4 \rightarrow K_2SO_4 + 2H_2O$

581. Una reazione avviene spontaneamente quando:

A. la variazione di entropia del sistema è minore di 0
B. la variazione di entropia dell'ambiente è minore di 0
C. la somma della variazione di entropia dell'ambiente e del sistema è positiva
D. la variazione di entropia del sistema è nulla
E. la variazione di entropia dell'ambiente è maggiore di 0

582. Qual è la formula chimica bruta del composto che, oltre all'acqua, si forma dalla reazione tra l'idrossido di magnesio e l'acido perclorico?

A. $MgClO_3$
B. $Mg(ClO_2)_2$
C. $Mg(ClO_4)_2$
D. $Mg_3(ClO)_2$
E. $MgCl_2$

583. "In un sistema chimico in equilibrio, ogni cambiamento (di pressione, di temperatura, di concentrazione o di volume) produce una reazione nel sistema che perdura finché non sia raggiunto un nuovo equilibrio".
Si tratta dell'enunciato del principio di:

A. Heisenberg
B. Le Châtelier
C. Pauiling
D. Pauli
E. Avogadro

584. Un processo che avviene senza che vi sia ingresso di materia o energia nel sistema termodinamico considerato, come viene definito?

A. Endotermico
B. Spontaneo
C. Nessuna delle alternative è corretta
D. In equilibrio
E. Catalitico

585. Nella reazione rappresentata dall'equazione chimica non bilanciata $KMnO_4 + H_2C_2O_4 + H_2SO_4 \rightarrow CO_2 + MnSO_4 + K_2SO_4 + H_2O$, si può affermare che, passando dai reagenti ai prodotti:

A. il numero di ossidazione del carbonio passa da –3 a –4, pertanto il carbonio si ossida ed è l'agente riducente
B. il numero di ossidazione del manganese passa da +8 a +6, pertanto il manganese si riduce e cede elettroni
C. il numero di ossidazione dello zolfo passa da +6 a +2, pertanto lo zolfo si riduce e acquista elettroni
D. il numero di ossidazione del carbonio passa da +3 a +4, pertanto il carbonio si riduce ed è l'agente ossidante
E. il numero di ossidazione del manganese passa da +7 a +2, pertanto il manganese si riduce ed è l'agente ossidante

586. Quale caratteristica ha una reazione che procede spontaneamente dai reagenti ai prodotti?

A. Ha energia libera di Gibbs maggiore di zero
B. Il valore assoluto della energia libera di Gibbs è molto elevato
C. La variazione dell'energia libera di Gibbs associata con tale reazione è minore di zero
D. I reagenti sono in numero superiore ai prodotti
E. Ha energia libera di Gibbs nulla

587. La diminuzione della temperatura di congelamento di una soluzione è una:

A. proprietà esclusiva delle sostanze ioniche.
B. caratteristica di reattività
C. costante delle soluzioni
D. proprietà dipendente dalla natura delle unità elementari particelle di soluto
E. proprietà colligativa

588. Si consideri la seguente equazione chimica non bilanciata: $Cr(OH)_3 + PbO_2 + NaOH \rightarrow Na_2CrO_4 + Pb(OH)_2 + H_2O$. In questa reazione chimica:

A. nessuna specie chimica si ossida e nessuna specie chimica si riduce
B. il piombo è l'ossidante e acquista elettroni mentre il cromo è il riducente e perde elettroni
C. il piombo è il riducente e perde elettroni mentre il cromo è l'ossidante e acquista elettroni
D. il piombo è il riducente e acquista elettroni mentre il cromo è l'ossidante e perde elettroni
E. il piombo è l'ossidante e perde elettroni mentre il cromo è il riducente e acquista elettroni

589. La combustione del metano all'aria, reazione altamente esotermica, non avviene spontaneamente in condizioni ambiente. Per quale motivo?

A. L'elevata energia di attivazione
B. La bassa differenza di energia libera tra reagenti e prodotti
C. Nessuna delle alternative è corretta
D. La bassa energia di attivazione
E. Lo stato di transizione a basso contenuto energetico

590. Una delle seguenti reazioni chimiche è una reazione di doppio scambio. Quale?

A. $NiO + 2HNO_3 \rightarrow Ni(NO_3)_2 + H_2O$
B. $Ni(OH)_2 \rightarrow NiO + H_2O$
C. $Cu + 2AgNO_3 \rightarrow 2Ag + Cu(NO_3)_2$
D. $5C + 2P_2O_5 \rightarrow 5CO_2 + P_4$
E. $BaO + H_2O \rightarrow Ba(OH)_2$

591. La velocità della reazione $A+B \rightarrow C+D$:

A. è data dalla concentrazione di reagenti in un dato istante.
B. è data dal tempo richiesto per trasformare interamente i reagenti in prodotti
C. è data dalla concentrazione dei prodotti in un dato istante
D. è data dalla variazione di concentrazione della soluzione in cui aumentano i prodotti
E. è correlata all'aumento della concentrazione di prodotto nell'unità di tempo

592. Le reazioni esotermiche comportano:

A. una trasformazione sempre isobara
B. una reazione chimica senza assorbimento o rilascio di calore
C. una reazione chimica in cui si formano legami con assorbimento di energia
D. passaggio di calore dal sistema verso l'ambiente
E. passaggio di calore dall'ambiente verso il sistema

593. Bilanciare la seguente reazione inserendo i corretti coefficienti stechiometrici. a Na + b $H_2O \rightarrow$ c $NaOH$ + d H_2

A. a=2; b=2; c=1; d=2
B. a=2; b=2; c=2; d=2
C. a=2; b=1; c=2; d=2
D. a=2; b=2; c=2; d=1
E. a=1; b=1; c=2; d=2

594. In una semireazione di ossidazione di una reazione redox:

A. la specie viene chiamata "riducente"
B. la specie che reagisce cede elettroni
C. tutte le alternative sono corrette
D. il numero di ossidazione della specie coinvolta aumenta
E. il risultato è una specie "ossidata"

595. In una reazione chimica il catalizzatore:

A. Abbassa l'energia di attivazione, aumentando la velocità di reazione senza venire consumato durante la reazione
B. Aumenta l'energia di attivazione, spostando l'equilibrio verso la formazione dei prodotti
C. Aumenta l'energia cinetica delle molecole reagenti
D. Annulla tutti gli stati di transizione andando direttamente ai prodotti
E. Modifica la velocità di reazione solo verso i prodotti

CHIMICA

596. La pressione in una miscela di gas:

A. è data dal prodotto delle pressioni parziali dei singoli gas
B. è data dalla somma delle pressioni parziali dei singoli gas
C. è data dalla differenza tra la pressione del gas presente in misura maggiore e quella degli altri gas
D. è inversamente proporzionali alla radice quadrata delle loro masse molecolari relative.
E. non può essere calcolata ma solo misurata sperimentalmente

597. Quale delle seguenti affermazioni in merito alla reazione $SO_3 + H_2O \rightarrow H_2SO_4$ è corretta?

A. Si tratta di una reazione di sintesi
B. Si tratta di una reazione di decomposizione
C. Si tratta di una reazione di doppio scambio
D. Si tratta della reazione tra un ossido basico e l'acqua
E. L'equazione chimica della reazione non è bilanciata

598. Si consideri la seguente equazione chimica bilanciata:
$2NaOH + H_2SO_4 \rightarrow Na_2SO_4 + 2H_2O$.
Quanti grammi di NaOH sono necessari per consumare integralmente 24,5 g di H_2SO_4? (MA di Na = 23,0 u; MA di S = 32,0 u)

A. 19,0
B. 20,0
C. 14,0
D. 9,8
E. 16,0

599. Qual è la caratteristica fondamentale di un catalizzatore?

A. Facilita la reazione chimica restando inalterato al termine della stessa
B. Non partecipa alla reazione chimica, ma dissolve i reagenti
C. Partecipa alla reazione chimica e cambia la sua natura a causa della reazione
D. Partecipa alla reazione chimica aumentando l'energia di attivazione della stessa
E. Interviene nella reazione abbassando la velocità della reazione

600. La variazione di entalpia di un sistema:

A. si misura in K
B. è uguale al calore ceduto dal sistema in una trasformazione isobara
C. è sempre uguale al lavoro effettuato sul sistema
D. è sempre uguale al calore ceduto dal sistema
E. è sempre positiva

601. Come si chiama lo strumento analitico utilizzato per la determinazione degli effetti termici delle reazioni?

A. Crogiolo
B. Calorimetro a fiamma
C. Calorimetro a scoppio
D. Calorimetro a bomba
E. Colonna di distillazione

602. In una reazione chimica:

A. è sempre necessario fornire energia
B. vi è sempre un trasferimento di elettroni
C. si libera sempre calore
D. è sempre necessario utilizzare un catalizzatore
E. la somma delle masse dei reagenti è sempre uguale alla somma delle masse dei prodotti

603. La temperatura di una miscela costituita da 0,4 moli di H_2, 0,6 moli di O_2 e 0,8 moli di Ar viene portata a 273,15 K. A quale pressione il volume occupato da tale miscela risulta pari a 40,32 litri?

A. 1,0 atm
B. 0,5 atm
C. I dati forniti sono insufficienti per rispondere al quesito
D. 1,5 atm
E. 1,3 atm

604. Se in una reazione chimica un elemento subisce una riduzione, significa che il suo numero di ossidazione è diventato:

A. più positivo o meno negativo
B. uguale a zero
C. nessuna delle altre alternative è corretta
D. più negativo o meno positivo
E. il doppio di come era prima

605. I catalizzatori sono sostanze che:

A. partecipano alla reazione come i reagenti e vengono consumati durante la reazione
B. modificano sempre i prodotti che si ottengono dalla reazione
C. modificano il percorso cinetico della reazione e quindi la sua velocità
D. non si possono applicare alle reazioni chimiche ma solo alle trasformazioni fisiche
E. modificano il percorso cinetico della reazione e quindi la costante di equilibrio

606. L'equilibrio chimico:

A. si raggiunge quando la velocità della reazione è uguale al doppio della velocità della reazione inversa
B. si raggiunge quando uno dei reagenti si esaurisce
C. si raggiunge quando la velocità di una reazione e della reazione inversa sono uguali
D. si raggiunge quando la concentrazione dei reagenti è uguale alla concentrazione dei prodotti
E. si raggiunge quando la concentrazione dei reagenti elevata al loro coefficiente stechiometrico è uguale alla concentrazione dei prodotti elevata al loro coefficiente stechiometrico

607. Che cosa si intende con "energia di attivazione"?

A. L'energia necessaria affinché una reazione porti all'esaurimento di tutti i reagenti
B. La differenza di energia tra i reagenti ed i prodotti
C. L'energia minima che le molecole dei reagenti devono possedere, affinchè avvenga la reazione
D. La struttura chimica temporanea che si forma quando avviene la reazione chimica
E. Lo stato in cui si trova il sistema quando avviene la reazione

608. Che cosa afferma il secondo principio della termodinamica?

A. Una trasformazione è spontanea se provoca una diminuzione dell'entropia dell'universo
B. Una trasformazione è spontanea se provoca un aumento dell'entropia del sistema della reazione
C. Una trasformazione è spontanea se provoca una diminuzione dell'entropia del sistema della reazione
D. Una trasformazione non è spontanea se provoca un aumento dell'entropia dell'universo
E. Una trasformazione è spontanea se provoca un aumento dell'entropia dell'universo

609. In una reazione di ossidoriduzione, la sostanza che viene definita riducente:

A. acquista elettroni
B. deve avere prima della reazione il suo più elevato numero di ossidazione
C. cede cariche elettriche positive
D. aumenta il proprio numero di ossidazione
E. è necessariamente un non metallo

610. In quale delle seguenti reazioni chimiche l'unico prodotto che si forma è un sale?

A. $N_2 + 3H_2 \rightarrow ...$
B. $CO_2 + CaO \rightarrow ...$
C. $2\ NO + O_2 \rightarrow ...$
D. $H_2SO_3 + 2\ KOH \rightarrow ...$
E. $2\ HCl + K_2O \rightarrow ...$

611. Individuare i coefficienti stechiometrici necessari per il corretto bilanciamento della massa della seguente equazione chimica:
$NaOH + H_3PO_4 \rightarrow Na_3PO_4 + H_2O$

A. 2, 1, 1, 2
B. 3,1, 1, 2
C. 3, 1, 3, 1
D. 2, 1, 3, 1
E. 3, 1, 1, 3

612. Qual è il valore numerico del coefficiente stechiometrico b necessario per bilanciare la seguente equazione chimica:
$2\ CrI_3 + 64\ KOH + a\ Cl_2 \rightarrow 2\ K_2CrO_4 + b\ KIO_4 + c\ KCl + 32\ H_2O$?

A. b = 7
B. b = 5
C. b = 3
D. b = 4
E. b = 6

CHIMICA

613. Gli enzimi catalizzano le reazioni chimiche. Questo significa che:

A. forniscono energia ai reagenti
B. le rendono energeticamente possibili
C. le accelerano, diminuendo l'energia di attivazione (Ea) di una reazione
D. sottraggono energia ai reagenti
E. aumentano la temperatura delle reazioni

614. Indicare quale delle seguenti reazioni è correttamente bilanciata.

A. $Ca_3(PO_4)_2 + 2\ Al(NO_3)_3 \rightarrow Ca(NO_3)_2 + 2\ AlPO_4$
B. $Ca_3(PO_4)_2 + 2\ Al(NO_3)_3 \rightarrow 3\ Ca(NO_3)_2 + AlPO_4$
C. $Ca_3(PO_4)_2 + 5\ Al(NO_3)_3 \rightarrow 3\ Ca(NO_3)_2 + 2\ AlPO_4$
D. $Ca_3(PO_4)_2 + 2\ Al(NO_3)_3 \rightarrow 3\ Ca(NO_3)_2 + 2\ AlPO_4$
E. $3\ Ca_3(PO_4)_2 + 2\ Al(NO_3)_3 \rightarrow 3\ Ca(NO_3)_2 + 2\ AlPO_4$

615. La reazione $2\ KI + Br_2 \rightarrow 2\ KBr + I_2$ è una reazione di:

A. ossidoriduzione
B. decomposizione
C. combustione
D. addizione
E. dismutazione

616. Un acido reagisce con una base per formare acqua e un sale. Questo processo è chiamato:

A. esterificazione
B. neutralizzazione
C. nessuna delle altre risposte è corretta
D. idrolisi
E. combustione

617. In una reazione di ossidoriduzione:

A. il numero di elettroni acquistati dalla specie che si ossida è uguale al numero di elettroni ceduti dalla specie che si riduce
B. nessuna delle altre alternative è corretta
C. il numero di elettroni ceduti dalla specie che si ossida è uguale al numero di elettroni acquistati dalla specie che si riduce
D. non avviene scambio di elettroni
E. il numero di elettroni ceduti dalla specie che si ossida è maggiore del numero di elettroni acquistati dalla specie che si riduce

618. Una specie chimica si ossida quando:

A. diventa neutra acquistando elettroni da una specie chimica diversa
B. acquista elettroni da una specie chimica diversa, che si riduce
C. neutralizza una specie chimica diversa
D. cede ioni a una specie chimica diversa
E. cede elettroni a una specie chimica diversa, che si riduce

619. Quali sono i coefficienti stechiometrici che bilanciano la seguente reazione chimica?
$a\ CH_4 + b\ O_2 \rightarrow c\ CO_2 + d\ H_2O$

A. a = 1; b = 2; c = 1; d = 2
B. a = 1; b = 2; c = 1; d = 3
C. a = 1; b = 1; c = 1; d = 1
D. a = 1; b = 3; c = 1; d = 2
E. a = 1; b = 2; c = 1; d = 1

620. Individuare i coefficienti stechiometrici necessari per bilanciare la seguente equazione chimica:
$a\ NH_3 + b\ O_2 \rightarrow c\ NO + d\ H_2O$

A. a = 2; b = 5; c = 4; d = 3
B. a = 2; b = 3; c = 2; d = 3
C. a = 4; b = 5; c = 4; d = 6
D. a = 3; b = 5; c = 3; d = 6
E. a = 4; b = 6; c = 4; d = 6

621. Se 0,3 moli di CO_2 occupano un volume pari a 6,72 litri, che volume occupa lo stesso numero di moli di NO nelle stesse condizioni di temperatura e pressione?

A. 2.240 mL
B. 67,20 cL
C. 0,3 L
D. 2,24 L
E. 6.720 mL

622. La solubilità di un soluto gassoso in un solvente liquido:

A. nessuna delle altre alternative è corretta
B. diminuisce all'aumentare della pressione
C. diminuisce all'aumentare della temperatura in quanto il processo di dissoluzione è esotermico
D. non è misurabile in quanto non avviene il processo di dissoluzione
E. è misurabile solo quando il gas può formare legami a idrogeno con le molecole d'acqua

623. Nella reazione $I_2 + 2Fe^{2+} \rightarrow 2I^- + 2Fe^{3+}$:

A. I_2 si riduce e Fe^{2+} si ossida
B. Fe^{2+} è l'ossidante
C. I_2 è il riducente
D. I_2 si ossida e Fe^{2+} si riduce
E. lo ione iodato si riduce

624. Una sostanza, in una reazione di ossidoriduzione, si ossida quando:

A. cede un protone
B. ossida un'altra specie
C. acquista elettroni
D. accetta un protone
E. cede elettroni

625. Quando una reazione chimica produce calore, è detta:

A. allotropica
B. esotermica
C. endotermica
D. isotermica
E. azeotropica

626. Il bilanciamento di una reazione chimica è imposto dalla legge di:

A. Dannon
B. Gay-Lussac
C. Lavoisier
D. Dalton
E. Proust

627. Quale delle seguenti reazioni chimiche ha come prodotto un sale e acqua?

A. $PCl_3 + 3H_2O \rightarrow ...$
B. $Ca + 2HCl \rightarrow ...$
C. $Fe_2O_3 + 3H_2 \rightarrow ...$
D. $SO_2 + 2KOH \rightarrow ...$
E. $Mg + H_2SO_4 \rightarrow ...$

628. Dalla reazione tra potassio e ossigeno si ricava K_2O. Quale delle seguenti affermazioni è FALSA?

A. K_2O reagisce violentemente con l'acqua
B. K_2O è un composto binario
C. K_2O è un ossido basico
D. K_2O reagisce con acqua per dare un composto ternario
E. K_2O reagisce con acqua per dare un ossiacido o acido ossigenato

629. Per ottenere 7,5 moli di anidride carbonica quante moli di 1-pentene devono subire combustione completa?

A. Nessuna delle altre alternative è corretta
B. 1,25
C. 0,75
D. 1,0
E. 1,5

630. Quale delle seguenti reazioni è correttamente bilanciata?

A. $Cu(NO_3)_2 \rightarrow 2\ CuO + 4\ NO_2 + O_2$
B. $2\ Cu(NO_3)_2 \rightarrow 3\ CuO + 4\ NO_2 + O_2$
C. $2\ Cu(NO_3)_2 \rightarrow 2\ CuO + 4\ NO_2 + O_2$
D. $2\ Cu(NO_3)_2 \rightarrow 2\ CuO + NO_2 + O_2$
E. $3\ Cu(NO_3)_2 \rightarrow 2\ CuO + 4\ NO_2 + O_2$

631. Una reazione chimica procede spontaneamente verso destra quando:

A. la sua energia libera è uguale a zero
B. i reagenti hanno un peso molecolare molto maggiore di quello dei prodotti
C. la sua energia libera è molto grande in valore assoluto
D. la sua energia libera è maggiore di zero
E. la sua energia libera è minore di zero

632. Nella reazione bilanciata $3\ Ag + 4\ HNO_3 \rightarrow 3\ AgNO_3 + NO + 2\ H_2O$:

A. argento e azoto si ossidano
B. l'argento si riduce e l'azoto si ossida
C. non si ha alcun trasferimento di elettroni
D. l'argento si ossida e l'azoto si riduce
E. l'idrogeno si riduce e l'ossigeno si ossida

633. La specie riducente:

A. è la specie che fa ridurre e che acquista elettroni
B. è la specie che si riduce e acquista elettroni
C. è la specie che da combustione
D. è la specie che si ossida e acquista elettroni
E. è la specie che si ossida e cede elettroni

SOLUZIONI ACQUOSE

634. Una pila è:

A. un sistema in cui avviene una reazione di ossidoriduzione spontanea
B. un sistema in cui avviene sempre una reazione di sintesi
C. un sistema in cui avviene un lavoro cinetico
D. un sistema in cui avviene una reazione di neutralizzazione
E. un sistema in cui si trasforma energia cinetica in corrente

635. Perché spargere sale sulla strada impedisce la formazione di ghiaccio in inverno?

A. La presenza di sale determina un abbassamento della temperatura di congelamento dell'acqua
B. Il punto di fusione dell'acqua si alza per la presenza del sale
C. Il sale modifica la struttura molecolare della molecola d'acqua andando a impedire la formazione del ghiaccio
D. Il sale igroscopico assorbe l'acqua impedendo la formazione del ghiaccio
E. Il sale si scioglie nell'acqua presente liberando calore

636. Gli elettroliti sono sostanze:

A. che in acqua si dissociano in ioni
B. insolubili in acqua
C. che allo stato solido non conducono mai la corrente elettrica
D. solubili nei grassi
E. che in acqua non si dissociano in ioni

637. Il numero di moli di un soluto disciolte in un litro di soluzione è la definizione di:

A. percentuale volume/volume
B. molarità
C. percentuale peso/volume
D. molalità
E. normalità

638. Quale delle seguenti è la miglior definizione di punto di ebollizione in chimica?

A. Il passaggio da stato gassoso a stato liquido
B. La temperatura alla quale la pressione di vapore del liquido è uguale alla pressione atmosferica
C. La temperatura alla quale la sostanza passa dallo stato solido a quello di vapore
D. La trasformazione dallo stato liquido a quello gassoso
E. La temperatura alla quale l'acqua è completamente allo stato di vapore

639. Le moli di un soluto vengono disciolte in 1 Kg di solvente puro. L'unità di misura che meglio descrive questa soluzione è la:

A. frazione molare
B. percentuale peso/volume
C. percentuale volume/volume
D. molarità
E. molalità

640. In quale delle seguenti soluzioni acquose si determina il maggior innalzamento ebullioscopico rispetto all'acqua pura?

A. $CaCl_2$ 0,240 mol/l
B. $NaClO_3$ 0,370 mol/l
C. $C_{12}H_{22}O_{11}$ 0,750 mol/l
D. Na_3PO_4 0,180 mol/l
E. KNO_2 0,365 mol/l

641. Quale è la concentrazione molare di una soluzione acquosa costituita da 100 g di $CaBr_2$ in 2,5 litri di soluzione?
(MA del calcio = 40 u; MA del bromo = 80 u)

A. 0,4 M
B. 0,2 M
C. 2,5 M
D. 0,1 M
E. 2 M

642. Il comportamento di un gas reale può essere considerato assai simile a quello di un gas ideale:

A. a bassa pressione e ad alta temperatura
B. a elevata pressione e a bassa temperatura
C. se il numero di molecole è assai alto
D. a bassa pressione e bassa temperatura
E. a elevata pressione ed elevata temperatura

643. Si vuole preparare una soluzione 0,1 molare partendo da 0,1 moli di soluto. Il volume finale della soluzione sarà pari a:

A. 1 kg
B. 1 l
C. 500 ml
D. non si può determinare
E. 2 l

644. In quale delle seguenti soluzioni acquose si determina il maggior abbassamento crioscopico rispetto all'acqua pura?

A. KCN 0,51 M
B. $MgCl_2$ 0,35 M
C. K_2SO_3 0,45 M
D. $NaNO_3$ 0,5 M
E. Na_2SO_4 0,5 M

645. Viene data una soluzione acquosa di glucosio e saccarosio. Sapendo che la frazione molare del glucosio è 0,07, quale tra le seguenti opzioni è corretta?

A. La somma della frazione molare di acqua e saccarosio è pari a 1
B. La frazione molare del saccarosio è sicuramente maggiore di quella del glucosio essendo il saccarosio un disaccaride
C. La frazione molare del saccarosio è 0,08 e quella dell'acqua 0,85
D. La frazione molare del saccarosio è 0,07 e quella dell'acqua 0,7
E. La frazione molare dell'acqua è 1 essendo il solvente

646. Quando una sostanza è un elettrolita?

A. Quando è solubile solo in solventi organici apolari
B. Che non conduce mai corrente
C. Quando in soluzione acquosa o allo stato fuso si dissocia in ioni
D. Quando in acqua mantiene una coppia ionica intima che non si dissocia mai
E. Quando allo stato solido non conduce corrente

647. Vengono aggiunti 600 ml di acqua a 400 ml di una soluzione acquosa di HNO_3 al 6,3% m/V. Qual è la concentrazione della soluzione ottenuta?
(MA dell'azoto: 14,0 u)

A. 0,37 M
B. 0,6 M
C. 0,2 M
D. 0,4 M
E. 1 M

648. Quale è la concentrazione molale di una soluzione acquosa costituita da 250 g di $CaBr_2$ in 1,5 kg di soluzione?
(MA del calcio = 40 u; MA del bromo = 80 u)

A. 1,5 m
B. 0,25 m
C. 0,01 m
D. 2,5 m
E. 1,0 m

649. La temperatura di solidificazione di una soluzione acquosa 0,5 m di NaCl è -1,86°C. La temperatura di solidificazione di una soluzione acquosa 1,5 m di $NaClO_4$ è:

A. 1,5°C
B. 0°C
C. - 0,5°C
D. - 15°C
E. - 5,58°C

650. Da cosa dipendono le proprietà colligative di una soluzione?

A. Dalla natura delle unità elementari di soluto
B. Dal numero delle unità elementari di soluto
C. Dalla forma del recipente in cui è contenuta la soluzione
D. Dalla densità della soluzione
E. Dalla pressione osmotica

651. Una soluzione si dice satura quando:

A. a una data temperatura, la concentrazione di un determinato soluto ha il minimo valore possibile, sotto il quale gli effetti del soluto sono trascurabili

CHIMICA

B. a una data temperatura, la concentrazione di un determinato soluto ha raggiunto il massimo valore possibile, tale per cui non è più possibile sciogliere in essa ulteriori quantità di soluto
C. contiene, in massa, almeno il doppio del solvente rispetto al soluto
D. contiene, in massa, almeno il doppio del soluto rispetto al solvente
E. nessuna delle altre alternative è corretta

652. A 20°C e 1,0 atm si considerino due soluzioni acquose: la prima contiene 0,5 mol di KCl in 250 ml di acqua, mentre la seconda contiene 0,25 mol di KCl in 115 ml di acqua. Quale delle seguenti affermazioni è corretta?
A. I due miscugli non sono soluzioni in quanto KCl non è solubile in acqua
B. La seconda soluzione ha una temperatura di congelamento superiore a quella della prima soluzione
C. La seconda ha una tensione di vapore inferiore rispetto alla prima
D. La prima soluzione ha una temperatura di ebollizione maggiore rispetto alla seconda soluzione
E. La prima soluzione esercita una pressione osmotica maggiore rispetto alla seconda

653. Come viene definita una sospensione in cui le particelle disperse sono più grandi delle molecole, ma non abbastanza da separarsi per azione della gravità?
A. Soluzione satura
B. Soluzione
C. Nessuna delle altre alternative è corretta
D. Micella
E. Dispersione colloidale o colloide

654. L'equazione di van der Walls è una variante dell'equazione generale di stato per i gas reali che tiene conto anche di:
A. la forma del recipiente
B. lo spazio vuoto tra nucleo ed elettroni
C. la natura del recipiente
D. temperatura di fusione della sostanza
E. covolume e attrazioni molecolari

655. Un sistema è inizialmente costituito da una soluzione al 7,5% m/m di $MgCl_2$ e una una soluzione al 9,5% m/m di $MgCl_2$ separate da una membrana semipermeabile. Quale delle seguenti affermazioni è corretta?
A. Il flusso d'acqua si sposta dalla soluzione al 7,5% verso la soluzione al 9,5%
B. La soluzione al 7,5% è ipertonica rispetto all'altra soluzione
C. La soluzione al 7,5% di $MgCl_2$ e la una soluzione al 9,5% di $MgCl_2$ sono isotoniche
D. Il flusso di ioni Mg^{2+} avviene dalla soluzione al 7,5% verso la soluzione al 9,5%
E. Il flusso di ioni Cl^- avviene dalla soluzione al 9,5% verso la soluzione al 7,5%

656. Quale grandezza viene misurata nella tecnica analitica della polarografia?
A. conducibilità in funzione della polarità dell'elettrodo
B. Ampére in funzione della corrente positiva
C. corrente in funzione del potenziale dell'elettrodo di lavoro
D. resistenza in funzione della corrente iniziale
E. Ampére in funzione della corrente negativa

657. Quale delle seguenti affermazioni è corretta? Generalmente:
A. aumentando la temperatura, la solubilità di un soluto gassoso in un solvente liquido diminuisce
B. aumentando la temperatura, la solubilità di un soluto gassoso in un solvente liquido aumenta
C. aumentando la pressione la solubilità di un soluto gassoso in un solvente liquido rimane invariata
D. diminuendo la temperatura, la solubilità di un soluto solido in un solvente liquido aumenta
E. diminuendo la pressione, la solubilità di un soluto gassoso in un solvente liquido aumenta

658. In 2,52 kg di acqua vengono sciolte 10 moli di acido nitrico (HNO_3). Qual è la concentrazione percentuale m/m dell'acido nitrico? (MA dell'azoto = 14,0 u MA dell'ossigeno = 16,0 u, MA dell'idrogeno = 1,0 u)

A. 200%
B. 0,2%
C. 20%
D. 0,02%
E. 2%

659. Qual è la massa di $NaNO_3$ necessaria per preparare 500 ml di una soluzione acquosa 0,4 M?
(MA del sodio = 23,0 u; MA dell'azoto = 14,0 u)

A. 65,0 g
B. 8,5 g
C. 25,5 g
D. 17,0 g
E. 34,0 g

660. La concentrazione molare di una soluzione acquosa di LiCl al 4,24% m/V è: (MA del litio: 6,9 u; MA del cloro: 35,5 u)

A. 1,0 M
B. 0,4 M
C. 2,0 M
D. 0,1 M
E. 0,25 M

661. Indica quale delle seguenti soluzioni in condizioni normali ha la pressione osmotica più bassa.

A. Una soluzione 1,0 molare di KCl
B. Una soluzione 2,0 molare di ioni Li^+
C. Una soluzione 1,5 molare in glucosio
D. Una soluzione 1,6 molare di destrosio
E. Una soluzione 1,5 molare di LiBrO

662. Nell'estrazione di un soluto da una fase liquida ad un'altra, quale delle seguenti affermazioni è vera?

A. Le estrazioni sono sempre indipendenti dal pH delle due fasi liquide
B. La frazione di soluto rimanente nella prima fase liquida è indipendente dai volumi delle due fasi
C. L'estrazione non può avvenire con l'aggiunta di sostanza ausiliarie
D. Nessuna delle alternative è corretta
E. Molte estrazioni con piccoli volumi sono più efficaci di poche estrazioni di maggiore entità

663. Quale costante definisce la distribuzione di un soluto all'interno di due differenti fasi liquide?

A. Costante di Boltzmann
B. Coefficiente di distribuzione
C. Costante di Doppler
D. Costante di ionizzazione
E. Coefficiente di ripartizione

664. Quale delle seguenti sostanze ha un'elevata solubilità in acqua ma non forma una soluzione elettrolitica?

A. $MgCl_2$
B. $(NH_4)_3PO_4$
C. C_6H_6
D. KOH
E. $C_{12}H_{22}O_{11}$

665. Quale dispositivo descrive un sistema formato da due soluzioni in cui avvengono semireazioni redox in soluzione e un ponte salino?

A. Un'ossidazione catalitica
B. Una colonna di distillazione frazionata
C. Il sistema per l'elettrolisi del NaCl
D. La pila di Daniell
E. Una colonna di separazione

666. Quanti grammi di $HClO_3$ è necessario aggiungere a 2,5 kg di acqua per preparare una soluzione acquosa 0,2 m?
(MA del cloro: 35,5 u)

A. 25,0 g
B. 75,25 g
C. 84,5 g
D. 21,0 g
E. 42,25 g

667. Quante moli Na_2CO_3 sono contenute in 600 ml di una soluzione acquosa di Na_2CO_3 0,5 M?

A. 0,6
B. 0,5
C. 0,3
D. 5,0
E. 3,0

668. In chimica analitica che cosa si intende con il termine "estrazione"?

A. Il passaggio di un composto dallo stato in soluzione allo stato cristallizzato
B. Il trasferimento di una soluzione da un recipiente ad un altro

CHIMICA

C. Il passaggio di una sostanza da una fase liquida ad una aeriforme
D. Il trasferimento di un soluto da una fase liquida ad un'altra
E. La separazione di due sostanze liquide grazie alla loro diversa temperatura di ebollizione

669. Quale delle seguenti grandezze è indipendente dalla temperatura?
A. Molalità
B. Formalità
C. Conducibilità elettrica
D. Normalità
E. Molarità

670. Il valore di R nelle equazioni di stato dei gas è:
A. un numero che varia rispetto al numero di moli
B. una costante
C. una variabile di stato
D. sempre un numero intero
E. un numero adimensionale

671. Il numero di equivalenti di soluto disciolti in un litro di soluzione è la definizione di:
A. normalità
B. molarità
C. molalità
D. frazione normale
E. solubilità

672. Una soluzione 1 M contiene:
A. Un kg di soluto per litro di soluzione
B. Un equivalente di soluto per litro di solvente
C. Una mole di soluto per ogni litro di soluzione
D. Una mole di soluto per ogni litro di solvente
E. Una mole di soluto per ogni Kg di solvente

673. Un grammo di sodio reagisce con 1.000 g di acqua dando luogo alla formazione di:
A. un sale
B. una soluzione acquosa di ossido di sodio 1,0 M
C. una soluzione acquosa di ossido di sodio 1,0 m
D. una soluzione acquosa basica
E. ossigeno gassoso che si incendia a contatto dell'aria

674. Una soluzione 1 M di glucosio in acqua si trova a 20 °C e 1 atm. In queste condizioni l'acqua è:
A. un reagente
B. il solvente
C. carica negativamente
D. 1 molare
E. carica positivamente

675. In due contenitori ermeticamente sigillati che hanno lo stesso volume e si trovano alla medesima temperatura (293,15 K), una mole di azoto e una mole di ossigeno esercitano la stessa pressione, pertanto:
A. la pressione esercitata dai due gas è indipendente dal volume dei due recipienti
B. la pressione esercitata dai due gas è una proprietà colligativa
C. amentando la temperatura si determinerà una diminuzione della pressione esercitata dai due gas
D. la pressione esercitata non può essere mai pari a 1,0 atm
E. la pressione esercitata dai due gas è è indipendente dalla temperatura alla quale si trovano

676. Se un soluto ha solubilità pari a 37,5 g in 100 grammi di H_2O, una soluzione che contiene:
A. 43,5 g di tale soluto in 100 g di H_2O e insatura
B. 225 g di tale soluto in 500 g di H_2O è satura e presenta corpo di fondo
C. 18,75 g di tale soluto in 40 g di H_2O è insatura
D. 75 g di tale soluto in 300 g di H_2O è satura
E. 112,5 g di tale soluto in 310 g di H_2O è satura e presenta corpo di fondo

677. Individuare l'affermazione corretta.
A. A 25°C la solubilità dell'azoto in acqua diminuisce all'aumentare della pressione
B. A 20°C, la solubilità del cloro in acqua aumenta all'aumentare della pressione
C. A 15°C la solubilità del bromuro di ammonio in acqua diminuisce all'aumentare della pressione

D. A 35°C la solubilità del solfuro di magnesio in acqua aumenta al diminuire della pressione
E. A 18°C la solubilità dell'ossigeno in acqua aumenta al diminuire della pressione

678. Una delle caratteristiche degli elettroliti è che sono:
A. solo metalli
B. tutti altamente infiammabili
C. capaci di condurre la corrente elettrica
D. solo solidi o gas
E. isolanti

679. Quale delle seguenti affermazioni è ERRATA?
A. La solubilità di N_2 in acqua aumenta all'aumentare della pressione esercitata sulla soluzione
B. La solubilità di O_2 in acqua aumenta al diminuire della temperatura della soluzione
C. La solubilità di $C_6H_{12}O_6$ in acqua aumenta all'aumentare della temperatura della soluzione
D. La solubilità di KCl in acqua aumenta all'aumentare della pressione esercitata sulla soluzione
E. La solubilità di CO_2 in acqua aumenta al diminuire della temperatura della soluzione

680. Qual è la concentrazione molare di una soluzione acquosa costituita da 3,5 mol di $MgCl_2$ in 5,0 litri di soluzione?
(MA del magnesio = 24,3 u; MA del cloro = 35,4 u)
A. 0,35 M
B. 0,05 M
C. 7,0 M
D. 0,7 M
E. 0,5 M

681. Vengono aggiunti 750 ml di una soluzione acquosa 2,4 M di KOH a 250 ml di una soluzione acquosa di 0,8 M di KOH. Qual è la concentrazione della soluzione ottenuta?
(MA del potassio: 39,0 u)
A. 2,0 M
B. 4,0 M
C. 1,0 M
D. 1,6 M
E. 3,2 M

682. A 300 ml di una soluzione acquosa 0,9 M di NaCl viene aggiunta acqua fino ad un volume finale di 600 ml. Qual è la concentrazione finale della soluzione?
A. 0,3 mol/l
B. 0,9 mol/l
C. 0,25 mol/l
D. 0,45 mol/l
E. 0,5 mol/l

683. 0,108 g di N_2O_5 reagiscono con 1.000 g di acqua dando luogo alla formazione di:
A. un sale
B. una soluzione acquosa di anidride nitrica 10^{-4} M
C. ossigeno e idrogeno gassosi
D. una soluzione acquosa acida
E. una soluzione acquosa di anidride nitrica 10^{-4} m

684. Tra le seguenti definizioni, qual è quella della molarità?
A. Il numero di moli di soluto disciolte in 100 ml di soluzione
B. Il numero di moli di soluto disciolte in un litro di soluzione
C. Il numero di equivalenti di soluto disciolti in un kg di solvente
D. Il numero di moli di soluto disciolte in un kg di solvente
E. La percentuale di soluto presente in una soluzione

685. Una soluzione acquosa di cloruro di sodio può essere definita:
A. composto etereogeo
B. sistema omogeneo
C. idrocarburo
D. nessuna delle altre alternative è corretta
E. miscela eterogenea

686. Il peso molecolare di K_2SO_4 (solfato di potassio) è 174 g/mol. Per preparare 300 ml di soluzione 1.00 mol/L quanto solfato di potassio bisogna pesare?
A. 26100 g
B. 522 g
C. 17.4g
D. 52.2 g
E. 26.1 g

CHIMICA

687. Per definizione, la molalità è:

A. il peso del soluto rispetto al peso totale della soluzione
B. il numero di equivalenti di soluto disciolte in 1,0 l di soluzione
C. il peso del soluto rispetto al peso del solvente
D. il numero di moli di soluto disciolte in un egual numero di moli di solvente
E. il numero di moli di soluto disciolte in 1,0 kg di solvente puro

688. A 4°C e 1 atm, qual è il numero di moli di acqua presenti in 2 litri di acqua?

A. 18
B. 55,5
C. 200
D. 111
E. 36

689. Il comportamento di un gas reale diventa simile a quello di un gas ideale quando:

A. la pressione e la temperatura sono adeguatamente elevate
B. il volume supera i 22,414dm^3/mol
C. la pressione è sufficientemente bassa e la temperatura è sufficientemente alta
D. la pressione è superiore a quella del punto triplo
E. è nel punto triplo

690. Gli elettroliti sono:

A. incapaci di condurre la corrente elettrica
B. nessuna delle altre alternative è corretta
C. metalli
D. capaci di condurre la corrente elettrica
E. gas

691. Si aggiungono 250 mL di soluzione acquosa di acido cloridrico 0,3 M a 500 mL di una soluzione acquosa 0,3 M di HCl. La concentrazione della soluzione ottenuta è:

A. 0,3 M
B. 0,9 M
C. 0,15 M
D. 0,6 M
E. 0,1 M

692. In una soluzione, solvente e soluto sono:

A. rispettivamente, il componente presente in minore e maggiore quantità
B. sinonimi, e identificano la sostanza presente in quantità maggiore in soluzione
C. sinonimi, e identificano la sostanza presente in quantità minore in soluzione
D. rispettivamente, il componente presente in maggiore e minore quantità
E. la parte liquida (solvente) e quella solida (soluto) che si discioglie nella soluzione

693. La solubilità di un composto in un solvente polare:

A. è massima per i composti non polarizzati
B. non varia con la polarità del composto
C. aumenta all'aumentare della polarità del composto
D. diminuisce all'aumentare della polarità del composto
E. nessuna delle altre alternative è corretta

694. Una soluzione acquosa di acido cloridrico è:
(MA del cloro 35,5 u)

A. 0,01 M se contiene 3,65 g di acido cloridrico in 1,0 l di soluzione
B. 3,0 M se contiene 3,0 mol di acido cloridrico in una mole di soluzione
C. 2,0 m se contiene 73,0 g di acido cloridrico in 1000 g di soluzione
D. 1,0 m se contiene 36,5 g di acido cloridrico in 963,5 g di acqua
E. 0,01 m se contiene 0,01 mol di acido cloridrico in 1000 g di acqua

695. NH_4NO_3 ha un peso formula pari a 80,04 u e la sua solubilità in acqua è 1.920 g/l a 20 °C. 10 litri di una soluzione 0,4 M di NH_4NO_3 a 20 °C e a 1 atm di pressione:

A. sono sovrassaturi di soluto, con presenza di corpo di fondo
B. contengono 32,016 g di NH_4NO_3
C. hanno pH neutro
D. hanno $[H^+] < 10^{-7}$ mol/l
E. sono saturi di soluto

696. La massa di NH_4Cl è pari a 53,5 u. Per preparare un litro di una soluzione acquosa 0,02M di NH_4Cl saranno pertanto necessari:

A. 5,35 g di NH_4Cl
B. 1,07 g di NH_4Cl
C. 10,7 g di NH_4Cl
D. 53,5 g di NH_4Cl
E. 0,98 moli di acqua

697. Quali delle seguenti caratteristiche sono attribuibili a una soluzione elettrolitica?

A. È sempre una soluzione in solvente organico
B. È in grado di condurre la corrente elettrica
C. Ha un punto di ebollizione più basso del solvente da solo
D. Non può essere una soluzione acquosa
E. Il solvente è sempre un composto apolare

698. In 250 millilitri di una soluzione 0,30 M (molare) di un composto sono contenute:

A. 0,15 moli
B. 0,075 moli
C. 0,6 moli
D. 1,2 moli
E. 0,3 moli

699. Quale dei seguenti composti si prevede sia insolubile in acqua?

A. FeS
B. $(NH_4)_2S$
C. NaBr
D. NH_4Cl
E. K_2CO_3

700. Gli elettroliti sono sostanze:

A. insolubili in acqua
B. che in acqua si dissociano in ioni
C. solubili nei grassi
D. che in acqua non si dissociano in ioni
E. che allo stato solido conducono la corrente elettrica

701. Una soluzione è saturata contemporaneamente con $CaSO_4$ (pK_{ps} = 4,7) e con $BaSO_4$ (pK_{ps} = 9,9). Indicare quale delle seguenti relazioni tra le concentrazioni è corretta.

A. $[Ba^{2+}] < [Ca^{2+}]$
B. $[Ba^{2+}] > [SO_4^{2-}]$
C. $[Ba^{2+}] = [SO_4^{2-}]$
D. $[Ba^{2+}] > [Ca^{2+}]$
E. $[Ba^{2+}] = [Ca^{2+}]$

702. Si consideri una soluzione acquosa di $Ca(NO_3)_2$ 0,4 M. Quante moli di atomi di azoto sono contenute in 800 ml di tale soluzione a causa della presenza di $Ca(NO_3)_2$?

A. 0,80
B. 0,64
C. 1,92
D. 0,32
E. 0,40

703. In una soluzione acquosa diluita di glucosio a 20 °C e 1 atm, l'acqua è:

A. il soluto
B. il colloide
C. il solvente
D. l'agente emulsionante
E. la fase dispersa

704. Cosa sono gli elettroliti?

A. Sono acidi
B. Sono soluzioni tampone
C. Sono le soluzioni contenute nella cella elettrolitica
D. Sono specie chimiche che in soluzione si scindono totalmente o parzialmente in ioni
E. Sono elettroni in soluzione acquosa

705. Nella dissociazione di 1 mole di solfato di alluminio in acqua si formano:

A. nessuna delle altre alternative è corretta perché il sale non si solubilizza in acqua
B. una mole di catione alluminio e 1 mole di anione solfato
C. 2 moli di catione metallico e 3 moli di ione solfato
D. alluminio metallico e acido solforico
E. la stessa quantità in grammi di entrambi anione e catione

706. Individuare la sostanza maggiormente solubile in acqua.

A. Zolfo
B. Cloruro di potassio
C. Alluminio
D. Dodecano
E. Peltro (lega di stagno, piombo e rame)

707. La frazione molare del soluto indica:

A. il rapporto tra il numero di moli di soluto e le moli totali in una soluzione
B. il rapporto tra il numero di moli di soluto e il numero di moli di solvente in una soluzione

CHIMICA

C. il rapporto tra il numero di moli totali in una soluzione e il numero di moli di soluto
D. il rapporto tra il numero di moli di soluto e la massa della soluzione espressa in chilogrammi
E. il rapporto tra il numero di moli di soluto e il volume della soluzione espresso in litri

708. Quanti grammi di solfato di magnesio devono essere aggiunti a 2,0 kg d'acqua per preparare una soluzione acquosa 0,01 m? (massa atomica di Mg = 24,3 u; massa atomica di S = 32 u)

A. 2,4
B. 1,2
C. 4,8
D. 3,5
E. 0,6

709. Durante l'inverno, per evitare la formazione di ghiaccio, viene sparso sale sulle strade. Questo perché:

A. la presenza di sale determina un abbassamento della temperatura di congelamento dell'acqua
B. la presenza del sale altera il reticolo cristallino del ghiaccio
C. il sale cattura le gocce d'acqua impedendo loro di passare allo stato solido
D. la presenza di sale determina un innalzamento della temperatura di congelamento dell'acqua
E. la dissoluzione del sale nell'acqua produce calore

710. Calcolare la molarità di una soluzione ottenuta sciogliendo 8 g di NaOH (40 g/mol) in 150 mL di acqua.

A. 2 M
B. 1,33 M
C. 0,26 M
D. 0,6 M
E. 0,13 M

711. La temperatura di ebollizione dell'acqua a 2.500 m di altitudine rispetto a quella del livello del mare:

A. è il doppio
B. è la metà
C. resta invariata
D. è minore
E. è maggiore

712. Quanti grammi di $(NH_4)_2SO_4$ occorrono per preparare 700 ml di soluzione acquosa 0,05M? (Peso atomico di N = 14; peso atomico di S = 32).

A. 0,035
B. 4,32
C. 132
D. 4,62
E. 0,05

713. Quale delle seguenti soluzioni acquose ha la temperatura di congelamento più bassa?

A. NaCl 0.2 m
B. $MgCl_2$ 0.15 m
C. KNO_3 0.2 m
D. Glucosio 0.5 m
E. $Mg(ClO_4)2$ 0.2 m

714. Le proprietà colligative delle soluzioni sono quelle proprietà che dipendono:

A. dalla natura delle particelle di soluto
B. dal pH della soluzione
C. dal numero delle particelle di soluto
D. dalla forza ionica
E. nessuna delle altre alternative è corretta

715. Calcolare la molarità di una soluzione ottenuta sciogliendo 7 g di NH_4Cl (53,5 g/mol) in 100 mL di acqua.

A. 0,2 M
B. 2,5 M
C. 1,3 M
D. 0,1 M
E. 3 M

716. Si consideri un litro di soluzione contenente 75 mg di NaCl in ciascun millilitro. A questa soluzione quanti litri di acqua devono essere aggiunti o tolti per ottenere una soluzione che contiene 15 mg di NaCl per millilitro?

A. Devono essere aggiunti 5 litri d'acqua
B. Devono essere tolti 0,8 litri d'acqua
C. Devono essere aggiunti 4 litri d'acqua
D. Devono essere tolti 0,2 litri d'acqua
E. Devono essere aggiunti 4,5 litri d'acqua

717. Individuare la sostanza insolubile in acqua o in altri solventi polari.

A. Na_2CO_3
B. LiCl
C. $CaCO_3$
D. K_2SO_4
E. KOH

718. Se a temperatura costante si separa per filtrazione una soluzione satura dal soluto presente come corpo di fondo, la soluzione ottenuta:

A. è comunque satura
B. non è più satura
C. non è più una soluzione
D. resta satura solo se il soluto è un liquido
E. può essere o non essere satura a seconda della natura del soluto

719. Una soluzione acquosa di alcol etilico (C_2H_5OH) è 0,005 molale. Dopo aver considerato in tale soluzione quanto alcol etilico è sciolto in 3.000 g di acqua, si immagini di mescolare la quantità di soluzione di alcol etilico appena menzionata con due litri di soluzione acquosa 0,005 M di alcol etilico. Qual è la concentrazione molare di alcol etilico della soluzione finale?

A. Circa 0,015 mol/L
B. Circa 0,05 mol/L
C. Circa 0,5 mol/L
D. Circa 0,005 mol/L
E. Circa 0,025 mol/L

720. Si consideri una soluzione acquosa di $Al(HCO_3)$3 0,4 M. Quante moli di atomi di carbonio sono contenute in 700 ml di tale soluzione a causa della presenza di $Al(HCO_3)$3?

A. 0,56
B. 1,2
C. 0,40
D. 0,28
E. 0,84

721. La concentrazione di una soluzione espressa per mezzo del numero di moli di soluto presenti in un litro di soluzione è chiamata:

A. normalità
B. molarità
C. molalità
D. composizione percentuale massa/volume
E. frazione molare

722. La molalità rappresenta:

A. le moli di soluto in un litro di solvente
B. le moli di soluto in 1.000 g di solvente
C. le moli di soluto in 1.000 g di soluzione
D. le moli di soluto in 100 moli di solvente
E. le moli di soluto in un litro di soluzione

723. Se due soluzioni acquose hanno la stessa pressione osmotica:

A. hanno sicuramente tensione di vapore diversa
B. contengono un soluto che si dissocia nello stesso numero di ioni
C. hanno sicuramente la stessa temperatura di ebollizione
D. contengono lo stesso soluto
E. non è possibile dire se la loro temperatura di congelamento sarà la stessa

724. Si consideri una soluzione acquosa di $Al_2(HPO_4)_3$ 0,3 M. Quante moli di atomi di fosforo sono contenute in 600 ml di tale soluzione a causa della presenza di $Al_2(HPO_4)_3$?

A. 0,90
B. 0,54
C. 1,80
D. 0,27
E. 0,18

725. La massa di $CaCl_2$ è pari a 111,0 u. La concentrazione di un litro di una soluzione acquosa che contiene 2,22 g di $CaCl_2$ sarà pertanto:

A. 0,002 N
B. 0,2 OSM
C. 0,002% (% p/v)
D. 0,05 M
E. 0,02 M

CHIMICA

726. La tensione di vapore di una soluzione:
- A. dipende dal tipo di soluto e non dalla sua concentrazione
- B. è definita come la pressione esercitata sulla soluzione dalle molecole di soluto evaporate
- C. diminuisce all'aumentare della concentrazione del soluto non volatile
- D. diminuisce al diminuire della concentrazione del soluto non volatile
- E. è tanto maggiore quanto più la concentrazione della soluzione è alta

727. Una soluzione acquosa di KBr rispetto all'acqua pura ha:
- A. nessuna delle altre risposte è corretta
- B. lo stesso punto di ebollizione
- C. punto di ebollizione più alto
- D. lo stesso punto di congelamento
- E. volume maggiore

728. Quanti grammi di solfito di sodio devono essere aggiunti a 0,5 kg di acqua per preparare una soluzione acquosa 0,001 m? (massa atomica di Na = 23 u; massa atomica di S = 32 u)
- A. 0,000. 1,2. 0,12. 0,06. 2,5. 729. La solubilità in acqua di una sostanza:
- A. dipende dalla temperatura
- B. è una costante
- C. non dipende dalla temperatura
- D. è identica in acqua distillata e in acqua di rete
- E. non dipende dalla polarità della sostanza

729. Quanti grammi pesano 2 moli di acqua?
- A. Nessuna delle altre alternative è corretta
- B. 8
- C. 18
- D. 24
- E. 2

730. Quali volumi di soluzioni acquose di HNO_3 0,12N e 0,03N devono essere miscelati per ottenere un litro di soluzione di HNO_3 0,06N?
- A. 0,66 L di soluzione 0,12N; 0,33 L di soluzione 0,03N
- B. 0,25 L di soluzione 0,12N; 0,75 L di soluzione 0,03N
- C. 0,33 L di soluzione 0,12N; 0,66 L di soluzione 0,03N
- D. 0,20 L di soluzione 0,12N; 0,80 L di soluzione 0,03N
- E. 0,15 L di soluzione 0,12N; 0,85 L di soluzione 0,03N

731. Mescolando 1 litro di una soluzione acquosa di bromuro di potassio 0,001 M, 1 litro di soluzione acquosa di solfato di potassio 0,002 M e 2 litri di soluzione acquosa di ipoclorito di potassio 0,0035 M, quale risulta essere la concentrazione del catione potassio nella soluzione ottenuta?
- A. 0,003 M
- B. 0,0065 M
- C. 0,0025 M
- D. 0,0016 M
- E. 0,00125 M

732. Una soluzione contiene 2 moli di soluto in 5 litri di soluzione. Qual è la sua molarità?
- A. 0,4 M
- B. 0,2 M
- C. 2 M
- D. 0,5 M
- E. 10 M

733. Quale di queste soluzioni ha la pressione osmotica più bassa (le soluzioni sono alla stessa temperatura)?
- A. Una soluzione 1,25 molare in KCl
- B. Una soluzione 1,5 molare in glucosio
- C. Una soluzione 1,0 molare in NaCl
- D. Una soluzione 2,0 molare in ioni sodio Na+
- E. Una soluzione 1,6 molare in saccarosio

734. Una soluzione contiene 4 moli di soluto in 36 moli di solvente. Qual è la frazione molare del soluto?
- A. 36
- B. 4
- C. 9
- D. 0,1
- E. 0,4

735. La solubilità di un gas in un liquido:
- A. aumenta all'aumentare della pressione
- B. aumenta all'aumentare della temperatura
- C. non dipende dalla temperatura
- D. aumenta al diminuire della pressione
- E. non dipende dalla pressione

736. Completare in modo corretto. La molalità (m) del soluto di una soluzione rappresenta un modo di esprimere la concentrazione della soluzione. Il suo valore:

A. è dato dalla quantità chimica di soluto presente in 1 L di solvente puro
B. è dato dal rapporto tra le moli n del soluto e le moli totali della soluzione
C. è dato dalla quantità chimica di soluto presente in 1 L di soluzione
D. dipende dalla temperatura
E. non dipende dalla temperatura

737. Sciogliendo 1 grammo di sale da cucina nelle seguenti quantità di acqua, quale soluzione sarà più concentrata?

A. 1 dm^3
B. 10 cm^3
C. 0,1 litri
D. 100 ml
E. 15 ml

738. Due soluzioni con la stessa concentrazione molare di soluti diversi:

A. potrebbero contenere un diverso numero di moli di soluto ma hanno lo stesso volume
B. potrebbero congelare a temperature diverse se entrambi i soluti non sono elettroliti
C. potrebbero contenere la stessa quantità di moli di soluto in volumi diversi
D. hanno sempre la stessa pressione osmotica
E. potrebbero bollire a temperature diverse se i due soluti si dissociano in un numero diverso di ioni

739. Il movimento di acqua attraverso una membrana semipermeabile da una regione a più bassa concentrazione a una regione a più alta concentrazione di un soluto è chiamato:

A. solubilità
B. denaturazione
C. diffusione
D. osmosi
E. metabolismo

740. Quale tra queste proprietà della materia è colligativa?

A. Elettronegatività
B. Pressione osmotica
C. Dimensioni atomiche
D. Entalpia
E. Potenziale di riduzione

741. Quando a una soluzione viene aggiunto altro solvente, la soluzione:

A. resta invariata
B. si diluisce
C. si concentra
D. nessuna delle altre alternative è corretta
E. si riscalda sempre

742. Quale delle seguenti affermazioni è vera?

A. La solubilità di un solido in un liquido dipende molto dalla pressione
B. Nessuna delle altre affermazioni è vera
C. La solubilità di un solido in un liquido dipende molto sia dalla temperatura che dalla pressione
D. La solubilità di un solido in un liquido dipende molto dalla temperatura
E. La solubilità di un solido in un liquido non dipende da temperatura e pressione

743. Una soluzione 0,1 molare si prepara sciogliendo 0,1 moli di soluto in:

A. 100 millilitri di solvente
B. un chilo di solvente
C. un litro di soluzione
D. un chilo di soluzione
E. un litro di solvente

744. La pressione osmotica:

A. non dipende dalla concentrazione della soluzione
B. diminuisce all'aumentare della concentrazione del soluto
C. è la pressione idrostatica necessaria per impedire lo spostamento del soluto attraverso una membrana semipermeabile
D. è sempre diversa per due soluzioni con la stessa concentrazione di soluti non volatili diversi
E. aumenta all'aumentare della concentrazione del soluto non volatile

745. Una soluzione contiene 3 moli di soluto in 12 kg di solvente. Qual è la sua molalità?

A. 4 m
B. 0,25 m
C. 0,3 m
D. 12 m
E. 3 m

746. Alla pressione atmosferica, o più in generale alla pressione dell'ambiente circostante, l'acqua evapora:

A. solamente quando viene portata alla temperatura di 100 °C
B. solamente per distillazione frazionata
C. anche a temperature inferiori a 100 °C
D. sempre sotto forma di bolle
E. purché sia assolutamente pura

747. La solubilità di un gas in un liquido aumenta:

A. se si somministra calore
B. quando la pressione diminuisce
C. quando la pressione aumenta
D. se il calore non ha effetto
E. se la variazione di pressione non ha effetto

ACIDI E BASI

748. NH_4^+ è l'acido coniugato di quale base?

A. NH_2^+
B. NH_3
C. $N(OH)_3$
D. NaOH
E. HCl

749. Seguendo la teoria di Brønsted possiamo considerare CO_3^{2-} e H^- due basi, i loro acidi coniugati sono:

A. HCO_3 e H_3O^+
B. HCO_3^- e H_2
C. HCO_3 e H^+
D. H_2CO_3 e OH^-
E. CO_3^{2-} e H^-

750. Quale tra le seguenti caratteristiche deve avere un acido per essere definito monoprotico?

A. Essere un idracido
B. Essere un composto tra idrogeno e un metallo alcalino
C. Essere un composto binario
D. Poter reagire solamente con basi forti
E. Poter trasferire a una base un solo idrogenione

751. A 25°C e 1 atm, qual è la concentrazione degli ioni H_3O^+ nella soluzione acquosa che ha $[OH^-] = 1,0 \cdot 10^{-13}$ mol/l?

A. $1,0 \cdot 10^{-2}$ mol/l
B. $1,0 \cdot 10$ mol/l
C. $1,0 \cdot 10^{-1}$ mol/l
D. $1,0 \cdot 10^{11}$ mol/l
E. $1,0 \cdot 10^{-11}$ mol/l

752. Una delle seguenti specie chimiche NON è una base secondo la definizione di Lewis. Quale?

A. NH_3
B. CO_3^{2-}
C. PH_3
D. $AlCl_3$
E. Cl^-

753. Il composto $AlCl_3$ è formato da un atomo di Alluminio e tre atomi di Cloro legati tra loro da legami covalenti. Poichè l'alluminio è nel gruppo 13 possiamo supporre che $AlCl_3$:

A. un acido secondo Arrhenius
B. una base secondo Lewis
C. nessuna delle altre possibilità è corretta
D. l'acido coniugato di una base azotata
E. è un acido secondo Lewis

754. Individuare la base più debole in soluzione acquosa.

A. SO_3^{2-}
B. ClO^-
C. $HCOO^-$
D. HCO_3^-
E. ClO_4^-

755. Secondo la teoria di Brønsted-Lowry, la base coniugata di $H_2PO_4^-$ è:

A. PO_4^{3-}
B. H_2PO_4
C. HPO_4^{2-}
D. HPO_3^{3-}
E. H_3PO_4

756. Qual è la caratteristica di un acido di Lewis?

A. Può formare un nuovo legame di coordinazione donando elettroni
B. Può formare un nuovo legame accettando elettroni
C. È sempre una molecola
D. È in grado di scindersi in ioni H+ e un controanione
E. È sempre un atomo singolo

757. Individuare la specie chimica anfotera.

A. NH_4^+
B. CO_3^{2-}
C. H_2SO_4
D. HSO_3^-
E. H_3O^+

758. Quale, tra le seguenti specie chimiche, è un acido secondo la definizione di Lewis?

A. $Ca(OH)_2$
B. BF_3
C. NH_3
D. O_2
E. PH_3

759. Secondo la teoria di Brønsted-Lowry l'acido coniugato di CO_3^{2-}:

A. HCO_3^-
B. H_2CO_3
C. CO_2^{3-}
D. non esiste perché CO_3^{2-} non è una base
E. $H_2CO_3^-$

760. Individuare l'acido più forte in soluzione acquosa.

A. H_2S
B. HCN
C. H_2CO_3
D. H_3BO_3
E. $HClO_3$

761. Qual è la base coniugata dell'acido iodico?

A. IO^-
B. IO_2^-
C. IO_3^-
D. IO_3^{2-}
E. IO_4^-

762. NH_3, H_2O e PO_4^{3-}:

A. sono sostanze ioniche
B. si possono comportare da basi
C. sono in grado di cedere protoni a molecole d'acqua
D. hanno lo stesso peso formula
E. sono acidi secondo Lewis

763. A 101,3 kPa e 293,15 K, una soluzione acquosa di fluoruro di cesio ha pH = 8,3. Quale delle seguenti affermazioni riguardanti la soluzione è corretta?

A. L'acido fluoridrico è un acido debole e l'idrossido di cesio è una base debole
B. L'acido fluoridrico è un acido forte e l'idrossido di cesio è una base forte
C. Il fluoruro di cesio in soluzione acquosa non provoca idrolisi
D. L'acido fluoridrico è un acido debole mentre l'idrossido di cesio è una base forte
E. Il fluoruro di cesio non è un sale

764. Secondo la teoria di Brønsted e Lowry:

A. un orbitale può ospitare al massimo due elettroni con spin opposto
B. un acido dona protoni a una base che li acquista
C. gli elettroni si dispongono a occupare il massimo numero di orbitali di un sottolivello
D. la massa dei reagenti è uguale alla massa dei prodotti
E. un acido è capace di acquistare un doppietto elettronico e una base di cederlo

765. Una soluzione neutra è caratterizzata:

A. da una concentrazione dello ione idrogeno uguale a quella dello ione ossigeno
B. da una pressione osmotica uguale a quella atmosferica
C. nessuna delle altre alternative è corretta
D. da una concentrazione dello ione idrogeno uguale a quella dello ione ossidrile
E. da una concentrazione dell'idrogeno uguale a quella dell'ossigeno

766. Una reazione che avviene tra una soluzione acida e una soluzione basica in quantità stechiometricamente equivalenti si chiama:

A. tamponazione
B. normalizzazione
C. neutralizzazione
D. molalizzazione
E. idrolisi

767. Nella terminologia chimica tradizionale, una reazione di neutralizzazione è una reazione che avviene in soluzione acquosa tra:

A. un acido e un alcano
B. una base e un acido
C. un acido e un alcol
D. nessuna delle altre risposte è corretta
E. due acidi

768. Una base si definisce debole se:

A. ha una costante di dissociazione molto grande
B. rende il pH della soluzione minore di 7
C. in acqua è completamente ionizzata
D. rende neutro il pH della soluzione
E. in acqua non è completamente ionizzata

769. Un acido di Brønsted-Lowry è una specie chimica:

A. aggressiva
B. che reagisce in acqua
C. in grado di donare elettroni
D. in grado di cedere elettroni
E. in grado di donare ioni H^+

770. Sciogliendo in acqua NH_4ClO_4 si ottiene una soluzione:

A. tampone
B. neutra
C. acida
D. di cui non è possibile stabilire il pH, nemmeno conoscendo la concentrazione di NH_4ClO_4
E. basica

771. Secondo la teoria acido-base di Brønsted e Lowry, la base coniugata dell'acido nitrico è:

A. SO_3^-
B. nessuna delle altre alternative è corretta
C. HCO_3^-
D. NO_2^-
E. NO_3^-

772. La base coniugata di $NH4^+$ è:

A. KOH
B. OH^-
C. NH_4OH
D. NH_2^-
E. NH_3

773. Qual è l'acido coniugato dello ione bicarbonato?

A. HCO_3^-
B. CO_3^{2-}
C. H_2CO_3
D. H_3O^+
E. OH^-

774. Tra le seguenti sostanze indicare l'elettrolita debole.

A. Nessuna delle altre alternative è corretta
B. Cloruro di potassio
C. Idrossido di sodio
D. Acido solforico
E. Acido acetico

775. Un idrossido:

A. è un composto ternario, formato da ossigeno e due diversi metalli
B. si forma dalla reazione tra un ossido basico e l'acqua
C. presenta caratteristiche acide
D. è un composto binario, costituito da un metallo e da un non-metallo
E. è formato da idrogeno, ossigeno e un non-metallo

776. Secondo la teoria acido-base (Brønsted-Lowry), acido è una sostanza che in una reazione:

A. acquista protoni
B. aumenta il suo numero di ossidazione
C. nessuna delle altre risposte è corretta
D. cede elettroni
E. cede ioni OH^-

777. Individuare la sostanza che, sciolta in acqua, forma una soluzione basica.

A. Na_2S
B. N_2O_3
C. NH_4Br
D. I_2
E. SO_2

778. L'ossido di potassio, posto in acqua, forma:

A. una soluzione acida
B. potassio libero
C. una soluzione basica
D. nessuna delle altre alternative è corretta
E. un sale

779. Quale dei seguenti ossidi forma con acqua una sostanza a carattere acido?

A. CrO_3
B. MgO
C. CuO
D. Ag_2O
E. FeO

780. Versando una base in una soluzione acida:

A. si ottiene sempre un precipitato
B. il pH diminuisce
C. il pH non cambia
D. il pH aumenta
E. non si può prevedere l'effetto

781. In caso di neutralizzazione completa tra un acido e una base, in soluzione acquosa, si ha sempre che:

A. il pH finale della soluzione è 5,5
B. tutta l'acqua presente viene dissociata in ioni H^+ e OH^-
C. la massa, espressa in grammi, della base risulta equivalente alla massa, espressa in grammi, dell'acido
D. un numero di moli di ioni H^+ si combina con un numero equivalente di moli di ioni OH^-
E. rimane una certa quantità di acido e di base che non hanno reagito

782. Secondo la teoria acido-base di Brønsted, gli acidi coniugati delle basi CO_3^{2-} e H^- sono:

A. HCO_3^- e H_2
B. H_2CO_3 e H_3O^+
C. HCO_3^- e OH^-
D. HCO_3^- e H_2O
E. H_2CO_3 e H_2

783. Un acido si definisce forte se:

A. ha una costante di ionizzazione uguale a 1
B. in acqua è completamente ionizzato
C. in acqua è solo parzialmente ionizzato
D. rende il pH della soluzione inferiore a 4
E. ha una costante di ionizzazione molto piccola

784. Quale delle seguenti sostanze, sciolta in acqua, forma una soluzione basica?

A. NH_4ClO_4
B. Li_2O
C. NH_4Br
D. Br_2O
E. Cl_2

785. A 25 °C, il prodotto ionico dell'acqua $[H^+] \cdot [OH^-]$ è uguale a:

A. 7
B. nessuna delle altre alternative è corretta
C. 10^{-14}
D. 10^{-7}
E. 14

786. Quando un elettrolita si dice forte?

A. Quando è totalmente dissociato in ioni
B. Quando ha poche cariche (positive e negative)
C. Nessuna delle altre risposte è corretta
D. Quando è parzialmente ionizzato
E. Quando ha molte cariche (positive o negative) effettive

787. Data una soluzione con pH = 8, possiamo dire che essa è:

A. a pH neutro
B. a pH fisiologico
C. debolmente basica
D. a pH acido
E. priva di anioni, se in soluzione acquosa

IL PH E LE SOLUZIONI TAMPONE

788. Quale delle seguenti espressioni matematiche esprime il pH?

A. $pH = \log [H^+] / \log [OH^-]$
B. $pH = -\log [OH^-]$
C. $pH = -\log [H^+]^7$
D. $pH = -\log [H^+]$
E. $pH = \ln [OH^-]$

CHIMICA

789. Che proprietà tra le seguenti viene modificata solo lievemente in una soluzione tampone dopo l'aggiunta di piccola quantità di base forte?

A. Il punto triplo
B. Il punto di ebollizione del solvente
C. L'elettronegatività
D. pH
E. Il volume specifico

790. Se a una soluzione acida viene aggiunta una base:

A. il pH aumenta
B. non si può prevedere il risultato
C. il pKa diminuisce
D. il pKa aumenta
E. il pH rimane invariato

791. La scala del pH va da 0 a 14. Quando una soluzione ha pH = 12 è:

A. fortemente acida
B. ricca di ioni H^+
C. fortemente basica
D. a pH neutro
E. a pH fisiologico

792. Quale delle seguenti soluzioni acquose può avere pH = 7 in condizioni standard?

A. $BaBr_2$ 0,0001 M
B. NH_4Br 0,001 M
C. KCN 0,005 M
D. Li_2CO_3 0,01 M
E. CH_3COONa 0,001 M

793. Quale delle seguenti soluzioni acquose è basica?

A. NH_4Br 0,001 M
B. Li_2CO_3 0,01 M
C. $CaBr_2$ 0,1 M
D. Ca_2SO_4 1,0 M
E. $Ba(ClO_4)_2$ 0,1 M

794. Individuare il pH della soluzione acquosa di $HClO_4$ con concentrazione 0,15 mol/l.

A. 2,2
B. 1,2
C. 3,2
D. 0,82
E. 4,2

795. Quale delle seguenti operazioni su una soluzione tampone non provoca una variazione seppur minima del pH?

A. Aumento della temperatura
B. Aggiunta di acqua
C. Diminuzione della temperatura
D. Aggiunta di una quantità significativa di acido forte
E. Aggiunta di una quantità significativa di base forte

796. Calcolare il pOH di una soluzione acquosa di KOH 0,001 M.

A. 9,0
B. 4,0
C. 7,0
D. 11,0
E. 3,0

797. Calcolare il pH di una soluzione acquosa di HBr 0,01 M.

A. 7,0
B. 2,0
C. 5,0
D. 12,0
E. 3,0

798. Quale tra i seguenti valori di pH indica la soluzione acquosa con la minore concentrazione di ioni OH^-?

A. Per definizione, in una soluzione acquosa, la concentrazione di ioni OH^- è sempre uguale alla concentrazione degli ioni H^+
B. 12,1
C. 10,8
D. 3,4
E. 2,8

799. 0,25 l di una soluzione acquosa di acido bromidrico (HBr) 0,01 M viene titolata mediante 0,5 l di una soluzione acquosa di idrossido di litio (LiOH). Qual è la concentrazione molare della soluzione di LiOH?

A. 0,0025 mol/l
B. 0,001 mol/l
C. 0,005 mol/l
D. 0,0005 mol/l
E. 0,0001 mol/l

800. Si mescolano volumi uguali di soluzioni acquose equimolari di acido perclorico e idrossido di bario. La soluzione che risulta è:

A. acida, a causa dell'eccesso di ioni H^+
B. acida, a causa dell'eccesso di ioni OH^-
C. basica, a causa dell'eccesso di ioni OH^-
D. acida
E. neutra

801. Qual è il volume di una soluzione acquosa di HCl 0,5 M necessaria per neutralizzare 0,025 l di soluzione acquosa 1 M di NaOH?

A. 0,025 l
B. 0,25 l
C. 0,05 l
D. 0,005 l
E. 0,045 l

802. Quale, tra le seguenti coppie di specie chimiche, può costituire una soluzione tampone?

A. H_2SO_4 e Na_2SO_4
B. HCl e NaCl
C. HClO e $Ba(ClO)_2$
D. KOH e KBr
E. $BaClO_4$ e $Ba(OH)_2$

803. A 8,0 l di una soluzione acquosa tampone con pH = 4 vengono aggiunti 2,0 l di acqua pura. Qual è il pH della soluzione ottenuta?

A. 4,5
B. 3,0
C. 5,0
D. 4,0
E. 3,5

804. Vengono mescolati volumi uguali di due soluzioni acquose equimolari: una contiene acido solforico, l'altra idrossido di litio. La soluzione che si forma è:

A. basica, a causa dell'eccesso di ioni H^+
B. acida, a causa dell'eccesso di ioni OH^-
C. basica
D. neutra
E. acida, a causa dell'eccesso di ioni H^+

805. Che tipo di reazione è la reazione di neutralizzazione?

A. Acido-base
B. Ossidoriduzione
C. Condensazione
D. Nessuna delle altre alternative è corretta
E. Cristallizzazione

806. Qual è il valore del pOH di una soluzione acquosa che ha $[OH^-] = 1,73 \cdot 10^{-10}$ mol/l?

A. 11,5
B. 12,3
C. 10
D. 7,8
E. 9,76

807. Il pH:

A. indica la concentrazione molare degli ioni idrossido presenti in una soluzione
B. della soluzione di qualsiasi composto corrisponde all'ordine di grandezza della concentrazione molare del composto stesso
C. indica la concentrazione molare degli ioni idrogeno presenti in una soluzione
D. indica la concentrazione molare degli atomi di idrogeno presenti in una sostanza
E. di una soluzione salina corrisponde sempre all'ordine di grandezza della concentrazione molare del sale

808. Qual è il pH di una soluzione acquosa che ha $[H_3O^+] = 8,2 \cdot 10^{-10}$ mol/l?

A. 11,4
B. 10
C. 9,1
D. 8,2
E. 7,5

809. Un litro di soluzione acquosa contiene 360 g di HCl (MM = 36.0 g/mol) e 360 g di NaOH (MM= 40.0 g/mol). Quale dei seguenti valori di pH avrà la soluzione?

A. pH inferiore a 7.0
B. pH molto maggiore di 8
C. pH neutro
D. pH uguale a 10
E. pH superiore a 7.0

810. Se una soluzione è stata ottenuta sciogliendo in acqua un sale formato da una base forte e da un acido debole, si può presumere che:

A. avvenga una reazione di neutralizzazione e la soluzione abbia pH = 7
B. l'acido debole in soluzione liberi ioni H^+ determinando un valore del pH minore di 7
C. si tratti di una soluzione tampone
D. la soluzione acquosa abbia un pH > 7
E. si formi in ogni caso il corpo di fondo

811. Quanti mg di KOH (MM 56) sono contenuti in 0,1 litri di una soluzione acquosa a pH =11?

A. 0,67 mg
B. 5,6 mg
C. 56 mg
D. 0,56 mg
E. 0,056 mg

812. Una soluzione che ha pH = 2 è:

A. acida
B. in eccesso di ossidrilioni
C. basica
D. nessuna delle altre alternative è corretta
E. neutra

813. Se una soluzione acquosa ha pH = 2, la concentrazione molare degli ioni H^+ è:

A. nessuna delle altre alternative è corretta
B. 10^{-12}
C. 10^{2}
D. 10^{-2}
E. 10^{12}

814. Se il pOH di una soluzione acquosa è 10, il pH è:

A. 4
B. 9
C. 14
D. 0
E. 1

815. Indicare, tra le seguenti, soluzioni quale ha il pH minore.

A. HCl 0,1 M
B. NaOH 0,5 M
C. HCl 0,8 M
D. NaOH 0,1 M
E. HCl 0,01 M

816. Qual è la concentrazione di HNO_3 nei 250 ml di soluzione acquosa che hanno neutralizzato 62,5 ml di una soluzione acquosa di LiOH 0,4 M?

A. 0,3 M
B. 0,1 M
C. 0,01 M
D. 0,4 M
E. 0,09 M

817. Quante moli di OH^- sono presenti in 100 litri di una soluzione acquosa di $Sr(OH)_2$ con pH = 9?

A. 0,05
B. 0,001
C. 0,005
D. 0,00001
E. 0,5

818. Si prenda in considerazione un litro di soluzione tampone formata da un acido debole e un suo sale ottenuto formalmente per reazione con una base forte. La soluzione viene diluita con acqua distillata a un nuovo volume di 3 litri. il pH della nuova soluzione ottenuta:

A. diventa più basico
B. resta invariato
C. diventa più acido
D. non si può dire come varia con questi dati
E. non si può parlare di pH in questi casi

819. Considerando la reazione reversibile $H_2O + CO_2 \rightarrow H_2CO_3 \rightarrow H^+ + HCO_{3-}$ si può dedurre che a livello dei capillari sistemici:

A. la reazione non muta il suo equilibrio
B. diminuisce la quantità HCO_{3-}
C. la reazione è spostata verso sinistra
D. aumenta la quantità di HCO_{3-}
E. aumenta la quantità di CO_2

820. Il valore del pH di una soluzione ottenuta sciogliendo in acqua pura un sale stechiometricamente neutro:

A. è minore di 7
B. è maggiore di 7
C. è compreso fra 6 e 8
D. è uguale a 7
E. dipende dalla natura degli ioni che compongono il sale

821. Il pH di una soluzione acquosa di una sostanza salina:

A. dipende dalla natura degli ioni della sostanza
B. è sempre neutro, perché tutti gli ioni in acqua sono neutri
C. è sempre basico, perché gli ioni a carattere basico prevalgono sempre
D. è sempre uguale a 7
E. è sempre basico, perché non esistono acidi salini

822. Che volume di una soluzione 2,5 mol/l di NaOH è necessario per neutralizzare 2,0 l di una soluzione 0,50 mol/l di HCl?

A. 1,0 l
B. 2,5 l
C. 0,40 l
D. 2,0 l
E. 1,2 l

823. Una soluzione ha pH pari a 3, calcolare la concentrazione di ioni H^+.

A. 10^{-3} mol/L
B. 0,00001 mol/L
C. 0,003 mol/L
D. 0,03 mol/L
E. 10^{-6} mol/L

824. L'acido carbonico (H_2CO_3) è un acido debole con K1 = $4,3 \times 10^{-7}$. Si considerino 50,0 litri di una soluzione acquosa di acido carbonico che contengono 0,0005 moli di H^+. Qual è il pOH di tale soluzione?

A. 9,75
B. 5
C. 9
D. 4,3
E. 10,69

825. Quale delle seguenti soluzioni, delle quali si riportano le concentrazioni di ioni H^+ e OH^-, è la più basica?

A. $[OH^-] = 1,0 \cdot 10^{-10}$
B. $[H^+] = 1,0 \cdot 10^{-7}$
C. $[OH^-] = 1,0 \cdot 10^{-5}$
D. $[OH^-] = 1,0 \cdot 10^{-4}$
E. $[H^+] = 1,0 \cdot 10^{-12}$

826. Data una soluzione acquosa a pH 5,0, qual è la concentrazione di ioni OH^-?

A. $[OH^-] = 1,0 \times 10^{-5}$
B. $[OH^-] = 1,0 \times 10^{9}$
C. $[OH^-] = 1,0 \times 10^{-9}$
D. $[OH^-] = 1,0 \times 10^{7}$
E. $[OH^-] = 1,0 \times 10^{5}$

827. Quante moli di LiOH sono contenute in 6,0 litri di soluzione acquosa di LiOH con pH = 8?

A. Non si può dire in quanto LiOH non è una base forte
B. $6,0 \times 10^{-6}$
C. $6,0 \times 10^{-8}$
D. $1,0 \times 10^{-12}$
E. 0,000001

828. A un litro di soluzione acquosa di HNO_3 0,1M viene aggiunto un litro di soluzione acquosa di HNO_3 0,01M. Qual è il pH della soluzione ottenuta?

A. 6,9
B. 3,1
C. 1,3
D. 2,5
E. 0,1

829. Il pH di una soluzione che contiene 10^{-3} moli di HCl in 100 ml è:

A. 2
B. 3
C. 1
D. 10
E. 4

830. Qual è il volume di una soluzione acquosa di KOH 0,2 M indispensabile per neutralizzare (pH = 7) un volume di 50 ml di una soluzione 0,1 M di $HClO_3$?

A. 15,0 ml
B. 125,0 ml
C. 250,0 ml
D. 25,0 ml
E. 50,0 ml

831. Il pH di una soluzione di acetato di sodio è:

A. acido
B. neutro perché il composto è un sale
C. basico
D. nessuna delle altre risposte è corretta
E. indefinibile

CHIMICA

832. Una soluzione tampone è caratterizzata:

A. da una pressione osmotica nota e costante
B. dalla capacità di mantenere costante, entro certi limiti, il pH
C. da un pH identico a quello del sangue
D. da una concentrazione fisiologica di glucosio
E. da una pressione osmotica identica a quella del sangue

833. Si definisce pH di una soluzione:

A. il logaritmo decimale della concentrazione degli ioni H_3O^+
B. il logaritmo decimale cambiato di segno della concentrazione degli ioni H_3O^+
C. il logaritmo del rapporto tra il prodotto ionico dell'acqua e la concentrazione degli ioni H^+
D. il logaritmo cambiato di segno del prodotto ionico dell'acqua
E. la concentrazione molare degli ioni H_3O^+

834. Quale di queste è una reazione di neutralizzazione?

A. Nessuna delle altre alternative è corretta
B. $KOH + HCl \rightarrow KCl + H_2O$
C. $NaCl \rightarrow Na^+ + Cl^-$
D. $Zn + 2\ HCl \rightarrow ZnC_{l2} + H_2$
E. $NaCl + AgNO_3 \rightarrow AgCl + NaNO_3$

835. Qual è il valore del pH di una soluzione 0,01 M di H_3O^+?

A. –1
B. 0,01
C. 0
D. 1
E. 2

836. L'acido cianidrico (HCN) è un acido debolissimo, con Ka = $4,93 \times 10^{-10}$. Si considerino 7,5 litri di una soluzione acquosa di acido cianidrico che contengono $0,75 \times 10^{-5}$ moli di H^+. Qual è il pOH di tale soluzione?

A. 4,93
B. Nonostante si tratti di un acido debolissimo, non è possibile calcolare il pOH della soluzione acquosa
C. 7,5
D. 6
E. 8

837. Il pH di una soluzione di $Ca(OH)_2$ 0,005 M è:

A. 5
B. 2
C. 12
D. 7
E. 8

838. Sciogliendo in acqua pura un sale si ottiene una soluzione:

A. sempre neutra
B. acida, se il sale è formato per reazione di un acido forte con una base forte
C. acida, basica o neutra a seconda della natura del sale
D. acida, se il sale è formato per reazione di una qualsiasi base con un acido forte
E. basica, se il sale è un elettrolita anfotero

839. Una soluzione acquosa ha pH 12. È dunque:

A. basica
B. acida
C. nessuna delle altre alternative è corretta
D. necessario indicare quale soluto è presente
E. neutra

840. Il pH di una soluzione 0,1 M di NaOH è:

A. 13
B. nessuna delle altre alternative è corretta
C. 5
D. 1
E. 7

841. Una soluzione ha pH = 2. La concentrazione molare di H^+ è:

A. 10^{12}
B. 10^{-2}
C. 10^{-12}
D. nessuna delle altre alternative è corretta
E. 10^{2}

842. Una soluzione con pH = 7 è da considerarsi:

A. fortemente acida
B. basica
C. acida
D. neutra
E. debolmente basica

843. Se si aumenta di 100 volte la concentrazione degli ioni (OH^-) in una soluzione con un pH iniziale di 8, quale valore di pH finale si ottiene?

A. pH 7
B. pH 12
C. pH 5
D. pH 1
E. pH 6

844. Qual è il pH di una soluzione acquosa 1,0 x 10^{-2}M di acido perclorico?

A. 0 < pH < 1
B. 2
C. Circa 1,5
D. > 2
E. Circa 2,5

845. L'acido HClO è un acido debole, per cui il pH di una soluzione del suo sale di calcio [$Ca(ClO)_2$], comunemente addizionato all'acqua delle piscine, è:

A. basico perché $Ca(OH)_2$ è una base debole e insolubile
B. basico perché lo ione ClO^- ha carattere basico in acqua
C. neutro perché è una soluzione di un sale
D. neutro se la concentrazione è inferiore a 0,1 M
E. acido perché si forma HClO

846. Tra le seguenti soluzioni: acido cloridrico 0,1 M, acido acetico 3 M, ammoniaca 0,5 M, cloruro di sodio 1 M, idrossido di sodio 0,1 M, la soluzione con pH più basso è:

A. NaOH
B. NH_3
C. NaCl
D. CH_3COOH
E. HCl

847. Una soluzione acida:

A. ha un pH superiore a 7
B. ha un pH uguale a 7
C. ha un pH inferiore a 7
D. ha un pOH inferiore a 7
E. ha un pH superiore a 14

848. Sapendo che il pH è il logaritmo del reciproco della concentrazione molare di ioni H+, qual è il pH di una soluzione 0,06 M (molare) di HCl (acido cloridrico)? Assumere che l'acido sia completamente dissociato.

A. 2
B. 1,22
C. 3
D. 0,60
E. 6

849. Se una soluzione acquosa a temperatura ambiente ha pH = 12, essa è:

A. acida
B. basica
C. neutra
D. costituita esclusivamente dal solvente
E. con eccesso di protoni

850. Quale dei seguenti pH identifica una soluzione acida?

A. pH compreso tra 1 e 3
B. pH compreso tra 5 e 14
C. pH superiore a 10
D. pH compreso tra 3 e 9
E. pH compreso tra 8 e 9

851. Si può ipotizzare che una soluzione concentrata di una base forte, come ad esempio NaOH, abbia un valore del pH:

A. uguale a 7
B. molto alto
C. inferiore a 3
D. compreso tra 7 e 9
E. compreso tra 5 e 7

852. Se un litro di una soluzione tampone formata da un acido debole e un suo sale con una base forte viene diluito con acqua a 3 litri, il pH della soluzione ottenuta:

A. diminuisce
B. diventa acido
C. aumenta o diminuisce in base alle condizioni ambientali
D. resta invariato
E. aumenta

853. Qual è il pH di una soluzione acquosa di KCl 0,5 molare?

A. 8
B. 7
C. 5
D. 7,5
E. 2

854. In una soluzione neutra:

A. non deve essere presente alcun soluto
B. la concentrazione degli ioni H^+ è maggiore di 10^{-7} M
C. la concentrazione degli ioni OH^- è maggiore di 10^{-7} M
D. è sicuramente avvenuta una reazione di neutralizzazione
E. la concentrazione degli ioni H^+ è uguale a quella degli ioni OH^-

855. A 1 L di una soluzione 0,004M di HCl vengono aggiunti dapprima 4 L di una soluzione 0,0035M di NaOH e poi 5 L di una soluzione 0,004M di HClO3. Qual è il pH della soluzione finale?

A. 2,34
B. 3
C. 1,42
D. 2
E. 1,68

856. Che volume di una soluzione 1.0 mol/L di HCl è necessario per neutralizzare 1.0 L di una soluzione 0.50 mol/L di NaOH?

A. 2.5 L
B. 0.50 L
C. 1.0 L
D. 1.5 L
E. 2.0 L

857. In 5,0 litri di una soluzione acquosa di KOH con pH = 9, quante moli di KOH sono contenute?

A. $0,5 \times 10^{-5}$
B. Non si può dire in quanto KOH non è una base forte
C. $0,1 \times 10^{-8}$
D. 0,00005
E. 0,00001

858. Dieci litri di soluzione acquosa contiengono 360 g di HCl (MM = 36.0 g/mol) e 400 g di NaOH (MM = 40.0 g/mol). Quale dei seguenti valori di pH avrà la soluzione?

A. pH superiore a 7.0
B. Nessuna delle altre alternative è corretta
C. pH neutro
D. pH inferiore a 7.0
E. pH molto maggiore di 8.0

LA CHIMICA DEL CARBONIO

859. Durante l'ossidazione di un'aldeide si ottiene:

A. un acido
B. un'aloidrina
C. un'ammide
D. un etere
E. un perossido

860. I legami tripli sono legami formati da:

A. da un legame σ e da due legami π
B. tre legami dativi
C. due legami ionico ed un legame covalente omopolare
D. due legami σ e un legame π
E. due legami covalenti polari e un legame omopolare

861. Quale delle seguenti alternative è corretta rispetto alla saponificazione?

A. È la reazione di sintesi dei trigliceridi
B. È la reazione di formazione dei fosfolipidi
C. È una reazione di idrolisi di esteri
D. È una reazione di sintesi delle basi
E. È la reazione di riduzione di acidi grassi

862. Quando un atomo di carbonio può essere uno stereocentro?

A. Quando ha almeno due sostituenti uguali
B. Quando si trova in un doppio legame
C. Quando è ibridizzato sp_2
D. Quando è legato ad almeno due idrogeni
E. Quando ha quattro sostituenti diversi

863. In chimica organica la desinenza "-one" viene utilizzata per:

A. gli zuccheri formati da più di due anelli
B. gli acidi
C. i chetoni
D. le catene superiori a 12 atomi
E. gli eteri

864. Indicare quale tra le seguenti formule è quella del butano:

A. C_4H_{12}
B. C_6H_{12}
C. C_4H_{10}
D. C_2H_6
E. C_3H_8

865. In quale dei seguenti composti NON è presente alcun legame covalente triplo?

A. HCN
B. N_2
C. HSCN
D. $Na_2Cr_2O_7$
E. H_2C_2

866. La chimica organica studia:

A. composti derivati del petrolio
B. composti degli organismi viventi
C. reazioni organiche tra metalli e non metalli
D. composti presenti negli organi
E. composti chimici costituiti principalmente da carbonio idrogeno o da altri elementi presenti nelle molecole organiche

867. Secondo la definizione, sono isomeri due o più composti che hanno:

A. differente formula molecolare e sequenza di atomi e differenti proprietà chimiche ma la stessa struttura molecolare e le stesse proprietà fisiche
B. la stessa formula molecolare ma differente struttura o disposizione spaziale degli atomi
C. la stessa struttura e disposizione spaziale degli atomi e differente formula molecolare
D. differente formula molecolare ma la stessa struttura e le stesse proprietà chimiche e fisiche
E. la stessa formula minima ma differente formula molecolare

868. Quanti atomi di carbonio ha l'acido oleico?

A. 6
B. 4
C. 16
D. 20
E. 18

869. Il gruppo funzionale COOH distingue quale classe di composti organici?

A. Chetoni
B. Ammine
C. Alcoli
D. Tioli
E. Acidi carbossilici

870. L'equazione chimica non bilanciata della combustione del propene è: $C_3H_6 + O_2 \rightarrow CO_2 + H_2O$.
Quanti litri di anidride carbonica si formano dalla combustione completa di 5,0 litri di propene, considerando tutti i gas nelle medesime condizioni di temperatura e pressione?

A. 6,0
B. 15,0
C. 11,2
D. 10,0
E. 22,4

871. La reazione di idrolisi di un trigliceride con almeno 3 equivalenti di NaOH porta alla formazione di:

A. idrocarburi
B. grassi saturi
C. acido tricarbossilico ed alcoli
D. fosfolipidi
E. saponi e un alcol trivalente

872. Due composti sono definiti isomeri se:

A. presentano proprietà chimiche e fisiche uguali
B. hanno sostituenti diversi dalla stessa parte
C. si differenziano per la presenza di isotopi differenti degli stessi atomi
D. presentano lo stesso punto di fusione
E. presentano la stessa formula molecolare

873. Quando si effettua la riduzione di un'aldeide si ottiene:

A. un acido
B. un etere
C. un alcol primario
D. un diolo
E. un'ammide

874. La miscela racemica è:

A. una miscela qualsiasi di diasteroisomeri
B. una soluzione di un composto con 2 centri chirali
C. una miscela in parti uguali di due enantiomeri
D. una miscela di due isomeri strutturali
E. una miscela di isomeri cis-trans

CHIMICA

875. Quale dei seguenti composti è aromatico?

A. Benzene
B. Fosgene
C. Butanone
D. Cicloesanone
E. Formammide

876. Indicare quale delle seguenti sostanze è un alcol.

A. Benzene
B. Cicloesanone
C. Trifluoroetanolo
D. Propanale
E. Butene

877. In chimica organica, che cosa può descrivere la proiezione di Newman?

A. Una visualizzazione grafica alternativa di una struttura molecolare lungo l'asse del legame C-C
B. Una previsione del punto di ebollizione degli alcani all'aumentare della lunghezza della catena
C. Un calcolo del numero di isomeri strutturali in funzione del numero di atomi della catena carboniosa
D. Una previsione del punto di fusione degli alcani all'aumentare della lunghezza della catena
E. Un calcolo dell'energia potenziale dei vari rotameri di una molecola organica

878. Quale, tra i seguenti gruppi di composti organici, è costituito da tre composti che contengono almeno un atomo di carbonio con ibridazione sp^2?

A. 2-butino; 3-etilpentano; acido formico
B. Etilene; 1-butene; 1-propanolo
C. Propilene; acido butanoico; 2-propil-1-esene
D. n-butano; 2-metil-2-pentene; 2-metil-2-esene
E. 1,2,3-propantriolo; alcol benzilico; 3-metil-3-esene

879. Tra i composti organici, i più semplici sono:

A. le molecole di idrogeno
B. gli epossidi
C. gli idrocarburi
D. gli eteri
E. gli esteri

880. L'etano è un idrocarburo saturo, il legame C-C presente nell'etano è un legame:

A. idrogeno
B. covalente apolare
C. triplo
D. ionico
E. doppio

881. La formula bruta del propene è:

A. C_4H_{10}
B. C_5H_{10}
C. C_3H_5OH
D. C_3H_6
E. C_6H_6

882. Il metano e il cloro reagiscono se esposti alla luce ultravioletta per formare clorometano. Che tipo di intermedi si formano in questa reazione?

A. Intermedi radicalici
B. Intermedi ionici
C. Complessi intermedi con catalizzatore
D. Intermedi di coordinazione
E. Il meccanismo esatto della reazione non è noto

883. Individuare tra le seguenti specie chimiche l'agente nucleofilo.

A. H^+
B. BH3
C. H_2O
D. Br^+
E. CH_3^+

884. Quale tra i seguenti composti contiene un gruppo funzionale aldeidico?

A. Naftalene
B. Acetone
C. Toluene
D. Butanale
E. Anilina

885. Come sono i punti di fusione e di ebollizione degli alcani ciclici in relazione ai loro rispettivi alcani lineari?

A. Punto di ebollizione e punto di fusione sono entrambi uguali a quelli degli alcani lineari
B. Punto di ebollizione e punto di fusione sono entrambi più elevati
C. Il punto di ebollizione è più basso e il punto di fusione è più elevato
D. Punto di ebollizione e punto di fusione sono entrambi più bassi
E. Il punto di ebollizione è più elevato e il punto di fusione è più basso

886. Gli esteri si ottengono per mezzo di una reazione di esterificazione che avviene tra:

A. due alcoli, con eliminazione di acqua
B. un chetone e un'aldeide, con eliminazione di acqua
C. un etere e un alcol, senza eliminazione di acqua
D. un chetone e un alcol, senza eliminazione di acqua
E. un acido carbossilico o un acido ossigenato inorganico e un alcol, con eliminazione di acqua

887. Per ottenere un'aldeide a partire da un acido carbossilico, quale reazione chimica è necessario compiere?

A. Sostituzione nucleofila
B. Alogenazione
C. Ossidazione
D. Riduzione
E. Addizione nucleofila

888. Quanti atomi di carbonio contiene un eicosano?

A. 12
B. 14
C. 16
D. 20
E. 18

889. Quanti sono gli isomeri di posizione dell'alchene con catena lineare che ha formula molecolare C_6H_{12}?

A. 5
B. 2
C. Nessuno
D. 4
E. 3

890. Quando un idrocarburo presenta attività ottica sicuramente è possibile affermare che:

A. l'idrocarburo è chirale
B. non è incolore
C. ci sono doppi legami nel composto
D. è un composto ionico
E. la carica complessiva non è neutra

891. Quale delle seguenti specie chimiche è un agente elettrofilo?

A. NH_3
B. H_2O
C. OH^-
D. Cl^-
E. NO_2^+

892. Indicare la formula generale degli alchini.

A. C_nH_{2n+2}
B. C_nH_{n-2}
C. C_nH_n
D. C_nH_{2n}
E. C_nH_{2n-2}

893. Qual è il nome corretto del composto: CH_2Br-CHCl-CH=CH-CH_3?

A. 5 - bromo - 4 - cloro - 2 - pentene
B. 4 - bromo - 3 - cloro - 2 - pentene
C. 5 - bromo - 3 - cloro - 2 - pentene
D. 5,5 - bromo, cloro - 2 - pentene
E. 1 - bromo - 2 - cloro - 4 - pentene

894. A quale classe di composti organici appartiene la seguente sostanza: CH_3-CONH-CH_3?

A. Ammine secondarie
B. Ammidi secondarie
C. Ammine terziarie
D. Ammine primarie
E. Anidridi primarie

895. Quale dei seguenti composti organici è allo stato gassoso in condizioni ambiente?

A. Esano
B. Cicloesano
C. Saccarosio
D. 2-Metilpropano
E. Toluene

896. Qual è il nome del composto organico di formula CH_3OH?

A. Etanolo
B. Metanolo
C. Propanolo
D. Metano
E. Etano

897. Quale tra i seguenti composti contiene un gruppo funzionale -SH?

A. Propanale
B. 2-Butino
C. Butantiolo
D. 2-Metilpropene
E. Iodoetano

898. L'isomeria cis-trans in etilene e propilene:

A. non può esistere
B. avviene solo ad altissima pressione
C. può esistere in entrambi
D. può esistere in propilene e non in etilene
E. avviene solo in condizioni molto diluite

899. Cosa caratterizza gli idrocarburi alifatici?

A. L'assenza di doppi legami nella loro struttura
B. La presenza di legami doppi o tripli nella loro struttura lineare
C. La presenza di almeno un anello aromatico nella struttura
D. La presenza di soli doppi legami
E. L'assenza di anelli aromatici

900. A quale classe di composti organici appartiene la seguente sostanza: CH_3-CH_2-COO-CH_3?

A. Ammidi
B. Esteri
C. Acidi carbossilici
D. Alcoli
E. Anidridi

901. Quale, tra i seguenti composti, è un idrocarburo aromatico policiclico?

A. Naftalene
B. Nitrobenzene
C. Benzene
D. Propilene
E. Etilene

902. Il polietere 18-corona-6 viene spesso usato in chimica organica per quale sua caratteristica?

A. Lega i cationi e li rende solubili in solventi organici
B. Lega le piccole molecole organiche e le rende solubili in acqua
C. Lega i cationi e li rende solubili in solventi acquosi
D. Lega gli anioni e li rende solubili in solventi acquosi
E. Lega gli anioni e li rende solubili solo in acetone

903. Per definizione, da cosa sono composti gli idrocarburi?

A. Solo da carbonio ed ossigeno
B. Principalmente da idrogeno e ossigeno
C. Solo da carbonio e idrogeno
D. Principalmente da carbonio e idrogeno ma possono avere anche altri elementi come ossigeno e azoto
E. Solamente da carbonio, ma possono esserci impurità di azoto e zolfo

904. Tra i seguenti composti organici quale è maggiormente reattivo?

A. Butano
B. Cloroetano
C. Propano
D. Esano
E. Etano

905. In una catena carboniosa gli orbitali ibridizzati sp^3 formano angoli di circa:

A. 109°
B. 120°
C. 360°
D. 87°
E. 115°

906. La reazione di decarbossilazione dell'acido butanoico ha come prodotto:

A. il propano
B. il butene
C. il butil-propil etere
D. l'aldeide butanoica
E. l'etano

907. L'idrolisi di un'ammide primaria ha come prodotti:

A. ammoniaca e acidi carbossilici
B. ammine terziarie e chetoni
C. ammoniaca e chetoni
D. azoto molecolare ed eteri
E. ammoniaca ed alcoli

908. L'equazione chimica non bilanciata della combustione dell'eptano è: $C_7H_{16} + O_2 \rightarrow CO_2 + H_2O$. Quante moli di O_2 sono necessarie per la combustione di 2 moli di eptano?

A. 33
B. 2
C. 22
D. 44
E. 11

909. Nella molecola dei derivati del benzene, i sostituenti in posizione meta rispetto a un sostituente in posizione 1 vengono indicati mediante i numeri:

A. 3 e 6
B. 2 e 6
C. 2 e 5
D. 3 e 5
E. 4

910. In chimica organica l'acetone è:

A. un ammide
B. un estere
C. un alcano
D. un alchene
E. un chetone

911. Qual è il gruppo funzionale che caratterizza gli alcoli?

A. R-COOC-R
B. R-C-O-C-R
C. R-OH
D. $R\text{-}NH_2$
E. $R\text{-}PO_3$

912. Tra i seguenti composti individuare qual è un eterociclico.

A. Benzene
B. Naftalene
C. Toluene
D. Fenolo
E. Ossazolo

913. I carbocationi presentano stabilità differente a seconda del numero di sostituenti. l'ordine di stabilità è:

A. $3° < 1° < 2° < CH_3^+$
B. $CH_3^+ < 1° < 2° < 3°$
C. $CH_3^+ > 1° > 2° > 3°$
D. $CH_3^+ < 2° < 1° < 3°$
E. $1° < CH_3^+ < 2° < 3°$

914. Quale delle seguenti caratteristiche appartiene a una miscela racemica?

A. Non provoca alcuna rotazione del piano della luce polarizzata
B. Non contiene composti otticamente attivi
C. Provoca una rotazione destrogira del piano della luce polarizzata
D. Uno dei due componenti della miscela è presente in grande eccesso sull'altro
E. Provoca una rotazione levogira del piano della luce polarizzata

915. Qual è la struttura di un lattame?

A. Un chetone ciclico
B. Un amminoacido
C. Un acido carbossilico
D. Un'ammide ciclica
E. Un estere ciclico

916. Indicare per l'acido $NCCH_2COOH$ l'ibridazione dei suoi atomi di carbonio da sinistra a destra.

A. sp^2, sp, sp^3
B. sp, sp, sp^3
C. sp, sp, sp^2
D. sp^3, sp^2, sp
E. sp, sp^3, sp^2

917. La solfonazione del toluene:

A. è reversibile
B. non può essere effettuata direttamente
C. è favorita a bassa temperatura
D. è favorita dalle basse pressioni
E. avviene con aumento del numero di moli

918. Quale tra i seguenti composti è aromatico?

A. Acido butandioico
B. Acido formico
C. Acido acetico
D. Acido benzoico
E. Formaldeide

CHIMICA

919. L'idrolisi di una molecola di $C_4H_6O_3$ dà come unici prodotti due molecole di CH_3COOH. Sulla base della precedente informazione, a quale classe di composti della chimica organica deve appartenere $C_4H_6O_3$?

A. Esteri
B. Glicoli
C. Eteri semplici o simmetrici
D. Ammidi
E. Anidridi

920. L'acido acetico CH_3COOH reagisce con l'idrossido di sodio NaOH in acqua per dare:

A. CH_3COONa e H_2O
B. CH_2COOOH e Na
C. acqua e acetaldeide
D. acetato di sodio e ammoniaca
E. acetato di sodio e idrossido di calcio

921. Si considerino due enantiomeri. Uno rispetto all'altro sono:

A. perfettamente sovrapponibili
B. isomeri conformazionali
C. isomeri strutturali o costituzionali
D. diastereoisomeri
E. immagini speculari

922. Il gruppo carbossile è fortemente polare a causa del doppio legame C=O e del gruppo OH. Quale delle seguenti è una conseguenza di questa caratteristica strutturale?

A. Hanno bassa solubilità nei solventi alcolici
B. Formano facilmente legami a idrogeno
C. Hanno solubilità in acqua molto scarsa
D. Hanno punto di ebollizione molto basso
E. Hanno scarsa propensione a formare dimeri

923. Gli idrocarburi aromatici:

A. hanno formula generale C_nH_{2n}
B. reagiscono facilmente perché l'anello aromatico è instabile dal punto di vista chimico
C. presentano almeno un triplo legame
D. vanno incontro prevalentemente a reazioni di sostituzione elettrofila
E. vanno incontro prevalentemente a reazioni di addizione elettrofila

924. Per i benzeni disostituiti, la nomenclatura comune utilizza quali prefissi per indicare le posizioni dei sostituenti?

A. orto, meta, para
B. E, Z
C. Nessuna delle altre alternative è corretta
D. cis, trans
E. Primario, secondario, terziario

925. Se si effettua l'alogenazione del propilene in ambiente acquoso si ottiene:

A. una miscela 6:4 di mono alogenato e dialogenato
B. un alcano e un composto completamente alogenato
C. un composto saturo completamente alogenato
D. un composto insaturo alogenato
E. un'aloidrina

926. L'idrolisi dei trigliceridi in ambiente basico conduce a:

A. glicerolo e altri alcoli
B. acidi grassi
C. glicerolo e saponi
D. amminoacidi
E. aldeidi e chetoni

927. Nelle ammine alifatiche, l'azoto si lega con:

A. una catena primaria
B. un sale
C. un gruppo alchilico
D. un gruppo alifatico
E. un acido carbossilico

928. Gli idrocarburi sono composti organici che:

A. non possono avere una struttura ad anello
B. sono costituiti solo da carbonio e idrogeno
C. sono costituiti solo da carbonio, idrogeno e ossigeno
D. hanno una struttura ad anello
E. contengono anche un eteroatomo

929. Che cosa sono i reattivi di Grignard?

A. Composti organici sempre insaturi
B. Composti di organolitio
C. Catalizzatori a base di zinco
D. Catalizzatori a base di ferro
E. Composti di organomagnesio

930. Quando un composto chimico può essere definito "organico"?

A. Nessuna delle altre alternative è corretta
B. Quando è formato soltanto da atomi di carbonio legati con legame ionico ad atomi di ossigeno e idrogeno
C. Quando uno o più atomi di carbonio sono uniti tramite legame covalente ad atomi di altri elementi
D. Quando è formato soltanto da atomi di azoto e idrogeno legati con legame covalente
E. Quando uno o più atomi di carbonio sono uniti tramite legame ionico ad atomi di altri elementi

931. Da quali dei seguenti atomi sono formati gli idrocarburi?

A. H, O
B. N, H
C. C, N
D. C, O
E. C, H

932. Per ottenere un'aldeide a partire da un alcol primario, quale reazione chimica è necessario compiere?

A. Riduzione
B. Ossidazione
C. Alogenazione catalitica
D. Addizione elettrofila
E. Sostituzione nucleofila

933. Quanti atomi di idrogeno sono presenti in una molecola di 1-idrossi-2-metilbenzene?

A. 11
B. 8
C. 9
D. 10
E. 7

934. Per ottenere 15,0 moli di acqua, quante moli di 2-esino devono essere sottoposte a combustione completa?

A. 2,0
B. Nessuna delle altre risposte è corretta
C. 2,5
D. 2,75
E. 3,0

935. Che cosa si intende per "risoluzione" di una miscela racemica?

A. La solubilità degli isomeri nel solvente della loro reazione di sintesi
B. La conformazione dell'isomero prevalente nella miscela
C. La generazione di una struttura chirale in una reazione
D. La rotazione ottica complessiva della miscela
E. La separazione degli enantiomeri

936. Si definisce "racemo":

A. una miscela in parti uguali di due enantiomeri
B. un composto con due centri chirali equivalenti
C. un composto otticamente attivo
D. una miscela in parti uguali di due diasteroisomeri
E. una qualsiasi miscela di due enantiomeri

937. La reazione con acido iodidrico di una molecola di C_3H_8O dà come unici prodotti una molecola di CH_3I e ad una molecola di CH_3CH_2OH. Sulla base di queste informazioni a quale classe di composti della chimica organica deve appartenere C_3H_8O?

A. Eteri semplici o simmetrici
B. Eteri asimmetrici o misti
C. Esteri
D. Anidridi
E. Chetoni

938. Quale tra le seguenti affermazioni sugli alcani NON è corretta?

A. Hanno formula generale C_nH_{2n+2}
B. Rappresentano una serie omologa
C. Gli atomi di carbonio degli alcani sono legati da legami singoli
D. Sono idrocarburi insaturi
E. Sono denominati anche paraffine

939. Le reazioni di eliminazione E2 sono:

A. favorite con basi forti
B. sfavorite ad alta temperatura
C. sfavorite dalla bassa pressione
D. favorite con basi deboli e nucleofili forti
E. di un solo tipo

940. La reazione tra acido solforico e saccarosio porta principalmente alla formazione di acqua e carbonio. Questa reazione si può classificare come:

A. addizione
B. idratazione
C. disidratazione
D. doppio scambio
E. sintesi

941. In quale dei seguenti composti si ha una catena di 4 atomi di carbonio?

A. Glicerina
B. Propano
C. Aldeide acetica
D. Etino
E. Butanolo

942. Il propene ha formula bruta:

A. C_3H_4
B. C_3H_8
C. C_4H_8
D. C_3H_6
E. C_4H_{10}

943. Individuare tra i seguenti composti l'alcol secondario.

A. 2 - metil - 2 - esanolo
B. 2 - metil - 1 - pentanolo
C. 3,3,4 - trimetil - 1 - pentanolo
D. 3,3 - dimetil - 2 - butanolo
E. 3 - metil - 3 - eptanolo

944. Negli alcheni, gli atomi di carbonio coinvolti in un doppio legame presentano un'ibridazione di tipo:

A. sp^3
B. sp
C. p
D. sp^2
E. sp^4

945. Quale dei seguenti composti appartiene al gruppo dei composti aromatici?

A. Acetaldeide
B. Benzene
C. Nessuna delle altre alternative è corretta
D. Cicloesano
E. Cicloesene

946. Quale dei seguenti composti NON è un idrocarburo?

A. Pentano
B. Ciclopentano
C. 2-metilpentano
D. Pentene
E. Pentanolo

947. Un'ammide si idrolizza in:

A. chetone e ammina
B. ammina
C. alcol e ammina
D. acido carbossilico e ammina
E. nitrile

948. La reazione di un cloruro di un acido carbossilico con un'ammina secondaria dà luogo a:

A. un'ammina terziaria
B. un cloruro amminico
C. un estere
D. un'ammide
E. un'idrazide

949. Il furano è:

A. un eterociclo pentaatomico
B. un composto solforato
C. un eterociclo esaatomico
D. un etere aciclico
E. un alcano

950. Quale dei seguenti composti organici ha più spiccate proprietà acide?

A. CH_3NH_2
B. CH_3OCH_3
C. HCOOH
D. C_2H_5OH
E. CH_3OH

951. Il naftalene è:

A. un alcol
B. un idrocarburo aromatico
C. nessuna delle altre alternative è corretta
D. un alchene
E. un idrocarburo saturo

952. Un polimero è un composto organico costituito da una sequenza ordinata di:

A. epimeri
B. stereoisomeri
C. isomeri
D. monomeri
E. allomeri

953. Le conformazioni a sedia e a barca che possono essere assunte dal cicloesano sono:

A. isomeri conformazionali
B. isomeri di catena
C. isomeri di gruppo funzionale
D. anelli aromatici
E. isomeri cis-trans

954. La reazione chimica in cui si perde CO_2 per via metabolica è una:

A. decarbossilazione
B. metilazione
C. riduzione
D. idrolisi
E. addizione

955. Si definiscono isomeri i composti diversi che:

A. differiscono solo per la presenza di legami multipli
B. differiscono solo per la presenza di isotopi
C. presentano le stesse proprietà chimiche
D. presentano la stessa formula molecolare
E. appartengono alla stessa classe di composti organici

956. Quale dei seguenti composti della chimica organica ha la maggiore massa molare?

A. Butanale
B. Etanoato di metile
C. Butan-2-one
D. Acido 2-idrossietanoico
E. Butan-1-olo

957. Gli alcani presentano:

A. almeno un legame doppio tra due atomi di carbonio
B. almeno un legame triplo tra due atomi di carbonio
C. almeno un legame doppio tra atomi di carbonio e un anello planare stabilizzato da legami π
D. un sistema elettronico π delocalizzato
E. nessun legame multiplo tra atomi di carbonio

958. Quale fra questi elementi è sempre presente nei composti organici?

A. N
B. Cl
C. C
D. O
E. Ni

959. Quante moli di acqua si ottengono dalla combustione completa di 3,0 moli di 1-butino?

A. 9,0
B. 12,0
C. Nessuna delle altre alternative è corretta
D. 15,0
E. 10,0

960. Qual è il nome del C_3H_7Br?

A. Bromuro di propino
B. Bromuro di propile
C. Propano-bromo
D. Bromuro di propene
E. Nessuna delle altre risposte è corretta

961. La formula generale degli alchini è:

A. C_nH_{3n}
B. C_nH_{2n+2}
C. C_nH_{2n-2}
D. C_nH_n
E. C_nH_{2n}

962. Individuare l'alcol secondario.

A. 2,3-dimetil-2-butanolo
B. 2-metil-2-propanolo
C. 2-metil-2-esanolo
D. 3,3-dimetil-1-butanolo
E. 4-metil-2-pentanolo

963. La reazione tipica dell'etilene è:

A. l'addizione elettrofila
B. la sostituzione nucleofila
C. la sostituzione elettrofila
D. l'addizione nucleofila
E. tutte le reazioni menzionate nelle altre risposte

964. I più semplici composti organici sono:

A. gli idrocarburi
B. gli atomi di idrogeno
C. gli ossiacidi
D. gli alcoli
E. i sali

965. Quale tra i seguenti composti organici NON appartiene alla stessa classe di idrocarburi di tutti gli altri?

A. C_7H_{16}
B. C_2H_4
C. C_3H_8
D. C_5H_{12}
E. CH_4

966. Gli alcoli sono caratterizzati dalla presenza di un gruppo funzionale. Quale?

A. SH
B. COOH
C. OH
D. CHO
E. NH_2

967. Nel gruppo funzionale amminico è presente un atomo di:

A. zolfo
B. azoto
C. cloro
D. fosforo
E. ossigeno

968. Un'ammina si dice terziaria quando:

A. il gruppo amminico è legato a un carbonio terziario
B. il gruppo amminico è legato al terzo carbonio della catena
C. contiene tre gruppi amminici
D. la catena carboniosa contiene tre atomi di carbonio
E. all'atomo di azoto sono legati tre atomi di carbonio

969. La formula del propano è:

A. C_3H_8
B. C_4H_6
C. nessuna delle altre risposte è corretta
D. CH_2
E. C_4H_{10}

970. Il simbolo (+) posto davanti al nome del composto indica che esso è:

A. otticamente inattivo
B. un racemo
C. una forma meso
D. levogiro
E. destrogiro

971. Un gruppo COOH è caratteristico:

A. delle aldeidi
B. dei chetoni
C. degli esteri
D. degli acidi carbossilici
E. degli alcoli

972. A quale classe di composti della chimica organica appartiene il composto che ha formula C_3H_7OH?

A. Acidi carbossilici
B. Aldeidi
C. Eteri
D. Alcoli
E. Chetoni

973. Una sostanza si dice idrofoba se essa:

A. è insolubile in acqua
B. possiede atomi di azoto
C. è polare
D. è carica negativamente
E. è solubile in acqua

974. L'isomeria geometrica o "E o Z" in una molecola organica si può presentare quando:

A. due composti diversi hanno lo stesso peso molecolare
B. si ha la presenza di un doppio legame tra due atomi di carbonio
C. si ha diversa posizione di un sostituente su una catena di atomi di carbonio
D. si ha la presenza di un carbonio chirale
E. due composti diversi hanno la stessa formula bruta

975. La struttura di un acido grasso contiene:

A. catene idrocarburiche
B. nessuna delle altre risposte è corretta
C. lunghe catene di aminoacidi
D. trigliceridi
E. esosi e pentosi

976. Quale tra le seguenti caratteristiche è propria dei trigliceridi?

A. Polimerizzano per formare la cellulosa
B. Sono sintetizzati a partire dall'isoprene
C. Hanno un gruppo fosfato legato al glicerolo
D. Possiedono uno scheletro carbonioso a quattro anelli
E. Sono molecole anfipatiche

977. Sostituire le parole corrette alla frase: "Gli alcheni sono ... che hanno almeno 2 carboni vicinali ibridizzati ...".

A. carbonili; sp_2
B. acili; sp_3
C. idrocarburi; sp_2
D. carbonili; sp_3
E. idrocarburi; sp

978. La desinenza "one", secondo le regole internazionali di nomenclatura, spetta:

A. ai sali di acidi a lunga catena
B. alle ammidi
C. ai chetoni
D. agli esteri
E. agli alcoli

979. Quale dei seguenti composti è un alogenuro alchilico?

A. CH_3Cl
B. C_6H_5Cl
C. CH_3COCl
D. CH_3OCH_3
E. CH_3CH_2OH

980. Quale dei seguenti idrocarburi può presentare isomeria cis-trans?

A. 1,2-dicloroetano
B. cloroetano
C. etino
D. cloroetene
E. 1,2-dicloroetene

981. Un idrocarburo è un composto costituito prevalentemente da:

A. carbonio e azoto
B. carbonio e ossigeno
C. carbonio e idrogeno
D. carbonio, azoto e zolfo
E. carbonio, idrogeno e azoto

982. Dalla reazione di alogenazione di un alcano si ottiene:

A. un alcol
B. un alogenoalchene
C. un alogenuro arilico
D. un alogenuro alchilico
E. un alogenoalchino

983. Gli alcoli sono:

A. acidi forti
B. inerti
C. solo gassosi
D. basi forti
E. anfoteri

984. Che cos'è l'etino?

A. Un altro nome dell'acetilene
B. Un cicloalcano
C. Un alchene
D. Nessuna delle altre alternative è corretta
E. Un alcano

985. I composti con la stessa formula bruta ma differente distribuzione degli atomi nello spazio sono detti:

A. stereoisomeri
B. isotopi
C. isomeri di struttura
D. inerti
E. anfoteri

986. Cos'è il glicerolo?

A. Un alcol con tre gruppi ossidrilici
B. Un alcol con un gruppo ossidrilico
C. Un'aldeide
D. Un chetone
E. Nessuna delle altre alternative è corretta

987. Per l'alchilazione di Friedel-Crafts di composti aromatici con alogenuri alchilici si impiegano come catalizzatori:

A. acidi poliprotici
B. basi forti
C. basi di Lewis
D. acidi di Broensted
E. acidi di Lewis

988. Che cos'è l'acetato di butile?

A. Un chetone
B. Un etere
C. Un'anidride
D. Nessuna delle altre alternative è corretta
E. Un acido acrbossilico

989. Individuare il nome IUPAC corretto del composto che ha la seguente formula chimica: $(C_2H_5)_2C(CH_3)CH_2CH_3$

A. 2-metil-1-etilpentano
B. 3-etil-3-metilpentano
C. 1-metil-1-etilpentano
D. 3-metil-3-etilbutano
E. 3-metilesano

CHIMICA

990. Quale di questi gruppi rappresenta un alcol?

A. ROOH
B. ROH
C. ROR'
D. RCOOR'
E. RCOR'

991. Quale tra i seguenti amminoacidi NON è chirale?

A. Prolina
B. Glutammina
C. Glicina
D. Asparagina
E. Triptofano

992. Si consideri il seguente composto organico: CH_3CH_2COOH. A quale classe di composti appartiene?

A. Aldeidi
B. Esteri
C. Eteri
D. Chetoni
E. Acidi carbossilici

993. Quale, tra le seguenti, è la formula del butano?

A. C_3H_{10}
B. C_4H_6
C. C_4H_8
D. C_4H_{10}
E. Nessuna delle altre alternative è corretta

994. La sintesi di Williamson è una reazione tipica per ottenere gli:

A. nessuna delle altre alternative è corretta
B. alcani
C. alchini
D. eteri
E. alcooli

995. Gli idrocarburi sono prevalentemente composti da:

A. carbonio e azoto
B. azoto e idrogeno
C. carbonio e idrogeno
D. idrogeno e zolfo
E. carbonio e ossigeno

996. L'idrogenazione di un alchene produce un:

A. alcol
B. cicloalchene
C. alcano
D. acido carbossilico
E. alchino

997. Dall'ossidazione di un'aldeide si ottiene:

A. un estere
B. un acido carbossilico
C. un chetone
D. un alcol
E. un etere

998. Quali sono i possibili prodotti dell'idrolisi di un'ammide?

A. Amminoacido e alcol
B. Acido carbossilico e alcol
C. Ammina e chetone
D. Estere e aldeide
E. Acido carbossilico e ammina

999. Quale di questi gruppi rappresenta un'ammide?

A. $NH_2C(=O)NH_2$
B. $R-C(=O)NH_2$
C. $R-C(=NH)R_1$
D. $CH_2=C(-NH_2)R$
E. $R-NH-R_1$

1000. Cos'è il metano?

A. Un idrocarburo aromatico
B. Un alcano
C. Un idrocarburo insaturo
D. Un metallo
E. Un idrocarburo ciclico

1001. Il 2-pentanone è:

A. un alcol primario
B. un'aldeide
C. un acido carbossilico
D. un chetone
E. un alcol secondario

1002. Dall'idratazione di un alchene si ottiene:

A. un alchino
B. un alcol
C. un'aldeide
D. un chetone
E. un alcano

1003. Un alcol secondario per ossidazione fornisce:

A. prodotti di scissione
B. un'aldeide
C. nessun prodotto di ossidazione
D. un acido carbossilico
E. un chetone

1004. Gli alcheni presentano:

A. nessun legame multiplo tra atomi di carbonio
B. almeno un legame doppio C–C
C. un sistema elettronico p delocalizzato
D. almeno un legame doppio tra atomi di carbonio e un anello planare stabilizzato da legami p
E. almeno un legame triplo C–C

1005. L'ordine di stabilità dei carbocationi è:

A. $CH_4 + H_2O$ >1° <2° <3°
B. CH_3^+ <1° <2° <3°
C. nessuna delle altre alternative è corretta
D. CH_3^+ <1° >2° >3°
E. CH_3^+ >1° >2° >3°

1006. Il prodotto della riduzione di un aldeide è:

A. un estere
B. un'ammina
C. un alcol terziario
D. un acido carbossilico
E. un alcol primario

1007. Quale delle seguenti affermazioni è ERRATA?

A. Gli enantiomeri possono essere otticamente attivi o non attivi
B. Si dicono enantiomeri gli stereoisomeri che sono l'immagine speculare uno dell'altro
C. In alcune molecole l'energia di interconversione tra i due enantiomeri è relativamente bassa consentendo la interconversione di un enantiomero in un altro
D. Gli enantiomeri, pur essendo l'immagine speculare uno dell'altro, non sono sovrapponibili
E. Gli enantiomeri sono anche chiamati antipodi ottici

1008. Dalla riduzione di un chetone si ottiene:

A. un etere
B. un alcol primario
C. un acido carbossilico
D. un'aldeide
E. un alcol secondario

1009. Quale dei seguenti composti della chimica organica ha la minore massa molare?

A. Etanoato di etile
B. Butan-1-olo
C. 1-idrossibutan-2-one
D. 3-idrossibutanale
E. Acido butanoico

1010. Quale fra questi è il metano?

A. C_2H_6
B. Nessuna delle altre alternative è corretta
C. C_2H_4
D. C_6H_6
E. CH_4

1011.Qual è la natura del composto organico $(CH_3CO)_2O$?

A. Etere
B. Nessuna delle altre alternative è corretta
C. Estere
D. Chetone
E. Anidride

1012. In che stato fisico si trova l'etano a 25 °C?

A. Gas
B. Solido
C. Nessuna delle altre alternative è corretta
D. Liquido
E. Dipende da dove viene estratto

1013. La reazione di Diels-Alder tra butadiene ed etilene:

A. porta alla formazione di un composto ciclico insaturo
B. è un'addizione 2 + 2
C. porta alla formazione di benzene
D. è un'addizione 3 + 2
E. porta alla formazione di un composto aromatico

1014. Individuare l'alcol secondario tra i seguenti composti.

A. 3 - metil - 1 - butanolo
B. 3 - metil - 3 - pentanolo
C. 4 - etil - 3 - metil - 2 - ottanolo
D. 2 - metil - 2 - eptanolo
E. 3 - bromo - 2 - metil - 2 - butanolo

1015. Si possono avere atomi di idrogeno quaternari in un alcano?

A. Sì, talvolta
B. Sì, sempre
C. Nessuna delle altre alternative è corretta
D. No, mai
E. Sì, dipende dal tipo di alcano considerato

“

L’unico modo
di imparare matematica
è fare matematica.

Paul Halmos

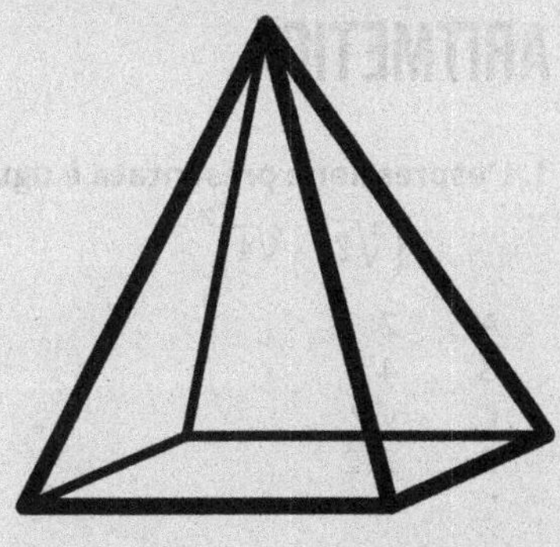

Matematica e Fisica

ARITMETICA

1. L'espressione presentata è uguale a:

$$\left(\sqrt[3]{2^2}\cdot\sqrt[6]{4}\right)^2$$

A. 2
B. 4
C. $\sqrt[3]{2}$
D. $2\sqrt{2}$
E. 1

2. Qual è il minimo comune multiplo tra i numeri 56 e 72?

A. 2016
B. 4032
C. 224
D. 628
E. 50.

3. Quale tra le seguenti espressioni numeriche ha il valore maggiore?

A. 8^2
B. $2\cdot 4\cdot 8$
C. 4^3
D. 2^7
E. $2^2\cdot 4^2$

4. Qual è il massimo comune divisore tra 144 e 180?

A. 56
B. 18
C. 42
D. 36
E. 12

5. L'espressione $[(3 / 2)^4 \cdot (2 / 9)^2]^{-1/2}$ vale:

A. −1 / 2
B. 1 / 8
C. 2
D. 1 / 2
E. 4

6. Quale delle seguenti espressioni numeriche NON ammette radice quadrata nel campo dei numeri reali?

A. 2^{-1}
B. $(-1 / 2)^4$
C. 0
D. $(-2)^3\cdot(-1)^5$
E. $(-1)^3$

7. Sia x tale che $x^3 = 64$. Allora $x^{-1/2}$ vale:

A. −2
B. −4
C. 1
D. 1 / 2
E. 1 / 16

8. L'espressione presentata è uguale a:

$$\frac{3}{5}\times\frac{4}{7}-\frac{2}{3}:\frac{5}{9}+\frac{1}{4}$$

A. − 17 / 28
B. 5 / 27
C. 7 / 4
D. 11 / 24
E. − 3 / 20

9. Quale delle seguenti frazioni è equivalente al numero decimale 0,0128?

A. 1 / 728
B. 8 / 625
C. 4 / 1230
D. 1 / 1128
E. 1 / 1152

10. L'espressione $[(2^3\cdot 2^{-5})^3 : (2^{-4}\cdot 2^2)^2]^2\cdot 2^4$ vale:

A. 1
B. 1 / 8
C. 2
D. 4
E. 1 / 2

11. Qual è il valore dell'espressione presentata?

$$\sqrt{5+\sqrt{6+\sqrt[3]{2+\sqrt{400}+\sqrt[3]{125}}}}$$

A. 4
B. 1
C. $2\sqrt{2}$
D. 2
E. $\sqrt{2}$

12. Quale delle seguenti frazioni è equivalente a 0,0025?

A. 250 / 10000
B. 2 / 1000
C. 25 / 1000
D. 1 / 400
E. 4 / 500

13. Quale tra le seguenti potenze di frazioni rappresenta il numero più grande?

A. $(2 / 3)^3$
B. $(3 / 4)^2$
C. $(5 / 6)^2$
D. $(1 / 2)^3$
E. $(4 / 5)^2$

14. L'espressione $[2^4 \cdot (1 / 2)^5]^4 : (1 / 4)^3$ vale:

A. 1 / 16
B. 8
C. 1
D. 1 / 4
E. 4

15. L'espressione presentata è uguale a:

$$\left[\left(\frac{1}{3^2}\right)^{3/2}\right]^{5/3} \cdot 9^{3/2}$$

A. 1 / 9
B. 3
C. 1 / 3
D. $3^{1/2}$
E. 1

16. L'espressione presentata è uguale a:

$$\frac{\frac{1}{2}+\frac{3}{4}}{\frac{3}{2}+\frac{1}{4}}+\frac{\frac{3}{2}+\frac{1}{4}}{\frac{1}{2}+\frac{3}{4}}-\frac{4}{35}$$

A. 3 / 2
B. –1
C. 2
D. 5 / 3
E. 4

17. L'espressione $(16 \cdot \sqrt{17}) : \sqrt{68}$ può essere semplificata come:

A. $\sqrt{17}$
B. 2
C. 6
D. 8
E. $6\sqrt{2}$

18. L'espressione $(5 / 4)^2 \cdot (1 / 2 + 1 / 3)^{-2} - 2$ è uguale a:

A. 3 / 8
B. 1 / 4
C. 1
D. 2 / 3
E. 5 / 4

19. La frazione 1092 / 1428 può essere ridotta alla frazione:

A. 26 / 35
B. 13 / 17
C. 11 / 13
D. 14 / 21
E. 1 / 3

20. Qual è il risultato della divisione: $(20a^4 - 12a^3 + 6a^2) : (2a^2)$?

A. $5a^2 - 2a + 1$
B. $10a^2 - 6a - 1$
C. $10a^2 - 6a + 3$
D. $10a^2 + 6a - 3$
E. La divisione è impossibile

21. Si hanno due soluzioni saline (A e B), con una concentrazione di sale rispettivamente del 20% e del 40%. Queste due soluzioni vanno mescolate al fine di preparare 4 kg di soluzione salina con una concentrazione di sale del 25%. Quanto occorre di ciascuna soluzione?

A. solo 4 kg della soluzione A
B. 3,5 kg della soluzione A e 0,5 kg della soluzione B
C. 2 kg della soluzione A e 2 kg della soluzione B
D. 1,5 kg della soluzione A e 2,5 kg della soluzione B
E. 3 kg della soluzione A e 1 kg della soluzione B

22. Calcolare il risultato della seguente operazione:
–{2/3 + [1/4 – 5/6 – (3/8 – 11/12)]}

A. –1/8
B. 11/24
C. –5/24
D. –5/8
E. 5/8

23. Una soluzione salina è formata da acqua e sale. Clara deve preparare la soluzione nella quale 1/4 della massa deve essere sale. Di quanta acqua ha bisogno Clara per preparare la soluzione salina avendo a disposizione 400 g di sale?

A. 1.200 g
B. 1.000 g
C. 800 g
D. 1.600 g
E. 1.250 g

24. Semplificare la seguente espressione. –3m – 2/5 n – 1/2 m – (2 – 1/2n – 7/2 m) + (2/15 n – 2)

A. 7/30 m
B. –m + 1/3 n – 4
C. 1/ 2m + 7/30 n + 4
D. 7/30 n – 4
E. m + 7/30 n

25. Domenica sera Cecilia ha letto un quarto delle pagine di un libro. Lunedì sera ne ha lette due quinti e martedì un sesto. mercoledì ha letto le ultime 55 pagine. Quante pagine ha il libro?

A. 300
B. 3.300
C. 330
D. 630
E. 360

26. Calcolare il quoziente e il resto della seguente divisione:
$(5a^6 + 15a^5 + 20 + 5a) : (a + 3)$

A. $Q = 5a^4 + 5; R = 1$
B. $Q = 5a^5 + 1; R = 5$
C. $Q = a^5 + 1; R = 5$
D. $Q = a^5 + 5; R = 1$
E. $Q = 5a^5 + 5; R = 5$

27. Semplificare la seguente espressione. –3/7x – 2/5y – 1/14 x + 11/3 y – x + 1/15 y

A. 3/2x – 10/3y
B. 10/3x – 3/2. –3/2x – 10/3y
C. 3/2x + 10/3 y
D. –3/2x + 10/3 y
E. 3/2x - 10/3 y

28. Alberto ha distribuito velocemente le 52 carte di un mazzo tra quattro giocatori. Avrebbe dovuto distribuirle in parti uguali, ma alla fine i quattro ragazzi si accorgono che Barbara ha tre carte in meno di Alberto, Carlo ha il doppio delle carte di Barbara. Daniela ha il numero giusto di carte. Quante carte ha ciascun giocatore?

A. Alberto 12; Barbara 9; Carlo 18 e Daniela 13
B. Alberto 14; Barbara 9; Carlo 16 e Daniela 13
C. Alberto 18; Barbara 6; Carlo 15 e Daniela 13
D. Alberto 12; Barbara 18; Carlo 6 e Daniela 13
E. Alberto 9; Barbara 6; Carlo 24 e Daniela 13

29. Nelle tre classi della sezione C del liceo classico Eneide, 1/3 degli alunni si è iscritto al corso pomeridiano di teatro e i 3/5 a quello di pallavolo. 1/5 degli alunni non si è iscritto né all'una né all'altra attività, mentre 10 ragazzi le fanno entrambe. Quanti sono in totale gli alunni della sezione C?

A. 75
B. 85
C. È impossibile stabilirlo con i dati a disposizione
D. 55
E. 150

30. Calcolare il risultato della seguente operazione:
1/2 – {1 – (7/10 + 1/2) – [2/5 + 3/2 – 1/10 · (–5/2)]} · {2/47 · [–7/2 : (–1/5 –1/2)]}

A. –1
B. 1/47
C. 2/47
D. 1
E. 1/4

31. Semplificare la seguente espressione:
$7/4\ y^2 – 8/3\ y – [1/6\ y \cdot (3/4\ y – 9/2) – 5/8\ y^2] – (–1/4y^2) \cdot (–8/3) + 2/3y^2$

A. $9/4\ y^2$
B. $9/4\ y^2 – 23/12\ y$
C. $5/4\ y^2 – 1/6\ y$
D. $3/4\ y^2$
E. 3/4 y

32. Il negozio di MagicMusic vende i dischi con uno sconto di 4,50 €. Samantha ha calcolato che, con lo stesso prezzo per il quale prima si compravano sei dischi, ora ne riuscirebbe a comprare otto. Qual era il prezzo di un disco prima dello sconto?

A. 21 euro
B. 27 euro
C. 9 euro
D. 13,5 euro
E. 18 euro

33. Semplificare la seguente espressione. 1/33 ac – 1/2 a + 1/2 c – (1/11 ac – 1/4 c) + (1/3 ac +1/2 a)

A. 3/11 ac + 3/4 c – 1/2a
B. 9/33 ac – 3/4 c
C. –3/11 ac + 1/4 c
D. 3/11 ac + 3/4 c
E. 1/11 ac – 5/4 c + a

34. Calcolare il risultato della seguente operazione:
$-3/4 - \{5/8 - [-1/3 - (-5/6)]\}$

A. 7/8
B. –5/8
C. 5/8
D. 3/8
E. –7/8

35. Calcolare il risultato della seguente operazione:
$\{-[-(1/2 + 1)^2] - 5/4\}^3 : (-1/2)^2 + (1/2 + 5/4)^2 : (1/8 - 1)^2$

A. 1/8
B. 3/2
C. 2/3
D. 8
E. –8

36. Calcolare il risultato della seguente operazione:
$(2 + 1/5)^2 - (2 - 1/5)^2 + [(1/3 + 1/5) \cdot (-3/2) - (-6/5)]^2 \cdot (-5/4)$

A. –17/5
B. 7/25
C. –1/5
D. 7/5
E. 3/25

37. A quanto equivale la radice quadrata del numero $81 \cdot 9 \cdot 36$?

A. 324
B. 162
C. 13122
D. 972
E. 26244

38. L'espressione $1/2y - (-1/2y - 1/2) -1/2 + (1/2\,y - 1/2) - (-1/2 - 1/2y)$ equivale a:

A. 2y
B. 1/4y
C. 16y
D. 1/8y
E. 1/16y

39. La metà della frazione 175/70 è pari a:

A. 5/4
B. 11/2
C. 15/2
D. 4/5
E. 5

40. Calcolare il risultato della seguente espressione:
$[(3/5 + 1/2) \cdot 5/11] - 1/3 + 5/6 = ?$

A. 1/6
B. 3/2
C. 5/6
D. 1
E. 1/3

41. L'espressione $[(-2)^2]^5 \cdot 2^{5/2} \cdot 8^{-3} : 4 \cdot 2^{-½}$ ha come risultato:

A. –2
B. 2
C. 0
D. –1
E. 1

42. L'espressione in figura è uguale a:

$$\left[\frac{(2^4)^3 \cdot (6^3)^2}{(3^9)^{\frac{2}{3}}}\right]^{\frac{1}{3}}$$

A. 98
B. 36
C. 64
D. 72
E. 144

43. 4^{3a} è equivalente a:

A. 8^{4a}
B. 64^{2a}
C. 2^{6a}
D. $4^3 \cdot 4^a$
E. 16^{2a}

44. Se una distribuzione è caratterizzata da soli valori positivi:

A. la sua media geometrica è minore di quella aritmetica
B. la sua media geometrica è maggiore di quella aritmetica
C. la sua media aritmetica è maggiore di zero
D. la sua varianza è maggiore di zero
E. la sua varianza coincide con la deviazione standard

45. Posti A = {12, 13, 14} e B = {13, 14, 15}, qual è l'insieme risultante dall'intersezione di A e B?

A. {12, 13, 14}
B. {12, 15}
C. Un insieme vuoto
D. {12, 13, 14, 15}
E. {13, 14}

46. **L'espressione [a / √(ab)] + [1 / √b] è equivalente a:**
- A. (√a + 1) / √b
- B. (a + 1) / √(ab)
- C. √(2a) / √(ab)
- D. (√a – 1) / √b
- E. √(a + 1) / √b

47. **A quale numero corrisponde la frazione 9/20?**
- A. 29
- B. 180
- C. 9,2
- D. 0,45
- E. 2,222222222

48. **Il numero $\sqrt{(40.000)^3}$ equivale a:**
- A. $6{,}4 \cdot 10^9$
- B. $8 \cdot 10^3$
- C. $8 \cdot 10^6$
- D. $200^{3/2}$
- E. 40.000

49. **$2^2 \cdot 2^4$ = ?**
- A. 2^6
- B. 2^5
- C. 2^8
- D. 2^{16}
- E. 2^2

50. **L'espressione $[2^{m+1} \cdot 4^m]^{1/m}$ è equivalente a:**
- A. $4 \cdot 2^{-m}$
- B. $2^{2/m}$
- C. $4 \cdot 2^{2/m}$
- D. $8 \cdot 2^{1/m}$
- E. $8 \cdot 2^{2/m}$

51. **A quanto equivale la radice quadrata di 36/49?**
- A. 7/6
- B. 6/7
- C. 36/7
- D. 18/25
- E. 6/49

52. **Quale dei seguenti numeri rappresenta il corretto arrotondamento al millesimo di 5,2576?**
- A. 5,3
- B. 5,25
- C. 5,258
- D. 5,26
- E. 5,257

53. **Quale dei seguenti numeri rappresenta il corretto arrotondamento al centesimo di 5,451?**
- A. 5,5
- B. 5,44
- C. 5,45
- D. 5,4
- E. 5,46

ALGEBRA CLASSICA

54. **L'espressione presentata è uguale a:**

$$\{[(a^2 \cdot b^2)^3 \cdot a^{-1}]^2 \cdot b^{-2}\ \}^{1/5}$$

- A. $a^2 \cdot b^2$
- B. $a^2 \cdot b^3$
- C. Ab
- D. $a \cdot b^2$
- E. $a^2 \cdot b$

55. **Quanto vale lo sviluppo dell'espressione $(3ax - 5ay)^2$?**
- A. $9a^2x^2 - 30a^2xy + 25a^2y^2$
- B. $9a^2x^2 - 30x^2y^2 + 25a^2y^2$
- C. $9a^2x^2 - 15axy + 25a^2y^2$
- D. $9a^2x^2 - 25a^2y^2$
- E. $9a^2x^2 + 25a^2y^2$

56. **L'espressione presentata è uguale a:**

$$\frac{\sqrt[3]{\sqrt[2]{a} \cdot (\sqrt[4]{a})^{6}}}{a \cdot \sqrt[3]{a^2}} \cdot \sqrt[5]{a^{6}}$$

- A. a
- B. $a\sqrt[5]{a}$
- C. $a\sqrt{a}$
- D. a^{-1}
- E. $\sqrt{a}$

57. **Il polinomio 2 · (2x – 2y) – 3 · (x + 2y) – (2 – 11y) può essere semplificato come:**
- A. 3x
- B. 2x + y
- C. x – 2y
- D. 2
- E. x + y – 2

58. **Il quadrato del binomio $16a^2 + 8ab^2$ + ...è completato dal monomio:**
- A. $2b^2$
- B. $2b^4$
- C. b^4
- D. b^2
- E. 2b

59. Qual è il valore dell'espressione $(12x^2y^2)^2$: 3xy valutata per x = 1 / 2 e y = 1 / 3?

A. 6
B. 1 / 12
C. 3 / 2
D. 1
E. 2 / 9

60. Qual è il valore dell'espressione presentata per a = 2 e b = 4?

$$\left[\frac{(\sqrt{a}+\sqrt{b})\cdot(\sqrt{a}-\sqrt{b})}{\sqrt{ab}} + \sqrt{ab}\right]^2$$

A. 10 / 3
B. 9 / 2
C. 2 / 3
D. 8 / 5
E. – 3 / 2

61. Il polinomio $27x^2y^6 - 3y^8$ può essere scomposto come

A. 3y^6 · (3x + y) · (3x – y)
B. $y^2 \cdot (9x + y) \cdot (9x - y)$
C. $3y^6 \cdot (3x - y)^2$
D. $(3x + y^4)\cdot(3x - y^3)$
E. $xy^3 \cdot (9x - 3y)^2$

62. Quale dei seguenti termini NON è presente nello sviluppo del quadrato del trinomio 3x + 2y + z ?

A. z^2
B. $9x^2$
C. 4yz
D. 6xz
E. 6xy

63. Il quadrato di un binomio $4x^2 - 16xy^2$ + ... è completato dal monomio:

A. 4y
B. $16y^4$
C. $4y^2$
D. $2y^2$
E. 16y

64. L'espressione presentata è uguale a:

$$\frac{ax^3 - a^2x^2 + ax - a^2}{ax^2 + a}$$

A. x – a
B. 1 / ax
C. (x – 1) / a
D. $x^2 - a^2$
E. x – 1 / a

65. Qual è il valore dell'espressione $(ab^{-2} + ba^{-2})^{-1}$ valutato per a = 1 / 3 e b = 1 / 2?

A. 15 / 4
B. 1
C. 33 / 2
D. 4 / 5
E. 6 / 35

66. Qual è il valore dell'espressione $(x + y)^3$: $(x^2 - y^2)$ valutato per x = 1 / 2 e y = 1 / 3?

A. 25 / 6
B. 7 / 25
C. 1
D. 1 / 6
E. 8 / 7

67. Il polinomio $(x + y)^2 - (x - y)^2 - (y - x) \cdot (y + x)$ può essere semplificato come:

A. $x^2y - xy^2$
B. $x^2 + 2xy - y^2$
C. $x^2 + y^2$
D. 4xy
E. $x^2 + 4xy - y^2$

68. L'espressione presentata è uguale a:

$$1 - \frac{x+1}{x^2-1}\cdot\frac{(x-1)^2}{x}$$

A. $1 + x^2$
B. x + 1 / x
C. 1 – x
D. (x – 1) / x
E. 1 / x

69. Quanto vale l'espressione $(xy^2z + 3xy^2z + 4xy^2z) : (6yz^2 - 3yz^2 + yz^2)$ per x = 1, y = 2 e z = 1 / 2?

A. 4
B. 1
C. 8
D. 3
E. 2

70. Qual è il valore dell'espressione $[(a + b)^2 - (a - b)^2] : [(a + c)^2 - (a - c)^2]$ valutato per a = 100, b = 10 e c = 1?

A. 100
B. 10
C. 1
D. 20
E. 200

71. L'espressione (x + y) · (x − y) + (y − z) · (y + z) è equivalente a:

A. $x^2 - z^2$
B. $x^2 + 4xyz + y^2$
C. $x^2 - y^2 - z^2$
D. $x^2 + 2yz + y^2$
E. $x^2 - 2xy + y^2$

72. Qual è il valore dell'espressione $[(2x^2)^3 \cdot x^{-3}]^{-2} : (2x^{-5})$ valutato per x = 1 / 8?

A. 1 / 16
B. 2
C. 4
D. 32
E. 1 / 8

73. Il polinomio $abc^2 + 8abc + 16ab$ può essere scomposto come:

A. $ab \cdot (c + 4)^2$
B. $ac \cdot (4c + b)^2$
C. $(a + b + 2c)^2$
D. $(ab + 4c)^2$
E. $4ab \cdot (c - 1)^2$

74. Il polinomio $x^2 + xy + 2x + 2y$ può essere scomposto come:

A. $(x^2 + 1) \cdot (y + x)$
B. $(x + 2y) \cdot (2 + x)$
C. $(x + 2y) \cdot (2 + y)$
D. $(x + y) \cdot (x + 2)$
E. $(x + y) \cdot (2x + y)$

75. L'espressione $x^8 - 16y^4$ può essere scomposta come:

A. $(x^2 + 2y) \cdot (x^2 - 2y^2) \cdot (x^2 - y) \cdot (x^2 + y)$
B. $(x^2 - 4y^2) \cdot (x^2 - 2y) \cdot (x^2 + 2y)$
C. $(x^4 + 4y^2) \cdot (x^2 - 2y) \cdot (x^2 + 2y)$
D. $(x^8 - 4y^4) \cdot (x^4 - 2y)$
E. $(x^4 - 8y) \cdot (x^4 + 8y)$

76. Quanto vale l'espressione $(xy^2 + yz) \cdot (xy^2 - yz) : (xyz)$ valutata per x = 2, y = 1 / 2 e z = 3?

A. 1 / 2
B. 2
C. − 2 / 3
D. 3 / 2
E. 1

77. L'espressione $(x^2 + 2y) \cdot (x^2 - 2y)$ equivale a:

A. $x^2 - 2y^4$
B. $x^2 - 2xy + 4y^2$
C. $x^2 - 4y$
D. $x^2 + 4xy + 4y^2$
E. $x^4 - 4y^2$

78. Il polinomio $(2x + 3y) \cdot (x - 4y) - 5x^2 + 2xy + 3y^2$ può essere semplificato come:

A. $2xy^2$
B. $3 \cdot (x^2 + xy + 2y^2)$
C. $x^2 + 4xy + 2y^2$
D. $-3 \cdot (x^2 + xy + 3y^2)$
E. $2 \cdot (x^2 + 2y^2)$

79. L'espressione presentata è uguale a:

$$\frac{(9 + 3x)}{3} : \frac{(3 + x)}{x^2} - \frac{(x^2+3)(x^2-3)}{x^2}$$

A. $9 / x^2$
B. $3x^2$
C. $3 - 1 / x^2$
D. $x^2 / 9$
E. $x - 3$

80. Il polinomio $(x + y) \cdot (2x - y + 2) - 2 \cdot (x + y)^2 + 3xy$ può essere semplificato come:

A. $4xy + y^2$
B. $2xy + 4x$
C. $x^2 + 4xy + 2y$
D. $3x^2 + 2x - 2y^2 + y$
E. $2x - 3y^2 + 2y$

81. Qual è il valore dell'espressione $[(xy + 4yz^{-2}) \cdot (xy - 4yz^{-2})]^3$ valutato per x = 2 e y = 1 e z = 2?

A. 27
B. 1 / 8
C. 1
D. 27 / 4
E. 4

82. Risolvere la seguente disequazione irrazionale:
$3(x + 1) + \sqrt{(4x^2 - 13x + 3)} < 5x + 1$

A. $x > 1$
B. $x < -1/4$
C. $x \geq 3$
D. $x > -1/4$
E. $x > 1/4$

83. Qual è la soluzione del sistema mostrato in figura?

$$\begin{cases} (x - z)/2 + y + (11 + 12x)(-x) = 25/12 \\ (x + z)/3 = y/2 \\ 2x + y + z = 1/3 \end{cases}$$

A. x = 1/2; y = 0; z = 1
B. x = −1/2; y = −1/3; z = 1
C. x = 1/2; y = −1/3; z = −1
D. x = −1/2; y = 1/3; z = 1
E. x = −1/2; y = −1; z = 1

84. Risolvere la seguente disequazione irrazionale:
$\sqrt{(16 - x^2)} - x \geq 4$

A. $x \leq -2$
B. $x = 2$
C. $-4 \leq x \leq 0$
D. $x \leq -2$ e $x \geq 2$
E. $x \geq 2$

85. Risolvere la seguente disequazione:
$-6x + (1/2 - x)(1/2 + x) - 9(-1)^2 < 0$

A. $x < -5/2$
B. $x < -7/2 \lor x > -5/2$
C. $5/2 < x < 7/2$
D. $x < 5/2 \lor x > 7/2$
E. $-7/2 < x < -5/2$

86. Risolvere seguente disequazione irrazionale:
$x \leq 2 + \sqrt{[(x - 4)^2 - 1]}$

A. $x > -11/4$
B. $x \leq -2$
C. $x < 0$
D. $x \leq 11/4$
E. $x \geq 11/4$

87. Risolvere la seguente disequazione: $1 - |x| < 4x - 3$.

A. $x \neq 0$
B. $x > 1$
C. $x > 4/5$
D. $x < 1/2$
E. $x < 3/4$

88. Risolvere la seguente equazione irrazionale:
$\sqrt{(x + 2)} + \sqrt{(2x + 1)} = 2\sqrt{(-1/8 - x)}$

A. $-1/2$
B. $1/2$
C. 2
D. -1
E. -2

89. Qual è la soluzione del sistema mostrato in figura?

$$\begin{cases} 3(x + z) - 2(y - 4) = -5 \\ x - 3y = 4(4 + z) - 3 \\ z + 3 = 2y - x \end{cases}$$

A. $x = 2;\ y = 1;\ z = 3$
B. $x = 2;\ y = -1;\ z = 0$
C. $x = -2;\ y = -1;\ z = -3$
D. $x = 2;\ y = 0;\ z = -3$
E. $x = -1/2;\ y = 1;\ z = -3$

90. Risolvere la seguente equazione irrazionale:
$\sqrt{(4x - 3)} + \sqrt{(5x + 2)} = \sqrt{(9x - 1)}$

A. 1
B. -2
C. $3/4$
D. -3
E. $4/3$

91. Calcolare il quoziente e il resto della seguente divisione:
$(3y^4 + 3y^3 - 2y + 1) : (y + 5)$

A. $Q = 3y^3 + 2y^2 - 60y - 302;\ R = 1501$
B. $Q = 3/5y^3 - 12/5y^2 + 12y - 302;\ R = 1551$
C. $Q = 3y^3 + 12y^2 + 30y - 302;\ R = 1051$
D. $Q = -3y^3 - 2y^2 + 6y - 30;\ R = 511$
E. $Q = 3y^3 - 12y^2 + 60y - 302;\ R = 1511$

92. Calcolare il risultato e il resto della seguente divisione:
$(a^5 - 10a - 12) : (a - 2)$

A. $Q = 2a^3 + 4a^2 + 8a + 6;\ R = 0$
B. $Q = 2a^4 + 2a^3 + 2a^2 + 2a + 8;\ R = 0$
C. $Q = a^4 + 2a^3 + 8a^2 + 12a + 10;\ R = 0$
D. $Q = -a^4 - 2a^3 - 2a^2 + 16a + 6;\ R = 0$
E. $Q = a^4 + 2a^3 + 4a^2 + 8a + 6;\ R = 0$

93. Calcolare il valore di x e y sapendo che:
$x + 3y = 9$ e $2x - 3y = 0$

A. $y = 1$ e $x = 3$
B. $y = 3$ e $x = 2$
C. $x = 1$ $y = 4$
D. $x = 3$ e $y = 2$
E. $x = 2$ e $y = 1$

94. Qual è la soluzione del sistema mostrato in figura?

$$\begin{cases} 2(x - 3y + 2z) = 5 - 5x \\ 7x - 3(x - y + 2) = z \\ 2(x + 3y) + 1 = 3(2y + z) \end{cases}$$

A. $x = -1;\ y = 1/4;\ z = 2$
B. $x = 0;\ y = 1;\ z = 4$
C. $x = 1/2;\ y = -1;\ z = 0$
D. $x = -1;\ y = -1;\ z = 1$
E. $x = 1;\ y = 1;\ z = 1$

95. Risolvere la seguente equazione irrazionale:
$2\sqrt{(1 - 4x)} + \sqrt{(x - 1)} = \sqrt{(8x + 3)} + 3\sqrt{x}$

A. $\forall\, x \in \mathbb{R}$
B. $\nexists\, x \in \mathbb{R}$
C. 0
D. -2
E. 1

96. Calcolare il risultato e il resto della seguente divisione:
$(5x^3 - 3x^2 + 4x - 2) : (x - 1)$

A. $Q = -5x^2 + 6x + 2$; $R = 2$
B. $Q = x^2 + 2x + 1$; $R = 0$
C. $Q = 5x^2 - x - 6$; $R = 2$
D. $Q = 5x^2 + 2x + 6$; $R = 4$
E. $Q = 5x^2 - 2x - 6$; $R = -1$

97. Calcolare il valore di x e y sapendo che:
$x + 2y = 18$ e $6x - 2y = 10$

A. $x = 3$ e $y = 5$
B. $y = 3$ e $x = 5$
C. $x = 1$ e $y = 14$
D. $x = 4$ e $y = 7$
E. $y = 4$ e $x = 7$

98. Calcolare il quoziente e il resto della seguente divisione:
$(-3y^4 + 14y^3 - 13y^2 + 2) : (3y^2 - 2y - 1)$

A. $Q = -y^2 - 2$; $R = 1$
B. $Q = -y^2 + y - 1$; $R = 2$
C. $Q = y^2 - 4y - 2$; $R = 2$
D. $Q = y^2 - 4y + 2$; $R = 3$
E. $Q = -y^2 + 4y - 2$; $R = 0$

99. Qual è il risultato della divisione: $(4ab^2 - 6a^2b) : 2ab$?

A. $2b - 3a$
B. $b - 2a$
C. $b - a$
D. $2b - 2a$
E. $2b - a$

100. Risolvere la seguente equazione: $|x + 5| = |2x| + 1$.

A. $x = 4$; $x = -4/3$
B. $x = -5$; $x = 0$
C. $x = 2$; $x = -5$
D. $x = 3/4$
E. $x = -4$; $x = -1$

101. Calcolare il quoziente e il resto della seguente divisione:
$(2x^3 - 9x^2 + 9x + 2) : (x - 2)$

A. $Q = 2x^2 + 5x - 1$; $R = 2$
B. $Q = 2x^2 - 1$; $R = 0$
C. $Q = -2x^2 - 1$; $R = 0$
D. $Q = 2x^2 + 5x + 1$; $R = 2$
E. $Q = 2x^2 - 5x - 1$; $R = 0$

102. Qual è la soluzione del sistema mostrato in figura?

$$\begin{cases} 3x + 2y + 4z = 2 \\ (x - 2y)/2 + (x + z)/3 + 1 = 0 \\ (x + y + z)/2 + 1/2 = y \end{cases}$$

A. $x = 1$; $y = 1$; $z = 0$
B. $x = 0$; $y = 1$; $z = 0$
C. $x = 0$, $y = -1$; $z = 1$
D. $x = 1$; $y = 1$; $z = -1$
E. $x = 0$; $y = 0$; $z = 1$

103. Risolvere la seguente equazione irrazionale:
$\sqrt{(x - 1/4)} + \sqrt{(4x + 5/3)} = \sqrt{[1 + 5(x + 1/12)]}$

A. $-1/4$
B. 0
C. -1
D. $1/2$
E. $1/4$

104. Risolvere la seguente disequazione:
$(x + 1)^2 + (-1/4)^2 - 1/2\,(x + 1) \leq 0$

A. $x \geq -3/4$
B. $x = -3/4$
C. $x \leq -3/4$
D. $x < -3/4$
E. $x \neq -3/4$

105. Risolvere la seguente equazione irrazionale:
$\sqrt{(6x + 2)} - \sqrt{(3x + 1)} \cdot \sqrt{(x + 1)} = 0$

A. 3; 1
B. 2
C. 1; $-1/3$
D. 0
E. -1; $-1/3$

106. Calcolare i quoziente e il resto della seguente divisione:
$(1/4\, x^4 + 1/2\, x^2 - 2x - 2) : (x^2 - 2)$

A. $Q = 1/4\, x^2 - 1/4$; $R = 2x$
B. $Q = 1/4\, x^2 + 1$; $R = -2x$
C. $Q = 1/4\, x^2 + 1/4x - 1$; $R = -2x$
D. $Q = 1/2\, x^2 + 1$; $R = -2x$
E. $Q = 1/2\, x^2 + 1/4$; $R = -x$

107. Risolvere la seguente equazione: $|2x| = 4 - |x - 3|$

A. $x = -1/3$; $x = 1$
B. $x = 1/2$; $x = -3$
C. $x = 3$; $x = -1$
D. $x = -1$
E. $x = 1/3$; $x = 3$

108. L'espressione –2/5xy – (2/15xy – 1/3x) – (–1/6x – 2xy) – xy equivale a:

A. 7/15 xy
B. 1/2x
C. –1/5xy + 2 x
D. 7/15xy + 1/2x
E. –16xy + 1/2x

109. Risolvere seguente disequazione irrazionale:
$\sqrt{(x-1)^2 - x + 3} + 3 < x$

A. ∄ x ∈ ℝ
B. x < 4 e x ≥ 5
C. ∀ x ∈ ℝ
D. x < 5
E. x ≤ 4 e x > 5

110. Calcolare il quoziente e il resto della seguente divisione:
$(x^4 + 3x^2 - 4) : (x^2 - 4)$

A. $Q = x^2 + 1$; R = 24
B. $Q = x^3 + 7$; R = 12
C. $Q = x^2 + 7$; R = 24
D. $Q = x^2 - 1$; R = 12
E. $Q = x^3 + x^2 + 7$; R = 24

111. Risolvere la seguente disequazione irrazionale:
$\sqrt{x^2 + 2x + 2} \leq 2/5 - 3/5$

A. –23/8 ≤ x ≤ –1
B. x ≤ –23/8
C. x ≥ –23/8
D. x ≥ –1/3
E. x ≤ 1/3

112. Calcolare il quoziente e il resto della seguente divisione:
$(a^2 - a - 12) : (a - 4)$

A. Q = a + 3; R = 0
B. Q = a + 1; R = 3
C. Q = –a – 3; R = 0
D. Q = a – 3; R = 1
E. Q = a – 1; R = 2

113. Risolvere la seguente disequazione irrazionale:
$2 \leq x + \sqrt{x^2 - 1}$

A. x ≤ –4 e x ≥ 0
B. 0 ≤ x ≤ 4
C. x ≥ 4
D. x ≥ 5/4
E. –4 <x < 0

114. Risolvere la seguente disequazione: |4/3 x – 1/4| > –13/12 + x/4.

A. x > 4/3
B. x > 1
C. x > 0
D. ∀ x ∈ ℝ
E. x > 1/4

115. Qual è la soluzione del sistema mostrato in figura?

$$\begin{cases} -2/3(x+y) + 2(z+1) = 1/3 \\ 1/3x + 3/2z = y - 1 \\ 3(x - z) = x + y \end{cases}$$

A. x = 3/2; y = –2, z = –1/3
B. Il sistema è indeterminato
C. x = –2; y = 1; z = 1/3
D. x = 1/2; y = 2; z = 3
E. x = 3/2; y = 2; z = 1/3

116. Calcolare il quoziente e il resto della seguente divisione:
$(3x^3 + x^2 - 8x + 4) : (x + 2)$

A. Q = –5x + 2; R = 0
B. $Q = 3x^2 - x + 1$; R = 3
C. $Q = 3x^2 - 2x + 5$; R = 1
D. $Q = 3x^2 - 5x + 2$; R = 0
E. $Q = 5x^2 + 2x + 5$; R = 1

117. Calcolare il risultato della seguente divisione:
$(-2/3\, x^6 + 1/3\, x^5 + x^3) : (2/3\, x^3)$

A. $-x^3 + 1/2\, x^2 + 3/2$
B. $x^3 - 1/2\, x^2 - 3/2$
C. $-x^3 + 2\, x^2 + 3/2$
D. $-x^3 + 1/2\, x^2 + 2/3$
E. $-x^2 + 1/2\, x^3 + 3/2$

118. Risolvere la seguente disequazione:
$8/5\, [(15/2)x + 90] - 6/5\, [20x + 5/6\, (-12)^2] - x^2 < 0$

A. x > 0
B. x < 0 ⋁ x >12
C. x > –12
D. –12 < x < 0
E. x < –12 ⋁ x > 0

119. Risolvere la seguente disequazione:
$1/5\, [(x - 2)/2] + (4x^2 + x)/4 - 1/8\, (1 + 13/5) > 0$

A. –1 < x < 13/20
B. –1 < x < –13/20
C. x < –1 ⋁ x > 13/20
D. x > 13/20
E. x < –13/20 ⋁ x < 1

120. Calcolare il risultato della seguente divisione:
$(7x^4 - 3x^2y^3 + 5x^3y^2) : (-3x^2)$

A. $-7/3\ x^2 - y^3 + 5/3\ xy^2$
B. $-7/3\ x^2 + y^3 - 5/3\ xy^2$
C. La divisione è impossibile
D. $7/3\ x^2 + y^3 - 5/3\ xy^2$
E. $7/3\ x^2 - y^3 - 5/3\ xy^2$

121. L'espressione $2/3\ a^2b - 1/2a^4 - a^2b - 1/4\ a^4 - 2/3a^2b - a^4 - 1/4a^4$ equivale a:

A. $-a^2b + 2a^4$
B. $a^2b + 2a^4$
C. $-2a^2b - a^4$
D. $-2a^2b + 2a^4$
E. $-a^2b - 2a^4$

122. L'espressione: $-15x^2 \cdot (-y^2) + 3xy \cdot (-4xy) + 2y^2 \cdot (-2x^2)$ equivale a:

A. $-2x^2y^2$
B. $-3x^2y^2$
C. x^2y^2
D. $-x^2y^2$
E. $5x^2y^2$

123. Quale tra i seguenti polinomi è equivalente al prodotto $2a^2(ab - b^2)$?

A. $2a^2b - 2a^2b^2$
B. $2a^2 - b^3$
C. $2a^3b^3 - 2a^2$
D. $2a^3b^3 - 2a^2b^2$
E. $2a^3b - 2a^2b^2$

124. Quale delle seguenti espressioni è equivalente a $\log_2 576$?

A. $2 + 3 \cdot \log_2 6$
B. $5 + \log_2 3$
C. $2 \cdot (3 + \log_2 3)$
D. $3 \cdot (2 + \log_2 3)$
E. $2 \cdot (1 + \log_2 6)$

125. Quali sono le soluzioni dell'equazione $\log_2 (x - 1) + \log_2 (x + 1) = 3$?

A. $x = -3$
B. $x = -3;\ x = 3$
C. $x = 1;\ x = 2$
D. $x = 0;\ x = 3$
E. $x = 3$

126. Qual è la derivata della funzione $f(x) = \text{sen}\ x - x \cdot \cos x$?

A. $2 \cdot \text{sen}\ x$
B. $\text{sen}\ x - \cos x$
C. $\cos x - (x - 1) \cdot \text{sen}\ x$
D. $x \cdot \text{sen}\ x$
E. $(x - 1) \cdot \text{sen}\ x$

127. Qual è la derivata della funzione $f(x) = x \cdot \ln (1 - x)$?

A. $1 / (1 - x)$
B. $\ln (1 - x) - x / (1 - x)$
C. $\ln (1 - x) / x$
D. $\ln x / (1 - x)$
E. $\ln (1 - x) + x / (1 - x)$

128. Quale delle seguenti funzioni ha derivata discontinua in $x = 0$?

A. $f(x) = e^{-x}$
B. $x = \ln (1 + x)$
C. $f(x) = |\ x\ |$
D. $f(x) = 1 / \cos x$
E. $f(x) = \sqrt{(x^2 + 1)}$

129. La frazione algebrica $(x - 1)(x - 3)/(x^3 - 27 + 27x - 9x^2)$ esiste per:

A. $x \neq \pm 3$
B. $x \neq 0$
C. $x \neq 3$
D. $x \neq -1$
E. ogni x appartenente all'insieme dei numeri reali

130. L'equazione $\log_{1/4} x = -3$ ha come soluzione:

A. 16
B. 4
C. 64
D. 1 / 16
E. −1

131. Quanto vale la derivata della funzione in figura valutata per $x = 0$?

$$f(x) = \frac{3x^2 - 1}{x + 2}$$

A. 0
B. −1
C. 1 / 4
D. 3 / 2
E. 2

132. Determinare il valore di x affinché valga la seguente uguaglianza: log x 243 = 2

A. x=x=$9\sqrt{3}$
B. x=9
C. x=$3\sqrt{4}$
D. x=$9\sqrt{6}$
E. x=$2\sqrt{3}$

133. Quali sono le soluzioni della disequazione $e^{-(3x+2)} > 1$?

A. $0 < x < 1 / 3$
B. $x > 1 / 3$
C. $x < -2 / 3$
D. $x > 2 / 5$
E. $x = 0$

134. Un rettangolo ha un lato 2 cm più lungo dell'altro e perimetro pari a 20 cm. Quanto vale la sua area?

A. 24 cm^2
B. 12 cm^2
C. 26 cm^2
D. 30 cm^2
E. 15 cm^2

135. Quali sono le soluzioni della disequazione in figura?

$$\frac{1+2x}{3x-1} > 0$$

A. $1 < x < 3$
B. $x < -1 / 3 \lor x > 2$
C. $-1 / 2 < x < 3$
D. $x < -1 / 2 \lor x > 1 / 3$
E. $x < 2 \lor x > 3$

136. La soluzione dell'equazione mostrata in figura è:

$$\frac{4 \ln 3x + 2 \ln x^2}{2 \ln x^3} = \frac{7}{3}$$

A. $x = 4 / 3$
B. $x = 2^{1/3}$
C. $x = 2^{2/5}$
D. $x = 9/ 2$
E. $x = 3^{2/3}$

137. La soluzione dell'equazione mostrata in figura è:

$$\frac{2^{x+1}}{3^{2x-2}} = \frac{2^{2x}}{3^x}$$

A. $x = log_6 18$
B. $x = log_3 12$
C. $x = log_2 9$
D. $x = log_4 25$
E. $x = log_9 8$

138. Qual è la derivata della funzione mostrata in figura?

$$f(x) = \frac{4x-1}{4x+1}$$

A. $8 / (4x - 1)^2$
B. $4x / (4x + 1)^2$
C. $4 / 4x + 1 / x^2$
D. $(4x + 1)^2/ 2x$
E. $8 / (4x + 1)^2$

139. Qual è la derivata della funzione f(x) = (x – 1) · e^x?

A. $x \cdot e^x$
B. $-e^x$
C. $(x - 2) \cdot e^x$
D. $(x - 1) \cdot e^{2e}$
E. $1 / (1 - e^x)$

140. Quanto vale l'espressione 2 · $\log_9 3$?

A. 1
B. –1
C. 3
D. 2
E. 1 / 2

141. Quali sono le soluzioni dell'equazione in figura?

$$\frac{x^2 - 3x + 2}{x - 2} = 0$$

A. Nessun valore di x
B. $x = 1, x = 2$
C. $x = 2, x = 5 / 2$
D. $x = 1$
E. $x = 1, x = -2$

142. Sia x > 0. Quanto vale $\frac{log_8 x}{log_4 x}$?

A. 2/3
B. 3/2
C. 2
D. 3/4
E. -1/4

143. Quali sono le soluzioni dell'equazione $\log_{1/2} x < \log_{1/2} (2 - x)$?

A. $x > 1$
B. $x < -1 \lor x > 2$
C. Nessun valore di x
D. $1 < x < 2$
E. $0 < x < 2$

144. Quanto vale l'area del triangolo in figura, sapendo che BC ha lunghezza 10 cm e che cos α = 0,8?

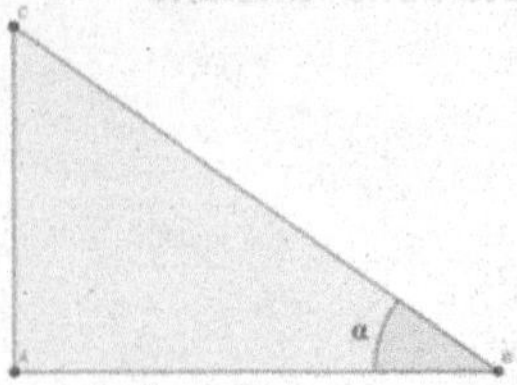

A. $24cm^2$
B. $12cm^2$
C. $32cm^2$
D. $18cm^2$
E. $21cm^2$

145. Quali sono le soluzioni della disequazione 2x > 5x ?
A. x < 0
B. x < 1
C. 0 < x < 1
D. x < -1
E. nessun valore di x

146. Quali sono le soluzioni dell'equazione $4 \cdot 2^x - 3 \cdot 2^{x-1} = 40$?
A. x = – 1 / 2
B. x = 4
C. x = 3 / 4
D. x = 1
E. x = 2

147. Per quale valore del parametro k l'equazione $x^2 + 2kx + 9 = 0$ ammette una sola soluzione?
A. k = –3; k = 3
B. k = –2, k = 1
C. k = 0; k = 3
D. Nessun valore di k
E. k = 0

148. Quali sono le soluzioni dell'equazione $(\log_2 x)^2 < 16$?
A. 1 / 4 < x < 4
B. – 1 / 4 < x < 1 / 4
C. x > 1 / 16
D. 0 < x < 16
E. 1 / 16 < x < 16

149. Per quali valori di x la derivata della funzione in figura è uguale a 0?

$$f(x) = \frac{x^2 - 2x - 1}{2x + 1}$$

A. x = 0; x = 1 / 2
B. x= 1
C. Nessun valore di x
D. x = –1; x = 1
E. x = –1; x= 0

150. Quali sono le soluzioni dell'equazione $\sqrt{x} = 2x - 1$?
A. x = – 1 / 2; x = 1 / 4
B. Nessun valore di x
C. x = 1
D. x = 1 / 4; x = 1
E. x = 0; x = 1

151. Quali sono le soluzioni della disequazione $(2x - 2)^2 > (x + 1)^2$?
A. 1 < x < 3
B. x < 1 / 3 V x > 3
C. –1 / 3 < x < 3
D. x < 0 V x > 3
E. x < 1 V x > 1 / 3

152. Quali sono le soluzioni dell'equazione $3^{-3x} = 1 / 27$?
A. x = 1 / 3
B. x = – 1 / 2
C. x = 3 / 2
D. x = 2
E. x = 1

153. La somma di due numeri è pari a 11 e la loro differenza è pari a 5. Quanto vale il prodotto dei due numeri?
A. 24
B. 21
C. 36
D. 12
E. 26

154. Quali sono le soluzioni del seguente sistema lineare?

$$\begin{cases} 4x - 3y = 14 \\ 2x + 3y = 16 \end{cases}$$

A. x = –2, y = 6
B. x = 3, y = 1
C. x = 7, y = 1
D. x = –5, y = –1
E. x = 5, y = 2

155. L'equazione di secondo grado $x^2 + 3x - 28 = 0$:

A. ha due radici reali coincidenti
B. ha due radici reali e la negativa ha valore assoluto maggiore
C. non ha radici reali
D. ha come soluzioni x = –4 e x = 7
E. ha due radici reali e la negativa ha valore assoluto minore

156. L'equazione 13x – 11 = 2x ammette come soluzione:

A. x = –1
B. x = 4
C. x = 8
D. x = 11/15
E. x = 1

157. Risolvendo il sistema di equazioni mostrato in figura, quale valore numerico si assegna all'incognita b?

$$\begin{cases} a + 4 = b \\ c + a = b \\ 2a + c + d = 21 \\ c + 1 = d \end{cases}$$

A. 9
B. 4
C. 6
D. 8
E. 10

158. Sia data la funzione f (x) = ln 2^x. Quale dei seguenti punti appartiene al grafico di f?

A. (2 ; 2 ln 2)
B. (0 ; 1)
C. (4 ; 2 ln 2)
D. (–1 ; ln 2 / 2)
E. (1 ; 0)

159. Le soluzioni della disequazione mostrata in figura sono:

$$\frac{1 - 2^x}{2^x - 4} > 0$$

A. –2 < x < 2
B. x > 0
C. nessun valore di x
D. 0 < x < 2
E. x < 0 V x > 1

160. Quali sono le soluzioni della disequazione 52x + 1 > 1 / 25?

A. x > -3/2
B. x < 1/2
C. x > 1/3
D. x > -1/2
E. x < 3/2

161. Quali sono le soluzioni dell'equazione $3^x + 2 \cdot 3^{x-1} = 15$?

A. x = – 1 / 2
B. x = 3 / 2
C. x = 2
D. x = 0
E. x = –1

162. Le soluzioni della disequazione mostrata in figura sono:

$$\frac{2 - e^x}{1 - 2e^x} > 0$$

A. x < – ln 2 V x > ln 2
B. –ln 2 < x < 0
C. ln 2 < x < 2 · ln 2
D. 1 < x < 2 · ln 2
E. nessun valore di x

163. Quali sono le soluzioni dell'equazione $2^{2x} - 4 \cdot 2^{x+1} + 16 = 0$?

A. x = 1 / 2
B. x = 0, x = –2
C. x = 2
D. x = –2, x = 2
E. x = –1 / 2, x = 1 / 2

164. Quali solo le soluzioni della disequazione $2 \cdot 4^{2x} - 1 / 4 > 0$?

A. x < – 1 / 2
B. x > 1
C. Nessun valore di x
D. 0 < x < 3 / 4
E. x > – 3 / 4

165. Per quali valori del parametro k il grafico della funzione passa per il punto (e ; 1)?

$$f(x) = \frac{1 + kx^2}{1 + 2 \cdot \ln x}$$

A. $k = 1 + e^{-2} / 2$
B. k = e / 4
C. $k = 2 \cdot e^{-2}$
D. k = 2 / e
E. $k = 2 \cdot e^2$

166. L'espressione mostrata in figura può essere semplificata come:

$$\frac{2\ln\frac{6}{5} - 3\ln\frac{3}{2} + 2\ln\frac{5}{4}}{\ln 2}$$

A. ln 2 / 5
B. 2 · ln 3
C. ln 4 / 3 – 1
D. 1 – ln 3 / ln 2
E. 1 + ln 5 / 2

167. Qual è la derivata della funzione $f(x) = x^3 \cdot e^{\text{sen } x}$?

A. $(3 + \text{sen } x) \cdot x^2 \cdot e^{\cos x}$
B. $(1 + \cos x) \cdot x^2 \cdot e^{\text{sen } x}$
C. $\cos x \cdot x^3 \cdot e^{\text{sen } x}$
D. $(3 + x \cdot \cos x) \cdot x^2 \cdot e^{\text{sen } x}$
E. $(2x + \cos x) \cdot x^2 \cdot e^{\text{sen } x}$

168. Qual è la derivata della funzione f(x) = 2 · cos (√x)?

A. – sen (√x) / √x
B. 2x · sen x / √x
C. 2 · sen x / √x
D. 1 / cos (√x)
E. 2 / sen (√x)

169. Quali sono le soluzioni dell'equazione $\log_2 (3x - 2) = -2$?

A. x = 3 / 2
B. x = – 9 / 2
C. x = – 4
D. x = 3 / 4
E. x = 1

170. Quanto vale la derivata della funzione in figura valutata per x = –2?

$$f(x) = \frac{3}{\sqrt{5 + x^2}}$$

A. 0
B. 1 / 3
C. 2 / 9
D. – 1 / 2
E. 5 / 4

171. Quanto vale la derivata della funzione f(x) = ln (cos x) valutata nel punto x = π / 3?

A. 1
B. √2
C. 0
D. 1 / 2
E. – √3

172. Le soluzioni dell'equazione mostrata in figura sono:

$$\log_3 \frac{x^2 + 2}{x - 2} = 2$$

A. x = 2, x = 5 / 2
B. nessun valore di x
C. $x = \log_2 10$
D. $x = 1, x = \log_2 3$
E. x =4, x = 5

173. Quali sono le soluzioni dell'equazione $\log_2 (x + 1) + \log_2 (x - 1) = 2$?

A. x = √5
B. x = – √5, x = √5
C. x = √2
D. x = √2, x = √2
E. Nessun valore di x

174. Quali sono le soluzioni dell'equazione $2^{-3x} = 16$?

A. x = – 3 / 4
B. x = – 4 / 3
C. x = 2 / 3
D. x = 1 / 4
E. x = 3 / 8

175. Quanto vale la derivata della funzione $f(x) = x \cdot e^x$ valutata nel punto x = 0?

A. 1 / 2
B. 1
C. –1
D. 0
E. e

176. Quali sono le soluzioni della disequazione $e^{4x} < e^{\sqrt{x}}$?

A. x < – 1 / 4 V x > 1 / 4
B. 0 < x < 4
C. x > 4
D. Nessun valore di x
E. 0 < x < 1 / 16

177. Per quali valori di x la derivata della funzione in figura è uguale a 0?

$$f(x) = \ln\left[\frac{1}{(x-1)^2+1}\right]$$

A. Nessun valore di x
B. x = –1; x = 1
C. x = 2
D. x = 0
E. x = 1

178. Quale tra le seguenti funzioni è la derivata della funzione $f(x) = \cos x \cdot e^x$?

A. $e^x / \text{sen } x$
B. $\cos x \cdot (1 - e^{x)}$
C. $(\cos x + \text{sen } x) \cdot e^x$
D. $(\cos x - \text{sen } x) \cdot e^x$
E. $2\text{sen } x \cdot e^x$

179. L'espressione algebrica $2a^2 + 2b^2 + 2c^2 + 4ab + 4ac + 4bc$ è uguale a:

A. $(\sqrt{2}\, a + \sqrt{2}\, b + \sqrt{2}\, c)^2$
B. $(\sqrt{2}\, a - \sqrt{2}\, b + \sqrt{2}\, c)^2$
C. $(2\, a + 2\, b + 2\, c)^2$
D. $(\sqrt{2}\, a - \sqrt{2}\, b - \sqrt{2}\, c)^2$
E. $\sqrt{2}\, (a + b + c)^2$

180. L'espressione $(x^2 + 11x + 28) / (x^2 - 11x - 60)$ è equivalente a:

A. $(x + 7) / (x - 15)$
B. $(x - 7) / (x - 15)$
C. $(x + 4) / (x - 15)$
D. nessuna delle altre alternative è corretta
E. $(x - 7) / (x + 15)$

181. Per quali valori reali del parametro b l'equazione $2x^2 + bx + 2 = 0$ ammette due soluzioni reali non coincidenti?

A. $b > 4$
B. $\forall b \in R$
C. $-4 < b < 4$
D. $b < 4$
E. $b < -4 \lor b > 4$

182. $(3^4)^5$ è uguale a:

A. 12^5
B. 3^{45}
C. 3^{1024}
D. 3^9
E. 3^{20}

183. Se $b \neq 0$ e $d \neq 0$ a cosa equivale $a/b + c/d$?

A. $(ac) / (bd)$
B. $(ad + bc) / (bd)$
C. $(a + c) / (b + d)$
D. Nessuna delle altre alternative è corretta
E. $(a + c) / (bd)$

184. Quali sono le soluzioni dell'equazione $9^x = 1 / \sqrt{3}$?

A. $x = 4$
B. $x = -1/4$
C. $x = -2$
D. $x = 3/4$
E. $x = -1/2$

185. Quanto vale la derivata della funzione $f(x) = x \cdot \cos x$ valutata nel punto $x = \pi / 2$?

A. $\sqrt{2}$
B. $1 - \pi / 4$
C. 0
D. $1/2$
E. $-\pi / 2$

186. La soluzione dell'equazione mostrata in figura è:

$$\frac{8}{2^{3x}} - \frac{2 \cdot 4^{1-2x}}{2^{4x+1}} = 0$$

A. $x = -2/3$
B. $x = 1$
C. $x = -4/3$
D. $x = 1/3$
E. $x = -1/5$

187. Quali sono le soluzioni della disequazione mostrata in figura?

$$2^{\frac{x+2}{x-1}} > 8$$

A. $1 < x < 3/2$
B. $x < -1 \lor x > 2$
C. $x < 1 \lor x > 5$
D. $x < 5/2$
E. $1 < x < 5/2$

188. Quali sono le soluzioni dell'equazione $|3x - 1| = 2x + 3$?

A. $x = 4$
B. $x = 1/2,\ x = 3/4$
C. Nessun valore di x
D. $x = -4,\ x = 4$
E. $x = -2/5,\ x = 4$

189. Qual è il dominio della funzione $f(x) = \ln (x-1)^3$?

A. $x > 0$
B. $x > 1$
C. $x \neq 1$
D. $x < 0 \lor x > 1$
E. $x < -1 \lor x > 1$

MATEMATICA E FISICA

190. Determinare per quali valori di x ∈ ℝ esiste l'espressione mostrata in figura.

$$\frac{\sqrt{x+2}}{\sqrt[3]{x}} + \sqrt{1-x}$$

A. $x \leq -2$
B. $x \neq 0$
C. $-2 \leq x \leq 1 \wedge x \neq 0$
D. $x < -2 \vee x \geq 1$
E. $x \geq 0$

191. Determinare per quali valori di x ∈ ℝ esiste l'espressione mostrata in figura.

$$\frac{\sqrt{x^2 - 3x + 2}}{\sqrt[3]{4-x}}$$

A. $x > 4$
B. $x \neq 4$
C. $1 \leq x < 4$
D. $1 \leq x \leq 2$
E. $x \leq 1 \vee x \geq 2 \wedge x \neq 4$

192. Determinare per quali valori di x ∈ ℝ esiste la seguente espressione: √(x – 4) + √(x + 6).

A. $x \geq 4$
B. $4 < x \leq 6$
C. $\forall x \in R$
D. $x \geq 6$
E. $x \neq 4$

193. Determinare per quali valori di x ∈ ℝ esiste l'espressione mostrata in figura.

$$\sqrt{-x} + \sqrt[3]{\frac{1}{2x}} + \sqrt{-5-x}$$

A. $x \neq 0$
B. $x \geq 5$
C. $x \leq -5$
D. $x \neq 5$
E. $x < 5$

194. Determinare per quali valori di x ∈ ℝ esiste la seguente espressione: √(1/x) + √(4 – x²).

A. $x > 2$
B. $0 < x \leq 2$
C. $x < 2$
D. $x < 0 \vee x \geq 2$
E. $x \neq 2$

195. Quale delle seguenti funzioni presenta un asintoto verticale per x = 1?

A. f(x) = 1 / (1-x)
B. f(x) = 1 / $(1+x)^2$
C. f(x) = ln (x+1)
D. f(x) = sen x / x
E. f(x) = $(x-1)^{\frac{1}{2}}$

196. La funzione f(x) = 2· ln (1+ e^{2x+1}) ha come asintoto a +∞ la retta di equazione:

A. y = 2x + 2· ln 2
B. y = 2x + 1
C. y = 2x – 2
D. y = 0
E. y = 4x + 2

197. Il limite mostrato in figura è uguale a:

$$\lim_{x \to +\infty} \frac{e^{-x}}{x^2 + 3 \ln x}$$

A. 0
B. non esiste
C. 1
D. $-\infty$
E. –1

198. Quale delle seguenti funzioni ha come immagine l'insieme 0 < y < 1?

A. f(x) = 1 – e^{-x}
B. f(x) = $(1 + e^x)^{-1}$
C. f(x) = 1 / ln x
D. f(x) = cos x
E. f(x) = 1 / tan x

199. In quale dei seguenti intervalli la funzione f(x) = x³ – 12x + 6 è monotona decrescente?

A. $x < -3 \vee x > 2$
B. $x > 0$
C. $-2 < x < 2$
D. $x < -2$
E. $0 < x < 2$

200. Per quali delle seguenti funzioni il dominio contiene il punto x = 0?

A. f(x) = √x
B. f(x) = ln x
C. f(x) = 1 / sen x
D. f(x) = 1 / x
E. f(x) = x^{-2}

201. Sia $f(x) = 2x^2 - k$ e $g(x) = e^x$. Per quale valore del parametro k il grafico della funzione composta $h(x) = f(g(x))$ passa per il punto (1; 0)?

A. $2 \cdot e$
B. 1 / 2
C. $2 \cdot e^{-2}$
D. $2 \cdot e^2$
E. $(1 - e)^2$

202. Il limite mostrato in figura vale:

$$\lim_{x \to 1} \frac{1 - x}{\sqrt{2 - x} - 1}$$

A. 2
B. +∞
C. –1
D. 0
E. 1

203. Il limite mostrato in figura è uguale a:

$$\lim_{x \to +\infty} \sqrt{4x^2 + 2} - x(2 + e^{-x})$$

A. non esiste
B. +∞
C. 0
D. 1
E. 2

204. Sia f una funzione continua nell'intervallo [a, b], dove a e b sono tali che $f(a) \cdot f(b) < 0$. Allora:

A. la funzione è invertibile nell'intervallo [a , b]
B. la funzione è iniettiva nell'intervallo [a , b]
C. esiste un punto c nell'intervallo [a , b] tale che f(c) = 0
D. esiste un punto c nell'intervallo [a , b] tale che f(c) > f(a)
E. f(a) > f(b)

205. Per quali valori del parametro k la funzione f è continua in x = 1?

$$f(x) = \begin{cases} \dfrac{x^2 - 1}{x - 1} & x \neq 1 \\ k & x = 1 \end{cases}$$

A. 1
B. 2
C. Nessun valore di k
D. –1, 1
E. 0

206. In quale dei seguenti intervalli la funzione f(x) = x – ln x è monotona decrescente?

A. 0 < x < 1
B. –1 < x < 1
C. x < 0 V x > 2
D. 0 < x < 2
E. x < 0 V x > 1

207. Quale delle seguenti funzioni è continua in x = 0?

A. f(x) = | x |
B. $f(x) = (x^2 + x) / x$
C. f (x) = 1 / sen x
D. f(x) = ln x
E. f(x) = | x | / x

208. Qual è la funzione inversa di $f(x) = 2^{x/2}$?

A. 2 / ln x
B. $\ln_2 x / 2$
C. 2 / x
D. $2 \cdot \ln_2 x$
E. √2x

209. Qual è il dominio della funzione f(x) = ln(x – 2 · √x)?

A. x ≠ 0
B. x > 4
C. x > 2
D. x < –2 V x > 2
E. x < 0 V x > 4

210. Quale valore assume la funzione f(x) = x · ln x nel suo punto di minimo?

A. 0
B. 1
C. –e
D. e
E. – 1 / e

211. Per quali valori di k la funzione in figura è limitata?

$$f(x) = \frac{1}{e^x + k^2 - 1}$$

A. Ogni valore di k
B. k < 0 V k > 1
C. k < –1 V k > 1
D. –1 < k < 1
E. k > 0

MATEMATICA E FISICA

212. La funzione in figura ha un minimo nel punto:

$$f(x) = \frac{x^2 - 5}{x - 3}$$

A. x = 5
B. x = −1
C. x = 3
D. x = 0
E. x = 1

213. Il limite mostrato in figura è uguale a:

$$\lim_{x \to 0^+} \frac{\sin(x + \frac{\pi}{4}) + \frac{1}{\ln x}}{\cos(x + \frac{\pi}{4}) + \frac{1}{\ln x}}$$

A. −∞
B. 1
C. −1
D. +∞
E. 0

214. Quale delle seguenti funzioni è continua e NON derivabile nel punto x = 0?

A. f(x) = 1 / x
B. f(x) = 1+ x^2
C. f(x) = sen x / x
D. f(x) = | x |
E. f(x) = x / | x |

215. Il limite mostrato in figura è uguale a:

$$\lim_{x \to +\infty} \frac{1 + 3x}{2 + 4x}$$

A. 1 / 2
B. +∞
C. 3 / 4
D. −∞
E. 0

216. In quale dei seguenti insiemi la funzione in figura è continua?

$$f(x) = \frac{e^{1/x}}{1 - e^{x-1}}$$

A. 0 < x < 2
B. 1 ≤ x < 3
C. −2 < x < 0
D. −1 < x ≤ 0
E. 0 < x ≤ 1

217. Sia data la funzione f (x) = $(1 + 1 / x)^2$. Quale dei seguenti punti appartiene al grafico di f?

A. (−1 ; 1)
B. (0 ; 1)
C. (1 / 2 ; 9)
D. (1 ; 8)
E. (2 ; 9 / 2)

218. Il limite mostrato in figura è uguale a:

$$\lim_{x \to +\infty} \frac{\ln(x^2) + 1}{\ln(x + 2)}$$

A. 2
B. −1
C. 0
D. 1
E. +∞

219. Qual è il massimo valore assunto dalla funzione f(x) = x^3 + 2x +1 nell'intervallo 0 ≤ x ≤ 2?

A. 7
B. 1
C. 14 / 3
D. 13
E. 8

220. Quale tra le seguenti funzioni associa il numero 2 al numero 4 e il numero 4 al numero 2?

A. f(x) = 2 + $2x^2$
B. f(x) = 2^x
C. f(x) = 8 / x
D. f(x) = x^3 − x
E. f(x) = x + 2 / x

221. Il limite mostrato in figura è uguale a:

$$\lim_{x \to +\infty} \frac{\ln(x + 1)}{x + 3}$$

A. +∞
B. 1
C. −∞
D. 1 / 3
E. 0

222. Il limite mostrato in figura è uguale a:

$$\lim_{x \to +\infty} \frac{6x^2 + 3x + 2}{2x^2 - 7x + 3}$$

A. 1 / 3
B. 3
C. +∞
D. −∞
E. 0

223. Quale tra le seguenti funzioni è iniettiva?

A. $f(x) = \ln x^2$
B. $f(x) = x^2 + 2x + 1$
C. $f(x) = x^3$
D. $f(x) = \text{sen } x$
E. $f(x) = |x| + x$

224. Qual è il dominio della funzione $f(x) = \ln(x^2 + 4x - 5)$?

A. $x < -5 \lor x > 1$
B. $x \neq -5, 5$
C. $x > 5$
D. $-1 < x < 4$
E. Ogni valore di x

225. Il limite mostrato in figura è uguale a:

$$\lim_{x \to 3} \ln\,(x^2 - 6x + 9)$$

A. $-\infty$
B. 1 / 2
C. 1
D. 2
E. $+\infty$

226. Qual è la funzione inversa di $f(x) = 1 + 1 / x$?

A. $1 + x^2$
B. $1 / (x + 1)$
C. $(x + 1)^2$
D. $1 / (x - 1)$
E. $(x - 1)^2$

227. Quale di questi insiemi rappresenta l'immagine della funzione $f(x) = \ln(x^2 + 1)$?

A. $x > 1$
B. $y \geq 0$
C. $-1 \leq y \leq 0$
D. $0 < y < 1$
E. $y \leq 1$

228. Nell'intervallo $-\pi / 2 < x < \pi / 2$, la funzione $f(x) = \text{sen } x + \cos^2 x$ ha un punto di massimo in:

A. $x = \pi / 6$
B. $x = -\pi / 3$
C. $x = \pi / 4$
D. $x = 0$
E. $x = \pi / 3$

229. La somma di una funzione pari e di una dispari è, in generale:

A. né pari né dispari
B. pari
C. nulla
D. nessuna delle altre alternative è corretta
E. dispari

230. Una funzione continua sul proprio dominio chiuso e limitato:

A. non ammette massimi o minimi
B. ammette la presenza di un massimo assoluto, ma non di un minimo assoluto
C. non ammette minimo assoluto
D. ammette massimo e minimo assoluti
E. ammette la presenza di un minimo assoluto, ma non di un massimo assoluto

231. Quale tra le seguenti è una funzione pari?

A. $f(x) = x \cdot \text{sen } x$
B. $f(x) = x^{1/3}$
C. $f(x) = 2^x$
D. $f(x) = 1 / x$
E. $f(x) = \text{sen } x$

232. Il limite mostrato in figura vale:

$$\lim_{x \to -\infty} \frac{2x^2 + 1}{(2x + 1)^2}$$

A. 1
B. $-\infty$
C. 1 / 2
D. − 1 / 2
E. 2

233. Il limite mostrato in figura è uguale a:

$$\lim_{x \to 2} \left(\frac{x^2 - 4}{2x - 4}\right)^2$$

A. $+\infty$
B. 1 / 2
C. 1
D. 4
E. 0

234. Quale delle seguenti funzioni ha come asintoto obliquo la retta $y = 2x$?

A. $f(x) = 2e^x / x$
B. $f(x) = 1 / \ln x$
C. $f(x) = x + 2 / x$
D. $f(x) = 2x^2 + 1 / x$
E. $f(x) = (2x^2 + 3) / x$

235. Per x tendente a +∞, La funzione mostrata in figura ha un asintoto obliquo di coefficiente angolare:

$$f(x) = \frac{e^{-x} + 3x^3}{4x + x^2}$$

A. 2
B. 1 / 2
C. 3
D. –1
E. 7

236. Qual è il dominio della funzione mostrata in figura?

$$f(x) = \sqrt{\frac{\ln(x+1)}{\ln(x-1)}}$$

A. x > 2
B. x < 1 V x ≥ 2
C. x ≤ 0 V x ≥ 2
D. 1 < x < 2
E. Ogni valore di x

237. Sia $f(x) = 2x^2$ e g(x) = cos x – sen x. Qual è il valore della funzione composta h(x) = f(g(x)) in x = π / 3?

A. 1 + 2·√2
B. 2·√3
C. 2 – √3
D. 1
E. 4

238. Quanto vale la derivata della funzione in figura valutata per x = 2?

$$f(x) = \frac{(1-x)^2}{(x-3)^2}$$

A. 1
B. 2
C. 4
D. – 1
E. 1 / 2

239. Qual è il minimo valore assunto dalla funzione $f(x) = 2x^4 - x + 1$ nell'intervallo 0 < x < 1?

A. 1 / 8
B. – 1 / 3
C. 5 / 8
D. 1 / 4
E. 0

240. Qual è il dominio della funzione in figura?

$$f(x) = \sqrt{\frac{\ln x}{\ln x - 1}}$$

A. $0 < x \leq 1 \vee x > e$
B. x<1 V x>e
C. 0 < x < e^{-1} V x>e
D. $-1 < x < 1$
E. x>0

241. Il limite mostrato in figura è uguale a:

$$\lim_{x \to +\infty} \frac{\sin x + 1}{x^2 + 1}$$

A. 1
B. non esiste
C. 0
D. –∞
E. +∞

242. Quale delle seguenti funzioni ha limite finito per x tendente a 0?

A. f(x) = ln x
B. f(x) = $e^{1/x}$
C. f(x) = sen (1 / x)
D. f(x) = 1 / x
E. f(x) = $(x^2 - 2x)$ / x

GEOMETRIA ANALITICA

243. Quale delle seguenti equazioni rappresenta una retta passante per il punto (0 ; – 4) e tangente alla circonferenza di equazione $x^2 + y^2 - 4 = 0$?

A. y = √3x – 4
B. y = – √2x – 4
C. y = √3x + 4
D. y = √2x – 2
E. y = 4x – 3

244. Qual è la distanza tra i punti di coordinate (1 ; 3) e (–3 ; 6)?

A. 3 / 2
B. 5
C. 6
D. 4
E. 5 / 2

245. Qual è l'equazione della circonferenza mostrata in figura?

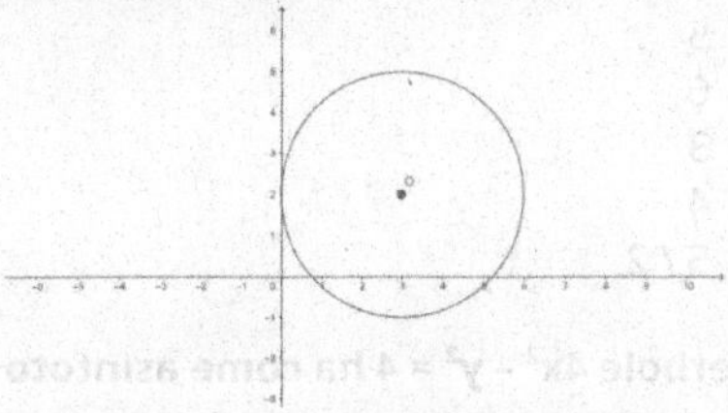

A. $x^2 + y^2 - 6x - 4y + 4 = 0$
B. $x^2 + y^2 - 6x - 4y + 9 = 0$
C. $x^2 + y^2 - 3y + 4 = 0$
D. $x^2 + y^2 - 3x - 2y - 9 = 0$
E. $x^2 + y^2 - 4x - 4y + 2 = 0$

246. Quali sono le coordinate del centro della circonferenza di equazione $x^2 + y^2 + 2x - 6y + 5 = 0$?

A. (–2 ; 6)
B. (1 ; 3)
C. (–1 ; 3)
D. (2 ; –6)
E. (2 ; 3)

247. Qual è l'equazione della retta passante per il punto (1 ; 1) e perpendicolare alla retta y = x / 2?

A. $y = x / 2 - 2$
B. $y = -2x + 2$
C. $y = -2x + 3$
D. $y = 2x + 4$
E. $y = x - 2$

248. L'iperbole di equazione $y^2 / 9 - x^2 / 16 = 1$ ha un fuoco nel punto:

A. (5 ; 0)
B. (–4 ; 0)
C. (0 ; 3)
D. (0 ; –4)
E. (0 ; 5)

249. Quali sono le intersezioni tra la parabola di equazione $y = x^2 + 2x - 8$ e la retta di equazione y = 2x + 1?

A. (–3 ; 5) (1 ; 3)
B. (–1 ; –3) , (3 ; 7)
C. (–3 ; –5) , (3 ; 7)
D. (–1 ; –3) , (1 ; 3)
E. (–1 ; –2) , (3 ; 5)

250. Quale dei seguenti punti è un'intersezione tra la retta y = 2x e l'ellisse di equazione $x^2 + 2y^2 = 1$?

A. (1 / 3, 2 / 3)
B. (2 / 3, – 1 / 3)
C. (–1 / 2 , –1)
D. (1 , 2)
E. (–2, – 3)

251. L'ellisse $x^2 / 9 + y^2 = 1$ ha un fuoco nel punto:

A. (0, 2)
B. (3, 0)
C. $(2\sqrt{2}, 0)$
D. (2, 0)
E. (0, 3)

252. Quale tra le seguenti equazioni rappresenta un'ellisse tangente alla retta x = 3 e passante per il punto ($\sqrt{3}$, 1)?

A. $2x^2 + 3y^2 = 3$
B. $x^2 + 9y^2 = 1$
C. $x^2 + 2y^2 = 9$
D. $x^2 + 6y^2 = 9$
E. $6x^2 + 3y^2 = 1$

253. Per quali valori del parametro k le due rette 2x + 3y + 2 = 0 e 4x + ky – 1 = 0 sono tra di loro parallele?

A. 3 / 2
B. 1 / 6
C. 3
D. 8 / 3
E. 6

254. Qual è l'equazione di un'ellisse con fuochi sull'asse x, semi-distanza focale c = 2 e un vertice nel punto (3 , 0)?

A. $x^2 / 9 + y^2 / 16 = 1$
B. $x^2 / 81 + y^2 / 25 = 1$
C. $x^2 / 3 + y^2 / 5 = 1$
D. $x^2 / 8 + y^2 / 10 = 1$
E. $x^2 / 9 + y^2 / 5 = 1$

255. Quale tra le seguenti rette è perpendicolare alla retta y = 3x?

A. x = 3x + 3
B. y = 3. y = x / 3 + 1 / 3
C. y = – x / 3 + 5
D. y = – 3x
E.

256. Dato il triangolo di coordinate A = (0 ; 0), B = (6 ; 0) e C = (2 ; 5), qual è l'equazione della retta passante per la mediana relativa al vertice B?

A. $y = -x / 3$
B. $y = x + 7 / 2$
C. $y = -x / 2 + 3$
D. $y = -x + 6$
E. $y = 2x + 3 / 2$

257. Dati i due punti A = (1 ; 1) e B = (3 ; 7), l'equazione dell'asse di simmetria del segmento AB è:

A. $y = -x / 3 + 14 / 3$
B. $y = x / 3 + 1 / 3$
C. $y = -2x + 2 / 3$
D. $y = 2x / 3 + 2 / 5$
E. $y = -x / 4 + 2 / 3$

258. L'equazione $4x^2 + 9y^2 = 25$ rappresenta un'ellisse con semiassi rispettivamente di lunghezza:

A. 5 / 2 e 5 / 3
B. 2 / 3 e 5 / 3
C. 4 e 9
D. 1 / 2 e 1 / 3
E. 4 / 25 e 9 / 25

259. Quale tra le seguenti equazioni rappresenta un'iperbole con un fuoco in (4 ; 0) e un vertice in (3; 0)?

A. $x^2 / 9 - y^2 / 7 = 1$
B. $y^2 / 9 + x^2 / 5 = 1$
C. $x^2 / 9 - y^2 / 25 = 1$
D. $y^2 / 8 - x^2 / 5 = 1$
E. $x^2 / 3 - y^2 / 5 = 1$

260. Data la parabola in figura, passante per i punti A, B e C, con vertice B = (2 ; –1) e C di ascissa 6, quanto vale l'ordinata del punto C?

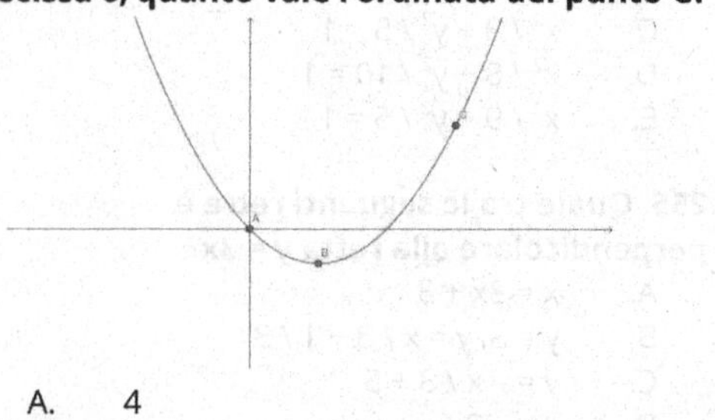

A. 4
B. 7 / 2
C. 5
D. 3
E. 8 / 3

261. Quanto vale l'area del triangolo di coordinate A = (1 ; 1), B = (5 ; 1) e C = (4 ; 3)?

A. 5
B. 6
C. 3
D. 4
E. 5 / 2

262. L'iperbole $4x^2 - y^2 = 4$ ha come asintoto la retta:

A. $y = x$
B. $y = -x / 4$
C. $y = 2x$
D. $y = 4x$
E. $y = -x / 2$

263. Qual è la distanza tra il vertice della parabola di equazione $y = x^2 - 4x$ e il centro della circonferenza di equazione $x^2 + y^2 - 2x + 6y - 4 = 0$?

A. 2
B. 4
C. $2\sqrt{3}$
D. 3
E. $\sqrt{2}$

264. Una sola delle seguenti affermazioni è SBAGLIATA: quale?
L'equazione $x^2 / 81 + y^2 / 25 = 1$ rappresenta:

A. un'ellisse tangente alla retta x = 9
B. un'ellisse con un vertice nel punto (0, 5)
C. un'ellisse con semiassi di valore 9 e 5
D. un'ellisse con fuochi sull'asse delle x
E. un'ellisse con un fuoco nel punto (9, 0)

265. Quali sono i punti di intersezione fra la circonferenza di equazione $x^2 + y^2 - 4x = 0$ e la bisettrice del primo e terzo quadrante?

A. (0 ; 0) , (1 ; 1)
B. (1 ; 1) , (2 ; 2)
C. (–2 ; –2) , (2 ; 2)
D. (0 ; 0)
E. (0 ; 0) , (2 ; 2)

266. Siano date le tre rette parallele r_1, r_2 e r_3. La distanza tra r_1 e r_2 è di 2 cm e le lunghezze di AB e BC sono rispettivamente 4 e 9 cm. Quanto vale la distanza tra r_2 e r_3?

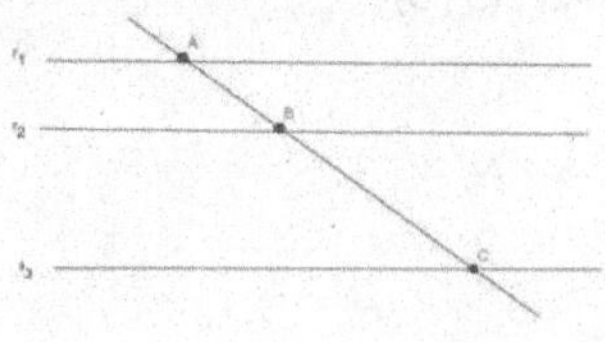

A. 4,5 cm
B. 3,5 cm
C. 5 cm
D. 4 cm
E. 5,5 cm

267. Qual è l'asse di simmetria della parabola di equazione $x = 2y^2 - 6y + 3$?

A. $y = -3/2$
B. $y = 3/2$
C. $x = 2$
D. $y = -3$
E. $x = -2$

268. Al variare del parametro k, quale delle seguenti equazioni rappresenta un fascio di rette parallele con coefficiente angolare m = 2?

A. $2ky + 3x + 2k = 0$
B. $2y + 2kx + 5k = 0$
C. $2y + 3x + 2k = 0$
D. $3ky + 8x - 4k = 0$
E. $3y - 6x - 4k = 0$

269. Quali sono le coordinate del vertice della parabola di equazione $y = 2x^2 - 4x + 3$?

A. (–1 ; 1)
B. (1 ; 0)
C. (– 1 / 2 ; 3 / 2)
D. (1 ; – 1 / 2)
E. (1 ; 1)

270. Per quali valori di k l'espressione presentata rappresenta un'iperbole equilatera?

$$\frac{x^2}{k^2 - 2k + 5} - \frac{y^2}{2k + 1} = 1$$

A. $k = 0$
B. $k = 1/2$
C. $k = 1, k = 3$
D. $k = -2, k = 2$
E. $k = 2$

271. Dati i punti A = (1 ; –1) e B = (–1 ; 3), quale delle seguenti equazioni descrive il luogo dei punti equidistanti da A e B?

A. $y = x/2 + 1$
B. $y = -x + 1/2$
C. $y = 2x + 1/2$
D. $y = -x/2 - 1$
E. $y = -2x + 1$

272. Quale dei seguenti punti è un'intersezione tra l'iperbole di equazione $3x^2 - y^2 = 9$ e la bisettrice del primo e terzo quadrante?

A. (0 ; 0)
B. (–3 ; –3)
C. (–3 / 2 ; –1 / 2)
D. (–3 / √2 ; –3 / √2)
E. (2 ; 2)

273. Qual è l'equazione di una circonferenza passante per i punti (0 ; 0), (1 ; 0) e (1 ; 2)?

A. $x^2 + y^2 - 6x - 4y + 4 = 0$
B. $x^2 + y^2 - 2x - 4y = 0$
C. $x^2 + y^2 - 2x - y + 2 = 0$
D. $x^2 + y^2 - x - 4y + 6 = 0$
E. $x^2 + y^2 - x - 2y = 0$

274. Considerando il segmento BC, il coefficiente angolare misura: (0-4)/(8-0) = -½. L'asse del segmento BC è perpendicolare al segmento stesso e il suo coefficiente misurerà 2. Il punto D è anche il punto medio del segmento BC e ha coordinate D (4;2). L'asse del lato BC ha equazione y-2 = 2(x-4) → y = 2x -6. Risposta corretta: y = 2x -6.

A. $y = 2x - 6$
B. $y = x + 6$
C. $y = 3x + 3$
D. $y = 2x - 4$
E. $y = 4x - 2$

275. Qual è l'equazione di una parabola con vertice in (0 ; –1) e passante per il punto (1 ; 2)?

A. $y = 3x^2 - 1$
B. $y = 2x^2 - x + 1$
C. $y = x^2 - 2x + 1$
D. $y = 2x^2 - 1$
E. $y = 2x^2 - 4x - 2$

276. Per quali valori di k l'espressione presentata rappresenta un'ellisse con fuochi sull'asse x?

$$\frac{x^2}{k + 2} + \frac{y^2}{2k - 2} = 1$$

A. $k > -2$
B. $-2 < k < 4$
C. $k < -2 \lor k > 1$
D. $k > 1$
E. $1 < k < 4$

MATEMATICA E FISICA

277. Qual è il coefficiente angolare della retta di equazione $3x + 6y - 2 = 0$?

A. $1 / 2$
B. $-1 / 2$
C. 1
D. $-1 / 3$
E. $1 / 6$

278. Dato il punto A = (1 ; –1), quali sono le coordinate del punto B tale che il punto medio del segmento AB sia (0 ; 2)?

A. (1 ; 5)
B. (–1 ; 5)
C. (2 ; 4)
D. (1 ; 6)
E. (–1 ; 0)

279. Qual è l'equazione della retta passante per i punti (2 ; 5) e (6 ; 7)?

A. $x = -2x + 1 / 2$
B. $y = 2x + 3$
C. $y = x / 3 + 1$
D. $y = x / 2 + 2$
E. $y = x / 2 + 4$

280. Dato il rettangolo centrato nell'origine e con un vertice nel punto (3 , 5), qual è l'equazione dell'ellisse inscritta?

A. $x^2 / 3 + y^2 / 5 = 1$
B. $x^2 / 25 + y^2 / 9 = 1$
C. $x^2 / 5 + y^2 / 3 = 1$
D. $x^2 / 4 + y^2 / 5 = 1$
E. $x^2 / 9 + y^2 / 25 = 1$

281. Data la parabola di equazione $y = 9x^2 + 1$, per quali dei seguenti valori di m la retta $y = mx$ è tangente alla parabola?

A. 6
B. 3
C. 9 / 4
D. 7 / 2
E. 5

282. Qual è l'equazione della parabola tangente all'asse delle ascisse in (2 ; 0) e passante per l'asse delle ordinate in (0 ; 4)?

A. $y = x^2 - 4x - 4$
B. $y = 2x^2 - 3x + 4$
C. $y = x^2 - 4x + 4$
D. $y = 2x^2 - 4x + 2$
E. $y = x^2 + 4$

283. Qual è l'equazione della circonferenza con centro (0;3) e passante per (4;0)?

A. $x^2 + y^2 - 2x + 3y - 8 = 0$
B. $x^2 + y^2 - 6y - 16 = 0$
C. $x^2 + y^2 - 2x + 4y - 16 = 0$
D. $x^2 + y^2 - 16y - 25 = 0$
E. $x^2 + y^2 - 16x - 5 = 0$

284. Quale delle seguenti espressioni descrive un'iperbole con fuochi sull'asse x?

A. $3x^2 - 2y^2 = 36$
B. $x^2 + y^2 + 4x - 6y + 4 = 0$
C. $5x^2 - 2y^2 = -25$
D. $x^2 + 2y^2 = 36$
E. $3x^2 - 4y - 16 = 0$

285. Qual è l'equazione dell'iperbole con vertice in (2 ; 0) e asintoto $y = 3x$?

A. $x^2 - y^2 = 4$
B. $x^2 - 6y^2 = 9$
C. $4x^2 - 6y^2 = 36$
D. $4x^2 - 9y^2 = 1$
E. $9x^2 - y^2 = 36$

286. Determinare il vertice della parabola di equazione $y = 2x^2 - 8x + 3$.

A. V (1; –3)
B. V (2; –5)
C. V (–2; 5)
D. V (2; –4)
E. V (–2; –5)

287. Determinare le coordinate del vertice della parabola di equazione $y = -5x^2 + 4x + 1$.

A. V (2/5; 1)
B. V (2/5; –9/5)
C. V (2/5; 9/5)
D. V (–2/5; 9/5)
E. V (–2/5; –9/5)

288. Scrivere l'equazione della retta r passante per i punti E (–3; 0) e F (1; 2).

A. $x - 2y + 3 = 0$
B. $y = 1/3x + 3$
C. $2x + y - 13 = 0$
D. $y = -2x - 3$
E. $x - 2y - 9 = 0$

289. Qual è il punto di intersezione tra la retta $y = 4x + 8$ e la retta $y = 3/2x + 3$?

A. (2; 5)
B. (–2; 1)
C. (0; –1)
D. (–2; 0)
E. (–5; 2)

290. Trovare il valore di c tale per cui la parabola di equazione $y = -2x^2 + x + c$ passa per il punto A (1; 3).

A. c = 1/4
B. c = 1/6
C. c = –2
D. c = 4
E. c = 3

291. Qual è la distanza tra il punto A (2; 1) e il punto B (12; 1)?

A. 4
B. 12
C. 8
D. 10
E. 6

292. Data la retta r di equazione 2x + y – 12 = 0 e il punto A (–2; –1), determinare l'equazione della retta parallela a r e passante per il punto A.

A. 2x + y + 5 = 0
B. x – 2y = 0
C. –2x + y – 5 = 0
D. y = 2x + 5
E. y = –1/2x + 5

293. Considerati i punti A (–2a; – 1) e B (a – 5; – 1), con a > 0,determinare per quale valore di a la distanza AB sia uguale a 7.

A. a = 5
B. a = 1
C. a = 4
D. a = 7
E. a = 2

294. Individuare l'affermazione corretta analizzando il seguente gruppo di rette:
a) y = –3x +1
b) 6x + 2y – 5 = 0
c) 9y – 3x = 0
d) y = –3

A. La retta a è perpendicolare alla retta d
B. La retta c è perpendicolare sia alla retta b sia alla retta a che, a loro volta, sono tra loro parallele
C. la retta c è parallela alla retta d
D. La retta a è parallela alla retta c e perpendicolare alla retta b
E. La retta b è parallela alla retta d

295. Calcolare la distanza fra il punto P (–2; 4) e il punto Q (2; 7).

A. √17
B. 5
C. 3
D. 2
E. 1

296. Calcolare la distanza fra il punto C (–1; 3) e il punto D (4; 3).

A. 1
B. 4
C. 3
D. 5
E. 25

297. Determinare il vertice della parabola di equazione: $y = x^2 + 3x + 2$

A. V (0; –3/2)
B. V (–3/2; –1/4)
C. V (3/2; – 1/2)
D. V (2; –4)
E. V (3/2; –1/4)

298. Indicare per quale valore di b la parabola di equazione $y = 4x^2 + bx + 3$ passa per il punto P (1; –1).

A. b = 8
B. b = –8
C. b = –4
D. b = 3
E. b = 1

299. Determinare per quale valore di a la parabola $y = ax^2 + x - 1$ ha il vertice di ascissa 2.

A. a = 4
B. a = 2
C. a = –4
D. a = –1/4
E. a = –1/2

300. Scrivere l'equazione della retta passante per i punti A (–2; –2) e B (6; 10).

A. 1/3x – 2y + 2 = 0
B. y = 2/3x – 5
C. y = 1/3 x + 2
D. 2x – y + 2 = 0
E. 3x – 2y + 2 = 0

301. Calcolare la distanza fra il punto A (2; 4) e il punto B (2; 7).

A. 9
B. 3
C. 2
D. 7
E. 1

MATEMATICA E FISICA

302. Individuare l'affermazione corretta analizzando il seguente gruppo di rette:
a) $y = x + 1/3$
b) $y = 1/3\ x$
c) $y = 1/3x + 1/3$
d) $y = 1/3$

A. La retta d è parallela sia alla retta b sia alla retta c
B. La retta b è parallela alla retta c
C. La retta a è parallela alla retta d
D. Le rette b e c sono perpendicolari tra di loro
E. La retta a è perpendicolare alla retta c

303. Determinare il vertice della parabola di equazione: $y = x^2 - 4x$.

A. V (4; –4)
B. V (–2; 0)
C. V (8; –2)
D. V (0; 0)
E. V (2; –4)

304. Calcolare la distanza fra il punto G (–3; –4) e il punto H (1; –1).

A. 4
B. 1/2
C. 5
D. 1
E. 4/3

305. Data la retta r di equazione $x - 2y + 3 = 0$, determinare l'equazione della retta perpendicolare a r e passante per il punto P (6; 1).

A. $y = -1/2x - 13$
B. $x + 2y + 13 = 0$
C. $y = 3x + 6$
D. $2x + y - 13 = 0$
E. $y = -x - 3$

306. Individuare l'affermazione corretta analizzando il seguente gruppo di rette:
a) $y = 2x - 3$
b) $y = -3x + 2$
c) $y = -1/2x + 1$
d) $y = 2x + 6$

A. La retta c è perpendicolare alla retta a e alla retta d
B. La retta b è perpendicolare alla retta d
C. La retta b è perpendicolare alle rette a e c
D. Le rette c e d sono tra loro parallele
E. La retta a è parallela alla retta b

307. Determinare il vertice della parabola di equazione: $y = -x^2 + 2x - 1$

A. V (1; 0)
B. V (0; 0)
C. V (–1; 0)
D. V (–1; 1)
E. V (1; –1)

308. Si determini l'equazione della retta tangente alla parabola $y = x^2 + 4x + 4$ nel suo punto di ascissa –2.

A. $x = 0$
B. $y = 0$
C. $y = 16$
D. $y = 4x$
E. $y = -4x$

309. In quali quadranti del piano cartesiano la funzione $y = \cos(x)$ è positiva?

A. Primo e quarto
B. Primo e terzo
C. Secondo e terzo
D. Secondo e quarto
E. Primo e secondo

310. Quanto vale l'area della circonferenza di equazione $x2 + y2 - 4x - 4y + 5 = 0$?

A. 3π
B. 9π
C. 12π
D. $3\sqrt{3}\,\pi$
E. $3\sqrt{2}\,\pi$

311. Si determini l'equazione della retta passante per il punto P(4,3) e parallela alla retta di equazione $y - 2x - 4 = 0$.

A. $y = 2x - 8$
B. $y = -2x + 11$
C. $y = -2x + 5$
D. $y = 2x - 5$
E. $y = 2x - 11$

312. Quale delle seguenti parabole ha per asse la retta di equazione $2x = -3$?

A. $y = -x^2 - 4x - 4$
B. $y = -x^2 + 5x - 4$
C. $y = -x^2 + 5x + 4$
D. $y = -x^2 - 3x + 4$
E. $y = -x^2 + 6$

313. Dati i punti A (–1; –1), B (1; 3) e C (3; k), calcolare il valore di k tale che i tre punti risultino allineati.

A. –7
B. 7
C. 6
D. 4
E. 5

314. Si consideri la parabola $y = x^2$. Si determini l'area sottesa dal grafico nell'intervallo [0,1].

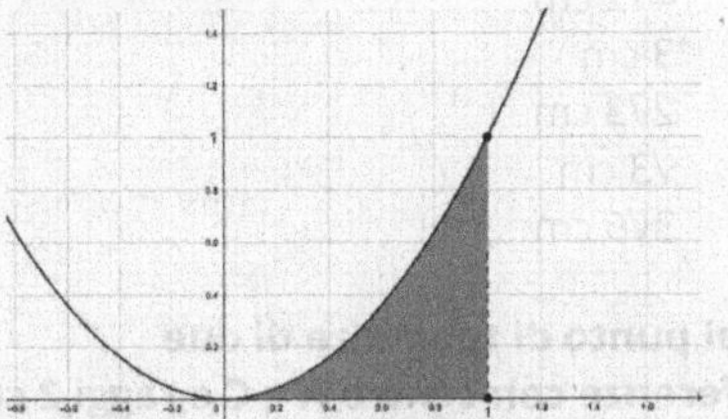

A. 1/2
B. 1
C. 1/4
D. 1/3
E. Non ho abbastanza dati per determinarla

315. L'equazione della parabola, con asse di simmetria x = 2 con massimo in (2; 10) e passante per il punto P(–2; 2), è:

A. $y = x^2 - x$
B. $y = -x^2 + 1/2x + 2$
C. $y = -1/2x^2 + 2x + 8$
D. $y = x^2 - x + 5$
E. $y = x^2 + 2x$

316. Quale delle seguenti equazioni descrive una circonferenza con centro in (1 ; 3) e raggio 3?

A. $x^2 + y^2 - x - 3y - 9 = 0$
B. $x^2 + y^2 - x + 2y + 3 = 0$
C. $x^2 + y^2 - 2x + 3y + 3 = 0$
D. $x^2 + y^2 + 2y + 9 = 0$
E. $x^2 + y^2 - 2x - 6y + 1 = 0$

317. L'equazione della retta, tangente alla parabola di equazione $y = -x^2 + 2x$ nel punto P(2; 0), è:

A. $y = x - 2$
B. $y = -x + 2$
C. $y = x + 1$
D. $y = 2x + 2$
E. $y = -2x + 4$

318. Quale delle seguenti condizioni deve verificarsi affinché la retta di equazione y= mx + n NON passi per il quarto quadrante?

A. $m > 0; n > 0$
B. $m < 0; n < 0$
C. $m > 0; n < 0$
D. $m < 0; n > 0$
E. $m > 0; n = 0$

319. Le rette y = 2 e y = –2x + 2 si incontrano nel punto:

A. (3,2)
B. (1, 1)
C. (0, 2)
D. (2, –2)
E. (1, 0)

320. Nel piano cartesiano ortogonale l'equazione $x^2 - y = 1$ rappresenta:

A. una parabola che interseca due volte l'asse delle ascisse
B. un'ellisse
C. una parabola senza intersezioni con l'asse delle ascisse
D. una circonferenza con centro nell'origine
E. un'iperbole

321. L'iperbole di equazione $2x^2 - y^2 = 4$ ha come asintoti le rette di equazione:

A. $y = \pm 2x$
B. $y = \pm\sqrt{3}x$
C. $y = \pm 4x$
D. $y = \pm\sqrt{2}x$
E. $y = \pm x$

GEOMETRIA EUCLIDEA

322. Qual è la lunghezza della diagonale di un cubo di volume 27 cm³?

A. $3\sqrt{3}$ cm
B. $4\sqrt{2}$ cm
C. $3\sqrt{2}$ cm
D. $2\sqrt{3}$ cm
E. $4\sqrt{3}$ cm

323. Quanto vale il rapporto tra il volume e la superficie di un cilindro di raggio 6 cm e altezza 12 cm?

A. 1,5 cm
B. 4 cm
C. 2 cm
D. 1 cm
E. 0,5 cm

324. In un cerchio di raggio 6 cm, qual è la lunghezza dell'arco corrispondente a un angolo alla circonferenza di ampiezza 30°?

A. 4π / 3 cm
B. 3π cm
C. 2π cm
D. 2π / 3 cm
E. 3π / 2 cm

325. Il triangolo equilatero ABC è inscritto in una circonferenza di raggio R. Detto H il punto medio di AB, allora OH ha lunghezza pari a:

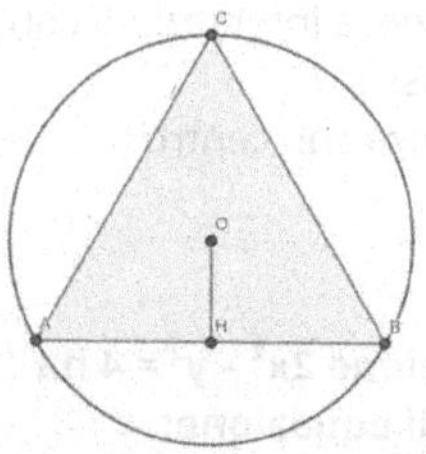

A. 2R / √3
B. R / 2
C. √2R / 3
D. R / √2
E. R / √3

326. L'angolo α misura 130°. Quanto misura l'angolo β?

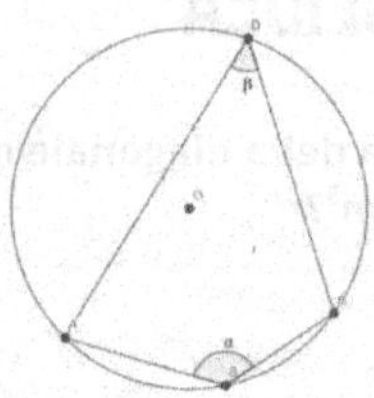

A. 30°
B. 45°
C. 60°
D. 50°
E. 25°

327. Il triangolo ABC ha il lato AB di lunghezza 6 cm e angoli α e β di ampiezza 60° e 75°, rispettivamente. Quanto è la lunghezza del lato BC?

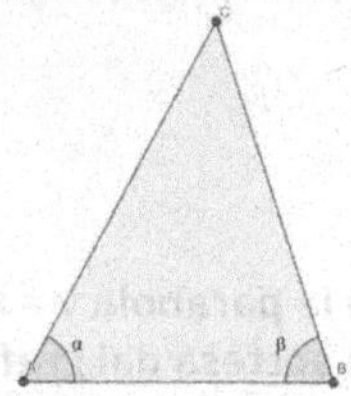

A. 4√2 cm
B. 3 cm
C. 2√3 cm
D. √3 cm
E. 3√6 cm

328. Dal punto di tangenza di due circonferenze con centro A e C e raggi 2 cm e 4 cm, si conduca il segmento BD di lunghezza 10 cm, tangente a entrambe le circonferenze. Quanto vale l'area del quadrilatero ABCD?

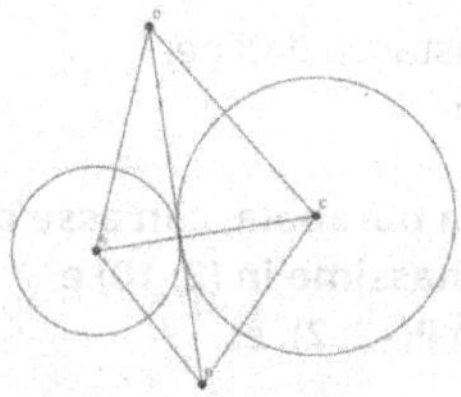

A. 25 cm^2
B. 50 cm^2
C. 20 cm^2
D. 40 cm^2
E. 30 cm^2

329. Un triangolo rettangolo ha area pari a 6 cm^2 e angolo α tra cateto minore e ipotenusa tale che cos α = 3 / 5. L'ipotenusa del triangolo ha lunghezza pari a:

A. 5 cm
B. 6 cm
C. 4 cm
D. 4√3 cm
E. 3√2 cm

330. Un triangolo isoscele ha lato di base di lunghezza 12 cm e angolo al vertice di ampiezza 120°. L'altezza del triangolo è:

A. 4 cm
B. $2\sqrt{3}$ cm
C. 5 cm
D. $6\sqrt{3}$ cm
E. $3\sqrt{2}$ cm

331. Quanto vale il perimetro della circonferenza di equazione $x^2 + y^2 - 2x - 8 = 0$?

A. 9π
B. 8π
C. 3π
D. $2\sqrt{2}\pi$
E. 6π

332. Il triangolo isoscele ABC di base AB ha altezza pari a 80 cm e lati obliqui BC a CA di lunghezza 100 cm. L'area del triangolo vale:

A. 4.800 cm^2
B. 5.200 cm^2
C. 2.900 cm^2
D. 3.000 cm^2
E. 7.400 cm^2

333. L'arco di circonferenza associato a un angolo al centro di 60° è lungo 4π cm. Quanto vale l'area del settore circolare associato a un angolo di 15° sulla stessa circonferenza?

A. 8π cm^2
B. $10\pi / 3$ cm^2
C. $12\pi / 5$ cm^2
D. 5π cm^2
E. 6π cm^2

334. Dato il triangolo rettangolo ABC con cateti AB e AC di lunghezza rispettivamente 3 e 4 cm, quanto vale il perimetro del triangolo ABH, dove AH è l'altezza relativa all'ipotenusa BC?

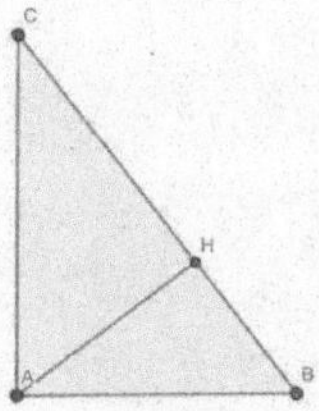

A. 9 cm
B. 8 cm
C. 6,5 cm
D. 8,6 cm
E. 7,2 cm

335. Data una circonferenza di perimetro 10π cm e una corda di lunghezza 2 cm, quanto vale il seno dell'angolo alla circonferenza che insiste sulla corda?

A. 0,2
B. 0,1
C. 1
D. 0,5
E. 0

336. Una sola delle seguenti affermazioni è sempre corretta: siano date due corde sulla stessa circonferenza congruenti tra loro. Allora:

A. Le corde non hanno punti in comune
B. Le corde passano entrambe per il centro della circonferenza
C. Le corde insistono sullo stesso arco di circonferenza
D. Le corde sono parallele tra loro
E. Le corde hanno uguale distanza dal centro.

337. Un triangolo rettangolo ha cateti di misura 3 cm e 4 cm. Quanto vale l'altezza relativa all'ipotenusa?

A. 3,2 cm
B. 3 cm
C. 2,4 cm
D. 4 cm
E. 4,5 cm

MATEMATICA E FISICA

338. Si costruisca sul triangolo ABC il segmento DE parallelo al lato di base AB, tale che AE = 2 cm, EC = 4 cm e BC = 9 cm. Qual è la lunghezza del segmento BD?

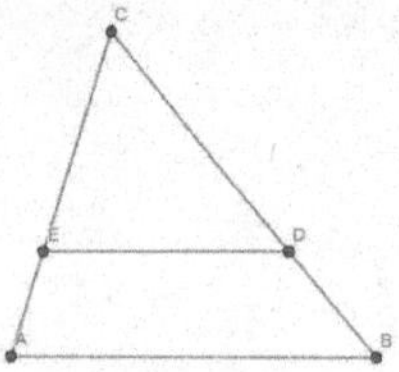

A. 4 cm
B. 5 cm
C. 6 cm
D. 3 cm
E. 2 cm

339. Un rombo ha diagonali di lunghezza 40 cm e 30 cm. Quanto vale il suo perimetro?

A. 120 cm
B. 80 cm
C. 250 cm
D. 200 cm
E. 100 cm

340. In un triangolo ABC, il cui lato AB misura 6 cm, il lato AC misura 8 cm e l'angolo compreso tra AB e AC ha ampiezza 60°, la somma dei quadrati delle lunghezze dei tre lati vale:

A. 126 cm^2
B. 152 cm^2
C. 75 cm^2
D. 264 cm^2
E. 102 cm^2

341. Un quadrato è inscritto in una circonferenza di raggio R = 10 cm. A sua volta dentro il quadrato viene inscritta un'altra circonferenza. Quanto vale il raggio di quest'ultima?

A. 10 cm
B. $4\sqrt{3}$ cm
C. $3\sqrt{2}$ cm
D. 5 cm
E. $5\sqrt{2}$ cm

342. Si consideri il triangolo rettangolo ABC con cateti AB e AC e sia G il suo baricentro, ovvero il punto di incontro delle mediane AE, CD e BF. Una sola delle seguenti affermazioni è ERRATA: quale?

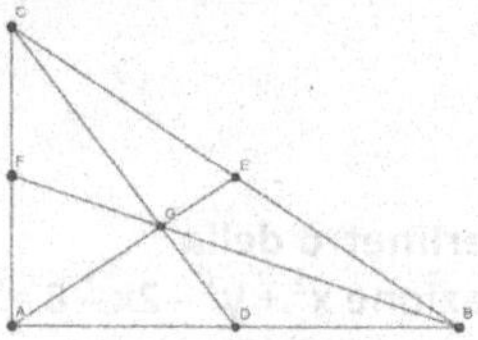

A. AG è congruente a 2 · GE
B. L'area del triangolo ABC è doppia di quella del triangolo ADC
C. AD è congruente a DB
D. Il triangolo AEB è isoscele
E. AE è perpendicolare a CD

343. Quale delle seguenti proprietà è comune a tutti i triangoli rettangoli?

A. La bisettrice relativa all'ipotenusa è metà dell'ipotenusa stessa
B. La mediana relativa all'ipotenusa è congruente al cateto minore
C. Le mediane coincidono con le bisettrici
D. L'altezza relativa all'ipotenusa è congruente al cateto maggiore
E. La mediana relativa all'ipotenusa è metà dell'ipotenusa stessa

344. Il triangolo rettangolo ABC è tale che AH è lungo 32 cm e l'altezza CH è lunga 24 cm. quanto è lunga l'ipotenusa AB?

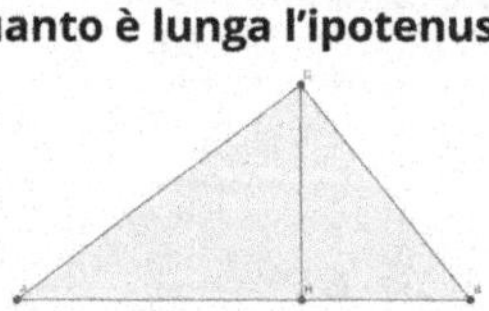

A. 44 cm
B. 36 cm
C. 64 cm
D. 50 cm
E. 56 cm

345. Considerando il triangolo AKC, l'ipotenusa AC è equivalente al raggio e misura 5 cm e AK è la metà di AB e misura 4 cm. Il cateto CK misura 3 cm per la terna pitagorica. Per quanto riguarda il triangolo AKD con le stesse considerazioni si ottiene che il cateto KD misura 3 cm. Di conseguenza il segmento CD misura 6 cm. Risposta corretta: 6 cm.

A. 8 cm
B. 5 cm
C. 7 cm
D. 6 cm
E. 5√2 cm

346. Il quadrato ABCD ha area pari a 25 cm². Quanto vale l'area della circonferenza di raggio pari alla diagonale del quadrato?

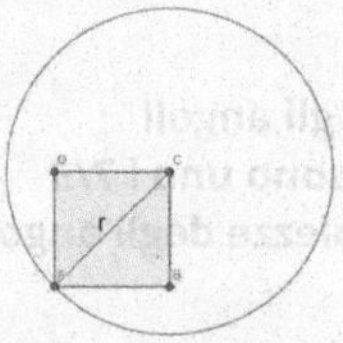

A. 50π cm²
B. 25π cm²
C. 100π cm²
D. 20π cm²
E. 80π cm²

347. In un triangolo rettangolo, l'angolo acuto opposto al cateto di lunghezza 10 cm misura 30°. La lunghezza dell'ipotenusa è:
A. 30 cm
B. 12,5 cm
C. 15 cm
D. 5√3 cm
E. 20 cm

348. Quanto vale l'area del triangolo ABC delimitato dagli asintoti dell'iperbole $x^2 - 9y^2 = 9$ e la retta tangente al vertice con ascissa positiva?

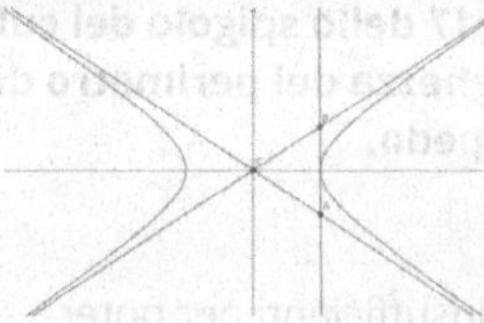

A. 2
B. 3
C. 3 / 2
D. 5 / 2
E. 6

349. Il triangolo ABC è tale che l'angolo α ha ampiezza 45° e il segmento AC lunghezza 10 cm. Quanto vale l'area della circonferenza?

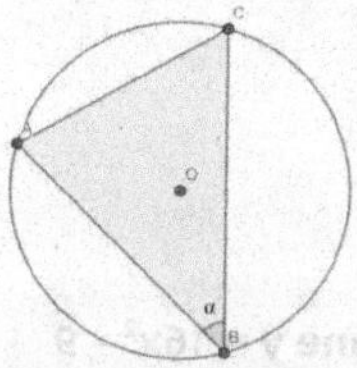

A. 20π cm²
B. 100π cm²
C. 25π cm²
D. 50π cm²
E. 75π cm²

350. Il triangolo rettangolo con cateti di lunghezza 6 cm e 8 cm è inscritto in una circonferenza di raggio pari a:
A. 5 cm
B. 7,5 cm
C. 4 cm
D. 6 cm
E. 10 cm

351. Dato il fascio di rette di equazione $y = mx - 2$ con $m > 0$, determinare il valore di m tale per cui il triangolo individuato dall'origine e dalle intersezioni della retta corrispondente a m con gli assi cartesiani abbia area pari a 4.
A. 2
B. 3 / 2
C. 1 / 2
D. 4 / 3
E. – 1

352. Un trapezio rettangolo ha base maggiore e base minore lunghi rispettivamente 12 cm e 8 cm, e area pari a 30 cm². Qual è la lunghezza del lato obliquo?
A. 7,5 cm
B. 5 cm
C. 4 cm
D. 6 cm
E. 3,5 cm

353. Qual è la lunghezza della corda che la circonferenza di equazione $x^2 + y^2 - 8x - 2y + 8 = 0$ stacca sull'asse delle ascisse?

A. 5
B. 8
C. $2\sqrt{3}$
D. $2\sqrt{6}$
E. $4\sqrt{2}$

354. La parabola di equazione $y = 16x^2 - 9$ stacca sull'asse delle ascisse una corda di lunghezza:

A. 6
B. 9 / 2
C. 3 / 2
D. 5 / 2
E. 3 / 4

355. Calcolare il diametro di base di una barra cilindrica di rame (densità 9,0 g/cm^3) di massa 212 kg e lunghezza 3 m.

A. 5 cm
B. 0,1 cm
C. 20 cm
D. 0,2 m
E. 10 cm

356. Calcolare la massa di un cilindro di acciaio (densità 7,7 g/cm^3) di diametro 15 cm e lunghezza 1,5 m.

A. 204 N
B. 816 N
C. 81,6 kg
D. 2,04 kN
E. 204 kg

357. Una pompa ha una portata di 4 litri al secondo. Luigi deve riempire una piscina di dimensioni 4,6 m x 3 m x 1,6 m. Quanto tempo impiegherà?

A. 1 ora e 22 minuti
B. 92 minuti
C. 2 ore e 12 minuti
D. 86 minuti
E. 34 minuti

358. In un rettangolo il lato maggiore è x, quello minore è i 2/3 del maggiore diminuiti dei 3/5 sempre del lato maggiore. Quanto vale il perimetro del rettangolo?

A. Non è possibile stabilirlo con i dati a disposizione
B. 15 x
C. 32/15 x
D. 11/15 x
E. 13/15 x

359. In un trapezio isoscele, gli angoli adiacenti a un lato obliquo sono uno i 7/3 dell'altro. Quali sono le ampiezze degli angoli del trapezio?

A. 35° e 145°
B. 38° e 142°
C. 75° e 175°
D. 54° e 126°
E. 62° e 118°

360. Una piramide ha come base un quadrato la cui area misura 64 cm^2. Lo spigolo di base è 8/9 dell'altezza di una faccia. Determinare l'area della superficie laterale della piramide.

A. 113 cm^2
B. 416 cm^2
C. 288 cm^2
D. 144 cm^2
E. 208 cm^2

361. Un cubo e un parallelepipedo rettangolo hanno entrambi l'area della superficie laterale pari a 4.624 cm^2. L'altezza del parallelepipedo è 4/17 dello spigolo del cubo. Determinare la lunghezza del perimetro di base del parallelepipedo.

A. 289 cm
B. 272 cm
C. I dati sono insufficienti per poter rispondere
D. 1.156 cm
E. 578 cm

362. Un lato di una piazza rettangolare misura 25 m più dell'altro lato. Sapendo che il perimetro della piazza è di 310 metri, quanto vale l'area della piazza?

A. 5.850 m^2
B. 2.250 m^2
C. 1.625 m^2
D. 1.250 m^2
E. 1.525 m^2

363. Calcolare le lunghezza delle basi di un trapezio isoscele sapendo che ha il lato di 13 cm, il perimetro di 50 cm e la differenza delle basi di 10 cm.

A. B = 23 cm; b = 13 cm
B. B = 19 cm; b = 9 cm
C. B = 20 cm; b = 10 cm
D. B = 17 cm; b = 7 cm
E. B = 15 cm; b = 5 cm

364. I punti A (3; 0), B (7; 3) e C (3; 6) sono tre vertici consecutivi di un rombo: calcolarne l'area.

A. 12
B. 24
C. 48
D. 18
E. 6

365. Il più grande dei quadrati in figura ha per lato il monomio l. Determinate a quale tra i seguenti monomi corrisponde l'area della parte colorata.

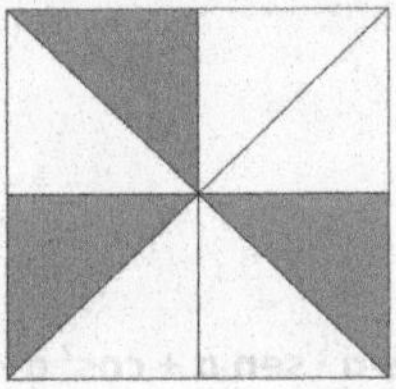

A. $3 l^2$
B. $1/5\ l^2$
C. $5/8\ l^2$
D. $3/8\ l^2$
E. $1/3\ l^2$

366. Il pavimento di una cantina è di 32 m^2. Per un guasto idraulico, il pavimento si allaga con uno strato di acqua alto 2 cm. Quanti litri d'acqua ci sono sul pavimento?

A. 320 l
B. 640 l
C. 32 l
D. 64 l
E. 6,4 l

367. Un acquario è lungo 60 cm, largo 30 cm e alto 40 cm. Dario decide di versare uno strato di sabbia alto 5 cm. Successivamente versa nell'acquario 60 litri di acqua. A quanti centimetri, dal bordo superiore arriva l'acqua?

A. Circa 2 cm
B. Esattamente 3 cm
C. Circa 1 cm
D. Circa 1,6 cm
E. Circa 0,7 cm

368. Quanto misura l'altezza di un trapezio con base maggiore uguale a 5 cm, base minore uguale a 1 cm e area uguale a 45 cm^2?

A. 18 cm
B. 7,5 cm
C. 15 cm
D. 30 cm
E. 150 cm

369. Quale delle seguenti terne di numeri può rappresentare la lunghezza dei lati di un triangolo rettangolo isoscele?

A. 2, 2, 4
B. 3, 3, $3\sqrt{3}$
C. 1, 1, $\sqrt{2}$
D. 5, 5, $\sqrt{5}$
E. 7, 7, 14

370. Nel piano è fissato un sistema di riferimento cartesiano ortogonale. Il triangolo con lati sugli assi e sulla retta di equazione y = 2x – 1:

A. è equilatero
B. ha perimetro 2
C. contiene il punto (1/2; –1/2)
D. ha area 1/4
E. è isoscele

371. L'altezza di un rettangolo è pari a 7/4 della sua base; il perimetro del rettangolo è di 44 m. Qual è l'area del rettangolo?

A. 448 m^2
B. 112 m^2
C. 88 m^2
D. 224 m^2
E. 56 m^2

372. Qual è il perimetro del rombo con diagonali di lunghezza rispettivamente 12 e 16 cm?

A. 20 cm
B. 100 cm
C. 40 cm
D. 60 cm
E. 50 cm

373. Quanto misura il lato obliquo di un trapezio isoscele con differenza delle basi pari a 6 cm e altezza uguale a 4 cm?

A. 7 cm
B. 8 cm
C. 6 cm
D. 10 cm
E. Nessuna delle altre alternative è corretta

374. In una rappresentazione in scala 1 : 500, il lato di un parco che misura nella realtà 120 metri corrisponde a un segmento di:

A. 12 cm
B. 120 cm
C. 24 cm
D. 1,2 cm
E. 6 cm

375. Calcolare l'area di un rettangolo che ha il perimetro di 56 cm e l'altezza di 10 cm.

A. 720 centimetri quadrati
B. 112 centimetri quadrati
C. 230 centimetri quadrati
D. 360 centimetri quadrati
E. 180 centimetri quadrati

376. Il triangolo isoscele ABC ha base AB di lunghezza 4√2 cm ed è inscritto in una circonferenza di raggio 3 cm. Quanto vale l'area del triangolo?

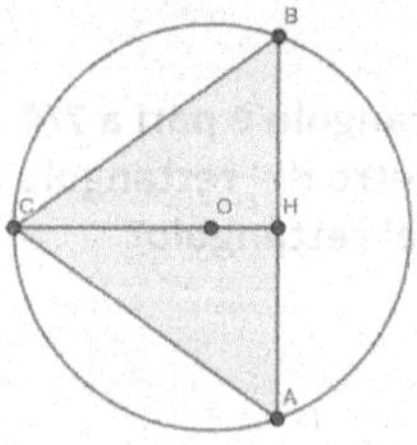

A. $4\sqrt{2}\ cm^2$
B. $4\ cm^2$
C. $8\sqrt{2}\ cm^2$
D. $6\sqrt{2}\ cm^2$
E. $8\ cm^2$

377. L' equazione $y = x^2 - x - 2$ descrive una parabola che stacca sull'asse x una corda di lunghezza:

A. 5
B. 1
C. 2
D. 5 / 2
E. 3

378. In una circonferenza di diametro 10 cm è inscritto un triangolo ABC. Se l'angolo in C misura 45°, qual è la lunghezza del lato AB?

A. √6 cm
B. 5 √3 cm
C. 10 √2 cm
D. 5 cm
E. 5 √2 cm

379. Un trapezio rettangolo ha base maggiore e base minore rispettivamente di lunghezza 9 cm e 6 cm, e lato obliquo di lunghezza 5 cm. Quanto vale l'area del trapezio?

A. $30\ cm^2$
B. $15\ cm^2$
C. $40\ cm^2$
D. $20\ cm^2$
E. $25\ cm^2$

380. Quanto vale l'altezza relativa all'ipotenusa del triangolo rettangolo con cateti di lunghezza 12 cm e 16 cm?

A. 9 cm
B. 9,6 cm
C. 12 cm
D. 8,8 cm
E. 10,4 cm

381. L'espressione $1 + \cos\alpha \cdot \text{sen}\,\alpha + \cos^2\alpha \cdot \tan\alpha$ può essere semplificata come:

A. $\cos\alpha + 2 \cdot \text{sen}\,\alpha$
B. $\tan^2\alpha + \cos^2\alpha$
C. $1 + \tan\alpha$
D. $2 \cdot \cos^2\alpha$
E. $(\cos\alpha + \text{sen}\,\alpha)^2$

382. Quale dei seguenti valori è una soluzione dell'equazione $\cos(2x - \pi / 4) = 0$ nell'intervallo $0 < x < \pi$?

A. 3π / 8
B. π
C. π / 6
D. π / 2
E. π / 12

383. Sia dato il triangolo isoscele ABC, tale che l'angolo α misura 75°. Allora l'angolo β misura:

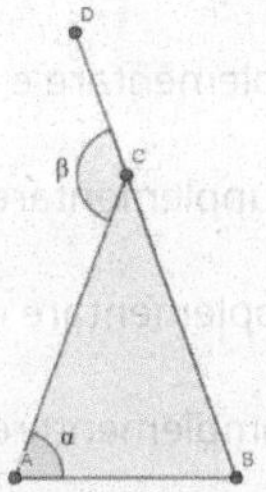

A. 120°
B. 165°
C. 130°
D. 150°
E. 145°

GONIOMETRIA E TRIGONOMETRIA

384. Nell'intervallo $0 < x < 2\pi$, quali sono i valori di x che risolvono l'equazione $\cos^2(\pi / 2 - x) = 3/4$?

A. $x = \pi / 3, 4\pi / 3$
B. nessun valore di x
C. $x = \pi / 3, 2\pi / 3, 4\pi / 3, 5\pi / 3$
D. $x = \pi / 3, 2\pi / 3$
E. $x = \pi / 6, 5\pi / 6, 7\pi / 6, 11\pi / 6$

385. L'espressione sen 2α / sen α è semplificabile come:

A. 2 · cos α
B. 1 + sen α
C. sen α
D. sen α / 2
E. $sen^{1/2}\ \alpha$

386. Sia $0 < x < 2\pi$. Quali sono i valori di x per cui cos x + sen x = 0?

A. $x = 3\pi / 4, x = 5\pi / 4$
B. $x = 3\pi / 2$
C. $x = \pi / 4, x = 7\pi / 4$
D. $x = 3\pi / 4, x = 7\pi / 4$
E. $x = \pi / 2, x = 3\pi / 2$

387. Due angoli α e β tra loro supplementari sono tali che α – β = 30°. Qual è l'ampiezza di α?

A. 60°
B. 120°
C. 105°
D. 75°
E. 95°

388. L'espressione $[1 - \tan\alpha \cdot sen\,\alpha \cdot \cos\alpha]^{1/2}$ può essere semplificata come:

A. 1
B. | cos α |
C. $\cos^2\alpha$
D. tan α · sen α
E. 2 · sen α

389. L'espressione presentata può essere semplificata come:

$$\frac{4\cdot \cos(\pi/3)\cdot sen(\pi/3)}{cotan(\pi/6) - 2\cdot tan(\pi/3)} + \frac{1}{sen(\pi/6)} - 3\cdot \cos(\pi)$$

A. 4
B. 2√3
C. –3
D. 1
E. –1

390. L'espressione presentata può essere semplificata come:

$$\frac{\cos(\pi-\alpha)}{sen(\pi+\alpha)} + \frac{sen(\pi/2-\alpha)}{sen(2\pi-\alpha)}$$

A. 0
B. $-\cos^2\alpha$
C. cotan α
D. –tan α
E. 1

391. Quali tra le seguenti identità goniometriche non è corretta?

A. $sen^2x = 1 - \cos^2x$
B. cos x = tan x · sen x
C. sen x = cos x / cotan x
D. tan x = sen x / cos x
E. sec x = 1 / cos x

392. Un triangolo ha lati a, b e c di lunghezza 2 cm, 3 cm e √7 cm, rispettivamente. Quanto vale l'ampiezza dell'angolo opposto a c?

A. 100°
B. 120°
C. 45°
D. 15°
E. 60°

393. L'espressione [cos π/6 · cos π/3 + sen π/6 · sen π/3] · tan π/6 è uguale a:

A. 1
B. 0
C. 1 / 2
D. √3
E. 2

394. Sapendo che gli angoli α e β valgono rispettivamente 30° e 15°, quanto vale l'angolo γ?

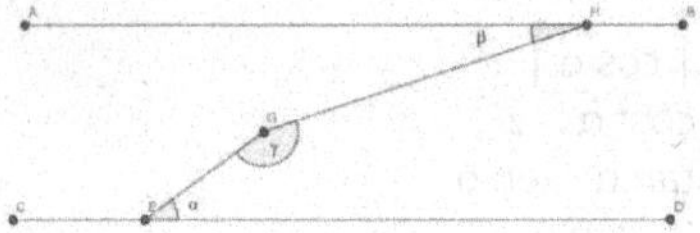

A. 165°
B. 175°
C. 160°
D. 155°
E. 180°

395. L'espressione presentata è uguale a:

$$2\cdot sen\frac{\pi}{6}+\frac{2\cdot cos^2\frac{\pi}{6}-tan^2\frac{\pi}{3}}{sen\frac{\pi}{6}}$$

A. –2
B. √2 / 2
C. 2√3
D. 3
E. 1

396. Sapendo che α e β misurano rispettivamente 40° e 15°, quanto misura l'angolo γ?

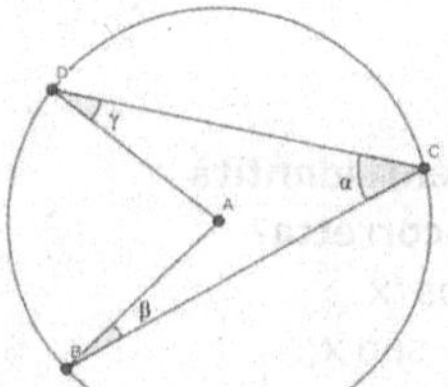

A. 22,5°
B. 35°
C. 30°
D. 25°
E. 27,5°

397. Rispetto all'angolo di ampiezza 30°, Gli angoli di 60°, 330° e 150° ne sono nell'ordine:

A. Il complementare, l'esplementare e il supplementare
B. il supplementare, l'esplementare e Il complementare
C. Il complementare, il supplementare e l'esplementare
D. L'esplementare, il complementare e il supplementare
E. il supplementare, Il complementare e l'esplementare

398. Qual è la misura in radianti di un angolo di 12°?

A. π / 12 radianti
B. 12π / 30 radianti
C. 3π / 20 radianti
D. π / 15 radianti
E. 2π / 36 radianti

399. Il triangolo ABC ha uno dei lati coincidenti col diametro della circonferenza e angolo α di misura 75°. Allora l'angolo β misura:

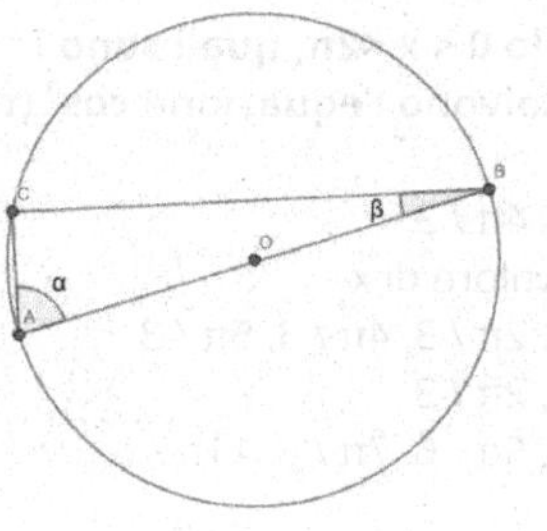

A. 25°
B. 18°
C. 15°
D. 13°
E. 10°

400. L'angolo α è tale che cos α = 1 / 2 e tan α = – √3. Quale tra i seguenti è il corretto valore di α?

A. 120°
B. 300°
C. 60°
D. 330°
E. 270°

401. Qual è il valore in radianti di un angolo di 5°?

A. 5π / 36 rad
B. π / 18 rad
C. π / 20 rad
D. 2π / 15 rad
E. π / 36 rad

402. L'angolo complementare dell'angolo α ha ampiezza 75°. Qual è l'ampiezza dell'angolo supplementare di α?

A. 165°
B. 140°
C. 90°
D. 105°
E. 25°

403. Sia 0 < x < 2π. Qual è l'intervallo di angoli che soddisfa la condizione sen x > 1 / 2?

A. π / 6 < x < 5π / 6
B. π / 6 < x < π / 2
C. nessun valore di x
D. π / 3 < x < 2π / 3
E. 0 < x < π / 3

404. L'espressione cos(π/4) ·cos(3π/4) + $\sin^2$(π/3) è uguale a:

A. 3 / 2
B. 0
C. – 1 / 2
D. 1 / 4
E. 1

405. Se x indica un angolo compreso fra 0° e 180°, indicare la soluzione dell'equazione sen x = 1.

A. x = 90°
B. x = 120°
C. x = 30°
D. L'equazione non ha soluzioni
E. x = 0°

406. L'espressione sin 2x è uguale a:

A. 2 sin x cos x
B. sin x + cos x
C. cos x^2 – sin x^2
D. 2 sin x
E. sin x – cos x

407. Quale, tra le seguenti equazioni, rappresenta una formula inversa dell'identità fondamentale della goniometria?

A. sen (α) = ±√[1 – cos(α^2)], per ogni α ∈ R
B. sen (α^2) = ±√[1 + $\cos^2$ (α)], per ogni α ∈ R
C. sen(α) = ±√[1 + $\cos^2$ (α)], per ogni α ∈ R
D. sen(α) = ±√[1 – $\cos^2$ (α)], per ogni α ∈ R
E. sen^2 (α) = ±√[1 – $\cos^2$ (α)], per ogni α ∈ R

408. La funzione tangente è positiva per archi della circonferenza goniometrica appartenenti:

A. al terzo e al quarto quadrante
B. al secondo e al terzo quadrante
C. al primo e al secondo quadrante
D. al primo e al quarto quadrante
E. al primo e al terzo quadrante

409. L'espressione tan(225°) + cotan(135°) vale:

A. 1
B. −2
C. 1/2
D. 0
E. 2

410. L'insieme delle soluzioni dell'equazione goniometrica tg(x) = (√3)/3 è dato da:

A. x = π/3 + kπ per ogni k intero
B. x = π/4 – kπper ogni k intero
C. x = π/6 + 2kπ per ogni k intero
D. x = π/6 + kπ per ogni k intero
E. x = π/3 + 2kπ per ogni k intero

411. Qual è la misura, in radianti, di un angolo di 30°?

A. π/4
B. π/2
C. 2/3π
D. π/6
E. π/3

412. Quali sono le soluzioni dell'equazione 2 · $\cos^2$ x = 1 per 0 < x < π ?

A. x = π / 4, 3π / 4
B. x = π / 3, 2π / 3
C. x = π / 4, π / 2
D. x = π / 4, 2π / 3
E. x = π / 4, π / 3

MATEMATICA E FISICA

413. **Quale, tra le seguenti equazioni, rappresenta l'identità fondamentale della goniometria?**

A. sen (α^2) + cos $(\alpha^2) = -1$, per ogni $\alpha \in R$
B. sen (α^2) + cos $(\alpha^2) = 1$, per ogni $\alpha \in R$
C. $\text{sen}^2(\alpha) + \cos^2(\alpha) = 0$, per ogni $\alpha \in R$
D. $\text{sen}^2(\alpha) + \cos^2(\alpha) = 1$, per ogni $\alpha \in R$
E. $\text{sen}^2(\alpha) + \cos^2(\alpha) = -1$, per ogni $\alpha \in R$

414. **Indicare per quale dei seguenti angoli il coseno NON è nullo.**

A. Nessuna delle altre alternative è corretta
B. 3/2 · 180° + 360°
C. 3/2 · 180°
D. 90°
E. 180°

415. **Qual è la misura, in radianti, di un angolo di 60°?**

A. π/6
B. π/2
C. π/4
D. 2/3π
E. π/3

416. **Quale valore assume la funzione $f(x) = [\cos x / x]^2$ nel punto $x = \pi / 4$?**

A. $8 / \pi^2$
B. $1 - \sqrt{2}$
C. $1 - \pi^2$
D. $\pi / 4$
E. $\sqrt{\pi} / 2$

417. **L'insieme dei valori assunti per x reale dalla funzione f(x) = cos(2x):**

A. è l'intervallo (–2, 2) estremi inclusi
B. dipende dal fatto che x sia espresso in gradi o in radianti
C. è l'insieme dei numeri reali
D. è l'intervallo (–1, 1) estremi inclusi
E. è l'intervallo (0, 1) estremi inclusi

418. **Il teorema dei seni afferma che:**

A. in ciascun triangolo le misure dei lati sono uguali ai seni degli angoli ad essi opposti
B. in ciascun triangolo le misure dei lati sono direttamente proporzionali ai seni degli angoli ad essi opposti
C. in ciascun triangolo le misure dei lati sono direttamente proporzionali al quadrato dei coseni degli angoli ad essi opposti
D. in ciascun triangolo le misure dei lati sono direttamente proporzionali ai coseni degli angoli ad essi opposti
E. in ciascun triangolo le misure dei lati sono direttamente proporzionali al quadrato dei seni degli angoli ad essi opposti

419. **Qual è il valore dell'espressione in figura?**

$$\frac{(\tan x \cdot \cos x + \sin x)^2}{2 - 2\cos^2 x}$$

A. 0
B. 1 – sen x
C. 1 / 4
D. 2 · cos x
E. 2

420. **Per x compreso tra 0° e 360°, l'equazione cos(x) = 2:**

A. ha come soluzione x = 120°
B. non ha soluzioni
C. ha come soluzione x = 270°
D. ha come soluzione x = 180°
E. ha come soluzione x = 0°

STATISTICA E PROBABILITÀ

421. **La tabella mostra i risultati di un'indagine fatta presso un centro sportivo di Trento, al fine di conoscere la distribuzione degli iscritti ai vari corsi e il prezzo che ciascuna persona paga per il corso scelto.**

In base ai dati della tabella, quante persone in media sono iscritte a ciascun corso?

	N. iscritti	Costo per persona
Nuoto	5	70€
Danza	8	50€
Tennis	10	150€
Pallavolo	18	80€
Calcio	20	100€

A. 25
B. Circa 10
C. 14
D. Circa 20
E. Circa 12

422. Sul treno, i passeggeri mostrano al controllore nel 35% dei casi un biglietto tradizionale, nel 30% un abbonamento, nel 20% un biglietto stampato a casa e nel 15% lo smartphone. Quale modalità rappresenta la moda di tale distribuzione?

A. Abbonamento
B. Biglietto tradizionale
C. Biglietto stampato a casa
D. Smartphone
E. Non è possibile calcolare la moda per insufficienza dei dati

423. La media dei voti di Silvia in arte è 8. Sapendo che Silvia ha 3 voti, quale sarebbe la sua media se prendesse 4 nel prossimo compito in classe?

A. 4
B. 7
C. 6
D. 8
E. Nessuna alternativa è corretta

424. Quanti numeri di tre cifre si possono formare con le cifre 1, 3, 4, 5, 6, 7, ammettendo ripetizioni?

A. 720
B. 216
C. 280
D. 432
E. 120

425. Quanti numeri di tre cifre si possono formare con 2, 3, 4, 5, 6?

A. 375
B. 20
C. 125
D. 250
E. 120

UNITÀ DI MISURA E VETTORI

426. Un vettore è scomposto lungo due direzioni x e y perpendicolari tra loro. Le sue componenti su x e su y valgono rispettivamente 3 e 4. Quanto misura il modulo del vettore?

A. 14
B. 1
C. 5
D. 7
E. 25

427. Due vettori hanno modulo rispettivamente pari a 10 e 5 e formano tra loro un angolo di 45 gradi. Quanto vale il prodotto scalare tra i due vettori?

A. 45
B. 50
C. 25,8
D. 35,4
E. 11,2

428. Quale tra le seguenti NON è una grandezza fondamentale?

A. Intensità di corrente
B. Tempo
C. Massa
D. Volume
E. Lunghezza

429. A quanto equivalgono 10 μs?

A. $10 \cdot 10^{-9}$ s
B. $1 \cdot 10^{-7}$ s
C. $1 \cdot 10^{-12}$ s
D. $10 \cdot 10^{-3}$ s
E. $10 \cdot 10^{-6}$ s

430. Quale delle seguenti conversioni è ERRATA?

A. 50 kg/m^3 = 0,005 g/cm^3
B. 100 kg/m^3 = 0,1 g/cm^3
C. 20 mg/cm^3 = 0,02 g/cm^3
D. 300 g/m^3 = 0,3 mg/cm^3
E. 4 mg/mm^3 = 4.000 kg/m^3

431. La densità del titanio è 4,5 g/cm^3, ovvero:

A. 0,045 g/mm^3
B. 0,45 mg/mm^3
C. 4,5 kg/m^3
D. 450 g/dm^3
E. 4.500 kg/m^3

432. L'unità di misura della costante dei gas ideali è:

A. mol/(J · K)
B. (K · mol)/J
C. (J · mol)/K
D. (J · K)/mol
E. J/(mol · K)

433. Qual è l'unità di misura della densità nel Sistema Internazionale di misura?

A. kg/m^3
B. kg/m^2
C. kg/dm^3
D. g/cm^2
E. g/cm^3

434. Il peso specifico di una sostanza è dato dal:

A. prodotto tra la massa e il volume
B. rapporto tra la densità e l'accelerazione di gravità
C. rapporto tra il peso e il volume
D. prodotto tra il peso e il volume
E. rapporto tra la massa e il volume

435. Quale delle seguenti unità di misura derivate si può esprimere in unità fondamentali del SI senza utilizzare la massa?

A. Litro
B. Pascal
C. Joule
D. Watt
E. Newton

436. Un vettore di modulo 3 forma un angolo di 60° con un altro vettore di modulo 4. Il prodotto scalare tra i due vale:

A. 24
B. 18
C. 6
D. 15
E. 12

437. Edoardo esce di casa in bici per andare a scuola e percorre le vie del paese in questa sequenza: 600 m verso ovest, 400 m verso nord, 900 m verso est e 500 verso sud. Quale sarebbe stato il tragitto più breve in linea d'aria?

A. 316 m verso nord-ovest
B. 316 m verso sud-est
C. 400 m verso sud-est
D. 100 m verso sud
E. 300 m verso nord-est

438. Calcolare il modulo del vettore A = (3, 4, 5).

A. 25
B. 7,07
C. 12
D. 1,95
E. 16,06

439. A Miami il Giorno dell'Indipendenza si raggiungono spesso i 40 °C, che in unità di misura statunitensi corrispondono a:

A. 72 °F
B. 104 °F
C. 213 K
D. circa - 23 °F
E. 91 K

440. Indicare quale delle seguenti coppie è costituita esclusivamente da unità di misura fondamentali del Sistema Internazionale:

A. Kelvin e Coulomb
B. Chilogrammo e Candela
C. Newton e Secondo
D. Mole e Joule
E. Ohm e Metro

441. Una velocità di 180 m/s equivale a:

A. 6,48 km/h
B. 64,8 km/h
C. 500 km/h
D. 648 km/h
E. 50 km/h

442. Una grandezza scalare, moltiplicata per una grandezza vettoriale, dà come risultato:

A. una grandezza scalare
B. una grandezza assoluta
C. una grandezza sia scalare sia vettoriale
D. una grandezza vettoriale
E. la costante di Planck

443. Qual è l'unità di misura dell'intensità della corrente elettrica nel Sistema Internazionale?

A. L'ampere
B. Il watt
C. Il farad
D. Il coulomb
E. Il volt

444. L'ohm misura:
A. un lavoro
B. una carica magnetica
C. un flusso magnetico
D. una resistenza
E. nessuna delle altre alternative è corretta

445. Quale tra le seguenti NON è una grandezza derivata nel Sistema Internazionale?
A. Intensità di corrente
B. Velocità
C. Area
D. Energia
E. Volume

446. Dati i vettori A = (3, 4) e B = (5, 2), calcolare il loro prodotto scalare
A. 13,5
B. (8, 6)
C. (15,8)
D. 7
E. 23

447. Considerare due vettori nello spazio tridimensionale: A = (3, –2, 5) e B = (–1, 4, –2). Calcolare la somma vettoriale A + B.
A. (2, 2, 3)
B. (–3, –8, –10)
C. (–2, 2, 3)
D. (4, –6, 7)
E. (–4, 6, –7)

448. Il valore di 1 atm corrisponde a:
A. 10,1325 kPa
B. 101,325 kPa
C. 10,1325 MPa
D. 1,01325 kPa
E. 101,325 MPa

449. Un valore di temperatura di 100 gradi Fahrenheit corrisponde in Celsius a:
A. 37,8 °C
B. –45,8 °C
C. 13,4 °C
D. 273 °C
E. 100 °C

450. Quale è la massa di 50 ml di acqua?
A. 0,5 kg
B. 0,005 kg
C. 50 kg
D. 0,05 kg
E. 5 kg

451. Dati i vettori A = (2, 3) e B = (4, –1), calcolare il loro prodotto scalare.
A. (6, –4)
B. 5
C. 10
D. 11
E. (8, –3)

452. La resistenza elettrica si misura in:
A. Ampere
B. Var
C. Volt
D. Ohm
E. Watt

453. Quale di queste unità di misura NON appartiene al Sistema Internazionale?
A. Gauss
B. Ohm
C. Ampere
D. Lumen
E. Henry

454. Il tempo è una grandezza fisica:
A. a quattro dimensioni
B. vettoriale
C. misurabile mediante un televisore
D. nessuna delle altre risposte è corretta
E. fondamentale

455. Nel Sistema Internazionale, la portata volumetrica di un fluido si esprime in:
A. m^2/s
B. kg m^3/s
C. N/s
D. kg/s
E. m^3/s

CINEMATICA

456. Un pendolo oscilla con un periodo di 2 s. Qual è la sua frequenza di oscillazione?
A. 0,5 Hz
B. 1,5 Hz
C. 1 Hz
D. 2 Hz
E. 2,5 Hz

457. Un oggetto parte dallo stato di quiete e accelera a 5 m/s^2 per 4 s. Qual è la sua velocità all'istante finale?

A. 5 m/s
B. 10 m/s
C. 0,8 m/s
D. 1,25 m/s
E. 20 m/s

458. Un'auto compie un giro completo su una pista circolare di raggio 20 m in 40 s. La sua velocità media vale circa?

A. 3,1 m/s
B. 0,5 m/s
C. 5,2 m/s
D. 2 m/s
E. 10 m/s

459. Un oggetto di dimensioni trascurabili e massa 3 kg compie un moto circolare uniforme su una traiettoria di raggio R= 1 m con velocità tangenziale v= 2 m/s. Qual è il suo momento angolare?

A. 1,5 Nm
B. 6 Nms
C. 3 Ns
D. 6 Nm
E. 1,5 Nms

460. Qual è la relazione tra velocità angolare ω, raggio r e velocità lineare v in un moto circolare uniforme?

A. $v = \omega \cdot r$
B. $v = \omega^2 \cdot r^2$
C. $v = \omega \cdot r^2$
D. $v = \omega / r$
E. $v = \omega^2 \cdot r$

461. Cosa rappresenta la frequenza in un moto armonico?

A. Il numero di oscillazioni compiute in un secondo
B. La velocità con cui viene effettuata un'oscillazione completa
C. Il tempo necessario per arrivare al punto di equilibrio
D. Il tempo necessario per compiere un'oscillazione completa
E. La velocità massima raggiunta dall'oggetto

462. Quanto vale la velocità tangenziale di un punto che compie un quarto di giro lungo una circonferenza di raggio 6 metri in 2 secondi?

A. $3 \cdot \pi$ m/s
B. $2 \cdot \pi$ m/s
C. $(3 / 2) \cdot \pi$ m/s
D. $(1 / 2) \cdot \pi$ m/s
E. $(2 / 3) \cdot \pi$ m/s

463. Un corpo rotola lungo una superficie priva di attrito. Cosa accade alla sua velocità?

A. Rimane costante
B. Aumenta
C. Si annulla
D. Il corpo ha velocità nulla
E. Diminuisce

464. Qual è la velocità angolare media di un corpo in moto circolare uniforme che compie un'intera rotazione in 2 secondi?

A. 180 rad/s
B. 360 rad/s
C. $0,5 \cdot \pi$ rad/s
D. $2 \cdot \pi$ rad/s
E. π rad/s

465. Su una superficie priva di attrito, un pattinatore mentre ruota su se stesso stringe le braccia. Come varia il suo momento angolare?

A. Aumenta
B. Rimane costante
C. Diventa negativo
D. Diminuisce
E. Dipende dalla velocità di rotazione

466. Un punto materiale in moto su una circonferenza di raggio 3 m, con velocità di modulo costante pari a 3 m/s, ha un momento angolare di 15 Nms. Qual è la sua massa?

A. 135 kg
B. 1,67 kg
C. 5 kg
D. 45 kg
E. 12 kg

467. La centrifuga di una lavatrice compie 1.200 giri al minuto. Qual è la sua velocità angolare?

A. 60 rad/s
B. 40π rad/s
C. 200 rad/s
D. 1.200π · rad/s
E. 2.400π · rad/s

468. Il cavallo di una giostra gira alla velocità di 2,4 m/s e dista 3 m dall'asse di rotazione. Qual è la velocità angolare della giostra?

A. 2,7 m/s
B. 0,8 rad/s
C. 7,2 rad/s
D. 1,25 rad/s
E. 0,8 m/s

469. Un'auto aumenta la sua velocità uniformemente da 5 m/s a 15 m/s in 10 secondi. Qual è l'accelerazione dell'auto?

A. 1,5 m/s^2
B. 0,5 m/s^2
C. 100 m/s^2
D. 1 m/s^2
E. 10 m/s^2

470. Un corpo che si muove di moto circolare uniforme è sottoposto a:

A. una forza, detta centrifuga, ortogonale al vettore velocità
B. una forza, detta centrifuga, ortogonale al raggio della curva
C. una forza, detta centrifuga, diretta verso il centro della curva
D. una forza, detta centripeta, uscente dal centro della curva
E. una forza, detta centripeta, ortogonale al vettore velocità

471. Le ruote di una bicicletta di raggio 26 cm si muovono con velocità angolare 16 rad/s. Pedalando 3 minuti in sella alla bici si percorrono:

A. 2.028 m
B. 480 m
C. 749 m
D. 78 m
E. 256 m

472. Un corpo di massa 2 kg che è appeso al soffitto tramite un filo inestensibile di 50 cm e di massa trascurabile, si muove di moto armonico. In quanto tempo il corpo compie un'oscillazione completa?

A. 0,22 s
B. 1,42 s
C. 0,025 s
D. 0,071 s
E. 0,032 s

473. Quale tra le seguenti grandezze NON è direttamente legata alla velocità tangenziale di un oggetto in moto circolare uniforme?

A. Massa dell'oggetto
B. Frequenza del moto
C. Raggio della traiettoria
D. Velocità angolare
E. Periodo del moto

474. Una giostra si muove di moto circolare uniforme con velocità angolare pari a 1,26 rad/s. Se una corsa sulla giostra dura 5 minuti, quanti giri vengono effettuati?

A. 60
B. 30
C. 45
D. 50
E. 20

475. L'elica di un aereo che gira alla frequenza di 20 Hz compie:

A. 1 giro in 20 secondi
B. 20 giri in 1 secondo
C. 1 giro in 1/40 di secondo
D. 400 giri in 1 secondo
E. 20 giri in 20 secondi

476. Su una piattaforma girevole è posto, a 1,5 m dal centro di rotazione, un oggetto di dimensioni trascurabili di massa pari a 3 kg. Se il coefficiente di attrito statico tra cubo e piattaforma è pari a 0,3 qual è la massima frequenza di rotazione della piattaforma perché non si manifesti uno scivolamento del corpo?

A. 3 giri al secondo
B. 5 giri al secondo
C. 8,80 giri al secondo
D. 0,22 giri al secondo
E. 1,38 giri al secondo

MATEMATICA E FISICA

477. Quale delle seguenti affermazioni è falsa se riferita ad un moto circolare uniforme?

A. La proiezione della posizione sulla traiettoria può essere rappresentata con una sinusoide
B. Tutte le componenti dell'accelerazione sono nulle
C. La velocità angolare è costante e diversa da zero
D. Il modulo dell'accelerazione centripeta è costante e diversa da zero
E. La velocità tangenziale è un vettore istantaneamente variabile

478. In condizioni stazionarie, il moto di una turbina idraulica è un moto:

A. parabolico
B. rettilineo
C. circolare uniformemente accelerato
D. elicoidale
E. circolare uniforme

479. Nel moto circolare uniforme:

A. il vettore velocità e il vettore accelerazione sono a ogni istante fra loro perpendicolari
B. la velocità è a ogni istante perpendicolare alla traiettoria
C. l'accelerazione centripeta si annulla
D. l'accelerazione tangenziale è costante e maggiore o minore di zero a seconda del verso del moto
E. il vettore accelerazione è nullo

480. Se l'ampiezza di un'oscillazione armonica è 5 cm e il periodo 2 secondi, quanto vale la frequenza di oscillazione?

A. 2 Hz
B. 10 Hz
C. 5 Hz
D. 0,5 Hz
E. 2,5 Hz

481. Quale tra le seguenti affermazioni sul moto rettilineo uniforme è vera?

A. La velocità è nulla
B. L'accelerazione è nulla
C. La velocità aumenta nel tempo
D. L'accelerazione è sempre presente
E. La velocità diminuisce nel tempo

482. Se un oggetto si muove con un'accelerazione di 2 m/s^2 per 10 secondi, quanto aumenta la sua velocità?

A. 40 m/s
B. 5 m/s
C. 20 m/s
D. 60 m/s
E. 4 m/s

483. Quale tra le seguenti affermazioni sul moto uniformemente accelerato NON è vera?

A. La distanza percorsa dipende dal tempo trascorso
B. L'accelerazione è direttamente proporzionale alla variazione di velocità
C. La velocità varia linearmente nel tempo
D. L'accelerazione è costante nel tempo
E. L'accelerazione è inversamente proporzionale alla velocità

484. Una molla oscilla con moto armonico con periodo pari a 6,28 s e velocità massima 1,3 m/s. Calcolare la massima estensione della molla.

A. 2,6 m
B. 31,4 mm
C. 130 cm
D. 20 cm
E. Non è possibile rispondere senza conoscere la massa della molla

485. Un corpo ha energia cinetica di 25 J e massa di 2 kg. Qual è la sua velocità?

A. 12,5 m/s
B. 50 m/s
C. 10 m/s
D. 5 m/s
E. 25 m/s

486. Una molla oscilla con una pulsazione di 3π rad/s. Calcolare la frequenza di oscillazione.

A. 3 Hz
B. 1 Hz
C. 3π Hz
D. 1,5 Hz
E. 6π Hz

487. Un satellite orbita intorno alla Terra con un periodo di 90 minuti. Calcolare la velocità angolare.

A. 0,0185 rad/s
B. 0,00116 rad/s
C. 90 rad/s
D. 0,0116 rad/s
E. 0,000185 rad/s

488. Francesca in sella alla sua bicicletta si sta muovendo di moto uniforme a 5 m/s: si ferma dopo 12 km a fare merenda dalla sua amica Sara. Per quanto tempo ha pedalato?

A. 40 minuti
B. 24 minuti
C. Quasi 2 ore e mezza
D. Dipende dall'accelerazione
E. Dipende dal percorso, rettilineo o meno

489. Un oscillatore massa-molla ha un periodo di 0,5 secondi. Calcolare la pulsazione di oscillazione.

A. 0,2 rad/s
B. 0,25 rad/s
C. 12,56 rad/s
D. 1 rad/s
E. 0,5 rad/s

490. A quale velocità deve correre una persona per percorrere 6 chilometri in 45 minuti?

A. 6 km/h
B. 8 km/h
C. 10 km/h
D. 5 km/h
E. 4 km/h

491. Quale tra le seguenti alternative è la corretta relazione tra frequenza ƒ e periodo T?

A. $f = 2 \cdot \pi \cdot T$
B. $f = 2 \cdot T$
C. $f = 1 / (2 \cdot T)$
D. $f = \pi \cdot T$
E. $f = 1 / T$

492. Una barca a vela si sta muovendo verso ovest con una velocità di 12 nodi marini (1 nodo = 0,51 m/s). Imboccato un canale, una corrente inizia a spingerla ortogonalmente con una velocità di 16 nodi in direzione nord. Quali sono la velocità e la direzione della barca?

A. 10,2 m/s verso nord-ovest
B. 10,6 m/s verso sud-est
C. 4 m/s verso nord
D. 0,54 m/s verso sud-ovest
E. 1,06 m/s verso nord

493. Il moto parabolico può essere scomposto in:

A. due moti circolari uniformi
B. un moto rettilineo uniforme e un moto rettilineo uniformemente accelerato
C. due moti rettilinei uniformi
D. due moti uniformemente accelerati
E. un moto parabolico e un moto ellittico

494. Una sfera di raggio 10 cm si muove in acqua (coefficiente di viscosità dinamica dell'acqua = $1 \cdot 10^{-3}$ Pa · s) con velocità pari a 4 m/s. La forza di attrito viscoso a cui è sottoposta è pari a:

A. 7,05 N
B. 0,705 N
C. 0,075 N
D. 0,75 N
E. 0,0075 N

495. Se sotto un pendolo con una massa di ferro si pone una calamita, il suo periodo:

A. aumenta o diminuisce a seconda della polarità della calamita
B. raddoppia
C. diminuisce
D. aumenta
E. non varia

496. Un'auto sportiva si muove di moto uniformemente accelerato, mantenendo un'accelerazione di 14 m/s². Quando passa accanto a un semaforo, la sua velocità è di 36 km/h. Dopo 30 secondi a quale distanza dal semaforo si troverà?

A. 6.600 m
B. 4.200 m
C. 510 m
D. 6.300 m
E. 300 m

MATEMATICA E FISICA

497. In un moto parabolico, cosa si definisce con l'espressione "tempo di volo"?

A. La velocità iniziale impressa al grave
B. Il tempo che intercorre fra il lancio e l'atterraggio del grave
C. La direzione del lancio
D. Il tempo impiegato dal grave per raggiungere l'altezza massima
E. Il tempo impiegato dal grave per raggiungere la velocità massima

498. Una molla ha una costante elastica di 200 N/m ed è compressa di 0,1 metri. Calcolare l'energia potenziale elastica.

A. 10 J
B. 1 J
C. 2 J
D. 20 J
E. 200 J

499. Il cavallino bianco di una giostra gira attorno all'asse della stessa con una velocità angolare di 2 rad/s e un'accelerazione centripeta di 8 m/s^2. A che distanza dal centro della giostra è posizionato il cavallino?

A. 0,8 m
B. 3,1 m
C. 1,6 m
D. 2 m
E. 2,4 m

500. Se l'ampiezza di un'oscillazione armonica è 5 cm e la pulsazione è 4π rad/s, quanto vale il periodo?

A. 0,25 s
B. 16 s
C. 20 s
D. 0,5 s
E. 2 s

501. Indicare quale delle seguenti combinazioni di parametri consente di calcolare la gittata del moto parabolico di un oggetto che viene lanciato.

A. Massa dell'oggetto e componente verticale della velocità iniziale
B. Massa dell'oggetto e angolo di lancio
C. Vettore della velocità iniziale e massa dell'oggetto
D. Modulo della velocità iniziale e vettore dell'accelerazione gravitazionale del sistema di riferimento
E. Vettore della velocità iniziale e modulo dell'accelerazione gravitazionale del sistema di riferimento

502. Un oggetto di 500 g cade da un'altezza di 400 cm. Quanto lavoro compie la forza peso sull'oggetto?

A. 200.000 J
B. 0,8 J
C. 1,25 J
D. 19,6 J
E. 100 J

503. Una forza di 80 N viene applicata su un oggetto di massa 10 kg. Qual è l'accelerazione dell'oggetto?

A. 0,8 m/s^2
B. 8 m/s^2
C. 80 m/s^2
D. 40 m/s^2
E. 20 m/s^2

504. Un oggetto con una massa di 2 kg viene accelerato con una forza di 15 N. Qual è l'accelerazione dell'oggetto?

A. 30 m/s^2
B. 15 m/s^2
C. 7,5 m/s^2
D. 90 m/s^2
E. 0,13 m/s^2

DINAMICA

505. Una forza di 20 N è applicata perpendicolarmente a un'asta, lunga 1,5 m, in una delle sue estremità. Qual è il momento torcente agente sull'asta se il suo asse di rotazione è perpendicolare all'asta stessa e passa per l'altra estremità?

A. 13,3 Nm
B. 30 N
C. 0,075 Nm
D. 13,3 N
E. 30 Nm

506. Quale delle seguenti forze NON è conservativa?

A. La forza elettrica
B. La forza di attrito
C. La forza elastica
D. La forza peso
E. La forza di attrazione gravitazionale

507. Qual è il significato fisico del momento di una forza

A. La tendenza di un corpo a resistere a una rotazione
B. La tendenza di una forza a far ruotare un oggetto intorno a un asse
C. La tendenza di un corpo ad andare di moto rettilineo
D. La quantità di energia per far compiere una rotazione completa di un oggetto intorno al suo asse
E. Il tempo di applicazione di una forza per fare ruotare un corpo intorno a un punto

508. Il momento torcente di una forza applicata a un corpo ha valore massimo quando:

A. la forza ha la stessa direzione del raggio
B. la forza ha direzione opposta opposta al raggio
C. la forza è perpendicolare al raggio
D. nessuna delle altre alternative è corretta
E. indipendentemente dalla direzione della forza

509. Quale tra le seguenti è una caratteristica di una forza conservativa?

A. Il lavoro che svolge dipende dalla traiettoria
B. È sempre negativa
C. Si oppone al moto del corpo
D. La sua intensità è costante
E. Non compie lavoro su un percorso chiuso

510. Qual è il peso di un cubo di gommapiuma di lato 12 cm (densità 60 kg/m^3)?

A. 0,10 kg
B. 10,37 N
C. 1,02 kg
D. 1,02 N
E. 103,68 N

511. Alla barra metallica illustrata in figura sono applicate tre forze. Qual è il modulo della forza risultante?

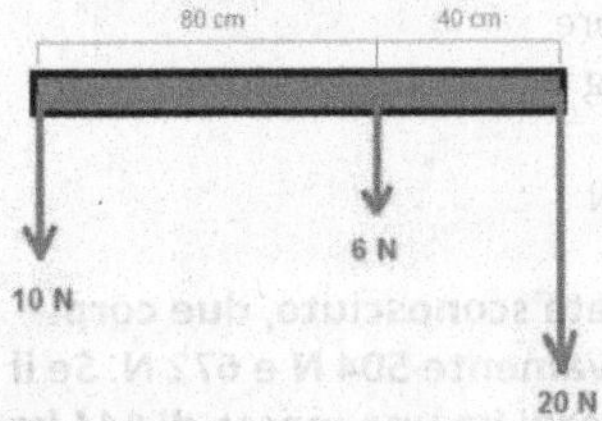

A. 42 N
B. 18 N
C. 9 N
D. 24 N
E. 36 N

512. Alla barra metallica illustrata in figura sono applicate due forze. A quale distanza dal punto A si trova il punto di applicazione della forza risultante?

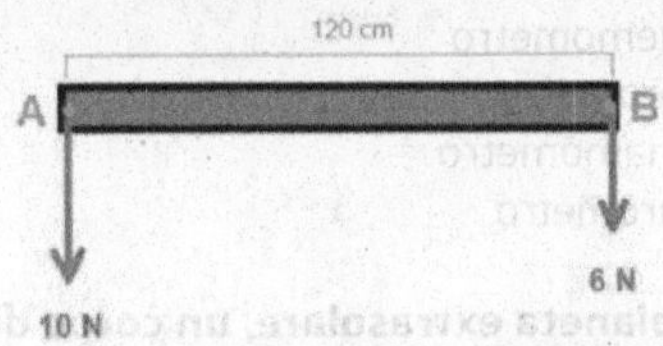

A. A 72 cm dal punto A, esterno ai punti di applicazione delle due forze
B. A 75 cm dal punto A, tra i punti di applicazione delle due forze
C. A 45 cm dal punto A, esterno ai punti di applicazione delle due forze
D. A 45 cm dal punto A, tra i punti di applicazione delle due forze
E. A 72 cm dal punto A, tra i punti di applicazione delle due forze

513. Due molle di costante elastica rispettive k1 e k2 sono appese l'una accanto all'altra al soffitto. Ai loro estremi liberi è fissata una massa. Tale sistema è equivalente a quello con un'unica molla con costante elastica:

A. k1/k2
B. k1 · k2/(k1 + k2)
C. k1 + k2
D. |k1 – k2|
E. k1 · k2

514. Matteo ha una massa di 70 kg. Quale è il suo peso?

A. 68,7 N
B. 2,2 libbre
C. $7 \cdot 10^4$ g
D. 70 kg
E. 686,7 N

515. Su un pianeta sconosciuto, due corpi pesano rispettivamente 504 N e 672 N. Se il primo dei due corpi ha una massa di 144 kg, qual è la massa del secondo?

A. $1,8 \cdot 10^2$ kg
B. 207 kg
C. 68,5 kg
D. 192 kg
E. 164 kg

516. Lo strumento che misura le forze si chiama:

A. gravitaziometro
B. anemometro
C. barometro
D. dinamometro
E. durometro

517. Su un pianeta extrasolare, un corpo di massa 104 kg pesa 2.236 N. Quale vale l'accelerazione gravitazionale del pianeta?

A. $4,6 \cdot 10^{-2}$ m/s^2
B. 21,5 m/s^2
C. $2,3 \cdot 10^5$ m/s^2
D. 0,046 kg m/s^2
E. $2,15 \cdot 10^1$ kg m/s^2

518. Un corpo di massa 9 kg viene appoggiato su un piano inclinato di 60° rispetto all'orizzontale. Quale sarà approssimativamente il modulo della componente della forza peso perpendicolare al piano?

A. 44,1 N
B. 7,8 N
C. 62,6 N
D. 4,5 N
E. 76,5 N

519. Un corpo che pesa 24 N viene appoggiato su un piano inclinato di 30° rispetto all'orizzontale. Quale sarà il modulo della componente della forza peso parallela al piano?

A. 12 N
B. 18 N
C. 24 N
D. 20,78 N
E. 16,2 N

520. Un corpo è appeso a una molla e si trova in equilibrio statico. Quale affermazione è vera riguardo alla forza esercitata dalla molla sul corpo?

A. È pari alla forza peso del corpo
B. Dipende dall'altezza dal suolo
C. È maggiore della forza peso del corpo
D. Nessuna delle altre alternative è corretta
E. È minore della forza peso del corpo

521. Un corpo di massa 6 kg si trova su un piano inclinato a 30° in assenza di attriti. La componente parallela al piano della forza risultante sul corpo è pari a

A. 10,5 N
B. 30 N
C. 29,4 N
D. 58,8 N
E. 50,92 N

522. Una molla ha costante elastica pari a 960 N/m e a riposo è lunga 45 cm. Se viene compressa da una forza di modulo 144 N, quale sarà la lunghezza finale della molla?

A. 32 cm
B. 12 cm
C. 15 cm
D. 24 cm
E. 30 cm

523. Gabriele deve spostare una cassettiera piena di biancheria. La massa totale del mobile e del suo contenuto è pari a 60 kg e il coefficiente di attrito statico è 0,4. Spingendo con tutte le sue forze, Gabriele riesce a esercitare una forza orizzontale di 200 N, senza però riuscire a smuovere il mobile. Di quanto dovrà alleggerire approssimativamente la cassettiera per riuscire a spostarla?

A. 15 kg
B. 35,4 kg
C. 51 kg
D. 6 kg
E. 9 kg

524. Una barra di massa 8 kg è appesa orizzontalmente al soffitto tramite due molle identiche fissate alle sue estremità. Qual è la costante elastica delle molle se esse si allungano di 4 cm rispetto alla loro lunghezza a riposo?

A. 1.962 N/m
B. 981 N/m
C. 490,5 N/m
D. 0,32 N/m
E. 0,16 N/m

525. Un mobile pesa 1,2 kN e viene trascinato sul pavimento da una forza orizzontale. Se il coefficiente di attrito statico è 0,15, quale sarà il modulo della forza minima necessaria a spostarlo?

A. 0,18 N
B. –8.000 N
C. 8.000 N
D. 180 N
E. –180 N

526. Il momento di una forza è dato dal:

A. rapporto scalare tra il vettore posizione del punto di applicazione della forza e la forza stessa
B. prodotto scalare vettore posizione del punto di applicazione della forza e la forza stessa
C. prodotto vettoriale tra vettore posizione del punto di applicazione della forza e la forza stessa
D. prodotto tra il modulo del vettore posizione del punto di applicazione della forza e il modulo della forza stessa
E. rapporto vettoriale tra il vettore posizione del punto di applicazione della forza e la forza stessa

527. Il terzo principio della dinamica afferma che:

A. ogni azione ha una reazione uguale e opposta
B. la somma degli impulsi su un corpo è costante nel tempo
C. la somma delle forze applicate su un corpo è uguale alla massa moltiplicata per l'accelerazione risultante
D. la velocità di un oggetto è nulla se la forza risultante su di esso è nulla
E. un corpo in quiete rimane fermo se la somma delle forze che agiscono su di esso è nulla

528. Una pallina di massa 100 g è appesa al soffitto tramite una molla di costante elastica 9 N/m. L'allungamento della molla rispetto alla posizione di riposo è di:

A. 98 cm
B. 90 cm
C. 109 cm
D. 89 cm
E. 10,9 cm

529. Su un corpo sferico in caduta libera in aria agiscono:

A. spinta di Archimede, forza di attrito volvente e forza peso
B. forza di attrito volvente, forza peso ma non la spinta di Archimede
C. spinta di Archimede, forza di attrito viscoso ma non la forza peso
D. forza di attrito radente, forza peso ma non la spinta di Archimede
E. spinta di Archimede, forza di attrito viscoso e forza peso

530. Si applica la stessa forza di trazione a una bicicletta e a un trattore. L'accelerazione impressa a ognuno di essi è:

A. proporzionale alla massa
B. proporzionale al quadrato della massa
C. inversamente proporzionale alla massa
D. indipendente dalla massa
E. nessuna delle altre risposte è corretta

531. Se la somma vettoriale delle forze applicate a un corpo è nulla, l'accelerazione risultante del baricentro del corpo sarà:

A. variabile nel tempo in modo armonico
B. decrescente
C. nulla
D. crescente
E. non si può rispondere se non si conosce la massa del corpo

532. Per inerzia di un corpo s'intende:

A. il tempo necessario affinché esso acquisti una accelerazione uguale a g
B. l'accelerazione che acquista quando è soggetto a una forza unitaria
C. la sua naturale tendenza al moto smorzato
D. la sua naturale tendenza a conservare il proprio stato di quiete o di moto rettilineo uniforme
E. la sua naturale tendenza al moto uniformemente accelerato

533. Due pescivendoli utilizzano entrambi le bilance a molla per pesare la merce. Sapendo che al momento di vendere un'orata l'allungamento degli strumenti è identico, ma che Mario ha uno strumento con costante elastica doppia rispetto a Giovanni, quanto pesa il pesce venduto da Mario rispetto a quello di Giovanni?

A. Non è possibile rispondere senza conoscere il valore assoluto dell'allungamento
B. La metà
C. Uguale
D. Non è possibile rispondere senza conoscere il valore assoluto delle costanti elastiche
E. Il doppio

534. L'attrito volvente è tipico dei corpi che:

A. sono immersi in un fluido
B. statici
C. strisciano su una superficie
D. rotolano su una superficie
E. in caduta libera

535. Il secondo principio della dinamica afferma che:

A. la somma delle forze applicate su un corpo è uguale alla massa moltiplicata per l'accelerazione risultante
B. la velocità di un oggetto è nulla se la forza risultante su di esso è nulla
C. ogni azione ha una reazione uguale e opposta
D. un corpo in quiete rimane fermo se la somma delle forze che agiscono su di esso è nulla
E. la somma degli impulsi di un sistema è costante nel tempo

536. Qual è l'equazione per la forza elastica? (m = massa; a = accelerazione g = accelerazione gravitazionale terrestre; W = lavoro; Δx = spostamento dal punto di equilibrio; k = costante elastica)

A. $F = -k \cdot m \cdot \Delta x$
B. $F = -g \cdot \Delta x$
C. $F = -m \cdot k \cdot x$
D. $F = -g \cdot \Delta k$
E. $F = -k \cdot \Delta x$

537. Qual è il tipo di attrito che si oppone al rotolamento di un oggetto?

A. Attrito gravitazionale
B. Attrito radente
C. Attrito viscoso
D. Nessuna delle altre alternative è corretta
E. Attrito volvente

538. Il primo principio della dinamica afferma che:

A. un corpo in quiete rimane fermo se la somma delle forze che agiscono su di esso è nulla
B. ogni azione ha una reazione uguale e opposta
C. la somma delle forze applicate su un oggetto è uguale alla massa moltiplicata per l'accelerazione risultante
D. la somma degli impulsi di un sistema è costante nel tempo
E. la velocità di un oggetto è nulla se la forza risultante su di esso è nulla

539. Nella figura è rappresentato un blocco che scivola lungo una guida priva di attrito. Da quale delle frecce disegnate in figura è meglio rappresentato il vettore accelerazione del blocco quando questo si trova nella posizione Q?

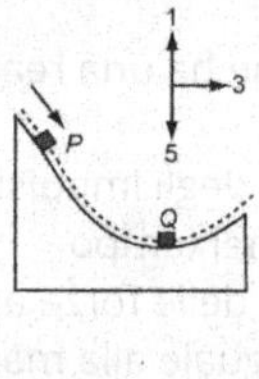

A. Nessuna delle frecce
B. Freccia 5
C. Freccia 3
D. Freccia 1
E. L'accelerazione è 0

540. Un astronauta preleva un piccolo meteorite di peso 32 N dal Satellite Bianco e lo porta sul Satellite Giallo, dove il peso è di 4 N. Quale delle seguenti conclusioni si può dedurre con certezza dai dati disponibili?

A. L'accelerazione di gravità del Satellite Giallo è 4 volte inferiore a quella del Satellite Bianco
B. I dati sono errati, in quanto il peso di un corpo è una proprietà intrinseca indipendente dal sistema gravitazionale in cui si trova
C. L'accelerazione di gravità del Satellite Bianco è 8 volte superiore a quella del Satellite Giallo
D. La massa sul Satellite Bianco è 8 volte superiore a quella sul Satellite Giallo
E. La massa sul Satellite Giallo è 4 volte inferiore a quella sul Satellite Bianco

541. La legge di Hooke afferma che:

A. l'energia totale di un sistema isolato rimane costante nel tempo
B. la forza elastica ha modulo proporzionale alla deformazione
C. la forza di attrito è direttamente proporzionale alla forza normale applicata
D. la somma degli impulsi di un sistema è costante nel tempo
E. la somma delle forze applicate su un corpo è uguale alla massa moltiplicata per l'accelerazione risultante

542. Una ragazza spinge una cassa per 10 m applicando una forza di 20 N in direzione parallela al pavimento. Quanto lavoro compie?

A. 200 J
B. 2 Nm/s
C. 200 Nm/s
D. 2 J
E. 20 N

543. Un motorino di 120 kg si muove alla velocità di 50 km/h. Calcola la sua energia cinetica.

A. 116×10^2 J
B. 300×10^3 J
C. 100×10^3 J
D. 232×10^2 J
E. 150×10^2 J

544. Qual è il termine usato per descrivere l'energia totale di un sistema, composta da energia cinetica e energia potenziale?

A. Entalpia
B. Energia di legame
C. Energia meccanica
D. Energia interna
E. Entropia

545. Quanta corrente viene erogata da una pila da 2 V quando fornisce una potenza di 400 mW?

A. 200 mA
B. 16.000 mA
C. 100 mA
D. 400 mA
E. 800 mA

546. Qual è la quantità di moto di un oggetto di massa 2 kg che si muove a una velocità di 3 m/s?

A. 60 kg · m/s
B. 3 kg · m/s
C. 6 kg · m/s
D. 1,5 kg · m/s
E. 0,67 kg · m/s

547. Qual è la potenza necessaria per sollevare di 2 m verticalmente un oggetto di 5 kg in 2 s?

A. 49 W
B. 5 W
C. 20 W
D. 196 W
E. 12,3 W

548. Una forza di 50 N agisce su un oggetto per 5 secondi. Qual è il cambiamento della quantità di moto dell'oggetto?

A. 500 N
B. 250 Nm
C. 10 Nm
D. 250 N
E. 500 Nm

549. Un oggetto di massa 5 kg si muove con una velocità di 4 m/s. Qual è la sua quantità di moto?

A. 20 kgm/s
B. 10 kgm/s
C. 0,8 kgm/s
D. 1,25 kgm/s
E. 4 kgm/s

550. Una forza costante di 30 N agisce su un oggetto per 10 secondi. Qual è l'impulso risultante?

A. 3 N
B. 30 N
C. 15 Ns
D. 3 Ns
E. 300 Ns

551. Un oggetto ha una quantità di moto di 20 kg · m/s e la sua massa è di 4 kg. Qual è la sua velocità?

A. 5 m/s
B. 80 m/s
C. 10 m/s
D. 20 m/s
E. 320 m/s

552. Che cosa afferma il principio di conservazione dell'energia meccanica in presenza di sole forze conservative?

A. L'energia totale di un sistema isolato è pari alla sua quantità di moto
B. L'energia delle singole componenti di un sistema isolato si conserva
C. L'energia totale di un sistema isolato rimane costante nel tempo
D. L'energia totale di un sistema isolato è sempre nulla
E. L'energia totale di un sistema isolato aumenta costantemente

553. Cos'è l'impulso?

A. La somma della forza applicata su un oggetto e il tempo di applicazione
B. Il rapporto del lavoro compiuto su un oggetto e il tempo di applicazione
C. Il prodotto della forza applicata su un oggetto e il tempo di applicazione
D. Il prodotto del lavoro compiuto su un oggetto e il tempo di applicazione
E. Il rapporto della forza applicata su un oggetto e il tempo di applicazione

554. Cos'è il lavoro in fisica?

A. L'energia di un sistema data dal suo moto
B. L'energia di un sistema data dalla sua posizione
C. L'energia scambiata tra due sistemi quando avviene un riscaldamento attraverso l'azione di una forza
D. L'energia scambiata tra due sistemi quando avviene uno spostamento attraverso l'azione di una forza
E. L'energia scambiata tra due sistemi quando avviene una rotazione

555. Quanto vale l'impulso di una forza di 20 N applicata a un corpo per 4 secondi?

A. 20 N
B. 0,2 s/N
C. 80 N · s
D. 4 N
E. 5 N/s

556. Quanto vale la potenza media sviluppata da un camion che compie 50 J di lavoro per spostare un carico per 5 metri in 10 secondi?

A. 100 W
B. 5 W
C. 10 W
D. 25 W
E. 50 W

557. Su un corpo una variazione di quantità di moto di 30 kgm/s corrisponde a una variazione di velocità di 2 m/s. Qual è la massa del corpo?

A. 7,5 kg
B. 15 kg
C. 0,067 kg
D. 28 kg
E. 60 kg

558. Due biglie, identiche tranne per il fatto che una è blu e l'altra rossa, rotolano sul pavimento in modo tale che la velocità della blu è doppia di quella della rossa. Quale delle seguenti affermazioni è vera

A. La biglia blu ha una quantità di moto doppia ed energia cinetica quattro volte inferiore rispetto alla biglia rossa
B. Le due biglie hanno la stessa quantità di moto ma l'energia cinetica della biglia blu è il doppio di quella della biglia rossa
C. La quantità di moto della biglia blu è la metà rispetto a quella della biglia rossa
D. L'energia cinetica della biglia blu è la metà di quella della biglia rossa
E. L'energia cinetica della biglia blu è il quadruplo rispetto a quella della biglia rossa

559. Una cassa di 10 kg posta su un piano orizzontale viene trascinata per 10 m da una forza pari a 200 N. Il lavoro compiuto dalla forza peso è:

A. pari a 10 kJ
B. pari a 2 kJ
C. nullo
D. pari a 98 kJ
E. pari a 980 kJ

560. Un montacarichi di massa 2.500 kg sale dal piano terra al quinto piano di un edificio posto all'altezza di 16 metri. Qual è approssimativamente il lavoro compiuto dalla forza peso?

A. $-4 \cdot 10^4$ J
B. $4 \cdot 10^4$ J
C. –36 kJ
D. $-3{,}9 \cdot 10^5$ J
E. $3{,}9 \cdot 10^5$ J

561. Una pallina da ping pong di massa 2,8 g colpisce la racchetta perpendicolarmente con velocità 15 m/s. Dopo l'urto, la pallina viene indirizzata nella stessa direzione con una velocità di 25 m/s. Qual è stato l'impulso esercitato sulla pallina?

A. 0,246 N s
B. 0,07 N s
C. 0,112 N s
D. 0,042 N s
E. 0,028 N s

562. Un sasso di massa 250 g si stacca da una scogliera a picco sul mare e tocca l'acqua con una velocità di 30,7 m/s. Approssimativamente da quale altezza è precipitato?

A. 52 m
B. 117,8 m
C. 48 m
D. 43 m
E. 28,2 m

LAVORO E POTENZA

563. Se un camion di massa 4.000 kg possiede un'energia cinetica pari a 72 kJ significa che esso:

A. si sta muovendo alla velocità di 100 km/h
B. si sta muovendo alla velocità di 36 m/s
C. si sta muovendo alla velocità di 26 km/h
D. si sta muovendo alla velocità di 6 m/s
E. è fermo

564. Marino, alpinista di massa 70 kg, ha scalato una parete alta 40 metri. Qual è il lavoro che ha compiuto contro la forza di gravità?

A. 2.800 J
B. 29,2 kJ
C. 27.468 J
D. 2,9 kJ
E. 15.608 J

565. Una gru solleva un peso di 12.000 N a un'altezza di 30 m dal suolo, in 1 minuto e 20 secondi. Quale sarà la potenza sviluppata dal motore della gru?

A. 5.100
B. 360 kW
C. 150 W
D. 2,1 kW
E. 4,5 kW

566. Durante un calcio di rigore, un pallone di massa 0,45 kg viaggia alla velocità di 28 m/s prima di essere bloccato dal portiere. Qual è il lavoro compiuto dal portiere per fermare il pallone?

A. 176,4 J
B. 6,3 J
C. –176,4 J
D. –6,3 J
E. 98,2 J

567. Un corpo ha energia cinetica di 12 J e velocità pari a 2 m/s. Qual è la sua massa?

A. 4 kg
B. 6 kg
C. 12 kg
D. 2 kg
E. 24 kg

568. Una forza di 4 N agisce su un oggetto spostandolo e compie 10 J di lavoro, di quanto è stato spostato l'oggetto?

A. 2,5 m
B. 4 m
C. 40 m
D. 20 m
E. 2 m

569. Una motocicletta ha una potenza alla ruota di 42 CV, ovvero:

A. 42 kW
B. 30,9 kW
C. 54 kW
D. 102 kW
E. 25 kW

570. Un operaio di 75 kg si trova sul tetto di un palazzo di 15 m. La sua energia potenziale rispetto al terreno è di:

A. 5 kJ
B. 11 kJ
C. 15 kJ
D. 75 kJ
E. 30 kJ

571. Quale tra le seguenti è la formula dell'energia cinetica?

A. $F \cdot v$
B. $-k \cdot x$
C. $m \cdot g \cdot h$
D. $m \cdot a$
E. $0,5 \cdot m \cdot v^2$

572. Una palla viene sollevata verticalmente per 5 m. Se la sua massa vale 6 kg, calcolare l'energia potenziale gravitazionale nel punto finale rispetto al punto di partenza.

A. 30 J
B. 147 J
C. 294,3 J
D. 0,83 J
E. 1,2 J

573. In un sistema isolato il vettore quantità di moto totale si conserva:

A. mai
B. sempre
C. nessuna delle altre alternative è corretta
D. solo se non ci sono forze interne
E. solo se le forze interne sono conservative

574. Un sacco di farina cade per sbaglio da uno scaffale posto all'altezza di 5 m. Trascurando l'attrito, calcolare la velocità raggiunta al momento dell'impatto con il suolo.

A. Non è possibile rispondere senza conoscere la massa del sacco
B. Circa 18 m/s
C. Circa 8 m/s
D. Circa 14 m/s
E. Circa 10 m/s

575. Sbattendo la tovaglia dal quinto piano una forchetta dimenticata cade da un'altezza di 15 m. Trascurando l'attrito, calcolare la velocità raggiunta al momento dell'impatto con il suolo.

A. Circa 10 m/s
B. Circa 19 m/s
C. Non è possibile rispondere senza conoscere la massa della forchetta
D. Circa 17 m/s
E. Circa 15 m/s

576. In un sistema di forze conservative, se la velocità di un corpo in movimento triplica, la sua energia meccanica:

A. si riduce di 3 volte
B. si moltiplica per 9
C. si riduce, ma i dati sono insufficienti per determinare di quale entità
D. resta invariata
E. aumenta, ma i dati sono insufficienti per determinare di quale entità

577. A quale altezza dal suolo si trova approssimativamente un corpo di 3 kg che precipita con energia potenziale, rispetto al suolo, pari a 24 J?

A. 8 m
B. 3 m
C. 6 m
D. 12 m
E. 0,8 m

578. Una forza F è diretta a 60° rispetto al piano e traina un oggetto spostandolo orizzontalmente di una distanza s. Quale delle seguenti affermazioni è corretta?

A. Il lavoro è Fs/2
B. Il lavoro è $\sqrt{3}/2 \cdot Fs$
C. Non è possibile calcolare il lavoro senza conoscere il verso della forza e dello spostamento
D. Il lavoro è Fs
E. Il lavoro è nullo

579. Una forza costante di 30 N viene applicata per spingere un oggetto per una distanza di 5 m lungo una superficie orizzontale. Calcolare il lavoro svolto dalla forza.

A. 6 J
B. 0,17 J
C. 75 J
D. 1,54 J
E. 150 J

580. Durante una partita di biliardo la palla bianca urta la palla blu, inizialmente ferma, accelerandola sino ad una velocità di 3 m/s. Sapendo che la massa della palla blu è di 200 g e che la forza dell'impatto è pari a 5 N, calcolare la durata dell'urto.

A. 0,2 s
B. 1 s
C. 0,12 s
D. 0,06 s
E. 1,2 s

581. Una forza costante di 30 N agisce per 2 min. Quanto vale l'impulso della forza?

A. 60 Ns
B. 3.600 Ns
C. 60 N
D. 3.600 N
E. 60 Nm

582. Se un oggetto si sposta a velocità costante, senza modificare la sua massa, cosa possiamo affermare sulla sua quantità di moto?

A. Diminuisce fino a dimezzarsi
B. Aumenta fino a raddoppiarsi
C. Rimane costante nel tempo
D. Aumenta nel tempo
E. Diminuisce nel tempo

583. A quale altezza devono essere sollevate a braccia 5 travi in acciaio da 40 kg per consumare le 400 calorie assunte a pranzo da un carpentiere?

A. 140 cm
B. 2 m
C. 0,65 m
D. 20 cm
E. 0,85 m

584. Un oggetto di massa 2 kg viene lasciato cadere da una altezza di 5 m sopra il suolo. Qual è la sua energia cinetica quando raggiunge il suolo?

A. 0 J
B. 125,34 J
C. 2,5 J
D. 98,1 J
E. 10 J

585. Una molla di costante elastica 8 N/m viene estesa di 5 cm. Il lavoro compiuto vale:

A. 0,025 J
B. 0,21 J
C. 0,01 J
D. 0,4 J
E. 0,05 J

586. Se una forza di 4 N agisce su un oggetto e lo sposta di 3 metri nella stessa direzione e nello stesso verso della forza, quanto lavoro è stato compiuto?

A. 12 J
B. 16 J
C. 9 J
D. 8 J
E. 6 J

587. Un magazziniere spinge a velocità costante una cassa di 20 kg su un piano orizzontale con coefficiente di attrito dinamico di 0,5 per 5 metri. Quanto vale il lavoro compiuto dall'uomo?

A. 490 J
B. 250 J
C. 980 J
D. 400 J
E. 520 J

588. Una lepre di 4 kg sta correndo a 50 km/h. La sua energia cinetica è di:

A. 100 kJ
B. 0,385 kJ
C. 10 kJ
D. 20 kJ
E. 2,5 kJ

589. Qual è approssimativamente la massa di un corpo che precipita verso il suolo partendo da un'altezza di 2 metri con energia potenziale rispetto al suolo pari a 12 J?

A. 0,6 kg
B. 12 kg
C. 4 kg
D. 24 kg
E. 6 kg

590. Quale delle seguenti alternative descrive correttamente il principio di conservazione dell'energia?

A. L'energia meccanica di un oggetto è costante indipendentemente dalle forze esterne
B. L'energia totale di un sistema isolato aumenta con il tempo
C. L'energia totale di un sistema isolato diminuisce con il tempo
D. L'energia cinetica di un oggetto è sempre uguale alla sua energia potenziale
E. L'energia non può essere creata né distrutta, ma solo trasformata da una forma all'altra

591. Un'auto di 1.000 kg viaggia a 50 km/h. Calcolare la sua energia cinetica.

A. 25.000 J
B. 6.950 J
C. 1.250.000 J
D. 96.451 J
E. 12.505 J

592. L'energia cinetica di una moto di massa uguale a 1.000 kg che viaggia alla velocità di 8 m/s è pari a:

A. 32.000 J
B. 16.000 J
C. 48.000 J
D. 64.000 J
E. 32.000 kcal

593. L'energia cinetica di una moto di massa uguale a 200 kg che viaggia alla velocità di 6 m/s è pari a:

A. 3.600 kcal
B. 1.800 J
C. 5.400 J
D. 7.200 J
E. 3.600 J

594. Un trapano con potenza di 500 W rimane acceso per 10 secondi. Qual è il lavoro compiuto in quell'intervallo di tempo?

A. 5.000 J
B. 10 J
C. 50 J
D. 5.000 J/s
E. 500 J

595. Se un bimbo vuole far acquistare la velocità di 20 m/s a un pallone di massa 500 g, inizialmente fermo, dovrà compiere un lavoro pari a:

A. –200 J
B. 100 J
C. nessuna delle altre alternative è corretta
D. –100 J
E. 200 J

596. Una pallina viaggia alla velocità di 99 km/h e ha massa pari a 1 kg. Quanto vale la sua quantità di moto?

A. 13 kg · m/s
B. 178,3 kg · m/s
C. 99 kg · m/s
D. 356,4 kg · m/s
E. 27,5 kg · m/s

597. Calcolare la velocità di una moto di massa 300 kg lanciata contro una barriera con quantità di moto pari a 18.000 kg · m/s per un crash test.

A. 60 km/h
B. 600 m/s
C. 216 km/h
D. 53 m/s
E. 204 m/s

598. Un cubo di acqua (densità = 1.000 kg/m^3) ha un lato di 0,5 m. Quanto vale la sua massa?

A. 500 kg
B. 125 kg
C. 1.000 kg
D. 25 kg
E. 1.250 kg

FLUIDI E PRESSIONE

599. Calcola la pressione esercitata da una colonna d'acqua alta 2 m. (Densità dell'acqua: 1.000 kg/m^3)

A. 1.990 Pa
B. 467 Pa
C. 205 Pa
D. 19.600 Pa
E. 4.900 Pa

600. Calcola la forza di Archimede esercitata su un oggetto di volume 0,1 m^3 completamente immerso nell'acqua. (Densità dell'acqua: 1.000 kg/m^3)

A. 10,2 N
B. 980 N
C. 670 N
D. 6.700 N
E. 98.000 N

601. Un fluido si muove in un tubo con una velocità di 5 m/s. Se l'area trasversale del tubo è di 0.2 m^2, quanto vale la portata volumetrica?

A. 5 m^3/s
B. 2 m^3/s
C. 1 m^3/s
D. 0,5 m^3/s
E. 10 m^3/s

602. Il getto d'acqua del rubinetto impiega 20 min per riempire una tanica da 200 litri d'acqua. Quanto vale la portata volumetrica?

A. circa 10 m^3/s
B. circa 4.000 m^3/s
C. circa 17 m^3/s
D. circa 0,00017 m^3/s
E. circa 100 m^3/s

603. Qual è il termine usato per descrivere il flusso continuo a traiettorie non intersecantesi di un fluido, senza turbolenze nemmeno a livello microscopico?

A. Flusso laminare
B. Flusso di Poiseuille
C. Flusso viscoso
D. Flusso stazionario
E. Flusso turbolento

604. Qual è l'equazione che descrive il bilancio tra densità di energia cinetica, di energia potenziale e pressione per un fluido in moto laminare?

A. Equazione di Poseuille
B. Equazione di Eulero
C. Equazione di continuità
D. Equazione di Stevino
E. Equazione di Bernoulli

605. L'equazione di Bernoulli descrive la conservazione di quale grandezza fisica per un fluido in moto laminare?"

A. Energia totale
B. Energia cinetica
C. Energia potenziale
D. Densità
E. Pressione statica

606. Cosa accade a un oggetto con densità maggiore dell'acqua se viene immerso in acqua?

A. Galleggia parzialmente
B. Rimane sospeso
C. Dipende dalla forma dell'oggetto
D. Affonda completamente
E. Galleggia completamente

607. Quanto vale la pressione di un fluido che applica 100 N di forza su un pistone con 0,02 m^2 di superficie?

A. 500 Pa
B. 50 Pa
C. 20.000 Pa
D. 5.000 Pa
E. 10.000 Pa

608. Se un liquido ha una velocità di 4 m/s attraverso una sezione trasversale di area pari a 3 m^2, quanto vale la portata?

A. 9 m^3/s
B. 8 m^3/s
C. 16 m^3/s
D. 12 m^3/s
E. 6 m^3/s

609. L'equazione di Bernoulli stabilisce che in qualunque punto di una conduttura in cui scorre un fluido ideale, la seguente espressione (in cui r = densità del fluido) è costante:

A. $V + 0,5\, r\, v^2 + r\, h$
B. $p + 0,5\, v^2 + r\, g\, h$
C. $V + 0,5\, r\, v^2 + r\, g\, h$
D. $p + 0,5\, r\, v^2 + r\, h$
E. $p + 0,5\, r\, v^2 + r\, g\, h$

610. Una sfera di alluminio di diametro 16 cm viene immersa in acqua. Sapendo che la densità dell'alluminio è 2,7 g/cm^3 e quella dell'acqua 1 g/cm^3, determinare l'entità della spinta di Archimede a cui è soggetta la sfera.

A. 21,0 N
B. 35,7 N
C. 77,7 N
D. 56,7 N
E. 0 N perché la sfera affonda

611. Un pallone di gommapiuma con diametro di 32 cm viene immerso in acqua. Sapendo che la densità della gommapiuma è 60 kg/m^3 e quella dell'acqua 1 g/cm^3, determinare l'entità della spinta di Archimede a cui è soggetto il pallone.

A. 10,1 N
B. 168,1 N
C. 178,2 N
D. 158,0 N
E. 0 N perché la sfera galleggia

612. Qual è approssimativamente la pressione idrostatica che agisce su un subacqueo immerso in un lago, a 30 m di profondità?

A. $2,9 \cdot 10^5$ Pa
B. $3 \cdot 10^4$ Pa
C. $3,2 \cdot 10^5$ Pa
D. $3,9 \cdot 10^5$ Pa
E. 4.600 Pa

613. Un cubo di cemento di lato 2 metri, totalmente immerso in acqua dolce, riceve una spinta dal basso verso l'alto di modulo:

A. 78.480 N
B. 78,48 N
C. 1.226,25 N
D. 8.000 N
E. 80 N

614. Un subacqueo con tutta la sua attrezzatura pesa 950 N quando è fuori dall'acqua. Quando è completamente immerso, il suo peso apparente è di 890 N. Qual è la spinta di Archimede a cui è soggetto il subacqueo?

A. 60 N
B. Impossibile calcolarla senza conoscere il volume del subacqueo
C. 89 N
D. 950 N
E. 890 N

615. Si vuole costruire un torchio idraulico capace di sollevare una massa di 2.800 kg. Il pistone piccolo ha una superficie di 64 cm2 e la forza massima che può esservi applicata è 500 N. Quale dovrà essere, approssimativamente, la superficie del secondo pistone?

A. 351,6 m^2
B. 0,35 m^2
C. 0,26 m^2
D. 0,1 m^2
E. 0,12 m^2

616. Roberto si reca al distributore di benzina e introduce 40 litri di carburante in 2 minuti e 40 secondi. Qual è la portata della pompa?

A. 6 L/s
B. 6.400 m^3/s
C. 0,25 m^3/s
D. 6,4 m^3/s
E. $2,5 \cdot 10^{-4}$ m^3/s

617. In una condotta di sezione 0,9 m^2 scorre un fluido ideale alla velocità di 4 m/s. Più avanti la condotta subisce una strozzatura e la sua sezione diventa pari a 0,6 m^2. Quale sarà la velocità di scorrimento del fluido in questa parte di tubo?

A. 5 m/s
B. 2,7 m/s
C. 6 m/s
D. 8 m/s
E. 2 m/s

618. Un cubetto di ghiaccio (densità 917 kg/m^3) galleggia in un bicchiere d'acqua. La percentuale non immersa è pari a:

A. 6,5%
B. 8,3%
C. 11%
D. 7,9%
E. 5%

619. Una fontanella da cui esce acqua continuamente in modo stazionario riempie una borraccia da 1 litro in 10 s. La portata d'acqua della fontana è quindi pari a:

A. 10 m^3/s
B. $1 \cdot 10^{-3}$ m^3/s
C. $1 \cdot 10^{-4}$ m^3/s
D. 1 m^3/s
E. $1 \cdot 10^{-2}$ m^3/s

620. Un recipiente è riempito con un liquido che esercita sul fondo una pressione relativa di 1,5 kPa. Il livello del liquido nel recipiente è di 15 cm. Quanto vale la densità del liquido?

A. 1.050 g/m^3
B. 153 kg/m^3
C. 680 kg/m^3
D. 1.020 kg/m^3
E. 1.500 kg/m^3

621. Un tubo in cui scorre dell'acqua, a un certo punto confluisce in un altro con diametro pari alla metà del primo. La velocità dell'acqua:

A. triplica
B. si dimezza
C. quadruplica
D. raddoppia
E. resta uguale

622. Su un elevatore idraulico vengono caricati 5 ingranaggi con massa media di 12 kg ciascuno. Sapendo che l'area dell'elevatore è un quadrato di lato 80 cm, calcolare la pressione agente sulla superficie.

A. Circa 75 Pa
B. Circa 920 Pa
C. Circa 9 bar
D. Circa 0,1 bar
E. Circa 95 Pa

623. Quali dei seguenti parametri di un fluido ideale NON è presente nell'equazione di continuità?

A. Sezione del condotto
B. Velocità del fluido
C. Nessuna delle altre alternative è corretta, perché tutti i parametri indicati sono presenti nell'equazione
D. Viscosità del fluido
E. Portata del condotto

624. Un recipiente è riempito d'acqua, la quale sale a un livello di 10 cm. Un secondo recipiente, identico al primo, è invece riempito di un fluido con densità doppia; Messi in collegamento, il secondo fluido quindi sale a un livello di:

A. 5 cm
B. 10 cm
C. 15 cm
D. 40 cm
E. 20 cm

625. Una scrivania ha una massa di 16 kg e poggia su quattro gambe ciascuna avente una superficie di 4 cm^2. La pressione esercitata dalla scrivania sul pavimento è pari a:

A. 0,102 kPa
B. 98 kPa
C. 16 kPa
D. 157 kPa
E. 0,25 kPa

626. Il principio dei vasi comunicanti NON è più valido nel caso:

A. di vasi capillari
B. di vasi con superficie esterna uguale
C. in cui almeno uno dei vasi abbia forma sferica
D. in cui il liquido nei vasi sia incomprimibile
E. di vasi con superficie esterna di valore diverso

627. La pressione a livello del mare vale 1,01 10^5 Pa e diminuisce di circa 1.300 Pa ogni 100 m di altitudine. Un escursionista che sale in montagna fino a 1.200 metri è sottoposto a una pressione di:

A. 78.500 Pa
B. 60.000 Pa
C. 125.000 Pa
D. 45.000 Pa
E. 85.400 Pa

628. Un recipiente verticale, alto 20 metri, è colmo di liquido. Se la pressione (relativa) sul fondo vale 100 kPa, quanto vale la densità del fluido in esame?

A. Circa 500 N/m^3
B. Circa 200 N/m^3
C. Circa 500 kg/m^3
D. Circa come l'acqua
E. Circa 1.000 kg/m^3

629. Un sub si immerge in mare (densità $1{,}03 \cdot 10^3\ kg/m^3$) a 5 m di profondità. La pressione relativa cui è sottoposto è pari a:

A. 9,8 kPa
B. 2 kPa
C. 10,1 kPa
D. 0,52 kPa
E. 50,47 kPa

630. Una colonnina di mercurio è alta 60 centimetri. Considerando che la densità del mercurio è 13.600 kg/m^3, quanto vale la pressione (relativa) del fluido in esame sul fondo della colonnina?

A. Circa 8 kPa
B. Circa 80 kPa
C. Circa 80 Pa
D. Circa 800 kPa
E. Circa 2 bar

631. Immergendo completamente in acqua un pezzo di oro e un pezzo di sughero della stessa forma e volume, quale dei due subirà una maggiore spinta di Archimede?

A. Il sughero
B. Dipende dalla temperatura dell'acqua
C. L'oro
D. Dipende dalla profondità a cui sono immersi
E. Entrambi subiscono la stessa spinta

632. Un cubo di un materiale ignoto viene completamente immerso in acqua. Il cubo ha una massa pari a 740 kg e spigoli lunghi 1 metro. Quale delle seguenti affermazioni è corretta?

A. Il corpo affonderà, poiché la sua densità è minore di quella dell'acqua
B. Il corpo galleggerà, poiché la sua densità è minore di quella dell'acqua
C. Il corpo affonderà, poiché la sua forza peso supera (in modulo) la spinta di Archimede
D. Il corpo galleggerà, poiché la sua forza peso supera (in modulo) la spinta di Archimede che agisce sul corpo
E. Il corpo resterà in equilibrio a mezz'acqua, poiché la spinta di Archimede sarà uguale, in modulo, alla forza peso che agisce sul corpo

633. Un cubo di lato 2 cm e una sfera di diametro 3 cm vengono realizzati sia in acciaio (densità = 7,5 g/cm^3) sia in titanio (densità = 4,5 g/cm^3). I 4 corpi vengono immersi nella stessa bacinella piena d'acqua. La spinta verso l'alto che ricevono per il principio di Archimede:

A. è superiore per i cubi, a prescindere dal materiale
B. è superiore per i corpi in acciaio, a prescindere dalla geometria
C. è superiore per le sfere, a prescindere dal materiale
D. è minima per la sfera in titanio
E. è superiore per i corpi in titanio, a prescindere dalla geometria

TERMODINAMICA

634. Qual è il processo che coinvolge il trasferimento di energia tra due corpi tramite l'emissione e l'assorbimento di onde elettromagnetiche?

A. Convezione
B. Sublimazione
C. Irraggiamento
D. Conduzione
E. Evaporazione

635. Qual è il significato fisico della grandezza "entropia" in termodinamica?

A. La variazione di temperatura di un sistema
B. L'energia cinetica totale di un sistema
C. La misura del disordine o del caos in un sistema
D. La quantità di lavoro compiuto da un sistema
E. La quantità di calore trasferita durante un processo

636. **Quale legge dei gas ideali afferma che, a temperatura costante, il prodotto della pressione del gas per il volume da esso occupato è costante?**

A. Legge di Charles
B. Legge di Dalton
C. Legge di Gay-Lussac
D. Legge di Boyle
E. Legge di Avogadro

637. **Una massa di 20 g di acqua viene riscaldata da 10 °C a 60 °C. Quanto calore è stato assorbito dall'acqua? (Calore specifico dell'acqua: 4,18 J/g °C)**

A. 1,7 J
B. 239 N
C. 59 N
D. 4.180 J
E. 239 J

638. **Il meccanismo di propagazione del calore nei fluidi che coinvolge il movimento del fluido, è detto:**

A. radiazione
B. assorbimento
C. evaporazione
D. conduzione
E. convezione

639. **Qual è il calore specifico di una sostanza da 1 kg che necessita di 500 J di calore per aumentare la sua temperatura di 1 K?**

A. 200 J/(kg · K)
B. 250 J/(kg · K)
C. 500 J/(kg · K)
D. 5.000 J/(kg · K)
E. 1.000 J/(kg · K)

640. **Quale grandezza fisica esprime la quantità di energia necessaria per aumentare di 1 K la temperatura di un corpo?**

A. Capacità termica
B. Calore latente
C. Entropia
D. Calore specifico
E. Entalpia

641. **Quale tra i seguenti meccanismi consente la propagazione del calore nel vuoto?**

A. Irraggiamento
B. Convezione
C. Conduzione
D. Assorbimento
E. Riflessione

642. **Come è chiamato il processo di trasferimento del calore attraverso il contatto diretto tra due corpi solidi a temperature differenti?**

A. Radiazione
B. Irraggiamento
C. Assorbimento
D. Convezione
E. Conduzione

643. **Quanto vale in calore latente di fusione di una sostanza di 2 kg che necessita di 5.000 J di calore per fondere completamente?**

A. 250 kJ / kg
B. 2,5 kJ / kg
C. 500 kJ / kg
D. 5.000 kJ / kg
E. 2.500 kJ / kg

644. **Quale dei seguenti passaggi di stato riguarda il passaggio dallo stato solido a quello gassoso?**

A. Sublimazione
B. Liquefazione
C. Brinamento
D. Evaporazione
E. Fusione

645. **Quando un corpo assorbe calore a volume costante, certamente aumenta la sua**

A. massa
B. potenza
C. velocità
D. energia interna
E. energia potenziale

646. **Quale delle seguenti affermazioni sulla trasmissione del calore è FALSA?**

A. La trasmissione di calore per irraggiamento avviene anche in assenza di materia
B. Un termosifone che riscalda una stanza è un esempio di trasmissione di calore per convezione

C. La trasmissione di calore per convezione avviene solamente tra gas
D. Il sole che riscalda la terra è un esempio di trasmissione di calore per irraggiamento
E. La trasmissione di calore per conduzione avviene tra corpi messi a contatto

647. La legge di Boyle per i gas perfetti vale in caso di:
A. trasformazioni isobare
B. trasformazioni isoterme e isocore
C. trasformazioni isocore e isobare
D. trasformazioni isocore
E. trasformazioni isoterme

648. Una sottile sbarra di alluminio (coefficiente di dilatazione termica lineare = $24 \cdot 10^{-6}\ K^{-1}$) è lunga 50 cm alla temperatura di 25 °C. La temperatura viene portata a 35 °C, la lunghezza della sbarra aumenta di:
A. 0,24 mm
B. 120 mm
C. 3,5 cm
D. 25 mm
E. 74 mm

649. Un gas non può essere considerato ideale se:
A. non ci sono interazioni tra le particelle che lo compongono
B. le particelle che lo compongono sono identiche tra loro
C. il moto delle molecole che lo compongono è casuale
D. il volume delle molecole che lo compongono è trascurabile
E. gli urti tra le particelle e il recipiente che lo contengono sono anaelastici

650. Una vasca da bagno di capienza 100 litri viene riempita a metà con acqua (calore specifico 4.186 J/(kg · K)) a 45 °C. Dopo un po' di tempo, all'ambiente sono stati ceduti 2.093 kJ e l'acqua si è quindi raffreddata fino a:
A. 10 °C
B. 20 °C
C. 15 °C
D. 55 °C
E. 35 °C

651. Una sottile sbarra di alluminio (coefficiente di dilatazione termica lineare = 24 · 10^–6 K^{-1}) è lunga 20 cm alla temperatura di 20 °C. In seguito a un innalzamento della temperatura, la lunghezza della sbarra aumenta dello 0,05%. Qual è la temperatura finale della sbarra?
A. 11,66 °C
B. 40,83 °C
C. 200,41 °C
D. 10,5 °C
E. 20 °C

652. Un gas ideale viene rinchiuso in un recipiente con pareti rigide a 27°C e pressione di 1,5 Atm. Successivamente, il recipiente viene scaldato e la temperatura del gas aumenta di 30°C. A che pressione si trova il gas dopo essere stato scaldato?
A. 2,7 Atm
B. 1,35 Atm
C. 1,5 Atm
D. 1,65 Atm
E. 1,47 Atm

653. Quale delle seguenti uguaglianze tra valori di temperatura in diverse scale è corretta?
A. –273 K = 0 °C
B. 10 °F = 15 °C
C. 10 K = 278.56 °F
D. 50 °F = 10 °C
E. 100 K = 273 °C

654. Un litro d'acqua (calore specifico 4.186 J/(kg · K)) viene scaldato e la sua temperatura passa da 20 °C a 25 °C. La quantità di calore che gli è stata fornita è pari a:
A. 104,65 kJ
B. 837,1 J
C. 1,16 MJ
D. 4.186 J
E. 20,930 kJ

655. Un recipiente viene riempito di acqua a temperatura ambiente (25 °C) e messo in un congelatore a raffreddare fino a –18 °C. Il volume dell'acqua sarà minimo quando l'acqua si trova a:
A. 4 °C
B. 0 °C
C. 20 °C
D. –18 °C
E. 25 °C

656. A quale delle seguenti altitudini l'acqua riscaldata raggiunge l'ebollizione a temperatura più bassa?

A. 2.000 m
B. 1.500 m
C. Livello del mare
D. 1.000 m
E. 400 m

657. Una variazione di temperatura di 5 °C è equivalente a:

A. 1 °F
B. 10 K
C. 1.365 K
D. 10 °F
E. 5 K

658. Quale tra i seguenti materiali, sottoposto a una variazione di temperatura di 10 °C, ha la variazione maggiore in termini di volume?

A. Alluminio
B. Ferro
C. Oro
D. Quarzo
E. Vetro

659. In quale dei seguenti intervalli di temperatura l'acqua diminuisce di volume all'aumentare della temperatura?

A. 3 °C ; 10 °C
B. –3 °C ; 0 °C
C. 90 °C ; 100 °C
D. –100 °C ; 0 °C
E. 0 °C ; 4 °C

660. Quanto calore è necessario fornire per riscaldare 50 g di ferro da 20 °C a 200 °C? (Calore specifico del ferro: 0,45 J/g °C)

A. 1,6 J
B. 205,6 N
C. 4.050 N
D. 20.000 J
E. 4.050 J

661. In 7 moli di anidride carbonica, alla pressione di 4 atm e alla temperatura di 20 °C, sono contenute:

A. $4{,}22 \cdot 10^{24}$ molecole
B. $1{,}05 \cdot 10^{24}$ molecole
C. 560 molecole
D. $1{,}2 \cdot 10^{25}$ molecole
E. $8{,}2 \cdot 10^{3}$ molecole

662. La capacità termica di un corpo è data dal rapporto tra:

A. il calore acquisito e l'intervallo di tempo
B. il calore specifico e la temperatura
C. il calore specifico e la massa
D. il calore acquisito e l'aumento di temperatura
E. l'energia acquisita e la temperatura

663. Un sistema termodinamico riceve dall'esterno una quantità di calore pari a 4 J e contemporaneamente compie un lavoro di uguale entità sull'esterno. La variazione di energia interna del sistema vale:

A. +4 J
B. +8 J
C. 0
D. nessuna delle altre risposte è corretta
E. –4 J

664. Un gas perfetto è racchiuso in un contenitore con una parete mobile. Se, mantenendo la temperatura T costante, il gas viene fatto espandere lentamente in modo da occupare il triplo del volume iniziale:

A. la pressione esercitata dal gas rimane la stessa
B. la pressione esercitata dal gas triplica rispetto a quella iniziale
C. la pressione esercitata dal gas diventa 3 volte più piccola rispetto a quella iniziale
D. la temperatura interna diminuisce
E. la temperatura interna aumenta

665. Quante calorie approssimativamente bisogna fornire a 6 litri di acqua per aumentarne la temperatura da 14,5 a 17,5 °C?

A. 600
B. 18.000
C. 6.000
D. 1.800
E. 300

666. In una bombola, un gas ideale si trova alla pressione di 3 atmosfere e alla temperatura di 20 °C. La bombola viene lasciata sotto il sole e il gas al suo interno raggiunge la temperatura di 40 °C. La pressione del gas:

A. resterà costante
B. aumenterà
C. dimezzerà
D. raddoppierà
E. quadruplicherà

667. Cosa rappresenta il termine "calore latente" in termodinamica?

A. La quantità di calore per fare aumentare o diminuire la temperatura di un corpo di un Kelvin
B. La quantità di calore necessaria affinché 1 kg di una sostanza effettui un determinato passaggio di stato
C. La quantità di lavoro necessaria per fare evaporare completamente 1 kg di sostanza
D. La quantità di lavoro necessaria per fare evaporare completamente 1 kg di acqua
E. La quantità di calore necessaria affinché 1 kg di una sostanza aumenti di 10 Kelvin

668. Un intervallo di temperatura di 3 °C equivale a:

A. 276,15 K
B. 3 K
C. 270,15 K
D. 6 K
E. 1,5 K

669. Qual è in fisica la definizione corretta di calore?

A. Energia cinetica totale di un sistema
B. Energia termica totale di un sistema
C. Energia interna di un sistema
D. Energia trasmessa tra due corpi a diversa temperatura
E. Energia potenziale totale di un sistema

670. Qual è il processo attraverso il quale un gas passa dallo stato gassoso allo stato liquido?

A. Evaporazione
B. Sublimazione
C. Fusione
D. Solidificazione
E. Condensazione

671. Un gas esegue una trasformazione isobara a una pressione di 2 atm. Se il volume iniziale è di 4 litri e il volume finale è di 8 litri, qual è il lavoro svolto dal gas durante la trasformazione?

A. 8 J
B. 1200 J
C. 0,4 J
D. 810 J
E. 200 J

672. Cosa accade quando due oggetti a diverse temperature vengono messi in contatto termico e raggiungono l'equilibrio termico?

A. Il calore fluisce dall'oggetto a temperatura più alta a quello a temperatura più bassa
B. Gli oggetti mantengono le loro temperature originali
C. Il calore smette di fluire
D. Il calore fluisce da entrambi gli oggetti contemporaneamente
E. Il calore fluisce dall'oggetto a temperatura più bassa a quello a temperatura più alta

673. Due quantità uguali dello stesso liquido, una a 36 °C e l'altra a 42 °C, vengono mescolate. Supponendo che non ci siano dispersioni termiche, la temperatura di equilibrio sarà:

A. 38 °C
B. 40 °C
C. inferiore a 38 °C
D. 39 °C
E. superiore a 40 °C

674. Per innalzare la temperatura di 5 kg di una sostanza ignota da 12 °C a 16 °C sono necessari 48.600 J. Quale sarà il calore specifico di tale sostanza?

A. 2.430 J/(kg · K)
B. 3.256 J/(kg · K)
C. 607,5 J/(kg · K)
D. 607,5 J/(kg · °C)
E. 35 J/(kg · K)

675. Un contenitore cubico di lato 20 cm viene riempito con gas argon alla temperatura di 23 °C e alla pressione di 5 atmosfere. Quante saranno le moli introdotte? (Si ricorda che R = 8,31 J/(mole · K) e che 1 atm = 101.300 Pa)

A. 2,63
B. 1.646,5
C. $1{,}6 \cdot 10^{-5}$
D. 21,2
E. 1,65

676. Un contenitore stagno contiene un gas perfetto alla temperatura di 22 °C. L'energia cinetica media delle particelle del gas sarà (si ricorda che la constante di Boltzmann vale 1,380649 J/K):

A. $4{,}55 \cdot 10^{-22}$ J
B. $3{,}02 \cdot 10^{-22}$ J
C. $6{,}11 \cdot 10^{-21}$ J
D. $2{,}04 \cdot 10^{-21}$ J
E. $1{,}52 \cdot 10^{-22}$ J

677. La quantità di calore necessaria per fondere una massa m di sostanza che si trova alla temperatura di fusione:

A. non dipende dal tipo di sostanza ed è direttamente proporzionale alla massa stessa
B. dipende dal tipo di sostanza e dalla sua temperatura
C. dipende dal tipo di sostanza ed è direttamente proporzionale alla massa stessa
D. dipende dal tipo di sostanza ed è inversamente proporzionale alla massa stessa
E. non dipende dal tipo di sostanza ed è inversamente proporzionale alla massa stessa

678. Un bicchierino d'acqua viene inserito in un congelatore. Quando la temperatura dell'acqua raggiunge gli 0 °C inizia la fase di solidificazione che ha la durata di 50 minuti. In questo intervallo di tempo:

A. la temperatura dell'acqua rimane costante a –1 °C
B. coesistono due stati: solido e gassoso
C. coesistono due stati: liquido e gassoso
D. la temperatura dell'acqua rimane costante a 0 °C
E. la temperatura dell'acqua continua a scendere in modo costante

679. Quando la tensione di vapore diventa uguale alla pressione esterna, un liquido:

A. congela
B. smette di evaporare
C. nessuna delle altre risposte è corretta
D. bolle
E. si raffredda

680. Un gas esegue una trasformazione isocora a una temperatura di 400 K. Se il calore scambiato durante la trasformazione è 500 J, qual è il lavoro svolto dal gas?

A. 5/4 J
B. 400 J
C. 500 J
D. 0 J
E. 4/5 J

681. Qual è la direzione naturale del flusso di calore tra due corpi a diverse temperature?

A. Dipende dal materiale dei corpi
B. Dal corpo più caldo al corpo più freddo
C. In entrambe le direzioni contemporaneamente
D. Dal corpo più freddo al corpo più caldo
E. Non c'è flusso di calore tra corpi a diverse temperature

682. 4 moli di CO2 si trovano alla pressione di 3 atmosfere e alla temperatura di 10 °C. Sapendo che R = 8,31 J/(mole · K) e che 1 atm = 101.300 Pa, quale sarà il volume occupato dal gas?

A. 3,6 dm^3
B. 2,7 dm^3
C. 3,6 m^3
D. 0,031 m^3
E. 26 dm^3

683. Cosa afferma il secondo principio della termodinamica sul flusso di calore?

A. Il calore fluisce sempre da un corpo più freddo a uno più caldo
B. Il calore può essere trasferito solo attraverso un processo reversibile
C. Il calore non può essere trasferito spontaneamente da un corpo più freddo a uno più caldo
D. Il calore fluisce solo in direzione orizzontale
E. Il calore non può essere trasferito attraverso il vuoto

684. La sublimazione è il passaggio dallo stato:

A. solido a quello liquido
B. solido a quello gassoso
C. liquido a quello solido
D. gassoso a quello liquido
E. liquido a quello gassoso

685. Un gas perfetto è contenuto in un recipiente di volume pari a 9 m^3 e la sua pressione è di 0,1 MPa. A temperatura costante, se la pressione diventa 0,3 MPa, come varia il volume?

A. Si dimezza
B. 3 m^3
C. Non ci sono dati sufficienti per rispondere
D. 9 m^3
E. 27 m^3

686. A pressione costante, se il volume quadruplica, la temperatura di un gas perfetto:

A. quadruplica
B. se il gas è compresso la pressione deve aumentare e quindi non può restare costante
C. diventa un quarto di quello iniziale
D. dipende dal numero di moli
E. rimane invariato perché il volume di un gas dipende solo dalla temperatura

ELETTROSTATICA

687. Il fenomeno consistente nella comparsa di una forza elettromotrice in un conduttore elettrico posto in un campo magnetico variabile è denominato:

A. Effetto Faraday
B. Effetto Joule
C. Induzione elettromagnetica
D. Effetto fotoelettrico
E. Autoinduzione elettromagnetica

688. Un filo conduttore è attraversato da una corrente pari a 0,015 A. Quanta carica attraversa la sezione del filo ogni 10 s?

A. 0,0015 C
B. 0,03 C
C. 0,15 C
D. 10,015 C
E. 0,3 C

689. Una batteria fornisce una differenza di potenziale pari a 1,5 V. L'intensità di corrente nel circuito vale 30 mA. Che valore ha la resistenza del resistore nel circuito?

A. 50 Ω
B. 45 Ω
C. 6 Ω
D. 0,045 Ω
E. 0,05 Ω

690. Quale legge dei circuiti elettrici stabilisce che la somma algebrica delle intensità di tutte le correnti confluenti in un nodo è nulla?

A. Legge di Ohm
B. Legge di Gauss
C. Seconda legge di Kirchhoff
D. Terza legge di Kirchhoff
E. Prima legge di Kirchhoff

691. Quale dei seguenti componenti elettrici genera un campo magnetico al passaggio di corrente elettrica continua?

A. Generatore
B. Interruttore
C. Induttore
D. Condensatore
E. Resistore

692. Cosa sono le superfici equipotenziali in un campo elettrico?

A. Le superfici in cui il campo magnetico è costante
B. Le superfici in cui il potenziale elettrico è costante
C. Le superfici dove il campo elettrico è massimo
D. Le superfici con cariche elettriche isolate
E. Le superfici dove il campo elettrico è minimo

693. Quale delle seguenti affermazioni relative a un circuito elettrico con resistori e condensatori è errata?

A. La capacità equivalente di condensatori in serie è pari alla somma delle singole capacità
B. La resistenza equivalente di resistori in serie è pari alla somma delle singole resistenze
C. La capacità equivalente di condensatori in serie è pari al prodotto delle singole capacità diviso per la loro somma
D. La capacità equivalente di condensatori in parallelo è pari alla somma delle singole capacità
E. La resistenza equivalente di resistori in parallelo è pari al prodotto delle singole resistenze diviso per la loro somma

694. Se nel circuito elettrico rappresentato in figura R_1 ed R_2 sono una il doppio dell'altra, ovvero $R_1 = R$ e $R_2 = 2R$, quanto vale la resistenza equivalente?

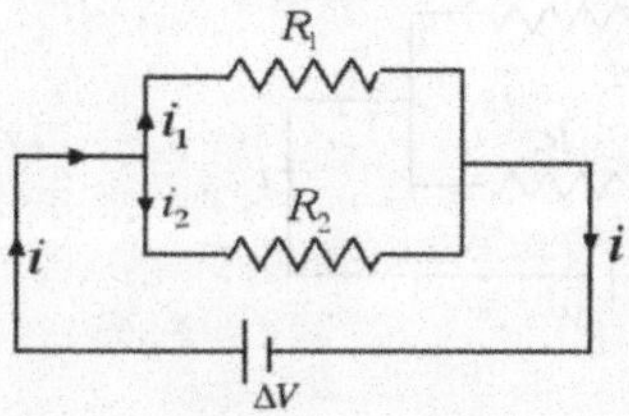

A. 2/3 R
B. R
C. 3/2 R
D. 2 R
E. 3 R

695. Se nel circuito elettrico rappresentato in figura R_1 ed R_2 sono identiche e pari a 10 Ω, quanto vale la resistenza equivalente?

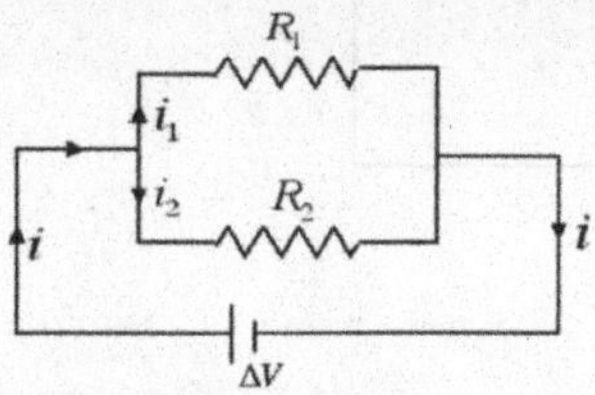

A. 5 Ω
B. 10 Ω
C. 100 Ω
D. 20 Ω
E. 7,5 Ω

696. Se nel circuito elettrico rappresentato in figura R_1 = 3 Ω ed R_2 = 9 Ω, quanto vale la resistenza equivalente?

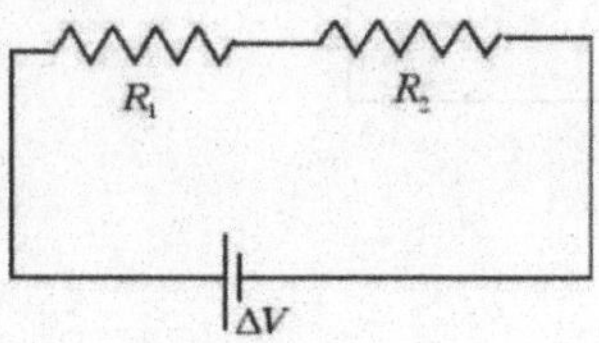

A. 3 Ω
B. 27 Ω
C. 9 Ω
D. 2,25 Ω
E. 12 Ω

697. Se nel circuito elettrico rappresentato in figura $R_1 = 4\ \Omega$ ed $R_2 = 12\ \Omega$, quanto vale la resistenza equivalente?

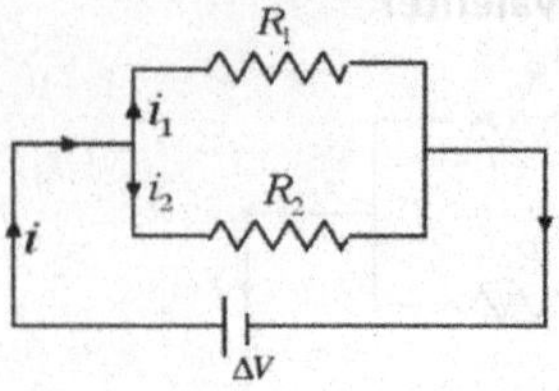

A. 3 Ω
B. 12 Ω
C. 16 Ω
D. 48 Ω
E. 8 Ω

698. Se nel circuito elettrico rappresentato in figura R_1 ed R_2 sono identiche e pari a 5 Ω, quanto vale la resistenza equivalente?

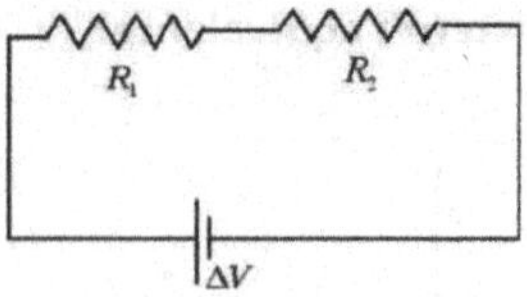

A. 25 Ω
B. 2,5 Ω
C. 20 Ω
D. 10 Ω
E. 5 Ω

699. Se nel circuito elettrico rappresentato in figura R_1 ed R_2 sono una il doppio dell'altra, ovvero $R_1 = R$ e $R_2 = 2\ R$, quanto vale la resistenza equivalente?

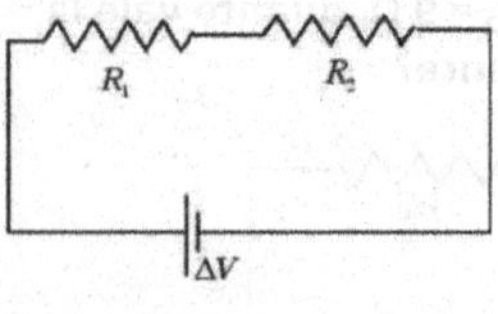

A. 3/2 R
B. 3 R
C. 2/3 R
D. 2 R
E. R

700. Se nel circuito elettrico rappresentato in figura le 4 resistenze sono tutte identiche ($R_1 = R_2 = R_3 = R_4 = R$), quanto vale la resistenza equivalente?

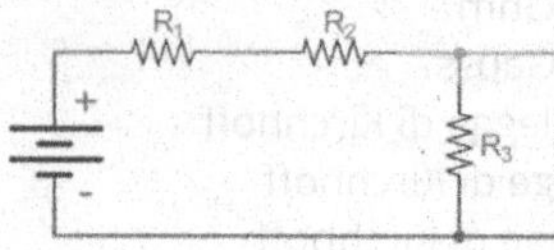

A. 3 R
B. 2 R
C. 2,5 R
D. 4 R
E. R

701. La carica elettrica elementare equivale al valore della carica di:

A. un protone
B. un elettrone
C. un fotone
D. un quark
E. un neutrone

702. Un circuito è composto da una resistenza da 10 kΩ collegata ai poli di una batteria da 1 V. Se si sostituisce la batteria con un'altra da 3 V, la potenza dissipata sarà

A. il triplo
B. sei volte minore
C. nove volte maggiore
D. il doppio
E. la metà

703. Ai capi di un resistore da 33 kΩ è applicata una tensione alternata di valore massimo 3,3 V e frequenza 10 Hz. Il valore istantaneo massimo di corrente che scorre nel resistore è pari a:

A. 0,01 mA
B. 10 mA
C. 0,1 mA
D. 3,3 mA
E. 330 mA

704. Un condensatore da 100 nF viene caricato a 3 V. La carica immagazzinata è pari a:

A. 0,3 nC
B. 300 kC
C. 0,33 μC
D. 300 nC
E. 30 μC

705. In un resistore scorre una corrente alternata sinusoidale con frequenza pari a 20 Hz. All'istante di tempo zero il valore della corrente è nullo. Dopo quanto tempo sarà pari al valore massimo?

A. 15 ms
B. 40 ms
C. 20 ms
D. 12,5 ms
E. 10,25 ms

706. Quale delle seguenti affermazioni relative al circuito elettrico rappresentato in figura è corretta?

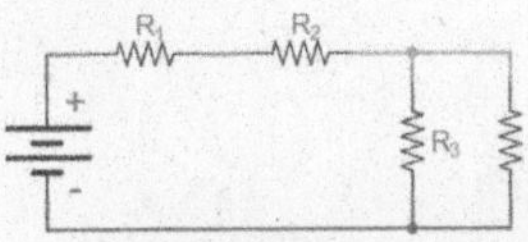

A. La resistenza equivalente è uguale alla somma di R_3 ed R_4 più la risultante di $(R_1 \cdot R_2)/(R_1 + R_2)$
B. È costituito da 4 resistenze in serie
C. La corrente che circola nel circuito è nulla
D. La resistenza equivalente è uguale alla somma di R_1 ed R_2 più la risultante di $(R_3 \cdot R_4)/(R_3 + R_4)$
E. È costituito da 4 resistenze in parallelo

707. Quanto vale la carica elementare e?

A. $-1{,}6 \cdot 10^{-19}$ C
B. $1{,}6 \cdot 10^{12}$ C
C. $1{,}6 \cdot 10^{-19}$ C
D. $-1{,}6 \cdot 10^{-12}$ C
E. $-1{,}6 \cdot 10^{19}$ C

708. Due cariche positive si trovano a una certa distanza l'una dall'altra. Cosa accade alla forza elettrica se la distanza tra di esse si dimezza?

A. Si riduce a un quarto
B. Si raddoppia
C. Si riduce di un quarto
D. Si quadruplica
E. Si dimezza

709. Quale delle seguenti affermazioni relative al circuito elettrico rappresentato in figura è errata?

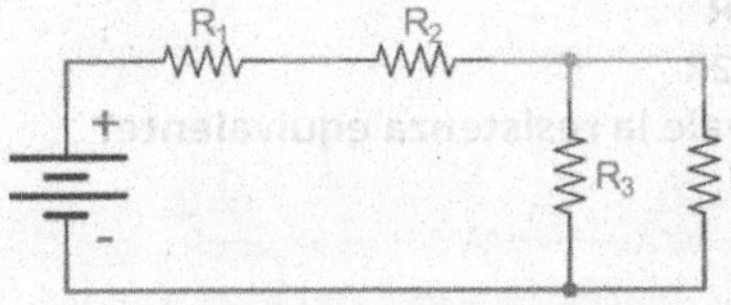

A. È costituito da una serie di 3 resistenze, di cui una equivalente al parallelo tra R_3 e R_4
B. È sempre possibile calcolare la resistenza equivalente a prescindere dal valore delle singole resistenze
C. La resistenza equivalente è superiore a quella della serie tra R_1 ed R_2
D. È costituito da 2 resistenze in serie e 2 resistenze in parallelo
E. La resistenza equivalente è uguale alla somma di R_3 ed R_4 più la risultante di $(R_1 \cdot R_2)/(R_1 + R_2)$

710. Quale tra le seguenti è la corretta definizione di tensione elettrica?

A. La differenza di potenziale tra due punti di un circuito
B. La potenza elettrica dissipata in un circuito
C. La resistività elettrica di un conduttore
D. La quantità di carica elettrica trasportata da un circuito
E. La corrente elettrica che attraversa un circuito

711. Quale tra le seguenti affermazioni sulle cariche elettriche è corretta?

A. Possono essere create o distrutte
B. Le cariche elettriche dello stesso segno si attraggono
C. Sono sempre positive
D. Sono sempre negative
E. Sono conservate

712. Se nel circuito elettrico rappresentato in figura le 4 resistenze valgono rispettivamente:
$R_1 = R_3 = R$
$R_2 = R_4 = 2R$
quanto vale la resistenza equivalente?

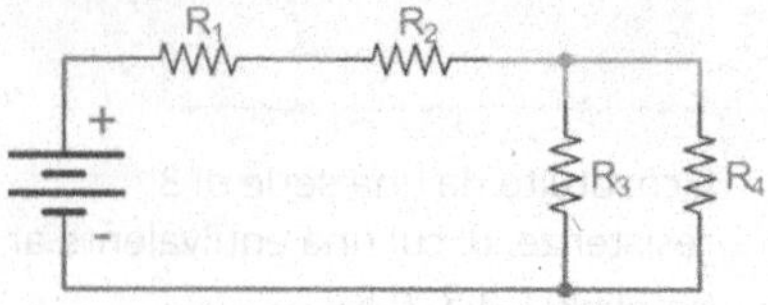

A. 11/3 R
B. 3 R
C. 6 R
D. 13/2 R
E. 2 R

713. Quale delle seguenti affermazioni relative al circuito elettrico rappresentato in figura è errata?

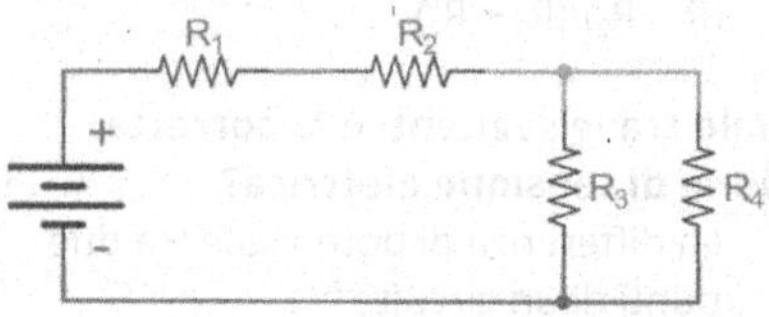

A. La resistenza equivalente è uguale alla maggiore delle 4 resistenze costituenti il circuito
B. È sempre possibile calcolare la resistenza equivalente a prescindere dal valore delle singole resistenze
C. È costituito da una serie di 3 resistenze, di cui una equivalente al parallelo tra R_3 e R_4
D. La resistenza equivalente è uguale alla somma di R_1 ed R_2 più la risultante di $(R_3 \cdot R_4)/(R_3 + R_4)$
E. È costituito da 2 resistenze in serie e 2 resistenze in parallelo

714. Con quale delle seguenti formule possiamo calcolare il modulo del campo elettrico E generato da una carica puntiforme Q nel vuoto?

A. $E = Q / r^2$
B. $E = Q / r$
C. $E = k0 \cdot Q$
D. $E = k0 \cdot (Q / r^2)$
E. $E = k0 \cdot (Q / r)$

715. Cosa accade al potenziale elettrico lungo una superficie equipotenziale in un campo elettrico?

A. Si annulla
B. Diminuisce linearmente
C. Rimane costante
D. Aumenta linearmente
E. Aumenta esponenzialmente

716. Quanto vale la differenza di potenziale tra le armature di un condensatore piano con carica nell'armatura positiva pari a 9 C e capacità pari a 3 F?

A. 3 V
B. 27 V
C. 18 V
D. 6 V
E. 12 V

717. Cosa accade alla capacità di un condensatore piano se si raddoppia la costante dielettrica del materiale tra le sue piastre?

A. Si dimezza
B. Raddoppia
C. Si quadruplica
D. Rimane invariata
E. Si triplica

718. Quale tra le seguenti è la corretta definizione di capacità elettrica di un condensatore?

A. Resistenza elettrica del condensatore
B. Quantità di carica immagazzinata nelle piastre
C. Capacità di immagazzinare carica elettrica a parità di differenza di potenziale
D. Densità di carica nelle piastre
E. Capacità di condurre corrente elettrica

719. Se la corrente che attraversa un resistore è di 0,5 A e la tensione ai suoi estremi è di 7 V, qual è la sua resistenza?

A. 3,5 Ω
B. 14 Ω
C. 7,5 Ω
D. 2 Ω
E. 7 Ω

720. Quanto vale la tensione ai capi di un conduttore con resistenza pari a 10 Ω e attraversato da 5 A di corrente elettrica?

A. 50 V
B. 2 V
C. 5 V
D. 10 V
E. 25 V

721. Se la resistenza di un resistore è di 2 Ω e la tensione ai suoi estremi è di 3 V, quanto vale la corrente che lo attraversa?

A. 9 A
B. 3 A
C. 6 A
D. 4 A
E. 1,5 A

722. Il primo principio di Kirchhoff afferma che:

A. per ogni maglia chiusa di un circuito la somma algebrica delle tensioni è uguale a zero
B. per ogni nodo di un circuito la somma algebrica delle correnti è uguale a zero
C. per ogni nodo di un circuito la somma algebrica delle tensioni è uguale a zero
D. per ogni maglia chiusa di un circuito la somma algebrica delle tensioni è uguale alla somma algebrica delle correnti
E. per ogni nodo di un circuito la somma algebrica delle correnti è uguale alla somma algebrica delle tensioni

723. Il secondo principio di Kirchhoff afferma che:

A. per ogni maglia chiusa di un circuito la somma algebrica delle tensioni è uguale a zero
B. per ogni nodo di un circuito la somma algebrica delle correnti è uguale a zero
C. per ogni nodo di un circuito la somma algebrica delle correnti è uguale alla somma algebrica delle tensioni
D. per ogni maglia chiusa di un circuito la somma algebrica delle tensioni è uguale alla somma algebrica delle correnti
E. per ogni nodo di un circuito la somma algebrica delle tensioni è uguale a zero

724. Qual è il periodo di una corrente alternata che ha frequenza pari a 0,02 Hz?

A. 25 s
B. 50 s
C. 20 s
D. 200 s
E. 100 s

725. Come varia il campo magnetico attorno a un filo conduttore rettilineo attraversato da corrente?

A. Il campo magnetico aumenta allontanandosi dal filo
B. Il campo magnetico è costante a qualsiasi distanza dal filo
C. Il campo magnetico è nullo a qualsiasi distanza dal filo
D. Il campo magnetico varia in modo non prevedibile
E. Il campo magnetico diminuisce allontanandosi dal filo

726. Quale legge descrive il fenomeno dell'induzione elettromagnetica?

A. Legge di Ampère
B. Legge di Gauss
C. Legge di Faraday
D. Legge di Biot-Savart
E. Legge di Coulomb

727. Se nel circuito elettrico rappresentato in figura C_1 e C_2 sono condensatori con capacità identiche pari a 10 μF, quanto vale la capacità equivalente?

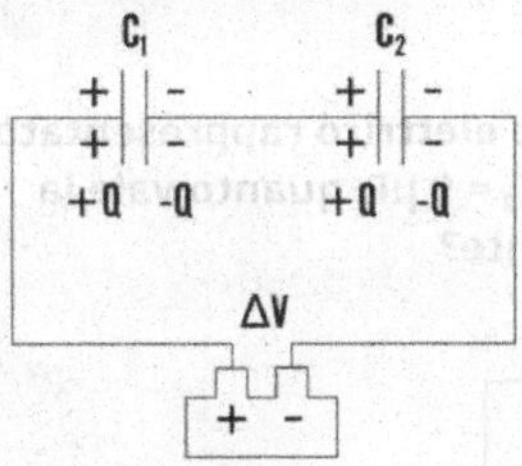

A. 100 μF
B. 7,5 μF
C. 10 μF
D. 20 μF
E. 5 μF

728. Se nel circuito elettrico rappresentato in figura $C_1 = 4\ \mu F$ e $C_2 = 12\ \mu F$, quanto vale la capacità equivalente?

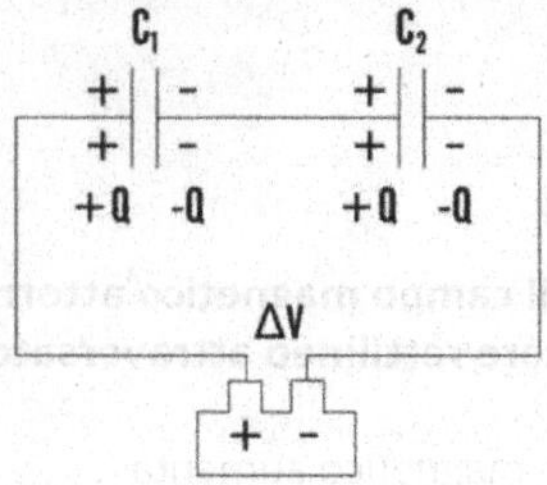

A. 8 μF
B. 12 μF
C. 16 μF
D. 48 μF
E. 3 μF

729. Se nel circuito elettrico rappresentato in figura C_1 e C_2 sono condensatori con capacità identiche pari a 5 μF, quanto vale la capacità equivalente?

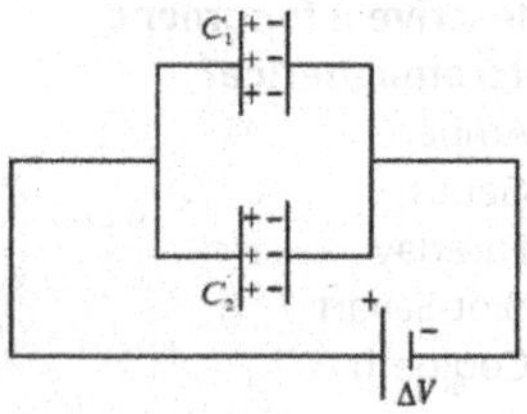

A. 20 μF
B. 10 μF
C. 2,5 μF
D. 25 μF
E. 5 μF

730. Se nel circuito elettrico rappresentato in figura $C_1 = 3\ \mu F$ e $C_2 = 9\ \mu F$, quanto vale la capacità equivalente?

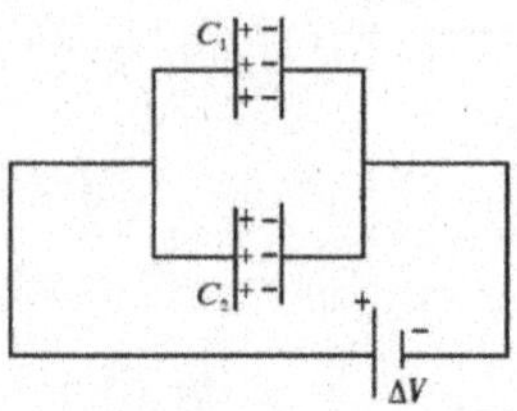

A. 9 μF
B. 12 μF
C. 3 μF
D. 27 μF
E. 2,25 μF

731. Se nel circuito elettrico rappresentato in figura i condensatori C_1 e C_2 hanno capacità una il doppio dell'altra, ovvero $C_1 = C$ e $C_2 = 2C$, quanto vale la capacità equivalente?

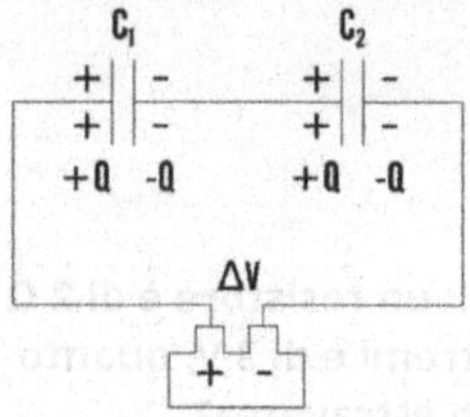

A. C
B. 2 C
C. 3/2 C
D. 2/3 C
E. 3 C

732. Se nel circuito elettrico rappresentato in figura le capacità dei condensatori C_1 e C_2 sono una il doppio dell'altra, ovvero $C_1 = C$ e $C_2 = 2C$, quanto vale la capacità equivalente?

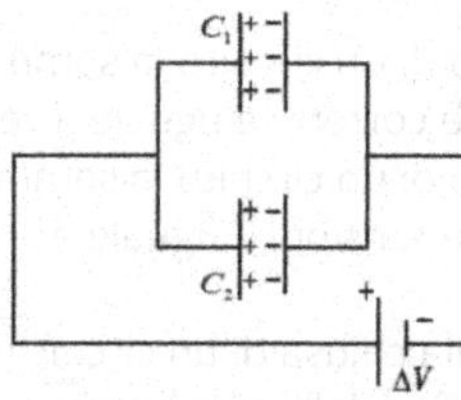

A. 2 C
B. 3/2 C
C. 3 C
D. 2/3 C
E. C

733. Se nel circuito elettrico rappresentato in figura le capacità dei 4 condensatori sono tutte identiche ($C_1 = C_2 = C_3 = C_4 = C$), quanto vale la capacità equivalente?

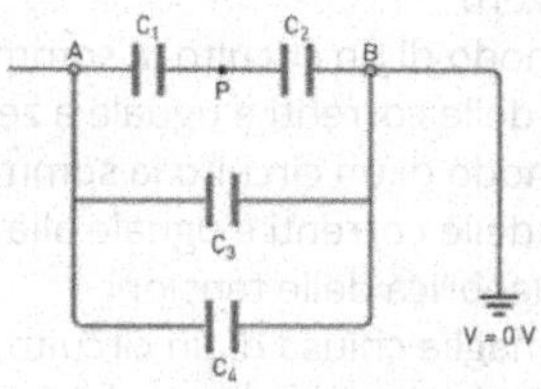

A. 3 C
B. 2,5 C
C. C
D. 2 C
E. 4 C

734. Se nel circuito elettrico rappresentato in figura le capacità dei 4 condensatori valgono rispettivamente:
$C_1 = C_3 = C$
$C_2 = C_4 = 2C$
quanto vale la capacità equivalente?

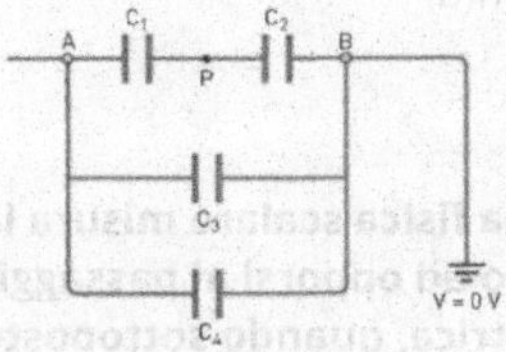

A. 3 C
B. 11/3 C
C. 2 C
D. 13/2 C
E. 6 C

735. Quale delle seguenti affermazioni relative al circuito elettrico rappresentato in figura è errata?

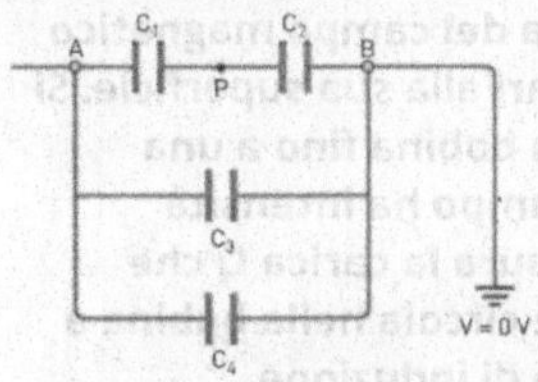

A. È costituito da 2 condensatori in serie e 2 condensatori in parallelo
B. La capacità equivalente è superiore a quella del parallelo tra C_3 e C_4
C. La capacità equivalente è uguale alla somma di C_1 e C_2 più la risultante di $(C_3 \cdot C_4)/(C_3 + C_4)$
D. È costituito da un parallelo di 3 condensatori, di cui uno equivalente alla serie tra C_1 e C_2
E. È sempre possibile calcolare la capacità equivalente a prescindere dal valore delle singole capacità

736. Quale delle seguenti affermazioni relative al circuito elettrico rappresentato in figura è errata?

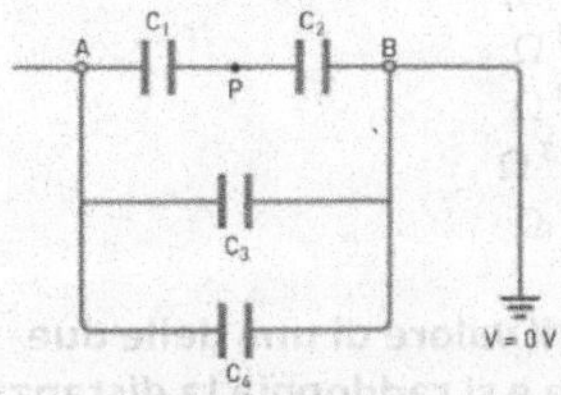

A. È costituito da 2 condensatori in serie e 2 condensatori in parallelo
B. La capacità equivalente è uguale alla maggiore delle capacità dei condensatori costituenti il circuito
C. È costituito da un parallelo di 3 condensatori, di cui uno equivalente alla serie tra C_1 e C_2
D. La capacità equivalente è uguale alla somma di C_3 e C_4 più la risultante di $(C_1 \cdot C_2)/(C_1 + C_2)$
E. È sempre possibile calcolare la capacità equivalente a prescindere dal valore delle singole capacità

737. Quale delle seguenti affermazioni relative al circuito elettrico rappresentato in figura è corretta?

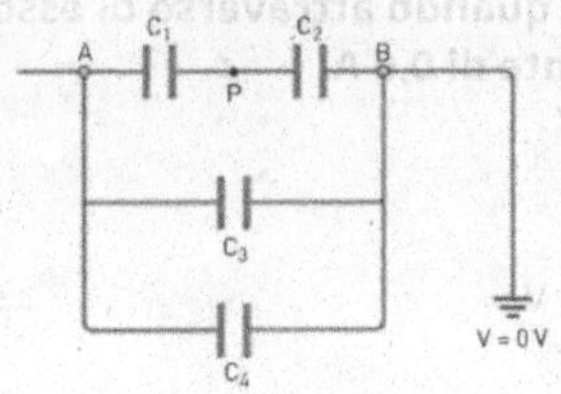

A. È costituito da 4 condensatori in serie
B. La corrente che circola nel circuito è nulla
C. La capacità equivalente è uguale alla somma di C_3 e C_4 più la risultante di $(C_1 \cdot C_2)/(C_1 + C_2)$
D. La capacità equivalente è uguale alla somma di C_1 e C_2 più la risultante di $(C_3 \cdot C_4)/(C_3 + C_4)$
E. È costituito da 4 condensatori in parallelo

738. Qual è la resistenza di un filo di rame (con resistività r = $1,7 \cdot 10^{-8}\ \Omega \cdot m$) a sezione quadrata di lato 2 mm e lungo 40 cm?

A. $3,4 \cdot 10^{-17}\ \Omega$
B. $6,2 \cdot 10^{-3}\ \Omega$
C. $1,7 \cdot 10^{-3}\ \Omega$
D. $1,7 \cdot 10^{-13}\ \Omega$
E. $3,4 \cdot 10^{-7}\ \Omega$

739. Se si triplica il valore di una delle due cariche elettriche e si raddoppia la distanza tra di loro, come cambierà la forza di attrazione o repulsione tra le cariche?

A. Diminuirà di un fattore 4
B. Sarà 3/4 della forza iniziale
C. Sarà 4/3 della forza iniziale
D. Diminuirà di un fattore 2
E. Aumenterà di un fattore 3

740. Trovare la resistenza totale di tre resistori collegati in parallelo, $R_1 = 10\ \Omega$, $R_2 = 20\ \Omega$ e $R_3 = 30\ \Omega$.

A. 12 Ω
B. 5,45 Ω
C. 0 Ω
D. 60 Ω
E. 45,33 Ω

741. Calcolare la tensione ai capi di un resistore da 50 Ω quando attraverso di esso scorre una corrente di 0,6 A.

A. 138,89 V
B. 30 V
C. 83,3 V
D. 4.166,67 V
E. 18 V

742. Due cariche di 4μC e −6μC sono separate da una distanza di 3 m. Calcola il modulo della forza elettrica tra di loro. (Costante di Coulomb k = $8,987 \times 10^9\ Nm^2/C^2$)

A. 0,012 N
B. 0,647 N
C. 0,323 N
D. 0,071 N
E. 0,024 N

743. Qual è la formula per calcolare il flusso magnetico Φ attraverso una superficie A? (B = campo magnetico, α = angolo tra il vettore B e la normale alla superficie)

A. $\Phi = A / B$
B. $\Phi = B \cdot A \cdot \cos(\alpha)$
C. $\Phi = B \cdot A \cdot \sin(\alpha)$
D. $\Phi = B \cdot A$
E. $\Phi = B / A$

744. Quale grandezza fisica scalare misura la tendenza di un corpo ad opporsi al passaggio di una corrente elettrica, quando sottoposto ad una tensione elettrica?

A. Voltaggio
B. Conduttività
C. Induttanza
D. Resistenza
E. Capacità

745. Una piccola bobina formata da N spire, di resistenza complessiva R e sezione S, è posta vicino al polo di un magnete, in modo che le linee di forza del campo magnetico siano perpendicolari alla sua superficie. Si allontana quindi la bobina fino a una distanza in cui il campo ha intensità trascurabile. Si misura la carica Q che complessivamente circola nella bobina a causa del processo di induzione elettromagnetica. Detta k una opportuna costante di proporzionalità, l'intensità B del campo magnetico nella posizione iniziale della bobina è collegata a R, N, S e Q da una relazione del tipo:

A. $k(SN / R) \cdot (dQ / dt)$
B. $k(QR) / (SN)$
C. $k(SN) / (RQ)$
D. $k(QNS / R)$
E. $k(QN) / (SR)$

746. Un filo di nichel ha una resistività pari a $7,8 \times 10^{-8}\ \Omega m$, una sezione trasversale di $10^{-7}\ m^2$ e una resistenza di 0,7 Ω. Qual è la sua lunghezza?

A. 11,14 m
B. 5,46 m
C. 1,15 m
D. 0,897 m
E. 3,87 m

747. Qual è l'unità di misura del flusso magnetico?

A. Coulomb (C)
B. Tesla (T)
C. Weber (Wb)
D. Ampere (A)
E. Volt (V)

748. Una carica elettrica negativa posta nel vuoto produce, alla distanza di 10 cm, un campo elettrico di modulo pari a $1{,}8 \cdot 10^6$ N/C. Quale sarà il valore del modulo del campo alla distanza di 30 cm?

A. $1{,}62 \cdot 10^7$ N/C
B. $5{,}4 \cdot 10^6$ N/C
C. $9 \cdot 10^5$ N/C
D. $6 \cdot 10^5$ N/C
E. $2 \cdot 10^5$ N/C

749. Se si raddoppiano entrambe le cariche elettriche puntiformi ma si mantiene la distanza tra di loro costante, come cambierà la forza di attrazione o repulsione tra le cariche?

A. La forza sarà diminuita di un fattore 2 rispetto a quella iniziale
B. La forza sarà quadruplicata rispetto a quella iniziale
C. La forza sarà diminuita di un fattore 4 rispetto a quella iniziale
D. La forza sarà il doppio rispetto a quella iniziale
E. La forza sarà diminuita di un fattore 3 rispetto a quella iniziale

750. Con quale delle seguenti formule possiamo calcolare la forza di Coulomb tra due corpi con cariche q_a e q_b, posti tra loro a una distanza d?

A. $F = k \cdot (q_a \cdot q_b)$
B. $F = k \cdot (q_a \cdot q_b)^2 / d$
C. $F = k \cdot (q_a \cdot q_b) / d$
D. $F = (q_a \cdot q_b) / d^2$
E. $F = k \cdot (q_a \cdot q_b) / d^2$

751. Quale tra le seguenti alternative esprime correttamente il concetto di effetto Joule?

A. La generazione di una corrente elettrica da una variazione del flusso magnetico
B. La generazione di un campo magnetico da una corrente elettrica
C. La generazione di calore da una corrente elettrica che attraversa un materiale resistivo
D. La generazione di una forza elettromotrice da un campo magnetico variabile
E. La generazione di luce da una corrente elettrica

752. Un filo di rame ha una lunghezza di 10 m, una sezione trasversale di 0,1 mm^2 e una resistività di $1{,}7 \times 10^{-8}$ Ωm. Qual è la resistenza del filo?

A. 2,89 Ω
B. 0,85 Ω
C. 1,7 Ω
D. 1.700 Ω
E. 289 Ω

753. La legge di Biot–Savart stabilisce che, nel caso di un filo rettilineo percorso da corrente, il modulo del campo magnetico è proporzionale a (i = corrente, d = distanza dal filo):

A. i / d^2
B. $i \cdot d$
C. i / d
D. $i \cdot d^2$
E. d / i

754. Qual è la legge permette di calcolare il campo magnetico generato da un filo rettilineo percorso da corrente, in funzione dell'intensità di corrente e della distanza dal filo?

A. Legge di Ohm
B. Legge di Biot-Savart
C. Legge di Coulomb
D. Legge di Faraday
E. Legge di Gauss

755. Calcolare la corrente che scorre attraverso un resistore di 60 Ω quando una tensione di 24 V viene applicata ad esso.

A. 0,4 A
B. 2,5 A
C. 0,10 A
D. 1.440 A
E. 720 A

756. La carica elettrica di un protone vale:

A. $1{,}6 \cdot 10^{-19}$ A
B. $-1{,}6 \cdot 10^{-19}$ A
C. $1{,}6 \cdot 10^{19}$ A
D. $-1{,}6 \cdot 10^{-19}$ C
E. $1{,}6 \cdot 10^{-19}$ C

757. Un circuito è formato da quattro condensatori in parallelo. Si sa che la capacità equivalente del circuito è pari a 37,3 μF. Uno dei condensatori si brucia ed è necessario sostituirlo, ma è annerito e il valore della sua capacità non è più leggibile. Gli altri condensatori riportano: C_1 = 12,4 μF, C_2 = 6,7 μF, C_3 = 9,3 μF. Il condensatore da sostituire dovrà avere una capacità di:

A. 6,8 μF
B. 8,9 μF
C. 7,9 μF
D. 6,8 F
E. 4,1 μF

758. Se un condensatore da 200 nF immagazzina 600 nC, ai suoi capi la tensione è pari a:

A. 12 V
B. 15 V
C. 1,5 V
D. 3 V
E. 6 V

759. Un filo di alluminio ha una resistenza di 0,5 Ω e una lunghezza di 2 m. Sezione trasversale del filo è di 11×10^{-8} m². Quanto vale la resistività dell'alluminio?

A. $2{,}75 \times 10^{-6}$ Ωm
B. $5{,}5 \times 10^{-8}$ Ωm
C. $2{,}75 \times 10^{-8}$ Ωm
D. $1{,}38 \times 10^{-8}$ Ωm
E. $1{,}38 \times 10^{-6}$ Ωm

760. Se la resistenza totale di un circuito in parallelo è di 15 Ω e la corrente attraverso il circuito è di 5 A, qual è la tensione fornita al circuito?

A. 3 V
B. 37,5 V
C. 0,33 V
D. 1,5 V
E. 75 V

761. In un circuito con una resistenza totale di 60 Ω, la corrente è di 2 A. Quanto vale la potenza dissipata dalla resistenza?

A. 30 W
B. 120 W
C. 15 J
D. 240 J
E. 240 W

762. Nel circuito in figura i condensatori hanno le seguenti capacità: C_1 = 4 F, C_2 = 10 F, C_3 = 6 F. Qual è la capacità equivalente del circuito?

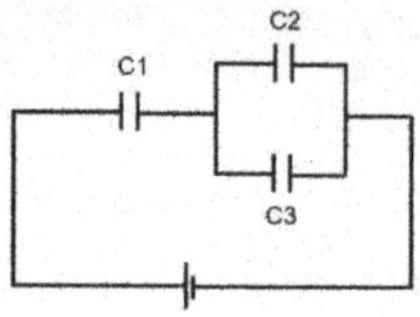

A. 7,75 F
B. 2,6 F
C. 0,31 F
D. 16 F
E. 3,2 F

763. Determinare la corrente che scorre attraverso un resistore di 40 Ω quando una tensione di 12 V viene applicata ad esso.

A. 12,3 A
B. 0,3 A
C. 3,33 A
D. 480 A
E. 52 A

764. Ai capi di una resistenza è applicata una differenza di potenziale di 12 V. Se la corrente che attraversa il resistore è pari a 0,5 A, allora la resistenza avrà un valore di:

A. 12,5 Ω
B. 24 Ω
C. 36,2 Ω
D. 6 Ω
E. 0,042 Ω

765. Per un normale ciclo di lavaggio, una lavastoviglie, alimentata dalla rete domestica a 220 V, consuma 3,3 kW. Quale corrente media circola al suo interno durante il lavaggio?

A. 0,066 A
B. 726 mA
C. 66.700 mA
D. 0,015 A
E. 15 A

766. Se un condensatore con capacità pari a 100 μF è collegato a una tensione di 50 V, quanto vale la carica immagazzinata?

A. 5 μC
B. 20 μC
C. 5 mC
D. 2 μC
E. 20 mC

767. Due cariche puntiformi q e Q sono poste nel vuoto alla distanza di 10 cm una dall'altra. Se la carica Q viene sostituita con una di valore doppio, come varierà il modulo della forza elettrostatica tra le due cariche?

A. Quadruplicherà
B. Aumenterà di un fattore √2
C. Diventerà 1/4 del valore iniziale
D. Raddoppierà
E. Dimezzerà

768. In quale tra le seguenti situazioni si genera una corrente indotta in un circuito?

A. Quando la corrente nel circuito è elevata
B. Quando non c'è campo magnetico vicino al circuito
C. Quando il flusso magnetico attraverso l'area del circuito varia nel tempo
D. Quando il circuito è aperto
E. Quando il flusso magnetico attraverso l'area del circuito rimane costante

769. La forza repulsiva tra due cariche uguali di 3 μC e poste nel vuoto è pari a 0,6 N. A quale distanza reciproca si trovano? (Si ricorda che $k = 9 \cdot 10^9$ Nm^2/C^2)

A. 13,5 cm
B. 36,7 cm
C. 0,15 m
D. 27,4 cm
E. 2,72 m

770. Cosa accade al campo magnetico intorno ad un filo percorso da una corrente elettrica quando la corrente nel filo viene invertita?

A. Il campo magnetico si annulla
B. Il campo magnetico diminuisce di intensità
C. Il campo magnetico diventa un campo elettrico
D. Il campo magnetico cambia verso
E. Il campo magnetico aumenta di intensità

Parte II

Introduzione Parte II
Simulazioni Banca Dati Maggio

Se stai leggendo questa introduzione avrai probabilmente le borse sotto agli occhi dopo aver finito i 3500 quesiti della prima parte, oppure sei fresco come una rosa dopo averle balzate per svolgere una delle 5 simulazioni tratte dalla banca dati di maggio che troverai in questa seconda parte del manuale!
Oltre alle simulazioni potrai immediatamente consultare anche le correzioni commentate di ogni singolo quesito direttamente qui sul manuale.

Le domande di questa banca dati sono suddivise esattamente come nella banca dati di luglio per quanto riguarda le materie in generale:

- quiz di Competenze di lettura e Conoscenze acquisite negli studi → 245
- quiz di Ragionamento Logico e Problemi → 280
- quiz di Biologia → 1190
- quiz di Chimica → 1015
- quiz di Matematica e Fisica → 770 (427 di matematica e 343 di fisica)

Come per l'introduzione alla banca dati di Luglio, seguirà un commento specifico su ogni materia per farti capire come sono cambiate le cose da una sessione all'altra.

COMPRENSIONE DEL TESTO E CONOSCENZE ACQUISITE NEGLI STUDI

Le domande sono così suddivise:

- 124 domande di Competenze di lettura
- 121 domande di Conoscenze acquisite negli studi

Per quanto riguarda le prime, la maggior parte delle domande sono brani lunghi (circa mezza pagina) associati poi a 4 domande. Si tratta di una novità, dato che nel 2022-2023 i brani erano brevi, seguiti da una sola domanda.

La stragrande maggioranza delle domande di Conoscenze acquisite negli studi non è più preceduta da un breve testo inerente l'argomento delle domande come era in passato: nel 2022-2023 le domande avevano sempre un breve testo di introduzione.
Aggiungiamo che le poche domande che presentano ancora un testo, sono tratte proprio dal test 2022.

Ricompaiono alcune tipologie di domande che fino al test 2021 erano identificate nella materia "logica": sono le "proporzioni verbali", il "trova l'intruso", il "completamento testi" e la "doppia relazione". Vi segnaliamo che le prime due tipologie sono presenti anche nella sezione di ragionamento logico e problemi di questa banca dati, quindi possono capitare in entrambe le sezioni.

Gli argomenti di cultura generale spaziano dalla religione, alla letteratura, alla Costituzione Italiana, ma non solo. Si trova anche qualche domanda di attualità.

LOGICA

Le domande per questa materia sono 106 domande per logica verbale e 174 di logica matematica, suddivise come segue:

Logica verbale

Affermazione necessariamente vera/falsa	23
Condizione necessaria sufficiente	18
Frasi con negazioni	6
Inferenza logica	1
Insiemi e sillogismi	27
Proporzioni verbali	16
Trova l'intruso	2
Doppia relazione	3
Relazioni familiari	2
Logica verbale cambridge	1

Logica matematica

Calcolo rapido	7
Equazioni con simboli	2
Equazioni e sistemi	16
Grafici e tabelle	4
Gruppi e insiemi	8
Logica geometrica	6
Logica procedurale	19
Logica formale	8
MCD mcm	3
Metodo empirico	27
Percentuali e frazioni	38
Probabilità	1
Proporzioni e problemi sul lavoro	5
Velocità e tempo	5

Relazioni temporali	3
Risoluzione con schemi	25
Sequenze	4

Diversi esercizi di ragionamento sono su immagini, come già succede in alcuni quiz delle università private (San raffaele e Humanitas) e Tornano le tipologie "proporzioni verbali", "trova l'intruso", "logica formale" e "relazioni temporali" che erano state usate prima del 2022. C'è una domanda di inferenza logica e una domanda di tipologia cambridge (quale delle seguenti rafforza l'argomentazione precedente).

C'è una domanda di probabilità che dovrebbe essere invece in matematica e non è più presente la tipologia "Tabelle simili".

In generale possiamo dire che sono aumentate le domande di logica verbale: nel 2022 il test era composto da 5 domande di logica matematica su 5, mentre ora siamo a 106 domande su 174 totali.

BIOLOGIA

Rispetto agli anni precedenti, qui sono stati aggiunti nuovi argomenti come "Cenni di medicina", che comprende domande su patologie, farmaci o tecniche di diagnostica. Ci sono anche dei sotto-capitoli nuovi come "Trasduzione del segnale" nel capitolo di Anatomia e fisiologia (un paio di domande) e "Anatomia e fisiologia delle piante" (2 domande).

Vi segnaliamo che le domande di questa sezione dedicate alle biomolecole sono molto al confine con la chimica (es. struttura omega 3) e inoltre ci sono 4 domande di ecologia che non dovevano esserci secondo il bando. Sono invece praticamente assenti domande di tipologia cambridge (solo 5), che l'anno scorso erano preponderanti.

La suddivisione interna delle domande segue questo schema:

Capitolo	Numero domande	Note
1. La chimica dei viventi	113	
2. Organizzazione della cellula	142	
3. Fondamenti di genetica	321	
4. Mitosi e meiosi, gametogenesi, fecondazione e prime fasi dello sviluppo	153	
5. Anatomia e fisiologia degli animali e dell'uomo	232	
6. Bioenergetica	117	
7. Elementi di biotecnologie	41	
8. Elementi di biodiversità ed evoluzione	31	
9. Elementi di ecologia	4	
10. Cenni di Medicina	35	Nuovo capitolo

CHIMICA

Per chimica invece i quesiti sono così divisi:

Capitolo	Numero domande	Note
1. Misure e grandezze	72	14 da imparare a memoria
2. Composti ed elementi	161	7 da imparare a memoria
3. Teoria atomica	70	3 da imparare a memoria
4. Legami chimici	58	3 da imparare a memoria
5. Composti inorganici	69	2 da imparare a memoria
6. Unità di misura dell'atomo, stechiometria	85	1 da imparare a memoria
7. Reazioni chimiche, equilibrio e cinetica	97	4 da imparare a memoria
8. Soluzioni acquose	109	13 da imparare a memoria
9. Acidi e basi	40	1 da imparare a memoria
10. Il Ph e soluzioni tampone	69	1 da imparare a memoria
11. La chimica del carbonio	158	29 da imparare a memoria
12. La chimica dei viventi	27	Tutte da imparare a memoria

Ritornano molte domande di biomolecole e la chimica dei viventi nella sezione di chimica, che sono anche presenti nella sezione di Biologia; ritornano anche le domande sul prodotto di solubilità, sulla normalità e sulla pila. Le domande di tipologia Cambridge sono invece poche.

MATEMATICA E FISICA

Ci sono 159 esercizi teorici, riguardanti soprattutto fisica, e 611 esercizi pratici.

Per matematica le domande sono 412 e ci sono pochissimi quesiti di Probabilità (11) e Calcolo combinatorio (1). Ci sono invece esercizi nuovi su limiti (4) e derivate (2), punto minimo (1) e ampiezza di funzione (1), area dell'ellisse (1), variazione statistica (1), coefficiente di variazione (2) e deviazione standard (1).

Per fisica invece le domande sono 358 e ci sono tante domande di Unità di misura e vettori (77) e Cinematica (87), con particolare attenzione ai vari tipi di moto (domande teoriche sulle caratteristiche). Le novità riguardano invece la comparsa di domande su legge di Avogadro (1), definizione di traiettoria del proiettile (1), corrente alternata (1), viscosità dei Fluidi (1), trasformatore di tensione e Legge di Faraday (1), entropia (1), forza di Coriolis (1) e ottica, presente nel bando dell'anno scorso ma non di quest'anno (4)

Per i dettagli specifici delle divisioni interne nelle due materie, riportiamo una parte della tabella già vista nell'introduzione alla prima parte di questo manuale:

Fisica	Numero domande
1. Unità di misura e vettori	78
2. Cinematica	92
3. Dinamica	36
4. Lavoro e potenza	28
5. Fluidi e pressione	21
6. Termodinamica	47
7. Elettrostatica	52
8. Ottica	4

Matematica	Numero domande
1. Aritmetica	81
2. Algebra classica	137
3. Funzioni	27
4. Geometria analitica	56
5. Geometria euclidea	41
6. Goniometria e Trigonometria	44
7. Calcolo combinatorio	2
8. Probabilità	11
9. Statistica	13

1^ SIMULAZIONE

PROVA DI AMMISSIONE AI CORSI DI LAUREA MAGISTRALE IN MEDICINA E CHIRURGIA E IN ODONTOIATRIA E PROTESI DENTARIA

TEST DI COMPETENZE DI LETTURA E CONOSCENZE ACQUISITE NEGLI STUDI

1. Leggere il brano e rispondere a ogni quesito solo in base alle informazioni contenute (esplicitamente o implicitamente) nel brano e non in base a quanto il candidato eventualmente conosca sull'argomento. È un'onomatopea il titolo del nuovo album di Dario Brunori e sulla copertina campeggia un pettirosso disegnato con tratto sobrio ed elegante. Ma al di là di ciò che racconta l'estetica, "Cip!" è un disco che parla dell'uomo più che della natura, e chi conosce Brunori sa che non potrebbe essere altrimenti. [...] La poetica di Brunori è ormai nota a tutti: c'è sempre un po' di luce nelle cose negative e sempre un po' di malinconia in quelle positive, come se gli opposti non potessero esistere gli uni senza gli altri. Una sorta di Taoismo recondito che in Brunori si esprime attraverso passaggi semplici e diretti. La forza più grande di questo cantautore, d'altronde, è ancora quella di saper battere un colpo d'ali quando il diabolico baratro della retorica sembra non avergli dato via di scampo. Ciò che si direbbe un provvidenziale colpo di reni contro la banalità. Forse - tanto per dividere il mondo una volta in più - è proprio questo decollare e cadere in picchiata che eleva la buona musica popolare da quella mediocre. La musica popolare di questo Brunori è comunque un'altra rispetto agli esordi. Sempre più intrisa di hit-pop, ma anche sempre più orchestrale, fase conclusiva di una parabola artistica che ha condotto il Dario nazionale al definitivo sodalizio con il pop generalista - in un universo parallelo "Per due che come noi" (citazione battistiana) sarebbe in gara al prossimo Festival di Sanremo. E se "Achille" celebra il Lucio Dalla più lineare (forse anche troppo, vista la forte somiglianza con "Anna e Marco") non si ode più alcuna eco di Rino Gaetano, né quella propensione didascalica che raccontò mirabilmente le storie di alcuni "Poveri Cristi" italiani. "Cip!" si dedica ai princìpi generali della vita: la politica, la famiglia, il confine talvolta impercettibile fra sesso e amore, l'accettazione della morte e della vecchiaia, il rapporto con gli altri e con sé stessi, l'agàpe ("difendimi", canta Brunori, "al di là dell'amore", quello solito). Temi e riflessioni che si ripetono costantemente, al punto da tessere una trama capace di tenere insieme i pezzi di un album splendidamente compatto, che lascia addirittura trapelare vere e proprie associazioni di brani, come nella seconda traccia del disco, dove Brunori sembra rinfacciare a se stesso quanto detto poco prima, nella canzone d'apertura: "Ma non eri tu che il bello della vita è riuscire a rientrare in partita, quando sembra finita?". (Tratto dalla recensione dell'album Cip! di Brunori SAS - di Federico Piccioni, Ondarock) L'autore del brano afferma che Brunori parteciperà al prossimo Sanremo:

A. con la canzone "Achille", un omaggio a Lucio Dalla
B. con la canzone "Poveri Cristi"
C. con la canzone "Per due che come noi" che ricalca "Anna e Marco" di Lucio Dalla
D. perché ha abbandonato la musica popolare a favore del pop generalista
E. con una canzone che omaggia nel titolo Lucio Battisti

2. Nella poesia Il gelsomino notturno di G. Pascoli al v. 10 l '"odore di fragole rosse" è:

A. Una sineddoche
B. Una metafora
C. Una sinestesia
D. Una metonimia
E. Una onomatopea

3. Leggere il brano e rispondere a ogni quesito solo in base alle informazioni contenute (esplicitamente o implicitamente) nel brano e non in base a quanto il candidato eventualmente conosca sull'argomento. Il termine New Age è usato oggi in modo molto estensivo. In primo luogo serve a indicare un tipo di subcultura caratterizzata dalla ricerca dello "stare meglio", finalizzata a una migliore qualità della vita che può essere acquisita grazie a tecniche e credenze "parallele" (yoga, astrologia, agricoltura biodinamica, meditazione per la pace nel mondo...). Questa subcultura costituisce una vasta nebulosa di pratiche e credenze così diverse tra loro da rendere pressoché impossibile delimitarne le frontiere simboliche, giacché queste ultime si presentano fluide e tracciate in modo incerto. Ciò spiega perché oggi non esistano in sostanza gruppi che si autoproclamino New Age. Parlare del New Age, infatti, significa parlare di qualcos'altro: di credenze e pratiche considerate non convenzionali. Di fronte alla fluidità delle definizioni sociali del New Age si aprono due possibilità al ricercatore. Da una parte, rimettere in discussione l'uso estensivo della categoria in questione, così facendo si dovrebbe restringere la categoria del New Age ai movimenti di tipo millenaristico che si sono affermati a partire dei mutamenti intervenuti fra gli anni '70 e '80. Oppure, d'altra parte, mantenere in vita una definizione estensiva e fluida del New Age, per mettere in luce gli aspetti essenziali e gli esiti generali del fenomeno. (Da: Champion Françoise, Il New Age, una religione indefinita per le incertezze dell'individuo del nostro tempo, in "New Age, religioni, generazioni". Quaderni di Sociologia n°19) Quale delle seguenti affermazioni dà una definizione generale e sintetica del fenomeno New Age?

A. È una cultura che si interessa molto più agli aspetti pratici della vita quotidiana che alla speculazione filosofica e spirituale
B. È una cultura che ricerca il benessere individuale attraverso pratiche alternative, come per esempio lo yoga o la meditazione
C. È una cultura basata sull'astrologia e altre pratiche mistiche, molto difficili da descrivere e comprendere
D. È una filosofia i cui appartenenti sono invitati a superare se stessi e i limiti imposti dal conformismo e dalle tradizioni occidentali
E. È una filosofia molto variegata al suo interno, la cui componente invariabile è la tensione politica per la pace nel mondo

TEST DI RAGIONAMENTO LOGICO E PROBLEMI

4. In quattro dei seguenti termini il suffisso "-teca" ha lo stesso significato. Individuare il termine rimanente.

A. Biblioteca
B. Pinacoteca
C. Fonoteca
D. Zapoteca
E. Emeroteca

5. Mattia sta riordinando alcune scatole su due mensole, una sopra e una sotto. Individuare il numero di scatole presenti sulla mensola inferiore sapendo che: - se Mattia sposta quattro scatole sulla mensola sopra, il numero di scatole sulle due mensole diventa lo stesso - se sposta quattro scatole sulla mensola inferiore, il numero di scatole sulla mensola inferiore è il quintuplo di quelle della mensola superiore.

A. 18
B. 20
C. 8
D. 16
E. 28

6. I tre termini "Libri, Risorse digitali, Tablet" sono legati da una relazione insiemistica. All'interno di questa relazione, il termine "E-book di Andrea" si trova nella parte annerita della:

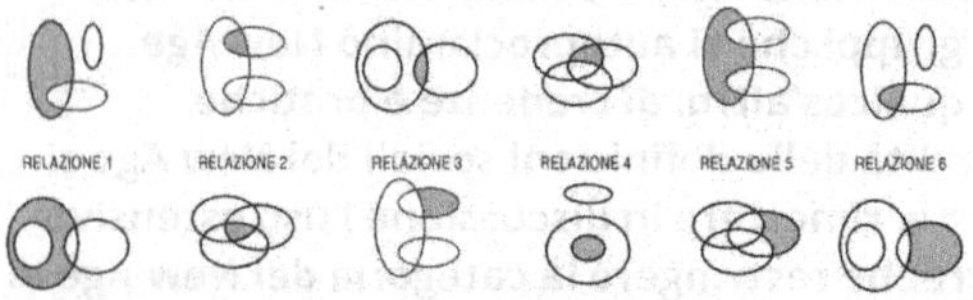

A. relazione 6
B. relazione 9
C. relazione 7
D. relazione 1
E. relazione 4

7. In un museo dell'Automobile hanno diritto all'ingresso ridotto le donne maggiorenni, tutti i minorenni e le persone con più di 65 anni. Un autobus con a bordo 60 turisti si ferma a visitare il museo. A bordo dell'autobus i 2/5 delle persone sono donne con più di 18 anni, 16 sono i minorenni e 9 sono le persone di età superiore ai 65 anni. Quale sarà il numero minimo di biglietti ridotti venduti?

A. 40
B. 36
C. 49
D. 38
E. Non è possibile stabilirlo con i dati a disposizione

8. Nel reparto di un'azienda lavorano 6 persone: Francesca, Iolanda, Tiziana, Giorgio, Matteo e Stefano. Si sa che Tiziana è la collega che ha più anni di servizio di tutti in azienda e Francesca lavora nel reparto da meno anni di Iolanda e Stefano (non necessariamente in quest'ordine), ma da più anni di Giorgio e Matteo (non necessariamente in quest'ordine). In base alle precedenti informazioni, NON è necessariamente vero che:

A. Matteo ha meno anni di servizio di Stefano
B. Stefano ha più anni di servizio di Giorgio
C. Giorgio ha meno anni di servizio di Iolanda
D. Giorgio è la persona che ha meno anni di servizio di tutti
E. Iolanda ha più anni di servizio di Matteo

9. GND è vera se e solo se è vera GUD. Se la precedente affermazione è vera allora è anche vero che:

A. se è vera GND potrebbe non essere vera GUD
B. se è vera GUD potrebbe non essere vera GND
C. condizione necessaria ma non sufficiente affinché sia vera GND è che sia vera GUD
D. se GUD è falsa, anche GND è falsa
E. condizione sufficiente ma non necessaria affinché sia vera GND è che sia vera GUD

TEST DI BIOLOGIA

10. Una cellula diploide che si trova nella fase G2 del ciclo cellulare ha:

A. ha la stessa quantità di DNA che aveva nella fase G1
B. sempre la stessa quantità di DNA, in tutte le fasi del ciclo
C. una quantità di DNA pari alla metà di quella che aveva alla fine della fase S
D. una quantità di DNA quadrupla rispetto a quella aploide
E. una quantità di DNA doppia rispetto a quella aploide

11. La secrezione del glucagone è regolata da:

A. livelli di glucosio ematico
B. tiroide
C. variazioni del pH del sangue
D. ipotalamo
E. livelli di adrenalina

12. Che cos'è un fattore di trascrizione?

A. Una regione dell'mRNA che si lega ai ribosomi
B. Una proteina che regola l'espressione genica legandosi al DNA
C. Una proteina che catalizza la formazione di legami fosfodiestere nel DNA
D. Una molecola che trasporta gli amminoacidi ai ribosomi durante la traduzione
E. Un enzima che sintetizza l'RNA

13. Che funzione hanno i dendriti nel sistema nervoso centrale e periferico?

A. Percezione dei suoni
B. Percezione del dolore
C. Aumentare la velocità di conduzione degli impulsi nervosi
D. Formare vescicole nelle terminazioni sinaptiche
E. Formare sinapsi con altri neuroni

14. Gli amminoacidi "non essenziali" sono quegli amminoacidi:

A. che l'organismo è capace di sintetizzare
B. che fanno parte di proteine non essenziali
C. che danno origine ai corpi chetonici
D. di cui è meglio evitare la somministrazione con la dieta
E. di cui l'organismo può fare a meno

15. La membrana plasmatica si trova:

A. in tutte le cellule meno quelle vegetali
B. solo nelle cellule eucariotiche
C. solo nelle cellule procariotiche
D. in tutte le cellule
E. solo nelle cellule animali

16. Durante l'anafase della meiosi I:

A. avviene il crossing over
B. i cromosomi si allineano sul piano equatoriale della cellula
C. si separano i cromatidi fratelli
D. si formano due nuclei
E. si separano i cromosomi omologhi

17. I virus:

A. sono in grado di assumere nutrienti ed espellere prodotti di scarto
B. sono incapaci di sintetizzare proteine autonomamente
C. sono in grado di svolgere attività metaboliche proprie
D. non possiedono un genoma proprio
E. possiedono ribosomi

18. Quale delle seguenti affermazioni riguardanti il DNA cellulare è FALSA?

A. Ha la funzione di conservare e trasmettere l'informazione genetica
B. Si trova esclusivamente nel nucleo delle cellule eucariotiche
C. E' una molecola a doppio filamento
D. Ha un peso molecolare molto elevato
E. Si trova sempre associato con delle proteine strutturali

19. Se una tossina batterica distrugge i ribosomi, quale attività cellulare sarà influenzata per prima?

A. Trasporto attivo
B. Movimento
C. Sintesi proteica
D. Sintesi del DNA
E. Stoccaggio di energia

20. I nucleotidi in un filamento di DNA sono legati fra loro da:

A. legami idrogeno
B. legami deboli di tipo idrofobico
C. legami covalenti fosfodiesterici
D. legami peptidici
E. ponti disolfuro

21. Gli enzimi:

A. vengono consumati durante la reazione chimica
B. rendono reversibili le reazioni chimiche
C. abbassano l'energia di attivazione delle reazioni biochimiche
D. favoriscono la formazione di legami deboli tra i substrati
E. sono polimeri di nucleotidi

22. Quale delle seguenti è la formula chimica di un composto lineare costituito da 4 molecole di glucosio legate tra loro mediante disidratazione?

A. $4C_6H_{12}O_6$
B. $C_{24}H_{42}O_{24}$
C. $C_{24}H_{42}O_{21}$
D. $C_{24}H_{48}O_{24}$
E. $C_{24}H_{40}O_{2}0$

23. Relativamente alla cellula, per "trasporto attivo" si intende:

A. il passaggio di sostanze attraverso la membrana plasmatica secondo gradiente di concentrazione e con consumo di ATP
B. l'eliminazione, attraverso la membrana plasmatica, di sostanze di rifiuto
C. il passaggio di sostanze attraverso la membrana plasmatica contro gradiente di concentrazione
D. il libero passaggio di molecole e ioni attraverso la membrana plasmatica
E. il passaggio di acqua attraverso la membrana plasmatica

24. Quale dei seguenti è un esempio di processo di trasporto attivo?

A. Diffusione semplice
B. Diffusione facilitata
C. Antiporto
D. Osmosi
E. Esocitosi

25. Lo zucchero maggiormente rappresentato nell'alimentazione dell'uomo è:

A. il lattosio
B. il glucosio
C. l'amido
D. il saccarosio
E. il fruttosio

26. La comparsa di proprietà differenziate in una cellula eucariote è possibile grazie a:

A. espressione selettiva di geni specifici
B. inibizione simultanea di tutti i geni
C. delezione selettiva di geni specifici
D. ridondanza genica
E. espressione sequenziale di tutti i geni

27. Un esempio di alleli è:

A. TT e Tt
B. AB e Tt
C. ab e tt
D. T e t
E. X e Y

28. L'unità strutturale e funzionale dei viventi è:

A. il genoma
B. l'RNA
C. la cellula
D. la molecola
E. il DNA

29. Quale, tra le seguenti, è la definizione di "Mutazione"?

A. Variazione della struttura cellulare
B. Variazione della sequenza genetica
C. Variazione della sequenza amminoacidica
D. Variazione delle condizioni osmotiche
E. Variazione della struttura proteica

30. I monomeri che costituiscono le catene polipeptidiche sono:
A. Gli amminoacidi
B. I monosaccaridi
C. Gli acidi nucleici
D. Le proteine
E. I nucleotidi

31. La teoria cellulare afferma che:
A. tutte le cellule sono delimitate da una membrana
B. le cellule hanno piccole dimensioni
C. tutti gli esseri viventi sono costituiti da una o più cellule
D. le cellule sono strutture altamente organizzate
E. le cellule possono essere classificate come procariotiche o eucariotiche

TEST DI CHIMICA

32. Quale atomo di carbonio dello zucchero dei nucleotidi degli acidi nucleici lega la base azotata?
A. C 5′
B. C 4′
C. C 2′
D. C 3′
E. C 1′

33. In base alla teoria di Brønsted–Lowry, l'acqua è una molecola:
A. nessuna delle altre risposte è corretta
B. solo acida
C. né acida né basica
D. anfotera
E. solo basica

34. Quale tra i seguenti NON è un metodo di separazione dei miscugli?
A. Decomposizione
B. Filtrazione
C. Decantazione
D. Centrifugazione
E. Estrazione mediante solventi

35. Un atomo di carbonio che forma 4 legami con 4 diversi atomi ha ibridazione:
A. sp
B. s
C. p
D. sp^2
E. sp^3

36. Quale tra i seguenti composti contiene un legame ionico?
A. Acetato di etile
B. Benzene
C. N_2
D. Acetone
E. Cloruro di magnesio

37. Calcolare la molarità di una soluzione contenente 8 g di NaOH (massa molecolare = 40 u) in 100 ml di soluzione:

A. 0,5 M
B. 0,2 M
C. 2 M
D. 10 M
E. 0,1 M

38. Quale dei seguenti atomi ha maggiore elettronegatività?

A. F
B. H
C. Co
D. Al
E. B

39. Secondo il principio di esclusione di Pauli, quando due elettroni possono occupare lo stesso orbitale?

A. Solo se si trovano ad energie differenti
B. Solo se hanno spin antiparallelo
C. Solo se hanno spin parallelo
D. Non possono occupare lo stesso orbitale
E. Sia che abbiano spin parallelo che antiparallelo

40. Quale delle seguenti caratteristiche si adatta agli idrocarburi aromatici?

A. Reagendo con gli alogeni danno facilmente addizione elettrofila
B. Danno facilmente reazione di riduzione
C. Danno facilmente reazione di ossidazione
D. Sono scarsamente solubili o insolubili in acqua
E. Hanno densità superiore a quella dell'acqua

41. Quale dei seguenti confronti tra il potenziale di prima ionizzazione di elementi diversi è ERRATA? Il potenziale di prima ionizzazione del:

A. Calcio è minore di quello del potassio
B. Berillio è minore di quello dell'idrogeno
C. Dello zolfo è maggiore di quello del silicio
D. Magnesio è maggiore di quello del sodio
E. Fluoro è maggiore di quello dell'azoto

42. Quale delle seguenti alternative è corretta relativamente al composto HCOOH?

A. È un acido carbossilico
B. È un chetone
C. È acido acetico
D. È un composto aromatico
E. È un'aldeide

43. Secondo la legge della conservazione della massa:

A. In una reazione chimica la somma delle masse dei reagenti è sempre uguale alla somma delle masse dei prodotti
B. In un composto le masse dei vari elementi che lo costituiscono sono sempre uguali tra loro
C. In una reazione chimica raddoppiando la massa dei reagenti la massa dei prodotti rimane invariata
D. In una reazione chimica il numero di molecole dei reagenti è sempre uguale al numero di molecole dei prodotti
E. In una reazione chimica il rapporto tra la massa dei reagenti e quella dei prodotti è espresso da un numero intero e piccolo

44. Tra le seguenti molecole, quale è caratterizzata da una geometria lineare?

A. Acetilene
B. Benzene
C. Glucosio
D. Etilene
E. Metano

45. Quale sale si ottiene per reazione dello zinco metallico con acido perclorico?

A. $Zn(ClO_2)_2$
B. $Zn(OH)_2$
C. Zn_2Cl_2
D. $Zn(ClO_4)_2$
E. $ZnCr_2O_7$

46. Quale tra i seguenti valori di pH rappresenta una soluzione in cui la concentrazione di ioni idrossido è maggiore della concentrazione di idrogenioni?

A. pH = 7
B. pH = 4
C. pH = 3
D. pH = 9
E. pH = 0

47. Come viene definita la temperatura alla quale la pressione di vapore di un liquido è pari alla pressione atmosferica?

A. Punto di ebollizione
B. Punto triplo
C. Punto di fusione
D. Fluido supercritico
E. Temperatura di sublimazione

TEST DI FISICA E MATEMATICA

48. Quanto vale il perimetro della circonferenza inscritta in un quadrato di area pari a 100 cm^2?

A. $10\pi^2$ cm
B. 5π cm
C. 10 cm
D. 20π cm
E. 10π cm

49. Per quali valori del parametro k il punto $(x;y) = (2k;-k^2)$ appartiene alla retta di equazione $3x - y + 8 = 0$?

A. k = 1
B. k = –1 o k = –2
C. k = 2
D. k = 4
E. k = –2 o k = –4

50. Quale tra le seguenti espressioni di K rende vera l'identità: $\sin^4\alpha - \cos^4\alpha = K$?

A. $K = -\cos 4\alpha$
B. $K = \sin 4\alpha$
C. $K = \cos 4\alpha$
D. $K = \cos 2\alpha$
E. $K = -\cos 2\alpha$

51. Determina il campo di variazione delle seguenti serie di numeri: 0, -4, -8,12, 5, 3

A. 16
B. 3
C. 12
D. 0
E. 20

52. Qual è quel numero il cui 2% è uguale a 45?

A. 900
B. 2750
C. 90
D. 225
E. 2250

53. Quale tra le equazioni elencate NON ha soluzioni positive?

A. $\sqrt{2} \cdot 3^{2x} = \sqrt{3} \cdot 4^x$
B. Tutte le equazioni elencate nelle altre alternative hanno almeno una soluzione positiva
C. $4 \cdot 2^{x-1} = 4^x$
D. $5^x = 1/(5\sqrt{5})$
E. $81 \cdot 3^{-x} = \sqrt{3}$

54. Quanto vale il minimo assoluto della funzione $f(x) = x^2 + 2$ nell'intervallo [2, 4]?

A. 6
B. 18
C. 2
D. 11
E. 38

55. Un tram sta viaggiando lungo dei binari dritti e orizzontali ad una velocità di 12,0 m s^{-1} quando vengono attivati i freni. A causa di questo, il tram decelera con un tasso costante di 1,50 m s^{-2} fino a fermarsi. Qual è la distanza percorsa dal tram nel tempo totale in cui ha decelerato?

A. 96,0 m
B. 108,0 m
C. 216,0 m
D. 18,0 m
E. 48,0 m

56. Una pallina da 200 g rotola su una superficie con attrito trascurabile alla velocità di 2,3 m/s. Qual è la sua quantità di moto?

A. 1,06 kg · m/s
B. 0,87 kg · m/s
C. 0,53 kg · m/s
D. 0,23 kg · m/s
E. 0,46 kg · m/s

58. Una biglia cade da un balcone alto 19,6 metri. Dopo quanto tempo approssimativamente toccherà il suolo?

A. 0,8 s
B. 1,8 s
C. 2 s
D. 4 s
E. 1,4 s

59. Quanto vale il quoziente tra 2 e $(1/2)^{-1}$?

A. –1
B. –1/4
C. 4
D. 1
E. 1/4

60. Quale è l'accelerazione di una Ferrari SF90 che scatta da 0 alla velocità di 100 Km/h in 2.5 s?

A. circa -40 m/s^2
B. circa 9,8 m/s^2
C. circa 11 m/s^2
D. circa 40 m/s^2
E. circa 16 m/s^2

2^ SIMULAZIONE

PROVA DI AMMISSIONE AI CORSI DI LAUREA MAGISTRALE IN MEDICINA E CHIRURGIA E IN ODONTOIATRIA E PROTESI DENTARIA

TEST DI COMPETENZE DI LETTURA E CONOSCENZE ACQUISITE NEGLI STUDI

1. «Destinare le risorse pubbliche a contenere gli aumenti di energia [...] è uno degli impegni che la maggioranza chiede al governo, nell'ambito della risoluzione sul Def che è stata approvata dalla Camera e dal Senato.» («la Repubblica» 20/04/2022) Che cosa è il Def cui si fa riferimento nel testo?

A. Il Dispositivo Equilibratore delle Finanze, che è il principale strumento di programmazione economico-finanziaria dello Stato

B. Il Decreto di Equilibrio Finanziario, che definisce gli strumenti per ottenere il pareggio nel Bilancio dello Stato

C. Il Dossier di Economia Finanziaria, che è il risultato di un compromesso tra le forze che sostengono il governo

D. Il Documento di Economia e Finanza, che è il principale strumento di programmazione del governo

E. Il Dossier su Ecologia e Finanza, che è uno strumento di programmazione della transizione ecologica

2. «L'insulino-resistenza non è di per sé una malattia, ma si accompagna frequentemente a una serie di fattori di rischio cardiovascolare inclusi nella definizione generale di «sindrome metabolica». Essi comprendono obesità viscerale, diabete, aumento di trigliceridi e colesterolo, ipertensione arteriosa. Nelle condizioni di insulino-resistenza viene alterata la flessibilità metabolica: la capacità del muscolo di utilizzare alternativamente carboidrati o grassi a seconda della disponibilità dei substrati energetici risulta insufficiente. I soggetti affetti da insulino-resistenza hanno una ridotta capacità di utilizzazione dei grassi nelle condizioni di digiuno e l'aumentata produzione di insulina non è comunque in grado di stimolare la metabolizzazione degli zuccheri.» (dal sito web del Ministero italiano della Salute: www.salute.gov.it) Secondo il testo, che cosa si intende per «flessibilità metabolica»?

A. L'incapacità dell'apparato muscolare di trarre energia dai carboidrati ingeriti con l'alimentazione

B. L'insieme di fattori metabolici che possono provocare un'insufficienza muscolare generalizzata

C. La scioltezza muscolare garantita da un giusto apporto nutritivo di grassi e carboidrati

D. L'abilità del tessuto muscolare ad utilizzare energia, a seconda delle disponibilità dell'organismo, da grassi o da zuccheri

E. La flessione patologica del consumo di grassi e zuccheri accompagnata da produzione eccessiva di insulina

3. Leggere il brano e rispondere a ogni quesito solo in base alle informazioni contenute (esplicitamente o implicitamente) nel brano e non in base a quanto il candidato eventualmente conosca sull'argomento. Nei primi anni '60 il giovane Terzani, appena laureato alla Normale di Pisa, iniziò a lavorare per l'Olivetti, dove rimase per cinque anni come manager. [...] Dopo un soggiorno americano, grazie a una prestigiosa borsa di studio, tornò in Italia con le idee chiare: la vita del manager gli stava stretta, voleva fare il giornalista, vedere il mondo con i suoi occhi e raccontarlo. Lasciò il lavoro all'Olivetti e iniziò a collaborare con Il Giorno. Non riuscì però a convincere la direzione del quotidiano milanese a mandarlo come inviato in Oriente. Riuscì allora a trovare lavoro come freelance nel Sud-est asiatico con la rivista tedesca Der Spiegel, e la sua vita cambiò. Realizzò reportage in Cambogia e in Vietnam, [...] scrivendo diari di guerra con uno stile letterario alto ed essenziale. Agli articoli si aggiunsero i libri, le collaborazioni con le principali testate italiane e internazionali, per poi raggiungere, all'alba degli anni Ottanta, il sogno di trasferirsi in Cina. Erano gli anni del post-Mao, Time e Newsweek premevano per diventare i primi magazine occidentali ad avere corrispondenti in Cina, ma alla fine il primo giornalista a varcare quei confini fu proprio Terzani. Terzani vide un Paese snaturato, si accorse del fallimento del progetto maoista, soffrì per i templi trasformati in fabbriche e per il crollo di quella magia che si era sempre aspettato, e che non aveva trovato. Le autorità cinesi iniziarono a infastidirsi per i suoi scritti, che criticavano il governo, e iniziarono a pressarlo. Inizialmente gli assegnarono un cuoco e un autista, ma Terzani si accorse che erano spie mandate per sorvegliarlo. E quando poi riuscì a entrare in Tibet, per incontrare il Dalai Lama al Potala, il suo nome finì nella lista dei nemici della Cina. Nel 1984 venne arrestato con l'accusa di attività controrivoluzionaria, in quanto personaggio scomodo, e fu espulso dal Paese. Raccontò la dissoluzione dell'Urss, la fine del sogno sovietico e le sue conseguenze. I suoi scritti non temevano l'avversione del potere: la penna di Terzani era libera anche di cambiare idea, come avvenuto con il maoismo in Cina. Negli ultimi anni della sua vita, colpito da un tumore all'intestino, raccontò la sua esperienza con la malattia nel libro Un altro giro di giostra, un viaggio per il mondo alla ricerca di una cura, e allo stesso tempo di quella pace interiore che troverà poi nella sua residenza tra le montagne toscane. (Da: "Raccontandoci il mondo Tiziano Terzani ci ha insegnato la bellezza della diversità", Mattia Madonia, The Vision: https://thevision.com/cultura/tiziano-terzani/) Quale delle seguenti affermazioni sull'inizio della carriera di Terzani NON è corretta?

A. Decise di fare il giornalista perché voleva diventare famoso
B. La prima rivista con cui collaborò fu Il Giorno
C. La passione per la scrittura "libera" NON è la principale motivazione che lo spinse a diventare giornalista
D. Lavorò come manager per l'Olivetti
E. Vinse una borsa di studio che gli permise di realizzare un soggiorno all'estero

4. Cosa si intende con l'aggettivo "divisivo"?

A. Che permette la conservazione del patrimonio ereditario famigliare
B. Che crea divisioni o contrapposizioni, impedendo di preservare o di raggiungere un'unità di punti di vista e di intenti
C. Che crea uno spettro distorto dell'orizzonte visibile ad occhio nudo
D. Che consente di appartare i convenuti secondo la loro volontà di separarsi e convergere verso un'unità di punti di vista
E. Che serve a distogliere dall'occupazione o preoccupazione dominante o a sviare l'argomento d'una conversazione

5. Nicolò possiede delle biglie di diverso diametro ma tutte dello stesso materiale. Nicolò ripone in tre scatole uguali a forma di cubo le biglie in modo che: • tutte le scatole siano riempite di biglie dello stesso diametro, • le scatole siano completamente piene, • in ogni scatola ogni strato di biglie sia composto dallo stesso numero di biglie (differente da scatola a scatola), • in ogni strato le biglie tocchino i lati della scatola. Se Nicolò riempie la scatola S 1 con 125 biglie, la scatola S 2 con 27 biglie e la scatola S 3 con 64 biglie quale delle tre scatole avrà peso maggiore?

A. S 2
B. S 3
C. Non è possibile stabilirlo in quanto non noto il peso specifico del materiale delle biglie
D. Nessuna, tutte le scatole hanno lo stesso peso
E. S 1

6. Martina ha pianificato un giro in bicicletta in modo che esattamente a metà tragitto ci sia una trattoria in cui fare sosta. Parte e, dopo 30 chilometri, le manca ancora un quarto della strada per arrivare alla trattoria. Qual è la lunghezza in chilometri del percorso?

A. 120
B. 40
C. 75
D. 80
E. 37,5

7. Il treno A impiega 120 minuti a percorrere 119 Km, il treno B 172 minuti a percorrere 171 Km, il treno C 90 minuti a percorrere 89 Km, il treno D 100 minuti a percorrere 99 Km e il treno E 180 minuti a percorrere 179 Km. Quale treno è il più veloce?

A. B
B. D
C. A
D. C
E. E

8. La negazione dell'affermazione Tutti i filosofi sono greci è:

A. Almeno un filosofo non è greco
B. Almeno un filosofo è greco
C. Almeno un greco non è filosofo
D. Nessun filosofo è greco
E. Tutti i filosofi non sono greci

9. Quale, tra i termini proposti, completa correttamente la seguente proporzione? propenso : x = devoto : infedele

A. ostile
B. affettuoso
C. fedele
D. positivo
E. Attento

10. Si può affermare che due individui appartengono alla stessa specie quando:
A. sono fenotipicamente simili
B. sono in grado di riprodursi e dare luogo a prole vitale
C. occupano la stessa area geografica
D. sono in grado di riprodursi e dare luogo a prole fertile
E. hanno lo stesso numero di cromosomi

11. Quale proporzione di figli sani è attesa da genitori entrambi eterozigoti per la fibrosi cistica (malattia autosomica recessiva)?
A. 3/4
B. 0
C. 1/2
D. 1/4
E. non si può determinare

12. Quale delle seguenti caratteristiche permette di stabilire che l'organismo che stiamo analizzando è un procariote?
A. Contiene gli enzimi della catena respiratoria
B. È unicellulare
C. Ha una membrana plasmatica
D. Contiene ribosomi
E. È presente un nucleoide

13. I cromatidi fratelli:
A. sono il prodotto della replicazione del DNA durante la fase M del ciclo cellulare eucariotico
B. sono il prodotto della replicazione del DNA durante la fase S del ciclo cellulare eucariotico
C. si separano in anafase I meiotica
D. contengono versioni simili ma non identiche degli stessi geni
E. si trovano solo in fase G1 del ciclo cellulare eucariotico

14. Durante la fotosintesi le molecole d'acqua:
A. non intervengono nella reazione
B. si riducono, perché perdono elettroni e ioni idrogeno
C. si ossidano, perché perdono elettroni e ioni idrogeno
D. si riducono, perché acquistano elettroni e ioni idrogeno
E. si ossidano, perché acquistano elettroni e ioni idrogeno

15. Il codice genetico:
A. è composto da 64 codoni, di cui tre di STOP
B. negli eucarioti è costituito da DNA, mentre nei virus da RNA
C. è composto da 64 codoni, ognuno dei quali codificante per un amminoacido diverso
D. è diverso da un organismo all'altro
E. è composto da 64 codoni codificanti per amminoacidi

16. Quale dei seguenti NON è un agente disaccoppiante?
A. Citrato
B. Termogenina
C. DNP (2,4-dinitrofenolo)
D. Tiroxina
E. UCP2

17. Nel ciclo della PCR, l'utilizzo della temperatura alta (95°C) ha lo scopo di
A. attivare l'enzima Taq polimerasi
B. appaiare il gene di interesse con il relativo primer
C. inattivare il gene selezionato
D. denaturare la molecola di DNA nella fase iniziale del processo
E. permettere alla DNA polimerasi di iniziare l'allungamento

18. La pinocitosi:
A. consente alla cellula di dividersi
B. consente alla cellula di esportare materiale liquido
C. consente alla cellula di importare materiale solido
D. consente alla cellula di importare materiale liquido
E. consente alla cellula di esportare materiale solido

19. I virus:
A. possono avere genoma a DNA o a RNA
B. uccidono sempre le cellule che infettano
C. sono i più piccoli organismi viventi
D. possono replicarsi al di fuori delle cellule ospiti
E. non infettano le cellule vegetali

20. In quale tessuto gli elementi cellulari sono chiamati condrociti?
A. Osseo spugnoso
B. Epiteliale ghiandolare
C. Cartilagineo
D. Connettivo denso
E. Muscolare cardiaco

21. Lo spermatidio:
A. E' il prodotto della meiosi I
B. Si forma al termine della meiosi II
C. E' la cellula germinale maschile diploide
D. Deriva dalla maturazione di uno spermatozoo
E. E' la cellula in fase G_2 che entra in meiosi

22. Quale tra i seguenti composti NON è un amminoacido?
A. Serina
B. Asparagina
C. Istamina
D. Arginina
E. Leucina

23. La porzione del cromosoma metafasico che tiene uniti i cromatidi fratelli è:
A. il centromero
B. il telomero
C. il centriolo
D. il chiasma
E. il sarcomero

24. Durante la prima reazione del ciclo di Krebs:
A. il $NADH_2$ cede elettroni alla catena di trasporto degli elettroni
B. una molecola di glucosio viene divisa in due molecole di piruvato
C. il gruppo acetile dell'acetil-CoA viene unito all'ossalacetato
D. vengono prodotte due molecole di ATP grazie all'ATP sintetasi
E. il piruvato viene ridotto a lattato

25. I lisosomi sono:

A. organuli presenti nel nucleo
B. organuli citoplasmatici contenenti enzimi idrolitici
C. cellule prive di nucleo
D. enzimi secreti dal pancreas
E. enzimi prodotti dalla tiroide

26. Quale delle seguenti affermazioni è corretta?

A. Le vertebre libere sono: 5 cervicali, 12 toraciche e 7 lombari
B. Cuboide, astragalo e scafoide sono ossa del carpo
C. L'omero è l'unico osso dell'avambraccio
D. Tutte le coste sono collegate allo sterno
E. La clavicola si articola con la scapola

27. Quale delle seguenti immagini rappresenta la profase I della meiosi?

A. IMMAGINE 3
B. IMMAGINE 5
C. IMMAGINE 2
D. IMMAGINE 4
E. IMMAGINE 1

28. Quale tra le seguenti cellule produce anticorpi?

A. Granulocita neutrofilo
B. Linfocita T-citotossico
C. Granulocita basofilo
D. Linfocita T-helper
E. Plasmacellula

29. Che cosa è il nucleosoma?

A. E' una struttura formata da un nucleo lipidico su cui si avvolge la molecola di DNA
B. E' una struttura formata da un nucleo proteico costituito dagli istoni su cui si avvolge la molecola del DNA
C. E' una struttura formata da un nucleo fosfolipidico su cui si avvolge la molecola di DNA
D. E' una struttura formata da un nucleo eteropolisaccaridico su cui si avvolge la molecola di DNA
E. E' una struttura formata da un nucleo proteico cui si lega la molecola di RNA

30. Quale delle seguenti è una caratteristica dei trigliceridi?

A. Sono principalmente idrofili
B. Presentano legame estere
C. Sono costituiti da amminoacidi
D. Sono solubili in acqua
E. Hanno una struttura lineare

31. Qual è l'unità funzionale del tessuto muscolare striato?

A. Sarcomero
B. Actina
C. Miosina
D. Motoneurone
E. Miofibrilla

32. La trasduzione è:
A. una fase della sintesi proteica
B. il trasferimento di geni da una cellula all'altra mediante un vettore virale
C. un'anomalia cromosomica
D. lo spostamento di un trasposone all'interno del genoma
E. il meccanismo che permette di produrre proteine diverse partendo dallo stesso gene

TEST DI CHIMICA

33. Le costanti di dissociazione dell'acido acetico e dell'acido formico a 25°C sono rispettivamente 1,8 x 10^{-5} M e 1,8 x 10^{-4} M. Identificare la considerazione corretta.
A. Una soluzione 0,1 M di acido acetico presenta una pressione osmotica inferiore rispetto a quella mostrata da una soluzione 0,1 M di acido formico
B. Una soluzione 0,1 M di acido acetico presenta una pressione di vapore superiore rispetto a quella mostrata da una soluzione 0,1 M di acido formico
C. Nessuna delle altre risposte è corretta
D. In quanto ambedue acidi deboli, due soluzioni 0,1 M di acido acetico ed acido formico presentano gli stessi valori di proprietà colligative
E. Una soluzione 0,1 M di acido acetico presenta una pressione osmotica superiore rispetto a quella mostrata da una soluzione 0,1 M di acido formico

34. Quale dei seguenti elementi chimici NON appartiene al gruppo dei gas nobili?
A. Radon
B. Kripton
C. Elio
D. Xenon
E. Osmio

35. In chimica organica, un'ammina secondaria indica un composto contenente:
A. due gruppi alchilici e due atomi di azoto collegati tra loro
B. due atomi di azoto legati tra loro
C. un atomo di azoto a cui sono legati tre gruppi arilici
D. un atomo di azoto a cui sono legati due gruppi alchilici o arilici
E. un acido debole

36. Due atomi di idrogeno sono legati tra loro a formare una molecola. In questo caso il legame che li unisce è detto:
A. a ponte di idrogeno
B. metallico
C. dativo
D. covalente
E. covalente polare

37. Quando un estere viene trattato con idrossidi di metalli alcalini e successivamente con acidi, quale reazione si svolge?
A. Saponificazione
B. Sostituzione elettrofila
C. Sostituzione nucleofila
D. Alogenazione catalitica
E. Eliminazione

38. Individuare la formula chimica bruta del metiletilchetone.

A. C_4H_9O
B. $C_4H_{10}O$
C. $C_5H_{10}O$
D. C_4H_8O
E. C_3H_6O

39. Considerando il numero di ossidazione dei reagenti coinvolti, quali delle seguenti reazioni sono ossidoriduzioni?

1) $Cl_2 + 2KBr \rightarrow 2KCl + Br_2$
2) $2Na + H_2 \rightarrow 2NaH$
3) $2CrO_4^{2-} + 2H^+ \rightarrow Cr_2O_7^{2-} + H_2O$
4) $MnO_2 + 4HCl \rightarrow MnCl_2 + Cl_2 + 2H_2O$

A. 1, 3 e 4
B. 1, 2 e 3
C. 1, 2 e 4
D. 1, 2, 3 e 4
E. 2, 3 e 4

40. Se per aggiunta di una piccola quantità di base forte il pH di una soluzione subisce una variazione minima, di quale soluzione si tratta?

A. Soluzione di un acido debole
B. Soluzione di una base debole
C. Soluzione salina fisioloigica
D. Soluzione neutra
E. Soluzione tampone

41. Quale delle seguenti sostanze alla temperatura di 283 K si trova in uno stato di aggregazione che le consente di assumere la forma del recipiente in cui è contenuto senza occupare necessariamente tutto il volume a disposizione?

A. Propanolo
B. Mercurio
C. Tutte le sostanze menzionate nelle altre risposte
D. Bromo
E. Acqua

42. Qual è l'unità di misura utilizzata nel sistema internazionale (SI) per esprimere la quantità di sostanza?

A. La mole
B. Il chilogrammo
C. Il metro cubo
D. Il grammo
E. Il grammo al centimetro cubo

43. Qual è la molarità di 2 litri di una soluzione acquosa in cui sono sciolti 92,15 g di $MgBr_2$? (M.M.$_{Mg}$: 24,3 u; M.M.$_{Br}$: 80 u)

A. 0,75 M
B. 2,0 M
C. 0,5 M
D. 0,25 M
E. 3,0 M

44. Considerando il numero di ossidazione dei reagenti coinvolti, quali delle seguenti reazioni sono ossidoriduzioni?

1) $Cl_2 + 2KBr \rightarrow 2KCl + Br_2$
2) $2Na + H_2 \rightarrow 2NaH$
3) $2CrO_4^{2-} + 2H^+ \rightarrow Cr_2O_7^{2-} + H_2O$
4) $MnO_2 + 4HCl \rightarrow MnCl_2 + Cl_2 + 2H_2O$

A. 1, 2 e 4
B. 1, 2 e 3
C. 2, 3 e 4
D. 1, 3 e 4
E. 1, 2, 3 e 4

45. Idrolizzando NaCN si ottiene:

A. una soluzione acquosa basica
B. una soluzione acquosa acida
C. nessuna soluzione: NaCN non si solubilizza
D. una soluzione alcolica
E. una soluzione acquosa neutra

46. La formula bruta del perclorato di litio é:

A. Li_2ClO_3
B. $LiClO_4$
C. $LiBCl_4$
D. $LiHCl_2$
E. LiCl

47. Quale elemento ha comportamento semimetallico?

A. Ga
B. Se
C. Ge
D. Br
E. Pb

TEST DI FISICA E MATEMATICA

48. Supponendo t>0, come si può semplificare l'espressione in figura?

$$\sqrt{3t\sqrt[3]{\frac{2}{t}}}$$

A. $\sqrt{6t}$
B. $\sqrt[6]{54t^2}$
C. $t \cdot \sqrt[6]{54}$
D. $\sqrt{54t}$
E. $\sqrt[6]{6t^2}$

49. Due sfere di diametro identico, l'una di sughero e l'altra di piombo, sono ricoperte esternamente con la stessa vernice, rendendole identiche all'aspetto. Vengono lasciate cadere contemporaneamente dalla stessa altezza in un contenitore i cui e' stato fatto il vuoto. In che modo è possibile distinguere la sfera di sughero da quella di piombo?

A. La sfera di piombo arriva prima di quella di sughero e lascia una traccia più profonda nel terreno
B. Questo esperimento non permette di distinguerle
C. La sfera di sughero ondeggia mentre quella di piombo cade lungo una linea retta
D. Entrambe le sfere arrivano allo stesso tempo, ma quella di piombo lascia una traccia più profonda nel terreno
E. La sfera di sughero arriva prima di quella di piombo e lascia una traccia meno profonda nel terreno

50. Lanciando contemporaneamente due dadi non truccati, che probabilità vi è di ottenere "nove"?

A. 1/4
B. 1/9
C. 1/6
D. 1/12
E. 1/8

51. Un ciclista percorre una distanza di 123.000 m. Esprimendo tale distanza in altre unità di misura, questa vale:

A. 123 km
B. 12.300 dm
C. 12,3 km
D. 1.230.000 cm
E. 123 hm

52. Per quali valori della variabile reale x la funzione $f(x) = (x-3)^3 \cdot e^{-x}$ è positiva?

A. Per $x<3$
B. Per nessun valore di x
C. Per $x>3$
D. Per ogni valore di x
E. Per $x<>3$

53. Un operaio compie un lavoro di 32 J per spingere una cassa per 8 metri su un piano orizzontale privo di attrito. Quanto vale la componente orizzontale della forza applicata sulla cassa dall'operaio?

A. 3,5 N
B. 2 kg
C. 12 kg
D. 12 N
E. 4 N

54. A quale funzione corrisponde il grafico rappresentato in figura?

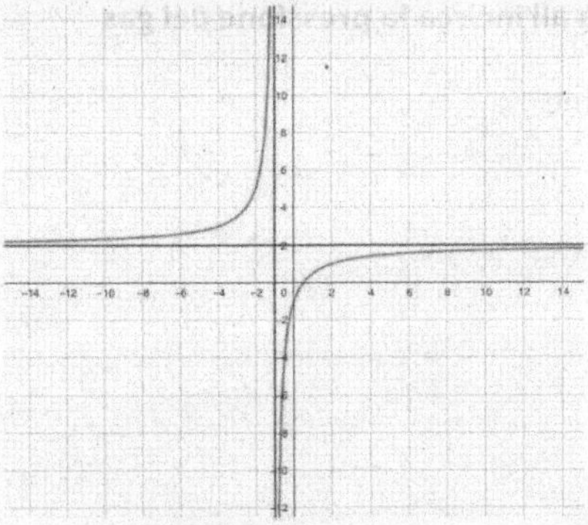

A. $f(x) = (2x-1)/(x-1)$
B. $f(x) = (2x-1)/(x+1)$
C. $f(x) = (x-2)/(x+1)$
D. $f(x) = (x+1)/(x-2)$
E. $f(x) = (x+1)/(2x-1)$

55. Una molla ha costante elastica pari a 8 N/m, quale massa si deve sospendere alla molla affinché oscilli con periodo T = 1 s?

A. 0,2 kg
B. 0,6 kg
C. 5 kg
D. 2 kg
E. 1 kg

56. Sia data una circonferenza di raggio r = 2 cm e la corda AB che individua un angolo alla circonferenza pari a p /6. Qual è la lunghezza della corda AB?

A. 1 cm
B. √3 cm
C. 2 cm
D. √2 cm
E. 4 cm

57. La differenza di potenziale elettrico ai capi di una lampadina è costante e pari a 100 V. Per un periodo di tempo pari a 1000 s la lampadina assorbe una potenza elettrica di 160 W. Sapendo che la carica dell'elettrone è 1,60 . 10^{-19} C, quanti elettroni si può ritenere abbiano attraversato una sezione trasversale del filo che alimenta la lampadina nell'intervallo di tempo considerato?

A. 6,02 . 10^{23}
B. 10^-16
C. 10^{23}
D. 10^{22}
E. 1,60 . 10^22

58. Si chiede qual è la tangente alla curva di equazione $f(x) = 1 + 1/x$ nel punto P_0. Per rispondere è necessario conoscere:

A. entrambe le coordinate di P_0
B. l'ascissa di P_0
C. nessuna delle due coordinate di P_0
D. almeno una delle coordinate di P_0
E. l'ordinata di P_0

59. Una bombola piena di azoto ha una pressione interna di 100 bar alla temperatura ambiente di 20 °C. Se viene riscaldata a 80 °C, quale sarà all'incirca la pressione del gas all'interno?

A. Non è possibile determinarlo senza conoscere il volume
B. 400 bar
C. 25 bar
D. 83 bar
E. 120 bar

60. Il polinomio x^2 - 5x + 6 può essere scomposto come:

A. $(x - 4)(x - 3)$
B. $(x - 1)(x - 2)$
C. $(x + 2)(x - 3)$
D. $(x - 1)(x - 3)$
E. $(x - 2)(x - 3)$

3^ SIMULAZIONE

PROVA DI AMMISSIONE AI CORSI DI LAUREA MAGISTRALE IN MEDICINA E CHIRURGIA E IN ODONTOIATRIA E PROTESI DENTARIA

TEST DI COMPETENZE DI LETTURA E CONOSCENZE ACQUISITE NEGLI STUDI

1. Chi fra i seguenti è stato per 42 anni la massima autorità della Libia?

A. Saddam Houssein
B. Abu Bakr al-Baghdadi
C. Ruhollah Khomeyni
D. Osama bin Laden
E. Mu'ammar Gheddafi

2. «L'esercizio della medicina è fondato sulla libertà e sull'indipendenza della professione che costituiscono diritto inalienabile del medico. Il medico nell'esercizio della professione deve attenersi alle conoscenze scientifiche e ispirarsi ai valori _____ della professione, assumendo come principio il rispetto della vita, della salute fisica e psichica, della libertà e della _____ della persona; non deve soggiacere a interessi, imposizioni e suggestioni di qualsiasi natura.» (Codice di deontologia medica, tit. II, cap. 1, art. 4, 2006, Federazione Nazionale degli Ordini dei Medici chirurghi e degli Odontoiatri) Quale coppia di parole colma le lacune?

A. civici – consapevolezza
B. comunitari – complessità
C. primari – integrità
D. etici – dignità
E. morali - autodeterminazione

3. Leggere il brano e rispondere a ogni quesito solo in base alle informazioni contenute (esplicitamente o implicitamente) nel brano e non in base a quanto il candidato eventualmente conosca sull'argomento. A dicembre inoltrato, Castoro Grigio partì per una spedizione lungo il Mackenzie, accompagnato da Mit-sah e Kloo-kooch. Castoro Grigio guidava una slitta trainata da alcuni cani di cui era diventato proprietario barattandoli con altre merci, e da altri presi in prestito. Un'altra slitta più piccola era invece condotta da Mit-sah, e a questa fu legata una muta di cuccioli. Era poco più che un giocattolo, eppure per Mit-sah. che sentiva di iniziare a svolgere un lavoro da uomini, aveva un grandissimo valore, Stava anche imparando a guidare i cani e ad addestrarli, mentre i cuccioli stessi venivano abituati ai finimenti. Inoltre, la slitta aveva una sua funzione, poiché era carica di quasi un quintale di cibo e attrezzature. Zanna Bianca aveva già visto i cani dell'accampamento trainare faticosamente le slitte, e dunque non si risentì troppo quando per la prima volta sentì i finimenti su di sé. Intorno al collo gli fu sistemato un collare imbottito di muschio, collegato per mezzo di due tiranti a una striscia di cuoio che gli passava sul petto e poi sul dorso. A questa fu poi assicurata la lunga corda per mezzo della quale doveva trainare la slitta. I cuccioli che formavano la muta erano sette: gli altri erano nati prima di lui, e avevano tutti nove o dieci mesi, mentre Zanna Bianca ne aveva solo otto. Ciascun cane venne assicurato alla slitta per mezzo di una sola corda, e tutte le corde avevano lunghezze diverse. La differenza tra una tirella e l'altra era almeno pari alle dimensioni del corpo di un cane. Tutte le corde furono poi legate a un anello che si trovava sulla parte anteriore della slitta, che, trattandosi di un toboga di corteccia di betulla, era priva di pattini e si sollevava invece davanti in modo da non restare bloccata nella neve. (Da: Jack London, Zanna Bianca) I cani della muta di Zanna Bianca vennero assicurati alla slitta condotta da:

A. Castoro Grigio, tramite corde di lunghezze diverse
B. Mit-sah, tramite corde di lunghezze diverse
C. Kloo-Kooch, tramite corde di lunghezze diverse
D. Mit-sah, tramite una sola corda che li legava tutti
E. Castoro Grigio, tramite una sola corda che li legava tutti

4. Il "padre" della beat generation è considerato:

A. Saul Bellow
B. John Steinbeck
C. Ernest Hemingway
D. Jack Kerouac
E. Francis Scott Fitzgerald

TEST DI RAGIONAMENTO LOGICO E PROBLEMI

5. Alice apre la cabina armadio e conta le scatole delle sue scarpe. • Se divide il numero delle scatole per 2 le rimane il resto di 1. • Se divide per 3 nessun resto. • Se divide per 5 le rimane il resto di 4. Sapendo che il numero delle scatole è maggiore di 4 e minore di 45, quante sono le possibili soluzioni al problema di determinare il numero delle scatole di scarpe di Alice?

A. 1
B. 4
C. 8
D. 2
E. 0

6. Quale tra le seguenti proposizioni è logicamente equivalente a A ∧ B?

A. Nessuna delle altre risposte è corretta.

B. $\neg(\neg A \vee \neg B)$

C. $\neg(\neg A \wedge \neg B)$

D. $\neg A \vee \neg B$

E. $\neg A \wedge \neg B$

7. Tutti i pittori praticano snowboard; Aristide pratica snowboard. Quale delle seguenti affermazioni aggiuntive consente di dedurre con sicurezza che Aristide è un pittore?

A. Nessuna delle altre affermazioni è corretta
B. Non è certo che ogni persona che pratica snowboard sia anche un pittore
C. Tra le persone che praticano snowboard vi sono dei pittori
D. Ogni persona che pratica snowboard è anche un pittore
E. Alcune persone che praticano snowboard si chiamano Aristide

8. Lungo i lati di un cortile di forma rettangolare con lati pari a 42 metri e 77 metri si devono disporre dei lampioni, tutti a uguale distanza e la maggiore possibile, in modo che in ogni vertice del cortile vi sia un lampione. A quale distanza l'uno dall'altro bisogna porre i lampioni?

A. 4 metri
B. 14 metri
C. 3,5 metri
D. 7 metri
E. 12 metri

9. La pasticceria Tommaso che vendeva pasticcini in confezioni da 12 pezzi al prezzo di 9 euro ciascuna, ha ridotto ora le confezioni a 10 pezzi, mantenendo il prezzo di 9 euro. Di quanto è aumentato in percentuale il prezzo di un pasticcino?

A. 20 %
B. 24 %
C. 15 %
D. 18 %
E. 12 %

TEST DI BIOLOGIA

10. L'uracile è presente nella molecola di:

A. colesterolo
B. NADH
C. ATP
D. RNA
E. DNA

11. Quali sono le dimensioni di un mitocondrio?

A. Tra 80 e 100 μm circa
B. Tra 0,5 e 3 μm circa
C. Tra 5 e 15 μm circa
D. Tra 35 e 45 μm circa
E. Tra 60 e 70 μm circa

12. La trasmissione ereditaria indicata nell'immagine è autosomica dominante. Se i genitori della prima generazione sono eterozigoti, con quale probabilità potranno avere un figlio maschio sano?

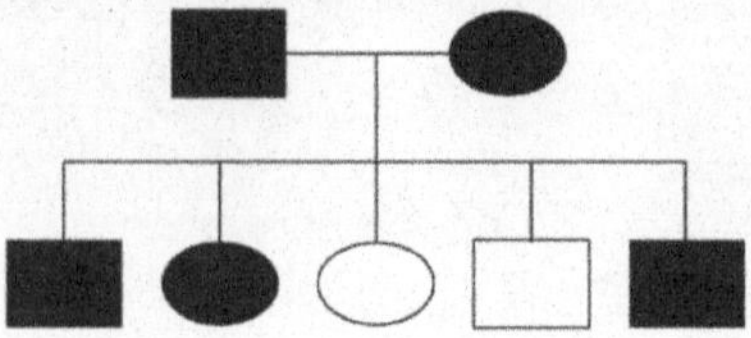

A. 1
B. 1/8
C. 1/4
D. 0
E. 1/2

13. Qual è la conseguenza dell'inattivazione del cromosoma X?
A. Aumento dell'espressione dei geni X-linked nei maschi
B. Uguale espressione dei geni X-linked nei maschi e nelle femmine
C. Inattivazione dei geni Y-linked
D. Aumento dell'espressione dei geni X-linked nelle femmine
E. Inattivazione dei geni autosomici

14. L'immagine rappresenta:

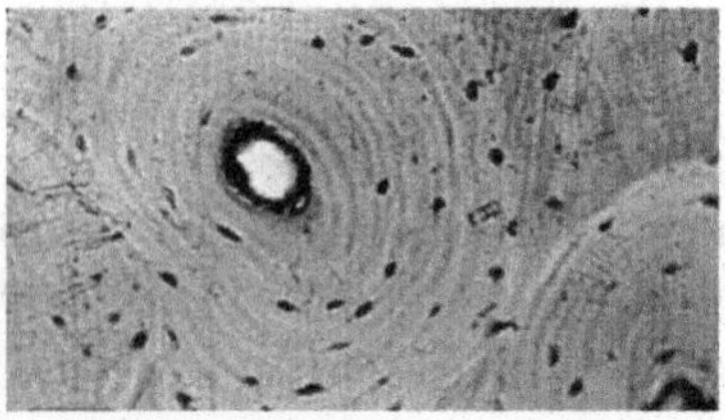

A. osteone
B. condroblasto
C. condrocita
D. neurone
E. osteoclasto

15. Chi sono gli organismi aerobi obbligati?
A. Organismi che necessitano di ossigeno per vivere
B. Organismi che non necessitano di ossigeno per vivere
C. Organismi in grado di vivere sia in presenza di ossigeno che senza
D. Organismi in grado di vivere in tutti i tipi di ambiente
E. Organismi in grado di vivere a temperature elevate

16. La reazione a catena della polimerasi (PCR):
A. prevede l'utilizzo di una DNA polimerasi batterica
B. può amplificare solo frammenti di DNA già completamente sequenziati
C. richiede una temperatura costante di 37° per tutta la durata del processo
D. necessita di nucleotidi modificati con aggiunta di fluorocromi
E. prevede l'utilizzo d'inneschi proteici (primer)

17. Due individui appartenenti allo stesso phylum:

A. fanno necessariamente parte della stessa famiglia
B. fanno necessariamente parte dello stesso genere
C. possono far parte di classi diverse
D. fanno necessariamente parte della stessa specie
E. possono far parte di regni diversi

18. Una sostanza o agente chimico sono teratogeni se:

A. nessuna delle altre alternative è corretta
B. possono provocare anomalie nello sviluppo di un embrione, di un feto o di un neonato
C. al contatto diretto, prolungato o ripetuto con la pelle o con le mucose, possono provocare una reazione infiammatoria
D. per inalazione, ingestione e penetrazione cutanea possono produrre difetti genetici ereditari o aumentarne la frequenza
E. sono in grado di produrre un aumento del numero di tumori e in grado comunque di danneggiare le cellule umane

19. Quale delle seguenti è la parte ossea vestigiale dello scheletro umano?

A. Cervicale
B. Coccige
C. Cranio
D. Clavicola
E. Femore

20. Una carenza di vitamina K può causare:

A. disfunzioni della tiroide
B. anemia
C. disturbi della vista
D. disturbi del sistema nervoso
E. problemi della coagulazione del sangue

21. Come viene mantenuto il pH acido all'interno dei lisosomi?

A. Grazie a cellule specifiche che produto HCl
B. Grazie ad una pompa protonica ATP-dipendente
C. Grazie ad una pompa protonica GTP-dipendente
D. Grazie ad un sistema tampone
E. Grazie alla pompa Na^+/K^+ ATP-dipendente

22. Quale delle seguenti affermazioni è vera riguardo alla fase di allungamento della traduzione delle proteine?

A. Gli amminoacidi vengono aggiunti uno alla volta alla catena polipeptidica in crescita
B. Comporta la separazione delle subunità ribosomali
C. Avviene nel nucleo
D. È la fase finale della traduzione delle proteine
E. Richiede un codone di terminazione

23. Qual è la conseguenza di un crossing over bilanciato?

A. I cromatidi fratelli contengono sequenze nucleotidiche identiche
B. I cromatidi fratelli non sono più uniti dal centromero
C. I cromosomi contengono una combinazione di materiale genetico materno e paterno
D. I cromosomi omologhi non contengono più gli stessi geni
E. I geni presenti sui cromosomi omologhi occupano loci differenti

24. Quale dei seguenti ormoni ha la funzione di stimolare il riassorbimento di calcio a livello renale e intestinale e la liberazione del calcio dalle ossa innalzando la calcemia?

A. Calcitonina
B. Ormone adrenocorticotropo
C. Tiroxina
D. Triiodotironina
E. Paratormone

25. Quante molecole di NADH vengono prodotte durante un giro del ciclo di Krebs?

A. 0
B. 4
C. 2
D. 3
E. 1

26. Quale tra i seguenti muscoli addominali svolge la funzione di stabilizzare la colonna vertebrale durante i movimenti che coinvolgono le braccia e le gambe?

A. Soleo
B. Ileopsoas
C. Infraspinato
D. Trasverso
E. Sartorio

27. I tratti genetici dei semi sono indicati come segue: L = lungo, l = corto W = rugoso, w = liscio Y = giallo, y = bianco R = rigato, r = scanalato Quale dei seguenti è il genotipo di un seme corto, rugoso, giallo e scanalato?

A. llWwyyrr
B. llWwYyrr
C. LlWwYYRr
D. LLWWYYRR
E. LLWWyYRr

28. Osservando al microscopio un preparato istologico s'identificano alcune cellule contenenti 21 coppie di cromosomi appaiati, ciascuno formato da due cromatidi. Si può affermare che si stanno osservando:

A. cellule di un individuo affetto dalla sindrome di Down
B. cellule appartenenti a una specie vegetale
C. artefatti dovuti alla preparazione del vetrino
D. cellule somatiche di topo
E. cellule in meiosi

29. Qual è il processo attraverso il quale il tessuto osseo vecchio viene sostituito da quello nuovo?

A. Ossificazione
B. Remineralizzazione
C. Calcificazione
D. Deposizione ossea
E. Rimodellamento osseo

30. Quale delle seguenti definizioni descrive meglio una mutazione puntiforme?

A. Una mutazione che colpisce più geni contemporaneamente
B. Una mutazione che si verifica durante la traduzione
C. Una mutazione che comporta la perdita o il guadagno di un intero cromosoma
D. Una mutazione che colpisce un singolo nucleotide nella sequenza del DNA
E. Una mutazione che causa un importante riarrangiamento cromosomico

31. Individuare in quale delle seguenti risposte la successione delle vie digerenti è corretta:

A. stomaco - cieco - ileo - colon trasverso
B. ileo - digiuno - colon ascendente - cieco
C. stomaco - ileo - digiuno - duodeno
D. sigma - colon ascendente - colon discendente - colon trasverso
E. esofago - stomaco - duodeno - digiuno

32. Indicare l'ordine corretto delle fasi di crescita di una popolazione batterica.

A. Fase di latenza, fase esponenziale, fase stazionaria, fase di morte
B. Fase di latenza, fase stazionaria, fase esponenziale, fase di morte
C. Fase di morte, fase stazionaria, fase esponenziale, fase di latenza
D. Fase stazionaria, fase di morte, fase esponenziale, fase di latenza
E. Fase esponenziale, fase di latenza, fase stazionaria, fase di morte

TEST DI CHIMICA

33. Chi formulò l'enunciato: "La pressione totale di una miscela di gas è pari alla somma delle pressioni parziali dei singoli componenti", noto come "Legge delle pressioni parziali"?

A. Dalton
B. Avogadro
C. Henry
D. Boyle
E. Charles

34. Indicare il legame più corto tra quelli proposti di seguito:

A. doppio C-C
B. triplo C-C
C. semplice C-N
D. semplice C-C
E. doppio C-O

35. La soluzione fisiologica, NaCl 0,9%, è isotonica rispetto al plasma sanguigno perché:

A. Contiene gli stessi isoenzimi contenuti nel plasma sanguigno
B. Ha una pressione osmotica inferiore a quella del plasma sanguigno
C. Ha la stessa pressione osmotica del plasma sanguigno
D. Ha una concentrazione di molecole apolari uguale a quella del plasma sanguigno
E. Contiene gli stessi enzimi contenuti nel plasma sanguigno

36. Un estere può essere direttamente prodotto dalla reazione dell'acido propanoico con l'1-butanolo. Qual è la formula dell'estere?

A. $CH_3COOC_4H_9$
B. $C_3H_7COOC_4H_9$
C. $C_2H_5COOC_4H_9$
D. $C_4H_9COOC_3H_7$
E. $C_2H_5COOC_2H_5$

37. In natura il potassio è formato da una miscela di tre isotopi. Tale miscela è costituita dal 93,26% dell'isotopo di massa 38,96 u, dallo 0,01% dell'isotopo di massa 39,96 u e dal 6,73% dell'isotopo di massa 40,96 u. Qual è la massa atomica media relativa del potassio?

A. 39,99 u
B. 38,95 u
C. 40,98 u
D. 39,96 u
E. 39,09 u

38. Il prodotto di solubilità di una soluzione salina acquosa:

A. è sempre nullo.
B. dipende sempre dalla quantità di fase solida.
C. dipende dalla quantità di fase solida, a meno che non sia assente.
D. non dipende mai dalla quantità della fase solida, che può anche essere assente.
E. è indipendente dalla quantità di fase solida purché essa sia presente

39. In quali gruppi della tavola periodica si trovano gli elementi che hanno sempre numero di ossidazione positivo nei loro composti?

A. Nei gruppi 16 e 17
B. Nei gruppi 1, 2 e 14
C. Solo nel gruppo 1
D. Nel gruppo 17
E. Nei gruppi 1 e 2

40. Si consideri la reazione necessaria per neutralizzare 1 litro di soluzione 0,5 M di HCl, ottenendo come prodotto NaCl. Quale affermazione in merito è FALSA?

A. Aggiungendo 1 litro di una soluzione 0,5 M di NaOH, a seguito della neutralizzazione di HCl, si ottiene una soluzione 0,25 M di NaCl
B. La neutralizzazione può essere ottenuta aggiungendo 1 litro di soluzione 0,5 M di NaOH
C. La neutralizzazione di HCl con NaOH dà come risultato NaCl che è un sale
D. La soluzione che si forma, contenente NaCl, è acida a causa della forte acidità di HCl
E. Una volta avvenuta la neutralizzazione di HCl, la soluzione di NaCl avrà pH = 7

41. Quale delle seguenti affermazioni riguardanti una soluzione tampone è corretta?

A. Un aumento del 10% del volume totale lascia invariati il potere tamponante e il pH
B. Una diminuzione del 10% del volume totale provoca un aumento del potere tamponante e un aumento del pH
C. Un aumento del 10% del volume totale provoca una diminuzione del potere tamponante e il valore del pH diminuisce
D. Un aumento del 10% del volume totale provoca una diminuzione del potere tamponante e il valore del pH rimane invariato
E. Una diminuzione del 10% del volume totale lascia invariati il potere tamponante e il pH

42. Quando un catalizzatore è aggiunto ad una reazione chimica, quale/i dei seguenti eventi accade/ono? 1. L'energia di attivazione viene abbassata 2. La quantità finale di prodotto aumenta 3. Aumenta la velocità di formazione dei prodotti

A. Solo 3
B. Solo 2
C. Solo 1
D. Solo 1 e 2
E. Solo 1 e 3

43. Quanti atomi di idrogeno sono presenti in una molecola di ciclopentadiene?

A. 7
B. 8
C. 10
D. 9
E. 6

44. Secondo il modello VSEPR, in una molecola a forma trigonale planare, gli angoli tra i legami sono di:

A. 109,5°
B. 180°
C. 90°
D. 120°
E. 100,5°

45. Quale tra le seguenti è la corretta definizione di "punto di rugiada"?

A. La temperatura alla quale coesistono gli stati solido liquido e gassoso
B. La temperatura alla quale si ha la condensazione del vapore d'acqua
C. La temperatura alla quale il ghiaccio si converte in acqua
D. La pressione alla quale il vapore condensa in acqua a 0 °C
E. La pressione alla quale l'acqua passa da gas a solido

46. Quale delle seguenti affermazioni non è riferibile agli alogeni?

A. Appartengono al gruppo 17 (o VIIB) della tavola periodica
B. Sono elementi fortemente elettronegativi
C. Formano composti ionici con i metalli alcalini
D. Si ossidano facilmente
E. Nello stato elementare formano molecole biatomiche

47. Tra i seguenti orbitali, quale è occupato preferenzialmente da un elettrone?

A. 6p
B. 5s
C. 6s
D. 5d
E. 5p

TEST DI FISICA E MATEMATICA

48. La velocità è una grandezza:

A. tensoriale
B. adimensionale nel sistema internazionale (SI)
C. scalare
D. Scalare se espressa in km/h, vettoriale se espressa in m/s
E. vettoriale

49. Il logaritmo in base 10 di 100 vale:

A. 2
B. 10
C. 3
D. 0
E. 10.000

50. Due pile da 4,5 Volt ciascuna vengono collegate in serie per alimentare una resistenza da 90 Ohm.

A. La corrente sarà 810 Ampère
B. La potenza sarà poco inferiore a 1 Watt
C. La corrente sarà 10 Ampère
D. La temperatura della resistenza crescerà di 9 °C
E. La potenza sarà 810 Watt

51. Quale delle seguenti funzioni ha come dominio x>1?

A. $f(x) = \sqrt{(x-1)/(x+1)}$
B. $f(x) = \ln(x+1)$
C. Nessuna delle altre alternative è corretta
D. $f(x) = \sqrt{x+1}/\sqrt{x-1}$
E. $f(x) = \sqrt{x-1}$

52. Un punto gira con moto circolare uniforme percorrendo un arco pari a 1/4 della lunghezza della circonferenza nel tempo di 1 secondo. Quale sarà il suo periodo?

A. 4 s
B. 1 s
C. (1/4) s
D. 0,2 s
E. 10 s

53. Qual è il raggio della circonferenza che passa per i tre punti A(1;2), B(–3;2), C(1;–2)?

A. 4
B. $\sqrt{2}$
C. 8
D. $2\cdot\sqrt{2}$
E. 2

54. Considerate due masse isolate nello spazio vuoto $M_1 = m$ e $M_2 = 2m$, se F è il modulo della forza gravitazionale agente sulla massa M_1, qual è il modulo della forza gravitazionale agente sulla massa M_2?

A. F
B. -F
C. -2F
D. 2F
E. 1,5F

55. Un triangolo equilatero è inscritto in una circonferenza di diametro 10 cm. Quanto è lungo il suo lato?

A. $5\sqrt{2}$ cm
B. 10 cm
C. 5 cm
D. $5\sqrt{3}$ cm
E. $3\sqrt{2}$ cm

56. Considerato un fluido ideale in moto stazionario in un condotto, il teorema di Bernoulli stabilisce che:

A. la somma dell'energia cinetica e dell'energia potenziale della forza peso è costante lungo il condotto
B. un aumento della velocità del fluido si accompagna a un aumento della pressione
C. l'energia meccanica non si conserva per effetto dell'attrito viscoso
D. la somma dell'altezza geometrica, di quella piezometrica e di quella cinetica è costante lungo il condotto
E. la somma dell'altezza geometrica e di quella piezometrica è costante lungo il condotto

57. Quale dei seguenti angoli verifica le condizioni sen $\alpha = \sqrt{2} / 2$ e tan $\alpha = -1$?

A. 180°
B. 135°
C. 45°
D. 320°
E. 225°

58. Una biglia cade da un balcone alto 19,6 metri. Dopo quanto tempo approssimativamente toccherà il suolo?

A. 0,8 s
B. 1,8 s
C. 2 s
D. 4 s
E. 1,4 s

59. Quanto vale il quoziente tra 2 e $(1/2)^{-1}$?

A. –1
B. –1/4
C. 4
D. 1
E. 1/4

60. Quale è l'accelerazione di una Ferrari SF90 che scatta da 0 alla velocità di 100 Km/h in 2.5 s?

A. circa -40 m/s^2
B. circa 9,8 m/s^2
C. circa 11 m/s^2
D. circa 40 m/s^2
E. circa 16 m/s^2

4^ SIMULAZIONE

PROVA DI AMMISSIONE AI CORSI DI LAUREA MAGISTRALE IN MEDICINA E CHIRURGIA E IN ODONTOIATRIA E PROTESI DENTARIA

TEST DI COMPETENZE DI LETTURA E CONOSCENZE ACQUISITE NEGLI STUDI

1. Quale architetto ha firmato il progetto della ricostruzione del Ponte Morandi a Genova?

A. Mario Botta
B. Massimiliano Fuksas
C. Stefano Boeri
D. Norman Foster
E. Renzo Piano

2. Leggere il brano e rispondere a ogni quesito solo in base alle informazioni contenute (esplicitamente o implicitamente) nel brano e non in base a quanto il candidato eventualmente conosca sull'argomento. I camini delle fate della Cappadocia sono al centro di alcune delle immagini più evocative provenienti dalla Turchia. Conosciuti visivamente a livello mondiale soprattutto in occasione delle feste delle Mongolfiere estive, scientificamente noti anche con il nome di "Hoodoos" o "Piramidi di terra", queste formazioni rocciose hanno un'altezza compresa fra uno, due metri per spingersi sino a 40, quanto un palazzo cittadino a 10 piani. I camini delle fate si formano quando spessi strati di roccia tenera vengono coperti da un sottile strato di roccia dura sulla sommità, con la terra malleabile sottostante che prende la forma di una piramide naturale. Se questo processo geologico è riscontrabile in moltissime regioni del pianeta, in Italia ad esempio sono famose quelle del Trentino, è solo in Cappadocia che le piramidi di terra sono state trasformate in abitazioni, chiese ed edifici pubblici, una collaborazione fra uomo e natura che ha dato vita a opere di architettura dalla bellezza senza tempo. Il processo che portò a creare i camini delle fate della Cappadocia affonda le radici durante le prime persecuzioni ai Cristiani della regione. Questi cercarono rifugio all'interno della roccia naturale, riuscendo in modo semplice a scavare all'interno delle piramidi di terra. In fuga dai Romani, i Cristiani realizzarono, in particolare nel paese di Göreme, opere architettoniche via via più complesse. Oggi i camini delle fate sono affollati dai visitatori in cerca di paesaggi unici, e molte delle grotte originali sono state trasformate in alberghi o musei, consentendo ai turisti di scoprire un paesaggio creato dalla collaborazione di vulcani, vento, pioggia e uomo. Sempre in Turchia, e sempre per fuggire alle persecuzioni, i Cristiani realizzarono la città sotterranea di Derinkuyu, spettacolare centro abitato che poteva ospitare per mesi sino a 20.000 persone. (Da: Matteo Rubboli, "I camini delle fate in Cappadocia: capolavoro architettonico fra uomo e natura", Vanilla Magazine) Secondo l'autore del brano, i camini delle fate:

A. sono presenti anche in Trentino
B. sono frequentati soprattutto dagli abitanti della Turchia
C. possono raggiungere i 40 piani di altezza
D. sono formazioni geologiche naturali trasformate in abitazioni
E. sono visitabili solo in occasione delle feste estive

3. La Commissione europea ha sede a:

A. Bruxelles
B. Strasburgo
C. Parigi
D. Liegi
E. L'Aja

4. Ogni sport è diverso dagli altri e possiede caratteristiche che lo rendono unico. Per questo motivo è rarissimo trovare atleti che raggiugano i massimi livelli in più di una disciplina. Tuttavia gli studiosi si sono resi conto che esistono "famiglie" di sport che presentano somiglianze quanto al tipo di impegno che richiedono agli atleti. Non sempre questa divisione in famiglie è intuitiva: lo sci di fondo per esempio assomiglia più alla maratona che alla discesa libera, e i tuffi sono più simili alla ginnastica che al nuoto. Queste differenze e affinità sono legate al modo in cui l'organismo dell'atleta funziona durante lo sforzo. Alla base di qualsiasi movimento umano c'è la contrazione dei muscoli, che dal punto di vista chimico si basa sulla molecola chiamata ATP. Il processo di scomposizione dell'ATP è molto complesso, ma per ciò che ci interessa basterà dire che esistono tre tipi di metabolismo diversi: metabolismo anaerobico alattacido: serve esclusivamente per gli sforzi brevissimi, con una durata massima di 10-15 secondi; è il tipo di sforzo compiuto per esempio da un centometrista, da un saltatore o da un portiere del calcio; metabolismo anaerobico lattacido: è utilizzato negli sforzi intensi ma relativamente brevi, di durata compresa fra i 20 e 45 secondi; implica la formazione e l'accumulo nei muscoli di un sale, il lattato, la cui concentrazione dà un'idea della intensità dello sforzo; il quattrocentrista è un classico utilizzatore di questo metabolismo; metabolismo aerobico: è quello che prevale negli sforzi di durata superiore ai 4-5 minuti; per funzionare necessita dell'immissione nell'organismo di una grande quantità di ossigeno attraverso la respirazione; sport come lo sci di fondo o la marcia si basano quasi esclusivamente su questo metabolismo. LANOTTE – LEM Sportivi ad alta tecnologia Zanichelli Quale delle seguenti informazioni non si ricava dal testo?

A. La contrazione dei muscoli è legata alla quantità di ossigeno immessa nell'organismo attraverso la respirazione
B. Il lattato è un tipo di sale
C. Nel testo metabolismo è utilizzato come sinonimo di metodo di scomposizione della molecola di ATP
D. Lo sforzo compiuto nello sport accomuna un centometrista e un portiere di calcio
E. Il metabolismo aerobico è tipico della maratona

TEST DI RAGIONAMENTO LOGICO E PROBLEMI

5. La piccola Aurelia sta giocando con 985 tessere di legno colorato, tutte a forma di triangolo equilatero e aventi le stesse dimensioni. Ha costruito con esse, affiancandole, il triangolo equilatero più grande possibile; quante tessere sono avanzate ad Aurelia?

A. 25
B. 31
C. 26
D. 24
E. 23

6. "Solamente dopo aver lavato la macchina la si può lucidare". In base alla precedente affermazione, quale delle seguenti NON è necessariamente vera?

A. Se la macchina non è stata lucidata allora non è stata lavata
B. Tre delle altre alternative sono vere
C. È possibile che, dopo aver lavato la macchina, non si possa lucidarla
D. Se la macchina è stata lucidata significa che è stata lavata
E. Se la macchina non è stata lavata allora non può essere lucidata

7. Individuare la figura da scartare.

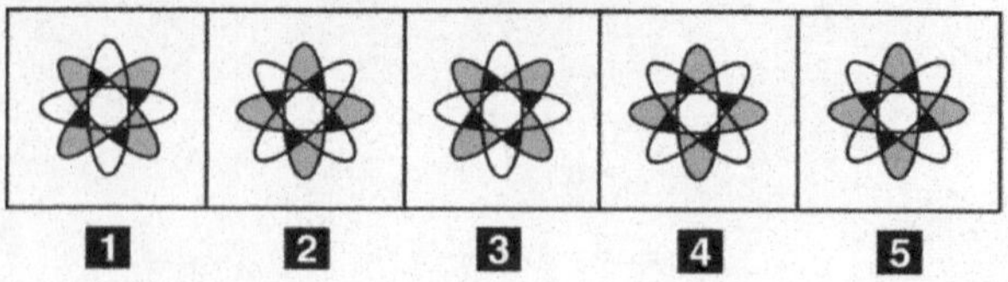

A. Figura 4
B. Figura 3
C. Figura 5
D. Figura 1
E. Figura 2

8. Quattro numeri naturali a, b, c, d sono tali che a < b < c < d. A quale dei quattro numeri Enea deve sommare 1 in modo che il prodotto dei tre numeri inalterati con quello modificato sia il più piccolo possibile?

A. è indifferente, in ogni caso si ottiene sempre la stessa variazione
B. d
C. c
D. b
E. a

9. Qual è la coppia anomala rispetto alle altre?

A. piccoli – ciclopi
B. attore – teatro
C. senatori – ortensia
D. trincea – cartine
E. parola – polare

TEST DI BIOLOGIA

10. Nei mammiferi:

A. il cuore è formato da quattro cavità e la circolazione è singola e completa
B. il cuore è formato da quattro cavità e la circolazione è doppia e completa
C. il sangue passa una sola volta per il cuore
D. il sangue ossigenato e quello deossigenato si mescolano nel cuore
E. il cuore è formato da quattro cavità e la circolazione è doppia e incompleta

11. Quale delle seguenti affermazioni sui vettori plasmidici è errata?

A. Possiedono geni per la resistenza ad antibiotici
B. Possiedono un'origine di replicazione
C. Sono molecole di DNA a singolo filamento
D. Sono molecole di DNA circolare a doppia elica
E. Presentano un sito multiplo di clonaggio

12. La reazione della piruvato deidrogenasi avviene nel:

A. mitocondrio e nel citoplasma
B. mitocondrio
C. nucleo
D. citoplasma
E. reticolo endoplasmatico

13. I nucleosomi sono strutture caratteristiche:

A. della parete batterica
B. della cromatina dei vertebrati
C. della cromatina di tutti gli organismi
D. della cromatina di tutti gli eucarioti
E. della cromatina degli eucarioti pluricellulari

14. Quale tra le seguenti affermazione descrive la struttura di un fosfolipide di membrana?

A. Monostrato fosfolipidico di teste idrofobe e code idrofile
B. Monostrato fosfolipidico di teste idrofile e code idrofobe
C. Doppio strato fosfolipidico di teste idrofile e code idrofobe
D. Doppio strato fosfolipidico di teste idrofobe e code idrofile
E. Triplo strato fosfolipidico di teste idrofile e code idrofobe

15. Che cos'è un corpo di Barr?

A. Un cromosoma Y condensato e trascrittivamente attivo
B. Un cromosoma X condensato e trascrizionalmente inattivo
C. Un cromosoma X condensato e trascrizionalmente attivo
D. Un cromosoma autosomico condensato e trascrizionalmente inattivo
E. Un cromosoma Y condensato e trascrizionalmente inattivo

16. Nelle cellule procariotiche, che funzione svolge il flagello?

A. Adesione, sensibilità ed endocitosi
B. Motilità, sensibilità e adesione
C. Replicazione cellulare e del DNA e comunicazione cellulare
D. Sintesi proteica, sensibilità e adesione
E. Adesione, sensibilità ed esocitosi

17. Che cosa sono le coronarie?

A. Arterie che irrorano e nutrono il cuore
B. Fibre del sistema di conduzione del cuore
C. Arterie che portano il sangue ossigenato al cervello
D. Cellule che circondano gli assoni dei neuroni motori
E. Cellule del sistema nervoso che provvedono al supporto e protezione dei neuroni

18. Qual è la funzione dei muscoli della cuffia dei rotatori?

A. Protezione e sostegno dell'articolazione, principalmente effettuano movimenti di rotazione interna ed esterna
B. Stabilizzazione del collo
C. Protezione e sostegno dell'articolazione, principalmente effettuano movimenti di rotazione interna
D. Protezione e sostegno dell'articolazione, principalmente effettuano movimenti di rotazione esterna
E. Permettono l'esecuzione dei movimenti rapidi della spalla

19. La trasmissione ereditaria indicata nell'immagine è autosomica dominante. Quali sono i genotipi dei genitori?

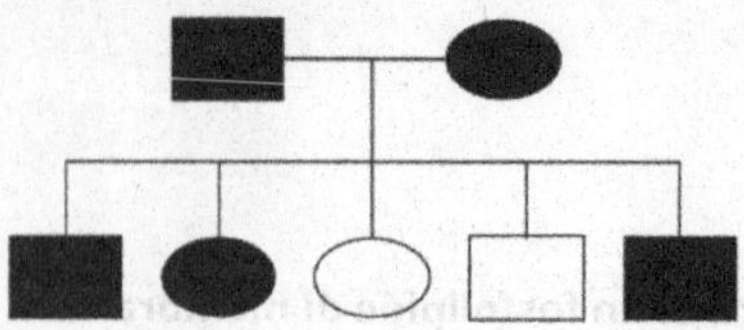

A. Entrambi sono omozigoti recessivi
B. Il maschio è omozigote dominante; la femmina è omozigote recessiva
C. Entrambi sono omozigoti dominanti
D. Entrambi sono eterozigoti
E. Il maschio è omozigote recessiva; la femmina è omozigote dominante

20. Il virus HIV infetta prevalentemente:
A. cellule CD86+
B. cellule CD52+
C. cellule CD4+
D. cellule CD34+
E. cellule CD19+

21. Quale dei seguenti enzimi interviene nella biogenesi dei miRNA?
A. RuBisCO
B. Telomerasi
C. Drosha
D. Metil-transferasi
E. DNA polimerasi

22. Che cos'è la filogenesi?
A. Il processo di duplicazione del DNA batterico
B. Ricostruzione delle correlazioni evolutive tra organismi o tra molecole.
C. La formazione del fuso mitotico
D. Una fase dello sviluppo embrionale
E. La produzione di miofibrille nelle fibre muscolari

23. Cosa s'intende con il termine "fagocitosi".
A. Processo attraverso cui la cellula ingerisce particelle grandi
B. Formazione di una vescicola secretoria
C. Processo di maturazione dei linfociti T
D. Processo di maturazione dell'mRNA
E. Processo attraverso cui la cellula ingerisce goccioline di liquido

24. Dove si trova il tessuto osseo spugnoso nel corpo?
A. Alla superficie delle ossa lunghe
B. All'interno delle ossa lunghe, corte e piatte
C. All'interno delle ossa lunghe e corte
D. All'interno delle ossa lunghe e piatte
E. Nella parte esterna dei polmoni

25. Quale delle seguenti affermazioni sulla proteina Spike di SARS-CoV-2 NON è corretta?
A. Consente l'ingresso del virus nella cellula
B. Permette il legame tra il virus e la cellula ospite
C. Converte il DNA virale in RNA
D. E' una proteina strutturale dell' envelope
E. È caratteristica dei coronavirus

26. Per quale motivo l'AZT, un farmaco sviluppato per trattare l'infezione da HIV in grado di bloccare l'enzima trascrittasi inversa, ha perso la sua efficacia nella maggior parte dei pazienti dopo alcuni anni?

A. Le cellule sono diventate resistenti al farmaco ed esso non è più in grado di penetrare al loro interno
B. Il virus ha un elevato tasso di mutazione e sono comparse mutazioni che gli permettono di infettare cellule che possiedono un diverso tipo di trascrittasi inversa non sensibile al farmaco
C. Le cellule infettate dal virus hanno un elevato tasso di mutazione e sono comparse nei loro cromosomi mutazioni nel gene per la trascrittasi inversa
D. Il virus è in grado di replicarsi anche senza utilizzare l'enzima trascrittasi inversa
E. Il virus ha un elevato tasso di mutazione e sono comparse mutazioni nel gene per la trascrittasi inversa che lo hanno reso resistente al farmaco

27. I cromosomi circolari:

A. Sono formati da due cromosomi omologhi
B. Sono esclusivi delle cellule vegetali
C. Sono formati da una molecola di DNA a singolo filamento
D. Sono normalmente assenti nel nucleo delle cellule eucariotiche
E. Sono esclusivi dei virus a RNA

28. Quale dei seguenti è un bersaglio chiave degli agenti disaccoppianti?

A. La citocromo c ossidasi
B. Piruvato deidrogenasi
C. Fumarasi
D. NADH deidrogenasi
E. ATP sintasi

29. Le forme alternative di un gene sono chiamate .... e hanno origine tramite un processo chiamato .... :

A. cromosomi; meiosi
B. cromosomi; mitosi
C. recessive; differenziamento
D. alleli; mutazione
E. dominanti; mutazione

30. Quale delle seguenti affermazioni è corretta?

A. Gli amminoacidi essenziali per l’uomo sono 20
B. Tutti gli amminoacidi hanno catene laterali polari
C. L’amminoacido con cui inizia la sintesi di una proteina è sempre l’arginina
D. Gli amminoacidi cisteina e metionina contengono un atomo di zolfo
E. Tutti gli amminoacidi possiedono un atomo di carbonio asimmetrico

31. A livello muscolare, qual è la funzione dell'acetilcolina?

A. Promuovere la sintesi delle proteine muscolari
B. Inibire la trascrizione del DNA nelle cellule muscolari
C. Favorire l'assorbimento di calcio nelle cellule muscolari
D. Stimolare la contrazione muscolare
E. Regolare il flusso sanguigno nei muscoli degli arti

32. La glicosilazione con mannosio-6-fosfato (M6P) permette alle proteine di essere riconosciute e indirizzate:

A. al lisosoma
B. al nucleo
C. al REL
D. al RER
E. alla membrana plasmatica

TEST DI CHIMICA

33. Come varia la solubilità di un gas in acqua al variare della temperatura?

A. Diminuisce al diminuire della temperatura
B. Aumenta al diminuire della temperatura
C. Aumenta al diminuire della pressione
D. Aumenta all'aumentare della temperatura
E. Rimane costante al variare della temperatura

34. Mediante ossidazione degli alcoli secondari si ottengono:

A. acidi carbossilici
B. miscele di alcoli primari e terziari
C. miscele di aldeidi e chetoni
D. aldeidi
E. chetoni

35. Quale tra le seguenti è una reazione di ossidoriduzione?

A. $HCl + NaOH \rightarrow NaCl + H_2O$
B. $Fe_2O_3 + 3H_2O \rightarrow 2Fe(OH)_3$
C. $CuSO_4 + BaCl_2 \rightarrow CuCl_2 + BaSO_4$
D. $4Na + O_2 \rightarrow 2Na_2O$
E. $4HF + SiO_2 \rightarrow SiF_4 + 2H_2O$

36. Quale di queste variazioni comporta sempre lo spostamento dell'equilibrio di una reazione verso destra?

A. Aggiunta di un prodotto
B. Aumento della temperatura
C. Aumento della pressione
D. Aggiunta di un reagente
E. Aggiunta di un catalizzatore

37. Si consideri il seguente calcolo della pressione osmotica di una soluzione: $\pi = 0,2 \times 0,082 \times 283 \times 3 = 13,92$ atm. A quale delle seguenti soluzioni può essere riferito?

A. Li_2SO_4 0,05M; 10°C
B. K_3PO_4 0,2M; 10°C
C. $MgCl_2$ 0,2M; 10°C
D. NaCl 0,2M; 10°C
E. $CaCl_2$ 0,1M; 20°C

38. Un legame ionico si forma:

A. tra due gas nobili
B. tra atomi con elettronegatività simile
C. tra atomi con elevata differenza di elettronegatività
D. tra due molecole polari
E. tra due atomi uguali

39. Il pH di una soluzione tampone di un acido debole corrisponde al pK dell'acido quando:

A. la concentrazione dell'acido debole è uguale alla concentrazione del suo sale
B. il rapporto tra la concentrazione dell'acido debole e la concentrazione del suo sale è pari a 10
C. la concentrazione dell'acido debole è uguale alla metà della concentrazione del suo sale
D. nel tampone è presente anche una base forte
E. nel tampone è presente anche un acido forte

40. Si considerino le due seguenti soluzioni: una soluzione acquosa di nitrato di magnesio 0,5M e una soluzione acquosa di fosfato di sodio 0,4M. Quale affermazione in merito alle due soluzioni è corretta?

A. Il fosfato di sodio ha coefficiente di van't Hoff pari a 3
B. Le due soluzioni hanno la stessa tensione di vapore
C. La soluzione di nitrato di magnesio ha concentrazione 1,0 OSM
D. La soluzione di fosfato di sodio è ipertonica rispetto alla soluzione di nitrato di magnesio
E. Il nitrato di magnesio e il fosfato di sodio hanno lo stesso coefficiente di van't Hoff, quindi la soluzione di fosfato di sodio ha la maggiore tensione di vapore

41. Il calcio e lo stronzio sono entrambi elementi del Gruppo 2 della Tavola Periodica. Il calcio ha numero atomico 20 e lo stronzio ha numero atomico 38. Quale delle seguenti affermazioni è corretta?

A. Il primo potenziale di ionizzazione del calcio è inferiore a quello dello stronzio
B. Lo stronzio ha un raggio atomico più piccolo del calcio
C. Entrambi i metalli reagiscono con l'ossigeno per formare ossidi basici con formula MO (dove M sta per Ca o Sr)
D. Entrambi gli elementi reagiscono con il cloro per formare composti covalenti con formula MCl_2 (dove M sta per Ca o Sr)
E. Lo stronzio è più elettronegativo del calcio

42. Quale elemento NON fa parte del gruppo dei metalli alcalini?

A. Na
B. Fr
C. Cs
D. Mg
E. Li

43. Quale caratteristica NON hanno in comune l'atomo di Carbonio e quello di Silicio?

A. Hanno la stessa configurazione elettronica nel livello più esterno
B. Sono dei non metalli
C. Possono formare 4 legami covalenti
D. Appartengono allo stesso gruppo della tavola periodica
E. Hanno lo stesso numero atomico

44. La normalità di una soluzione viene determinata dal numero di equivalenti di soluto disciolti in quanto solvente?

A. 1 litro
B. 1 kg
C. 100 ml
D. 10.000 grammi
E. 1 ml

45. Qual è la corretta definizione di affinità elettronica?
A. La tendenza degli atomi a liberare elettroni
B. L'energia necessaria a formare un legame chimico tra due atomi
C. L'energia che tiene gli elettroni non di valenza legati al nucleo
D. L'energia sviluppata quando un elettrone si unisce a un atomo neutro in fase gassosa
E. La tendenza dei protoni e dei neutroni a restare legati nel nucleo

46. Il termine miscuglio identifica esclusivamente una miscela:
A. di due o più sostanze chimiche purché siano in stati di aggregazione differenti
B. in cui è identificabile un solvente e un soluto
C. eterogenea allo stato solido, liquido o gassoso
D. di due o più sostanze chimiche che hanno perduto le proprietà chimiche che avrebbero allo stato isolato
E. di due o più sostanze pure non combinate chimicamente tra loro

47. Un composto chimico è un acido (secondo le definizioni di Arrhenius e di Bronsted) se:
A. disciolto in un solvente è in grado di cedere uno ione idrogeno
B. disciolto in un solvente si dissocia in ioni
C. disciolto in un solvente è in grado di cedere uno ione ossidrile
D. disciolto in un solvente ne aumenta la conducibilità elettrica
E. disciolto in un solvente è in grado di combinarsi con lo ione idrogeno

TEST DI FISICA E MATEMATICA

48. Indicare quale tra le seguenti affermazioni è corretta:
A. La carica elettrica è una grandezza scalare, mentre il campo elettrico generato dalla stessa è una grandezza vettoriale
B. Nessuna delle altre alternative è corretta, perchè dipende dal segno della carica
C. La carica elettrica è una grandezza scalare, come il campo elettrico generato dalla stessa
D. La carica elettrica è una grandezza vettoriale, mentre il campo magnetico generato dalla stessa è una grandezza scalare
E. La carica elettrica è una grandezza vettoriale, come il campo magnetico generato dalla stessa

49. Semplificando l'espressione $(x^4 - x^2) / (x^2 - 1)$ si ottiene:
A. x^2
B. $x - 1$
C. $-x^3$
D. $2x + 1$
E. $x^2 / (x + 1)$

50. Un oggetto è stato sollevato a 2 metri di altezza. Qual è il lavoro compiuto se la forza applicata è di 50 N?
A. 25 J
B. 100 J
C. 52 J
D. 0,1 J
E. 50 J

51. Quale delle seguenti funzioni ha limite finito per $x \to +\infty$?
A. $f(x) = (x^4 - 1) / (x^2 + 1)$
B. $f(x) = \ln x$
C. $f(x) = 2^x$
D. $f(x) = \sqrt{(x^2 + 1)}$
E. $f(x) = (x - 1) / x$

52. Qual è la forza normale agente su un oggetto con coefficiente di attrito statico pari a 0,5 e forza di attrito statico massima pari a 20 N?

A. 40 N
B. 80 N
C. 20 N
D. 10 N
E. 4 N

53. Quanti punti di intersezione possono avere una circonferenza e una parabola, come minimo e come massimo rispettivamente?

A. 2 e 4
B. 1 e 3
C. 2 e 2
D. 0 e 4
E. 1 e 4

54. L'espressione (1 + sen 45° · cos 45°) / sen 30° vale:

A. 3 / 2
B. 3
C. 0
D. 1 / 2
E. – 1

55. Quanto misurano i cateti di un triangolo rettangolo isoscele inscritto in una circonferenza di raggio 3?

A. 3·√(2)
B. Non si può calcolare
C. 3
D. 6
E. 6·√(2)

56. Un contenitore rigido pieno di elio ha una pressione interna di 200 bar alla temperatura di 200 °C. Se la pressione scende a 150 bar, quale sarà all'incirca la temperatura del gas?

A. 53 °C
B. 150 °C
C. 82 °C
D. Non è possibile determinarlo senza conoscere il volume
E. 358 °C

57. La media aritmetica di cinque numeri è 14. Se la media aritmetica dei primi due è 20, allora la media aritmetica degli altri tre è:

A. 9
B. 10
C. 12
D. 8
E. 14

58. Il prefisso "mega" corrisponde a:

A. 10^{12} e il suo simbolo è M
B. 10^{-9} e il suo simbolo è m
C. 10^{6} e il suo simbolo è M
D. 10^{9} e il suo simbolo è M
E. 10^{-6} e il suo simbolo è m

59. Un sasso viene scagliato verticalmente verso l'alto con velocità iniziale di 15 m/s. Considerato trascurabile l'attrito dell'aria, a quale altezza massima rispetto al punto dal quale è partito si ferma il sasso prima di ricadere?

A. 23 m
B. 15 m
C. 11,5 m
D. 10 m
E. 7,5 m

60. Il numero $\frac{1+\frac{1}{3}}{\frac{1}{2}}$ è uguale a:

A. $\frac{1}{2}$
B. $\frac{3}{2}$
C. $\frac{8}{3}$
D. $\frac{1}{3}$
E. $\frac{2}{3}$

5^ SIMULAZIONE

PROVA DI AMMISSIONE AI CORSI DI LAUREA MAGISTRALE IN MEDICINA E CHIRURGIA E IN ODONTOIATRIA E PROTESI DENTARIA

TEST DI COMPETENZE DI LETTURA E CONOSCENZE ACQUISITE NEGLI STUDI

1. Leggere il brano e rispondere a ogni quesito solo in base alle informazioni contenute (esplicitamente o implicitamente) nel brano e non in base a quanto il candidato eventualmente conosca sull'argomento. Antonio è figlio di emigranti. Dopo la morte della madre viene affidato a una coppia svizzerotedesca ma i suoi problemi psicofisici lo porteranno all'espulsione. Viene mandato a Gualtieri, in Emilia, luogo di cui è originario l'uomo che è ufficialmente suo padre. Qui vive per anni in estrema povertà sulle rive del Po fino a quando lo scultore Renato Marino Mazzacurati lo indirizza allo sviluppo delle sue naturali doti di pittore. Fa indubbiamente effetto assistere a pochissimi giorni di distanza dalla morte di Flavio Bucci a un film che ha al centro la sofferta vita di Antonio Ligabue. Nel 1977 fu proprio Bucci, in quello che all'epoca si chiamava ancora "sceneggiato televisivo", in tre puntate per la regia di Salvatore Nocita, a dare uno scossone al modo di raccontare biografie in tv interpretando proprio Ligabue. In una versione cinematografica accorciata aveva vinto al Festival di Montréal il Gran Premio delle Americhe e quello per la Migliore interpretazione maschile. Non è difficile pensare che Elio Germano abbia avuto la consapevolezza di doversi confrontare con una prova d'attore che aveva segnato l'immaginario di una generazione. I confronti sono sempre complessi da affrontare ma in questo caso si può tranquillamente affermare che Germano non ha nulla da invidiare al suo predecessore. Ha saputo fare 'suo' Ligabue offrendogli quella profonda sofferenza interiore che sa spesso conferire ai personaggi che gli vengono proposti sul grande schermo. A venirgli in aiuto in questo caso è anche l'altrettanto profonda conoscenza del mondo rurale emiliano che Giorgio Diritti possiede e che sa infondere nelle sue opere quando è necessario. Perché, a partire da quel corpo che si nasconde sotto un indumento/corazza da cui fuoriesce uno sguardo in cui paura e curiosità per ciò che lo circonda si contrastano, Diritti, grazie alla prestazione di Germano, ci racconta una vita dolorosa che dà luogo a un'arte in cui la vivacità cromatica è coinvolgente.
Chiunque abbia visitato una mostra dedicata al grande pittore sa (e Diritti ce lo ricorda sui titoli di coda) quanto l'esplosione di forme e di colori ne costituisse il polo d'attrazione. Quasi che divenissero per lui strumento indispensabile per sfuggire alle sofferenze di un'esistenza marchiata dai disturbi mentali e dalla derisione. (Tratto dalla recensione di "Volevo nascondermi" di Giancarlo Zappoli, 21 febbraio 2020, www.mymovies.it Dal contenuto del brano NON è possibile dedurre che:

A. Antonio Ligabue ha avuto una vita dolorosa
B. Giorgio Diritti è il regista del nuovo film su Ligabue
C. la recensione del nuovo film su Ligabue è di poco successiva alla morte di Flavio Bucci
D. Giorgio Diritti si nasconde sotto un corpo/corazza
E. la recensione del nuovo film su Ligabue è di poco successiva all'uscita del film nelle sale

2. Leggere il brano e rispondere a ogni quesito solo in base alle informazioni contenute (esplicitamente o implicitamente) nel brano e non in base a quanto il candidato eventualmente conosca sull'argomento. Antonio è figlio di emigranti. Dopo la morte della madre viene affidato a una coppia svizzerotedesca ma i suoi problemi psicofisici lo porteranno all'espulsione. Viene mandato a Gualtieri, in Emilia, luogo di cui è originario l'uomo che è ufficialmente suo padre. Qui vive per anni in estrema povertà sulle rive del Po fino a quando lo scultore Renato Marino Mazzacurati lo indirizza allo sviluppo delle sue naturali doti di pittore. Fa indubbiamente effetto assistere a pochissimi giorni di distanza dalla morte di Flavio Bucci a un film che ha al centro la sofferta vita di Antonio Ligabue. Nel 1977 fu proprio Bucci, in quello che all'epoca si chiamava ancora "sceneggiato televisivo", in tre puntate per la regia di Salvatore Nocita, a dare uno scossone al modo di raccontare biografie in tv interpretando proprio Ligabue. In una versione cinematografica accorciata aveva vinto al Festival di Montréal il Gran Premio delle Americhe e quello per la Migliore interpretazione maschile. Non è difficile pensare che Elio Germano abbia avuto la consapevolezza di doversi confrontare con una prova d'attore che aveva segnato l'immaginario di una generazione. I confronti sono sempre complessi da affrontare ma in questo caso si può tranquillamente affermare che Germano non ha nulla da invidiare al suo predecessore. Ha saputo fare 'suo' Ligabue offrendogli quella profonda sofferenza interiore che sa spesso conferire ai personaggi che gli vengono proposti sul grande schermo. A venirgli in aiuto in questo caso è anche l'altrettanto profonda conoscenza del mondo rurale emiliano che Giorgio Diritti possiede e che sa infondere nelle sue opere quando è necessario. Perché, a partire da quel corpo che si nasconde sotto un indumento/corazza da cui fuoriesce uno sguardo in cui paura e curiosità per ciò che lo circonda si contrastano, Diritti, grazie alla prestazione di Germano, ci racconta una vita dolorosa che dà luogo a un'arte in cui la vivacità cromatica è coinvolgente.
Chiunque abbia visitato una mostra dedicata al grande pittore sa (e Diritti ce lo ricorda sui titoli di coda) quanto l'esplosione di forme e di colori ne costituisse il polo d'attrazione. Quasi che divenissero per lui strumento indispensabile per sfuggire alle sofferenze di un'esistenza marchiata dai disturbi mentali e dalla derisione. (Tratto dalla recensione di "Volevo nascondermi" di Giancarlo Zappoli, 21 febbraio 2020, www.mymovies.it Dal contenuto del brano si può dedurre che Elio Germano:

A. probabilmente non conosce lo sceneggiato televisivo su Ligabue
B. conosce molto bene l'ambiente emiliano
C. teme il confronto con l'interpretazione precedente
D. ha già rivestito altrui ruoli in cui la sofferenza interiore era centrale
E. è un attore rivoluzionario per quanto riguarda la rappresentazione delle biografie in tv

3. Quale termine può essere associato ad entrambe le seguenti definizioni? “documento emesso con riferimenti commerciali” “atto di stregoneria”

A. Sortilegio
B. Incantesimo
C. Bolla
D. Fattura
E. Nota

4. “ La bandiera della Repubblica è il tricolore italiano: verde, bianco e rosso, a tre bande verticali di eguali dimensioni ”. La precedente affermazione dove viene sancita?

A. Da una legge del Regno d’Italia del 1925
B. Da una legge del Regno d’Italia del 1871
C. Da una legge della Repubblica Italiana del 1948
D. Da un articolo della Costituzione Italiana
E. Da una legge del Regno d’Italia del 1861

5. La figura mostra le palline colorate contenute in un sacchetto. Mettendo la mano nel sacchetto senza guardare, quante bisogna prenderne per essere sicuri che ce ne siano almeno due dello stesso colore? E perché ce ne siano almeno due di colori diversi?

A. 4 e 12
B. 4 e 10
C. 10 e 10
D. 4 e 13
E. 4 e 9

6. "In questi giorni sto lavorando con un collega giapponese, ed è un grande lavoratore; anche un mio amico ha spesso a che fare con giapponesi e mi assicura che sono dei grandi lavoratori; due anni fa sono stato un mese in Giappone per lavoro, e i giapponesi che ho conosciuto lì non fanno eccezione alla regola; dunque tutti i giapponesi sono dei grandi lavoratori. "
Il precedente è un ragionamento:

A. induttivo
B. deduttivo
C. scorretto
D. inconfutabile
E. azzardato

7. Un Bed and Breakfast sulla Costiera Amalfitana ha solo 4 stanze. Oggi sono tutte occupate, da persone diverse che si fermano per un diverso numero di giorni (da 2 a 5). Gli occupanti sono: i coniugi americani Arnold, la coppia italiana a nome Danieli, i francesi Evereux e la turista milanese Lara. Le stanze sono: la gialla, la bianca, l'azzurra e la verde. Si sa che:

1. **la turista milanese Lara si ferma un giorno in più rispetto a chi occupa la stanza gialla;**
2. **2. una stanza è la gialla, in un'altra stanza ci sono gli ospiti che si fermano 5 giorni, un'altra è prenotata solo per 3 giorni e in Un'altra ancora ci sono i Danieli;**
3. **3. i francesi Evereux occupano la stanza verde;**
4. **4. La stanza azzurra è prenotata per 4 notti.**

In quale stanza alloggiano gli ospiti che si fermano 5 giorni?

A. Nella verde
B. Nella verde o nella gialla, ma è impossibile stabilirlo con certezza
C. Nella bianca
D. Nella azzurra
E. Nella gialla

8. Ad un torneo di tennis singolo a eliminazione diretta sono iscritte 64 persone. Quante partite dovranno essere disputate per eleggere il campione?

A. 32
B. 63
C. 127
D. 64
E. 128

9. Quali tra i termini proposti completano correttamente la seguente proporzione? lunedì : X = mercoledì : Y

A. X = martedì;Y = venerdì
B. X = sabato;Y = martedì
C. X = domenica;Y = martedì
D. X = primo;Y = quarto
E. X = giovedì;Y = lunedì

TEST DI BIOLOGIA

10. Per struttura quaternaria di una proteina si intende:

A. una proteina codificata da quattro geni diversi
B. una proteina formata da due o più catene polipeptidiche associate
C. una proteina con complessa struttura tridimensionale
D. una proteina formata da quattro catene polipeptidiche associate
E. una proteina che forma un complesso con molecole non proteiche

11. Quale tra le seguenti è una modalità di trasporto attivo?

A. Osmosi
B. Diffusione facilitata attraverso canali ionici
C. Diffusione semplice
D. Diffusione facilitata attraverso proteine di trasporto
E. Pompa ionica

12. Per operone si intende:

A. un tratto di cromosoma eucariotico, costituito da un promotore, un operatore e uno o più geni strutturali
B. un tratto di cromosoma batterico, costituito da un promotore, un operatore e uno o più geni strutturali
C. un tratto di DNA extracromosomico, costituito da un promotore, un operatore e uno o più geni strutturali
D. un tratto di cromosoma eucariotico, costituito da un promotore, un repressore e uno o più geni strutturali
E. un tratto di cromosoma batterico, costituito da un promotore, un repressore e uno o più geni strutturali

13. Quale fra le seguenti affermazioni riguardanti gli "alleli" è errata?

A. Sono varianti di un gene dovute a mutazione
B. In una specie ci possono essere diverse varianti alleliche di un gene
C. I due alleli su una coppia di cromosomi omologhi sono sempre identici
D. Un allele può essere recessivo, codominante o dominante rispetto al suo omologo
E. Ogni allele autosomico è presente in due copie

14. Quale delle seguenti affermazioni relative alle valvole atrio-ventricolari è FALSA?

A. La loro apertura e chiusura dipende dalle variazioni di pressione all'interno del cuore
B. Sono connesse al miocardio tramite muscoli che ne controllano l'apertura
C. Impediscono al sangue di refluire nell'atrio quando il ventricolo si contrae
D. Sono chiamate tricuspide e mitrale
E. Non sono regolate dal sistema nervoso, ma dal flusso stesso del sangue

15. Quale delle seguenti affermazioni relative al ciclo di Krebs è ERRATA?

A. Prima di entrare nel ciclo il piruvato deve essere trasformato in acetilcoenzima A
B. Avviene nella membrana interna del mitocondrio
C. Produce 2 ATP, 6 NADH e 2 FADH 2 per ciascuna molecola di glucosio
D. Produce anidride carbonica
E. Comprende otto diverse reazioni chimiche

16. Nel celebre esperimento di Griffith, iniettando contemporaneamente in un topo batteri virulenti uccisi dal calore e batteri non virulenti vivi, sono stati trovati nel sangue del topo batteri virulenti vivi. Come può essere spiegato questo fatto?

A. Era avvenuto un processo di trasduzione generalizzata, attraverso il quale un batterio può acquisire del DNA dall'ambiente circostante
B. Era avvenuto un processo di coniugazione, attraverso il quale un batterio può acquisire del DNA dall'ambiente circostante
C. Si tratta di un errore, non è possibile nelle condizioni indicate trovare batteri virulenti vivi
D. Era avvenuto un processo di trasformazione, attraverso il quale un batterio può acquisire del DNA dall'ambiente circostante
E. Era avvenuto un processo di trasduzione specializzata, attraverso il quale un batterio può acquisire del DNA dall'ambiente circostante

17. Quale fra le seguenti affermazioni NON è coerente con la teoria dell'evoluzione per selezione naturale di Darwin?

A. Gli individui di una popolazione mostrano variazioni ereditabili indipendentemente dalle necessità dettate dall'ambiente
B. Le popolazioni hanno un ampio potenziale riproduttivo
C. Le risorse naturali sono limitate
D. La selezione naturale favorisce i caratteri che migliorano la sopravvivenza e il successo riproduttivo degli individui
E. La necessità di adattamento induce variazioni ereditabili negli individui di una popolazione

18. Cosa si verifica quando il tessuto osseo perde massa e diventa fragile?

A. Osteomalacia
B. Osteoporosi
C. Scoliosi
D. Artrite
E. Artrosi

19. Che funzione svolge il muscolo bicipite brachiale?

A. Estensione
B. Abduttore
C. Flessione
D. Rotatore interno
E. Rotatore esterno

20. Che cosa significa ATP?

A. Alanina trifosfato
B. Adenosina trifosfato
C. Adenina tetrafosfato
D. Adenina trifosfato
E. Adenosina tetrafosfato

21. Quale delle seguenti strutture NON è presente nella cellula procariotica?

A. Membrana citoplasmatica
B. Nucleoide
C. Parete cellulare
D. Nucleolo
E. Ribosoma

22. Che cos'è il capside?

A. La regione che contiene il DNA di una cellula procariotica
B. L'involucro esterno dei batteri Gram-positivi
C. La struttura che circonda il glomerulo renale
D. Il rivestimento proteico di un virus
E. L'involucro che contiene le spore dei lieviti

23. L'analisi del cariotipo di un individuo permette di:

A. individuare una mutazione genica
B. verificare la presenza di una mutazione cromosomica
C. verificare se un individuo è portatore sano di malattie genetiche
D. effettuare il test di paternità
E. distinguere i cromosomi materni da quelli paterni

24. L'ormone antidiuretico:

A. agisce sulle cellule della capsula di Bowman aumentando il riassorbimento di acqua
B. agisce sulle cellule della capsula di Bowman diminuendo il riassorbimento di acqua
C. agisce sulle cellule del dotto collettore e del tubulo distale del nefrone aumentando il riassorbimento di acqua
D. agisce sulle cellule del dotto collettore e del tubulo distale del nefrone aumentando la secrezione di acqua
E. agisce sulle cellule del dotto collettore e del tubulo distale del nefrone diminuendo il riassorbimento di acqua

25. Quali dei seguenti processi non avviene durante la fase oscura della fotosintesi?

A. La produzione di ribulosio
B. La produzione di ATP
C. La produzione di gliceraldeide 3-fosfato
D. L'ossidazione del NADPH
E. La fissazione del carbonio

26. Secondo la teoria cellulare:

A. le cellule sono le unità fondamentali degli organismi viventi
B. le cellule possono formarsi a partire da anidride carbonica e acqua
C. tutti gli organismi viventi sono pluricellulari
D. le cellule prive di organuli non sono viventi
E. tutti gli organismi derivano dall'unione di due cellule

27. Nei mammiferi una femmina eterozigote per una malattia ereditaria legata al cromosoma X trasmette tale carattere a:

A. solo ai figli maschi
B. tutte le figlie e metà dei figli maschi
C. tutti i figli maschi e metà delle figlie
D. metà dei figli maschi e metà delle figlie
E. tutti i figli, maschi e femmine

28. Che cosa differenzia meiosi e mitosi?

A. Nella mitosi si producono quattro cellule diploidi, nella meiosi due cellule aploidi
B. Nella mitosi si producono due cellule aploidi, nella meiosi quattro cellule diploidi
C. Nella mitosi si producono due cellule diploidi, nella meiosi quattro cellule aploidi
D. Nella mitosi si producono quattro cellule aploidi, nella meiosi due cellule diploidi
E. Nella mitosi e nella meiosi si producono lo stesso numero di cellule figlie con lo stesso numero di cromosomi, ma avvengono in organismi differenti

29. Nella colonna vertebrale umana le vertebre si distinguono dal cranio verso il basso in:

A. cervicali, sacrali, toraciche, lombari e coccigee
B. sacrali, toraciche, lombari, coccigee e cervicali
C. toraciche, cervicali, lombari, sacrali e coccigee
D. cervicali, toraciche, lombari, coccigee e sacrali
E. cervicali, toraciche, lombari, sacrali e coccigee

30. A quale classe di enzimi appartengono le deidrogenasi?

A. ossidoreduttasi
B. liasi
C. ligasi
D. transferasi
E. isomerasi

31. Per "pleiotropia" si intende una condizione in cui:

A. due alleli di un gene si esprimono contemporaneamente
B. gli eterozigoti sono favoriti dalla selezione naturale
C. l'eterozigote presenta un fenotipo intermedio tra quelli dell'omozigote dominante e dell'omozigote recessivo
D. un gene influenza più caratteri
E. più geni influenzano lo stesso carattere

32. Che funzione ha il sistema immunitario?

A. Permette la trasmissione di segnali tra le diverse parti del corpo
B. Mantenimento dell'equilibrio dei fluidi nell'organismo
C. Difesa da agenti esterni e patogeni
D. Fornisce ossigeno ed elimina anidride carbonica
E. Permette la circolazione del sangue nell'organismo

TEST DI CHIMICA

33. “ Tutte le soluzioni liquide di soluti non volatili hanno una pressione di vapore più bassa rispetto al solvente puro.” Tale affermazione è riferibile alla legge formulata da:

A. T. Graham
B. W.H. Nernst
C. W. Henry
D. G.H. Hess
E. F. M. Raoult

34. Quali interazioni intermolecolari si possono formare tra molecole di HCl?

A. Legami ionici
B. Forze di London
C. Forze dipolo-dipolo
D. Legami covalenti
E. Legami a idrogeno

35. Quanti legami σ e quanti legami π sono presenti in una molecola di propino?

A. 8 legami σ e 4 legami π
B. 5 legami σ e 3 legami π
C. 6 legami σ e 2 legami π
D. 8 legami σ e nessun legami π
E. 7 legami σ e 1 legami π

36. Secondo l'equazione generale dei gas perfetti, qual è la correlazione tra pressione di un gas e temperatura assoluta?

A. Sono costanti
B. Proporzionalità inversa
C. Esponenziale
D. Correlazione logaritmica
E. Proporzionalità diretta

37. Gli elementi azoto e fosforo:

A. sono più elettronegativi del fluoro
B. appartengono al quinto gruppo della Tavola Periodica
C. appartengono al secondo periodo della Tavola Periodica
D. sono più elettronegativi del cloro
E. appartengono al settimo gruppo della Tavola Periodica

38. La concentrazione dello ione sodio nel plasma di sangue umano è di circa 135 mM. Questo numero indica:

A. il numero di milligrammi dello ione presenti in un litro di plasma
B. il numero di millimoli dello ione presenti in 100 mL di plasma
C. il numero di millimoli dello ione presenti in un Kg di plasma
D. il numero di milligrammi dello ione presenti in 100 mL di plasma
E. il numero di millimoli dello ione presenti in un litro di plasma

39. La presenza di un carbonio chirale in una molecola organica dà origine a quale delle seguenti caratteristiche?

A. Punto di ebollizione
B. Colorazione in soluzione
C. Colorazione del cristallo
D. Attività ottica
E. Punto di fusione

40. L'aria atmosferica, a livello del mare, contiene:

A. 78% di azoto, 21% di ossigeno, 0,04% di anidride carbonica
B. 78% di azoto, 21% di ossigeno, 0,9% di idrogeno
C. 78% di ossigeno, 21% di azoto, 0,04% di anidride carbonica
D. 78% di ossigeno, 21% di anidride carbonica, 0,9% di azoto
E. 78% di ossigeno, 21% di azoto, 0,9% di idrogeno

41. Se si fanno reagire un acido e una base monoprotici in quantità equimolecolari, la soluzione risultante:

A. sarà acida
B. dipende dalla concentrazione dell'acido e della base
C. sarà basica
D. sarà neutra
E. dipende dalla forza relativa dell'acido e della base

42. L'acqua di rubinetto può avere conduttività fino a 2.500 µS/cm, questo avviene in quanto l'acqua:

A. forma legami metallici e quindi ha elettroni liberi in soluzione
B. contiene ioni che conducono la corrente elettrica
C. ha un flusso di liquido che corrisponde al flusso di elettroni
D. anche distillata è dissociata secondo il principio di dissociazione dell'acqua
E. forma ponti a idrogeno

43. La configurazione elettronica dei gas nobili che conferisce loro stabilità e inerzia chimica è detta:

A. legame covalente
B. quintetto
C. elettrone di valenza
D. ottetto
E. orbitale atomico

44. Quanti grammi di una sostanza avente massa molecolare pari a 100 u sono necessari per preparare 10 ml di una soluzione 2,5 M?

A. 5
B. 10
C. 2.5
D. 250
E. 1.25

45. La reazione di alogenazione di un alcano porta alla sostituzione di un atomo di idrogeno dell'alcano con un atomo di alogeno. Attraverso quale meccanismo avviene?

A. Combinazione diretta
B. Radicalico
C. Decomposizione
D. Ionico
E. Scissione

46. A temperatura ambiente (20°C) i non metalli:

A. sono in genere cattivi conduttori di elettricità
B. sono duttili e malleabili
C. hanno elevato punto di fusione
D. hanno alta densità
E. sono tutti solidi

47. Quale dei seguenti fattori NON influenza la velocità di reazione?

A. Temperatura
B. Presenza di catalizzatori
C. La massa del sistema
D. Concentrazione dei reagenti
E. Natura dei reagenti

TEST DI FISICA E MATEMATICA

48. Si considerino 2 vettori ortogonali di modulo rispettivamente 3 e 4 cm:

A. La loro somma ha modulo 5 cm
B. Il loro prodotto vettoriale è nullo
C. Il loro prodotto scalare è 12 cm
D. Il loro prodotto scalare è 5 cm
E. La direzione del loro prodotto vettoriale giace sullo stesso piano dei 2 vettori

49. Data la funzione f(x) = (3x-4)/(x-1), qual è il dominio della funzione inversa $f^{-1}(x)$?

A. $x<3 \vee x>3$
B. tutta la retta reale
C. $x<4/3 \vee x>4/3$
D. $x<1/3 \vee x>1/3$
E. $x<1 \vee x>1$

50. La maggior presenza di ossigeno in camera operatoria rende pericolosa la formazione di scintille. Al solo fine di scongiurare il rischio di produzione di scintille per via elettrostatica, gli operatori sanitari dovrebbero:

A. indossare guanti di materiale isolante per ostacolare il passaggio delle cariche
B. indossare scarpe in grado di condurre, per scaricare a terra qualsiasi carica
C. evitare di strofinare con un panno bagnato gli aghi metallici, che potrebbero disperdere cariche per effetto della dispersione delle punte
D. tenere bassa l'umidità dell'aria perché l'aria secca non disperde le cariche
E. indossare scarpe isolanti per impedire pericolose scariche a terra

51. Sapendo che un segmento nel piano cartesiano ha un estremo in (–3;1) e punto medio nell'origine, in che punto si trova l'altro estremo?

A. (3;1)
B. (0;0)
C. (–3;–1)
D. (3;–1)
E. Non ci sono abbastanza elementi per determinarlo

52. Un punto si muove nel piano xy , le sue proiezioni sugli assi cartesiani seguono le leggi:

$$\begin{cases} x = 3t^2 \\ y = 4t^2 \end{cases}$$

con t in secondi e x,y in metri.
Quale delle seguenti affermazioni relative al moto del punto è vera?

A. Il moto è parabolico con a = 12 m/s^2
B. Il moto è rettilineo uniformemente accelerato con a = 5 m/s^2
C. Il moto è rettilineo uniforme con v = 5 m/s
D. Il moto è rettilineo uniformemente accelerato con a = 10 m/s^2
E. Il moto è rettilineo uniforme con v = 10 m/s

53. Per quali valori di k un rettangolo di base 2 cm e altezza 3 cm può essere disegnato all'interno di una circonferenza di area 3kcm^2 ?

A. Per k ≤ 13
B. Per k ≤ 13/π
C. Per k ≥ √13
D. Per k ≥ 13/12
E. Per k ≥ 12√π

54. Anna (una bambina di massa pari a 13 kg) e Bartolomeo (di massa pari a 26 kg) vengono spinti sull'altalena da un genitore, che applica a ciascuno la medesima forza. Indicate con a_A e a_B le rispettive accelerazioni, si ha che:

A. $a_B = 4\ a_A$
B. $a_B = 2\ a_A$
C. $a_B = a_A /4$
D. $a_B = a_A /2$
E. $a_B = a_A$

55. I grafici delle funzioni $y = -x^2$ e $y = x^2$:

A. si intersecano in 2 punti distinti
B. si sovrappongono
C. hanno una sola intersezione
D. non hanno intersezioni
E. nessuna delle altre alternative è corretta

56. Un contenitore cilindrico e un contenitore conico hanno la stessa altezza, pari a 10 cm, e la stessa area di base, pari a. Entrambi poggiano con la loro base su un piano orizzontale e sono interamente riempiti con un olio avente una densità di . Assumendo che sia , l'intensità della forza esercitata dall'olio sul fondo del recipiente è:

A. 90 N sia per il cilindro che per il cono
B. 90 N per il cilindro e 30 N per il cono
C. 9 N sia per il cilindro che per il cono
D. è superiore, per l'elevata viscosità dell'olio, a quella che si sarebbe prodotta se i recipienti fossero stati riempiti di acqua distillata
E. 9 N per il cilindro e 3 N per il cono

57. Per quale valore di k vale $\sqrt[k]{49^3} = \sqrt{7}$?

A. k = 12
B. k = 3
C. k = 6
D. k = 4
E. k = 2

58. Un pendolo oscilla e nel punto più basso ha velocità pari a 0,3 m/s^2 . Qual è l'energia cinetica del pendolo

quando passa per il punto più basso del suo movimento, sapendo che ha una massa di 4 kg?

A. 1,8 J
B. 0,18 J
C. 0,6 J
D. 2,4 J
E. 1,3 J

59. Il doppio del logaritmo in base 10 di x equivale a:

A. $\log_{10} 2x$
B. $\log_{10} x^2$
C. $\log_{20} x$
D. $\log_5 x$
E. $\log_{10} x^{1/2}$

60. Un asteroide orbita attorno al Sole su una traiettoria circolare di raggio 225 milioni di chilometri. Se il suo tempo di rivoluzione è $6{,}4 \cdot 10^7$ s, quale sarà la sua velocità tangenziale?

A. $22{,}1 \cdot 10^3$ m/s

B. 110 m/s

C. $5 \cdot 10^9$ m/s

D. 3,5 m/s

E. 11 m/s

RICONOSCIMENTI

Direzione Editoriale:
Sabrina Romeo, Mattia Sandrelli, Letizia Pizzi.

Responsabile del progetto grafico:
Samantha Pietrovito.

Impaginazione:
Federica Cappellini.

Si ringraziano tutti coloro che hanno preso parte alla realizzazione del manuale.

Foglio Risposte

Competenze di lettura e conoscenze acquisite negli studi	Biologia	Chimica	Fisica e Matematica
A B C D E	A B C D E	A B C D E	A B C D E
○ 01 □□□□□	○ 10 □□□□□	○ 33 □□□□□	○ 48 □□□□□
○ 02 □□□□□	○ 11 □□□□□	○ 34 □□□□□	○ 49 □□□□□
○ 03 □□□□□	○ 12 □□□□□	○ 35 □□□□□	○ 50 □□□□□
○ 04 □□□□□	○ 13 □□□□□	○ 36 □□□□□	○ 51 □□□□□
Ragionamento logico e problemi	○ 14 □□□□□	○ 37 □□□□□	○ 52 □□□□□
A B C D E	○ 15 □□□□□	○ 38 □□□□□	○ 53 □□□□□
○ 05 □□□□□	○ 16 □□□□□	○ 39 □□□□□	○ 54 □□□□□
○ 06 □□□□□	○ 17 □□□□□	○ 40 □□□□□	○ 55 □□□□□
○ 07 □□□□□	○ 18 □□□□□	○ 41 □□□□□	○ 56 □□□□□
○ 08 □□□□□	○ 19 □□□□□	○ 42 □□□□□	○ 57 □□□□□
○ 09 □□□□□	○ 20 □□□□□	○ 43 □□□□□	○ 58 □□□□□
	○ 21 □□□□□	○ 44 □□□□□	○ 59 □□□□□
	○ 22 □□□□□	○ 45 □□□□□	○ 60 □□□□□
	○ 23 □□□□□	○ 46 □□□□□	
	○ 24 □□□□□	○ 47 □□□□□	
	○ 25 □□□□□		
	○ 26 □□□□□		
	○ 27 □□□□□		
	○ 28 □□□□□		
	○ 29 □□□□□		
	○ 30 □□□□□		
	○ 31 □□□□□		
	○ 32 □□□□□		

ETICHETTA

COME SI COMPILA IL FOGLIO?

☒ Per indicare la risposta corrispondente alla casella

■ Per annullare la risposta data e mettere una nuova risposta su un'altra casella

⊗ Per annullare la risposta data alla domanda

La tua opinione è importante!

Se questo manuale ti è stato utile,
prenditi un momento per lasciare una recensione su Amazon.

Il tuo feedback ci aiuterà a **migliorare** e sarà un **supporto prezioso** per altri studenti nella loro scelta.

Scannerizza il QR code e recensisci il tuo manuale/kit?

Finito di stampare nel mese di ottobre 2024

presso PrintSprint SRL
Via Galileo Ferraris 138, 80146 NAPOLI